과거의 나를 찾아서 현재의 나와 대화하도록 하라.

그리고 내가 아직 모르는 미래의 자신에게 전달할 수 있도록 하라.

사주명리학의 기본 이론을 총정리한

신정원의 명리학CLASS

개념과 이론

신정원 지음

동학사

사주명리의 이론과 실제를 아우르다

공식적인 자리에서 강의한 지 만 10년 차에 이 책을 출간하게 되었다. 감회가 새롭다. 지금은 대학에서 학습 로드맵을 세우고 강의 커리큘럼을 갖추어 체계적인 강의를 하고 있지만, 한때는 어떻게든 짧은 시간에 쉽게 사주를 볼 수 있게 하려고 노력했었다. 필수 요소를 추려서 가르치고 학생들이 효율적으로 활용할 수 있도록 하는 것이 우선 과제였을 뿐, 강의기간을 늘려서 학생들을 붙잡아두는 것을 목적으로 하지 않았다. 비제도권은 대학처럼 학생들이 기다려주지도 않았지만, 나 스스로 학생들의 시간과 노력 그리고 돈을 절약해주려고 노력하였다. 제자들이 6개월 만에 아니면 1년 만에 현장상담을 시작하면 응원하곤 했었다. 지금도 그 마음에는 변함이 없다.

그러다 어느 날 명리이론이 한 곳을 맴돌고 있는 것을 느꼈고 알아도 아는 것이 아님을 깨달았다. 의문이 똬리를 틀기 시작했고 내가 의심하는 것을, 근원이 어디에서 왔는지도 모르는 것을 강단에서 강의할 수는 없었다. 그렇게 쌓아올린 모든 탑과 내가 만든 지도를 허물고 학문적 근원을 찾아 다시 처음부터 단계를 밟아 먼 길에 나서게 되었다. 돌아갈 수도 없었지만 쉬운 길로 되돌아가는 다리를 허물어버려서 포기할 수가 없었다. 후학들은 나처럼 갔던 길을 되돌아가고 또 무한히 고뇌하며 후회하는 일이 없도록 해야겠다는 생각이 이 글을 쓰게 된 가장 큰 이유이다.

요즘은 학생들이 선택할 수 있는 제도권 교육의 장이 꽤 생겼다. 제도권 교육 중에서 대학의 학과에서는 학위가 수여되고 학술적으로 깊이 있는 연구가 진행되며, 그에 따라 논문도 발표된다. 논문이 발표된다는 것은 학술적 담론이 생겼다는 뜻이고, 교재 내용에서도 체계를 갖춘 수준이 요구된다는 것을 의미한다. 비록 한국 명리학 교육에서 제도권의 역사가 10년 남짓이지만, 그래도 그 이전부터 축적된 현장경험과 비제도권에서 시행된 교육의 역사가 있어서 지금이 있다. 때로는 무술과 미신이라는 사회적 비판과 흘깃거림에도 직면했지만, 조금씩 남겨진 선학들의 글이 있었고 이름을 남긴 강호의 술사로 인해 한국의 명리 간명법이 전해졌다. 명리 고전을 구해보기도 힘들었던 과거에 비하면 그래도 한두 편씩 주요 명리 고전의 번역서가 나오기 시작하였고, 그것이 학술 발전의 시작이고 토대였다. 책을 필사하고 책에서 배운 것을 글로 요약한 노트로 공부했던 적이 엊그제 같다. 그런 면에서 우리는 어려운 길을 걸어온 선배들에게 무한히 감사해야 한다.

쉽게 설명한 명리서가 하루가 멀게 출간되고, 비법을 가르치는 사설교육이 여전하다는 것도 잘 안다. 예전과 달리 지금은 인터넷을 통한 학습자료도 넘쳐나고 유튜브처럼 접근성이 편리한 학습방법도 많다. 명리학에 있어 아직은 제도권 교육보다는 접근이 용이한 유튜브나 사설교육이 더 유행하는 것이 현실이다. 그에 비하면 내가 쓴 이 책은 쓸데없이 학술적이라는 푸념을 독자들에게 들을 수도 있겠다. 쉽게 읽히고 이해가 빠르고 간단히 써먹을 수 있는 책을 내놓아야 할 텐데, 시장의 요구와는 엇나가는 글이 되었다. 명리공부를 한다 하면 공부와 병행하여 바로 상담에 투입되는 것이 당연시되기도 한다. 그러기엔 이 책이 무거울 수도 있다.

나는 현장의 밑바닥부터 경험을 쌓겠다는 제자들을 여전히 응원한다. 나도 강단에서 강의를 하지만 현장상담을 통해 지금에 이르렀고, 한 번도 강호의 바람소리를 잊은 적이 없다. 강호와 강단은 함께 맞물려야 한다. 다만 학문적 깊이가 없이 논리가 부족한 상태로 서둘러 현장에 투입되었다가, 또는 명리이론을 마스터했다고 자부했다가 현장과 강단에서 부딪히게 되는 다양한 담론에 스스로 회의감이 들 수 있다. 명리학에는 여전히 논리적으로 설명하기 어려운 회색지대가 다분하다. 쉽게 배우면, 쉽게 잊혀지고 쉽게 잘못된 길로 접어든다. 이 책은 학술로서의 명리를 소개하고 주요이론의 근거와 출처를 밝힌 책이다. 거기에 내가 체득한 경험치를 추가하여 먼저 지나온 길을 후학들에게 알려준다는 마음을 담았다.

동양학과의 학과장으로 제도권의 술수학 강의 체계와 수준을 어떻게 향상시킬 수 있을까 고심하면서 몇 해를 보냈다. 나이가 들면 나이의 앞자리 숫자만큼의 가속도로 세월이 흘러간다고 한다. 나의 지난 몇 년은 세상 사람들이 말하는 것보다 훨씬 정신없이 지나갔고, 문득 내 청춘을 명리학에 도난당한 자괴감을 느꼈다. 강호와 강단의 괴리를 경험하였고 지식적인 측면에서도 여러 한계를 절감했다. 그때 포기하기보다는 다시 책상 앞에 앉아 그간 강의하였던 명리이론을 학술적으로 정리한 것이 이 책이다. 이 길에 접어들어서 가장 중요한 과제처럼 항상 머릿속을 떠나지 않던 일이었는데, 어쨌든 학계의 누군가는 책임 있게 명리의 이론체계를 정직하고도 반듯하게 정리해야 한다고 생각했다. 고전 번역도 하나의 축이지만, 현대명리학계에 난무하는 여러 관법의 근거를 밝혀 정리해야 한다는 숙제가 항상 명치 끝에 머물러 있었다. 명리이론의 근거를 중국의 고전을 통해 밝히는 것도 중요하지만, 한국에서 발전한 이론체계에 대한 규명도 필요하다. 그 고민이 또 몇 해를 갉아 먹었고 아직도 고심 중이다.

이 책에서는 주요 명리 고전을 선별하여 이론을 정리하고 거기에 실제를 첨가하려고 노력하였다. 너무 번잡해지지 않으려 하였고 그래서 이 책의 범위를 현실에 맞게 제한하였다. 그리고 책에 소개한 이론 사이에는 관련성이 있도록 하였다. 내가 알지 못하는 것, 내가 경험하지 않은 것을 아는 것처럼 쓰려 하지 않았고, 다른 사람이 쓴 글을 내 것처럼 쓰지도 않았다. 내가 알아도 학술의 범위를 벗어났다고 생각되는 것은 과감히 제외시켰다. 그래서 이 책은 보편적 명리 이론체계를 소개하고 그에 대해 근원을 찾아 밝히고 나의 해석을 얹은 것이다.

한없이 원고를 붙들고 씨름할 수가 없어서 일단락하여 이쯤에서 마무리한다. 돌이켜보니, 너무나 부족하다. 이렇게 물꼬를 트고 후속 자료가 덧입혀지기를 바랄 수밖에 없다. 전체를 훑었을 뿐, 명리 각론에서 깊이 있게 다루어져야 할 주요이론이 많다. 십이운성, 형충회합, 격국, 신살 등에 대해서는 좀 더 학술적인 내용과 자료를 첨가하여 담론이 형성되어야 한다. 이번에 내용을 모두 담지 못하였으니 다시 각론에 대한 글을 써야 할 것이다. 무엇보다 한국 현대명리학의 이론과 체계에 대한 실존적 서사를 정리해야 한다.

글을 쓰는 일은 두려운 작업이다. 특히 명리학과 같은 분야가 그러하다. 힘든 것은 차치하고 글로 남기는 일은 책임을 지는 일이다. 학계와 술계에 발을 담근 사람이 글로 남기는 작업을 계속해야 한다. 나와 같은 사람은 그것을 숙명으로 여긴다. 그래도 해야 하는 일이니까 책으로도 남기고 논문으로 학계에 발표하는 작업도 한다. 먼 길을 돌아오느라 책으로 남기는 이 작업이 늦어진 것을 반성한다.

명리공부를 하려는 사람은 책을 읽고 또 읽고, 글자 하나하나를 깨우쳐 문리가 트이도록 해야 한다. 문리가 트이면 이론 사이에 숨은 맥을 짚어서 자신의 창의적 해석을 풀어낼 수 있다. 강호로 말하자면, 사주팔자 명리에서 오행의 생극제화, 육신 관계와 형충회합은 손바닥에 가지고 놀 정도가 되어 즉문즉답할 수 있어야 한다. 그런 다음에 길흉변화를 추론할 수 있다. 이보통령(耳報通靈)까지는 아니어도 팔자를 손에 입수하면 바로 근거와 단서를 찾아 한 사람의 운명을 파헤칠 수 있는 정도는 되어야 한다. 끈기 있게 글을 읽고 해석을 탐구하며 명리학문의 길의 끝에 무엇이 있는지 스스로 확인해보기 바란다. 그 희열은 그 무엇과도 비교할 수 없는 것이다. 이 책이 개론서로서 줄기가 되고 개별 이론에 대한 체계적이고 자세한 내용이 연이어 출간되어 명리가 학술로 떳떳하게 인정받는 날을 희망해본다.

CONTENTS

1부_ 입문

CHAPTER 1

사주명리학

01 산명술로서의 명리학

1 보편과 특수 018
2 학문의 대상 023
3 학문의 방법 024
4 명리학의 학제 간 융합연구 028

02 사주명리학의 학문적 체계

1 사주명리의 명칭 044
2 역(易) 046
3 사주명리학의 성립과 전개 065

03 사주명리학의 주요 개념과 이론

1 만세력 091
2 십천간 092
3 십이지지 092
4 지장간 093
5 육십갑자 093
6 납음 094
7 오행 상생과 오행 상극 094
8 사주팔자 095
9 십성과 육친 098
10 형·충·회·합 098
11 십이운성 099
12 신살 099
13 격국과 용신 100

CHAPTER 2

음양과 오행

01 음양론

1 음양 개념의 성립 101
2 주역의 양의 106
3 음양의 특성 107
4 사주명리학과 음양의 적용 109

02 오행론

1 오행 개념의 성립 114
2 오행의 분류와 배속 127
3 하도낙서 137
4 사주명리학과 오행의 적용 148

2부_ 간지론

CHAPTER 1

천간과 지지

01 천간론

1 천간과 지지의 생성 176
2 십천간의 개요 193
3 십천간의 오행과 특성 200
4 십천간별 역사적 인물의 사주 예시 218

02 지지론

1 천간과 지지의 관계 231
2 십이지지의 개요 244
3 십이지지의 시간과 공간 범주 254
4 지장간 260
5 월령 268
6 지지의 사주팔자 적용 284

03 통근과 투출 291

CHAPTER 2

만세력과 사주명식

01 만세력

1 만세력의 의미와 종류 303
2 24절기 314

02 사주명식

1 사주의 구성 321
2 연주의 구성 329
3 월주의 구성 333
4 일주의 구성 336
5 시주의 구성 337
6 태원 341
7 대운과 대운수 342
8 소운 349
9 세운 350

3부_ 간지의 상호작용

CHAPTER 1

육친론

01 육친의 개념과 구분

1 육친의 개념 356
2 십성의 종류 358
3 십성과 일간의 관계 362
4 십성의 특성 364
5 오행의 일간별 육친 순환 390
6 십성으로 보는 인간 삶의 다양한 측면 391

CHAPTER 2

형·충·회·합

01 형·충·회·합의 의의 395

02 천간 오합

1 천간 오합의 관계 398
2 천간 오합의 발생원리 399
3 천간 오합의 특징 403
4 화신의 해석 405
5 천간 오합의 적용 415

03 천간 충 430

04 지지 육합

1 지지 육합의 종류 433
2 지지 육합의 발생원리 436
3 지지 육합의 특징과 적용 439

05 간지 암합 441

06 지지 회합

1 방합 449
2 삼합 453
3 반합 456

07 지지 육충

1 육충의 종류 458
2 육충의 해석 460

08 지지 형살

1 형살의 유래 465
2 형살의 종류 466
3 형살의 발생원리 468
4 형살에 대한 비판과 이해 470

09 기타 : 파·해 474

10 형충회합의 해소와 변화
1 『자평진전』의 해법 477
2 『적천수』의 해법 481
3 형충회합의 적용 486
4 형충회합의 논점 494

4부_ 심화학습

CHAPTER 1
현대 정통 사주명리학

01 십이운성론
1 십이운성의 발생과 의의 506
2 십이운성의 종류와 특징 511
3 십이운성의 적용 516

02 격국론
1 격국의 개념 522
2 격국과 사주의 구조 525
3 격국의 분류 527
4 격국의 성패 541
5 격국과 용신 550
6 체와 용 554

CHAPTER 2
고법의 현대 사주명리학 적용

01 신살론
1 신살의 발생과 개념 563
2 신살론의 참고자료 568
3 길신류 570
4 흉신류 580

02 십이신살 602

1

입문

사주명리학

산명술로서의 명리학 / 사주명리학의 학문적 체계 /

사주명리학의 주요 개념과 이론

음양과 오행

음양론 / 오행론

CHAPTER 1

사주명리학

01

산명술로서의 명리학

미신인가 과학인가?

사주명리학은 한 사람의 생년·생월·생일·생시를 통해 그 인생의 과거를 읽고 현재를 이해하며 미래를 예견하는 방법론이다. 흔히 말하는 '사주'라는 용어는 바로 생년월일시로 구성된 4개의 기둥을 의미한다. 각 기둥이 천간과 지지의 두 글자로 이루어져 있고 연월일시 네 기둥이니 사주에는 모두 합해서 8개 글자 즉 팔자가 있고, 그래서 한국에서는 사주팔자라는 이름으로 더 잘 알려져 있다. 중국어권, 나아가 서양에서는 팔자술 즉 바찌(Bazi)로 통용되고, 학문적으로는 밍리(Mingli : 명리의 중국 발음) 또는 포 필라스 오브 데스티니(Four Pillars of Destiny), 말 그대로 '운명을 읽는 4개의 기둥'으로 번역된다. 사주와 풍수를 모두 아우르는 표현으로 서양에는 펑수이 또는 펭수이(Fengshui)로 더 많이 소개되기도 하였다. 글자의 뜻은 풍수이지만, 사주나 명리를 포괄하여 일반적으로 통용되는 국제용어이다.

앞으로 공부할 사주명리에 대해 다양하고도 믿을 만한 정보를 얻고자 한다면 이와 같이 통용되는 키워드로 검색해보는 것을 추천한다. 특히 학술적으로 글을 쓰고자 하는 학습자는 올바른 영어 표현이나 학술용어를 알고 있어야 한다. 앞으로 학문이 깊어지면 명리나 사주와 같은 통상적 명칭 외에도 구체적 이론과 개념들, 예를 들어 재성, 상관, 칠살 등과 같은 육신의 이름과 도화살, 화개살 등과 같은 신살 명칭에 대한 영어 표현까지 궁금해질 것이다. 명리용어의 개념을 확실히 정립하고, 이를 통해 풍부한 학문정보를 얻어가면서 공부하는 재미와 이치를 깨닫는 희열을 느껴보기 바란다. 학문하는 즐거움이 그런 것 아니겠는가? 학습자의 능력은 얼마나 많은 학습정보에 접근할 수 있으며 어떻게 올바른 것을 분별하여 잘 읽고 이해할 수 있는가에 달렸다.

첫 문장에서 명리를 '방법론'이라 소개하였다. 이것은 명리학이 고대에 '산명술(算命術)'이라는 명칭을 얻었다는 데 기인한다. 그 외에 추명술(推命術)이나 추산술(推算術)과 같은 명칭도 있다. 공통적으로 계산한다고 할 때의 산(算)과, 미루어 추론한다고 할 때의 추(推)가 쓰였다. 계산과 추론은 모두 학술 행위이다. '산명'이란 운수를 점치고 계산한다는 의미이다.

명리학은 중국 명리학사에서 '술수(術數)학 또는 수술(數術)학'에 뿌리를 두는데, 이는 '수(數)' 즉 숫자를 계산[算]한다는 의미가 있고, 공통적으로 '술(術)'이라는 용어가 들어갔으니 일종의 방법론이 된 셈이다. 그러나 술수라는 뿌리는 명리학을 둘러싼 여러 오해를 불러일으키기도 하였다. 즉, 점술(占術)이나 무술(巫術) 등과 연관되어 일종의 신비나 미신으로 인식된 것이다. 명리학이라 부르기 전에 팔자술이라 부르고, 추명학이라 부르기보다 산명술 또는 추명술이라 부르는 데 더 익숙해진 이유가 여기에 있다.

그렇다면 술수학이란 무엇인가? 결론부터 말하면 술수라는 말은 문화적 활동의 하나이다. 유감스럽게도 한국에서는 '권모술수' 또는 '술수를 부린다' 등 숨겨진 방법으로 올바르지 못한 어떤 일을 몰래 한다는 부정적인 의미로 인식되었다. 거기에 점복이나 점성, 풍수, 무속, 참위 등의 지식과 함께 천지의 비밀을 몰래 누설하는 것으로 알려지기도 했다. 그러나 앞에서 말했듯이, 동양사상사에서 술수는 하나의 특정한 의미보다는 수(數)와 관련된 다양한 내용을 함축한 풍부하고 광범위한 차원의 학문과 지식, 그리고 문화를 말한다. 중국 역사를 통해서 보면 술수학은 특히 과학적 지식과 융합되거나 그 원천이 되기도 했다는 것을 확인할 수 있다.

술수학으로 더 깊이 들어가기 전에 다시 사주명리라는 용어에 집중해보겠다. 사주명리가 '학(學)'의 지위를 얻게 된 까닭은 사주명리가 명리학사를 통해 축적한 상당한 수준의 이론적 체계 때문이다. 그 이론적 체계는 일반인들이 사주팔자로 점을 쳐서 얻을 수 있다고 보는 개별적 경험 자료나 단순한 답변의 수준을 넘어서는 것으로, 출생 연월일시를 입력하여 얻어낸 상징적 부호체계를 풀어서 글자를 해독하고 다각적으로 대입하여 해석한 높은 수준의 인출정보이다.

• 사주팔자의 통변(입력과 출력의 이론체계)

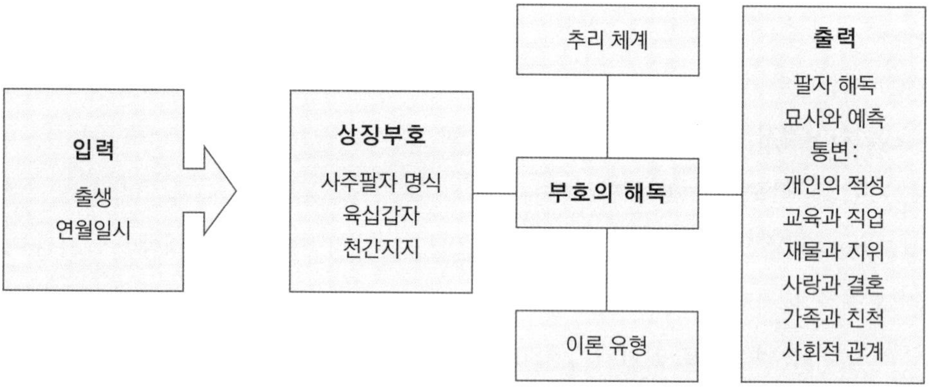

자미두수의 대가인 왕정지(王亭之)는 유가의 개입으로 자평명리학의 학술성이 격상되었다고 말했다. 그 이유로, 첫째 '명대에 만육오가 명리 문헌을 정리하여 『삼명통회(三命通會)』라는 책을 집성하여 간행하면서 여러 자료가 갖추어졌고, 청대 대학자인 진소암이 이를 이론적으로 다듬어 『명리약언(命理約言)』을 편찬'한 것, 둘째 '유가의 중용사상을 술수에 응용하여 『적천수(滴天髓)』를 주석하였기 때문'이라고 설명한

다. 이후 자평명리학은 중국의 전통명리학으로 자리잡게 되었다. 육치극(陸致極)은 『중국명리학사론(中國命理學史論)』에서 왕정지의 언급에 대해, 이는 '자평명리학이 학술의 전당에 들어설 자격을 갖추었다는 말이지 학술의 전당에 들어섰다고 말할 정도는 아니라고' 선을 긋는다.[주1] 이와 같은 언급에서도 알 수 있듯이, 명리학은 여전히 '학'과 '술'의 경계에서 줄타기하듯 강호와 강단을 넘나들고 있다.

점술과의 관련은 역학(易學), 즉 『주역(周易)』에 관한 학문의 소박한 원형인 '점서(占筮)'와 무관하지 않다. 명리학을 공부한 사람을 역학자라고 한다거나 명리로 운명을 읽는 곳을 역술원이라고 하는 등, 한국에서는 명리학을 『주역』과 관련하여 많이 언급한다. 주희도 '『주역』이 본래 복서(卜筮)의 책', 즉 점을 친 기록을 적은 책이라 하였고, 『주역연구사(주역철학사)[주2]』에서도 '역은 복서에 기원한다'고 하였으니 학문적으로 크게 오해라고 할 것은 없다.

'점(占)'은 점 복(卜)과 입 구(口)가 합쳐진 회의(會意) 문자인데, '복(卜)'이라는 글자에 대해 『설문해자(說文解字)』는 "작귀야, 상조지종횡야(灼龜也, 象兆之縱橫也)"라고 하였다. 그 뜻은 귀갑(龜甲 : 거북의 뱃가죽)이나 수골(獸骨 : 짐승의 뼈, 특히 견갑골)[주3]을 불로 지져서 종횡으로 터진 금이나 선을 보고 길흉을 판정한다는 것이다. 즉, 조짐[卜]을 보고 말로 풀이[口]를 한다는 것이 바로 점(占)이다.

한편 '술(術)'을 파자(破字)하면 행하는 것[行]과 출(朮 : 국화과의 여러해살이풀)인데, 이는 고대에 서점(筮占)을 친 것에서 유래하였다. 서점의 다른 말은 시초점(蓍草占)으로, 시초라는 식물의 가지 50개를 사용하여 점을 친 행위를 말한다. 점서(占筮)와 복서(卜筮)의 서(筮)는 대죽 초(艸)와 무당 무(巫)의 조합이다. 모두 점을 치는 행위, 그

주1 육치극, 『중국명리학사론』, 상해 세기출판집단(世忌出版集團), 2008, p.2, 각주4 참조. 『중국명리학사론』은 국내 사회평론사에서 『명리학의 이해』로 번역 출간되었다. 명리학 전공자는 원전과 번역본을 함께 참고하는 것이 좋다.

주2 한국의 예문서원에서 출간한 『주역철학사』는 중국의 요명춘(廖名春)·강학위(康學偉)·양위현(梁韋弦)이 공저한 『주역연구사』를 번역한 책이다. 제목을 바꾸어 출간했기 때문에 독자의 이해를 위해 책 제목을 병기하였다.

주3 갑골(甲骨)이라 하면 흔히 중국 은나라의 유적과 관련하여 생각하지만, 한반도에서도 갑골이 발견되었다는 자료가 있다. 이기환, "상나라와 한민족", 경향신문, 2008.3.7. https://www.khan.co.kr/article/200803071746405

것을 말로 풀어내는 것과 관련이 있는 조합이다.

점술과의 연관성을 신비의 측면으로만 해석하여 미신과 관련시킨 것은 명리학에 대한 중대한 오해 중 하나이다. 무술과의 관련성에 대해서는 사회문화적으로나 민속학적으로 더 깊이 연구할 일이다. 필자는 점술이나 무술의 사회문화적 의미에 관심을 가져왔기 때문에 이러한 연관성과 그에 대한 인식을 부정적으로 평가하여 폄훼할 생각은 없다. 다만, 학문을 하는 입장에서 항상 학술적 근거를 다루고 역사적·문화사적 자료를 제시해야 할 의무가 있다는 것만은 여기서 밝혀두고 싶다. 역(易)과의 관련은 다음 장에 구체적으로 다루겠다.

명리를 하나의 '학술(學術)'로 받아들이고 앞으로의 기나긴 여정을 제대로 시작하기 위해서는 먼저 명리학을 왜 공부해야 하는지, 나아가 무엇을 어떻게 공부해야 할지를 고민해야 한다. 이 학문의 기원이 어디에 있는지를 이해하기 위해서는 당연히 동양고전을 근간으로 한 명리학의 기본개념과 기초이론을 익히는 것에서 출발해야 한다. 역(易)의 의미를 배우는 것이나, 술수역에 대한 이해와 함께 동양 오술(五術)에 대해 공부하는 것 등도 병행해야 할 시작점이다.

1 보편과 특수

이 책에서는 사주명리학 입문에 대한 제언을 보편과 특수라는 주제로 시작하고자 한다. 보편과 특수는 학문을 하는 사람에게 중요한 개념이고 무겁게 고민해야 할 주제이다. 앞에서 사주팔자나 명리 등을 학문적으로 풀어내기 위해 술수라는 개념을 언급하였다. 우리가 보통 '학술(學術)'이라고 할 때 그것은 '학(學)'과 '술(術)'의 조합이다. 각각 영어로 말하면 '학'은 사이언스(science)이고, '술'은 아트(art)이다. '술'을 방법론적으로 해석한다면 영어로 메소돌로지(methodology), 즉 자료를 논리적으로 검토하고 범주에 따라 분류하여 지식을 습득하는 과학적이고 합리적인 인식 방법론에 더 가깝다.

명리를 술수라고 하는 이유는 기술로 보기 때문이며 현장과 관련이 있다. 기술이라고 하면 일종의 재주이겠지만, 앞으로 사주통변의 실용에 접어들면 아트(art), 즉 예술적인 측면이 많다는 것을 알게 될 것이다. 필자는 다른 곳에서 사주명리를 '예술'이라고도 표현하고 미학적인 접근이 필요하다고 언급한다. 그것이 명리학에 대한 미래지향적 학술접근이라고 생각하기 때문이다.

그런데 술수를 학문의 이름으로 보편화시키기 위해서는 그 술수적 측면에 더하여 사이언스(science), 즉 과학적인 보편화가 요구된다. 철학에서 특수는 구체적이고 보편은 추상적이다. 특수는 개별적인 것이고 독특한 것이며 일회성인 것이다. 사주로 말하면 개별사례의 특수기법일 수 있다. 어떤 사람이 "올해 시험에 합격할까요?"라고 물었을 때 한 번 맞히는 것은 특수에 해당한다. 그러나 그 사람이 언제 물어보든 항상 맞힐 수 있다면 보편에 해당한다. 어떤 술사가 사주를 읽고 적중률이 높다는 것은 한 번만 맞힌 것이 아니다. 특수는 어쩌다 맞히는 것이고 상황에 따라 대답이 달라지는 것이다. 보편이 되려면 그 해석이 일반적으로 항상 적용될 수 있어야 한다.

그렇다고 사주통변에서 특수와 관련된 기법이 전혀 쓸모없는 것은 아니다. 어떤 사항에 대해 타로카드를 뽑아 본다든지 주사위를 던져서 일회성 결과를 얻는 것들은 일종의 특수로, 상황에 따라 여전히 필요하다. 사주명리와 같이 치밀하게 글자를 분석하고 상관관계를 따져서 풀이해야 하는 산명술의 영역도 있지만, 무작위 점(random divination) 즉 우연점의 영역도 엄연히 존재한다. 현대에도 사용되는 주사위, 동전점, 카드점 등이 그에 속하며, 가위바위보나 게임도 넓은 의미에서 우연점으로 본다. 아침에 일어나서 오늘은 무엇을 먹을까 고민될 때 판단을 내리기 위해 디지털시계가 홀수를 가리키면 달걀을 삶아 먹고, 짝수를 가리키면 프라이를 해 먹을 수도 있다. 대단히 심각하거나 중요하지 않은 사소한 일에도 여전히 우연의 계시를 지켜보는 것이 인생사이다.

역학사에서도 시초점과 귀복점(龜卜占)이 모두 사용되었던 것을 언급하고 있다. 앞에서도 잠깐 설명했지만, 시초점은 시초라는 식물의 줄기 50대로 설시(揲蓍), 즉 먼저 줄기 하나를 빼낸 다음 4개씩 덜어내어 나머지를 손가락 사이에 끼우는 등의 방법으로 점을 친다. 여기에는 시행하는 과정이 있고, 규칙에 따라 분류하며 그것을 부호로 나타내고 부호를 이론적으로 풀이하는 절차가 따른다. 한편, 귀복점은 거북의 뱃가죽이나 짐승의 뼈를 불에 태워서 그 균열상태로 조짐을 읽어 점을 친다. 시초점은 법칙에 따라 계산을 하는 것이고, 귀복점은 상징을 읽는 일종의 우연점이다.

필자가 특수라고 했을 때는 이러한 우연점만을 뜻하는 것은 아니다. 다만, 인생사에서 다양한 선택의 순간에 기여하는 술수의 역할이 분명히 있다는 점을 말하고자 한 것이다. '점'의 영어 단어 디비네이션(divination)은 디바인(divine), 즉 신의 계시라는 단어에서 왔다.[주4] 어떤 상담가가 오늘은 이렇게 대답하고 내일은 다르게 대답한다면 일관적이지 않다고 비판할 수 있지만, 그 상담가만의 특수한 해석법이고 경험에 근거한 직관일 수도 있다. 상담가 즉 술사의 경험과 여건에 따라 해석이 달라진 특수의 영역인 것이다. 고대에 거북의 뱃가죽이나 커다란 뼈에 생긴 동물 모양으로 조짐을 유추했던 직관과 관련된다. 고대인들은 그것을 일종의 계시라고 여겼다.

• 보편과 특수

특수	개별, 독특, 일회성 구체 개별 사주 사례와 통변 상황에 따라 달라지는 결과 술사의 경험과 여건에 따라 해석이 달라지는 것	술(術), Art 개별 상담현장의 적중술 비인부전(非人不傳) 강호의 고수	학술 (學術)
보편	한정된 특수를 모두에 적용할 수 있는 것, 진리 추상 개별 상황에서 사용한 사주 기법을 일반화하는 것 임상자료를 통해 통계치를 얻는 것	학(學), Science 문헌을 찾아 학문적 근원을 따지고 논리로 증명 이론적 근거와 통계적 검증	

주4 신의 계시에 대한 표현으로 신탁(神託, oracle)이라는 단어가 있다. 이것은 인간이 판단을 내리기 어려운 사안에 대한 신의 응답을 말한다. 원시적으로 신탁의 다양한 방법이 있는데, 점성술, 새점(새가 나는 모양으로 점을 침), 몽점(꿈해몽), 귀갑점, 제물로 바친 짐승의 내장의 형상을 보고 치는 점, 사자(死者)점, 제비뽑기 등이다. 고대 이집트, 바빌로니아, 아시리아 등에서 신탁이 성행했으며 그리스의 델포이 신탁이 유명하다.

반면 보편은 한정된 특수를 일반적인 사례에 두루 적용하는 것이다. 이것이 학술적으로 정리되어 발전하면 학문이론이 되고 나아가 진리가 된다. 특수가 술(Art)의 영역에 있다면, 보편은 학(Science)의 영역에 가깝다. 개별 상담현장의 적중률을 검증하고 고증하여 이론적 근거를 따지고 통계적으로 입증했다면 보편의 영역으로 발전한 것이다.

'술'을 비인부전(非人不傳) 즉 아무에게나 전수할 수 없는 강호의 영역에 비유한다면, '학'은 체계화된 제도권 교육이 될 것이다. 술수라는 명리를 공부하는 사람으로서 특수의 영역을 무시할 수는 없겠지만, 명리학 연구는 두 가지를 함께 아우르는 학술을 추구해야 한다. 사설학원이나 개인을 찾아 사습하면서 비법을 전수받기보다 제도권이라는 학문의 장에서 검증받은 교수자에게 이론적 체계를 밟아 학위를 취득하는 것이 학과 술을 함께 추구하는 한 가지 방법일 것이다.

• **학과 술의 영역**

<table>
<tr><td>학(學)
Science</td><td>보편
『주역』과 같은 경전 공부
사주의 주요 고전 연구(자평진전, 적천수, 궁통보감, 삼명통회 등)
억부, 격국, 조후 등의 정통 관법
오행의 생극제화, 십이운성, 격국, 육친, 형충회합</td><td rowspan="2">학술
(學術)</td></tr>
<tr><td>술(術)
Art</td><td>특수
아무도 모르는 자신만의 비법, 비기
특수 사주 관법</td></tr>
</table>

위에서 살펴본 바와 같이, 명리를 공부하는 사람은 보편과 특수 모두를 아울러야 한다. 그래서 명리학문의 길은 고전 등 정통 이론서와 함께 현장상담과 이론, 과거와 현대적 관법 등 모두에 눈과 귀를 열어야 하는 것이다. 한편 그 구체적 방법론으로 들어가면, 사주명리이론은 글로 익히면서 동시에 형상화하여 삼차원의 입체적이고 다각적인 형태로 이해해야 한다. 또 이론을 배우면 반드시 실전에 적용하여 연습할 필요가 있다. 필자가 『기초부터 배우는 사주명리』에서 쓴 것처럼, '시간을 읽어서 물질

이라는 개념으로 환산해내는 일이 바로 사주명리'이다. 앞으로 기초이론을 배우고 현장에 적용하면서 알게 되겠지만, 사주통변은 사주의 여덟 글자 각각을 평면으로 펼쳐놓고 읽는 동시에, 시간 흐름에 따라 입체적으로도 읽어야 한다. 이것이 사주명리의 미학이다.

• 보편과 특수의 보완법

보편의 보완법	사주명리의 학문적 체계에서 검증된 자료를 읽고 근거로서 해명한다. 용어와 개념의 성립과 사용을 확인하고 비교하여 정리한다. 이론의 체계를 성립하고 검증한다.
특수의 보완법	현장에서의 사주통변을 실증한다. 임상에서 나온 사주 사례를 축적하여 기록으로 남긴다.

명리학은 신비와 과학이라는 두 가지 무거운 짐을 짊어지고 있다. 신비는 그 자체로 상당히 매력적이지만, 특수의 영역이면서 입증이 어려운 분야이다. 이것을 학문의 틀에 맞추어 보편적으로 풀어내기란 명리학습자로서는 굉장히 부담되는 일이다. 명리와 같은 분야를 처음 접했을 때는 먼저 그 신비로운 측면에 이끌리게 된다. 인간의 운명을 읽고 미래를 추론한다는 것은 상당히 매력적인 일이기 때문이다. 호기심은 관심이 되고, 관심은 애정이 되며, 애정이 나아가면 믿음이 된다. 필자는 수많은 명리학습자들이 명리학에 가진 그 순수한 호기심과 관심과 애정을 잘 안다. 그리고 그러한 애정이 믿음으로 발전하는 것도 지켜봐왔다. 그러나 믿음이 지나치면 독단, 즉 종교적 도그마에 이른다. 도그마는 초자연적인 계시를 믿고 이성적 비판을 허용하지 않게 되는 맹목적 신봉의 단계이다. 인간의 이성이 도그마에 빠지지 않기 위해서는 끊임없이 의심하고 학문적으로 연구하며 논증하고 치밀하게 확인해야 한다. 신비와 과학 또는 미신과 학문은 마치 역학의 꽃잎과 꽃술의 관계와 같다. 중국철학자들은 역학의 상수역과 의리역을 꽃잎과 꽃술에 자주 비유하곤 했다. 이 두 가지 가치 사이에서 줄타기하듯이 풀어나가야 하는 것이 명리학습자의 짐이고 앞으로의 과제이다.

2 학문의 대상

앞에서 보편과 특수의 문제를 정리해보았다. 이제 막 명리학을 시작한 초학자들에게는 다소 장황하고 부담이 되는 주제일 수 있다. 그러나 이것은 명리학문의 길이라는 긴 여정에서 올바른 경로를 선택하기 위해 반드시 고뇌해야 하는 단계이다. 다음은 명리학을 학술적으로 정복하기 위해 무엇을 공부해야 하는지를 정리한 것이다.

- 명리학의 학술적 근거 : 『주역(周易)』과 주요 명리 이론서
- 명리학의 역사적 단계와 주요이론
- 음양 오행의 생극제화와 그 상호작용
- 천간지지의 의미와 조합
- 육십갑자
- 사주의 구성 : 근묘화실과 궁성
- 월령의 이해
- 육신(六神) : 사주 각 요소 사이의 상관관계
- 형충회합(刑沖會合) : 사라지는 것, 변해가는 것, 새롭게 생기는 것
- 격국과 용신
- 신살
- 육십갑자로 구성된 상징적 조합의 비밀번호를 푸는 방법
- 자신에게 좋은 운과 나쁜 운 분별하기 : 개선과 대안 연구

사주명리학 공부는 먼저 음양오행을 배워야 하고 그 생극제화와 상호작용을 알아야 한다. 필자는 항상 이 단계에서 『주역』을 공부하라고 말한다. 사주팔자를 구성하는 것은 천간과 지지인데, 천간과 지지가 바로 팔자의 부호체계이다. 부호체계라는 것은 학문의 필수도구이다. 도구는 개념이 되고, 개념이 발전하여 이론이 된다. 천간

과 지지의 의미와 흐름을 이해하고 그것이 상징하는 바를 음양오행과 연관시켜 해석하는 것이 이후 명리 통변에 중요하다. 10개 천간과 12개 지지의 조합이 육십갑자이다. 이것이 사주팔자, 즉 명식을 구성한다. 이와 같은 부호체계와 상징이 만들어낸 팔자라는 코드에 숨겨진 비밀번호를 푸는 방법을 공부하는 것이 명리학이다. 다시 말하면, 사주라는 4개의 기둥과 팔자라는 천간과 지지 속에 숨어 있는 비밀코드를 해석하여 한 사람의 인생을 추론하고 그 개선과 대안을 연구하는 것이 사주명리학이다.

사주팔자라는 정체된 틀 속에는 글자들간의 상관관계가 있고, 그 속에 또한 사라지는 것, 변해가는 것, 새롭게 생겨나는 것이 있다. 여덟 글자의 드러난 틀 속에 숨겨져 있는 조화와 변화가 만들어낸 것이 명리학의 묘미이고 그래서 이 공부가 어렵다. 그 조화와 변화에 따라 한 사람의 인생이 어떻게 펼쳐지는지를 추산할 수 있어야 한다. 소위 말하는 피흉추길(避凶趨吉)의 진정한 의미가 무엇인지를 깨우치는 공부가 될 것이다.

3 학문의 방법

명리학은 참으로 매력적인 학문이지만, 처음 생각하고 기대한 것만큼 쉽지만은 않은 공부이다. 그만큼 이해하고 외워야 할 것이 많다. 이러한 명리학을 어떻게 공부해야 하는가?

- 기본용어의 이해와 암기 : 주요 명리 고전과 올바른 교재 선택
- 지구의 공전·자전, 태양과 달의 관계 : 절기와 그에 따른 인간사의 변화 분별
- 가능한 많은 사람의 사주를 읽고 임상자료를 축적할 것 : 데이터베이스 구축과 통계치 분석
- 책을 단순히 읽기보다는 이치를 파악해야 함
- 단락마다 공부가 끝나면 주위 사람들과 사주의 기초와 논리에 대해 토론

이 책은 신비와 학술의 중간 지점에 위치한 사주명리의 학술적 자료를 제시하고, 그 개념과 이론을 학문적으로 연구하려고 한다. 먼저 학문하려는 대상을 파악하고 구체적 방법론을 밝힐 것이다. 어떤 주장이 학술로 발전하기 위해서는 그 역사성과 문헌성, 그리고 논리성이 증명되어야 한다. 명리학의 기원은 점을 친 책이라는『주역』에서 시작하여 약 3,000여 년 전으로 거슬러 올라간다. 명리학의 구체적 도구인 육십갑자로 팔자를 구성한 때가 동한시기부터이니, 그 이후로 1,800년 이상의 학술자료와 수많은 사주 사례의 통계치가 누적되었다. 명리학의 문헌성은『주역』이후 발간되고 연구된 여러 명리 고전이 말해준다. 그 학술적 발전에는 유가와 도가, 그리고 불가의 개입이 있었다.

한나라 시기에 '사람은 태어나면서 운명을 부여받았다'는 '명(命)'에 대한 인식이 생겨났고 명리학의 철학적 근거가 되었다. 그리고 천간지지와 육십갑자라는 부호체계가 정립된 이후 고법과 신법, 그리고 그 심화 저작들이 생산되었다. 이 책은『주역』·『오행대의』·『연해자평』·『삼명통회』·『적천수』·『궁통보감』·『자평진전』 등을 사주명리학의 주요 참고자료로 제시할 것이다. 그러나 이 책들에 영감을 준 수많은 위서(緯書)가 있고, 또 이 책들이 참고한 기타 서적들이 있다. 그 외에 근대의 주요 해석서와 근대 명학자들의 명리서도 함께 참고할 수 있다.

이 책에서는 가능한 책 이름과 편명을 출처에 함께 적었다. 원전의 한문을 모두 싣지는 못했지만, 주요 어휘의 한자는 병기하려고 노력하였다. 다행히 선학자들의 수고로 많은 명리서가 한국에도 번역되어 있다. 이 책에 제시된 편명을 찾아 책장을 넘겨가면서 검색해보면 대부분 원문을 확인할 수 있으리라 조언한다. 아직 번역되지 않은 자료도 많은 것이 사실이다. 명리학자들의 과제요 앞으로의 숙제로 남는다.

어떤 사람은 명리학을 철학이라 말하고, 또 어떤 이는 통계학 또는 천문학이라고도 말한다. 다 맞는 말이지만, 한 가지로만 정의할 수는 없다. 이과적 사고를 가진 사람은 명리학을 과학적으로 분석하려 하고, 문과적 사고를 가진 사람은 상담명리학에 관심을 갖거나 문화적 가치에 관심을 갖기도 한다. 또는 명리학에서 도덕적 가르침을 찾으며 위로의 학문으로 발전시키고자 할 수도 있다. 어떤 이는 명리학과 한의학을 함께 연구하고, 어떤 이는 명리학과 심리학을 함께 연구하기도 한다.

명리학을 이해하려면 적어도 지구의 공전과 자전 즉 지구와 태양과 달의 움직임, 그리고 별자리와 같은 천문점성학을 알아야 한다. 공전으로 인해 사시사철과 같은 계절의 변화와 건기·우기가 나타나며, 자전으로 인해 밤과 낮이 생긴다. 그리고 밤낮이 바뀌는 것을 보면서 원시인들은 우주와 자연현상에 대한 가장 원초적인 궁금증을 갖게 되었을 것이다. 이에 대한 초기 사유가 바로 음양이론의 발전 계기이다. 사시사철의 변화와 변화무쌍한 천문기상 현상이 명리학과 같은 피흉추길의 공부를 탄생시킨 것이다.

음양이론에서 오행이 생겨나고, 오행을 사시에 적용하여 인간의 일을 해석한 것이 명리학이다. 기본적으로 사시의 변화나 밤과 낮의 변화가 어떤 천문학적 원리에 의해 나타난 것인지를 파악하고, 그것과 인생사를 사주명리가 어떻게 연결시켰는지에 관심을 가져야 한다. 그렇다고 대단한 천문학 지식이 필요한 것은 아니다. 물론 명리학을 공부하면서 천문학적으로 깊이 연구할 수도 있고, 한편으로 주역철학과 같은 분야를 파고들 수도 있다. 최근에는 심리상담학 분야와 융합연구를 한 자료를 많이 볼 수 있다. 다양한 분야의 공부를 차분하게 긴 호흡을 가지고 장기적인 시각으로 익히기 바란다. 이러한 과정을 통해 관련된 학문과의 연결고리와 진리를 깨닫게 될 것이다.

운(運)은 때에 따라 움직이는 것이고, 명(命)은 운명이 주어졌음이다. 인간이 자신에게 주어진 명을 알고 그에 따라 명과 조화로운 삶을 살아가는 것이 지천명(知天命)의 삶이다. 지천명하면 운명에서 자유로워질 수 있으니, 이것이 바로 사주를 공부해야 하는 이유다.

위의 인용문은 필자의 『기초부터 배우는 사주명리』에서 가져온 것이다. 지천명(知天命)은 말 그대로 하늘의 명령을 안다는 것이다. 지천명의 명(命)은 운명(運命)이라고 할 때의 '명'이다. '명'은 하늘로부터의 명령 즉 주어진 것이다. 태어난 생년월일시는 인간이 선택한 것이 아니라 주어진 것을 받은 것이다. 프랑스의 사상가이자 작가인 장 폴 사르트르(Jean Paul Sartre, 1905~1980)는 '인생은 B와 D 사이의 C이다'라고 하였다. B는 탄생을 뜻하는 Birth, D는 죽음의 Death, C는 선택의 Choice의 첫 글자이다. 한 인간의 인생에서 탄생과 죽음은 하늘의 명령이지 인간이 자유의지로 선택한 것이 아니다. 하지만 그 사이의 선택은 인간이 살아가면서 주체적으로 행하는 일이다.

동양인들의 인식에 따르면 탄생과 죽음은 바로 하늘로부터 주어진 것이고, 그것은 하늘의 명령이다. 이러한 명령을 이해하려는 것이 지천명의 공부이다. 그 명령을 알고 나서 인간이 취해야 할 행동은 두려움에 빠진다거나 무기력해지는 것이 아니다. 공자가 말한 50세의 지명(知命)은 지천명으로 내 운명의 한계를 알고, 그 운명의 테두리 안에서 올바른 선택을 하는 삶이다. 주어진 운명의 범위를 알아야 진정한 인간의 자유의지가 나온다. 인간의 선택은 자유의지에 관한 것이고, 명리학은 탄생과 죽음 그리고 그 사이의 선택에 대한 공부이다. 인생이라는 긴 여정에서 인간은 바로 앞에 무엇이 나타날지 모든 것을 볼 수 있는 초능력이 없다. 사주명리는 인생이라는 여정에 희미하게나마 켜둔 가로등, 또는 기나긴 항해 도중 어두운 밤바다에서 만나는 등대와 같다. 탄생의 데이터로 뽑은 것이 사주팔자이고, 명리를 공부하여 사주팔자에 나타난 삶과 죽음을 고뇌하며 그에 따라 어떻게 살아갈지를 읽어내는 것이다.

『적천수』「지명(知命)」에서도 '명(命)을 알지 못하는 자는 귀머거리와 같다' 하고, '명을 알고 순(順)과 역(逆)의 기틀을 이해한다면 천하 사람들의 귀가 먹은 것을 열어줄 수 있다'고 설명하였다. 명리공부를 통해 우리는 참 '나'와 주변 사람들, 나와 그들이 처해 있는 상황, 어떤 환경이 유리한지 반대로 불리한지를 알고자 한다. 또한 언제 무엇을 어떻게 해야 하는지를 도움받고자 한다. 즉 계획하고 있는 것을 당장 해야 할지, 장기적으로 시행하는 것이 나은지 반대로 보류하는 것이 나은지 판단하는 도움을 얻고자 한다.

하늘에서 내리는 비는 인간의 힘으로 막을 수 없다. 태풍이 불어닥치고 벼락이 내리치는 것은 인간의 의지로 조절할 수 있는 것이 아니다. 그러나 인간에게는 비가 올

때 어떤 행동을 취해야 하는지 판단하고 행동하는 자유의지가 있다. 우리는 비가 얼마나 오는지에 따라 우산을 쓰고 나가야 할지, 또는 심한 폭풍우라면 일의 사안에 따라 차라리 집 안에 있겠다는 지혜로운 판단을 해야 한다.

이러한 상황을 인식하고 올바른 판단을 내리기 위한 공부에 대해 앞으로 이야기할 것이다. 어떤 인연을 만날까, 나의 배우자는 어떤 사람인가, 친구나 사업 파트너, 가족 내에서의 인연에 관한 모든 것 또한 어떻게 읽는지 알아보자. 사람에 대한 것뿐만 아니라 건강이나 심리, 나아가 어떤 색깔 어떤 기운 어떤 물질이 나에게 이로운지에 대해 판단하여 내 주변을 홍미롭게 재구성하는 지혜를 앞으로의 공부를 통해 얻을 수 있을 것이다.

4 명리학의 학제 간 융합연구

필자는 서양의 시스템적 관점으로 『주역』과 사주명리이론을 연구해왔고, 관련 비교논문을 몇 차례 발표하였다. 시스템적 관점은 시스템이론, 번역하여 체계이론이라고도 한다. 시스템이론 또는 체계이론은 정보이론, 사이버네틱스 등과 함께 세계 지식인들이 미래의 전망을 위해 다양한 시도를 하는 과정에서 관심을 가진 분야이다.

시스템이론은 총체적인 시각으로 어떤 사물, 사건, 현상을 바라보는 태도를 말하고, 개체보다는 전체의 유기적 관계를, 분석보다는 종합과 통섭을, 물질보다는 정보를 강조하는 사유방식이며 방법론이다. 시스템적 사유는 세계를 원자론적으로 개체화하고 분리해서 이해하기보다는 전체가 유기적으로 연관되어 있다는 시각으로 본다. 이러한 관점은 서구의 철학발전 단계에서 나타난 개별 대상의 실체를 분석하고 실험하여 원인과 결과를 찾아내려는 방식과는 다르다. 오히려 각 개체의 관계에 의미를 두고 전체에 나타나는 상호 모순과 갈등, 그를 통한 통일적 연계성을 중요시한 동양적 사고방식에 더 가깝다.

필자가 관심을 가진 분야는 이러한 시스템적 사유를 『주역』의 천지인 삼재지도, 6

효의 중층적 체계, 괘·효의 순환적 구조와 형상사유, 그리고 상관적 사유 등과 비교하는 것이다. 그 논문의 제목이 「현대 시스템이론과 주역의 6효 구조 연구」이다. 같은 맥락으로 사주명리학의 이론체계를 시스템론적으로 연구하였는데, 그 비교분석 대상은 천간과 지지의 층차 관계와 상호연계성, 명식 구조의 기능과 역동적 체계, 간지와 천지인의 동형(同形) 구조와 순환시스템이다. 이 논문의 제목은 「명리학(命理學) 이론체계에 관한 시스템론적 고찰」이다. 모두 시스템이론의 다양한 개념과 관점으로 사주팔자 명식의 구조와 분석 시스템을 연구한 것이다.

시스템이론과 관련하여 흥미롭게 연구할 수 있는 또 다른 분야는 망델브로(B. Mandelbrot)의 '프랙털'[주5] 이론이다. 프랙털(fractal)은 망델브로가 라틴어 사전에서 'fractus'라는 단어를 보고 생각해낸 것이다. '분리된, 규칙이 없는 조각'이란 뜻으로 영어의 'fracture and fraction'과 동의어이다. 프랙털은 부분과 전체가 유사한 형태, 즉 자기유사성(self-similarity)으로 반복된 패턴을 보이는 기하학적 구조를 말한다. 무한대의 구조로 비선형 운동을 반복하는 프랙털은 카오스(혼돈)의 개념과 비선형 동역학을 이해하는 데 주효한 개념이다. 불규칙적으로 보이는 무한대의 기하학적 구조 안에는 반복된 역학 구조와 질서가 존재한다. 망델브로는 우주의 '특이한 모습들(oddities)'과 '불규칙성(irregularities)'을 언급하고 그 '혼란스러워(chaotic)' 보이는 모습의 이면에는 '숨겨진 질서'가 있다고 말한다. 세계는 유기적으로 반복되지만, 인간의 눈에 그것은 소용돌이치는 형상의 모임과 같은 비정형의 형태로 보인다. 예를 들면, 콜리플라워나 고사리잎 모양, 눈꽃의 형상, 번개가 치는 모습, 인간의 뇌나 허파의 형상, 미시물리학에서 원자구조의 모델과 태양계의 모습 등이 프랙털 구조이다. 그 외에도 현대사회의 금융이나 경제 흐름에도 프랙털이론을 다음과 같이 적용하였다.

주5 Benoît Mandelbrot, "Fractals and the art of roughness", TED, 2010. 망델브로는 고대로부터 인간의 삶과 떼어낼 수 없는 것으로 '거칠다(roughness)'라는 단어를 사용한다. 이것은 '불규칙적인 것(irregularity)'과 유사한 뜻 ― 사실 망델브로는 'irregularity'보다 'roughness'란 단어의 사용을 더 선호한다 ― 인데, 전체 우주에 나타난 복잡성(complexity)을 설명하기 위한 개념이다.

금융이나 경제에 대한 프랙털적 접근은 두 가지 특징을 갖는다. 첫 번째는 불변성의 중요성에 대한 믿음인데 그것은 안정성을 확인하고 경제학에서 불변성 원칙을 축적할 수 있다는 심오한 믿음이다. 두 번째 특징은 확률이론이 생각보다 더 변동성이 있다는 것과 몇 가지 특징적인 '무작위의 상태'를 보다 기꺼이 대면하는 인식이다.[주6]

현대사회의 주가 동향이나 면화가격 변동을 나타내는 경제적·사회적 그래프에도 프랙털의 모습이 나타난다. 일면 무한정 불규칙해 보이는 자연의 현상이나 과정들은 같은 형상의 대칭구조를 반복적으로 만들어 나간다. 그것을 '동형(同形)구조 이론' 또는 '대칭구조(symmetry) 이론'이라 한다. 그것이 불규칙해 보이는 이유는 단지 그것을 측정하는 인간의 '자(scale)'가 상대적이기 때문이다.[주7] 리아스식 해안을 측정할 때 눈금이 정밀한 자를 사용하면 해안선의 길이가 무한정 늘어날 수 있다는 사실이 이를 증명한다. 망델브로는 '축척(scaling)'에 대한 관점이 '혼돈이론'과 '환치계산법(renormalization)'[주8]에도 중요하게 사용될 수 있다는 점을 강조한다.

프랙털이론이 『주역』의 시스템관과 연관되는 지점은 무한반복되는 순환관과 자기유사성의 형상이론이며, 무질서해 보이는 복잡한 요소들 사이의 관계(비선형운동)와 그 모순이 통일된 질서를 이루어내는 과정이다. 말하자면 『주역』에서 역의 의미와도 같이, 세상의 모든 것은 변화하지만 그 변화하는 이치는 불변이며 또한 그것은 너무나 간단한 이치라는 것과 상통한다. 중국의 사상가들은 조화가 자연스럽게 발생하여 유기적인 세계질서의 기본적 원리가 된다고 생각하였다. 우주의 상을 통한 동격화 사고가 중국의 유기체적 세계관과 상관적 사고의 배경이 된다고 말할 수 있다. 『주역』의 순환관, 상관적 사유, 음양오행의 동태적 관계, 변화관, 천지인 삼재와 괘효의 동형구조, 천인감응적 사유, 『주역』 상경과 하경의 구조, 괘효의 구성과 그 관계에서 밝혀

주6 Benoît Mandelbrot, 『Fractals and Scaling in Finance』, Springer, 1997, p.28.

주7 Leslie Alan Horvitz, 『Eureka!: Scientific breakthroughs that changed the world』, Wiley, 2002, pp.211~226.

주8 양자론에서 주요 계산법의 하나.

진 층차구조와 각 층위간의 상호작용 또는 반작용, 그들간의 질서와 기능 및 역동성 등은 중국 철학에 나타난 시스템 사유의 원형이다. 그 첫 번째 특징은 천과 인, 그리고 주체와 객체를 전체적 관계로 파악하는 통일적 사유이다. 이러한 시각이 이전되어 명리학의 이론적 체계와 명식의 구조, 그리고 그 해석방식에 녹아든 것을 밝히는 것이 필자의 연구 취지이다. 주가 동향을 분석하는 것과 간지 구조로 나타난 사주팔자로 한 사람의 길흉화복, 흥망성쇠, 성패생사의 추세를 추단하는 것에서 그 현실적 적용 지점을 찾은 것이 필자가 말한 프랙털이론과 사주명리학 이론의 비교연구이다.

두 번째로, 필자가 강의에서 가볍게 인용하는 '뷔리당의 당나귀(Buridan's ass)'가 있다. 14세기 프랑스 철학자 장 뷔리당(Jean Buridan, 1295~1363)의 이름을 딴 가설로, 비슷한 건초더미 사이에서 어떤 것을 선택해야 할지 고민하는 당나귀를 인간에 비유한 것이다.

뷔리당의 당나귀는 그러한 상황에서 당나귀가 결정을 못 내리고 미룬다면 결국 굶어 죽을 수도 있다는 것을 암시한다. 그리고 쉽게 결정하기 힘든 상황이더라도 주체적인 자유의지로 무엇이든 하나를 선택해야 한다는 것을 비유적으로 말하고 있다. 당나귀는 자유의지로 어떤 건초더미이든 선택을 해야만 굶어 죽지 않는다. 인간은 살아가면서 도덕적이거나 윤리적인 것을 떠나 어떠한 가치의 무게와 상관없이 무엇이든 선택해야 하는 다양한 상황을 맞이한다. 이성적으로 철저히 옳고 정답만을 골라 선택해야 한다면 아무것도 성취하지 못할 수도 있다. 선택의 순간에 고민만 하며 문제를 해결하지 못하는 것보다는, 그래도 점을 쳐서 판단을 내리는 행위의 순기능이 있다는 것을 말해주는 비유이다.

세 번째로는 서양점성학과의 관련성이다. 점성학과의 비교연구는 공부의 깊이가 꽤 깊어지고 연구해야 할 대상의 폭도 넓어진다. 필자도 천문학에 대해 명리학만큼 깊이 논의할 자신이 없다. 서양점성학과 비교연구를 하려면 천문학의 영역까지 알아야 하고, 동양점성술의 기원과 전개까지 연구해야 한다. 그 지점에 사주명리학과 관련된 발전과정이 있었다. 영국 캠브리지대학 교수 조셉 니덤[주9]은 동양 고대의 점성술은 메소포타미아와 유럽, 인도 등에서 지대한 영향을 받으면서 형성되었다고 설명한다. 동양의 사주명리학은 이미 발전단계에서 중국 점성학과 긴밀한 이론적 교류가 있었고, 서양점성학이 전통명리학의 발전에 관여한 부분이 있다는 것은 분명하다. 그것이 명리이론에 구체적으로 반영된 예로 신살론이 있다.

서양의 개인점성술은 바빌로니아에서 기원하여 기원후 2세기경 그리스에서 형성되었으며, 대체로 세 차례에 걸쳐서 중국에 전해졌다. 첫 번째는 중국의 육조(六朝)시대로 대략 기원후 389년부터 589년까지이다. 다음으로 수(581~618)·당(618~907) 시기에 인도의 불교가 전해지면서 인도의 점성술도 함께 전해졌는데, 인도의 점성술은

주9 조셉 니덤(Joseph Needham, 1900~1995) : 영국 캠브리지대학 교수 및 곤빌앤드키스칼리지 홉킨스연구소 연구원. 대표적인 저서로 『중국의 과학과 문명』이 있다.

그리스 점성술에서 영향을 받은 개인점성술을 포함하고 있었다. 전래된 시점으로 보아 오행론과 오성학, 형충회합론, 십이운성법과 같은 전통명리학 이론과 고법의 체계에 영향을 주었다고 유추할 수 있다.

인도를 경유하여 중국에 전해진 그리스의 개인점성술을 보여주는 대표적인 책이 『수요경(宿曜經)』과 『칠요양재결(七曜攘災決)』이다. 당대에 중국에서 유행한 점성술이 헤이안(平安) 시대[주10]의 일본에도 전해져 크게 유행했다고 알려졌으며, 한국으로의 전래에 대해서는 『수요경』이나 『칠요양재결』이 고려대장경에 수록되어 있다는 사실로 확인할 수 있다. 이상을 통해 천문학적 지식을 바탕으로 한 점성술이 이미 고대 중국에서 태동하였고, 메소포타미아와 유럽, 인도 등 서양에서 받은 영향을 넘어서서 독자적으로 발전하였다는 것을 알 수 있다.

필자는 신살론 강의를 시작할 때 신살의 연원으로 항상 천문학과 점성학을 언급한다. 현대 학문체계에서 천문학은 엄연히 과학의 한 분야이지만 점성학은 그렇지 않다. 전통시대에 주요 학문분야 중 하나였던 점성술은 과학이 발전하면서 비과학 아니면 미신으로 격하된 것이 사실이다. 학문의 발생과정으로 보면 점성술은 천문학이 어느 정도 발전한 후에야 성립할 수 있는 학문이다. 천체의 위치와 그 변화의 특이점을 관측하여 이것으로 점을 치는 것이 점성술이기 때문이다.

서양천문학의 역사에서는 천문학과 점성술을 분리하는 것이 가능하다. 천문학을 독립적으로 구성하고 점성술은 신비주의 과학이나 유사과학의 영역으로 분리하여 다루어왔기 때문이다. 역사적으로 점성술의 성립에 수리천문학이라는 기초가 필요하다고 했지만, 서양의 점성술은 천문학과는 분리되어 인식되고 발전해왔다.

그러나 동양의 천문학사에서는 점성술을 천문학에서 분명하게 분리하지 못했다. 동아시아에서 천문학과 점성술은 국가 주도의 학문이었으며, 둘 다 하늘과 연관된 학문으로서 늘 짝을 이루어왔다. 역대 왕조의 역사를 담은 역사서에는 늘 '천문지(天文

주10 헤이안 시대는 794년에 간무 천황이 헤이안쿄로 천도한 때부터 1185년에 가마쿠라 막부가 들어서기 전까지의 시기다. 일본 고대 말기로, 귀족문화가 발달하였다.

志)'와 '역지(曆志)'가 포함되었는데, 해당 왕조 동안에 이루어진 점성술과 관련된 활동은 천문지에 기록했고, 역법을 개발하고 시행한 것과 같은 수리천문학적 활동은 역지에 기록했다. 역법은 달력과 관련된 것이다.

동아시아에서 가장 중요한 학문적 사유의 근원처는 '하늘'이다. 천문은 점성술과 더불어 하늘에 대한 독특한 관념을 제공했고, 하늘과 인간이 교감한다는 '천인감응'은 동아시아의 주요 인식체계로 하늘의 다양한 현상과 변화가 인간에게 중요한 영향을 끼친다는 믿음이다. 현대인의 눈에는 비과학적으로 보일지 모르지만, 동양철학사상에서 이는 중요한 신념이다. 주역의 '천도를 읽어서 인간의 일을 설명한다[추천도이명인사(推天道以明人事)]'라는 천인관계의 철학이 명리학의 기본생각이 된 것도 이에 근거한다.

동아시아에서 점성술은 천문학과 떨어질 수 없는 관계였으며, 위정자에게는 하늘의 현상으로 국가통치를 하는 주요 정치철학이기도 했다. 이는 나라의 중대사를 앞두고 운세를 점치는 공적인 활동으로, 중세 서양에서 점성술이 영주나 귀족의 개인적인 관심사에서 이루어진 사적인 활동이었던 것과는 대조적인 현상이다. 현대사회에서 생일로 별자리점을 치거나 태어났을 때 천체가 어떻게 배치되었나를 보고 개인의 운세를 점치는 점성술은 모두 서양의 개인점성술에서 영향을 받았다고 할 수 있다.

중국의 천문학은 북극성과 북두칠성을 중심으로 하는 중국 고유의 천문학, 그리고 적도와 황도대를 중심으로 하는 고대 서양점성학의 두 가지 형식이 병존한다. 전국시대 점성술에서는 '분야(分野)'라는 생각이 널리 인정되었다. 소위 말하는 '분야설'로, 하늘의 특정 구역이 지상의 특정국가(지역)와 연관되어 있어서 그 나라의 명운을 주관한다고 생각하였다. 즉, 하늘을 12개 구역으로 나누고 각 구역을 지상의 국가에 배당하여 특정 구역에 어떠한 현상이 나타나면 그것으로 국가나 지역의 길흉을 점쳤다. 이것이 동아시아 국가 점성술의 논리적인 기초이다. 천체의 위치나 외견상의 변화를 관측하여 국가나 위정자의 안위를 점치는 중국 점성술의 기본구조는 전국시대에 형성된 것으로 보인다. 이러한 동양 천문점성학의 사유가 사주명리학 이론의 곳곳에 점철되어 있다.

네 번째 융합연구로 필자는 원시 점술문화가 현대사회에 이르기까지 사멸되지 않고 이어진 구체적 사례에 관심을 가져왔고, 놀이문화와 점술을 비교하여 연구하고 있다. 원시문화의 신화적 사고에서 점술과 놀이의 두 가지 측면을 발견할 수 있고, 그 두 가지 모두 고대로부터 현대에 이르기까지 잔존하여 일상에 스며들었다는 것이 필자의 생각이다. 원시문화의 부류로 동서고금을 통틀어 가장 오래된 고전인『주역』의 점서(占筮)가, 필자가 관심을 가진 원시문화의 가장 소박한 원형이다.

고대에서부터 점술은 불가해하고 두려운 현상에 처한 인류가 점을 쳐서 결과를 묻고, 그것을 일상의 대소사에 적용하여 미래에 대비하기 위한 것이었다.『주역』은 고대 인류가 자연의 현상과 변화를 음효(--)와 양효(—)라는 2개의 기본부호로 작성한 것이고, 그 조합으로 만들어진 팔괘와 64중괘, 그리고 384효로 만물의 실정을 살피고 인간의 일에 적용하여 점을 친 저작이다.『주역』의 원형인『역경』의 제작과정은 기본부호인 음효(--)와 양효(—)가 수(數)에서 진화하여 고대인들의 취상비류(取象比類 : 모양을 취하여 비슷한 것끼리 유추하는 것)라는 특유의 추론형식으로 발전한 것이다. 이는 장구한 동양문화사에서 상형문자 및 회의문자의 탄생과 발전의 역사와 관계가 있으며, 중국뿐 아니라 전 세계 문화예술사의 화려한 전적이기도 하다. 이로써 사람들은 64괘로 64가지 사물의 실정을 유비하여 추론하였고, 구체적 정황의 규율을 파악하여 결단하였으며 세상사의 사정을 처리할 때 참고하였다. 그것은 인류가 영감과 지혜로 다양한 누적경험을 통해 만들어낸 것으로, 고대인들이 자연의 현상과 변화를 관찰하고 분류하여 분석한 결과였다. 그 근원에 점을 친 의도와 행위가 있었으니, 깊이 간직된 그 문화 인류적 의미에 대한 탐구와 분석이 요구된다 하겠다.

필자는 원시문화의 신화적 사고를 고찰하여 점술에 '불확실한 것에 대해 내기를 거는' 일종의 게임과 같은 측면이 있음을 밝히고 그것을『주역』의 점서 내용과 비교해왔다. 원시 점술의 신화적 사고는 놀이와 결합되어 나타나기도 했는데, 에드워드 타일러는『원시문화』라는 책에서 이것을 '운에 맡기는 게임(games of chance)' 또는 '알지 못하는 것에 대한 호소(an appeal to chance, to ignorance)'로 정의한다.

> 문명화되지 않은 인간은 그가 어떤 의미를 부여하기로 했는지에 따라 제비뽑기나 주사위의 결과가 나온다고 생각한다. 특히 점술가나 도박사의 상위에 영적인 존재가 있어서 제비를 섞거나 주사위를 던져서 답을 준다고 상정하는 경향이 있다. … 역사적으로 후대에도 우리는 여전히 운에 맡기는 게임이 초자연적 작동의 결과라고 여긴다.[주11]
>
> 점술과 운에 맡기는 게임의 기술은 원칙적으로 너무 비슷해서 한 가지 용도로 사용된 도구가 다른 용도에도 같이 사용된다.[주12]

첫 번째 인용문은 '점술'이나 '알 수 없는 것에 대해 물어보는 행위'가 원시문화에서는 초자연적이고 영적인 존재를 전제하고 그 개입을 의미했다는 내용이다. 인용문에서 말한 제비뽑기나 주사위 던지기와 같은 형태 외에 점술이 오락적인 용도로도 계속 사용되어 전해진 경우가 허다하다. '내기용 팽이 돌리기'나 '주문을 외면서 손뼉을 치는 행위' 등이 그 예이다. 지금도 놀이로 하는 팽이 돌리기는 코코넛 돌리기라는 원시 점술에서 전래되었고, 손뼉치기는 전쟁 중에 어떤 곳을 통과하려 할 때 안전할지를 묻는 점술의 일종이었다.[주13] 생소하게 들리는 이러한 원시 점술들이 오늘날에 와서 주로 게임이나 오락적 용도로 살아남았다는 점이 흥미롭다.

두 번째 인용문을 통해 또 한 가지 관심을 가져야 할 내용은 '점술'과 놀이가 뚜렷하게 구분되지 않았다는 것이다. 점술과 놀이에 등장하는 도구가 서로 교차 사용된다는

주11 Edward B. Tylor, 『Primitive Culture(원시문화)』 Vol.1, London : John Murray, 1920. p.71. "The uncivilized man thinks that lots or dice are adjusted in their fall with reference to the meaning he may choose to attach to it, and especially he is apt to suppose spiritual beings standing over the diviner or the gamber, shuffling the lots of turning up the dice to make them give their answers.… later in history we still find games of chance looked on as results of supernatural operation."

주12 같은 책, pp.72~73. "Arts of divination and games of chance are so similar in principle, that the very same instrument passes from one use to the other."

주13 같은 책, p.73. 폴리네시아의 니우(niu)라고도 하는 코코넛 돌리기 점술의 원래 목적은 아픈 사람이 회복될 것인지를 묻는 것으로, 코코넛을 향해 가족의 수호신에게 바치는 기도를 큰 소리로 읊은 뒤 회전시켜 코코넛이 멈춘 방향에서 신의 뜻을 알려주었다. 한편 주문을 반복하면서 손뼉 치는 행위는 전쟁 중에 어떤 지역을 안전하게 통과할 것인가를 점친 것이다. 정확하게 손깍지가 껴지면 순조로운 통과를 의미한다.

내용이 이를 반증한다. 타일러는 그중에서도 도구의 중요성에 대해 언급하면서, 고대 로마의 점술에서 좌골이나 복사뼈가 사용된 경우를 설명한다.

그것들(좌골과 복사뼈)은 네 면에 숫자가 적힌 조잡한 주사위로 바뀌었다. 로마의 도박사가 도박을 하기 위해 복사뼈를 사용할 때조차, 그는 그것을 던지기 전에 신을 부르곤 했다. 그와 같은 도구들은 오늘날 대체로 놀이를 위해 사용되지만, 그럼에도 불구하고 그것을 점치는 용도로 사용하는 일은 고대에만 국한된 것은 아니다. … 중국인들은 돈과 당과를 걸고 제비뽑기로 도박을 하지만, 또한 앞날의 예측을 위해 사원에 마련된 제비뽑기에 엄숙하게 참여해서 징조를 얻고 결과를 진지하게 받아들인다. 전문 점술가들은 시장통에 앉아서 손님들에게 미래를 알려준다. 유럽인들은 아직까지도 카드놀이를 점치는 용도로 사용한다. 그 초창기 종류는 '타로'라는 이름으로 알려져 있다.

같은 책『원시문화』에서 인용한 내용으로, 좌골이나 복사뼈와 같은 것들은 원시 인류의 생활환경에서 구할 수 있는 의미 있는 점술도구였다.『주역』의 귀복점 또한 거북의 뱃가죽이나 짐승의 견갑골 등을 사용하였다. 아프리카도 예외가 아니다. 거기에서도 점술가라는 전문가가 마을의 대소사를 관장하고, 점술에 동물의 뼈를 사용한다.[주14] 다음으로 언급된 제비뽑기나 시장통에서 점칠 때 사용하던 카드, 현대 타로카드의 초장기 형태인 카드놀이는 점술과 놀이에 중복적으로 사용된 도구의 사례이다. 이것은 동서양이 비슷한 관습을 공유한다는 것을 말해준다.

고대로부터 전해진 다양한 문화적 잔존물 중 야만적 잔재로 인식되어 '미신'이라고 비난받아온 것이 점술이다. 그러나 놀랍게도 원시 점술은 신비라는 옷을 덧입어가면서 인류역사의 눈부신 과학발전에도 살아남아 유지되고 있다. 그 이유로 필자가 제시

주14 장용규,「아프리카 점술 뼈의 상징, 논리와 사회적 의미 : 줄루 사회의 점술을 중심으로」,『비교민속학』, 제21집, 비교민속학회, 2001, pp.523~544 중 p.527. 줄루 점술의 두 가지 형태로 첫 번째 점술가의 직관으로 하는 '감각적 점술', 두 번째 점술 도구를 사용한 '우구불라 응가탐보'를 소개하고, 이것이 동물 뼈를 사용한 점술이라 소개하고 있다.

하는 것이 놀이와의 관련성이다. 앞으로도 놀이방법, 놀이도구와 그 상징들을『주역』의 음양이나 점술에 따른 길흉의 결과, 그리고 놀이의 승패와 같은 개념으로 확장하고 비교할 수 있을 것이라 본다.

다섯 번째로 명리와 심리상담 분야는 최근 활발히 진행되는 융합연구 분야이다. '명리·심리'라는 키워드로 학술연구 자료를 검색하면 30여 개의 학술논문과 120개가 넘는 학위논문이 검색된다. 실제로 필자가 심사하는 논문의 비중으로만 보아도 심리나 심리상담과 명리학을 비교연구한 논문이 절반 이상이다. 학술적으로 명리학과 심리학의 프로이트나 융, 아들러 등의 이론을 비교분석한 논문도 있고 심리학과 명리학의 특정이론을 떼어내서 비교한 논문도 있다. 예를 들면 명리학의 십성이론과 심리학의 MBTI가 지닌 상호연관성을 연구한 부류이다. 그중 한 연구논문의 요약문을 아래에 인용하였다.

본 연구는 사주명리학의 십성과 MBTI 심리기능과의 연관성 연구로서 질적 연구이다. 본 연구에서는 사주의 강한 십성과 MBTI 심리기능과의 연관성을 실제 사주 분석과 MBTI 검사를 통해 비교했다. 또한 사주의 강한 십성과 MBTI 심리기능을 대상자 별로 분석해보는 것도 필요하다고 본다. 이러한 필요성에 따라 본 연구의 목적은 두 이론의 상호보완점을 찾고, 명리의 심리적 설명이 용이하도록 돕기 위함이다. MBTI는 자신의 성격을 인지하게 해서 인간관계의 갈등과 문제 해결에 도움을 주고자 하는 심리 검사지이다. 사주명리의 십성 역시 내담자의 성격과 심리를 이해할 수 있도록 도와주는 이론이다. (중략)

연구 결과 사주에서 일간에 가장 강력하게 작용하는 인성, 재성, 관살, 식상과 MBTI의 감각(sensing), 직관(intuition), 사고(thinking), 감정(feeling) 기능 중에 한 개 이상 연관성이 있음을 알 수 있었다.[주15]

[주15] 백강희, 정미숙,「사주명리의 십성과 MBTI 심리기능과의 연관성 연구」, 동방문화대학원대학교 자연치유연구소, 자연치유연구, 제7권, 2022.

인용한 논문은 MBTI와 명리학 십성과의 관련성을 연구한 것이다. 심리학의 MBTI가 일반 대중에게 많은 호응과 관심을 불러일으킨 것을 보면서, 필자는 사주명리의 격국을 MBTI와 같은 팔자 유형 분석의 도구로 쓸 수 없을까 생각해본 적이 있다. 그것은 시중의 16가지 MBTI 유형처럼 명리학의 격국유형을 일반인에게 적용 가능하도록 보편화하는 시도이다. MBTI는 마이어스-브릭스의 유형지표(Myers-Briggs-Type Indicator)의 첫 글자를 딴 것으로, 캐서린 쿡 브릭스와 그의 딸 이자벨 브릭스 마이어스가 칼 융의 분석심리학을 근거로 개발한 성격유형 선호지표이다. 이 지표는 태도지표(E·I·T·F)와 기능지표(S·N·J·P)의 총 8개를 조합하여 16가지 성격심리유형으로 나타낸다. 그 8가지는 에너지 방향을 외향형과 내향형(Extraversion·Introversion)으로, 인식기능을 감각형과 직관형(Sensing·Intuition)으로, 판단기능을 사고형과 감정형(Thinking·Feeling)으로, 생활양식을 판단형과 인식형(Judging·Perceiving)으로 하여 8개 대칭성을 조합한 것이다. 아래가 그 조합의 유형이다.

• **MBTI 유형**

		T(사고)		F(감정)	
		J(판단)	P(인식)	J(판단)	P(인식)
I(내향)	S(감각)	ISTJ	ISTP	ISFJ	ISFP
	N(직관)	INTJ	INTP	INFJ	INFP
E(외향)	S(감각)	ESTJ	ESTP	ESFJ	ESFP
	N(직관)	ENTJ	ENTP	ENFJ	ENFP

이러한 분류법을 사주명리의 격국을 읽는 관법으로 환치하여 상관적으로 적용할 수 있다. 먼저 부(富)와 귀(貴)로 나누고, 부는 육친의 식상과 재성, 귀는 관성과 인성으로 대별하여 아래와 같은 격국유형을 그려볼 수 있다. 이 도표는 필자의 초기 관심으로 상당히 거칠게 나타낸 것임을 이해하기 바란다.

• **자평명리의 격국유형**

			부(富)			
			노력형		실력형	
			식신	상관	정재	편재
귀(貴)	권력형	정관	식신용관	상관견관	재생관	재생관
		편관	식신제살	상관대살	재생살	재생살
	명예형	정인	식신패인	상관패인	재격패인	재격패인
		편인	식신도식	상관패인	재격패인	재격패인

필자가 위에 제시한 자평명리의 격국유형은 정격 위주이고, 수많은 격국유형 중 대표적으로 화두를 던지는 수준이다. 위는 부와 귀의 육신 성분을 조합하는 방식이지만, 실제 격국이론에는 위와 같은 부귀의 조합말고도 노력형과 실력형의 육신인 식신·상관과 재성의 조합이나 권력형과 명예형의 조합인 정관패인 등의 조합 등을 포함하여 무수히 많다. 여기서는 예시를 위해 MBTI 유형의 개수인 16가지 경우의 수에 맞추어 단순하게 구현했을 뿐이다. 명리 격국의 유형은 이보다 훨씬 더 많아서 그 내용이 복잡하고도 섬세하다. 이 연구에 착수하여 구체화하려면 격국유형 패턴을 분류하여 보편적이고 구체적인 분석도구를 만드는 작업이 진행되어야 할 것이다.

이제까지 위에서 예시로 든 심리상담 분야 융합연구 외에, 학생들의 학업진로와 적성관련 또는 특정 직업 분야의 사주팔자 구성에 대한 통계적 방법론을 연구하는 사례도 많다.

마지막으로 학술연구 수준까지는 아니지만, 필자는 사주명리의 다양한 생각을 예술과 접목하여 유럽의 예술가와 함께 작업한 바 있다. 예를 들면, 2019년 영국의 파비오 라탄치 안티노리(Fabio Lattanzi Antinori)라는 예술가와 「미래의 단어들(Future Words)」이란 제목으로 서울시립미술관에서 사주와 예술을 주제로 작품을 전시하였다.

전시에 소개된 안내문을 보면, '이 작품은 온라인 검색 키워드 목록을 사용하였고 … 한국의 사주 마스터 자넷 신(필자의 영어 이름이다)이 네이버 창립일(생년월일시)과 한국에서 처음으로 인터넷에 접속한 날짜를 사용하여 (사주로) 편집하였다'라고 되어 있다.

이후 「두 개의 기둥과 일곱 개의 글자」라는 제목으로도 전시하였는데, 그 작품에 대해서는 다음과 같이 소개되었다.

사주팔자(네 개의 기둥과 여덟 개의 글자)의 요소를 서울시립미술관의 특징으로 변모시켜 서술한 것이다. 서울시립미술관에는 전시장을 가로지르는 두 개의 큰 기둥이 있고, 미술관은 일곱 글자의 명제로 정보화되어 있어, 미술관 존재의 표면적 사실을 내포하는 제목으로 기능한다. 하지만 전시는 우리에게 표피의 존재를 넘어 그 이면에 보이지 않는 데이터의 유의미성을 직시할 수 있는 역설적 기회를 제공한다.

사주명리의 확장된 연구 분야는 실로 무궁무진하다고 할 수 있다. 다만 학술적인 방법론이나 체계적 접근, 이론적 근거를 파고드는 구체성이나 치밀함을 갖추는 일이 학자의 책임으로 남는다. 그러한 여건을 갖추지 못한 분야나 주장에 대해서는 이곳에 모두 소개하지 않았고, 학습자들도 경계하기를 바란다.

02

사주명리학의 학문적 체계

역사성 · 문헌성 · 논리성

어떤 이론이 학술로 인정받으려면 역사성 · 문헌성 · 논리성이 증명되어야 한다. 명리학의 역사성을 말할 수 있는 학문적 기원은 먼저 역(易) 또는 주역(周易)에서 시작할 수 있다. 물론 명리의 실용 노선에는 『주역』과 같은 학문적 근거를 장착하는 것 외에도 지녀야 할 소양이 많다. 굳이 설명이 필요 없겠지만, 현장 통변의 관점에서 명리로 사주팔자를 해석하는 작업은 사회와 인간에 대한 관심이 우선 요구되고, 술사라는 직업에는 상담객과의 소통능력도 중요하다. 학문의 분야로 보더라도 『주역』은 동양철학으로 분류될 수 있는데, 현대명리학에서는 철학이라는 학문분야 외에 심리학이나 통계학, 그리고 과학과 융합하려는 노선도 있다. 필자도 이와 같이 확장된 시각과 발전 노력에 찬성하는 입장이다. 실로 대부분의 명리학습자들이 주역을 명리학의 학문적 뿌리로 생각하는 경향이 있고 잘못된 생각은 아니다. 다만 명리학을 주역이나 동양철학의 하위개념으로만 다룬다면 명리학이 지닌 다양한 과실을 만끽할 수 없다는 점을 알아야만 한다.

예상하겠지만, 사주명리학 입문의 시작은 역(易)에 대한 공부로 명리학의 학문적 기원을 밝혀야 한다. 다음으로 명리학의 문헌성을 증명하기 위해서는 다양한 명리 고전을 소개하여 그 요지를 살피고 명리학사에 대한 연구를 해야 한다. 그것은 시기적으로 어느 시대에 어떤 인물이 나타나 무엇을 연구하여 명리학의 학술적 단계를 구축해왔는지를 정리하는 것이다. 여기에서는 명리학 문헌들을 시대에 따라 밝히면서 이 책에서 참고한 주요 고전 위주로 소개한다.

명리학의 역사성과 문헌성을 확인함으로써 그 이론적 체계를 학습하기 위한 선행준비가 된다고 본다. 이 책의 본문은 명리학의 이론적 체계를 알아볼 수 있는 시간이 될 것이다.

1 사주명리의 명칭

일반 학습자에게 명리공부가 어렵게 느껴지는 원인 중 하나는 한자라고 할 수 있다. 필자도 경험했지만, 제자들을 만나 대화해보면 한자 공부의 어려움을 토로하는 경우가 너무도 많다. 한자가 어려워서 공부를 중도에 포기하거나 시작도 하기 전에 의지를 접는 경우를 많이 봤다. 그럴 때마다, 어렵겠지만 음양 두 글자, 오행 다섯 글자, 천간 열 글자와 지지 열두 글자만은 한자로 제대로 쓰기로 약속하자고 하였다. 물론 학문이 깊어지기 위해서는 한자로 된 자료를 읽어야만 하지만, 그에 대한 우려는 지금은 잠시 보류하기로 한다. 기본을 갖추고 나면 추가로 마주치게 될 한자를 습득할 수 있는 여유가 생길 것이다.

역에 대해 언급하기 전에 먼저 사주명리의 다양한 명칭을 알아보겠다. 다음 표에 한자와 영어 표기를 함께 적었는데, 검색을 위해 사용할 수 있는 보편적인 키워드로 보면 된다. 학술적으로는 아래 소개한 명칭 외에 정명(定命), 추명(推命), 녹명(祿命),

산명(算命) 등의 용어와 결합하기도 하며, 팔자명리학, 자평명리학, 사주추명학 등으로도 불린다.

• 사주명리의 명칭

용어	영어 및 다른 표현
자평(子平)	zi ping
명리(命理)	ming li
팔자(八字)	bazi
사주(四柱)	four pillars of destiny(saju)
풍수(風水)	feng shui
역학(易學) · 역술(易術)	주역과 술수

지금까지 한 번씩 언급한 용어들이지만 다시 정리해보자. 먼저 '자평'이라는 용어가 눈에 띈다. 자평(子平)은 서자평(徐子平)이라는 사람의 이름에서 온 것이다. 서자평은 북송 초기 사람으로 이름은 거이(居易)이고, 자(字)가 자평이다. 화산(華山)에 살았던 은사(隱士)로 전해진다. 그의 저서로 추정되는 『낙록자삼명소식부주(珞琭子三命消息賦註)』에 전통명리학 금법(今法) 체계의 표준모형이 제시되었다는 점에서 '자평'이라는 명칭이 명리학을 대표하게 되었다.

신법(新法)이라고도 하는 금법은 현대명리학 이론 구조의 기준이 된 것으로, 월지에 근거하여 일간을 읽고 나머지 글자들을 일간에 대입한 육친관계로 분류하여 그 강약과 조후 등을 해석한다. 금법 이전에는 고법(古法) 또는 구법(舊法)이 있었는데, 소위 띠로 읽는 당사주나 삼명술 등이 이에 해당한다. 보통 명리학을 공부하는 사람들은 금법을 자평학, 구법을 삼명학이라고 한다. 신살 등이 삼명술에 속했던 부류이다. 이후 자평 또는 자평학은 명리학의 중요한 학문체계를 의미하는 고유명사가 되었다. 앞에서 언급했던 『자평진전(子平眞詮)』이라는 명리 고전에도 '자평'이 쓰였다. 제목으로 보면 자평학에 대한 진정한 설명을 담은 책이라 할 수 있다. 『자평진전』은 청대 심효첨이 쓴 책으로 현대명리학 이론체계 중 격국론에 크게 기여한 책이다. 그 외 주요 명리 고전과 명리학사에 대한 이야기는 다음 기회로 미룬다.

명리학을 서양이나 중국에서 자평학이라고도 하는 것을 보면 자평이 얼마나 중요한 의미인지 알 수 있다. 자평을 영어로 쓰면 '지핑(ziping)'인데, '子平'의 중국식 발음이다. 중국어 한자음을 로마자 표기하는 발음부호를 병음(倂音)이라고 한다. 국제적으로는 병음이 통용되기 때문에 구글 검색이나 학술 발표를 할 때에도 알아둘 필요가 있다. 한국식 발음과는 당연히 차이가 있다.

다음으로 '풍수'가 사주명리 카테고리에 들어와 있는 것이 눈에 띈다. 현대 한국술수학계에서는 사주와 풍수를 분리하는 분위기다. 아쉬움이 남는 지점이다. 국제적으로 풍수가나 풍수마스터라고 하면 당연히 명리에 대한 기초가 있는 사람이고, 명리에 근거하여 진단하고 풍수로 처방하는 자이다. 그 외에 앞에서 말한 산명술이라는 명칭도 쓸 수 있고, 또 다른 이름인 추명술(推命術) 또는 추산술(推算術)이라는 명칭도 있다. 마지막으로 역학과 역술이라는 표현이 있는데, 여기 사용한 역(易)이 바로 주역에서 온 글자이다. 다만 우리가 공부하는 명리학이 역학의 일종일 뿐, 역학을 대표한다고 볼 수는 없다. 역학은 글자 그대로 역을 학문적으로 연구하는 것이다.

2 역(易)

명리학의 다양한 이론체계를 학문적으로 이해하려면 적어도 『주역』에 대한 기초지식이 있어야 한다. 여기서 소개하는 『주역』과 관련된 여러 학설들은 다양한 출토문헌이 발굴됨에 따라 추가되거나 수정되고 있음을 미리 밝힌다. 『주역』은 여기서 간단히 언급하고 대충 넘어갈 수 있는 내용은 아니다. 그러나 명리의 가장 기본적인 개념인 음양 공부부터 『주역』과 함께 학습하는 게 좋다고 앞에서 말한 바 있고, 미룬다고 넘어갈 수 있는 공부도 아니다. 앞으로 명리학습이 깊어지면 천간과 지지를 절기와 방위에 배속하는 문제, 글자간의 상합이나 상충, 신살 등에 이르기까지 선천과 후천 팔괘,

괘기 역학, 하도낙서와 깊은 관련이 있다. 명리의 다양한 구체이론의 근거에 역 이론이 숨어 있으니, 여기서 대략적으로라도 소개하고자 한다. 물론 따로 시간과 노력을 들여 제대로 학습하기 바란다.

1. 역의 시기

역이 성립된 시기로 보통 주(周)나라, 기원전 1,100년경을 말한다. 지금으로부터 따진다면 3,000년이 훌쩍 넘는 역사이다. '주역(周易)'이란 바로 주나라 역이란 뜻이다. 참고로 천간과 지지의 조합인 육십갑자로 사주의 부호체계가 성립된 것은 한나라 시기로 본다. 한나라의 치세 기간은 기원전 202년부터 기원후 220년까지 약 400년으로, 통일국가로서 중국 역사상 가장 장기간 중국을 지배하면서 국가의 기틀을 세우고 번창하였던 왕조였다. 주역의 시대로부터 1,000년의 세월이 흐른 뒤에 명리학의 기본적 도구가 성립되었다고 볼 수 있다. '역(易)'은 『주역』과 『역경』 등을 총칭하기도 하지만, 『주역연구사』에 따르면 본래 '역'은 고대 중국에서 '천신(天神), 지기(地祇) 또는 종묘(宗廟)에 제사를 지내기 전이나 전쟁과 같은 중대사를 치르기 전에 점을 치기 위한 점서의 도구'를 뜻하는 말이었다. 여기서 지기(地祇)는 땅을 다스리는 신령을 의미한다.

중국 고대의 『역』에는 3역, 즉 『연산(連山)』(하나라역), 『귀장(歸藏)』(은나라역), 『주역(周易)』이 있었는데, 앞의 두 역은 소실되고 『주역』만 남았다. 은나라의 정확한 역사적 명칭은 상나라이다. '은(殷)'은 상왕조의 마지막 수도였는데, 은허의 발굴로 인하여 많은 유적이나 문헌 자료에서 상나라와 은나라라는 명칭이 병기되고 있음을 참고로 알면 될 것이다. 『주역』의 성립 시기인 주나라는 철기시대로 진입하고 고대 사람들이 정착하여 농경사회의 모습이 나타났다는 것, 그와 함께 국가가 성립되고 점을 치는 관리인 사관(史官)이 등장했다는 특징이 있다. 이와 같은 점은 점서로서의 『주역』을 연구할 때 중요한 참고사항이다. 기술발전이나 시대상황, 정치사회 문화적 배경, 인류문명의 발전단계 등은 학문 형성에 중요한 영향을 끼치기 때문이다.

- 농경사회로의 진입
- 국가시스템
- 사관(점을 치는 관리)
- 『역경』의 제작
- 주희 : "『역』은 본래 점치는 책이다[역본복서지서(易本卜筮之書)]."

『사고전서총목제요(四庫全書總目提要)』[주16]는 『주역』에 대해 다음과 같이 쓰고 있다.

『역』의 도리는 광대하여 포함하지 않는 것이 없다. 곁으로 천문·지리·악률·병법·운학·산술에서 방외의 연단술에 이르기까지 모두 『역』을 원용하여 이론을 만들었으며, 신기함을 좋아하는 자들은 또 그런 설들을 『역』에 도입하였기에 『역』의 이론이 갈수록 더욱 번다해졌다.

역은 점을 치기 위한 점서의 도구를 뜻했고, 이렇게 점을 친 자료를 모아서 기록한 책이 바로 『역경(易經)』이다. 주희가 말한 대로 '『역』은 본래 점을 친 책'이었다. 『역경』을 해석한 책이 『역전(易傳)』이고, 『주역』은 『역경』과 『역전』을 모두 일컫는다. 『주역』은 3경(시경·서경·역경)의 하나요, 5경(시경·서경·역경·예기·춘추)의 으뜸이다. 동서양을 통틀어 최고(最古)의 책이며, 고대의 과학과 사회 문화사를 집대성한 책이다.

• 사서와 오경

사서(四書)	『대학(大學)』, 『논어(論語)』, 『맹자(孟子)』, 『중용(中庸)』
오경(五經)	『역경(易經)』, 『서경(書經)』, 『시경(詩經)』, 『예기(禮記)』, 『춘추(春秋)』

주16 『사고전서총목제요』는 중국 청나라 건륭제 47년에 중국 역대의 주요 전적을 분류하여 만든 최대 목록이다. 총 200권이며 고전인 경(經), 역사서인 사(史), 제자백가인 자(子), 그리고 문집인 집(集)의 4종류로 분류하였다.

아래 도표는 역의 시기와 관련된 역사적 연대와, 점을 친 내용과 관련된 특징을 정리한 것이다.

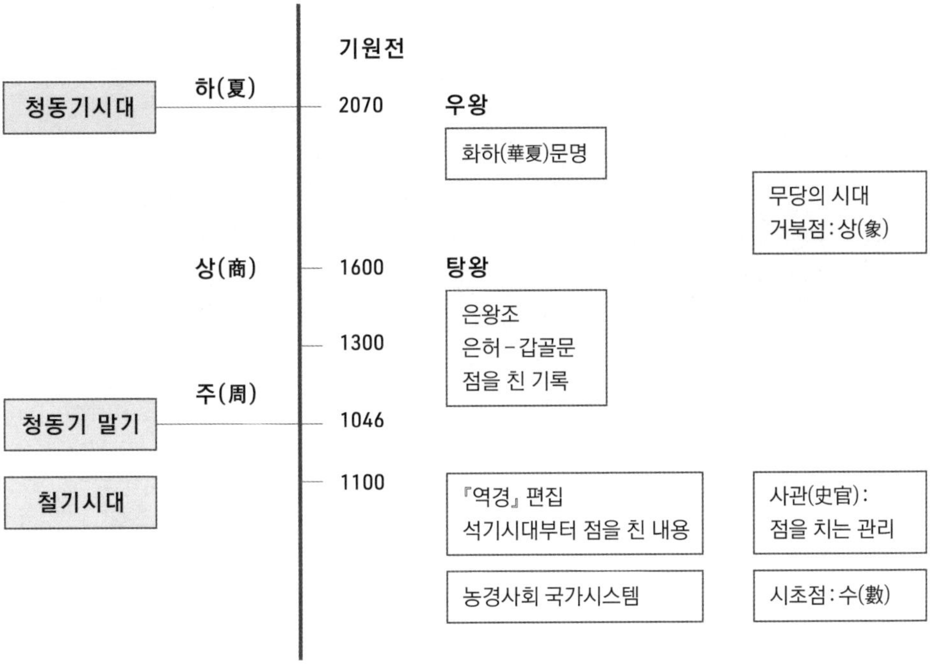

2. 점치는 방법

『역학철학사』의 저자 주백곤은 고대인들이 점을 쳐 길흉화복을 묻는 방법으로 두 가지가 있었다고 하며 귀복점(龜卜占)과 서점(筮占)을 소개하고 있다.

먼저 귀복점은 '귀복갑(龜腹甲) 즉 거북의 뱃가죽이나 우갑골(牛胛骨) 즉 짐승뼈를 불로 구워서 나타나는 갈라진 무늬를 복(卜)이라 하고 그 조짐[조(兆)]을 읽어서 사람 일의 길흉을 추단한 것'이라 하였다. 은허에서 출토된 갑골문이 그 증거이고 주나라 사람들도 귀복점을 믿었다고 한다. 갑골문은 중국 최초의 문자로 10,000여 자가 넘게 출토되었고 의미가 확인된 것만도 1,700자가 넘는데, 원래는 점칠 때 사용한 것이다. 참고로 갑골문은 처음에는 약재로 잘못 알려져 병 치료에 사용되다가 왕의영(王懿榮,

1845~1900)에 의해 고대문자임이 최초로 밝혀졌다는 것도 알아두자.주17

※ 출처: 위키피디아, 「갑골문」, https://en.wikipedia.org/wiki/Oracle_bone_script

서점 또는 점서에 대해서는 '시초(蓍草)라는 식물로 변화의 수를 계산하여 팔괘의 상을 얻고, 그 괘상에 의거하여 길흉을 추단하는 것'이라 하였다.

『주역』「계사전 상」에 시초를 계산하여 괘를 얻는 방법이 나오는데 다음과 같다.

주17 왕의영은 청나라 말기 금석학자로, 지금의 국립대학 총장에 해당하는 국자감 제주(祭酒)를 지냈다. 그는 지병인 학질(말라리아)을 앓고 있었는데, 용골(땅에서 나오는 오래된 뼈나 화석)이 몸에 좋다는 말을 듣고 약재상에서 구해 가루를 내서 먹었다. 당시 왕의영의 집에는 소설가이면서 문자학자였던 유악(劉鶚, 1857~1909)이 머물고 있었는데, 두 사람은 용골에 대해 조사하면서 용골에 새겨진 금이 저절로 생긴 것이 아니라 아주 오래 전에 쓰인 글자임을 알게 되었다. 이에 약재상을 통해 많은 용골을 구했고, 왕의영이 의화단 세력을 진압하려던 8국 연합군을 피해 자살한 이후에도 유악은 모아놓은 5,000여 점의 용골을 계속 연구하여 이것이 거북의 배껍질이나 소의 어깨뼈에 새겨진 문자라는 사실을 밝혀냈다. 그 용골이 출토된 소둔(小屯) 지역은 이후 은의 유적이라는 뜻에서 은허(殷墟)로 불리게 되었고, 이 뼈에 새겨진 글자들이 전설로만 전해져 오던 은에서 사용하던 문자라는 사실이 밝혀지며 갑골문이 확인되었다.

※ 출처 : 위키피디아, 「역경」, 50개의 시초, https : // en.wikipedia.org/wiki/I_Ching

대연(大衍)의 수가 50이나, 그 씀은 49이다. 이를 나누어 둘로 만들어 양의(兩儀)를 상징하고, 하나를 걸어서 삼재(三才)를 상징하고, 넷으로 세어 사시(四時)를 상징한다. 남는 것을 손가락 사이[扐]에 돌려 윤달을 상징하니, 5년에 윤달이 두 번이므로 두 번 늑(扐)한 뒤에 하나의 역이 끝난다. 건(乾)의 책수가 216이요 곤(坤)의 책수가 144이다. 그러므로 모두 360이니 기년(期年)의 일수(日數)에 해당하고, 상·하 두 편(篇)의 책수가 1만 1천 520이니 만물의 수에 해당한다. 이러므로 네 번 경영하여 역(易)을 이루고 18번 변하여 괘(卦)를 이루니 팔괘는 소성괘이다. 이끌어 펴며 유(類)에 따라 확장하면 천하의 일을 마칠 수 있다.

위의 인용은 상수역학에서 상당히 중요한 의미가 있는 문장이다. 설시(揲蓍), 즉 손가락 사이에 시초풀(산가지)을 끼워 규칙에 따라 괘를 얻어내는 시초점법이 소개되었는데, 각 단계마다 얻어진 숫자의 의미가 나타나 있다. 왜 50개의 산가지로 시작하는지, 그중 하나를 먼저 거는 이유, 둘로 나누는 양의(兩儀), 넷[사시(四時)]으로 세는 이유, 남는 하나가 윤달을 의미하는 것, 그리고 건과 곤의 책수와 두 가지를 합한 360의 의미 등이 설명되었다. 다음 페이지의 「주역의 점치는 방법」에서 구체적인 내용을 참조할 수 있다.

짐승의 뼈로 길흉화복을 묻는 것을 복사(卜辭)로 읽는 복법(卜法)이라 한다면, 시초로 계산한 대연지수법으로 서사(筮辭)를 읽는 것을 서법(筮法)이라 한다. 아래에 귀복점(복점)에서 시초점(점서)으로의 변화와 특징, 그리고 산명술의 등장을 표로 정리하였다.

• **거북점과 시초점**

거북점	상(象)	직관, 조짐	산명술의 등장
시초점	수(數)	계산, 규칙, 분류, 논리 추론. 이성의 개입	

귀복점과 점서는 신에게 물어서 인간의 일을 추측하여 결정하고자 한다는 목적은 같지만, 귀복점은 상(象)을 읽고 점서는 수(數)를 읽는다는 점에서 차이가 있다. 점치는 사람이 거북 뱃가죽의 갈라진 모양을 읽는다는 것은 직관적으로 그 문양의 조짐을 보는 것이다. 반면 점서의 해석은 그것을 얻는 과정에 규칙이 있고, 그에 따라 수학적 법칙에 의거하여 괘상을 얻으며, 그 괘상을 분석하는 논리적 추론과정을 거친다.

- 귀복점은 상(象), 점서는 수(數)
- 점서와 수(數)의 변화 : 일정한 순서와 법칙에 따른 진행과 해석
- 귀복점에서 점서로의 변화 : 인간 인식에서 적극성과 능동성이 나타나는 과정, 개괄하여 추리하는 인간 인식의 배양을 의미

직관으로 상(象)에 나타난 조짐을 읽어 길흉을 점쳤던 방법에서 숫자를 계산하고 법칙을 읽어 논리적으로 추론하는 방법으로 변화했다는 것은, 고대에 신비의 영역에 있던 점술이 보편과 과학의 영역으로 침투하는 과정을 설명한다. 이 분야가 『주역』의 상수역에 속한다. 사주명리의 뿌리를 『주역』에서 찾는다면, 역학의 두 가지 부류인 상수(象數)역과 의리(義理)역 중에서도 상수역과 연계된 것으로 보는 이유가 여기에 있다. 아래에 시초풀 50개로 괘를 얻고 점을 치는 방법을 정리하였다.

〈주역의 점치는 방법〉

1. 50개의 시초풀을 손에 쥐고 그중 1개를 따로 빼서 책상 위에 놓는다. 그 첫 1개는 태극을 상징한다.

2. 나머지 49개 시초풀을 무작위로 좌우 양손에 나누어 쥔다. 좌우는 천지와 음양을 상징한다.
3. 하늘을 상징하는 왼쪽 시초풀[천책(天策)]은 그대로 쥐고, 땅을 상징하는 오른쪽 시초풀은 바닥에 내려놓는다.
4. 오른쪽 시초풀 중 1개를 빼내서 왼손 새끼손가락과 넷째 손가락 사이에 끼운다. 이것을 인책(人策)이라고 한다.
5. 왼손에 쥐고 있던 시초풀을 오른손으로 4개씩 세어서 덜어낸다. 나머지는 1개 아니면 2개 아니면 3개 아니면 4개가 될 것이다. 이것은 4개라도 반드시 남겨야 한다. 남은 것을 왼손 가운뎃손가락과 넷째 손가락 사이에 끼운다.
6. 이번에는 오른손에 있던 시초풀을 같은 방법으로 4개씩 덜어내고 남은 것을 왼손의 나머지 손가락에 끼운다. 4개는 사계절을 상징하고, 남은 것은 윤달을 의미한다.
7. 왼쪽 손가락에 끼운 시초풀(4+5+6의 과정에서 남은 시초풀)을 모두 합하면 5개 아니면 9개가 된다. 이것이 일변(一變)이다.
8. 일변 이후 아까 덜어냈던 시초풀을 모아 같은 과정을 반복하여 이변(二變)을 얻고, 이변 이후 같은 과정으로 삼변(三變)을 얻는다. 이것으로 첫 효를 구하고, 이 과정을 6번 진행하면 6효를 얻게 된다.

앞서 『주역』「계사전 상」에서 인용한 '대연(大衍)의 수'를 실행하는 방법을 구체적으로 설명하고 있다. 여기서 주의해야 할 점은 장난삼아 점을 쳐서는 안 되고, 옳지 않은 일로 점을 쳐서도 안 되고, 점친 괘가 나쁘다고 좋은 괘를 얻을 때까지 반복해서 점을 쳐서도 안 된다는 것이다. 『주역』의 산수몽(山水蒙) 괘에서 '처음 점치면 말해주고 두 번 세 번 하면 모독하는 것이니, 모독하면 말해주지 않는다'고 하였다. 두 번 세 번 물으면 몽매한 것이고 몽매한 태도로는 올바른 것을 얻을 수 없다. 집중하고 정성을 들여 과정 하나하나를 진행하되, 삼변·사변 과정에서는 진지하게 원하는 게 무엇인지 마음의 정리를 해야 한다.

3. 역의 의미

그렇다면 역(易)에는 어떤 의미가 있는가? 한자 '易'은 변한다는 뜻의 '역'으로도 읽지만, 쉽다는 뜻의 '이'로도 읽는다. 밤은 영원히 어둡지 않고, 한낮의 태양이 영원히 밝게 빛날 수만은 없다. 한겨울 황량한 들판에 언젠가 봄은 올 것이고, 여름이 제아무리 덥고 습해도 언젠가는 끝나고 가을이 온다. 그리고 비 온 뒤 땅은 더욱 굳어진다. 인간사에 닥친 시련은 시간이 지나면 변화를 겪게 되어 있고, 그 변화 끝에 어떤 모습이 나타날지는 시간과 상황의 이치에 따라 다르다. 반대로 지금 누리는 영화가 영원할 것이라 믿는다면 그 또한 오산이다. 수천억대 재산을 가진 갑부에게도 아픈 가족사는 있는 것이고, 찌그러져가는 쥐구멍에도 볕들 날이 있다고 하였다.

• 역의 의미

역(易)	변역(變易)	세상의 모든 것은 변한다.
	불역(不易)	모든 것은 바뀌지만 그 속에는 불변의 법칙이 있다. 그 변한다는 이치는 변함이 없다.
	간이(簡易)	불변의 원리는 용이하다.

이러한 원리는 어디에 근거하는가? 물극필반(物極必反)이라는 말이 있다. 사물이 궁극에 이르면 다시 처음으로 돌아가고, '항구불이(恒久不已)' 즉 그 변화는 영원히 그치지 않으므로 일정한 불변성을 가진다는 뜻이다. 역학이란 이러한 우주변화의 법칙을 인간의 일에 적용하여 공부하는 것이다. 『사고전서총목제요』에서 『주역』을 소개하는 글 '추천도이명인사(推天道以明人事)'가 이에 대해 말하고 있다.

성인(聖人)이 세상 사람들을 깨우칠 때에는 대체로 사(事)에 근거하여 가르침을 깃들인다. 『시경』은 풍요에 깃들이고, 『예』는 절문에 깃들이고, 『상서』·『춘추』는 역사에 깃들이고, 『역』은 가르침을 복서(卜筮)에 붙였다. 그러므로 『역』의 책됨은 천도(天道)를 미루어 인사(人事)를 밝힌 것이다.

즉, 자연을 인식하고 탐색하여 인간사회의 일들을 설명하고 연구하는 것이 바로 역학이다.

4. 삼역설

앞에서 역에는 3가지가 있다고 하였다. 주역(周易)은 고대 하나라, 상나라, 주나라 중에서 주나라의 역(기원전 1045~기원전 771)이라는 뜻이고, 그 외에도 하나라역(기원전 2070~기원전 1600)인 연산(連山)역과 상나라역(기원전 1600~기원전 1045)인 귀장(歸藏)역이 있다. 연산역과 귀장역은 소실되었고 현재 남아 있는 것은 주역인데, 주역에 연산역과 귀장역의 내용이 포함되었다고 본다.

• 삼역의 종류와 특징

국가	역의 종류	시기	상징	시작괘	정월	점의 종류
하나라	연산역 (連山易)	신농씨·복희씨 시대 기원전 2070~1600	산	간괘(艮卦) ☷	인(寅)월	동물뼈 거북 (龜·甲) 소 (牛·骨)
상나라	귀장역 (歸藏易)	황제 시대 기원전 1600~1045	땅 어머니	곤괘(坤卦) ☷	축(丑)월	
주나라	주역 (周易)	문왕 시대 기원전 1045~771	하늘	건괘(乾卦) ☰	자(子)월	풀 (시초)

5. 『역경』과 『역전』

앞에서도 설명했듯이 『주역』은 『역경(易經)』과 『역전(易傳)』을 포괄한다. 『역경』은 점친 기록이고, 『역전』은 역경에 대한 해석인데 『십익(十翼)』이라고도 한다. 『십익』은 총 7종 10편으로, 「단전(彖傳)」 상·하, 「상전(象傳)」 상·하, 「문언전(文言傳)」, 「계사전(繫辭傳)」 상·하, 「설괘전(說卦傳)」, 「서괘전(序卦傳)」, 「잡괘전(雜卦傳)」으로 구성되어 있다. 한편, 역학(易學)은 역을 탐구하는 학문이다. 아래에 『역경』·『역전』·역학의 내용과 의미를 분류하여 정리하였다. 이어진 도표는 『주역』에 바탕한 명리학이 역학과 역술의 다리를 건너 어떻게 천문·지리·인사를 포괄하고 삼재를 관통하게 되었는지를 나타낸 것이다.

상고시대부터 『주역』은 중국을 위시하여 동아시아의 사상적 원천으로서 갑골문이 생기기 이전부터의 원시사상을 담고 있다. 그 내용과 변천사에 인류 역사의 사회, 정치, 문화, 과학, 철학적 사유가 점철되어 있다.

• 『역경』·『역전』·역학

『주역』	『역경(易經)』	점을 친 기록
	『역전(易傳)』 또는 『십익(十翼)』	『역경』에 대한 해석으로 총 7종 10편 「단전(彖傳)」 상·하, 「상전(象傳)」 상·하, 「문언전(文言傳)」, 「계사전(繫辭傳)」 상·하, 「설괘전(說卦傳)」, 「서괘전(序卦傳)」, 「잡괘전(雜卦傳)」
	역학(易學)	역(易)을 탐구하는 학문

주역 → **역학** → **역술** → **술수** → **천문·지리·인사** → **삼재를 관통**

6. 인경사성

인경사성(人更四聖)이란 4명의 성인이 역을 만들었다는 뜻으로, 주로 동한시대 학자들과 주희가 주장하였다. 복희씨가 괘를 만들고, 주나라 문왕이 괘사를 지었으며, 주공이 효사를 만들고, 공자가 『십익(해설)』을 지었다는 의미이다.

한편 『한서』 「예문지」에서는 인경삼성(人更三聖)이라고 했는데, 이는 복희씨가 괘를 만들고, 문왕이 괘사와 효사를 지었으며, 공자가 『십익』을 지었다는 뜻으로 주공이 빠졌다. 고증에 의하면 『십익』, 즉 『역전』은 공자가 혼자 쓴 것이 아니라 여러 제자가 공자의 이름을 빌려서 쓴 것이라고 전해진다. 이와 같이 『주역』의 제작에는 여러 성인이 관여하였다.

7. 역의 자원

역(易)이라는 글자가 만들어진 원리로 여러 가지 설이 알려져 있는데, 그중 석척설(蜥蜴說), 일월설(日月說), 일경관측설(日景觀測設)을 소개한다.

석척(蜥蜴)은 도마뱀이란 뜻으로, 易이라는 한자의 모습이 마치 도마뱀을 닮았다는 데서 비롯되었다. 또한 도마뱀이 카멜레온처럼 모양을 변형시키고 색깔을 바꾸는 모습이 역의 의미와 닮았다고 하여 전해진 말이기도 하다. 만세력 앱 중에 '하늘도마뱀'이 있는데, 아마도 易의 자원(字原) 중 하나인 석척설에서 만들어진 이름이 아닐까 생각해본다.

일월설은 日과 月의 조합으로 易이라는 한자가 만들어졌다는 주장이다. 이 학설은 지금은 더 이상 받아들여지지 않는데, 日과 月의 조합은 明임이 이미 알려졌기 때문이다.

마지막으로 일경관측설은 역을 日과 物이 조합된 회의문자로 풀이하는 시각이다. 태양빛이 온 사방 만물을 비추는 모습을 형상화했다고 본다.

8. 역의 발생과 의미

필자는『주역』의 발생과 작성 의의 중 고대 인식에 나타난 과학적 사유에 관심을 가지고 연구해왔다. 자연을 관찰하여 여러 현상에 나타난 조짐을 해석하려 한 시도들을 과학적 사유에 대한 근거로 제시할 수 있다.『주역』은 점을 친 기록으로, 이에 대한 지나친 신비화는『주역』에 짐이 될 수 있다. 그러나 점을 친 기록에서 원시 과학과 사회문화적 자료를 찾아 그 학술적 가치를 연구할 필요는 여전히 존재한다. 아래는『주역』「계사전 하」 제2장에서 포희(복희)씨가 하늘을 우러러 관측하고 구부려 땅의 이치를 관찰하였으며, 자신의 몸을 보고 사물을 취합하여 팔괘를 작성하였다는 문장에서 고대 과학의 원시 사유를 발견하고 분류한 내용이다.

• 『주역』과 자연 관찰

자연관찰	옛날 포희씨(包犧氏)가 천하에 왕 노릇할 때에 우러러 하늘의 상(象)을 관찰하고 굽어 땅의 법(法)을 관찰하며, 새와 짐승의 문(文)과 지리(天地)의 마땅함을 관찰하며, 가까이는 자신에게서 취하고 멀리는 물건에게서 취하여, 이에 비로소 팔괘(八卦)를 만들어 신명(神明)의 덕(德)을 통하고 만물의 실정을 분류하였다.
천문학	하늘의 상을 관찰
지리학	땅의 법을 관찰
동물학·생물학	새와 짐승의 무늬[文]
물리학	물건에서 취하여 분류

『주역』은 먼저 우주 만물을 관찰하였고, 수집한 자료를 분류했으며, 그 자료를 객관화하기 위하여 부호로 표시하였다. 자연관찰을 범주화하고 범주화한 개념을 말로 풀어서 설명하고 정의하는 과정에서 『주역』은 여러 학문을 포괄하게 되었고, 동서 최고의 이론으로 정리되었다. 아래는 『주역』 팔괘의 다양한 상징과 의미를 분류하여 정리한 것이다.

• 『주역』 팔괘의 의미와 상징

괘명		건	곤	진	손	감	리	간	태
부호		☰	☷	☳	☴	☵	☲	☶	☱
괘상		천(天)	지(地)	뇌(雷)	풍(風)	수(水)	화(火)	산(山)	택(澤)
괘서		부(父)	모(母)	장남(長男)	장녀(長女)	중남(中男)	중녀(中女)	소남(少男)	소녀(少女)
괘위	선천	남	북	동북	서남	서	동	서북	동남
	후천	서북	서남	동	동남	북	남	동북	서
괘시	선천	하지	동지	입춘	입추	추분	춘분	입동	입하
	후천	입동	입추	춘분	입하	동지	하지	입춘	추분
괘수	선천	1	8	4	5	6	3	7	2
	후천	6	2	3	4	1	9	8	7

위의 표에서 괘상은 상징체계, 괘서 즉 괘의 순서는 가족관계, 괘위는 방위, 괘시는 절기, 괘수는 선천팔괘와 후천팔괘가 의미하는 숫자를 나타낸다. 이에 대한 자세한 설명은 다음에 오는 오행론의「하도낙서」를 참고하기 바란다.

마지막으로『주역』64괘의 상경(上經)과 하경(下經)을 나타낸 표는 아래와 같다. 중천건(重天乾)에서 시작하여 중화리(重火離)로 끝난 것이 상경이고, 택산함(澤山咸)에서 시작하여 화수미제(火水未濟)로 끝난 것이 하경이다.

• **주역상경(周易上經)**

1 중천건 (重天乾)	2 중지곤 (重地坤)	3 수뢰둔 (水雷屯)	4 산수몽 (山水蒙)	5 수천수 (水天需)	6 천수송 (天水訟)
䷀	䷁	䷂	䷃	䷄	䷅
7 지수사 (地水師)	8 수지비 (水地比)	9 풍천소축 (風天小畜)	10 천택리 (天澤履)	11 지천태 (地天泰)	12 천지비 (天地否)
䷆	䷇	䷈	䷉	䷊	䷋
13 천화동인 (天火同人)	14 화천대유 (火天大有)	15 지산겸 (地山謙)	16 뇌지예 (雷地豫)	17 택뢰수 (澤雷隨)	18 산풍고 (山風蠱)
䷌	䷍	䷎	䷏	䷐	䷑
19 지택림 (地澤臨)	20 풍지관 (風地觀)	21 화뢰서합 (火雷噬嗑)	22 산화비 (山火賁)	23 산지박 (山地剝)	24 지뢰복 (地雷復)
䷒	䷓	䷔	䷕	䷖	䷗
25 천뢰무망 (天雷无妄)	26 산천대축 (山天大畜)	27 산뢰이 (山雷頤)	28 택풍대과 (澤風大過)	29 중수감 (重水坎)	30 중화리 (重火離)
䷘	䷙	䷚	䷛	䷜	䷝

• 주역하경(周易下經)

31 택산함 (澤山咸)	32 뇌풍항 (雷風恒)	33 천산돈 (天山遯)	34 뇌천대장 (雷天大壯)	35 화지진 (火地晉)	36 지화명이 (地火明夷)
䷞	䷟	䷠	䷡	䷢	䷣
37 풍화가인 (風火家人)	38 화택규 (火澤睽)	39 수산건 (水山蹇)	40 뇌수해 (雷水解)	41 산택손 (山澤損)	42 풍뢰익 (風雷益)
䷤	䷥	䷦	䷧	䷨	䷩
43 택천쾌 (澤天夬)	44 천풍구 (天風姤)	45 택지취 (澤地萃)	46 지풍승 (地風升)	47 택수곤 (澤水困)	48 수풍정 (水風井)
䷪	䷫	䷬	䷭	䷮	䷯
49 택화혁 (澤火革)	50 화풍정 (火風鼎)	51 중뢰진 (重雷震)	52 중산간 (重山艮)	53 풍산점 (風山漸)	54 뇌택귀매 (雷澤歸妹)
䷰	䷱	䷲	䷳	䷴	䷵
55 뇌화풍 (雷火豐)	56 화산려 (火山旅)	57 중풍손 (重風巽)	58 중택태 (重澤兌)	59 풍수환 (風水渙)	60 수택절 (水澤節)
䷶	䷷	䷸	䷹	䷺	䷻
61 풍택중부 (風澤重孚)	62 뇌산소과 (雷山小過)	63 수화기제 (水火旣濟)	64 화수미제 (火水未濟)		
䷼	䷽	䷾	䷿		

9. 술수학과 동양 오술

동양 오술(五術)은 명(命) · 상(相) · 점(占) · 의(醫) · 선(仙)으로, 피흉추길(避凶趨吉) 즉 흉한 일을 피하고 길한 일을 추구하는 것을 연구하는 일과 관련이 있다. 그중 사주명리와 점술, 관상(또는 수상), 풍수는 현대 역학에서 가장 많이 사용되는 술수의 부류이다. 이 책의 시작 「산명술로서의 명리학」에서 사주는 일종의 방법론이며, 중국 고대 술수학(術數學)에 뿌리를 둔다고 말한 바 있다. 술수는 점복이나 점성, 풍수와 무속, 방술과 참위 등을 포괄하기 때문에, 비밀스러운 지식이나 비기 등과 같이 일종의 신비와 미신으로 인식되는 부정적 측면이 있다는 것도 설명하였다. 그러나 술수는 고대로부터 전승된 일종의 문화적 활동이며 풍부하고 광범위한 학문과 지식을 함축하여 특히 과학적 지식과 융합되거나 그 원천이 되기도 한다는 것이 이 책에서 말한 술수로서의 사주명리학이다.

중국의 여러 학술 분류 중 현존하는 가장 오래된 도서목록인 반고(班固)[注18]의 『한서』「예문지」는 유향(劉向)[注19]과 그 아들 유흠(劉歆)[注20]이 저술한 『별록(別錄)』과 『칠략(七略)』에 따라 학술의 내용을 집략(輯略), 육예략(六藝略), 제자략(諸子略), 시부략(詩賦略), 병서략(兵書略), 술수략(術數略), 방기략(方技略)의 7종으로 분류하였다. 그중 첫 번째인 집략이 총론인 점을 감안하면 6종의 학술 분야로 나누었다는 것을 알 수 있다. '술수'라는 용어는 한서의 분류인 술수략에서 왔는데, 당시 원문에 수술략이라 불리다가 이후 술수략으로 통칭되었다.

注18 반고(32~92)는 후한 초의 역사가로 『한서』, 『백호통의』 등을 저술하였다.

注19 유향(기원전 79?~기원전 8?)은 전한시대 학자이다. 한나라 고조의 배다른 동생인 유교의 4세손으로 『홍범오행전론』을 저술하였다.

注20 유흠(기원전 53?~25)은 전한 말기 유학자로 『칠략(七略)』을 저술하였다. 『한서』「예문지」가 그에 따라 엮어졌다.

• 『칠략』의 분류

분야	분류(저서)
집략(輯略)	총론
육예략(六藝略)	경전(역·서·시·예·악·춘추)
제자략(諸子略)	제자백가(유가·도가·음양가·법가·명가·종횡가·잡가·농가·소설가)
시부략(詩賦略)	문학[부(賦)·잡부(雜賦)·가시(歌詩)]
병서략(兵書略)	군사학
술수략(術數略)	천문역법
방기략(方技略)	의학·약학·양생술

여기서 당시 술수가 하나의 학술 분야였음을 알 수 있다. 술수에 천문(天文), 역보(歷譜), 오행(五行), 시귀(蓍龜), 잡점(雜占), 형법(形法)이 속했고, 방기에 의경(醫經), 경방(經方), 방중(房中), 신선(神仙)이 속했다. 그 내용을 도표로 정리하면 다음과 같다.

• 방술의 분야

	분야	내용
술수	천문(天文)	천문과 점성
	역보(歷譜)	역법, 역사연대학, 수학
	오행(五行)	감여(堪輿), 재이(災異), 종률(鍾律), 둔갑(遁甲), 육임(六壬), 오음(五音) 등
	시귀(蓍龜)	귀복(龜卜), 서점(筮占)
	잡점(雜占)	기타 점
	형법(形法)	지형, 주택, 묘택
방기	의경(醫經)	생리, 병리, 진단
	경방(經方)	고대 의학 처방, 약초
	방중(房中)	방중술
	신선(神仙)	양생술

술수로 분류된 여섯 종류 중 무술(巫術)인 것도 있었고, 과학과 혼합된 것도 있었다. 예를 들어 「예문지」에 천문은 '28수를 정리하고 다섯 가지의 별, 해와 달을 좇아 길흉의 형상을 기강으로 하여 성왕이 정치에 참여한 것을 기록한 것'이라 했는데, 그중 28수의 별, 다섯 별, 해와 달을 좇는다는 내용은 천문학이고, '길흉의 형상을 기강으로 한다'는 내용은 점성술에 속한다. 역보도 역법, 역사연대학, 수학과 같은 내용은 과학의 영역이지만, 그중에는 길흉과 우환, 융성함과 기쁨 등과 같은 무술적인 것도 설명하고 있다. 천문이나 역보는 술수학에 과학적 근거와 이론적 원천을 제공하였다. 한대는 이러한 술수가 매우 번창한 시기였는데, 위진시대 이후 술수는 점차 특이한 기술 또는 음흉한 기교 정도로 배척당하면서 학술과는 멀어지게 되었다.

청대에 작성된『사고전서총목제요』는 중국 역사상 모든 책들을 고전인 경(經), 역사서인 사(史), 제자백가인 자(子), 문집인 집(集)의 네 종류로 분류하고, 술수류를 그중 자(子)에 소속시켰다. 그 분야와 저술은 다음과 같다.

• 『사고전서총목제요』의 술수류 분류와 저서

분야	저서
수학	『태현경』, 『황극경세서』
점후(占候)	점성술
점복	『경씨역전』, 『육임대전』
상택상묘(相宅相墓)	풍수
명리서(命書)·상서(相書)	명리학, 관상학
음양오행	『흠정협기변방서(欽定協紀辨方書)』
잡기술(雜技術)	기타

참고로, 중국 학술사에서 과학서로 분류된 책 중 현대인들에게 자연과학으로 인정받을 만한 것으로『구장산술(九章算術)』(수학), 『한서(漢書)』「율력지(律曆志)」(음률·역학), 『진서(晉書)』「천문지(天文志)」(천문학), 『황제내경(黃帝內經)』「소문(素問)」

(의학) 등이 있다. 그중 『구장산술』, 『한서』 「율력지」, 『진서』 「천문지」가 술수류에 속하고, 『황제내경』 「소문」이 방기류에 속한다. 때에 따라서 술수와 방기는 모두 술수라는 분야에 포함되기도 하였다.

동양 오술은 방기와 술수에서 나왔다. 그중 명(命)에는 명리학과 자미두수(紫微斗數)가 속하고, 상(相)에는 관상과 풍수지리가 속하며, 점(占)은 육임, 육효, 태을신수(太乙神數) 등 점복이 속하고, 의(醫)는 침구와 방제(方劑) 등의 한의학이 속하고, 선(仙)은 육체와 정신을 수련하여 양생에 이르는 것을 말한다. 사주가 선천운을 말하며 인간의 힘으로 개조할 수 없는 분야라면, 풍수는 주변 환경의 변화와 에너지의 보완을 통해 인간의 운명을 개선할 수 있다고 본다. 그래서 서양의 유명 풍수가들은 사주팔자로 진단하고 풍수로 처방한다고 말한다.

이러한 변화는 인간의 신체, 그중에서도 특히 얼굴에 나타나는데, 그것을 읽어 운명을 추론하는 것이 관상학이다. 관상 외에 수상이나 족상 등의 분파가 이에 속한다.

• 동양 오술

명(命)	사주명리 · 자미두수 : 시간과 운명
상(相)	관상 · 수상 · 풍수지리 : 공간과 형태의 모양새
점(占)	육임 · 육효 · 태을신수 : 복(卜), 괘(卦)와 효(爻)
의(醫)	한의학 : 침구와 방제, 인체는 소우주
선(仙)	명상과 수도

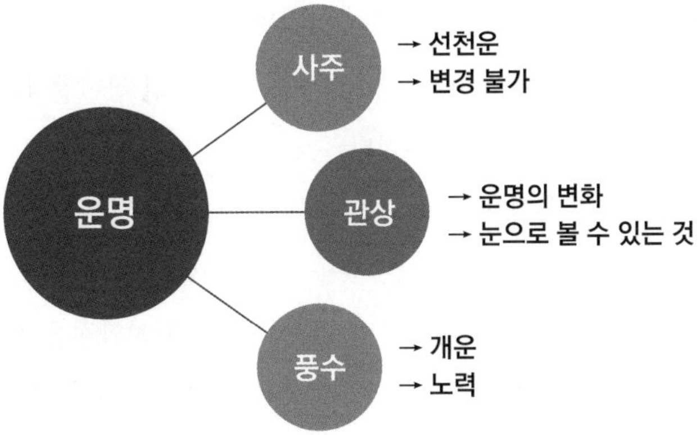

동양 오술 중에 어떤 것이 더 중요하다거나, 무엇이 더 우위에 있다는 등의 주장은 별로 중요하지 않다. 결국은 고구마 줄기에 고구마가 주렁주렁 매달려 나오듯이, 하나를 공부하기 시작하면 계속 연관지어 공부해야 할 분야들일 뿐이다. 필자도 대학에서 사회학을 전공하고 주역으로 박사학위를 받았으며, 한의대로 편입하려다가 명리학에 빠져들어 동양 오술을 모두 연구하고 있다. 주역의 과학적 함의에 관심을 가졌고, 점술의 사회문화적 의미와 명리학의 미학적 가치에 코가 꿰여서 끊임없이 학술연구를 하고 있으니, 이 학문에 한 번 발을 들여 빠져나오지 못하는 상황이 되어버렸다. 이제는 이곳에 마지막 인생을 묻어야 할 지경이다. 어디서부터 인연이 닿아 이렇게 되었으며 누구를 탓하겠는가?

3 사주명리학의 성립과 전개

육치극은 『중국명리학사론』에서 전통명리학의 시기를 잉태, 고법(구법), 금법(신법), 심화, 변혁기 등으로 분류했는데, 전체적으로 개괄하면 중국의 명리학은 동한시대에 태동하여 당·송대에 정형화되고 명·청대에 완성되었다고 볼 수 있다.

먼저, 명리학이 동한시대에 태동했다는 근거로 왕충의 '자연정명론(自然定命論)'과 천간과 지지라는 부호체계가 형성되었다는 점을 들고 있다. 천간과 지지는 바로 사주팔자술의 개념을 형성하는 이론적 도구이다. 자연정명론은 사람이 태어나면서 부모에게 받은 기에 따라 길흉이 결정된다고 본다. 이로써 사람의 생년월일시가 사주팔자를 구성한다는 사유의 토대가 제공된 셈이다.

다음으로 명리이론의 정형화에 대해서는 당대의 구법이론과 송대 서자평에 의해 일간 중심의 신법이론이 체계화되었다는 것을 근거로 삼는다. 명대 중엽에 발표된 『삼명통회』가 전통명리학을 총정리하여 시기적으로 중요한 전환점을 만들었다. 명리학의 심화시기인 명·청대에는 심도 있는 명리 전적들이 발표되었는데, 『신봉통고』, 『명리약언』, 『자평진전』, 『적천수』, 『궁통보감』 등을 제시할 수 있다.

만육오는 명리이론의 정형화에 학술적으로 기여한 『삼명통회』「자평설변(子平說辯)」에 그 이전 시기까지 명리학의 형성 역사에 대해 사람의 이름과 저술을 들어 설명하고 있는데 다음과 같다. 명리학의 태동부터 이론적 형태가 갖추어져서 자평학이 성립하기까지를 정리하였다고 볼 수 있다.

그 근원은 대개 전국시대에 살았던 낙록자(珞琭子)로부터 온 것이다. 「원리소식부(元理消息賦)」 한 편이 전해지는데 그가 지었다고 말한다. 그러나 그 글은 거의 후세 사람들이 거짓으로 지은 것이지 낙록자의 진본이 아니다. 낙록자와 같은 시대에 귀곡자(鬼谷子)가 있었다. 한대에는 동중서(董仲舒), 사마계주(司馬季主), 동방삭(東方朔), 엄군평(嚴君平)이 있었다. 삼국시대에 관로(管輅)가, 진(晉)나라에 곽박(郭璞)이, 북제(北齊)에 위녕(魏寧)이 있었다. 당나라에 원천강(袁天綱), 승려인 일행(一行), 이필(李泌), 이허중(李虛中)의 무리가 있었다. 이들은 모두 그의 학술을 원조로 삼았다. (중략)

오대 때 마의도자(麻衣道者)와 희이(希夷) 선생이 있었고 이것이 자평의 무리까지 이어졌다. 자평은 이허중의 학술을 터득하여 그 내용을 첨삭하고 전적으로 오행만을 위주로 하고 납음은 위주로 하지 않았으니, 여기에서 그 술법이 또 한 번 바뀌었다.

송대의 순희(淳熙) 때 회전(淮甸)이라는 술사가 있었다. 그는 호가 충허자(沖虛子)인데 자평의 술수에 정통하고 중시하였다. 그때 승려 도홍(道洪)이 은밀히 그 법을 전수했고 나중에 전당에 가서 그 학문을 전수하고 유포했는데, 세속에서는 그 전파과정을 알지 못했으므로 직접적으로 자평만을 언급하였다. 이후에 도홍이 그것을 서대승(徐大升)에게 전하였다. 현재 전해오는 책, 예를 들어 『삼명연원(三命淵源)』, 『정진론(定眞論)』 등의 모든 저서는 이 본래의 책을 개정한 것이다.

『오행정기(五行精記)』, 『난대묘선(蘭臺妙選)』, 『삼거일람(三車一覽)』, 『응천가(應天歌)』 등의 책을 살펴보면 『삼명연원(三命淵源)』과 『연해(淵海)』와는 다르다. 대개 문장을 보고 그 바뀐 내용을 살펴보면 역법을 다스리고 시기를 밝힌 것인데, 모두 각 시기에 맞게 개정해놓았다. 비록 이들이 100년밖에 떨어져 있지 않을지라도 술수의 학설이 달라지지 않을 수 없다. 서대승의 시대는 자평의 시대와는 이미 3백여 년이나 떨어져 있기 때문에 그 술법이 몇 번 바뀌었는지 모른다. (중략) 그러나 「원리소식부」에 관해서는 서대승이 혼자 터득하였다.

오늘날 사람들이 명을 미루어 계산하는 술수는 또한 원나라 사람들이 자평과 서대승 두 학파의 술법을 미루어 연역해낸 것이다. 오늘날 명을 이야기하는 사람들을 돌아보면 종종 명을 자평의 명이라고 바꾸어 부르지만 그 근원을 알지 못하고 있다. 그러므로 내가 자평이라는 두 글자를 풀이하여 상세하게 논하였다.

다소 긴 인용문이지만, 명리학 형성 초기부터 자평학이 만들어지기까지 관여한 역대인물과 그 전승을 논한 흥미로운 내용으로 꼼꼼히 읽어볼 만하다. 아쉽게도 전국시대 낙록자를 포함하여 위에 열거한 인물 중 상당수가 정확한 생몰연대나 실존 여부가 잘 알려지지 않았다. 그럼에도 불구하고 그들 대부분이 특히 『삼명통회』의 여러 장에서 그들의 저술이나 이론과 함께 자주 인용된다. 맥락을 이해하기 위해 이 책에 언급된 인물과 저서들이 명리학사에서 차지하는 의미를 알고 읽으면 도움이 될 것이다.

인용문의 내용을 간략하게 정리하면, 명리학이 유래한 곳에 낙록자와 귀곡자가 있다고 하였다. 두 사람의 생존시기나 저술에 대해서는 논란이 있으므로 아래에 다시 설명하도록 하겠다. 다음으로 한대의 동중서와 동박삭, 엄군평 등이 언급되었는데, 동중서(기원전 176?~기원전 104?)는 잉태시기의 본문에서 『춘추번로』와 함께 중요하게 다룰 것이다. 엄군평(미상)은 한대의 은둔거사인데 예언과 점사로 유명하다. 동방삭(기원전 154~기원전 93)은 한무제 때 사람으로 만천자(또는 만정자)라고도 알려져 있다. 풍자와 해학으로 시대를 진단했던 탁월한 처세가라고 전해지는데, 귀곡자를 이어서 육십화갑자로 납음의 상을 완성하였다. 납음은 이후 이허중이 신살 등을 취하여 고법의 삼명술을 발전시키는 데 중요한 역할을 한다. 그 이후 명리학은 삼국시대 관로, 진대 곽박, 북제 위녕에게 전수되었고, 당대의 원천강, 일행, 그리고 실존이 확인된 의미 있는 인물로 당대 이허중까지가 첫 번째 연대기이며 이 시기를 고법시기로 소개할 것이다.

이허중을 계승한 인물로 송대의 서자평은 도사 진단(陳摶) 등과 함께 은거했었다고 알려졌는데, 진단은 인용문의 희이와 같은 인물로 자미두수의 창시자이다. 서자평은 현대 사주명리학의 기본 틀을 완성했는데, 이로 인해 자평학이라는 이름을 얻게 되었다. 이것이 명리학사의 두 번째 중요한 연대기이며 신법시기이다. 남송시대의 『연해자평』은 서대승이 서자평의 학설을 전승하여 편찬한 책이다. 그 시대적 차이를 300년으로 본다. 서자평과 서대승을 같은 인물로 추정하는 한국 명리서나 일부 명학자가 있는데, 두 사람의 활동시대에 차이가 있는 것으로 보아 다른 인물일 가능성이 높다.

육치극은 명리학 탄생과 발전의 계기가 되는 조건으로 첫째 명리학 잉태기에 인간의 주체성이 중시되었다는 것, 둘째 명리학의 정형화 시기에 사회적 체제가 안정적이었다는 것, 마지막으로 사회적 세속화를 들었다. 그 명리학의 잉태기가 한대에 해당한다. 육치극은 위에 인용한 「자평설변」 내용 중 명리학의 근원을 전국시대의 낙록자로 보는 것에 대해 사실과 맞지 않다고 말하면서, 그 이유로 그의 저작으로 알려진 『낙록자삼명소식부』가 한대와 진대의 견해를 인용한 점을 든다. 따라서 낙록자는 이허중이 살던 당대와 멀지 않은 시기에 활동했다고 여겨진다. 또한 육치극은 명리학 부호체계인 천간과 지지가 한대 이전에 형성되지 않았다는 것을 주요 이유로 들고 있다. 간지로 일(日)을 기록한 것은 은대까지 거슬러 올라갈지 몰라도, 월(月)을 기록한 것은 서한 시대의 태초율(太初律)에서 시작되었기 때문이다.

• 자평학 성립과정의 주요이론과 인물

육십갑자(六十甲子)	황제시대	대요(大撓)씨
납음(納音)	전국시대	귀곡자(鬼谷子)
화갑자(花甲子)	한무제	만천자(曼倩子)
신살과 삼명술(三命術)	당대	이허중(李虛中)
자평술(子平術)	송대	서자평(徐子平)

이 책에서는 육치극의 『중국명리학사론』을 참조하여 팔자명리학의 형성과 발전의 역사를 잉태시기, 고법시기, 신법시기, 심화시기로 분류하고, 시기별 특징을 명리학 전적과 함께 살펴보고자 한다. 그 대략을 도표로 미리 정리하면 다음과 같다.

• 중국명리학의 발전사*

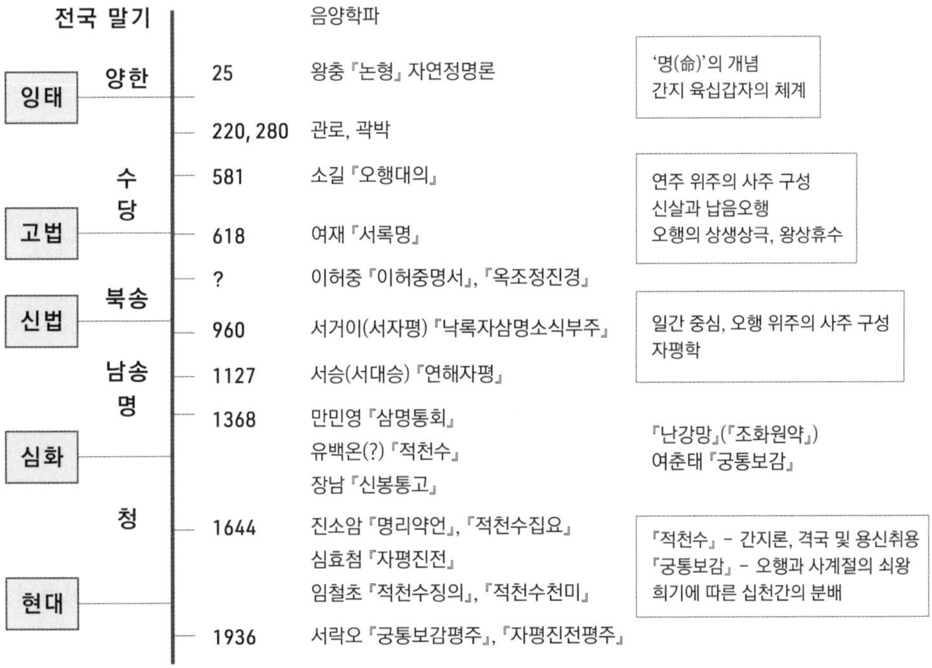

* 육치극의 『중국명리학사론』 p.92 도표를 참조하였으나 필자의 판단으로 내용을 첨삭하여 다시 구성하였다.

여기에 언급한 것 외에 명리학 시기별로 더 많은 인물이나 학설이 있겠으나, 명리학이 잉태된 한대 이후로는 되도록 드러난 주요 전적을 위주로 정리하였다. 앞으로 본문에서 소개하는 주요 명리 개념과 이론체계 또한 여기서 소개한 명리 전적들을 주요 근거로 제시할 것이다. 『삼명통회』는 전통명리학의 세부이론을 폭넓게 수집하여 분석하고 정리한 책이다. 다만 그 정밀함이나 통일성에서 보완해야 할 점이 있었고, 그로 인해 초학자들이 접근하기 어려웠다. 이후 심화시기 저서들은 명리학습자들의 귀와 눈을 훨씬 밝게 만들어주었다. 그중 3대 명리서로 거론되는 전적이 『자평진전』, 『적천수』, 『궁통보감』이다. 필자를 포함하여 명리학습자들이 보물과 같이 참고하며 아끼는 저작들이다.

전적이 밝혀지지 않은 경우는 학자의 이름을 쓰고 전후 관련성을 들어 설명하도록 하겠다. 명리학의 기원부터 따지면 고대 은·주 시기부터 시작하여 3,000년이 넘는 역사가 있고, 초기 형성 이후인 한대부터 보더라도 1,800년이라는 명리학사가 있다. 그중에 수많은 은둔거사들이 관여하였고 그들의 생몰이 확인되지 않은 내용도 허다하다. 이 부분은 명리학을 여전히 신비의 영역에 머물게 하는 이유이다.

또한 유가의 개입으로 많은 부분이 학문적으로 정리되기도 하였다. 전문명리서는 아니지만 명리 개념과 그 체계의 기반이 된 철학이론도 있다. 이 덕분에 명리학이 학술의 전당에 들어설 수 있었다.

여러 명리 고전을 찾아 읽으면서 같은 내용의 문장이 이 책에서 저 책으로 그대로 옮겨진 경우를 자주 본다. 후대에 정리된 내용이 이전 시기의 학술로 잘못 전해진 경우도 있다. 근거 없이 무리하게 주장하는 내용도 있고, 그것을 미처 따지고 밝혀서 가려내지 못한 경우도 많다. 이러한 이유로 명리학의 학술적 가치가 폄훼되었다. 미제로 남겨야 할 경우도 있겠지만 각종 단서를 찾다 보면 신뢰를 가지고 참조할 수 있는 명리서적이 추려진다. 후학들은 스스로 올바른 논거를 선별하는 능력을 갖추고 앞으로 명리학 발전에 기여해야 할 것이다.

1. 잉태시기

명리학은 동한시대에 잉태되어 당송과 명·청대를 거쳐 발전하기까지 대략 1,800년의 역사를 가진다. 하나의 학문이 형성되고 전개되기까지 1,800년은 장구한 기간이다. 그 시간 동안 유가가 명리학에 개입하였고, 여러 학자가 탐구하고 설명한 개념과 논리, 그리고 그 내용이 담긴 문헌적 자료가 축적되었다. 이만하면 명리학의 학술적 가치를 인정하기에 충분하다.

명리학의 탄생에는 먼저 명(命)에 대한 관념이 생긴 것이 크게 기여하였다. 명에 대한 관념은 은나라 시기(기원전 17세기~기원전 11세기)부터 생기기 시작하여 주나라(기원전 11세기~기원전 256)와 춘추전국시대(기원전 770~기원전 221)를 거쳐 발전하였고 한대에 정립되었다.

① 은·주 시대

은·주 시대에는 귀신을 숭상하였고, 종교적 관념은 상제(上帝)의 의지를 가리켰다. 은대에는 모든 대소사를 점을 쳐서 결정하였고, 점을 친 내용 즉 사건과 길흉의 결과를 거북의 뱃가죽이나 짐승의 뼈를 태워 갈라진 문양(조짐) 주변에 글로 새겨넣었는데, 이것이 복사(卜辭)이고 갑골문이라 알려져 있다. 점복은 조상신이나 상제의 의지를 알아내기 위한 절차였고, 귀신과 소통하기 위한 중요한 통로였다. 은대의 점복 행위는 명(命)에 대한 원시적 관념을 보여준다.

은이 멸망하고 세워진 나라가 주나라이다. 사람들은 하늘이 은을 버리고 주에 호의를 베풀었다고 생각하였고, 하늘의 의지 즉 천명(天命)이 주나라를 떠나지 않게 하고자 하였다. 은대에 알고자 하였던 상제의 의지는 주대에 천(天) 관념으로 대체되었고, 하늘은 가장 도덕적이고 권위 있는 주재자였다.

점을 치는 방법 또한 은대의 귀복점이 주대에는 시초점으로 대체되었다. 귀복과 시초 모두 상제나 하늘의 뜻을 묻는 의도로 행해졌다는 측면에서는 동일하지만, 두 가지 사이에는 중요한 차이가 있었다. 귀복이 우연히 자연적으로 발생한 문양을 보고 길흉을 판단한다면, 시초는 수를 계산하고 일정한 규칙을 적용하여 그 변화를 읽는 분석과 추리 과정이 더해졌다. 그렇게 얻은 괘와 효를 분석하고 논리적으로 판단하여 길흉을 예단하는 것이 시초점으로 얻은 서사(筮辭)이다. 전자가 자연적이고 귀신이 도모하는 것이라면, 후자는 인위적으로 계산하고 추리하는 인간의 도모함이다. 시초를 사용한 점서는 7·8·9·6이라는 수의 변화를 모색하여 그 추상적 이치를 사람이 주관적으로 계산한 것이기 때문이다.

명리학의 초기 형성에서 은·주 시대가 시사하는 의미는 최초의 점친 자료가 발견되었다는 것, 미래를 알기 위해 명에 대한 원시적 관념이 생겨났다는 것, 점친 방법의 변화와 발전을 통해 인간이 주체적으로 계산하고 추리하려는 시도가 나타났다는 것이다. 이로써 춘추전국시대 인간의 주체성이 발전하는 계기가 마련되었다.

② 춘추전국시대

춘추전국시대는 제자백가의 시대라 불린다. 특히 공자는 『논어』「옹야(雍也)」 편에서 "귀신은 공경하지만 멀리한다[경귀신이원지(敬鬼神而遠之)]"고 하여 주나라의 천명관을 계승하였고 도덕이 명을 결정한다는 것을 믿었다. 이 시기의 천명관은 두 가지로 설명할 수 있는데, 하나는 도덕적 차원이고 다른 하나는 개인적 차원이다. 그에 따르면, 『논어』「헌문(憲問)」 편에서 보듯 "도가 장차 행해질지 폐기될지는 모두 천명에 달려 있으며[도지장행야여(道之將行也歟) 명야(命也). 도지장폐야여(道之將廢也歟) 명야(命也)]", 하늘의 도덕적 의지는 개인 차원에서 보면 불가항력의 주재적 역량이 있다는 것이다. 도덕천(道德天)은 인격의 성격을 지니고 인간 도덕의 본원도 되지만, 개인적 측면에서 명운천(命運天)은 인격의 성격을 지니지도 않고 이성을 지니지도 않는다. 전자를 믿고 군자는 도덕적 수양을 강조하고 성실히 수행하여 도덕과 인격의 완전을 지향하였고, 후자 때문에 군자는 운명을 인정하고 개인의 행동이 운명의 테두리 안에 있음을 인정하였다.

춘추전국시대에 명에 대한 다양한 관념이 생겨나고 발전했지만, 개인의 운명에 대한 체계적인 연구는 이루어지지 않았다. 왜냐하면 춘추전국시대는 전쟁과 혼란의 연속이었고 동요가 많았던 불안정한 시대였기 때문이다. 앞에서 육치극이 말한 명리학 발전의 3가지 조건으로 첫째 인간의 주체성과 개인의식, 둘째 사회적 안정, 셋째 세속적 가치를 지향하는 사회적 분위기를 들었는데, 그 3가지 조건 중에서 두 번째 즉 사회적 안정이 춘추전국시대에는 부재했다. 춘추전국시대는 인간의 주체성이 발전했지만 사회적 체제의 안정이라는 측면에서 운명에 대한 연구를 진행할 수 있는 좋은 여건이 아니었고, 따라서 명리학이 체계적으로 발전하지 못했다.

③ 한나라 시대

기원전 221년에 진시황이 중국 최초의 통일국가인 진나라를 세웠고, 기원전 216년에 토지사유제를 확정하였다. 진나라에 이어 한나라도 토지사유와 개인의 노동을 인정하는 자영경제농업을 성립함으로써 자급자족의 봉건체제가 형성되었다. 이러한 체제 안정은 비로소 명리학이 발전할 수 있는 훌륭한 조건이 되었다.

• 한대 술수 관련자료

작자	연대	저서 및 주요이론
동중서(董仲舒)	기원전 176?~기원전 104년?	『춘추번로(春秋繁露)』, 천인감응론
양웅(揚雄)	기원전 53~기원후 18년	『논어』에 의거하여 『법언』을, 『역경』에 의거하여 『태현(太玄)』을 씀
왕충(王充)	27~104년	『논형(論衡)』, 자연정명론
위백양(魏伯陽)	100~170년	『주역참동계(周易參同契)』
미상		『역위(易緯)』

한나라 최고의 전성기인 한무제 때 정치경제적 공적을 공고히 하기 위해 대일통(大一統) 문화를 건립했는데, 이때 동중서(董仲舒)가 주요인물로 등장하였다. 그는 『춘추공양전』을 바탕으로 유가만을 존중하는 대일통 사상을 주도면밀하게 주장하였다. 아

래에 인용한『춘추번로(春秋繁露)』「위인자천(爲人者天)」에서는 먼저 인간이 되는 까닭은 하늘에 근본했기 때문이라 말하며, 사람과 하늘의 구조를 등치시켜서 이를 입증하려 하였다. 이러한 비유의 예로 사람과 하늘이 수(數)와 유(類)로 연결되어 있다고 했는데, 이로써 사람과 하늘이 하나라는 천인합일(天人合一) 사상을 주장한 것이다. 그가『춘추번로(春秋繁露)』에서 주장한 2가지 주요명제인 '천인감응(天人感應)'과 '인부천수(人副天數)'가 그것이다.

사람이 사람이 되는 것은 하늘에 근본하고, 하늘은 또 일찍부터 사람의 조부와 같다. 이것은 사람이 이로써 위로 하늘과 같은 종류이기 때문이다. 사람의 형체는 하늘의 숫자에 화(化)하여 이루어지고, 사람의 혈기는 하늘의 뜻에 화하여 인(仁)하여지고, 사람의 덕행은 하늘의 이치에 화하여 의(義)로워진다. 사람이 좋아하고 미워하는 것은 하늘의 따뜻하고 맑은 것이 변화한 것이며, 사람이 하늘의 명을 받는 것은 하늘의 네 계절인 춘하추동이 변화한 것이다.

• **천인감응의 예**

하늘[天]의 감(感)	사람[人]의 응(應)
하늘이 상서로운 기운을 내림	나라의 제왕이 흥함
하늘이 재앙을 내림	나라의 제왕이 망함
하늘이 궂은비를 내림	사람이 누워 잠듦
여름의 폭풍	군신간에 예의가 없음
가을의 벼락	왕이 간언을 듣지 않음
가을의 번개	왕이 밝게 살피지 못함
봄여름의 폭우	왕이 총명하지 못함
곡식이 여물지 않음	왕이 사람을 받아들이지 못함
하늘에서 내리는 돌	가혹한 정치
가을이 따뜻하고 봄이 추움	과중한 노역

겨울이 따뜻하고 여름이 추움	선악이 분명치 못함
바람이 오곡을 해침	위아래가 공경할 줄 모름
겨울이 습하고 안개가 많음	형벌이 과중함

천인감응은 동류감응(同類感應)을 말하는데, 같은 종류는 서로 감응한다는 생각이다. 즉, 하늘은 사람과 같이 의지적이고, 사람은 하늘의 축소판이라는 의미이다.

천지의 정기로써 생긴 사물 가운데 사람보다 더 귀한 것은 없다. … 사람의 뼈 360마디는 천수(天數)에 짝하고, 신체의 뼈와 살은 땅의 두터움에 짝한다. 사람의 머리에 귀와 눈이 밝게 빛나는 것은 해와 달의 모습이고, 몸에 구멍이 있고 혈맥이 연결된 것은 시내와 계곡의 모습이고, 마음의 희로애락은 신비로운 기의 여러 유형과 같다. … 사람의 몸의 경우 크고 둥근 머리는 하늘의 얼굴을 본떴고, 머리털은 별들을 본떴고, 밝은 귀와 눈은 해와 달을 본떴고, 코와 입의 호흡은 바람과 공기를 본떴고, 마음이 앎에 통달하는 것은 (천지의) 신명을 본떴고, 차고 빈 뱃속은 만물을 본떴다. … 하늘은 한 해를 마치는 수로 사람 몸을 만들었기 때문에 명(命) 역시 서로 연계된다. 하늘은 한 해의 날수에, 큰 뼈대 12개는 달수에, 몸 안의 오장은 오행의 수에, 밖의 사지는 사계의 수에 부응한다. 눈을 뜨고 보다가 눈을 감고 자는 것은 낮과 밤에 부응하고, 강함과 부드러움은 겨울과 여름에 부응하고, 슬픔과 즐거움은 음과 양에 부응한다.

『춘추번로(春秋繁露)』「인부천수(人副天數)」에서 가져온 이 인용문은 우선 천지의 기를 말하고, 그것을 받아 생겨난 우주만물 가운데 사람이 가장 귀한 존재라고 말한다. 그 이유로 사람의 뼈는 천수(天數)인 360과 같고, 인체의 뼈와 살을 땅의 두터움에 짝하였으며, 사람의 귀와 눈은 하늘에 빛나는 해와 달의 모습이고, 몸의 구멍과 혈맥은 자연의 계곡에 비유된다. 나아가 사람의 둥근 머리, 머리털, 코와 입, 그리고 마음에 이르기까지 하늘과 별과 바람, 공기, 신명을 본뜬 것이다. 이와 같이 한 해의 일수(日數, 360), 월수(月數, 12), 인체의 오장(五行), 사지(四肢 : 사계)가 모두 대응한다.

사람의 도덕과 품성은 바로 하늘의 의지 즉 천의(天意)와 천지(天志)의 체현으로, 사람은 하늘과 같은 생리적 도덕적 본질을 갖고 있으므로 하늘과 사람이 합일하고 서로 교감할 수 있다는 것이다. 그것이 표현된 예를 등치하여 나타내면 다음과 같다.

• **인부천수(人副天數)**

하늘[天]의 수(數)와 형상	사람[人]의 수(數)와 형상
해와 달	귀와 눈의 총명함
개울과 계곡	신체의 구멍과 맥
하늘의 둥근 형상	사람의 둥근 머리
성신(星辰, 별)	머리털
풍(風)과 기(氣)	코와 입의 호흡
땅(네모난 땅)	사람의 허리 아래(네모난 발)
오행	오장
사계(춘하추동)	사지
낮과 밤	눈을 뜨고 보다가 눈을 감고 자는 것
겨울과 여름	강유(굳세고 부드러운 것)
음양	애락(슬퍼하고 즐거운 것)
만물	뱃속이 차고 비는 것
천지의 신명	마음이 앎에 통달하는 것
산과 땅	골육
1년 366일	사람의 뼈마디 366개
12달	큰 뼈대 12개
사시의 3개월	사지의 3관절

동중서의 천인감응론은 춘추전국시대의 공자와 같은 사상가들이 발전시킨 철학을 다시 신학사상으로 후퇴시키는 결과를 낳았다. 천인감응론은 서한 말기의 참위(讖緯)

사상과 결합하여 후한대에 널리 유행했는데, 참위사상은 일종의 예언학으로 음양오행설과 천인감응에 바탕하여 천재지변과 사회의 길흉화복을 설명하려는 학설을 말한다.

이에 대해 동한시대의 왕충(王充, 27~104)은 천인감응론의 허망함을 맹렬히 비판하면서 하늘과 인간은 모두 물질적 존재에 불과하다는 유물론을 주장했다. 그가 주창한 자연정명론은 태어날 때 부모에게서 받은 기에 의해 인간의 운명이 결정된다는 이론인데, 이로써 왕충은 사주명리학 형성에서 첫 번째로 거론되는 주요인물이 되었다. 그의 책『논형』에 사주명리학 탐구의 출발점을 언급하는 주요 문장이 나온다.

왕에서 서인(庶人)에 이르기까지, 성현(聖賢)에서 지극히 어리석은 사람에 이르기까지, 모두 머리와 눈이 있고 혈기를 지닌 동물이라면 운명을 지니지 않을 수 없다. 빈천해질 운명이라면 부귀하게 해주더라도 화(禍)를 만나고, 부귀해질 운명이면 비록 비천하게 해도 복(福)을 만난다. … 귀하게 될 운명을 지닌 사람은 남들과 함께 배워도 홀로 벼슬을 하고, 함께 관직에 나가도 혼자 승진한다. 부자가 될 운명을 지닌 사람은 남들과 함께 구해도 혼자 얻게 되고, 일을 해도 홀로 성공한다. 빈천의 운명을 지닌 사람은 이와 상황이 다르다. 어렵게 벼슬에 이르고 겨우 승진하며, 어렵게 일을 성취하지만 잘못을 저질러 죄를 받고, 질병으로 뜻하지 않게 재산을 잃게 되어 지녔던 부귀마저 상실하고 빈천해진다.

위의 인용문은『논형』「명록(命祿)」편의 내용으로, 인간의 운명은 태어나면서 부여받은 것으로서 그 정해진 바를 벗어나기 어렵다고 말하고 있다. 그러나 특수한 시간과 관계하여 우연적인 상황을 만나 변화한다고도 하였다. 왕충은 인간의 운명에 수명(壽命)과 녹명(祿命)이 있는데, 수명으로 삶과 죽음을 보고 녹명으로 빈부와 귀천을 본다고 하였다. 이 모든 것은 바로 부여받은 기운의 성질에 의해 결정된다는 것이다. 사람뿐 아니라 국가에도 흥망성쇠의 운명이 있는데, 국가의 운명이 인간의 운명을 이긴다고도 하였다.

송나라 위나라 진나라 정(鄭)나라는 같은 날에 재난을 당하였다. 네 나라의 백성들은 항상 녹봉이 많았고 아직 운이 쇠하지 않은 사람들이었다. 그러나 그들 모두 재앙을 당하였으니 나라의 재앙이 그들의 복을 넘어선 것이다. 그러므로 국가의 명운이 개인의 명운을 이기고 수명이 녹명을 이긴다.

위의 인용문은 『논형』「명의(名義)」 편의 내용으로, 운명을 논할 때 국가는 더 큰 환경이 되고, 그 속에서 개인의 명은 국가의 명에 의해 영향을 받을 수밖에 없다는 의미이다. 나아가 개인의 운명에서도 녹명은 수명의 하위개념이 된다. 즉, 부귀빈천도 인간의 수명 앞에서 제약을 받을 수밖에 없다는 뜻이다.

왕충의 자연정명론은 태어나면서부터 주어진 인간 운명에 대한 중요한 인식을 의미하는데, 그 비슷한 시기에 사주명리학의 구성 도구인 천간과 지지의 육십갑자(六十甲子) 부호체계가 확정되었다. 이에 대해서는 다음 장에 간지(干支)를 설명하면서 다시 다루도록 하겠다. 이로써 전통 사주명리학의 중요한 이론적 도구가 갖추어졌다. 이외에도 한대에는 택일, 괘기, 오행 등으로 길흉을 예측하는 다양한 종류의 추명 방식이 성행했다. 다만 단편적으로 단기간의 길흉을 묻는 방식이었으니, 한 사람의 일생을 전체적으로 바라보는 전통명리학의 방식과는 차이가 있었다.

2. 고법시기

① 수나라 : 소길, 『오행대의』

사주명리학의 기본이론과 주요 개념은 수·당 시대에 완성되었다. 이를 증명하는 저작이 수나라(581~618) 소길(蕭吉, ?~614)이 쓴 『오행대의(五行大義)』이다. 이 책은 전 5권으로 다음과 같이 구성되어 있다.

제1권	오행과 십간 십이지 등
제2권	상생·상극, 사시(四時)·휴왕(休旺), 합(合)·형(刑)·해(害)·충(衝) 등
제3권	오색(五色)·오음(五音)·오미(五味)·오장(五臟) 등
제4권	율려(律呂)·칠정(七政) 등
제5권	제신(諸神)·오제(五帝)·오령(五靈) 등

『오행대의』는 한대에는 언급되지 않았던 내용이 수록되어 있는데, 한나라 이후 300~400년 동안 축적되었다가 수나라 소길에 이르러 집대성된 것으로 보인다. 다만 선진시대부터 수나라에 이르기까지 경서(經書)와 위서(僞書) 등 여러 자료에서 오행 학설과 관련된 내용을 모아놓았다는 점에서 아직 명리학 전문서적이라고 보기는 어렵다.

② 당나라 : 이허중, 『이허중명서』

소길이 취합한 사주명리학 기본 개념들은 당대(唐代)에 이르러 기초 사주명리학의 체계를 갖추게 된다. 당나라(618~907) 중기의 이허중(李虛中, 762~813)은 전통명리학 역사에서 첫 번째로 거론되는 인물이다. 사주명리학의 체계를 최초로 완성했기 때문이고, 이로써 명리 고법의 시대가 열렸다고 볼 수 있다.

『이허중명서』는 명리학의 시원으로 여겨지는 귀곡자의 저술을 이허중이 주석하여 편찬한 책이다. 이허중의 자는 상용(常容)이고, 당나라 덕종 때 벼슬을 시작하여 헌종 때 전중시어사(殿中侍御史)에 이른 관료 출신이다. 고대 명리학 이론을 체계화했다는 점에서 명리학의 종사로 불린다. 이허중이 사주학 발달사에 중요한 비중을 차지하는 이유는 현재 사주학의 기본원리를 이루는 생극제화(生克制化)나 왕상휴수사(旺相休囚死)와 같은 기초를 만들었기 때문이다. 이허중의 주요 이론체계를 정리하면 다음과 같다.

• 주요 저서 : 『이허중명서(李虛中命書)』[주21]

• 연주를 위주로 하고 일주와 월주는 보조자료로 사용

• 왕상휴수사나 생극제화 등의 기초 개념

• 신살

• 납음오행의 록명신(祿命身)과 삼명(三命)

연간은 천원(天元)의 록으로 부귀와 벼슬을 의미, 연지는 지원(地元)의 명으로 빈부와 운의 움직임, 영고성쇠를 의미하고, 연주 전체의 납음은 인원(人元)의 신으로 재능과 능력 및 식견, 어짊과 어리석음, 아름다움과 추함, 용모, 도량 등을 의미한다.

이허중이 만든 이론은 현대사주학과 전체적인 큰 틀에서는 같지만, 내용은 큰 차이가 있다. 현대명리학에서 통용되는 이론은 그보다 한참 후대사람인 서자평(徐子平)에 와서 완성되었다. 이로써 서자평으로부터 신법이 탄생했다고 본다.

3. 신법시기

① 당 · 송대 : 서자평, 『낙록자삼명소식부주』

서자평의 생존연대는 정확한 고증이 이루어져 있지 않다. 당대와 송대 사이의 혼란기 아니면 송대(960~1279) 초기 인물로 추정할 뿐이다. 자(字)가 자평이고, 이름은 거이(居易)이다. 서자평은 명리학사에서 현대에 통용되는 사주학의 체계를 완성한 인물이다. 즉, 연 · 월 · 일 · 시의 4개 간지로 사주를 세우고, 그중 일간으로 운명을 읽는 사주학 이론의 기초를 만들었다.

『금병매(金甁梅)』에 '저는 십삼가의 자평을 대강 깨달았고, 마의상법에 통하고, 육임신과를 알았으며, 언제나 약을 베풀어 사람을 구하고 재물을 아끼지 않으며 그때그

[주21] 이허중의 저서로 『옥조정진경(玉照定眞經)』과 『옥조신응경(玉照神應經)』도 거론되고 있으나 저자에 대한 진위 논란이 있다.

때 마음대로 살아가고 있다'라는 말이 있다. 여기서 말한 자평이 바로 사주명리를 의미하는 것으로, 시중에서도 자평을 명리의 대명사로 사용했음을 알 수 있다. 『금병매』는 명대 관료나 무뢰한들의 어둡고 추악한 작태를 폭로한 대중 장편소설이다. 위 문장에서 자평말고도 마의상법, 육임, 약이라는 용어가 나오는데, 마의상법은 관상, 육임은 의문이 생긴 시각의 천문현상으로 길흉을 예측하는 점술이다. 이와 같은 표현은 당시 사회의 대중적인 술법을 말한 것이라 할 수 있다.

서자평 이전까지 사주학은 사주를 구성하는 여덟 글자 가운데 연주(年柱) 두 글자를 중심으로 하였다. 일주(日柱)와 월주(月柱)도 세우기는 했지만 보조자료로 사용되었고, 거기에 생극과 쇠왕을 살피거나 각종 신살을 대입하여 길흉화복을 점쳤다. 따라서 그 정확도가 떨어질 수밖에 없었다. 바로 이 지점에서 서자평은 연주가 아닌 일간을 중심으로 하고 그 외의 다른 글자들을 보조로 하여 납음과 같은 것들을 버리고 오직 오행 위주로 팔자를 해석했는데, 그 적중률이 탁월했다고 한다.

② 남송 말기 : 서대승, 『연해자평』

송대(960~1279)의 『연해자평(淵海子平)』은 남송의 서승(서대승)이 저술하고 명대 당금지(唐錦池)가 편찬했는데(1634), 서자평의 팔자명리이론을 주요 모형으로 하였다. 일간 중심의 오행 생극제화로 육신법이론을 체계화하고 그를 통해 한 사람의 부귀빈천, 성공과 길흉을 판단했는데, 이것이 현대 팔자명리학의 고전으로 통용되고 있다. 『연해자평』은 모두 5권으로 구성되며 그 내용은 다음과 같다.

제1권	명리에 대한 기본적 지식과 핵심적 내용
제2권	명의 방식에 관한 각종 격국
제3권	육친론, 여자의 명
제4권	신강·신약과 12월의 건후(建候) 등
제5권	명리에 관한 운문과 시결(詩訣)

③ 명나라 : 만민영, 『삼명통회』

명대(1368~1644)에 와서 사주명리학 대작인 『삼명통회(三命通會)』가 제작되었다. 육치극이 『중국명리학사론』에서 '『삼명통회』의 출현으로 긴 시간에 걸쳐 형성되었던 전통명리학이 마침내 마무리되었다'고 했을 만큼 명리학사에서 이 책이 차지하는 위상은 크다. 『삼명통회』는 12권으로 구성되어 있는데, 원본에는 저자의 이름이 적혀 있지 않고 '육오산인(育吾山人)'이라는 표제만 붙어 있다. 육오는 만민영의 자이다. 『삼명통회』는 권수가 많고(총12권) 그만큼 내용도 풍부하다. 12권의 구성은 다음과 같다.

제1권	팔자에 대한 명리의 철학적 기초 천간과 지지에 관한 음양과 오행의 속성과 육십갑자의 납음취상
제2권	명을 미루어 계산하는 구체적인 방법, 대운, 소운, 유년(流年), 태원(胎元), 명궁의 계산과 간지의 형충회합, 화기(化氣)
제3권	성수(星宿, 별자리)에서 신살의 길흉적 작용
제4권	십간지좌겸득월시(十干支坐兼得月時), 운을 행하는 길흉
제5권	격국의 현상
제6권	팔자를 조합하는 각종 형식
제7권	육친과 여자의 명
제8·9권	720개의 일과 시의 조합에 대한 간단한 판단, 사주 사례
제10~12권	역대 사주명을 논하는 대량의 문헌

이 책은 명대 이후 200여 년 동안 명리를 논한 사람들이 종합서로 채택하였고, 모든 학자들이 보유할 만큼 중요한 자료라고 전해진다. 아래는 『사고전서총목제요』에서 『삼명통회』를 평가하여 설명한 내용이다.

특히 자평이 남긴 방법을 밝혀놓았으며 관인, 재록, 식상의 명칭과 의미, 용신의 가볍고 무거움, 여러 신살이 관련된 길흉 모두에 관해 많은 글을 수록하고 그 핵심적 요점을 담고 있다. 그러므로 술사들이 항상 이 책을 활용하면서 살아갈 수밖에 없었다.

『삼명통회』의 전체 내용과 특징을 잘 소개한 문장이다. 특히 『삼명통회』에서 신살과 관련된 풍부한 설명과 근거를 밝히고 있는데, 이와 같은 내용은 심화시기의 명리서에서는 찾기 어렵다. 따라서 『삼명통회』는 지금까지도 자료 선정이 적절하고 내용이 풍부하다고 평가되어 명리학의 대백과전서로 인정받고 있다. 서자평이나 서대승과 같은 신법 이후 인사들의 면면에서도 알 수 있듯이, 대부분의 명리서는 주로 유학에 정통하지 않거나 선비가 아닌 인사들이 현장에서 경험한 내용을 지식화하고 음양오행설에 근거하여 정립한 각종 규칙과 이론이 민간에 계승된 것이다. 이에 비해 『삼명통회』의 작자 만민영은 명대에 진사를 지낸 문인이고 학사라는 점에서 그 저술의 신뢰도가 다르다고 할 수 있다.

4. 심화시기

① 명나라 : 장남, 『신봉통고벽류명리정종』

장남(張楠)은 명대 인물로 자가 신봉이고 점성학에 정통했다고 전해진다. 그는 『신봉통고벽류명리정종(神峰通考辟謬命理正宗)』을 써서 명리학의 오류를 밝히고자 하였다. 책 이름은 『신봉통고』라고도 불렀는데, 나중에 『명리정종』으로 바꾸었다. 벽류는 오류를 배제한다는 뜻으로 이 책의 주요 주제를 말한다.

장남은 서문에서 연(年)을 위주로 하는 오성설이나 납음을 위주로 하는 이전의 이론을 비판하고, 자평의 이치만큼 잘 맞아떨어지는 것이 없다고 하였다. '일은 몸의 주축이 되며, 월은 거점이 되고, 세(연)와 시는 출입문이 된다'는 것이 자평학에 대한 그의 평가이다.

마음으로써 이 도를 공부한 지 40여 년이 되면서 하루아침에 갑자기 깨우치게 되었다. 그 이치에 바른 길이 있으며 결코 우연히 나온 것이 아니라는 점을 깨달았으니, 그러므로 나는 오성정설(五星正說), 오성류설(五星謬說), 자평제격정설(子平諸格正說), 자평제격류설(子平諸格謬說), 동정설(動靜說), 개두설(蓋頭說), 육친설, 병약설, 조고(雕枯), 약왕, 손익, 생장, 팔법설(八法說), 인명견험설(人命見驗說)을 확립하는 것을 좋아하였다. 대개 올바른 이치를 존중한 것에서 얻고 잘못 말한 견해를 피하여 이를 명리정종(命理正宗)이라 이름 붙이고 모두 판목에 새겨 출판하게 되었다.

이 책을 저술한 의도와 내용을 짐작할 수 있는 내용이다. 우선 월·일·시를 빠뜨리고 연 위주로 읽는 오성학의 초기 방법을 비판하고, 납음에 대해서도 천간과 지지 그 자체의 내용을 다 담지 못하는 이론이라 하였다. 또한 12생초이론(12지지의 동물로 사람의 인생을 논하는 이론)과 각종 신살에 대해서도 비판한다. 자평학에 대해서는 팔자 전체, 각 부분의 내용을 충분히 운용할 수 있다고 인정하고 있다. 당시 자평명리학은 이미 많은 이론이 축적되었는데, 그럼에도 불구하고 장남은 예를 들어『연해자평』과 같은 저작은 논리가 난잡하여 명확한 설명과 견해가 없다는 이유로, 현장 술사들은 '허울 좋게 술수를 파는 양두구육(양을 머리를 걸고 개고기를 파는) 행태'를 보인다며 비판하였다.

그가『명리정종』에서 주창한 내용은 동정설(動靜說), 개두설(蓋頭說), 병약설(病弱說) 등인데, 먼저 동정설은 운에서 오는 천간이 지지를 극하지 못하고, 운에서 오는 지지는 명조의 천간을 극할 수 없다는 주장이다.

무엇이 동(動)이 되는가? 그 체(體)는 양에 속하며 양은 동의 주체가 된다. 그러므로 하늘에서 강건하게 행하고 원만하게 순환 선회하며 끊이지 않는 것이다. 그러므로 사람의 팔자로서 천간 위에 나와 있는 것이 동이 된다. …

무엇으로서 정(靜)이 되는가? 그 체는 음에 속하며 음은 정의 주체가 된다. 땅에서 순리를 따르며 방위를 굳건히 지켜 고요하며 늘 같은 것이니 그러므로 사람의 팔자로서 지지에 숨어 있는 것이 정이 된다.[주22]

동정설을 예를 들어 설명하면, 운에서 庚金이 들어오면 사주팔자 천간에 드러난 甲木을 극하지만, 지지 亥 중 甲木은 극할 수 없다는 말이다. 반면, 운에서 申金이 들어오면 申 중 庚金은 사주팔자 천간의 甲木을 극하지 못한다. 천간의 동은 천간의 동으로 공격할 수 있고, 지지의 정은 지지의 정으로 공격할 수 있다는 말이 된다. 한편 辰戌丑未 사고지의 기물은 천지사방을 수장하는 창고이니 매우 견고하다. 따라서 운에서 들어온 寅木은 팔자 지지의 辰 중 戊土를 공격할 수 없고, 운에서 들어온 酉金은 辰 중 乙木을 공격할 수 없고, 운에서 들어온 午 중 己土가 辰 중 癸水를 공격할 수 없다. 戊이 와서 辰을 충하여 창고를 열면 戊, 乙, 癸가 방출되어 운에서 들어온 세력에게 공격받게 된다.

다음은 개두설에 관한 언급이다.

무엇을 일컬어 개두라 하는가? 사람의 온몸에서 홀로 머리가 몸통의 끝에 있는 것과 같다. 머리와 얼굴은 이어 붙어 있으며 귀, 눈, 입, 코가 달려 있으니 전체적으로 말하자면 머리가 된다. 그 아래 팔다리와 복부에 설령 작은 흠이 있다 하더라도 충분히 의복으로 그 흠을 가릴 수 있겠으나 머리의 온갖 것들은 겉에 드러나 보이므로 동하는 것이라고 일컬으며, 팔다리 및 복부와 같이 감추어진 것이 아니며, 경중을 떠나 대개 사람의 팔자가 이것과 같다.[주23]

팔자에서 천간의 네 글자가 머리가 되고, 지지 네 글자는 몸에 달린 복부와 팔다리

주22 何以爲之動也? 其體屬陽, 陽主動, 故天行健, 圓轉循環而無端, 故以人之八字, 天干透露於上者爲之動也.… 何以爲之靜也? 其體屬陰, 陰主靜, 故地承順, 方靜守固而有常, 故以人之八字支隱藏於下者, 爲之靜也.

주23 何以謂之蓋頭也, 如人之一身, 獨有頭爲一身之端也. 頭與面相連, 耳目口鼻繫焉, 統而言之爲之頭也. 其下若四肢肚腹稍有不善, 可以衣服以飾其不善也, 若頭之諸物發見於外, 則謂之動物, 非若四肢肚腹所藏之物, 不足爲輕重也, 大抵人之八字類此.

이고, 지장간은 오장육부가 된다고 하였다. 천간에 드러났다는 것은 그 부귀빈천이 사람의 머리와 얼굴에 나타난 것과 같다고 하였다. 만약 甲乙丙丁을 반긴다면 운에서 천간으로 개두되어 오는 것을 기다리고, 병이 되는 庚辛壬癸가 예를 들어 천간에 甲乙丙丁을 덮고 온다면 크게 문제가 아니라고 하였다. 따라서 팔자를 읽을 때는 개두된 것 위주로 살펴서 그 사람의 일생에 좋고 나쁜 것을 판단하라고 하였다.

장남이 가장 중요시한 것은 '병약설'인데, 그에 대해 논한 내용은 다음과 같다.

어떤 것을 병이라 하는가? 팔자에 해로운 신이 그것이다. 어떤 것을 약이라 하는가? 예를 들어 팔자에 해로운 글자가 있는데 한 글자를 얻어서 해로운 글자를 제거하는 것을 약이라 한다. … '병이 있어야 비로소 귀하게 여기니 상처가 없는 것은 훌륭한 것이 아니다. 격국에 병을 제거하면 재록 두 가지가 서로 따른다'고 하였다. … 대개 인간의 조화가 비록 중화를 귀중히 여길지라도 만약 하나하나가 중화에 맞는다면 어찌 그 줄어들고 늘어나는 변화를 탐구하고 휴구(길흉)를 논할 수 있겠는가? 지금 부귀한 사람은 필히 그전에 고생하고 참기를 거듭하여 그렇게 된 것이다. 연후에 마음에 참을성이 동하여 더욱 능력이 더해진 것이다. 사람의 운명이 묘함은 이러하다! 주24

장남의 병약론은 현대명리학에서도 중요하게 다루어지고 현장 활용도도 높은 이론이다. 인용문에 '병이 있어야 비로소 귀하다' 하고 '상처가 없는 것은 훌륭한 것이 아니다'라고 하였다. 실로 "형이 없으면 소인이요 형이 있으면 대인이다[무형소인(無刑小人) 유형대인(有刑大人)]"라는 말이 있다. 즉 사주에 형이 있어야 의(義)를 추구하고 공정, 상식과 정의를 추구한다는 말이다. 또 팔자에서 제극이 3번 이루어지면 크게 귀하다고도 하였다. 양인 사주가 칠살을 보면 영웅이 된다는 것도 사주팔자의 병을 다

주24 何以爲之病？原八字中原所害之神也；何以爲之藥？如八字原有所害之字, 而得一字以去之謂了, … "有病方爲貴, 無傷不是奇；格中如去病, 財祿兩相隨." … 蓋人之造化, 雖貴中和, 若一於中和, 則安得探其消息, 而論其休咎也？若今之至富至貴之人, 必先 勞其筋骨, 餓其體膚, 空乏其身, 然後動心忍性, 增益其所不能, 人命之妙, 其猶此乎!

스러서 대길한 경우이다. 병약을 보고 그것이 어떻게 다스려졌는지는 현장 통변의 중요한 단서이다.

② 명나라 : 유백온(?), 『적천수』

『적천수(滴天髓)』는 원래 명나라 초기에 유기(劉基, 1311~1375)가 썼다고 전해진다. 유기의 자는 백온(伯溫)이고 절강성 출신이다. 명대의 책략가이자 문학가인 유기는 주원장의 명나라 건국을 도운 공로로 성의백이라는 벼슬에 올랐다. 이에 대해 서락오(徐樂吾, 1886~1948)[注25]는 『적천수보주』 서문에서 『적천수』는 유기가 명 태조의 질투하는 성정을 우려하여 사람들이 이 책을 읽고 배우지 않도록 숨겼다고 하였고, 진소암은 『적천수집요』 서문에서 『적천수』는 명을 아는 사람이 유기의 이름을 빌려 쓴 것이라 말하였다. 아래에 『적천수』에 대한 평가와 함께 인용하였다.

『적천수』는 명을 아는 사람이 지은 것으로 성의백 유기의 이름을 빌린 것이다. 그 책은 간지의 실정을 궁구하고 음양의 변화에 통하고 격국에 얽매이지 않고 신살을 쓰지 않았다. 그러나 그것은 명의 이치로부터 추구하여 들어갈수록 더욱 미묘하고 미묘할수록 더욱 드러나니, 진실로 이는 도의 정수이자 술수가의 핵심이다.

『적천수』는 백과사전류의 다른 명리서적에 비해 오행의 생극제화, 십간십이지의 간지론과 용신취용 등 과거 자평명리학 이론에 나타난 불확실하고 복잡한 개념을 명확히 정리한 책으로, 그 전반을 간략히 다루면서도 핵심을 분명하게 제시하여 자평명리학을 발전시켰다고 평가된다.

注25 서락오는 『자평진전』, 『궁통보감』, 『적천수』를 모두 해석하였다. 참고로 『자평진전평주』는 방중심(方重審)이 청나라 광서제(1895) 때 간행된 조전여의 『자평진전』 판본을 기본으로 서락오의 평주를 삽입하여 1936년에 출간한 책이다.

③ 명나라 : 작자 미상, 『궁통보감』

『궁통보감(窮通寶鑑)』 또는 『난강망』은 청대(1636~1912) 초기에 길일을 잡는 일관(日官)의 손에 들어가 『조화원약(造化元鑰)』으로 명칭이 바뀌었고, 이후 청대에 여춘태가 이를 정리하여 『궁통보감』이라 불렀다. 이 책에서 들고 있는 사례가 명나라의 유명인물인 재보(宰輔)의 명인 것으로 보아 명나라 말기에 씌어졌다고 추정된다. 이 책은 오행과 사계절의 생성과 변화를 밝히고, 줄어듦과 자라남의 이치로 십천간이 열두 달에 근거하여 사용된다는 점을 논하고 있다. 따라서 이 책은 '기후와 조화를 이루는 용신의 경전'이 되었다.

서락오는 『궁통보감』을 『자평진전』·『적천수』와 함께 중요한 명리교과서로 평가하면서, "내가 명리연구를 여러 해 했는데 평생 가장 따르는 책이 『자평진전』·『궁통보감』·『적천수』, 이 세 가지이다"라고 하였다.

④ 청나라

청대의 주요 저작으로는 진소암(陳素菴)의 『명리약언(命理約言)』과 『적천수집요(滴天隨輯要)』, 임철초(任鐵樵)의 『적천수천미(滴天隨闡微)』(1933년 원수산 교정)와 『적천수징의(滴天隨徵義)』(1935년 서락오 편집), 심효첨(沈孝瞻)의 『자평진전(子平眞銓)』, 여춘태(余春台)의 『궁통보감(窮通寶鑑)』 등이 있다.

⑤ 근대

서락오(徐樂吾)가 저자 불명의 명리학 고전 『조화원약(造化元鑰)』에 주를 달아 『궁통보감평주』를 펴냈고, 『자평진전평주(子平眞銓評註)』(1936)와 『적천수보주(滴天隨補注)』(1937) 등을 썼다. 원수산(袁樹珊)은 『명리탐원(命理探源)』을, 위천리(韋千里)는 『고고집(呱呱集)』, 『명학강의(命學講義)』 등을 썼다.

• **명리학사(고법·신법·심화 시기)의 주요 명리 고전**

구분	시대	인물	특징
고법 (구법)	동한 말기	왕충	『논형』: 자연정명론 천간·지지 육십갑자의 부호체계 형성
	당나라 중기	이허중	『이허중명서』 연주 중심의 사주 구성 납음, 신살
금법 (신법)	송대 초기 송나라	서자평	『낙록자삼명소식부주』
		서대승	『연해자평』 일간 중심의 사주 구조, 오행 위주
심화	명나라	만육오	『삼명통회』
		장남	『신봉통고벽류명리정종』
		유백온(?)	『적천수』
		작자 미상	『궁통보감』
	청나라	진소암	『명리약언』
		심효첨	『자평진전』
		임철초	『적천수천미』

03
사주명리학의 주요 개념과 이론
개념에서 이론으로

명리의 바다에 본격적으로 입수하기 전에 앞으로의 학습과정에 필요한 기본개념과 이론을 정리하여 요약하였다. 여기서는 13가지를 소개하지만, 그 분류나 종류는 절대적이지 않다. 사주명리 학습에 필수적인 용어와 주요이론은 되도록 성립시기와 학습순서에 따라 선별하였다. 그러나 모든 학습이 역사적 개념의 발전 순서대로 이루어지는 것은 아니다. 예를 들면, 신살론과 같은 이론은 비록 구법이지만 모든 명리이론을 섭렵한 이후 마지막에 학습하는 것을 추천한다. 『자평진전』은 청대 출간이고 『적천수』는 명대 출간이지만, 『자평진전』을 먼저 읽은 다음에 『적천수』를 읽는 것이 일반적인 학습순서이듯 학문의 순서는 또 다르다.

여기 정리한 13가지는 명리학문 과정에서 어떤 이론을 추종하든 보편적으로 알아야 할 내용이다. 기초를 잘 닦아놓으면 전문가의 길을 걸으면서 자신의 특수관법을 설계하고 발전시킬 수 있다. 즉, 여기서 공부한 내용을 가능한 완벽히 숙지하고 그 다음 전문 이론체계로 스스로 개척해가면 된다. 멀고 긴 학문의 길을 여행하는데 기본채비라고 생각했으면 한다. 명리학문의 길은 넓고도 깊다.

본론에서는 각 개념에 대한 정의를 배우고, 그와 연관된 이론과 특성들을 해당 학자나 주요 명리저술과 함께 학습할 것이다. 기본을 잘못 세워서 먼 길을 여기저기 떠돌아다니지 않기 바란다.

1 만세력

만세력(萬歲曆)은 생년, 생월, 생일, 생시를 육십갑자로 변환하여 구성한 사주달력이다. 아래와 같이 과거에는 만세력을 책으로 보았는데, 현대에는 주로 만세력 앱을 활용한다.

만세력 책

스마트폰 앱(원광만세력)

2 십천간

천간(天干)이란 하늘에 흐르는 무형(無形)의 기운이다. 하늘에 머무는 10가지 기운의 움직임을 10개 글자로 표기한 것이므로 각 글자에 내포된 음양과 오행을 확실히 익히는 것이 중요하다.

10개의 천간을 오행으로 분류하여 색깔로 나타내는데, 간단히 요약하면 녹색은 목(木), 적색은 화(火), 황색은 토(土), 백색은 금(金), 흑색은 수(水)이다. 앞으로 음양, 오행, 천간, 지지를 학습하면서 반복적으로 오행과 색깔을 함께 익힐 것이다.

참고로, 만세력 앱을 통해 명식을 구하면 모든 팔자가 해당 오행의 색으로 표시된다. 초학자 단계에서는 색깔로 즉시 판단하는 것도 필요하지만, 글자보다 색깔로만 팔자를 익혀 버릇하면 고급 명리이론을 공부하는 데 지장이 있을 수 있다. 너무 쉬운 길만 좇지 않기 바란다.

• **십천간 표**

갑	을	병	정	무	기	경	신	임	계
甲	乙	丙	丁	戊	己	庚	辛	壬	癸
양	음	양	음	양	음	양	음	양	음
木		火		土		金		水	

3 십이지지

지지(地支)는 하늘에 있는 무형의 기운이 땅으로 내려와 혼합작용을 통해 나타난 결과물이다. 지지에는 음양오행뿐 아니라 계절과 방위, 오행 등의 다양한 의미체계가 있으므로 천간보다 복잡하다. 그 다각적인 역할과 상호작용을 알아야 한다.

• 십이지지 표

자	축	인	묘	진	사	오	미	신	유	술	해
子	丑	寅	卯	辰	巳	午	未	申	酉	戌	亥
음	음	양	음	양	양	음	음	양	음	양	양
水	土	木		土	火		土	金		土	水

4 지장간

지장간(地藏干)이란 글자 뜻 그대로 지지에 감추어진 천간을 말한다. 지지가 천간의 혼합물이라는 것을 알고 지지 속 내용물인 지장간이 어떤 역할을 하는지 이해하는 것이 중요하다. 지장간으로 사주팔자 내면의 사정과 구체적 사실을 읽을 수 있다.

• 지장간 표

지지	자	축	인	묘	진	사	오	미	신	유	술	해
	子	丑	寅	卯	辰	巳	午	未	申	酉	戌	亥
여기	壬	癸	戊	甲	乙	戊	丙	丁	戊	庚	辛	戊
중기		辛	丙		癸	庚	己	乙	壬		丁	甲
본기	癸	己	甲	乙	戊	丙	丁	己	庚	辛	戊	壬

5 육십갑자

육십갑자(六十甲子)는 십천간과 십이지지의 조합이다. 음양오행, 십천간, 십이지지의 기본 알고리즘을 형성하는 것이 육십갑자이다. 10개의 천간과 12개의 지지를 조합하는데 120가지가 아니라 60가지가 만들어지는 이유는 양간과 양지가 만나고 음간과 음지가 만나는 이치 때문이다. 10과 12의 최소공배수인 셈이다.

천간의 첫 글자인 갑(甲)과 지지의 첫 글자인 자(子)를 조합하여 그 명칭을 육십 갑자

(甲子)라 하였고, 각각의 마지막 글자의 조합인 60번째는 계해(癸亥)가 된다. 계해(癸亥)를 마치면 다시 갑자(甲子) 순으로 돌아온다. 이것을 환갑 또는 회갑이라고 한다.

천간, 지지, 지장간 등의 용어는 사주명리에서 사용하는 가장 기본적인 언어들이다. 이들을 조합한 육십갑자는 사주를 구성하여 앞으로 공부하게 될 명리학의 틀이자 기초가 된다. 천간과 지지는 앞으로 명리를 공부하는 동안 항상 사용해야 하는 기본 부호체계이니 각 글자의 속성을 이해하고 사용법을 올바르게 익히는 것이 중요하다.

나아가 각 천간과 지지에 음양이 어떻게 배속되고 오행의 상생상극(相生相剋)이 어떻게 이루어지는지 반드시 외우도록 한다.

6 납음

납음(納音)은 소리[音]를 수납[納]하였다는 뜻으로, 사주 육십갑자를 궁(宮)·상(商)·각(角)·치(緻)·우(羽)의 다섯 음계에 맞추어 납음 수를 배정하고, 그 음을 취해서 그것이 소속해 있는 성향을 나타낸다. 육십갑자에 60가지 납음의 상이 있다.

7 오행 상생과 오행 상극

상생 힘을 실어서 생해주는 순서

木 → 火 → 土 → 金 → 水 → 木

상극 힘을 제극하고 억제하는 순서

木 → 土 → 水 → 火 → 金 → 木

고대로부터 우주의 변화와 형성의 법칙을 음양이 소멸하고 자라나는 것으로 설명하고, 이것을 木·火·土·金·水 오행의 변화와 질서의 이치에 적용하였다. 이것이 오행의 상생(相生)과 상극(相剋)이다.

• 오행과 행성

음양오행	양(陽)	음(陰)	火	水	木	金	土
한 주	일	월	화	수	목	금	토
행성	태양	달	화성	수성	목성	금성	토성

지금까지 십천간·십이지지·음양오행 등을 소개하였다. 이러한 한자들이 어렵다는 이유로 한글로 음을 달아서 쓰는 습관은 앞으로의 긴 학문의 길에 이롭지 않다. 적어도 위에 적은 10개의 천간, 12개의 지지, 5개의 오행까지 27개 한자는 정확하게 읽고 쓸 줄 알아야 명리 학습과 통변에 어려움이 없다.

여기 소개한 기초 한자들의 경우 자원(字源)이나 글자가 조합된 원리, 형상은 사주 통변에 중요한 소재가 된다. 또한 기초에서 다진 원리는 심화와 통변 단계에서 물상을 이해하는 데 중요한 관건이 된다. 한자의 생성에는 여러 원리가 작용한다. 특히 상형(象形), 회의(會意), 지사(指事) 문자라는 것을 잊지 말고 각 글자의 어원이나 모양, 숨겨진 의미 등을 기초단계부터 꼼꼼히 공부하도록 한다.

8 사주팔자

사주팔자(四柱八字)를 사주(四柱)라고도 하고 팔자(八字)라고도 한다. 사주는 4개의 기둥이라는 뜻으로, 한 사람의 생년·생월·생일·생시의 육십갑자로 4개의 기둥을 만들어 한 사람의 운명을 해석한다는 말에서 나왔다. 한 기둥이 천간과 지지 두 글자를 조합한 것이니, 사주를 8개 글자로 만들어졌다는 의미에서 팔자라고도 한다.

1. 명식

명식(命式)은 글자 그대로 사주팔자로 만들어진 운명의 도식을 의미한다. 남자의 명식을 건명(乾命), 여자의 명식을 곤명(坤命)이라 한다. 건과 곤은 주역의 팔괘에서 나왔는데 각각 하늘 또는 남성, 땅 또는 여성을 의미한다.

사주의 각 기둥은 위치에 따라 연주(연간과 연지), 월주(월간과 월지), 일주(일간과 일지), 시주(시간과 시지)라고 불리며, 우측에서 좌측으로 시간의 흐름에 따라 읽는다. 다시 말하면 초년과 유년운은 연주로, 청년운은 월주로, 장년은 일주로, 말년은 시주로 통변한다. 이것을 '근묘화실(根苗花實)'론이라 한다.

또 다른 방식의 통변법은 연주를 통해 조상을 읽고, 월주로 부모와 형제, 일주로 부부, 시주로 자식을 읽는다. 이것은 '궁성(宮星)'이론이다. '궁(宮)'은 집의 높임말이고, '성(星)'은 일간 입장에서 바라본 10가지 생물학적·사회적 관계의 명칭이다. 따라서 각각 조상궁, 부모궁 또는 형제궁, 부부궁, 자식궁이라고도 한다. 예를 들어 '부부궁이 깨졌다'고 하면 부부궁의 글자에 손상이 있다는 뜻으로 부부관계의 문제를 의미한다.

이와 같이 사주에는 시간(근묘화실)과 공간(궁성)이 공존한다. 그래서 한 사람의 과거와 현재와 미래, 다른 한편으로 그 사람의 사회성, 가족구성, 내면의 심리까지 모두 꿰뚫어 볼 수 있다.

• 사주명식 구성

시주	일주	월주	연주
시간	일간*	월간	연간
시지	일지	월지	연지(띠)
자식궁 말년운	부부궁 장년운	부모·형제궁 청년운	조상궁 유년운

* 일간은 명식의 주인으로 사주팔자의 주체이다.

2. 대운과 세운

사주팔자 외에 대운(大運)과 세운(歲運)이 있다. 사주, 즉 명(命)의 영역에 있는 팔자는 평생 바뀌지 않는 글자이다. 반면, 대운과 세운은 움직이고 운영하는 것이다. 대운은 10년 주기로, 세운은 1년 주기로 육십갑자의 흐름에 따라 바뀐다. 이것을 운(運)의 영역이라 하는데, 사주의 명(命)과 함께 한 사람의 운명(運命)을 결정한다. 이를 읽는 것을 통변이라 한다.

통변을 하는 사람은 한 사람의 명과 운을 읽고 그 사람에게 주어진 팔자는 어떠하며, 변해가는 것은 무엇인지를 파악해야 한다. 평생 변하지 않는 팔자는 불역(不易), 주기에 따라 변하는 대운과 세운은 변역(變易)의 구조이다. 사주를 통해 살아가면서 조심해야 할 것은 무엇이며 기회와 도전은 언제 오는지, 그에 따른 기다림과 나아감을 밝혀 피흉추길(避凶趨吉), 즉 흉한 것은 피하고 좋은 일에 나아감을 읽어준다.

• 사주명식과 인생사

'일간'은 사주의 주인으로 본원 또는 일원이라고 한다. 일간을 중심으로 나머지 일곱 글자 및 대운과 세운의 관계를 읽어 나가는 것이 사주통변이다. 직업으로서의 역술가만이 아니라 사주명리를 공부하는 사람이라면 이제 자신을 알고 인생항로에서 맞이하는 다양한 장애물과 기회에 응전하고 준비하는 계기로 삼아야 한다.

9 십성과 육친

십성(十星)은 십신(十神) 또는 육친(六親)이나 육신(六神)으로도 불린다. 일간 즉 태어난 날의 천간 글자와 나머지 글자들의 음양오행 관계를 10가지로 분류했다는 데서 십성이라고 한다. 한편 육친은 일간의 부모·형제·부부 등 6가지 주요 인척관계를 본 것에서 나온 말이다. 음양오행의 생극제화에 근거를 두었으니, 다소 복잡해 보이더라도 기초를 바로잡았다면 어렵지 않은 단식체계이다.

십성을 통해 일간의 생물학적 관계뿐 아니라 사회적 관계, 인생에서 추구하는 재물, 명예, 권력 등 다양한 측면을 읽는다. 십성의 구체적 명칭은 비견·겁재·식신·상관·편재·정재·편관·정관·편인·정인 등 10가지다.

10 형·충·회·합

음양오행의 상생·상극과 형(刑)·충(沖)·회(會)·합(合)은 천간과 지지의 상호작용을 읽어 인생사의 주요 사건과 사고, 변화와 발전을 찾아내는 통변의 주요간법이다. 그 중에서 형·충·회·합은 천간지지와 지장간의 음양오행 관계와 순역의 운동을 통해 팔자에 드러나고 숨어 있는 글자의 의미와 상황을 읽어 길흉화복 성패생사와 흥망성쇠의 추세를 예단하는 방법론이다.

형(刑)은 '벌을 받는다'는 뜻이고, 통변 현장에서 '형살이 들었다, 맞았다, 처했다' 등과 같이 표현한다. 두렵게 들리는 표현이지만, 다양한 지지의 관계 중 글자간의 불편한 작용을 말하는 것으로 일의 결과가 어긋나고 예상치 않은 어긋난 방향으로 진행되는 것을 의미한다.

충(沖)은 '부딪혀 깨진다'는 뜻인데, 말 그대로 2개의 글자가 만나 서로 파괴되는 것을 의미한다. 사건과 사고의 단초를 제공하기 때문에 그 길흉변화와 득실을 읽기에 적절하다.

회합(會合)은 2개의 글자 또는 3개의 글자가 서로 묶여 새로운 에너지를 생산해내는 것을 의미한다.

형충회합은 어감에 의존하여 길과 흉으로 나누어 해석하려고 하지 말고, 그것이 만들어내는 다양한 간지의 관계를 참고하여 사건의 원인과 결과, 그 시점과 구체적 관련성을 읽어내면 절묘한 통변에 이를 수 있다.

11 십이운성

십이운성(十二運星)은 천간이 언제 태어나고 어떻게 성장하여 왕성해지고, 또 죽어서 어떻게 사라지고 다시 태어나는가를 다룬다. 인간이 죽고 사는 문제를 십이지지라는 12단계로 나타내기 때문에 일명 천간의 생왕사절(生旺死絶)이라 할 수 있다.

12 신살

신살(神煞)은 고대 오행술에서 시작되었고 택일법에 바탕을 둔 명리 고법의 주요이론이다. 신살의 부류로 남녀 합혼이나 소아관살 등이 많이 소개되었는데, 예를 들면 백호 · 괴강 · 양인 · 원진 · 공망과 같은 흉신류나 천을귀인 · 월덕귀인 · 문창귀인 · 삼기와 같은 길신류, 그리고 겁살 · 재살 · 천살 · 지살 · 연살 · 월살 · 망신살 · 장성살 · 반안살 · 역마살 · 육해살 · 화개살 등의 십이신살류가 주로 알려졌다.

신살의 종류는 수백 가지인데, 그중 중요한 신살을 가려서 원리와 적용법을 알아두는 게 필요하다. 신살이론의 전개과정에서 『적천수』나 『자평진전』과 같은 자평학의 명리신법은 신살을 비판했지만 『연해자평』이나 『명리정종』은 여전히 취용하였고, 『삼명통회』는 신살론의 보고이다.

13 격국과 용신

격국(格局)은 사주팔자 중에서 월지 지장간의 투간 여부와 팔자 전체의 세력을 따져서 정한다. 사주를 주관하거나 도움이 되거나 또는 조화를 이루는 기운으로서 사주의 구성과 구조를 말하는 용어가 격국이다. 격국과 용신을 찾아서 팔자를 통변하면 일간의 성향과 적성, 직업 등을 읽는 데 주효하다.

격국에는 정격(正格) 또는 내격(內格), 변격(變格) 또는 외격(外格)이 있다. 『자평진전』은 월령(月令)을 위주로 격국을 정하는데 이것을 정격이라고 한다. 『자평진전』은 재격(財格)·정관격(正官格)·식신격(食神格)·인수격(印綬格)과, 칠살격(七殺格)·상관격(傷官格)·양인격(陽刃格)·건록격(建祿格) 등을 위주로 설명한다. 정격에서는 용신을 논할 때 일주나 월령을 억부하는 오행을 용신으로 삼는 것이 일반적이며, 병약의 원리로 용신을 정하기도 하고, 통관하는 글자, 조후를 해결하는 글자 등으로도 정한다.

반면에 월령에서 정하지 못하는 경우는 변격이라 하는데, 변격은 오행의 변화를 중히 여겨 기세를 중시하므로 일행득기격(一行得氣格), 양신성상격(兩神成象格), 종격(從格), 화격(化格)으로 분별한다. 결국 변격에서는 월령만을 위주로 하기보다는 성정과 기세에 따라서 용신을 정하며, 조후와 통관의 원칙에 의해서도 용신을 정한다.

『연해자평』이나 『삼명통회』와 같은 책에서는 이외에도 수많은 종류의 격국을 소개하고 있다.

CHAPTER 2

음양과 오행

01

음양론

우주만물의 생성과 변화의 원리

1 음양 개념의 성립

음양론(陰陽論)은 사주명리에서 가장 기본적인 이론이다. 음양에 대한 개념은 철학적 의미가 부여되지 않은 일상적인 사유에서 처음 싹트기 시작하였다. 인간이 태어나서 최초로 사유하는 것이 무엇일지 생각해보면 음양의 초기 인식에 대한 실마리를 얻을 수 있다. 그것은 밝음과 어두움, 있음과 없음, 뜨거움과 차가움, 나오고 들어간 것 등 서로 반대되는 대립적인 양상들에 대한 인식이다. 다시 말하면, 인류 지성의 발달사에서 인간이 미개의 혼돈상태에서 지성의 문턱에 들어섰을 때 맨 처음 갖게 된 의문은 위와 아래, 안과 밖, 밝음과 어두움, 좋음과 나쁨 등과 같이 극단이나 상반되는 것을 나누고 분별하여 판단하는 것이었다.

앞에서 역은 점을 치기 위한 점서의 도구라 하였고, 『역경』은 점을 친 자료를 모은 책이라 하였다. 고대인들은 무엇이 궁금하여 점을 치고 답을 찾으려 했을까? 『주역』의 성립 시기와 시대적 상황에서 원인을 찾아보도록 하자. 그들을 궁금하게 만든 것은 단순한 호기심보다는 죽고 사는 문제가 걸린 절박한 두려움이었을 것이다. 밤과 낮의 변화, 추위와 더위, 이상기후 등은 과학이 발전한 지금은 손가락 터치 한 번으로 언제 어디서나 쉽게 얻을 수 있는 정보이다. 그러나 고대에는 하늘을 쳐다보면서 왜 그럴까 물어봐야 했고, 궁금증이 쉽게 해소되지 않으니 점을 쳐서 물어봐야 했다. 하늘에서 내리는 빗줄기나 눈발에 대해 궁금해했을 것이고, 이해할 수 없는 수많은 자연현상은 두려움으로 이어졌다. 그 소박한 의문에서 시작하여 우주를 관찰하고 만물을 취합하여 분류하고 글로 남긴 것이 바로 『주역』이다. 『주역』은 궁금한 것을 물어 그 대답을 네 또는 아니요, 많음 또는 적음, 높음 또는 낮음, 안팎 등과 같은 이분법(양의, 음효와 양효)의 체계로 남기고, 나아가 그것에 어림과 성숙을 더하여 사상으로 나누고 8괘와 64괘로 확장한 점복 구도이며, 고대의 정보 분류와 통합 양식이다.

고대에 기후변화는 개인의 생사, 나아가 나라의 존립이 달린 문제였다. 당장 내일 날씨가 어떨지 절박하게 알고자 했고 그래서 점을 쳤다. 또한 농경사회에서 1년 작황을 좌우하는 기후는 중대 관심사였고, 연명과 안위를 위한 조건이었다. 씨를 뿌리는 시기, 수확하는 시기 등이 모두 한 해의 기후 여건에 달렸다. 그리고 전쟁과 같은 문제에 대해서도 점을 쳤다. 이렇듯 다양한 궁금증과 두려움으로 점을 쳐서 예측하고 그 결과를 추론하고자 한 것이 점의 기원이고 원시 사유와 철학의 발단이었다.

- 원시의 음양 개념
  ① 낮과 밤의 변화 : 밝음과 어두움
  ② 한 달의 변화 : 달의 움직임(차고 기욺)
  ③ 계절의 변화 : 추움과 더움

- 태양이 비치는 곳(양)과 그늘진 곳(음)
  ① 태양이 비추는 차이와 변화 → 자연의 이치에 대한 사유로 발전
  ② 자연의 속성을 인간사의 속성에 대응 → 철학적 지식으로 발전
  ③ 학문적 전개와 발전 → 생명 범주에서 도덕 범주로, 형상 사유에서 추상 사유로 발전

고전에서 음양 개념이 언급된 사례를 찾아 음양을 학문적으로 고증해보면 다음과 같다. 먼저 『시경(詩經)』[주26]을 들 수 있는데, '음'을 언급한 곳이 8군데, '양'은 14군데, 둘을 연결하여 사용한 곳은 1군데이다. 양은 3가지 함의로 쓰였는데, 첫 번째는 햇빛 아래 나부끼는 깃발을 나타내어 "용을 그린 깃발이 나부끼네[용기양양(龍旗陽陽)]"라고 한 경우이다. 두 번째는 태양의 호칭으로 쓰였고, 세 번째는 따뜻함, 정면, 바깥, 남

주26 『시경』은 5경 중 하나로 춘추시대 민요를 주로 모은 가장 오래된 시집이다.

쪽 등의 뜻으로 쓰였다. 음양 두 글자가 함께 쓰인 경우로는 「대아(大雅) 공류(公劉)」편에 "산 위에서 해그림자를 재어 양지와 그늘을 살피도다[기경내강(旣景乃岡), 상기음양(相其陰陽)]"라고 한 것이 있다.

『상서(尙書)』주27에서도 음양이 언급된 것을 찾을 수 있는데, 음을 3번, 양을 3번 언급하였다. 음양은 주로 자연현상에 대한 직관적 인식으로 쓰였으며, 그중에서 음은 태양이 구름에 가려지는 현상에 비유해 단순히 '덮는다'는 뜻으로 썼다. 그 예로 "하늘이 아래 백성들을 덮어 길러주시도다[유천음즐하민(惟天陰騭下民)]"가 있다.

『역경(易經)』에서도 음양을 찾아볼 수 있다. 중부괘(中孚卦 : ䷼) 구이(九二)의 효사 "우는 학이 음지에 있으니 그 새끼가 화답한다[명학재음(鳴鶴在陰), 기자화지(其子和之)]"인데, 결론부터 말하면 『역경』에서는 단순히 그늘과 같은 의미로 음(陰)이 단 1번 언급되었을 뿐이다.

'구이(九二)'는 위치가 아래에서 두 번째인 효를 말하고, 그것이 양효(—)일 때를 '구'라고 한다. 참고로 음효(--)는 '육'이라 한다. 중부괘의 구이는 양강하고 중에 있으니 실하고 지성스러워 같은 기를 가진 동류들과 가장 잘 감응하여 통할 수 있다. 비록 구이가 지금은 육삼과 육사 두 음효의 아래에 처하여 어둡고 깊숙한 데 있어 남에게 알려지기 어렵지만, 구이의 속이 실하여 지성스럽고 행동이 믿음직하여 그 동류가 아무리 먼 곳에 있더라도 그 소리를 들을 수 있다는 뜻이다. '우는 학'은 구이 자신이고, '음지에 있다'는 육삼과 육사 두 음효의 아래에 있다는 것을 의미한다.

주27 『상서』는 한대 이전에는 서(書)라고 불렸고, 이후 한대에 유가사상의 지위가 올라가면서 경전이라는 뜻이 포함된 『상서』로 불리게 되었다. 송대에 와서 『서경(書經)』이라는 명칭을 얻었는데, 지금은 『상서』와 『서경』을 혼용한다. 『시경』과 마찬가지로 5경 중 하나로 중국 고대의 정치 문서를 편집하여 정치, 사회변동, 문물제도 등을 기록한 책이다. 『상서』의 내용은 명덕신벌(明德愼罰)로 규정할 수 있다. 이는 주나라가 은나라를 정벌한 후 집권층에서 천하 통치를 위해 고심한 결과이다. 본래 군주의 자계(自戒)였으나, 후세에 경서의 권위가 높아지면서 역대 제왕들이 지켜야 할 전범으로 자리잡았다. 특히 여기서 '명덕'에 대한 관점들은 이후 주희가 『대학』의 해석에 활용하면서 성리학적 정치철학의 큰 축으로 자리매김했는데, 탕왕(蕩王)과 무왕(武王), 주공(周公)과 관련이 있는 내용으로 은나라와 주나라의 성립을 천명과 연계하여 정당화하려는 논리에서 비롯된 것이다. 현재 전해지는 『상서』는 58편으로 구성되었으나 위진남북조시대의 위작(僞作)이고, 진시황의 분서갱유로 소실되어 진위 여부에 논란이 있다. 판본은 『금문상서』와 『고문상서』가 전해진다.

지금까지 살펴본 바와 같이 3경, 즉 『시경』·『서경』·『역경』에서는 음양이 아직 철학적 의미가 더해지지 않은 원시적이고 소박한 의미로 적용되었다는 것을 알 수 있다.

전국시대의 『역전(易傳)』에 와서 음양은 철학적 의미로 발전한다. 「계사전」에 "한 번은 음이 되고 한 번은 양이 되는 것을 도(道)라 이른다[일음일양지위도(一陰一陽之謂道)]"라고 하였다. 천지인 삼재에는 각각 두 가지 상호대립되는 세력이 있어서 천도(天道)에 음양(陰陽)이 있고, 지도(地道)에 강유(剛柔)가 있으며, 인도(人道)에는 인의(仁義)가 있다. 그들 사이에 서로 주고받고 서로 영향을 미쳐 하나의 전체가 된다. 이를 합쳐서 '일음일양지위도(一陰一陽之謂道)'라 말한 것이다. 생생지위역(生生之謂易) 즉 낳고 낳은 것을 역이라 하였으니, 음이 양을 낳고 양이 음을 낳아 그 변화가 무궁한 이치가 바로 역이다.

• 삼재지도(三才之道)

천지인 삼재	상호대립
천도(天道)	음양(陰陽)
지도(地道)	강유(剛柔)
인도(人道)	인의(仁義)

한편 도가의 대표 고전인 『노자(老子)』 제42장에서는 "도생일(道生一), 일생이(一生二), 이생삼(二生三), 삼생만물(三生萬物). 만물부음이포양(萬物負陰而抱陽), 충기이위화(沖氣以爲和)"라고 하였다. 여기서 '부음이포양(負陰而抱陽)'은 철학적으로 음양이 논의된 시초이다. 그 뜻은 아래와 같다.

도가 하나의 기운을 낳고, 하나의 기운이 나뉘어 음과 양 두 기운을 낳고, 음과 양 두 기운이 합하여 제 삼의 기운이 되었고, 그 세 기운이 만물을 낳도록 해준다. 만물은 음의 기운을 등에 지고 양의 기운을 앞에 안아 충화의 기운에 의해 조화를 이루어간다.

모든 것은 음과 양이라는 기운을 갖는데, 그 두 기가 서로 교감하여 만물을 낳고 따라서 만물은 그러한 양면의 성질을 갖는다는 의미다.

『장자(莊子)』로 가면 무려 20여 곳에서 음양의 의미를 분명하고 다양하게 사용하고 있다. 대표적인 예로 「천하(天下)」 편의 "역은 음양을 말하는 것[역이도음양(易以道陰陽)]"이라는 표현을 들 수 있다. 『묵자(墨子)』도 두 곳에서 음양의 조화를 논하며[주28], 『관자(管子)』도 「사시(四時)」에서 "음양이란 천지의 큰 이치요 사시란 음양의 큰 법이며 형덕(刑德)이란 사시의 이름이다. 형덕이 사시에 합당하면 복을 낳고, 위배되면 재앙을 낳는다"고 하였다. 추연(鄒衍)[주29]의 음양오행설은 음양이 소멸하고 자라나는 이치를 오행의 金·水, 木·火에 적용하고 土를 그 중간에 놓아 천지의 변화와 사계절의 운행질서를 밝히고 인사의 재복과 길흉을 읽은 것이다.

2 주역의 양의

양의(兩儀)는 '두 가지 양태' 또는 세상의 모든 대립면이란 의미이다. 주로 음과 양, 또는 하늘과 땅, 즉 천지를 말한다. 양의는 특히 『역전』의 주요개념인데, 부호로는 이어진 선(—)과 끊어진 선(--)으로 나타내며 각각 양효와 음효라 한다. 양의는 대대(待對) 관계, 즉 서로 반대되는 것들이 짝을 이루어 만들어내는 관계를 포괄하여 상징한다.

주28 제6장, "천지, 사해, 천양(天壤) 간의 모든 것은 음양의 조화에 의존한다." 제27장, "성왕의 덕은 음양과 우로(雨露)를 적절하게 계절에 안배한 일이다."

주29 추연(鄒衍 또는 騶衍, 기원전 305~240?)은 생몰년대가 불확실하다. 사마천(司馬遷)의 『사기(史記)』에 의하면 추연은 제(齊)나라에 추(騶)씨 성을 가진 세 학자 중 하나로 맹자보다 뒤의 사람이며 음양오행설을 제창했다고 한다. 추연은 중국의 명산, 대하, 계곡, 금수, 수륙의 혜택, 진기한 산물 등을 분류했을 뿐 아니라 바다 저편, 인간이 관찰할 수 없는 것까지 연구했다고 전해진다.

• **양의의 대대관계**

—	- -	—	- -
양효	음효	염(炎)	냉(冷)
홀수(1,3,5,7,9)	짝수(2,4,6,8,0)	승(勝)	부(負)
강건함	유순함	개(開, 열림)	관(關, 닫힘)
건(乾)	곤(坤)	군(君)	신(臣)
천(天)	지(地)	군자	소인
강(剛)	유(柔)	남	여
동(動)	정(靜)	부(夫)	부(婦)
존(尊)	비(卑)	부(父)	자(子)
귀(貴)	천(賤)	딱딱함	부드러움
낮	밤		

참고로 유가사상에서는 음과 양을 여와 남으로 나누거나 천하고 귀한 것으로 나누어, 양효를 좀 더 존귀하게 보고 음효를 비천하게 여기는 인식이 있었다. 인류 발전사에서의 시대적 인식체계이니 지금 와서 이러한 인식에 절대적으로 얽매일 필요는 없다.

3 음양의 특성

음양의 주요 특성은 상호대립·상호호근·상호소식·상호전환이다. 그 주요 특징은 다음과 같다. 기본적으로 태극 문양을 머릿속에 떠올리면서 읽기 바란다.

- 음양 대립(對立) : 자연 만물의 만상과 만사에는 상반되는 두 가지 속성이 동시에 존재한다.
- 음양 호근(互根) : 음양은 상호의존적 관계이다.

- 음양 소식(消息) : 음양은 서로 자라고 쇠퇴하는 것을 반복한다.
- 음양 전환(轉換) : 음양은 상호 전환된다.

위와 같은 음양의 특징은 주역 양의의 대대(對待) 사유와 깊은 관련이 있다. 앞에서도 이야기했듯이 대대는 양단(兩端)의 현상이고 모순적인 관계이다. 이는 모든 만물의 존재양식이며 인생과 생명의 양태를 의미하고, 인간의 활동이나 자연환경의 모든 물형을 뜻한다. '대대관계'는 주역의 주요 의미체계를 이해하기 위한 핵심으로, 서로 대립하면서도 서로 의존하거나 서로 반대되는 상대가 존재해야 비로소 자신이 존재하는 것을 의미한다. 한마디로 서로가 서로를 품은 관계를 말한다.

• 음양의 상대적 배치

음(陰)	양(陽)	음(陰)	양(陽)
땅	하늘	여자	남자
달	태양	가득참	비움
북, 서	남, 동	사	생
가을[秋], 겨울[冬]	봄[春], 여름[夏]	끝	시작
차가움	따뜻함	짝수	홀수
흐름	맑음	받음	줌
습함	건조함	짧음	긺
아래	위	몸	마음
후	전	늙음	젊음
약	강	무거움	가벼움
소	대	고요함	움직임

4 사주명리학과 음양의 적용

음양(陰陽)이란 한자는 모두 언덕 부(阝=阜)가 들어 있다. 언덕을 중심으로 해와 달이 비추는 쪽은 양(陽), 그늘진 쪽은 음(陰)이다. 이렇듯 음양은 시간 즉 해와 달의 움직임에 따른 상대적인 상황, 양면적인 상황을 말한다. 즉 음과 양은 개별적인 주체가 아니라, 언덕이라는 매체를 사이에 두고 태양이라는 중요 대상과의 관계에서 파악한 동태적이고 상관적 양상이다.

• 음양의 자원

음(陰)	阝(阜) + 그늘 음(侌)	해와 달이 가려진 언덕의 응달진 면
양(陽)	阝(阜) + 볕 양(昜)	해와 달이 비추는 언덕의 밝은 면

다시 말하면 음은 때에 따라 양이 될 수 있고, 양 또한 음이 될 수 있다. 음 중에는 양이 가능태로 잠복해 있으며, 양 중에도 음이라는 가능태가 있다. 음양이론은 대립되는 관계로만 보지 말고 서로 공존, 공생하는 관계로 봐야 한다. 세상사 모든 일에는 양면성이 있고 빛과 그림자가 있기 때문이다.

음양의 대대 인식은 천지인(天地人) 삼재지도에 나타난다. 이것을 명리의 부호체계인 천간지지로 읽으면, 천간에서 일어나는 일은 하늘이 정해주는 일의 성패이고, 지지에서 일어나는 일은 그 현실적인 상황이며, 지장간은 인간사와 그 속사정이다. 이것을 천원(天元)·지원(地元)·인원(人元)이라 하였다.

- 천간 : 하늘이 정해주는 일의 성패
- 지지 : 현실적인 상황
- 지장간 : 인간사와 그 속사정

명리서에서 음양이 사용된 사례를 찾아보면 다음과 같다. 먼저 『적천수』 「통신론(通神論)」은 천도와 지도를 논하면서 다음과 같이 시작한다.

욕식삼원만법종(欲識三元萬法宗),

선관제재여신공(先觀帝載與神功).

곤원합덕기함통(坤元合德機緘通),

오기편전정길흉(五氣偏全定吉凶).

삼원(三元), 즉 천지인이 만법의 근본임을 알려면

먼저 제재(帝載 : 음양)와 신공(神功 : 오행)을 관찰해야 한다.

곤원(땅)은 덕을 합하여 기틀을 봉하고 통하는데,

오기(五氣)가 치우치거나 온전함에 따라 길흉을 결정한다.

삼원이란 천원(天元), 지원(地元), 인원(人元)을 말한다. 천원은 천간이요, 지원은 지지이고, 인원은 지지 중에 간직된 것, 즉 지장간이다. 『적천수』 해석서인 『적천수징의』나 『적천수천미』 등에 따르면, 사주를 구성하는 연월일시 네 가지는 각각 천간과 지지로 나뉘는데 천간은 천원이 되고 지지는 지원이 되며, 지지에 암장되어 있는 천간인 지장간은 인원이 된다. 사람들이 부여받은 운명은 저마다 달라서 일정하지 못함이 있지만 모두가 삼원의 이치를 벗어나지 못하니, 이른바 이것을 모든 법의 근본 즉 만법종(萬法宗)이라고 한다. 음양은 태극을 근본으로 하는데 이를 제재라 하고, 오행은 사계절에 퍼뜨려져 펼쳐지는데 이를 신공이라 하였다.

사주팔자의 천지인(천간 · 지지 · 지장간)으로 음양을 밝히면 아래와 같이 분류할 수 있다.

• 양간 대 음간

• 木火 대 金水

• 조후의 양(열, 건조함)과 음(냉, 습함)

지금까지 공부한 음양의 이치는 다음 태극도를 보면 더 잘 이해할 수 있다. 그림과 함께 그 이치를 아래에 설명하였으니 참조하기 바란다. 태극도의 음중양과 양중음이라는 잠복된 가능태를 보면 인생사에서도 음지가 양지로 되며, 양지 또한 음지로 변할 수 있는 상황을 이해할 수 있게 된다. 힘든 시절은 영원하지 않으며, 장밋빛 인생도 영원하지 않다. 음양이론이 사주명리학에서 의미하는 중요 시사점이다.

태극도

• 바깥쪽 큰 원은 전체 우주를 상징한다.
• 가운데 커브를 그리는 선은 서로 상반되지만 또한 서로 의존적인 음양의 이치를 나타낸다.
• 검은색은 음, 백색은 양, 그 속에 있는 두 점은 음양이 상호소식과 상호전환하는 속성을 상징한다.
• 양이 극성하면 그 속에서 음이 생기고(검은 점), 음이 극성하면 그 속에서 양이 잉태된다(하얀 점). 이 점들은 음과 양이 절대적이지 않으며, 서로 종속적일 뿐 아니라 그 속에 음과 양의 기운을 이미 내포하고 있음을 나타낸다.

사주 사례

가상의 사주

시	일	월	연
辛	丁	壬	己
亥	丑	申	亥

입문 단계부터 다양한 사주명식을 뽑아서 읽어보는 연습을 하는 것이 좋다. 명식을 뽑아보는 것부터가 실전이다. 앞으로 명리이론을 하나씩 배우면서, 각 단계마다 그에 해당하는 명식 사례를 찾아 스스로 해석해보는 방법을 추천한다.

만약 위와 같은 사례의 사주가 나왔다면, 음양으로 읽었을 때 어떤 느낌이 드는가? 아직 천간과 지지의 음양오행을 배우지 않았지만 우선 색깔만으로도 알 수 있는 지점이 있다. 위의 사주는 일간의 丁火만이 선명한 유채색이다. 다채로운 색, 즉 붉거나 푸른 것은 火나 木의 기운이다. 나무가 푸르고 꽃이 피는 것을 떠올리면 된다. 무채색은 흑백의 색깔이고, 붉고 푸른 색깔보다 어둡고 가라앉은 분위기다.

사례의 사주는 태어난 해의 천간, 태어난 날의 천간과 지지를 제외하면 흑백의 색으로 구성되어 있다. 연간 己와 지지 丑은 황색인데 모두 축축한 땅을 의미한다. 그 외 지지는 모두 흑백색이다. 붉은색인 일간 丁은 불을 의미하는데, 일간이 바로 사주의 주인을 상징하는 글자이다. 주변의 기세가 丁火에게 위태로워 보인다. 오행이나 천간 지지를 배우기도 전에 음양만으로 읽어본 명식의 사례이다.

02

오행론

우주만물을 이루는 다섯 가지 기운과 순환

오행이란 물[水], 불[火], 나무[木], 쇠[金], 흙[土]의 다섯 가지를 말한다. 우리가 살고 있는 자연계를 크게 목화토금수(木火土金水) 다섯 가지로 분류하고 그 운동으로 이해하는 이론이 오행설이다. 水火木金土의 순서로도 부르고, 木火土金水의 순서로도, 또 水火金木土의 순서로도 부른다. 역사적으로 오행의 순서가 바뀌고 맥락에 따라 다르게 쓰이는 것에는 모두 의의가 있으니 그 점을 유의해서 공부할 필요가 있다.

오행이라는 다섯 가지 물질은 5개의 분리된 별개를 말하는 것이 아니라, 일정한 법칙성을 가지고 순환하며 음양이라는 테두리 안에서 상호작용하는 움직임을 뜻한다. 앞에서 음중양과 양중음의 음양 가능태와 동태적 기능구조를 말했는데, 그것을 통해 오행의 상호작용과 운동성 또한 이해할 수 있을 것이다. 오행의 영어 표현인 'Five Elements'를 직역하면 다섯 요소라는 뜻인데, 이것은 엄밀한 의미에서 오행을 제대로 표현하지 못한 말이다. 오행(五行)의 행(行)은 말 그대로 행하고 다니는 것, 즉 그 상호작용에 더 방점을 두기 때문이다.

1 오행 개념의 성립

오행은 음양과 함께 거론하여 우주의 기본적 힘과 운동을 설명하는 궁극의 원리를 나타낸다. 오행사상은 중국 고대 은주(殷周) 교체기 무렵인 서주(西周, 기원전 1066~기원전 771)에 초기 인식이 나타났다. 전설상의 황제(黃帝)가 역법을 정할 때 오행이 나왔다거나, 우임금이 홍수를 다스릴 때 낙수(洛水)에서 신령스런 거북이 등에 낙서(洛書)를 지고 나왔다는 하도낙서설(河圖洛書說) 등인데, 학술적 근거로 삼기는 힘들다. 하도낙서설에 대해서는 따로 지면을 마련하여 설명하도록 하겠다.

여기에서는 고전에 나타난 오행의 초기 흔적을 찾아보고, 수나라 때 저작인『오행대의(五行大義)』[주30]에서 오행에 대한 다양한 정의와 분류를 인용하여 참조한다. 중국 고대사 연구서 『고사변』에 따르면, 『상서(尙書)』「홍범(洪範)」은 주대의 저술이 아니라 전국시대 이후 음양오행가가 고대의 역사를 가탁(假托)한 것이라고 한다. 따라서 전국시대 사상가였던 음양가의 추연(騶衍)도 오행 개념과 함께 기억해야 할 인물이다. 유효군(兪曉群)은 『주역과 술수역학』에서 오행 관념을 본질적으로 변화시킨 이는 추연이라고 하며, 그의 가장 유명한 학설로 오덕종시설(五德終始設)을 말하였다. 오덕종시설은 오행상극을 근간으로 오행을 오덕으로 변환하고 오덕이 상극하는 원리로 제왕의 흥기를 대응시킨다. 앞으로 배울 오행 분류와 그 출처를 『주역과 술수역학』에서 인용하면 다음과 같다.[주31]

• **오행화된 자연체계**

	분류					출처
오행	木	火	土	金	水	상서
오성	곡직	염상	가색	종혁	윤하	상서
오미	신맛	쓴맛	단맛	매운맛	짠맛	여씨춘추
오색	청(녹)	적	황	백	흑	예기
오음	각	치	궁	상	우	예기
오충	鱗(비늘 린)	羽(깃 우)	倮(벗을 라)	毛(터럭 모)	介(낄 개)	예기
오취	누린내	탄내	향기	비린내	썩은내	예기
오곡	보리	메기장	찰기장	삼	콩	예기
오생	닭	양	소	개	돼지	예기
오성	세성	형혹	진성	태백	진성	예기

[주30] 『오행대의(五行大義)』는 수(隋)나라 양제(煬帝) 때의 오행학자이며 양생가인 소길(蕭吉)이 쓴 책이다. 소길의 자는 문휴(文休)이다. 중국 남북조시대 남조 양나라의 황제인 양무제의 종손자이다.

[주31] 유효군(兪曉群), 『주역과 술수역학』, 임채우 옮김, 동과서, pp.143~144, 2014.

오장	간	심	비	폐	신	황제내경
오계	춘	하	계하	추	동	예기
오방	동	남	중	서	북	예기
오수	8	7	5	9	6	예기
천간	甲·乙	丙·丁	戊·己	庚·辛	壬·癸	예기
지지	寅·卯	巳·午	辰·戌·丑·未	申·酉	亥·子	회남자
오신	구망	축융	후토	욕수	현명	회남자
오제	대호	염제	황제	소호	전욱	예기

1. 오행의 초기 개념

고전에서 오행을 언급한 예로『상서(尙書)』에 다음 내용이 먼저 보인다.

물과 불은 백성이 먹고 마시는 것이고 쇠와 나무는 백성이 일으키고 만든 것이며 흙은 만물이 살아가는 것이니, 이는 사람을 위해 쓰이는 것들이다.

위의 인용은 오행설과 관련된 초기 문장으로, 기원전 1046년 상(商)을 멸망시키고 주나라를 건국한 무왕(武王)이 주(紂)[주32]를 토벌할 때 전사들에게 제창하게 했다고 알려져 있다.『상서』는 요순부터 하·은·주 시대까지 중국 고대왕조의 정치 실적을 다룬 책으로 주나라 정치 기록이 대부분이고, 주로 주나라가 은나라를 토벌하는 전투 기록이다. 실제로 나라를 다스리는 원리는 그중「홍범(洪範)」에 기록되어 있다.「홍범」은 큰 법이라는 뜻으로, 중국 정치사상사에서 중요한 가치를 지닌 기록이다.

「홍범」에는 아홉 가지 원리란 뜻의 구주(九疇)가 기록되어 있는데, 그중 첫째가 오행이고, 둘째는 오사[五事 : 모(貌)·언(言)·시(視)·청(聽)·사(思)], 셋째는 여덟 가

주32 주(紂)는 상나라 말기 폭군으로 '주지육림(酒池肉林)' 즉 연못을 술로 채우고 고기를 숲처럼 매달아 놓고 즐겼다고 전해진다.

지 정사[政事 : 식(食)·화(貨)·사(祀)·사공(司空)·사도(司徒)·사구(司寇)·빈(賓)·사(師)], 넷째는 오기[五紀 : 세(歲)·월(月)·일(日)·성신(星辰)·역수(曆數)], 다섯째는 황극(皇極), 여섯째는 삼덕[三德 : 정직(正直)·강극(剛克)·유극(柔克)], 일곱째는 계의[稽疑 : 정책 수행에 의문이 있을 때 복서(卜筮)를 비롯해 경(卿)·사(士)·서인(庶人)에게 물어 결정하는 방법], 여덟째는 서징(庶徵 : 인간 행동 여하에 따라 비가 오거나, 햇빛이 나거나, 날씨가 따뜻하고 춥고, 바람이 분다는 등의 좋은 징후와 나쁜 징후를 판별하는 원리), 아홉째는 오복(五福 : 장수·부·강녕·유호덕·고종명)과 육극[六極 : 흉단절(凶短折)·질(疾)·우(憂)·빈(貧)·악(惡)·약(弱)]이다. 아래는 「홍범」에서 오행에 대해 비교적 자세하게 설명한 내용이다.

오행은 그 첫째가 水이고, 둘째는 火, 셋째는 木, 넷째는 金, 그리고 다섯째는 土이다. 물은 아래로 젖어들고[윤하(潤下)] 불은 위로 타오르고[염상(炎上)], 나무는 굽은 것도 있고 곧은 것도 있으며[곡직(曲直)], 금은 따르고 변형하는 것이며[종혁(從革)], 토는 식물을 길러준다[가색(稼穡)]. 윤하는 짠맛이 되고, 염상은 쓴맛이 되고, 곡직은 신맛이 되고, 종혁은 매운맛이 되고, 가색은 단맛이 된다.

위의 인용문에서는 우선 초기에 오행이 水火木金土의 순서로 언급되었다는 점을 주목할 수 있다. 앞으로 공부할 「하도낙서」에서 水火木金土의 순서에 대한 근거를 상세하게 학습하기 바란다. 다음으로 명리학 이론에서 말하는 오행의 주요개념이 나오는데, 水는 윤하, 火는 염상, 木은 곡직, 金은 종형, 土는 가색이다. 그 내용을 다시 풀어서 정리하면 다음과 같다.

- 水는 물체를 젖게 하고 아래로 내린다[윤하(潤下)].
- 火는 연소하는 것이다[염상(炎上)은 불이 타오르는 모습].
- 木은 굽고 곧은 것이다[곡직(曲直)은 나무가 생장하는 모습)].

• 金은 따르고 바뀌는 것이다[종혁(從革)은 쇠가 주형에 맞게 성형되는 모습].

• 土는 심고 가꾸는 것이다[가색(稼穡)[주33]은 흙이 씨앗을 자라게 하고 추수하게 하는 모습].

오행은 또한 사시에 분배되고 그 기가 순차적으로 퍼져서 사계절이 운행한다고도 해석되었다. 오행의 성질에 따라 막힌 곳은 소통할 수 있게 하고, 뚫린 곳은 둑으로 막아 방어하고, 계절마다 나무로 불을 지피고 때에 맞게 나무를 베며 쇠를 제련하여 기물을 주조하는 등, 각기 생활에 유용하게 문명의 이기가 되게 하였다는 것을 알 수 있다.

2. 오행의 상생과 상극

한대에 유교를 국교로 만든 학자인 동중서는 『춘추번로(春秋繁露)』[주34]「오행지의(五行之義)」에서 '하늘에 오행이 있는데, 제1은 木, 제2는 火, 제3은 土, 제4는 金, 그리고 제5는 水이다'라고 하고, 오행의 상생에 대해 다음과 같이 말하고 있다.

木은 오행의 시작이요 水는 오행의 끝마침이고 土는 오행의 중앙이다. 이것은 하늘이 정한 순서이다. 木은 火를 낳고 火는 土를 낳고 土는 金을 낳고 金은 水를 낳고 水는 木을 낳는다. 이것은 아비와 아들의 관계이다. 木은 왼쪽에 있으며, 金은 오른쪽, 火는 앞쪽, 水는 뒤쪽, 그리고 土는 중앙에 있다. 이것도 아비와 아들의 순서이며 각자는 순차적으로 다른 것으로부터 받는다. 즉, 木은 水를 받고, 火는 木을 받고, 土는 火를 받고, 金은 土를 받고, 水는 金을 받는다. 대체로 주는 것은 모두 아비이며 받는 것은 대체로 아들이다. 항상 그 아비로 인하여 아들에 지시하니 이것이 하늘의 도이다.

『춘추번로』는 오행의 순서를 木火土金水로 말하고 여러 곳에서 오행의 상생과 순

[주33] 가(稼)는 씨를 뿌리는 것, 색(穡)은 거두어들이는 것으로, 가색은 곡식농사를 말한다.

[주34] 한대 동중서가 쓴 정치와 도덕에 관한 논문집으로 『춘추공양전(春秋公羊傳)』을 근거로 하여 작성되었다.

역의 원리로 설명하고 있다. 즉, 水·火·木·金·土의 배열에서 상호상생의 순서인 木·火·土·金·水의 배열이 된 것이다. 그것을 표현한 말이 '木은 火를 낳고 火는 土를 낳고 土는 金을 낳고 金은 水를 낳고 水는 木을 낳는다'이다.

나아가 '이것은 아비와 아들의 관계이다'라고 한 것에서 오행을 사람의 일에 대입하여 설명하였음을 알 수 있다. '木은 왼쪽에 있으며, 金은 오른쪽, 火는 앞쪽, 水는 뒤쪽, 그리고 土는 중앙에 있다'는 문장은 오행을 방위로 배치하였을 때 水(북방)를 아래, 火(남방)를 위에 배치하여 나머지 木(동방)이 좌측, 金(서방)이 우측에 놓이는 것을 상정하면 된다. 오행의 방위와 배치에 대한 것은「하도낙서」에서 다시 공부하겠다.

이런 까닭으로 木이 이미 생겨나면 火가 그것을 기르고[양(養)] 金이 이미 죽으면 水가 감추어준다. 火는 木을 즐거워하여 양(陽)을 베풀어 기르고, 水는 金을 이긴 후 음(陰)으로 상(喪)을 치른다. 土는 하늘을 섬기고 충성을 다한다. 이렇게 하여 오행은 효도하는 자식과 충직한 대신(大臣)의 행위에 대응한다. 오행을 이렇게 표현한다면 다섯 가지 종류의 행위가 되는 것은 아닐까.

위의 인용문 역시「오행지의」에서 이어지는 내용이다. 오행이라는 다섯 종류의 물질로 관계를 설명하고, 그 상생하는 과정으로 인간의 도리와 군신의 관계를 나타내었다. 오행에 대한 초기의 물리적 정의에서 사회 문화적 비유로 발전하고, 또 서로 비슷한 종류의 행위나 현상을 예로 들어 설명하여 정치도덕의 가르침으로 삼으려 했다는 것을 알 수 있다. 천도(天道)에 나타난 오행은 지도(地道)에서 일년 사계절의 변화에 따라 만물이 생육, 번성하고 쇠퇴하는 과정과 그 순환을 나타내고, 인도(人道)에 이르면 사람의 다섯 가지 행위에 비유되었다. 사람이 주군을 섬기는 것은 땅이 하늘을 공경하는 것과 동일하고, 사람의 행동이 오행에 맞추어 하듯이 관리는 그와 같은 행동을 통하여 최고의 능력을 발휘해야 한다고 말하고 있다.

오행의 관계와 운동에 대한 철학적 정의와 구체적 설명으로, 남송시대 구봉(九峯)

채침(蔡沈, 1167~1230)[주35]은 다음과 같이 말하였다. 오행운동을 음양의 이치로 나타내고, 水木火土金[주36]의 상생과 水火金木土의 상극관계에 나타난 특징을 구체적으로 설명하고 있다.

오행은 태극이 음양이라는 두 기운으로 나누어짐에 두 기운이 서로 느껴 한 군데 뒤엉켜 변화가 무상하게 일어난 것이다. 그 기운이 화합하여 서로를 생하게 하는 차례는 水木火土金이고, 그 기운이 충돌하여 서로를 이기려 하는 차례는 水火金木土이다. 날이 밝고 어두워짐에 천만 가지의 변화가 일어나 사계절이 운행하는 것은 오행의 기운이 화합하여 서로를 생하게 하거나 충돌하여 서로를 이기려 하는 데서 드러난다. 그 변화가 음에서부터 양으로 나아가는 것은 순조로운 것이고, 양에서부터 음으로 나아가는 것은 거스르는 것이다. 木의 완성은 水가 바탕이 되어 생성되고, 金의 완성은 火가 바탕이 되어 만들어진 것이다. 순조롭고 화합하여 서로를 생하게 하는 것은 알기 쉽고, 거스르고 충돌하여 서로를 이기려 하는 것은 알아내기 어렵다. 그래서 전자를 항복[복(伏)]이라 하고 후자를 침벌[벌(伐)]이라 한다. 土는 오행의 한 가운데 자리하면서 때의 변화를 따라 왕성함을 이루어 사계절이 그 차례대로 공을 이루도록 해주지만, 그것을 지칭하는 이름이 없다. 그것이 土의 지극한 덕인 것이다.[주37]

위의 인용문은 먼저 음과 양 두 기운이 서로 뒤엉키고 영향을 주며 끊임없이 발생하는 변화가 바로 오행의 관계이자 운동이라고 말하고 있다. 다음으로는 앞에서 이미 인용한 木火土金水라는 상생의 순서에 더하여 水火金木土라는 상극의 순서가 언급되어 있다. 하루의 변화뿐 아니라 사계절의 운행도 오행의 기운이 만들어내는 조화인데, 여기에 상생만 기여하는 것이 아니라 상극도 기여한다. 생하는 것에 의해 다음 계

주35 채침은 남송의 건주(建州) 지역 건양(建陽) 사람이다. 시호는 문정이고, 채원정(蔡元定)의 둘째아들로 주희에게서 배웠다. 아버지가 돌아가시자 구봉에 은거하면서 주희의 명으로 『상서』에 주석을 달았고, 그 외에도 『홍범황극』 등을 썼다.

주36 보통 상생관계를 말할 때 木火土金水로 나타내는데, 채침의 글에서는 水木火土金으로 나타냈다. 木 오행 앞에 水를 놓는 전통이 있었다는 것을 알 수 있다. 순환으로 본다면 어떤 것이든 같은 말이다.

주37 이휘일 · 이현일 지음, 『홍범연의』, 김홍수 옮김, 한국국학진흥원, 권1, p.55쪽, 2017.

절이 생겨나는 것은 자연스러운 이치이지만, 충돌하여 극복하려는 시도에 의해서도 변화가 생겨난다. 예를 들어, 전자는 水가 바탕이 되어 木이 만들어지는 상생의 관계이고, 후자는 火의 극에 의해 金이 다스려지는 상극의 관계이다. 모두 자연의 운행에 지극히 필요한 이치이다.

'그 변화가 음에서부터 양으로 나아가는 것은 순조로운 것이고, 양에서부터 음으로 나아가는 것은 거스르는 것'이라는 문장은 『주자어류』 권74에서 '변(變)은 음에서 양으로 나아가는 것이고, 화(化)는 양에서 음으로 나아가는 것'이라고 한 것과 같다. '木의 완성은 水가 바탕이 되어 생성되고, 金의 완성은 火가 바탕이 되어 만들어진 것'이라는 문장은 水의 윤하, 火의 염상, 木의 곡직은 그 본바탕에 순응함으로써 이루는 것이고, 金의 종혁은 그 본바탕을 제압함으로써 이루는 자연의 이치를 말함이다. 그래서 순조롭게 화합하여 서로가 생하는 것을 항복[伏]이라 하고, 거스르고 충돌하여 서로를 이기려 하는 것을 침벌[伐]이라 하였다. 土는 그 변화의 중심에서 차례로 공을 이루도록 도와주는 것이고, 그것으로 인해 土의 지극한 덕이 발현된다. 『예기』 「월령」에 土 오행을 늘려서 배치하고 비록 중앙 土라고 하였지만, 여름에 해당하는 달의 뒤에 이어진 것은 土가 火에서 생기기 때문이다. 봄, 가을, 겨울 세 계절은 모두 일행이지만, 여름 석 달만 유독 이행(火와 土)이다.

오행의 상생과 상극은 명리학에서 가장 중요한 이론이며 이후 배울 육신론의 근거가 되고, 기초부터 심화 그리고 통변에 이르기까지 전체를 관통하는 주제이다. 사주명리와 관련한 오행의 상생과 상극은 앞으로 다시 다루고, 그에 따른 명리학의 중요 이론체계도 깊이 있게 언급하도록 하겠다.

3. 『오행대의』의 오행 정의

오행 학설에 대하여 각종 문헌을 토대로 정리한 『오행대의』는 오행의 정의와 특성, 오행과 간지의 연결, 그리고 오색, 오미, 오음, 오장육부에 이르기까지 광범위한 내용을 담고 있는 저작이다. 첫 장 「석오행명(釋五行名)」(오행의 이름을 풀이함)에 '오행이 모든 물건보다 선행하고 오행의 조화에 힘입어서 형체와 용모를 띠니, 어찌 그 오행의 이름을 먼저 정립한 다음에 체와 용을 밝히지 않을 수 있겠는가?'라 쓰고, 다음과 같은 설명을 이어 나간다. 인용문이 길지만 가능한 전체를 옮겼다.

시중의 여러 명리서에서 적고 있는 오행의 의의는 『오행대의』를 포함한 여러 고전에서 가져온 것이 많다. 다만 원전의 내용 파악이 불완전한 경우가 많고, 출처에 대한 설명도 없이 개인적 생각을 얹어서 정의한 것은 오행뿐 아니라 한국의 여러 명리 이론체계의 공통된 문제점이다. 이와 같은 명리학의 분위기는 앞으로도 학술 발전에 독이 될 우려가 있다. 이번 기회에 올바른 출처를 알고 전후 맥락에 따른 원전의 내용을 확실히 참조하기 바란다.

첫 시작은 木 오행에 대한 설명이다. 자형을 파자하여 풀이한 내용이나 자원에 대한 설명을 꼼꼼히 읽기 바란다. 인용문에 자주 등장하는 『설문해자(說文解字)』는 한나라 때 허신(許愼)이 지은 책으로 문자의 자형이나 의의, 소리 등을 해설한 내용이다. 특히 한자의 의의를 설명할 때 여러 학술문서에서 주로 인용되는 책이니 미리 알아두면 좋을 것이다. 그 외에 등장하는 『석명(釋名)』, 『이아(爾雅)』, 『광아(廣雅)』 등도 『설문해자』와 비슷한 부류의 책이다.

『춘추원명포(春秋元命苞)』[주38]에 말하기를 木은 닿아서 부딪치고 일어나는[촉(觸)] 것으로 땅을 뚫고 나온다고 하였다. 『설문해자(說文解字)』에 말하기를 木은 무릅쓰고 나아가는[모(冒)] 것이니 땅을 뚫고 나오는 것이다. 글자는 싹날 철(屮) 아래에 뿌리[근(根)]가 난 것(八)을 형상하였다. 방위는 동쪽[東]이라고 하였다. 『시자(尸子)』[주39]에 이르길, 동녘 동(東)자의 뜻은 움직이는 것[동(動)]이다. 기운을 떨치며 움직이기[진(震)] 때문에 동(動)이라 하였다.

[주38] 『춘추원명포(春秋元命苞)』는 춘추 위서(緯書)의 하나이다. 위서는 경(經)과 대비하여 음양오행이나 길흉화복을 예단하는 내용을 주로 담은 책이다.

[주39] 『시자(尸子)』는 전국시대 초나라 사람 시자가 쓴 책으로 일부만 전해진다. 시자의 이름은 교(佼)이고 상앙(商鞅)의 스승이다. 인의(仁義)를 바탕에 깔고 유가의 덕치를 주장하며, 그 실행방법으로 정명(正名)과 명분을 내세워 형벌을 사용할 것을 주창한 책이다.

이미 말한 바와 같이 자원이나 자형 등에 대한 설명뿐 아니라 각 오행의 방위가 언급되었고, 방위의 뜻에서 의미를 확장하기도 하였다. 다음으로는 火 오행을 설명하는데, 전반적으로 각 오행의 의미, 글자의 형상, 때와 방위 등을 주요 고전을 인용하여 말하고 있다는 것을 알고 읽으면 도움이 된다. 불을 뜻하는 화(火)의 다른 의미로 변화를 뜻하는 화(化)의 의미를 가져와 설명하는 것이 흥미롭다. 중국어는 소리가 같다는 이유로 뜻까지 공유하는 경우가 많다. 이것을 성훈(聲訓)이라 한다. 다만 중국어와 한국어 소리가 다른 경우가 많으니 그에 따른 차이는 알고 있어야 한다. 명리학에서 팔자를 풀이할 때도 이런 관습을 따르는 경우가 종종 있으니 참조하기 바란다. 앞에 『상서』「홍범」에서 각 오행을 규정한 뜻 중에 염상으로 火를 설명한 이유가 있다. 그에 대한 설명을『오행대의』에서 찾을 수 있다. 관심을 가지고 읽어보면 좋을 것이다.

『백호통(白虎通)』[주40]에 이르길 火는 변화[화(化)]하는 것이다. 양기(陽氣)가 작용하여 만물이 변화하는 것이라 하였다. 『설문해자』에 말하기를 火는 염상(炎上)이니 그 글자가 炎이 위[上]로 올라가는 것을 형상한 것이다. 그 시기는 여름이다. 『상서대전(尚書大傳)』[주41]에 말하기를 무엇을 여름이라 하는가? 하가(夏假)이다. 가(假)라는 것은 만물을 불러 기르는 것이라고 하였다. 『석명(釋名)』[주42]에 말하기를 하가라는 것은 만물에 너그럽게 사정을 봐주는 것이니 생장하도록 하는 것이다. 그 방위는 남쪽이다. 『상서대전』에 말하기를 남쪽은 회임하는 곳이니, 물건이 회임하는 것이다.

다음에 이어지는 내용은 土 오행이다. 火 오행을 설명할 때 화(化)의 의미로 말한

주40 『백호통(白虎通)』은 한나라 건초(建初) 4년(79)에 반고(班固)가 지었으며 전4권이다. 장제(章帝)가 박사(博士)와 유생들을 백호관에 불러모아 오경(五經)을 논하게 한 후 그 내용을 기록하였는데, 벼슬 이름, 예악, 문물, 재변(災變) 등 여러 일들에 대해 정리한 책이다. 금문경학파의 입장에서 동중서의 『춘추번로』 사상을 계승하여 유가의 경전과 참위(讖緯) 신학을 융합한 내용으로, 봉건사회 정치제도와 도덕관념을 광범위하게 해석하여 당시 통치계급의 중요한 법전 구실을 하였다.

주41 『상서대전(尚書大傳)』은 『서경』을 주석한 책이다. 한대에 『상서』라 하였고, 송대에 『서경』으로 불렸다.

주42 『석명(釋名)』은 후한의 유희(劉熙)가 지은 책으로 『이아(爾雅)』의 체를 모방하여 사물의 이름을 설명하였다.

것처럼, 같은 소리의 한자를 가져와서 연관시킨 것을 주목할 만하다. 土 오행을 설명하면서 머금고 토한다는 토(吐)의 의미를 가져온 것이 그 예이다. 각 오행의 한자를 파자하여 설명한 부분과 그 근거를 함께 읽기 바란다.

『춘추원명포(春秋元命苞)』에 말하기를 土는 토하는 것[토(吐)]을 말한다. 정기를 머금기도 하고 토하기도 하여 물건을 생한다고 하였다. 『설문해자』에 말하기를 土는 토해서 생겨나게 하는 것이라 하였다. 왕숙(王肅)[주43]이 말하기를 土는 땅의 별명으로 오행의 하나라 하였다. 『설문해자』에 말하기를 그 글자(土)에서 二는 땅의 위와 땅의 가운데를 형상하고 곧게 세운 한 획(丨)으로 물건이 땅에서 처음 나오는 모양을 나타내었다. 그 시기로는 계하(季夏, 늦여름, 음력 6월)이다. 계(季)는 늙었다는 것이다. 만물이 여기에서 성숙하여 이루어지니 사계절의 끝[季]에서 늙고 왕성해지는 것이다. 그러므로 늙는다고 하였다. 그 위치는 안쪽[內]이니 안쪽에서는 (사방으로) 통한다. 『예기두위의(禮記斗威儀)』[주44]에 말하기를 황극(皇極)의 바른 기운을 얻고 황중(黃中)의 덕을 내포하여 문물을 감쌀 수 있다고 하였다.

土 오행의 때는 계하의 계절이다. 『여씨춘추(呂氏春秋)』「십이기(十二紀)」에서는 춘하추동 사계절을 맹(孟)·중(仲)·계(季)의 시기로 나누어 논하는데, 맹·중·계는 각각 맞이[孟] 즉 계절의 시작, 계절의 중간[仲], 계절의 말기[季]를 의미한다. 계하는 늦여름이다.[주45]「십이기」는 계절마다 사람이 해야 할 일과 하지 말아야 할 일들을 정리

[주43] 왕숙(王肅)은 중국 삼국시대 위나라 학자로 아버지에게 금문학을 배웠으나 고문학의 현실주의적 해석을 이어받아 정현의 참위설 등 신비주의 경학을 비판하였다. 상서, 시경, 논어, 삼례, 좌씨 등을 해석하여 대유(大儒)로 존경받았다.

[주44] 『예기두위의(禮記斗威儀)』는 정현이 지었다고 전해지는데 『예기(禮記)』의 위서이다.

[주45] 『여씨춘추』는 계하기에 대해 '계하인 6월에는 태양이 유수(柳宿)를 지나고 황혼녘에는 심성(心星)이, 새벽녘에는 규성(奎星)이 각각 남쪽 하늘에 남중하는 것을 볼 수 있다. 여름은 십간 중 丙과 丁에 해당한다. 이때의 주재자는 염제이고 신의 이름은 축융이다. 동물은 깃 달린 것이 위주가 되고 음은 치(徵) 소리이며 12율(律)에 있어서는 임종(林鍾)에 어울린다. 숫자는 오행(5)에 火의 수인 2를 더한 7이고 맛은 쓴맛이며 냄새는 그을린 냄새이다. … 천자는 남향 당인 명당(明堂)의 서쪽 실(室)에 거처하면서 정령을 시행한다. 시절에 순응하기 위하여 붉은 수레를 타고, 월따말이 수레를 끌게 하고, 용의 형상을 그린 붉은색 깃발을 수레의 가로목에 꽂고 붉은색 옷을 입고 붉은색 패옥을 차고 다니며 콩과 꿩고기를 먹는다. 그리고 종묘에 쓰이는 그릇은 모두 높고 큰 것을 사용한다.'고 하였다.

하였는데, 「십이기」가 바로 월령이 되겠다.

아래는 金 오행에 대한 설명이다. 金 오행을 금지[금(禁)]한다는 의미로 읽으면서 숙강의 기운으로 설명하였다.

『설문해자』에 말하기를 金은 금지[금(禁)]하는 것이니, 음기가 처음 일어나서 만물이 금하여 멈추는 것이다. 土가 金을 낳으니 金에 土가 있으며 좌우의 점(丷)은 金이 흙 속에 들어 있는 형상이다. 그 시기는 가을이다. 『예기』에 말하기를 가을[추(秋)]은 근심[수(愁)]을 말한다. 근심스러운 때에 의리를 살펴서 지키는 것이라고 하였다. 『시자』에 말하기를 가을은 엄숙[숙(肅)]한 것이니, 만물은 모두 엄숙하고 공경해야 하고, 공손하고 엄한 것이 예절의 근본이라 하였다. 『설문해자』에 말하기를 천지가 물건을 돌이켜 반성하게 하는 것이 가을이니 그 자리는 서쪽이라고 하였다. (중략)

마지막으로 水 오행은 아래와 같다.

『석명(釋名)』·『광아(廣雅)』[주46]·『백호통』에 말하기를 水는 평평한 것이니 만물을 평준하게 한다. 『춘추원명포(春秋元命苞)』에 이르기를 水는 널리 흘러 윤택하게 하는 것을 말하니 습기로 부드럽게 적셔서 흘러내리고 잠기는 것이다. 그러므로 두 사람이 사귀는데(人과 人) 하나(一)가 가운데서 나오는 것(丨)을 水자로 삼았다. 하나는 숫자의 시작이고 두 사람은 남녀를 비유한 것이다. 음양이 사귀어서 하나가 나오니 水는 오행의 시작이며 원기의 진액이다. 『관자(管子)』[주47]에 말하기를 水는 땅의 혈기(血氣)이니 힘줄과 맥이 유통하는 것이다. 따라서 水라고 한다. 『설문해자』에 말하기를 그 글자가 두 샘물이 샘솟아 흐르고 그 가운데 양기가 미미하게 있음을 형상하였으니 시기로는 겨울이라고 하였다. 『시자』에 말하기를 겨울은 마치는 것이다. 만물은 겨울에 이르러 마치고 거두어들인다. 『예기』에 이르기를 겨울은 가운데[중

[주46] 『광아(廣雅)』는 위나라 장읍(長揖)이 『설문해자』 등을 참고하고 『이아』를 증보하여 편찬한 훈고서이다.

[주47] 『관자(管子)』는 춘추시대 제나라 재상인 관중(管仲)이 부민, 치국, 경신, 포교에 관하여 저술한 책이다.

(中)]를 일러 말한다. 가운데라는 것은 저장하는 것이다. 그 자리는 북방이다. 『시자』에 말하기를 북쪽은 엎드리는 것이다. 만물은 겨울이 되면 모두 엎드린다. 귀하거나 천하거나 하나같이 그러하다.

오행의 한자(木火土金水)에 대해서는 이미 여러 명리서에서 다양한 해석을 접하였을 것이다. 원전을 읽었다면 달리 첨언부언을 할 필요가 없겠으나, 수많은 학습서가 쏟아져 나오는 한국 명리학계에서 근거를 세심히 밝힌 정확한 정보가 제공되기는 쉽지 않았다고 본다. 국내 저자들만의 잘못은 아닐 것이다. 초학자들에게 명리가 이렇게 어렵고 복잡한 학문인 줄 몰랐다는 푸념을 많이 듣곤 한다. 그리고 찾아가는 곳은 쉽게 쓰여진 자료, 재미있게 설명하는 곳, 빨리 비법을 전수해주는 스승일 것이다. 안타깝게도 학문적 절차를 밟지 않고 명리를 가르치고자 저술을 쏟아낸 것이 한국 명리학계의 그늘진 구석이다. 편리를 찾다 보니 근거 없는 정보가 난무하게 되었으리라.

마지막으로 『설문해자』의 오행 木火土金水 자의를 아래와 같이 정리하였다. 위의 『오행대의』에서 인용한 내용과 중첩되는 부분이 있을 수 있다.

• 『설문해자』의 오행 정의

오행	자의(字意)
木	木은 나온다는 뜻이다. 땅에서 머리로 밀며 나온다. 木은 동방의 행(行)이다. 위에는 초목(草木)으로 구성되어 있으며(屮) 아래는 뿌리를 상형하였다.
火	火는 불이다. 남방의 행(行)이다. 불이 나서 위로 솟아오르는 것이다. 상형이다.
土	土는 땅이 만물을 토해내는 것이다. 이(二)는 땅 위와 땅 속의 모양을 상형한 것이다. 곤(丨)은 사물이 나오는 모양이다.
金	金은 다섯 가지 색의 쇠를 말한다. 金 중에서도 황금이 으뜸이다. 金은 오래되어도 변하지 않고, 여러 번 제련해도 가벼워지지 않으며 마음대로 바꾸어도 잘못되지 않는다. 金은 서방의 행(行)이다. 金은 土에서 생겨났으니 土로 구성되어 있다. 金 글자의 좌우획은 쇠가 土 속에 있는 모양을 상형한 것이다. 이제 금(今)이 발음이다.
水	水는 고르게 한다는 뜻이다. 북방의 행(行)이다. 여러 줄기의 물이 나란히 흐르는데 가운데에 미미한 양(陽)의 기운이 있는 것을 상형하였다.

2 오행의 분류와 배속

『오행대의』에서는 오행의 정의에 이어서 오행을 간지에 배속하고 그에 따라 합(合)·충(沖)·형(刑)·파(破)·해(害) 등을 설명하고 있다. 이에 대해서는「형·충·회·합」에서 충분한 분량을 할애해서 설명하도록 하겠다. 여기에서는 오행의 각종 분류와 배속에 대해 논한다.『오행대의』「논잡배(論雜配)」(오행의 기타 배속) 편에서 오행을 오색·오음·오미·오장 등에 연관하여 분류하였는데, 아래에 요약하였다. 한 사람의 사주팔자를 해석할 때 여러 응용이 가능한 요긴한 상관관계이니 잘 읽고 참조하기 바란다.

1. 오행과 오색

먼저 오색과 관련해서는『오행대의』에『황제내경(黃帝內徑)』의「소문(素問)」을 인용하여 다음과 같이 말하고 있다.

동방 木은 푸른색이니 만물이 부드럽게 발생하는 색이다. 남방 火는 붉은색이니 태양이 뜨겁게 타오르는 상이다. 중앙 土는 누런색이니 누런 것은 땅의 색이다. 그러므로 하늘은 검고 땅은 누렇다고 한 것이다. 서방 金의 색은 흰색이니 가을의 살기가 있으며 이슬이 하얗게 서리가 된다. 희다는 것은 상복의 상이다. 북방 水의 색이 검은 것은 먼 곳을 바라보면 어두워서 음침하고 어렴풋한 상이니 바다가 아득하고 멀어서 검고 어두워 끝이 없는 것이고, 물은 태음의 물질이기 때문에 음침하고 어두운 것이다.

『황제내경』은 중국의 전통의학서로서 현존하는 가장 오래된 의학경전으로 알려져 있다. 황제와 기백이라는 명의가 주고받는 대화를 통해 양생이론을 적은 총 18권으로, 고대 예방의학과 건강 유지에 관한 포괄적 내용이 소개된 책이다. 그중「소문」편은 천인합일이나 음양오행 등 생명의 체질과 본질을 담고 있고,「영추(靈樞)」편은 침경(針經)으로 불리는데, 인체의 기혈이 순환하는 경락과 침구에 관한 내용을 다루고 있다.

위에 인용한 「소문」의 내용은 이미 알고 있듯이 木은 푸르고[창(蒼) : 푸른 빛깔], 火는 붉고[적(赤)], 土는 누렇고[황(黃)], 金은 희고[백(白)], 水는 검다[흑(黑)]는 것이고, 그에 대한 설명이 덧붙여졌다. 사람의 찰색 등을 보고 건강과 질병을 진단할 때 참조하였다. 명리학도 오행과 오색의 배분을 같이 참고할 수 있다. 『오행대의』는 이어지는 내용에서 오행의 간색(間色), 즉 섞여서 나타난 색을 설명하고 있는데 많이 소개되지 않은 내용이니 참고하기 바란다.

戊土가 木을 두려워하여 누이인 己土를 甲의 아내로 주었다. 누런 것이 푸른 것에 들어갔으므로 동방의 간색은 녹색이다. 『시경』에 말하기를 '녹색의 옷을 입었다'고 하였으니 간색이 정색(청색)을 어지럽힌 것을 풍자한 것이다.

庚金이 火를 두려워하여 누이인 辛金을 丙의 아내로 주었다. 흰 것이 붉은 것에 들어갔으므로 남방의 간색은 홍색이다. 그래서 『논어』 「향당」에 '홍색과 자색으로 속옷을 만들지 않는다'고 한 것이다.

甲木이 金을 두려워하여 누이인 乙木을 庚의 아내로 주었다. 푸른 것이 흰 것에 들어갔으므로 서방의 간색은 옥색이다.

丙火가 水를 두려워하여 누이인 丁火를 壬의 아내로 주었다. 붉은 것이 검은 것에 들어갔으므로 북방의 간색이 자색[자(紫)]이다. 그래서 공자께서 말씀하시기를 '자색이 주색[주(朱)]을 뺏는 것을 미워한다'고 하셨다.

壬水가 土를 두려워하여 누이인 癸水를 戊의 아내로 주었다. 검은 것이 누런 것에 들어갔기 때문에 중앙의 간색은 검은 황색[여황(驪黃)]이다.

위의 인용문은 여러 가지로 흥미롭고도 중요한 내용을 담고 있다. 첫 번째로 누이를 두려운 적에게 시집보낸다는 단락인데, 이는 원시 결혼양식의 하나로 『주역』에서도 여러 괘에서 소개된 내용이다. 일부다처제나 약탈혼, 족외혼 등이 그것이다. 예를 들어『주역』의 뇌택귀매괘는 시집가는 여동생의 상을 취한 괘인데, 바로 앞 순서인 풍산점괘에서 여자가 정상적으로 결혼하는 상과는 달리, 절차나 과정을 무시한 흉하고 바르지 못한 결혼상을 묘사하였다. 귀매괘의 괘사에 자리가 마땅하지 않아 '가면 흉하고 이로운 바가 없다'고 한 것이 그렇다. 신분을 낮추어 누이를 시집보내는 현상이나 장거리 약탈혼 등의 다양한 결혼제도가『주역』의 괘·효사에 나타난 것은 주나라 시기의 군혼제, 혼인제도의 변화 등에 따른 모순된 심리 등을 묘사한 것으로 볼 수 있다.

다음으로 중요한 것은 다섯 간색을 설명하면서 천간합의 주요원리가 나타난 것, 즉 겁재를 이용하여 칠살을 상대한다는 점이다. 위에서 원시 결혼형태를 말하였다고 했는데, 이를 사주명리의 육신(六神)으로 설명하면 바로 누이인 겁재를 적장인 칠살에게 시집보낸 것이다. 육신은 천간과 지지를 음양오행의 상생과 상극의 관계로 읽어서 일간과 나머지 글자들의 상관성을 파악한 것이다. 겁재와 칠살은 모두 육신의 종류이다. 여러 격국 중에서 양인격이나 건록월겁격인 경우 관살을 충분히 활용할 수 있다는 말이 된다. 격국론에 대해서는 명리학 심화 단계에서 다시 학습하기 바란다.

지금까지 설명한 정색과 간색, 이를 천간과 팔괘 등에 배속한 분류를 정리하면 다음과 같다. 팔괘 배속은 후천팔괘방위도를 참고하면 이해에 도움이 된다. 감리진태가 각각 북남동서의 정방위에 속하고, 건곤간손이 사이[간(間)] 방위에 속한다. 사이 방위에 속한 건곤간손 중에 곤괘만 오행의 土에 속하여 정색이고, 건간손괘는 간색이다.

• 오행의 정색과 간색

오행	木	火	土	金	水
방위	동	남	중앙	서	북
정색	청색	적색	황색	백색	흑색
천간	甲	丙	戊	庚	壬
팔괘	진(震)괘	리(離)괘	곤(坤)괘	태(兌)괘	감(坎)괘
간색	녹색	홍색	검은 황색	옥색	자색
천간	己	辛	癸	乙	丁
팔괘	손(巽)괘	간(艮)괘			건(乾)괘
민족	동이	남이	중국	서이	북적

2. 오행과 품성

한나라 대덕(戴德)이 『예기(禮記)』를 정리하여 편찬한 『대대례(大戴禮)』 주48에 '공자가 말하기를 군자에게 세 가지 빛이 있는데, 드러나게 즐거워함은 종 치고 북 치는 색이고, 의기가 가라앉고 고요함은 근심하며 상(喪)을 치르는 색이며, 분연히 다투어 움직임은 전쟁할 때의 색이다'라고 하였다. 『대대례』「관인(觀人)」에서는 사람의 다섯 가지 성정에 대하여 다음과 같이 말하고 있다.

사람에게 다섯 가지 성질이 있으니 기뻐하고[희(喜)] 성내며[노(怒)] 욕심부리고[욕(欲)], 두려워하며[구(懼)] 근심하는 것[우(憂)]이다. (중략) 다섯 가지 기운이 속에 꽉 차서 바깥으로 나타나면 사람의 정(情)을 숨길 수 없게 된다. 기쁜 색은 자연스럽게 나오고, 노한 색은 발끈해서 업신여기며, 욕심의 색은 기뻐하면서 즐거워하고, 두려운 색은 경망스러우면서도 가라앉으며, 근심하고 슬퍼하는 색은 놀라면서도 고요해진다. 그러므로 진실로 지혜로운 이에게는

주48 『예기(禮記)』는 『대대례(大戴禮)』와 『소대례(小戴禮)』로 나뉜다.

다 표현하기 힘든 색이 있고, 진실로 어진 이에게는 반드시 존경할 만한 색이 있으며, 진실로 용감한 이에게는 반드시 넘기 어려운 색이 있고, 진실로 충성스러운 이에게는 반드시 친할 수 있는 색이 있으며, 진실로 정결한 이에게는 반드시 더럽히기 어려운 색이 있고, 진실로 참된 이에게는 반드시 믿을 수 있는 색이 있다.

다섯 가지 성정에 대해 공자의 말을 인용하여 설명한 내용이라 할 수 있다.

3. 오행과 오성

다음은 오행과 다섯 소리[오성(五聲)]에 대한 설명이다. 채백개(蔡伯喈)[주49]가 '귀를 통해 들리는 것이 소리가 되니 푸른색은 각(角)성을 내고, 흰색은 상(商)성을 내며, 검은색은 우(羽)성을 내고, 붉은색은 치(徵)성을 내며, 누런색은 궁(宮)성을 낸다'고 하였는데, 『오행대의』가 밝힌 근거는 다음과 같다.

『한서』「율력지」에 말하기를, 각성은 접촉하는 것[촉(觸)]이니 양기가 꿈틀꿈틀 움직여서 만물이 땅을 부딪치며 나오는 것이다. 치성은 행복[지(祉)]이니 만물이 성대하게 번성하여 복을 받는 것이다. 궁성은 중앙[중(中)]이니 중앙에 거처하여 사방으로 뻗어 나가며 시작을 선도하고 발생시켜서 나머지 사성의 벼리가 되는 것이다. 상성은 빛나게 드러나는 것[장(章)]이니 물건이 이루어져 밝게 빛나며 드러나는 것이다. 우성은 지붕[우(宇)]이니 물건을 감추고 모아서 덮는 것이라 하였다.

『악위(樂緯)』에 이르길, 봄기운이 조화로우면 각성이 조화를 이루고, 여름 기운이 조화로우면 치성이 조화를 이루며, 계하의 기운이 조화로우면 궁성이 조화를 이루고, 가을 기운이 조화로우면 상성이 조화를 이루며, 겨울 기운이 조화로우면 우성이 조화를 이룬다고 하였다.

『황제』「소문」에 이르길, 木의 음은 각이니 소리로는 부름이다. 火의 음은 치이니 소리로는

[주49] 채백개(蔡伯喈)는 후한대 학자이며 문인이자 서예가인 채옹(蔡邕)을 말한다. 채옹의 자가 백개이다.

웃음이다. 土의 음은 궁이니 소리로는 노래이다. 金의 음은 상이니 소리로는 곡하는 것이다. 水의 음은 우이니 소리로는 신음이다.

『예기』에 따르면 소리에서 악(樂)이 나온다고 하였다. 즉 소리는 사람의 마음이 물건에 대해 느끼는 데서 나온다. 슬픈 마음을 느끼면 그 소리가 가늘고 낮으며, 즐거운 마음을 느끼면 그 소리가 화평하고 한가로우며, 기쁜 마음을 느끼면 그 소리가 퍼져서 흩어지고, 화난 마음을 느끼면 그 소리가 조급하고 큰 소리가 나며, 곧은 마음을 느끼면 그 소리가 곧고 청렴하고, 사랑하는 마음을 느끼면 그 소리가 화락하고 은근하다고 하였다. 이와 같이 물건에서 느껴서 나온 것이 소리이니 소리를 살펴서 악을 알고 악을 살펴서 정사를 하면 다스리는 도가 이루어진다고 한 것이다.

• 오행과 오성

오행	木	火	土	金	水
색	청	적	황	백	흑
소리	각	치	궁	상	우
『한서』「율력지」	접촉 [촉(觸)]	행복 [지(祉)]	중앙 [중(中)]	드러난 빛 [장(章)]	지붕 [우(宇)]
『예기』	백성	일	임금	신하	물건
『황제』「소문」	부름	웃음	노래	곡소리	신음
오장	간	심	비	폐	신

『황제병결(黃帝兵決)』에 따르면, '궁' 소리는 적군과 대치하여 정탐병에게 적진 120보 거리에서 대롱으로 듣게 하면 웅웅거리는 소리가 마치 수레소리나 우렛소리 또는 북소리가 들리는 것 같다고 하였다. 이는 장군이 너그럽고 온화하며 신의가 있는 것이다. '상' 소리는 돌소리가 섞여 시끄럽게 치는 소리와 같아서 종이나 돌로 만든 북을 치는 소리 또는 벼락이 치는 소리와 같다고 하였다. 이는 장군이 위엄이 있고 성을

잘 내며 살생을 잘하는 것이다. '치' 소리는 말 달리는 소리나 폭약이 터지듯 찢어지는 소리이니 장군이 맹렬하고 용감하게 맞서 싸우는 것이다. '각' 소리는 나무가 움직이는 소리이며 마치 사람들이 걱정하는 것과 같다. 장군이 어질어서 속일 수가 없는 것이다. '우' 소리는 물이 흐르거나 파도치는 것과 같아서 서로 웃는 소리가 들리는 것이다. 장군이 탐욕이 있고 간사한 꾀가 많은 것이다. 이와 같이 소리를 살펴서 적의 성질을 알고자 하였다. 오행과 소리의 체계는 향후 심화 단계나 고법의 신살이나 납음 이론을 공부할 때 필요한 내용이다.

4. 오행과 오미

오행은 또한 다섯 가지 맛이나 냄새로 분류되는데, 정현은 '입을 통하면 오미(五味)가 되고, 코를 통하면 오취(五臭)가 된다'고 하였다.

• 오행과 오미

오행	木	火	土	金	水
색	청	적	황	백	흑
소리	각	치	궁	상	우
오미	신맛	쓴맛	단맛	매운맛	짠맛
냄새	누린내	그을림 볶는 내	향기로운 내	비린내	썩는 내
역할	생함	길러줌	조화성취	위축	굳게 함
물건	초, 삼, 자두, 맥문동	술, 보리, 살구, 부추	꿀, 쌀, 대추, 미나리	생강, 기장, 파, 복숭아,	소금, 콩, 밤, 콩잎
오장	간	심	비	폐	신

『예기』「월령」에 봄은 그 맛이 시고, 냄새는 누리니[전(羶)] 나무의 냄새와 맛이라 하였다. 누린내는 양(羊)의 냄새이니 봄에 물건의 기운이 양과 같아서이다. 나무가 신맛

인 것은 동쪽에서 만물이 생겨남을 상징한다. '시다'고 할 때의 산(酸)자는 뚫을 찬(鑽)이다. 이것은 마치 만물이 땅을 뚫고 나오는 것과 같다. 또한 단정하다[바를 단(端)]는 말이기도 한데, 기가 처음 나와서 전일한 마음이 단정하다는 것을 의미한다.

『예기』에 여름은 그 맛이 쓰고 냄새는 그을리고 볶는 냄새라 하였다. 그 까닭은 남쪽이 기르고 키우는 것을 주관하는데 쓴맛이 있어야 길러지기 때문이다. 쓴맛은 부지런하게 기르는 노고를 의미하며, 괴로운 것이 지나야 쾌락이 온다는 의미이기도 하다. 그을리고 볶는 냄새가 나는 것은 양기를 불기운으로 태우는 것이니 여름과 같다.

『예기』에 계하는 맛이 달고 냄새가 향기롭다고 하였다. 土는 달고 중앙은 온화하고 감미롭다. 단맛이 오행의 주인이 되는 것은 土가 나머지 사행을 화합하여 성취하기 때문이다.

『예기』에 가을은 그 냄새가 비리고 맛은 맵다고 하였다. 이는 서방의 살기가 비리기 때문이다. 덜 익은 기운은 비린내가 나고, 매운 것을 만나면 위축되고 죽을 것 같다. 옛것을 새롭게 하는 것[신(新)]은 곧 신(辛)이다.

『예기』에 겨울의 맛은 짜고 냄새는 썩은 내가 난다고 하였다. 썩은 것은 물의 기운으로 마치 있는 듯 없는 듯한 물의 미미한 기운을 말하기도 하고, 물이 혼탁하고 더러운 때를 다 받아들이는 것을 의미하기도 한다. 다섯 가지 맛은 짠 것을 얻어 곧아지는 것과 같다. 『설문해자』에 짜다는 것은 받아서 품는 것[재갈 함(銜)]이라 하였다.

영국의 박물학자이며 과학사회학자인 조셉 니덤(Joseph Needham, 1900~1995)은 『중국의 과학과 문명』에서 음양과 오행 학설을 중국의 과학사적 측면에서 해석하고 그 내용을 천문학이나 역학(曆學), 그리고 광물이나 화학물질, 식물 등의 목록을 통해 설명하였는데, 오행과 오미의 연관성에 대한 내용 중 흥미로운 부분을 아래에 인용하였다.

짠맛을 물과 관련시키는 것은 해안지방에 사는 사람들로서는 자연스러운 결과이며, 용해(溶解)와 결정(結晶)에 대한 소박한 실험과 관찰을 시사한다. 쓴맛과 불의 관련은 … 약초를 달여서 약을 만들 때 불을 이용한다는 것을 의미하는 듯하다. 아마도 그것은 당시의 지식으로서는 가장 쓴 물질이었을 것이다. 향신료의 쓴맛과 얼얼한 맛과의 관련도 있을 것이다. 신맛과 나무와의 관련은 쉽게 설명된다. 나무는 식물성으로 분해하면 신맛을 내는 모든 종류의 식물성 물질과 관련지어질 것이다. 식물의 재[회(灰)]가 가진 알칼리도 신맛을 나타낸다. 매운맛과 금속과의 관련은 제련조작(製鍊操作)을 단번에 지적한다. 그와 같은 조작은 대부분의 아류산(亞硫酸, 아황산) 가스 같은 지독하게 자극적인 연기를 냈을 것이다. 마지막으로 단맛과 흙과의 관련은 땅 속의 벌집에서 꿀을 따는 일이라든가, 일반적으로 곡물에는 두루 단맛이 있다는 것에서 유래했을 것이다.

니덤이 오행과 맛에 대하여 해석한 것은 서양인의 시각으로 중국 고대철학에 나타난 다양한 상관관계를 과학적으로 이해하려 하였다는 점에서 흥미롭다. 쓴 약초를 달일 때 불을 이용하는 것을 연상하여 쓴맛과 불을 관련시키고, 식물성의 나무가 분해될 때 신맛이 나는 것, 또는 식물의 재는 알칼리이고 그것이 신맛이라는 것, 금속을 제련할 때 생기는 지독한 아류산가스(아황산가스)의 연기와 매운맛을 연관 짓는 것, 그리고 땅속의 곡물이나 벌꿀을 통해 단맛을 연상하는 것 등은 모두 서양의 과학적 시각으로 해석한 오행의 맛이다. 이것이 바로 서양의 과학사학자인 니덤의 통찰력이라고 생각한다. 지금까지 『오행대의』를 인용하여 오행의 개념이나 분류와 다양한 배속을 소개하였는데, 『백호통』, 『설문해자』, 『관자』, 『예기』, 『여씨춘추』와 같이 잘 알려진 고전의 설명을 함께 읽었고, 『석명』, 『광아』, 『이아』와 같은 『설문해자』와 비슷한 사전류의 정의와 『춘추원명포』와 같은 위서류도 보았다. 하지만 사실 필자는 서양 학자의 설명을 한 번씩 읽는 것이 이해에 도움이 되는 경우가 많았다. 서양식 교육을 받은 현대인에게 중국 고전은 또 다른 외국어 참고서적으로 느껴지고, 고전의 함축적 정의를 이해하는 데 시간이 많이 걸리기 때문이라 생각해본다. 독자들은 어떻게 느끼는지 궁금하다.

5. 오행과 오장

오행을 오장(五臟) 및 육부(六腑)와 연관짓는 것은 오행을 오색·오음·오미와 사람의 품성에 배속할 때 모두 참조하는 사항이다. 장(臟)과 부(腑)는 각각 오행과 육기(六氣)에 의해 이루어진 것이다. 육기는 풍한서습조화(風寒暑濕燥火)의 여섯 가지 기운을 말하거나, 음(陰)·양(陽)·풍(風)·우(雨)·회(晦)·명(明) 등 천지 사이의 여섯 가지 기운을 말하기도 한다. 오장은 오행에 의해 부여받았기 때문에 다섯 가지이고, 육부는 육기에 의해 부여받았기 때문에 여섯 가지이다. 오장은 간·심·비·폐·신의 다섯 가지이고, 육부는 대장·소장·담·위·삼초·방광의 여섯 가지이다. 육부 중 삼초는 서양의 해부학상 형태가 있는 조직이 아니고 운화, 섭식, 배설의 작용을 총칭하여 부르는 기능으로 상초, 중초, 하초의 세 가지이다. 장은 몸 안에 감추었기 때문에 장이라 하였고, 부는 전해져서 흘러 내려오는 것을 받아들이고 모아서 창고 역할을 하므로 부라고 하였다. 오장은 정기를 화생하여 저장하지만 배출하지는 않는다. 따라서 충만한 상태를 유지하지만 가득차지는 않는다. 육부는 음식물을 소화하고 흡수하여 전도하고 배설하는 것을 주관하여 소화와 운송에 관여하니 저장하지는 않는다. 따라서 가득차지만 충만하지는 않다고 하였다.

오장은 木火土金水의 순서대로 간·심·비·폐·신인데, 육부의 방광·소장·담·대장·삼초·위는 각각 양과 음 그리고 순서대로 바람, 비, 어두움, 밝음을 나타낸다. 오장과 육부는 한의학의 주요개념으로 여기에서는 명리와 관련지어 더 이상 의학적으로 깊이 논의하지는 않는다. 다만 사주팔자를 보러 와서 건강에 대하여 질문하는 경우가 종종 있으니 명리학도로서 기본논리는 알아두어야 한다는 생각이다.

예를 들어 팔자에 목극토(木剋土)가 심하면 木은 간담에 배속되고 土는 비위에 배속되니 소화기능에 장애가 발생할 수 있다. 木은 오행의 성정으로 '노(怒)'이고 화를 내는 성분이니 욱하는 성격에 소화가 잘 안 된다고 통변할 수 있다. 이 정도는 팔자를 보고 읽을 줄 알아야 한다. 그러나 명리의 관점에서 의학분야를 너무 깊게 들여다보다가 개인의 생사와 건강을 판정하는 일에 혼선을 주면 안 된다는 것이 필자의 지론이다. 오행의 다양한 분류에 대하여 전체를 관람할 수 있는 도표를 다음 장(사주명리학과 오행의 적용)에 넣었다.

만약 오행과 오장, 그리고 오미를 같이 읽는다면 어떨까. 水 오행을 예로 들면 水는 짠맛이고 신장인데 사람이 짠 것을 많이 먹으면 신장의 기운이 너무 성해지고 반대로 심장의 기운은 쇠약해진다는 것을 의미한다. 수극화(水剋火)하기 때문이다. 매운 것을 많이 먹으면 폐의 기운이 성해지고 간의 기운은 쇠약해져서 나약하고 슬퍼하며 근심이 많아진다. 금극목(金剋木)하기 때문이다. 단것을 많이 먹으면 비장의 기운이 성해지고 신장의 기운은 약해져서 어리석고 음탕해지며 정기가 새어 나간다. 이는 토극수(土剋水)의 원리이다. 쓴 것을 많이 먹으면 심장이 성해지고 폐기가 약해져서 너무 과감하게 목숨을 가볍게 여기고 기침하며 구역질하고 가슴이 차오르게 된다. 이것은 화극금(火剋金)이다. 신 것을 많이 먹으면 간장이 성해져서 비장이 약해지니 곡식을 소화하지 못하게 되고 어혈이 생겨 굳어진다. 목극토(木剋土)의 원리로 소화기 계통을 읽었다.

• 오행과 오장

오행	木	火	土	金	水
오장	간	심	비	폐	신
오부	담	소장	위	대장	방광

• 육기와 육부

육기	양	음	풍(風)	우(雨)	회(晦)	명(明)
육부	방광	소장	담	대장	삼초	위

3 하도낙서

하도(河圖)·낙서(洛書)에 대해서는 신화적 오해라는 비판도 있지만, 동양 술수학 연구에 필수적인 개념이 여기서 유래하였으므로 시간을 할애하여 공부해야 한다. 필자가 명리학을 연구하여 지금까지 오게 된 주요 계기가 바로 이 하도·낙서를 연구하게 되면서이고, 그래서 주역으로 학위를 받게 되었다. 앞으로 평생을 바쳐 연구해도 부족할 것 같다는 불안감이 있다.

주역과 하도낙서설의 관계에 대하여는 역학사에서 다루고 있으니, 여기에 따로 언급하지는 않는다. 명리학과 관련하여 천간합이나 납음이론, 신살론 등의 이론적 근거에 직접적인 관계가 있으며, 특히 풍수에 관심이 있다면 하도·낙서를 꼭 알고 방위체계에 대해 이론적으로 접근해야 한다.

전설에 '중국 고대의 황제가 역법을 정할 때 오행이 나왔다'고 하며, 그것이 하도낙서설의 근거가 되었다. 아래는『상서』「홍범」의 내용이다.

하도는 복희씨가 천하에 왕 노릇을 할 때 용마가 하수에서 나왔는데, 드디어 그 무늬로 팔괘를 그렸다. … 낙서는 우(禹)임금이 홍수를 다스릴 때 신령스런 거북이 등에 무늬를 지고 나왔는데 9까지의 수가 벌여져 있었다. 우임금은 이를 가지고 9주를 만들었다.

• 하도

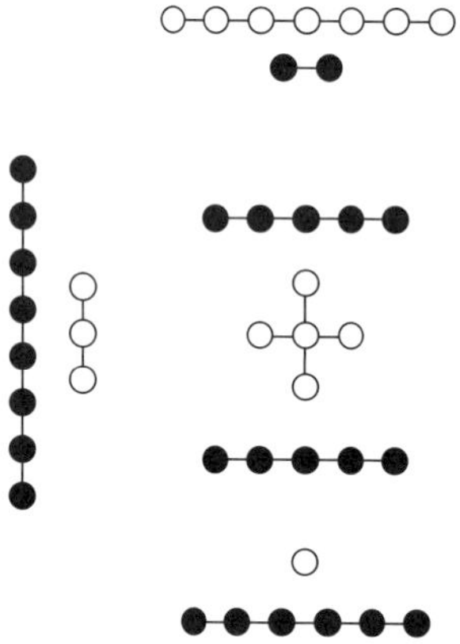

• 낙서

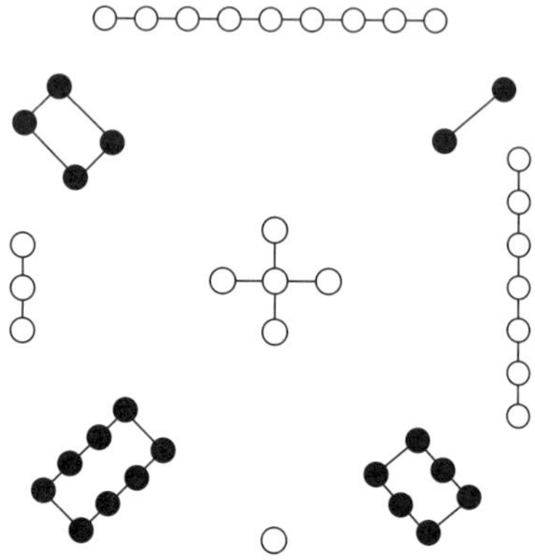

하도에는 10개의 숫자가 있어서 십수도라 하고, 8괘의 기원이 되었다. 낙서에는 9개의 숫자가 있어서 구수도라 하고, 9주의 기원이 되었다. 정리하면 다음과 같다.

	장소와 사람		숫자	근거
하도	황하(黃河)	복희	1~10(십수도)	팔괘
낙서	낙수(洛水)*	우왕	1~9(구수도)	구주

* 낙수(洛水) : 중국의 강 이름. 하남의 두 성인 섬서(陝西)와 하남(河南)을 흐르는 강으로 황하강의 지류.

구수도인 낙서에 대해 「홍범총론」에서 주희가 설명을 부연하였는데, 오행을 이해하는데 도움이 될 것 같아 아래에 인용한다.

낙서는 본래 문자가 없었고, 다만 홀짝의 숫자만 있었다. 1부터 9까지 그 수가 이러했다. 우(禹)가 풀어서 차례를 만들었다. 1을 맨 앞에 두고 오행으로 삼고, 2를 다음에 두고 오사(五事)로 삼고, 3을 또 그 다음에 두고 팔정(八政)으로 삼고, 4를 또 그 다음에 두고 오기(五紀)로 삼고, 5를 또 그 다음에 두고 황극(皇極)으로 삼고, 6을 또 그 다음에 두고 삼덕(三德)으로 삼고, 7을 또 그 다음에 두고 계의(稽疑)로 삼고, 8을 또 그 다음에 두고 서징(庶徵)으로 삼고, 9를 또 그 다음의 끝에 두고 오복(五福)과 육극(六極)으로 삼았다. 1부터 9까지가 낙서의 본래 숫자이다. 처음에 차례를 세운 것은 우이고, 오행 이하의 차례의 글은 우가 법칙으로 본받은 것이다. 대체로 그 법칙은 낙서에 저절로 나타난 수에 근거하여 천하 후세에 가르침을 드리워준 것이다. 그 차례가 본보기로 삼은 뜻은 대체로 낙서의 위치와 수에 의거하여 그렇게 한 것이다.

1부터 9까지의 수가 낙서라는 언급이 있고, 각각의 수를 오행, 오사, 팔정, 오기, 황극, 삼덕, 계의, 서징, 오복과 육극에 연관시켰다. 이어지는 아래의 인용문은 낙서의 숫자와 방위를 오행의 생수와 성수에 관련시키고 있다. 먼저 1을 북방에 위치시키고 생수라고 일컬어 오행의 시초로 보았으며, 양이 변하고 음이 합하는 오행의 상호작용으로 인간의 일을 읽게 되었다고 설명하고 있다. 이어지는 문장을 읽어보자.

낙서에서 1의 위치는 북방(子)에 있으니 그 수(數)는 水의 생수이자 기의 시초이기 때문에 오행이 된다. 오행은 양이 변하고 음이 합하는 상호작용을 통해 만물을 낳으니 인사(人事)의 시작이 된다. 2의 위치는 서남방(坤)에 있으니 그 수는 火의 생수이자 기의 드러남이기 때문에 오사가 된다. 오사는 곧 木火土金水의 다섯 가지 기운이 운행하는 것인데, 인간이 부여받은 형체와 모양도 그것이 오묘하게 합쳐지고 응결된 것으로 몸을 닦아 하늘로부터 받은 천성을 실천해야 도가 확립된다. 3의 위치는 동방(卯)에 있으니 그 수는 木의 생수이고 기가 여기에 이르러서 더욱 드러나게 되기 때문에 팔정이 된다. 팔정은 곧 수신(修身)인데 행동하고 말하고 보고 듣고 생각하는 일에 그치지 않고 원칙을 확립하고 법을 세워서 천하에 시행한다. 4의 위치는 동남방(巽)에 있으니 그 수는 金의 생수이고 기가 여기에 이르러서 드러남이 더욱 오래되었기 때문에 오기(五紀)가 된다. 오기는 다스림이 음식과 재화, 그리고 정치적인 일에서 끝나지 않고 숫자를 살피고 물상을 관찰하고 달력을 만들고 시간을 밝히는 것이니 우러러 천문을 관찰한다. 5는 중앙에 있으니 여덟 구의 중앙에 위치하며 종횡으로 15의 변화를 이룩하게 된다.

이상은 1부터 5까지 생수의 방위와 특징을 열거한 문장이다. 이어지는 문장에서는 6부터 9까지의 성수와 방위를 설명하고 있는데, 여기에 모두 인용하지는 않았다.

지금까지의 내용으로 알 수 있듯이 하도와 낙서에는 수리의 체계와 방위의 구조가 있다. 그 근거는 선천팔괘와 후천팔괘에서 왔다. 선천팔괘는 복희씨가 하도를 보고 제작한 것으로, 대대(大對)관계로 나타낸 천지자연의 완성된 모형도라 할 수 있다. 후천팔괘는 주나라 문왕(文王)이 낙서를 보고 제작한 것으로, 후천 만물의 변화를 모순과 결격의 질서로 나타낸 모형도라 할 수 있다. 선천팔괘가 음양의 조화를 말하고 있다면, 후천팔괘는 음양의 부조화를 말하고 오행의 상생과 그 순환을 설명한다.

선천팔괘와 후천팔괘는 소옹(邵雍)이라는 북송시대 상수역학자가 정립하였다. 그 원리는 역의 태극·양의·사상·팔괘로 이어지는 발전 도식으로 우주만물의 생성을 설명하고, 팔괘의 교차로 만물의 발전과정을 설명한 것이다. 그가 말한 선천역과 후천역에 따라 팔괘를 배치한 것이 각각 선천팔괘와 후천팔괘이다. 여기서 적용된 방위는 모두 남쪽을 위에 두고 북쪽을 아래에 두는 중국 전통 천문관에 따른다. 따라서 지금의 서양식으로 표기된 방위도와는 반대라는 것을 이해하고 읽어주기 바란다. 필자는 여러 곳에서 팔괘와 천간지지 방위도를 현대식 동서남북 체계에 맞춰 다시 그려서 설명하고 있으니 독자들은 각자 필요에 따라 응용하고 참조하면 된다.

선천팔괘는 복희팔괘라고도 하는데, 소옹의 일분위이(一分爲二)라는 수리법칙을 적용하여 태극에서 팔괘로 일분위이, 즉 하나가 둘로 분화되어 발전하는 법칙을 따른다. 그 근거는 『주역』「계사전」에 '역(易)에 태극(太極)이 있으니, 이것이 양의(兩儀)를 낳고 양의(兩儀)가 사상(四象)을 낳고 사상(四象)이 팔괘(八卦)를 낳았다'고 한 문장이다.[주50] 일분위이에 따른 태극·양의·사상·팔괘의 분파 과정을 도표로 나타내면 다음과 같다.

• 소옹의 일분위이에 따른 팔괘 순서

<table>
<tr><th>8</th><th>7</th><th>6</th><th>5</th><th>4</th><th>3</th><th>2</th><th>1</th><th>괘명 및 차례</th></tr>
<tr><td>☷
곤(坤)</td><td>☶
간(艮)</td><td>☵
감(坎)</td><td>☴
손(巽)</td><td>☳
진(震)</td><td>☲
리(離)</td><td>☱
태(兌)</td><td>☰
건(乾)</td><td>팔괘
삼변(三變)</td></tr>
<tr><td colspan="2">⚏
태음(노음)</td><td colspan="2">⚎
소양</td><td colspan="2">⚍
소음</td><td colspan="2">⚌
태양(노양)</td><td>사상
이변(二變)</td></tr>
<tr><td colspan="4">⚋
음(陰)</td><td colspan="4">⚊
양(陽)</td><td>양의
일변(一變)</td></tr>
<tr><td colspan="8">태극(太極)</td><td>태극</td></tr>
</table>

일분위이 도표는 아래의 태극에서 시작하여 우측에서 좌측으로 읽는데, 한 번 변하면 양과 음의 양의가 되고, 두 번 변하여 태양·소음·소양·태음의 사상이 되며, 세 번

[주50] 易有太極, 是生兩儀, 兩儀生四象, 四象生八卦.

변하여 일건천·이태택·삼리화·사진뢰·오손풍·육감수·칠간산·팔곤지의 팔괘가 된다. 태극에서 시작하여 효가 위로 하나씩 얹어지는데, 우측에서 좌측으로 양효·음효의 순서로 얹어서 이변하면 이효의 사상이 되고, 삼변하면 삼효의 팔괘가 작성된다. 소옹의 일분위이법에 따른 팔괘의 순서가 바로 위에서 말한 전통적 팔괘 순서이다.

선천팔괘는 먼저 위·아래에 건(乾)과 곤(坤)을 놓아서 하늘과 땅을 상징하고, 좌·우에 리(離 : 불)와 감(坎 : 물)을 놓아서 각각 리괘(불)로 태양을 가리키고, 감괘(물)로 달을 가리켰다. 이것으로 선천팔괘가 말하는 천지자연의 기본구도가 정해졌다. 이러한 배치는『주역』「설괘전」의 '천지정위(天地定位), 산택통기(山澤通氣), 뇌풍상박(雷風相薄), 수화불상역(水火不相射)[주51], 팔괘상착(八卦相錯)'에 따른 것이다. 먼저 천지정위는, 건괘인 하늘은 남쪽을 의미하여 맨 위에 놓이며, 곤괘인 땅은 북쪽을 의미하여 맨 아래에 자리를 정하여 기준을 잡는다는 뜻이다. 산택통기의 의미는, 산(간괘) 위의 물기[수기(水氣)]는 응결되어 못이 되고, 못(태괘)의 물은 증발된다는 뜻이다. 간(艮)괘는 산으로 서북방에 있고 태(兌)괘는 못[택(澤)]으로 동남방에 있어 서로 기가 통하도록 상대하는 방위이다. 뇌풍상박은 진(震)괘로 동북방의 천둥[뢰(雷)]을 상징하고 손(巽)괘로 서남방의 바람[풍(風)]을 상징하여 서로 견제하는 것을 말한다. 바람과 우레가 서로 격발하여 구름과 비를 이루는 것을 뜻하는데, 우레는 움직여서 위로 오르고, 바람은 불어서 아래로 내리니 서로 부딪쳐서 만물이 떨쳐 일어나게 한다. 수화불상역은 감(坎)괘로 물을, 리(離)괘로 불을 상징하여 서로 대립하는 것을 나타낸다. 리괘는 동쪽이고 감괘는 서쪽인데 동서의 축은 천지 남북의 축이 한쪽으로 치우치지 않게 하는 역할을 한다. 서로 상대하여 수극화의 의미도 있지만 물에 젖은 곳을 불이 말려주고, 불이 말린 곳을 물이 적셔주어 조화롭게 한다는 의미도 있다. 마지막의 팔괘상착은 팔괘가 서로 섞인다는 뜻으로 서로 교대로 섞여서 64괘가 이루어짐을 밝힌 것이다.

주51 수화불상역(水火不相射)에서 射은 '쏠 사'로도 읽지만 '역'으로 읽으면 싫어한다는 뜻이 된다.

이와 같이, 건괘와 곤괘를 하늘과 땅으로 하여 각각 남과 북에 두고, 물(달)과 불(태양)인 감괘와 리괘는 서와 동에 두어서 기준을 잡고, 나머지 산과 못인 간괘와 태괘, 천둥과 바람인 진괘와 손괘를 서로 상대하는 자리에 배치한 것이 선천팔괘 배치이다. 즉 하늘과 땅을 기준으로 해는 동쪽에 달은 서쪽에 두고 만물(산과 못, 천둥과 바람, 물과 불)이 서로 대대(待對)하는 구조가 되었다. 선천팔괘도의 진행을 보면 일건천·이태택·삼리화·사진뢰가 왼쪽으로 움직이는 양기의 천도가 되고, 오손풍·육감수·칠간산·팔곤지가 오른쪽으로 움직이는 음기의 지도가 된다. 그 획의 움직임이 바로 태극이다. 천도의 좌행과 지도의 우행은 또한 아침-낮-저녁-밤이라는 하루 주기의 변화를 말하기도 한다. 리괘의 태양이 동쪽에서 떠올라, 남쪽의 건천을 거쳐 서쪽의 감괘로 지는 것을 나타낸다. 이때 태양이 지평선 위에서 경과하는 리괘·태괘·건괘·손괘가 백주(白晝)의 상이고, 감괘·간괘·곤괘·진괘는 태양이 지평선 아래로 떨어진 흑야(黑夜)의 상이다. 곤괘는 자(子)시에 해당하여 밤이고, 리괘는 묘(卯)시의 아침이며, 건괘는 오(午)시의 낮, 감괘는 유(酉)시의 저녁이다.

또한 선천팔괘는 회(晦, 그믐), 삭(朔, 초하루), 현(弦, 상현 및 하현), 망(望, 보름)이라는 월의 주기(週期) 운동을 나타내기도 하고, 춘하추동이라는 연의 주기(週期) 변화를 나타내기도 한다. 여덟 절기에 대해서 말하면 리괘는 춘분을 주관하고, 건괘는 하지, 감괘는 추분, 곤괘는 동지, 진괘는 입춘, 태괘는 입하, 손괘는 입추, 간괘는 입동을 주관한다. 그 외에도 선천팔괘가 고대천문학에 적용되는 바가 많은데, 이곳에서 모두를 설명하는 것은 무리가 되겠다.

한편 후천팔괘는 문왕팔괘라고도 하는데, 선천팔괘와는 달리 구수도인 낙서를 보고 9개의 숫자를 구궁도로 나타낸 것이다. p.146 그림과 같이 1·9(남북), 2·8(서남-동북), 3·7(동서), 4·6(동남-서북), 5(중앙)의 배치가 그것이다. 천지자연의 조화로운 형태인 선천팔괘와 달리 구궁수의 문왕팔괘는 최초에 만물이 발생하고 변화하는 과정에서 겪는 음양 부조화의 과정을 설명하고 있다.

후천팔괘는 『주역』 「설괘전」의 '건곤부모(乾坤父母)'를 논한 문장에서 시작한다.[주52] 그에 따르면 건은 아버지이고 곤은 어머니이며 건과 곤이 여섯 자식을 낳는데, 세 아들은 모두 양이고 세 딸은 모두 음이다. 진괘가 장남, 손괘가 장녀, 감괘가 중남, 리괘는 중녀, 간괘는 소남, 태괘는 소녀이다. 그러나 괘의 배치에 있어서는 중남인 감괘와 중녀인 리괘를 제외하고는 모두 부조화의 상태이다. 후천팔괘의 배치에 대한 이론적 근거는 「설괘전」의 '제출호진(帝出乎震)' 문장이 더 잘 설명하고 있는데 아래 인용문을 읽어보기 바란다.

상제는 진방에서 나와[제출호진(帝出乎震)] 손방에서 만물을 질서 있게 기르고, 리방에서 서로 보고, 곤방에서 일을 이루고, 태방에서 기뻐하고, 건방에서 싸우고, 감방에서 수고하고, 간방에서 이룬다. 만물이 진에서 나오니, 진은 동방이다. 손(巽)에서 깨끗하다는 것은, 손은 동남방이라 제(帝)가 만물을 깨끗하게 하는 것을 말한 것이다. 리는 밝음이니, 만물이 모두 서로 만나보기 때문으로, 남방의 괘이다. 성인이 남면(南面 : 남쪽을 바라보고)하여 천하를 다스려서 밝은 곳을 향해 다스림은 여기에서 취한 것이다. 곤은 땅이니, 만물이 모두 길러짐을 이루므로 곤에 일을 맡긴다 한 것이다. 태는 바로 가을이니, 만물이 기뻐하는 바이므로 태에 기뻐한다 하였다. 건에서 싸운다는 것은 건은 서북의 괘이니, 음·양이 서로 부딪힘을 말한 것이다. 감은 물이니, 바로 북방의 괘이다. 위로받는 괘이니, 만물이 돌아가는 바이므로 감에 위로한다 한 것이다. 간은 동북의 괘이니, 만물이 종(終 : 마무리)을 이루고 시(始 : 시작)를 이루는 것이므로 간에 이룬다 한 것이다.

위의 인용 구절은 상제, 즉 조물주가 만물을 생성시키는 순서를 기술해놓은 것이다. 그 방위의 배치를 원형의 괘도로 설명하고 순환과 반복을 나타내었다. 후천팔괘는 오행의 상생을 상징한다는 것을 알 수 있는데, 손괘는 진괘와 함께 목(木)를 상징

[주52] 乾, 天也, 故稱乎父. 坤, 地也, 故稱乎母. 震一索而得男, 故謂之長男. 巽一索而得女, 故謂之長女. 坎再索而得男, 故謂之中男. 離再索而得女, 故謂之中女. 艮三索而得男, 故謂之少男. 兌三索而得女, 故謂之少女.

하여 동남쪽에 놓이고, 화(火)를 상징하는 리괘를 향하여 목생화를 하고 있다. 곤괘가 서남방에 놓인 것은 오행의 화생토에 부합하며, 건괘는 서북방에서 태괘와 함께 금(金) 오행에 놓이게 된다. 이것은 토생금이다. 다음에 오는 감괘는 수(水) 오행이니 금생수가 이루어진다. 산을 상징하는 간괘는 흙이지만 곤괘와 같이 서남방에 둘 수 없는데, 동북쪽은 북쪽의 물과 동방의 나무 사이에 놓여서 상생관계가 없게 된다. 이에 대한 근거는『주역』곤괘의 괘사 가운데 "서남쪽으로 가면 친구를 얻고, 동북쪽으로 가면 친구를 잃는다[서남득붕(西南得朋), 동북상붕(東北喪朋)]"라는 말과, 건(蹇)괘 괘사 중에 "서남쪽으로 가면 유리하고, 동북으로 가면 불리하다[이서남(利西南), 불리동북(不利東北)]"라는 말에 있다. 그것은 하나의 완성을 종결하는 때이지만 또 한편으로는 새로운 시작이다는 의미이기도 하다. 이렇게 하여 북방 감괘의 수(水)가 직접적으로 동쪽의 목(木)을 생하여서 오행상생이 다시 순환하게 된다.

지금까지 살펴본 바에 따르면, 선천팔괘가 건과 곤을 시작으로 역을 말하고 있는 것에 반해 후천팔괘는 건과 곤을 오히려 모서리에 배치하여 두 가지가 서로 부합하지 않는다는 것을 알 수 있다. 후천팔괘의 배치와 그 도리는 오행과 방위, 그리고 간지 이론과 관계하여 이후 사주명리학 이론체계에 중요한 근거를 만들었다.

아래에 선천팔괘방위도와 후천팔괘방위도를 넣었는데, 후천팔괘에 각 숫자와 팔괘의 짝을 보고 이것을 지지와도 짝을 지어보면 된다. 즉 위의 인용문에서 말한 것처럼, 생수의 1-북-子, 2-서남-坤, 3-동-卯, 4-동남-巽, 5-중앙이 짝을 하고, 나머지 성수는 6-서북-乾, 7-서-酉, 8-동북-艮, 9-남-午가 짝을 한다. 오행과 천간·지지, 그리고 방위의 배속은 p.148의 천간지지팔괘방위도를 참고하면 된다. 그리고 1부터 9까지의 구궁 배치에서 종횡으로 세 가지 숫자를 더해보면 어디로 더하든 합계가 모두 15이다. 이것을 마방진(魔方陣)이라고도 한다. 바로 우나라 낙서에 기원한 것이고, 서양에서도 '매직 스퀘어(magic square)'라 부른다.

• 오행과 생수·성수

오행	木	火	土	金	水
생수	3	2	5	4	1
성수	8	7	10	9	6

• 복희팔괘방위도(선천팔괘)

이태택 (二兌澤) ☱	일건천 (一乾天) ☰	오손풍 (五巽風) ☴
삼리화 (三離火) ☲		육감수 (六坎水) ☵
사진뢰 (四震雷) ☳	팔곤지 (八坤地) ☷	칠간산 (七艮山) ☶

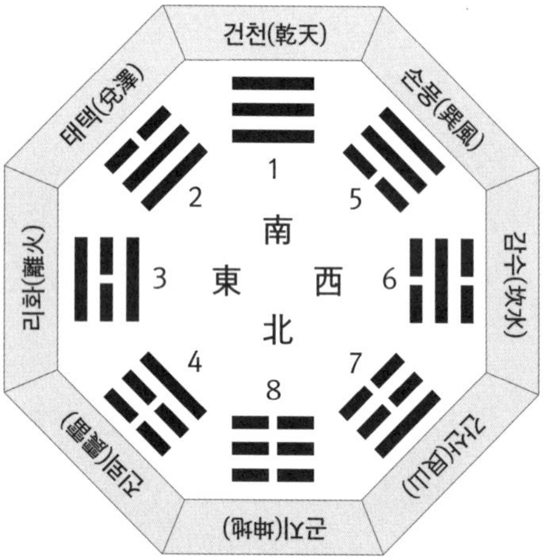

• 문왕팔괘방위도(후천팔괘)

4	9	2
3	5	7
8	1	6

그렇다면 하도낙서설은 사주명리학과 어떻게 관련되는가? 먼저 오행의 선천수·후천수의 개념이 천간 오합의 원리가 되었고, 납음오행 발생도 하도낙서와 관련이 있으며, 풍수나 구성학에도 영향을 주고 다양한 신살의 근거가 되었다. 하도낙서와 명리학의 연관성에 대해서는 심화 단계에 이어서 꾸준히 연구해 나가야 할 것이다.

- 오행의 선천수와 후천수 개념
- 천간 오합의 원리
- 납음(納音)오행의 원리
- 풍수와 구성학(九星學)
- 신살론

하도낙서와 관련된 명리학과 분야에 대해 간단히 소개하면, 납음오행은 육십갑자 각각의 소리(각치궁상우)에 숫자를 붙이고 그 이치를 형상화하여 오행의 특성과 변화를 도출한 것이고, 구성학은 9개의 별로 한 사람의 이동 방향에 따라 길흉을 판단하는 관법이다. 신살론은 명리학 고법 체계의 주요이론으로 미래의 길흉화복을 점치는 천문이나 의학, 그리고 다양한 술수의 근거가 되었다.

하도낙서설이나 『상서』「홍범」 편에서 비교적 자세하게 설명한 근거를 제외하면, 선진시대 전적 중 『시경』, 『예기』, 『주역』, 『도덕경』, 『논어』 등과 같은 경전에는 오행에 대한 다양한 언급이 없음을 알아두기 바란다.

다음 천간지지팔괘방위도는 서양의 동서남북 방위에 따라 오행과 천간 지지 등을 재배치한 방위도이다. 하도낙서나 팔괘 등에 나타난 방위도는 남북의 위치가 이 그림과 반대이다. 현대 서양식 방위에 익숙한 학습자를 위해 눈에 바로 들어오도록 배치하였다는 점을 감안해야 한다.

• 천간지지팔괘방위도

4 사주명리학과 오행의 적용

1. 명리학의 오행 분류

오행은 명리학 이론의 중추가 되는 개념이다. 오행의 취용은 천간과 지지를 음양오행에 대입하여 분류하는 것에서 시작한다. 이에 대해서는 뒤에서 천간과 지지를 설명할 때 자세히 논하도록 하겠다. 다음으로는 음양과 오행을 춘하추동 사시에 배속하여 태어난 월지를 파악하고 그것으로 월령(月令)을 삼는다. 월령은 태어난 달의 지지 글자(월지)가 사령(司令)한다는 뜻으로, 월지가 사주팔자를 주관한다는 말이다. 한 사람이 태어난 계절에 근거하여 평생의 명운을 읽는 것이 월령이론이다. 사시사철의 변화로 인하여 한난조습의 주요 기후조건이 조성되고, 사람 인생의 길흉과 희로애락은 그러한 환경에 매우 큰 영향을 받는다는 것이 명리학의 주요 이론체계이다.

명리학의 오행 분류는 먼저 천간과 지지에 음양과 오행이 어떻게 배속되는지, 그리고 앞에서 학습한 계절에 따른 오행 분류로 월령(월지)을 이해하고 시간에 따른 분류로 시주(時柱 : 생시의 기둥)가 구성되는 원리를 아는 것에서 시작한다. 나머지 오색, 오방, 오미, 오장, 육부, 신경계통 등은 앞에서『오행대의』를 통해 학습한 내용을 참조한다.

명리학에서는 오행 분류에 그치지 않고 상생과 상극이라는 상관관계, 오행과 사시를 연관시킨 순환질서의 체계를 이해하는 것이 중요하다. 전자를 오행의 생극(生剋), 후자를 오행의 생사(生死)라 한다. 오행의 생극현상으로 나타나는 한 사람의 친인척 관계와 사회적 관계 및 그 현상을 읽고, 오행의 생사로 나타나는 그 세력과 정황을 읽는다. 명리 기초이론에 이어 격국, 신살, 십이운성 등 다양한 이론을 연구할 때 가장 기초가 되는 이론체계가 바로 오행과 그 상관관계이고, 이것은 통변에 이르기까지 계속 연계되어 있는 주요 명리이론이다. 아무리 어려운 관법을 새로이 배우고 심지어 비법이라 하는 것까지 섭렵하더라도, 결국은 오행의 생극과 생사라는 손바닥 안에 있다는 말이다. 그만큼 중요하다.

• 오행표

오행	木	火	土	金	水
천간	甲·乙	丙·丁	戊·己	庚·辛	壬·癸
지지(양)	寅	巳	辰·戌	申	亥
지지(음)	卯	午	丑·未	酉	子
오색	청(녹)	적	황	백	흑
오계	봄	여름	환절기	가을	겨울
시간*	03~07	09~13	01~03, 07~09, 13~15, 19~21	15~19	21~01
오방	동	남	중앙	서	북
오미	신맛	쓴맛	단맛	매운맛	짠맛
오장**	간	심장	비장	폐	신장
오부(육부)**	담(쓸개)	소장	위장	대장	방광

신체계통	신경	순환	소화	호흡	배설분비
신체오주	신경·힘줄	혈맥	기육(근육)	피모(피부)	골수
얼굴오규	눈	혀	입	코	귀
오지(五志)	노(화)	희(기쁨)	사(생각)	우·비(슬픔)	공(공포)
오기(五氣)	풍(바람)	열(뜨거움)	습(습기)	조(건조)	한(냉기)
성향	인(仁)	예(禮)	신(信)	의(義)	지(智)
행성	목성	화성	토성	금성	수성
소리	각	치	궁	상	우
곡물	밀	콩	쌀	삼·마	수수·기장
인생	탄생	젊음	성인	노년	죽음
한글소리* **	ㄱ·ㅋ (어금닛소리)	ㄴ·ㄷ·ㄹ·ㅌ (혓소리)	ㅁㅂㅍ (입술소리)	ㅅㅈㅊ (잇소리)	ㅇㅎ (목구멍소리)
숫자	3·8	2·7	5·0	4·9	1·6

* 동경 표준시를 사용하는 국제협약에 따라 한국에서 태어난 사람은 여기에 약 30분을 추가해야 한다.

** 인체와 오행의 관계는 『황제내경』이 '하늘과 인간 사이의 자연적 감응으로 인체 경락, 체계, 장상을 연관시킨 것'을 참고하였다.

*** 표의 한글소리는 훈민정음 해례본에 근거한 것으로, 작명할 때 사용하는 오음 분류와는 차이가 있다. 작명할 때는 土와 水의 소리가 뒤바뀐다.

• 오행의 흐름

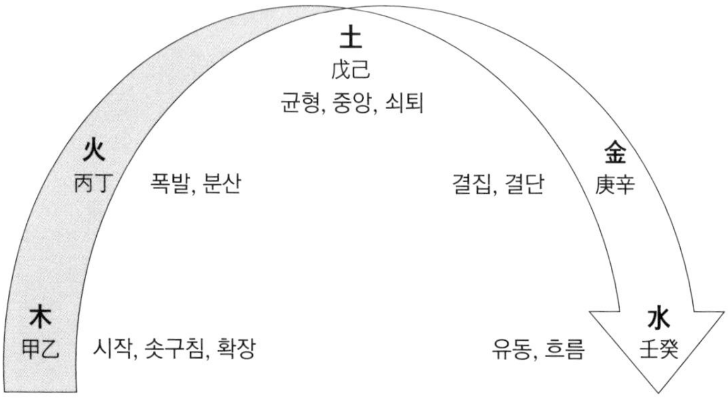

2. 오행의 생극

앞의 오행론에서 오행의 상생과 상극에 대해서 이미 언급하였다. 다시 말하지만, 오행은 木火土金水라는 다섯 가지 원소로만 보지 않고 木火土金水라는 물질의 행동과 상호교류, 그리고 순환운동으로 본다. 우주만물과 그 현상 및 인간의 생명과 사업의 변화는 오행이 끊임없이 운동하고 서로 작용한 결과이다. 오행을 '행(行)'이라 한 것은, 이로써 춘하추동이 유행하고 순환하는 끊임없는 운동을 말하고자 함이다. 오행 순환과 상호관계의 주요활동이 생극과 생사이다. 생극과 생사 모두 오행의 세력을 판단하는 중요한 근거가 된다. 생극을 통해 자연의 변화하는 이치를 깨달았고, 명리학의 주요개념인 십성이라는 육신의 부류가 여기서 파생되었다. 육신은 명리학으로 한 사람의 인생을 읽는 데 중요한 단서를 제공하는 가족관계와 사회적 관계를 말한다. 생사로는 오행을 자연물질에 대입하여 우주만물이 춘하추동 계절의 변화에 적응하고 살아가는 과정을 그린다. 생사를 통하여 일간과 십성이라는 물질이 어떻게 살아가는지 그 희로애락을 읽을 수 있다.

먼저 생극에 대해 정리하면 다음과 같다.

• 오행의 상생과 상극

상생	생하여 부축하고 도와주는 기능 어느 한 가지 오행이 힘을 받고 지속적인 힘을 얻으려면 그에 상응하여 도와주는 다른 오행이 있어야 한다. 木 → 火 → 土 → 金 → 水 → 木(힘을 붇돋아주는 순서)
상극	극하여 절제하고 조절하는 기능 어느 한 가지 오행을 억누르고 더 이상 힘을 키워나갈 수 없게 만들어 조절해주는 것 木 → 土 → 水 → 火 → 金 → 木(힘을 억누르는 순서)
상생과 상극은 그것이 알맞게 적용되는 한 모두 자연현상에서 필요한 이치이다.	

『자평진전』「논음양생극(論陰陽生克)」(음양의 생과 극)에서는 오행의 상생과 상극을 아래와 같이 설명하고 있다.

사시(춘하추동)의 운행은 상생으로 이루어진다. 그러므로 木(춘)이 火(하)를 생하고, 火(하)가 土를 생하고, 土가 金(추)을 생하고, 金(추)이 水(동)를 생하고, 水가 木을 생한다. 이것이 (오행) 상생의 순서이다. 순환의 궤도가 갈마들어 운행하니 시행(時行 : 사시의 운행)이 다함이 없다. 하지만 생이 있으면 반드시 극이 있다. 생하고 극이 없으면 사시 또한 이루어지지 않는다. (중략)

사람의 양생을 예로 들어 비유하면, 물론 먹고 마시는 것으로 생하지만, 항상 먹고 마시게만 하고 음식을 주리게 하여 (먹을) 기대를 하지 않게 한다면 어찌 사람이 능히 장수하겠는가? 그래서 사시의 운행에서 생과 극은 쓰임이 같고 공(功)이 같다.

명리학에서 적용하는 오행의 상생과 상극의 법칙은 앞에서 학습한 내용과 다름이 없다. 보통은 상생의 순환으로 춘하추동 계절의 흐름과 변화를 이해하기 쉬운데, 상생뿐 아니라 상극 또한 사시의 순환에 필수요건이라 설명하고 있다. 사람의 양생에 비유하여 잘 먹고 마시게 하여 성장하는 것도 당연하지만, 먹는 것만이 장수와 양생의 요건이 아니라는 것이다. 음식을 절제하는 것 또한 양생의 방법이다. 상생하고 상극하는 모든 것이 자연의 이치이기 때문이다.

① 상생

먼저 상생(相生)의 순서는 목생화, 화생토, 토생금, 금생수, 수생목으로 순환하는 과정이다. 木 → 火 → 土 → 金 → 水 → 木은 바로 상생의 순서이다.

木火土金水가 차례로 다음 오행을 생해주는 것 외에, 나와 같은 동기(同氣)의 오행 또한 큰 힘을 얹어주는 역할을 한다. 그 차이도 이해해야 한다. 상생은 내가 태어나 자랄 수 있는 자양분을 제공하는 것이고, 같은 동기의 오행은 힘을 얹어서 용기를 북돋는 기능을 한다. 두 가지 성분이 하는 역할의 차이는 앞으로 「육친론」에서 자세히 학습하도록 하겠다. 아래 도표에서는 오행의 상생을 그림으로 나타내어 이해를 돕도록 하였다.

• 오행의 상생

상생	의미	이미지
목생화 (木生火)	木은 자신을 태워 火를 낳는다.	
화생토 (火生土)	火는 木을 태워 土를 비옥하게 한다.	
토생금 (土生金)	土는 자신의 압력으로 金을 더욱 단단하게 한다.	
금생수 (金生水)	金은 水를 여과하여 맑게 하고 그 원천이 된다.	
수생목 (水生木)	水는 木이 자라날 때 생명력을 불어넣는다.	

『오행대의』는 음양의 기운을 바탕으로 오행이 나왔다고 하면서 '습한 기운은 물[水]을 낳고, 따스한 기운은 불[火]을 낳으며, 굳센 기운은 나무[木]를 낳고, 강한 기운은 금(金)을 낳으며, 화합하는 기운은 토(土)를 낳는다'고 하였는데, 이는 각 오행의 기운을 말한다.

다음은 오행 상생에 대한 『백호통』과 『춘추번로』의 견해를 정리한 것이다.

• **오행 상생의 특성**

상생	『백호통』	『춘추번로』
목생화 (木生火)	木의 성질이 따스하여 火가 그 속에 숨어 있다가 마찰해서 뚫고 나온다.	동방은 木으로, 木은 농사의 근본이니 사농(司農 : 돈과 곡식에 관한 일을 관장하는 벼슬)이 농사를 지어 오곡을 축적하면 사마(司馬 : 군사업무를 관장하는 벼슬)가 먹는다.
화생토 (火生土)	火는 뜨겁기 때문에 木을 태우고, 木이 타면 재를 이루니 재는 곧 土이다.	火는 중앙 조정의 사마(司馬)이니 당연히 천시(天時)를 안다. 형체와 조짐이 싹트기 전에 홀로 밝게 보니 천하가 편안해져서 임금과 신하가 편안하다.
토생금 (土生金)	土가 金을 낳는 것은, 金은 돌 속에 있어서 산의 습기가 응고되어 생기고 土가 모여 산을 이루니, 산은 반드시 돌을 낳는다.	임금인 土는 신실해야 한다. 때로 위엄과 무력을 써서 광폭한 이를 제어하여 나라를 다스리니, 크게 다스리는 것은 사도(司徒 : 교육업무를 관장하는 벼슬)이다.
금생수 (金生水)	소음(金)의 기운은 윤택하여 진액이 흐르고 또 金을 녹이면 물[水]이 된다. 그래서 산에 구름이 끼고 습기가 있게 된다.	金은 크게 다스리는 사도(司徒)이니 의리를 숭상한다. 변방이 편안하고 도적이 일어나지 않아 고을에 옥사와 송사가 없으면 법을 집행하는 사구(司寇)가 편안하다.
수생목 (水生木)	水는 습기가 많아서 木이 자라게 한다.	水는 법을 숭상하는 사구(司寇)이다. 예절을 숭상하니 임금과 신하의 지위가 정해져 있고 어른과 어린이에 차례가 있으며 여러 가지 공업이 때에 맞게 일으켜진다. 한 해의 쓰임을 풍족하게 하고 기구와 기계가 이루어져서 사농과 전관(田官)에게 주어지기 때문에 水가 木을 생하는 것이다.

『백호통』은 오행의 상생으로 자연현상을 설명하였고, 『춘추번로』는 국가의 일이나 인사의 조화를 설명하였다는 차이가 있다. 오행 상생의 자연 이치와 그것을 인간의 일에 적용하여 설명한 내용으로, 오행이론이 인간의 삶을 읽는 명리학 이론의 근거가 된 사유를 알 수 있다.

명리서인 『궁통보감』은 오행이라는 다섯 종류의 다양한 물질 속성이 끊임없이 운동하고 서로 작용한 결과로 인간이 하는 일에 발전과 변화가 생기고, 그에 따라 인간의 운명에 영향을 미친다고 하였다. 춘하추동 사시의 기후가 천지 사이에 끊임없이 순환하는 것 또한 오행이 유행하는 결과이다. 옛사람들은 괘로 계절의 변화를 나타내었고 주53 오행의 조직과 구성은 사람의 얼굴색, 목소리, 성격, 기질 등과 인간관계를 나타낸다.

북쪽에서 음이 극단에 이르러 차가움을 낳고, 추운 것이 水를 낳는다. 남쪽에서 양이 극단에 이르러 열을 낳는다. 열이 火를 낳는다. 동쪽에서 양이 흩어짐으로써 누설되어 바람을 낳는다. 바람은 木을 낳는다. 서쪽에서는 음이 멈추니 그럼으로써 거두어들여 마름을 낳는다. 마름은 金을 낳는다. 중앙에서는 음과 양이 교차하여 따뜻함을 낳는다. 따뜻함이 土를 낳는다. 그것이 서로 낳으니 그러므로 서로 의지하고, 그것이 서로 이기니 그러므로 서로 억제한다. 이것을 일러 질서가 있다고 말한다.주54

위의 인용은 『궁통보감』 원전의 내용이다. 서락오는 이를 해석하여 '오행으로써 춘하추동에 명칭을 대신하고 방위를 배합하니 천연인 것에서(하늘과 자연으로부터) 나온다. 북방에 있는 亥·子·丑은 겨울이고, 남방에 있는 巳·午·未는 여름이고, 동방

주53 예를 들어 정월 입춘은 태괘(☷)이고, 2월 경칩은 대장괘(☷)이며, 3월 청명은 괘괘(☰)인 것을 말한다. 대설 동지인 11월의 복괘(☷)로부터 아래 양효가 매달 한 칸씩 자라나는 것을 보여준다. 이에 대한 자세한 내용은 「지지」에서 설명한다.

주54 北方陰極而生寒, 寒生水; 南方陽極而生熱, 熱生火; 東方陽散, 以泄而生風, 風生木; 西方陰止, 以收而生燥, 燥生金; 中央陰陽交而生温, 温生土. 其相生也, 所以相維; 其相克也, 所以相制, 此之謂有倫.

에 있는 寅·卯·辰은 봄의 계절이고, 서방에 있는 申·酉·戌은 가을의 계절'이라 하였다. 원전의 내용은 두 가지 의미를 포함한다. 하나는 오행이 끊임없이 유행하여 상생으로 사시와 사방의 배합이 생긴 것이고, 다른 하나는 오행의 순환에는 상생만 있는 것이 아니라 상극으로 억제함도 있고 그것이 바로 자연의 질서라는 것이다. 그리고 중앙 土 오행의 역할을 말하였는데, 음양이 교차하고 따뜻함이 土를 생한다는 것이다. 겨울은 음이고 찬 기운의 水이며, 여름은 양으로 그 열기가 火가 된다. 봄에는 양이 화합(번창)하여 흩어져 누설하는 木이 되고, 가을에 추위가 엄중하게 거두어 간직하는 것이 金이다. 다만 土는 어느 한 곳에 위치하지 않고 중앙에 머물러서 네 모서리에 의거한다. 네 모퉁이라는 것은 간(丑寅), 손(辰巳), 곤(未申), 건(戌亥)인데 네 계절이 서로 벗어나는 관계이다. 이에 대해서는 오행론에서 배운 천간지지팔괘방위도를 참조하기 바란다. 십이지지 중 土 오행은 丑·辰·未·戌이고, 이 네 지지가 모퉁이 방위인 간손곤건에 위치한 것을 설명하였다.

② 상극

오행의 상생에 대하여 자연현상이나 인간의 일에 비유하여 낳고 발생시키는 이치로 설명하였으나, 우주만물의 다양한 현상에는 서로 꺼리는 것이 생길 수 있고 따라서 서로 극을 하는 현상이 나타난다. 상극(相剋)의 순서는 목극토, 토극수, 수극화, 화극금, 금극목이다. 오행의 상생은 순서대로 서로 인접한 오행끼리 작용하는데, 오행의 상극은 서로 떨어져 있는 글자끼리 작용한다. 예를 들어 목극토는 火를 중간에 두고 떨어져서 발생하고, 토극수는 金을 중간에, 금극목은 水를 중간에 두고 발생한다.

• 오행의 상극

상극	의미	이미지
목극토 (木剋土)	木은 토양의 정기를 흡수하여 土를 마르게 한다.	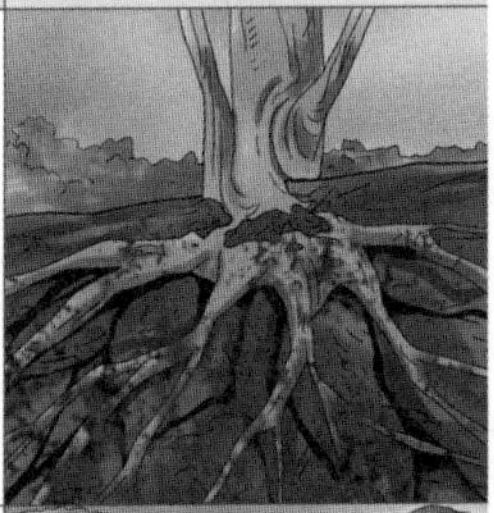
토극수 (土剋水)	土는 水를 탁하게 하여 水의 깨끗함을 흐리게 한다.	
수극화 (水剋火)	水는 火를 꺼트려서 타오르지 못하게 한다.	
화극금 (火剋金)	火는 金을 녹여 그 단단함을 유지하지 못하게 한다.	
금극목 (金剋木)	金은 木을 쪼개고 갈라놓는다.	

『오행대의』는 '극은 제재하고 벌하는 것이니 힘이 강한 것으로 약한 것을 제재하기 때문에 오행 상극이 발생한다' 하고, 또 '오행이 서로 해를 끼치는 것은 하늘과 땅의 본성'이라 하였다. 오행의 상극에 대한 『백호통』과 『춘추번로』의 설명을 인용하면 다음과 같다. 상생과 마찬가지로 상극에 대해서도 『춘추번로』는 국가나 인사의 조화로 설명하였고, 『백호통』은 자연현상으로 설명하였다.

• **오행 상극의 특성**

상극	백호통	춘추번로
수극화 (水剋火)	무리가 소수를 이기므로[중승과(衆勝寡)] 水가 火를 이긴다.	火는 나랏일을 의논하는 사마이니 참언하고 간사한 사람이 있어서 임금을 유혹하면 법으로 베어 죽이므로 水가 火를 이기는 것이다.
화극금 (火剋金)	정미함이 견고함을 이기므로[정승견(精勝堅)] 火가 金을 이긴다.	金은 사도이니 약해서 백성의 무리를 부리지 못하면 사마가 베어 죽이는 것이다.
금극목 (金剋木)	강건함이 유순함을 이기므로[강승유(剛勝柔)] 金이 木을 이긴다.	木은 농사짓는 것이니, 농사짓는 사람이 순종하지 않고 배반하면 사도가 베어서 바르게 하는 것이다.
목극토 (木剋土)	전일한 것이 흩어진 것을 이기니[전승산(專勝散)] 木이 土를 이긴다.	土는 임금이니 크게 사치하여 법도를 어기고 예를 잃으면 백성이 궁해져서 배반하므로 木이 土를 이긴다.
토극수 (土剋水)	가득찬 것이 빈 것을 이기므로[실승허(實勝虛)] 土가 水를 이긴다.	水는 법을 집행하는 것이니 아부하고 무리지어 공평하지 못하면 사구가 죽으므로 土가 水를 이긴다.

『오행대의』는 오행의 상극에 대하여 일반적으로 이기는 쪽은 임금이나 남편 또는 관공서나 아전, 귀신이고, 지는 쪽은 신하, 아내, 재물이라고 하였다.

임금은 위엄으로써 높게 되고, 남편은 덕과 의리로써 높고 중하게 되며, 관공서는 재물과 군사로써 상 주고 토벌하며, 아전은 형법과 법으로 제재하고 판단하며, 귀신은 극과 살로써 병들게 하고 죽이니 모두 이기는 것이다. 신하는 윗사람을 두려워하여 굴복하며, 아내는 남편을 공격하여 따르며, 재물은 상대방의 사용을 풍부히 하니 모두 지는 것이 된다.

위의 인용문은 명리학에서 오행의 생극으로 인간관계를 이해하는 실마리를 제공한다. 이것이 앞에서도 말한 육신(六神) 또는 육친(六親)인데, 관성과 재성으로 설명하면 내가 상극을 당하면 관성이고 내가 상극을 하면 재성이 된다. 여자 사주에서 관성으로 남편을 읽는 것, 남자 사주에서 재성으로 아내를 읽는 것, 또는 일반적으로 관성이 관공서나 법적인 제재를 뜻하는 것, 재성은 재물을 뜻하는 것 등이 모두 위와 같은 『오행대의』의 설명에서 유래한다.

이제 오행의 생극에서 한 단계 더 나아가, 사주명리의 작성 도구인 천간과 지지의 관계에서 생극을 살펴보겠다. 『궁통보감』에 지지가 천간을 생해주면 기를 도와서 평생 복을 누릴 수 있고 다른 사람의 도움을 쉽게 받을 수 있으나, 반대로 천간이 지지를 생하면 기를 훔치는 것이 되어 남의 모함을 받는다고 하였다. 지지가 천간을 생하는 것은 아래에서 윗사람을 도와 발전하는 것이고, 천간이 지지를 생하는 것은 천간 입장에서 보면 천간의 기운이 지지로 설기되는 것을 말하기 때문이다. 또한, 지지가 천간을 극하면 침체되어 발화하기 어렵고, 천간이 지지를 극하면 그 위세로 사물에 해를 끼치는데 처첩과 자손에게 이롭지 않다고 하였다. 이로써 『궁통보감』에서는 오행의 생극을 천간과 지지의 관계에서 읽고, 또 사주팔자를 육신으로 나타내어 그 생극관계로 인간의 일을 해석했다는 것을 알 수 있다. 또한 천간의 입장에서 생을 받는지 아니면 생을 하는지, 반대로 극을 하는지 아니면 극을 당하는지에 따라 육신을 해석하는 것도 사주통변의 중요한 해석방법이다.

아래는 『자평진전평주』의 「부론오행생극제화의기(附論五行生剋制化宜忌)」(오행 생극제화의 의기를 부론함) 편에서 가져온 글이다.

金은 土의 생함에 의지하지만 土가 많으면 매몰된다. 土는 火의 생함에 의지하지만 火가 많으면 土가 타서 갈라진다. 火는 木의 생함에 의지하지만 木이 많으면 火가 치열해진다. 木는 水의 생함에 의지하지만 水가 많으면 木이 표류한다. 水는 金의 생함에 의지하지만 金이 많으면 水가 탁해진다.

金은 능히 水를 생하지만 水가 많으면 金이 가라앉는다. 水는 木을 생하지만 木이 많으면

水가 줄어 마른다. 木은 火를 생하지만 火가 많으면 木이 불타버린다. 火는 土를 생하지만 土가 많으면 火가 어두워진다. 土는 金을 생하지만 金이 많으면 土가 약해진다.

金은 능히 木을 극하지만 木이 견고하면 金이 결손된다. 木이 土를 극하지만 土가 중하면 木이 꺾인다. 土가 水를 극하지만 水가 많으면 土가 휩쓸린다. 水가 火를 극하지만 火가 염열하면 水가 말라버린다. 火가 金을 극하지만 金이 많으면 火가 꺼진다.

金이 쇠약[쇠(衰)]한데 火를 만나면 반드시 녹아버린다. 火가 약한데 水를 만나면 반드시 꺼져서 소멸된다. 水가 약한데 土를 만나면 막혀버린다. 土가 쇠한데 木을 만나면 반드시 붕괴된다. 木이 약한데 金을 만나면 반드시 베어져 꺾인다[작절(斫折)].

강한 金이 水를 얻으면 비로소 그 예봉(銳鋒)이 꺾인다. 강한 水가 木을 얻으면 비로소 그 기세가 누그러진다. 강한 木이 火를 얻으면 비로소 그 정영[精英 : 수기(秀氣, 빼어난 기)]을 설기한다. 강한 火가 土를 얻으면 비로소 그 화염을 거두어들인다. 강한 土가 金을 얻으면 비로소 그 완고함을 인화한다.[주55]

상생에서 목생화를 예로 들어, 木이 火를 적절히 생하여 목화통명(木火通明 : 봄에 출생한 木 일간이 火를 만난 경우)이 되면 나무가 더욱 밝게 빛난다고 하여 빼어난 사주라고 하였다. 한편 상생상극의 조화가 깨질 때가 있는데, 가령 목소화다(木少火多 : 木은 적은데 火가 많은 것)면 많은 火가 木의 성분을 불살라버려서 그 빛을 하늘 높이 비추지 못하니 영화가 오래가지 않는다고 하였다. 토생금을 예로 들어, 토다금매(土多金埋)라는 것은 土가 金을 생해주는 것이 지나쳐 金을 매립해버린다는 뜻이다.

상극으로 화극금을 예로 들면, 火와 金의 세력이 적절하여 火가 金을 잘 제련하면[화련진금(火練眞金)] 자신의 재능을 충분히 발휘하여 공명을 이루는데, 화다금소(火

[주]55 金賴土生, 土多金埋 ; 土賴火生, 火多土焦 ; 火賴木生, 木多火熾 ; 木賴水生, 水多木漂 ; 水賴金生, 金多水濁. 金能生水, 水多金沈 ; 水能生木, 木多水縮 ; 木能生火, 火多木焚 ; 火能生土, 土多火晦 ; 土能生金, 金多土弱. 金能剋木, 木堅金缺 ; 木能剋土, 土重木折 ; 土能剋水, 水多土流 ; 水能剋火, 火炎水灼 ; 火能剋金, 金多火熄. 金衰遇火, 必見銷熔 ; 火弱逢水, 必爲熄滅 ; 水弱逢土, 必爲淤塞 ; 土衰逢木, 必遭傾陷 ; 木弱逢金, 必爲斫折. 強金得水, 方挫其鋒 ; 強水得木, 方緩其勢 ; 強木得火, 方洩其英 ; 強火得土, 方斂其焰 ; 強土得金, 方化其頑.

多金消 : 火가 많고 金이 적은 것)가 되면 火가 金을 적절히 극하지 못하여 일을 혼탁하게 소홀히 하여 모으고 흩어지는 것이 형체를 이룰 수 없게 되고, 화소금다(火少金多 : 火가 적고 金이 많은 것)면 火가 金을 극할 역량이 되지 못하여 金을 제련하지 못하니 크게 길하지 못하다. 火는 도리어 재가 날리고 연기가 없어지는 액운이 따르게 된다. 또한 금다화멸(金多火滅 : 金이 많은데 火가 적은 것)이면 약한 불이 쇠를 녹이지 못하고 꺼져버린다. 음양이 치우치거나 조화가 이루어지지 않고 지나치거나 모자라는 것 모두가 안 좋다. 그것이 모두 환난의 원인이 된다. 즉 지나침과 모자람은 모두 불길하다. 위에서는 몇 가지만 예로 들었을 뿐, 오행의 생극제화와 그 조화는 무궁무진하다.

아래 좌측 그림은 오행 생극제화의 일반적 관계를 나타내었다. 원 둘레의 화살표로 상생의 순환을 그리고, 원 내부의 점선 화살표로 상극의 순환을 나타내었다. 우측 그림은 상생과 상극이 조화를 잃은 모습이다. 시계방향의 굵은 선으로는 상생이 지나쳐서 과하게 생하는 모습을 나타내고, 역방향의 가는 선은 생을 받는 오행(자식)이 너무 강해서 어머니의 기운을 지나치게 빼앗아가는 현상을 나타내었다. 마지막으로 원 내부의 점선은 극을 당하는 오행의 힘이 너무 강하여 오히려 극을 하는 오행을 깔보고 적절한 제재가 일어나지 않는 현상을 나타내었다.

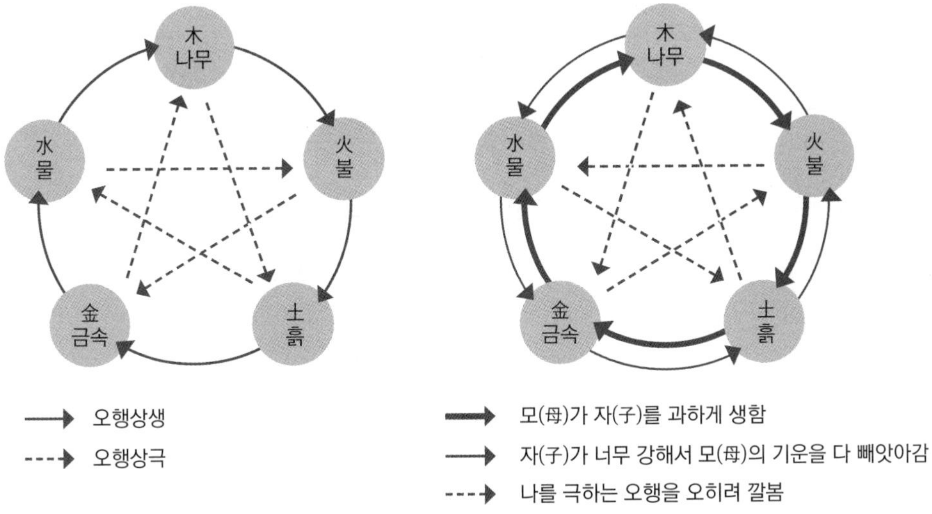

마지막으로, 오행의 형상으로 그 생극제화를 나타내었다. 이것을 풍수나 관상에 적용하여 사주명리와 풍수, 관상을 서로 융합하기도 한다. 예를 들어 이마 부분이 발달하고 턱이 갸름한 사람은 목형의 얼굴이고, 반대로 턱 부위가 발달한 사람은 화형의 얼굴이라는 것이다. 음식업에 종사하여 성공하였거나, 체육인으로 발전한 사람이 화형 관상의 좋은 사례이다. 화형인 사람은 목형인 사람의 원조가 있으면 더욱 발전할 수 있다. 목생화하기 때문이다. 풍수적으로는 목형인 사람, 또는 木 일간인 사람은 황토집에 살거나 흙을 밟으면 재물을 모을 수 있다는 것 또한 풍수와 명리의 융합이다. 火 일간인데 金을 유용하게 사용하여 대성한 사람이 포항제철 창업자 박태준 전 회장이다.

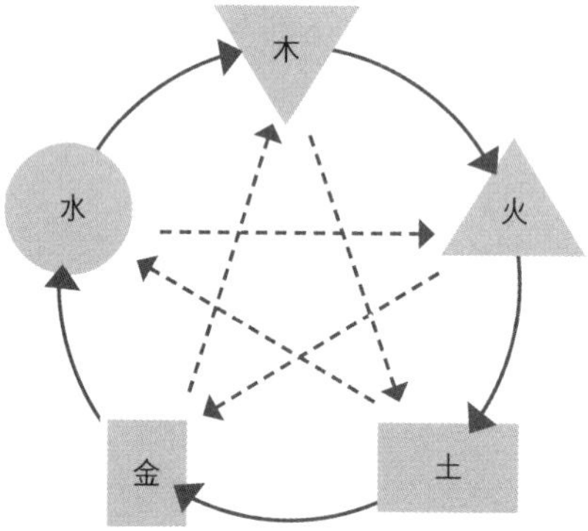

3. 오행의 생사

명리학은 사주팔자에서 일간과 월지의 음양오행을 먼저 밝히고, 다음으로 나머지 글자도 오행으로 파악하여 일간과의 상생과 상극의 관계를 읽는다. 그 생하는 순서로 사시사철을 보고 서로 도와서 번영하게 하고, 번영이 잦아들면 쇠약해지고 휴식하면서 거두어들이고, 죽어가는 순환이다. 이러한 개념을 1년 12개월의 12단계에 적용하여 사람의 운명을 읽고자 한 것이 십이운성 이론의 기초가 되었다.

『오행대의』는 「논생사소(論生死所)」에서 '오행은 본체가 서로 달라서 죽고 사는 곳이 같지 않으니 열두 달, 열두 시간을 두루 나왔다가 없어졌다 한다'고 하였다.

木은 申에서 기운을 받고[受氣] 酉에서 잉태하며[胎], 戌에서 양육[養]하고 亥에서 생(生)하며 子에서 목욕(沐浴)하고 丑에서 관대(冠帶)하며 寅에서 임관(臨官)하고 卯에서 왕성[王]하고 辰에서 쇠(衰)하고 巳에서 병들며 午에서 죽고[死] 未에서 매장[葬]한다.

火는 亥에서 기운을 받고[受氣] 子에서 잉태하며[胎], 丑에서 양육[養]하고 寅에서 생(生)하며 卯에서 목욕(沐浴)하고 辰에서 관대(冠帶)하며 巳에서 임관(臨官)하고 午에서 왕성[王]하고 未에서 쇠(衰)하고 申에서 병들며 酉에서 죽고[死] 戌에서 매장[葬]한다.

金은 寅에서 기운을 받고[受氣] 卯에서 잉태하며[胎], 辰에서 양육[養]하고 巳에서 생(生)하며 午에서 목욕(沐浴)하고 未에서 관대(冠帶)하며 申에서 임관(臨官)하고 酉에서 왕성[王]하고 戌에서 쇠(衰)하고 亥에서 병들며 子에서 죽고[死] 丑에서 매장[葬]한다.

水는 巳에서 기운을 받고[受氣] 午에서 잉태하며[胎], 未에서 양육[養]하고 申에서 생(生)하며 酉에서 목욕(沐浴)하고 戌에서 관대(冠帶)하며 亥에서 임관(臨官)하고 子에서 왕성[王]하고 丑에서 쇠(衰)하고 寅에서 병들며 卯에서 죽고[死] 辰에서 매장[葬]한다.

土는 亥에서 기운을 받고[受氣] 子에서 잉태하며[胎], 丑에서 양육[養]하고 寅에서 기행(奇行)하며 卯에서 생(生)하고 辰에서 목욕(沐浴)하고 巳에서 관대(冠帶)하며 午에서 임관(臨官)하고 未에서 왕성[王]하고 申에서 쇠(衰)하고 병들며 酉에서 죽고[死] 戌에서 매장[葬]한다.

• 오행 생사의 초기 사유

수기(受氣)	태(胎)	양(養)	생(生)	목욕(沐浴)	관대(冠帶)	임관(臨官)	왕(王)	쇠(衰)	병(病)	사(死)	장(葬)
기식(氣息)을 받음	태내(胎內)에 있음	양육됨	태어남	목욕함	의관을 갖춤	관리가 됨	번영함	쇠퇴함	병듦	죽음	매장

『오행대의』의 내용을 오행별로 열두 지지에 따라 정리하면 다음과 같다. 참고로 木火金水는 한 표에 정리하였고, 土의 생사는 따로 정리하였다.

오행	수기(受氣)	태(胎)	양(養)	생(生)	목욕(沐浴)	관대(冠帶)	임관(臨官)	왕(王)	쇠(衰)	병(病)	사(死)	장(葬)
木	申	酉	戌	亥	子	丑	寅	卯	辰	巳	午	未
火	亥	子	丑	寅	卯	辰	巳	午	未	申	酉	戌
金	寅	卯	辰	巳	午	未	申	酉	戌	亥	子	丑
水	巳	午	未	申	酉	戌	亥	子	丑	寅	卯	辰

오행	수기(受氣)	태(胎)	양(養)	기행(奇行)	생(生)	목욕(沐浴)	관대(冠帶)	임관(臨官)	왕(王)	쇠병(衰病)	사(死)	장(葬)
土	亥	子	丑	寅	卯	辰	巳	午	未	申	酉	戌 辰

土 오행을 다른 네 오행과 따로 정리한 이유가 있다. 다른 네 오행이 수기·태·양·생·목욕·관대·임관·왕·쇠·병·사·장의 순서로 출몰한다면, 土 오행은 수기·태·양·기행·생·목욕·관대·임관·왕·쇠병·사·장의 순서로 생 이전에 기행(奇行 : 기탁해서 행함)이라는 단계가 있고, 쇠와 병이 하나의 단계로 묶여 출몰하기 때문이다. 土는 火와 함께 亥에서 기식(氣息)을 받고 태내에서 양육되는데 기행 단계로 인해 생하는 글자가 달라졌고, 따라서 순차적으로 임관하고 왕하는 글자도 달라졌다. 火는 午에서 왕하고, 土는 未에서 왕한다. 쇠와 병을 한 단계로 묶었기 때문에 사(死)하는 자리는 동일하게 酉가 되었다. 그런데 『오행대의』는 이어서, 土를 戌에서 장사지내지 못하는 이유를 추가로 달아두었다.

戌은 火의 묘이니 火는 土의 어머니이고 어머니와 자식은 함께 장사지내지 못한다. 나아가 (다음에 오는 土 오행인) 丑에서 장사지내려 하니 丑은 金의 묘지이고 金은 土의 자식이니 또한 그 의리가 불합하여 물러나 (이전에 오는 土 오행인) 未로 돌아가려 한다. 未는 木의 묘지인데 목극토하니 두려워 감히 들어가지 못하여 辰으로 물러나 쉰다. 辰은 水의 묘지이고 水는 그 처가 되니 의리가 부합하여 비로소 辰에서 매장한다.

위와 같은 진행과 사유에 의해 土가 火와 함께 출몰할지(戌에서 매장), 水와 함께 출몰할지(辰에서 매장) 혼선을 낳는다. 이에 대해 소위화(邵偉華)는 『주역과 예측학(周易與豫測學)』에서 '土의 장생에 관해 土가 寅(火의 장생지)에서 장생한다는 사람도 있고 土가 申(水의 장생지)에서 장생한다는 사람도 있었는데 오랫동안 정해진 이론이 없었다. 실제에 근거하면 간지에서는 土가 寅에서 장생하고 괘와 효에서는 土가 申에서 장생한다고 하는 것이 더 정확하게 효험이 있다'고 하였다. 이 말은 명리학에서는 土를 火와 같이 장생하는 것으로 보고, 괘효에서는 土를 水와 같이 장생하는 것으로 본다는 뜻이다.

육치극도 『중국명리학사론』에서 '경방 이후로 『주역』의 괘는 水와 土가 동일한 행[수토동행(水土同行)]이라는 방식을 채택'했다고 하였다. 반면 '『오행대의』는 화토동행(火土同行)을 기본적으로 채택'하였는데, 이것은 중대한 변화였다. 수토동행인 경우 土의 묘지만은 水와 土가 동일한 묘지[수토동묘(水土同墓)]가 되기 때문이다. 『옥조정진경(玉照定眞經)』과 『낙록자삼명소식부(珞琭子三命消息賦)』도 수토동묘(水土同墓)의 방식을 고수하였는데, 이후 화토동행의 방식이 완성된 시기는 대체로 남송 시기로 본다. 육치극은 '수토동행은 중앙의 土가 북방의 水에 더 의지한다'는 의미이고, '화토동행은 중앙의 土가 남방의 火에 더 의지한다'는 의미인데, 화토동행으로의 변화는 중심이 남쪽으로 이동하는 추세를 뜻한다고 말하였다. 이것은 중국의 자연생태적 환경의 변화를 나타낸 것이다. 아래 인용은 『중국명리학사론』「사시오행의 활용」에서 가져온 내용이다.

이는 중국에서 자연의 생태적 유형을 조정했음을 나타낸다. 즉 중국 땅의 지리적 위치가 이미 진한시대에 하남성의 낙양이라는 옛 도시를 중심으로 하던 지역(북위 35도 좌우)으로부터 남쪽으로 이동한 것이다. 어떤 사람은 고대 중국의 자연생태의 중심적 위치가 황하의 중하류 유역에서 남방의 장강 유역으로 바뀌어간 것이라고 말한다. 동시에 기후 유형이 원래의 봄-여름-장하-가을-겨울에서 봄-여름-가을-겨울의 사계절을 평균적으로 배치한 유형으로 변화하였다. 그리고 土는 각 사계절의 끝에 18일씩 배치되었다.

위에서 말한 오행의 생왕병사는 수기·태·양·생·목욕·관대·임관·왕·쇠·병·사·장에서 이후 장생(생)·목욕(욕)·관대(대)·건록(록)·제왕(왕)·쇠·병·사·묘·절·태·양의 12궁으로 배합되는데, 명리학에서는 이를 십이운성이라 한다. 그 의미는 아래와 같으며, 일간과 그 주변 오행의 다양한 관계망이 처한 상황을 읽는 단서를 제공한다.

• 십이운성

장생	갓난아이의 출생	**병**	쇠하여 병을 얻는 것
목욕	출생한 이후 목욕하는 유아의 단계	**사**	병들어 죽는 것
관대	사람이 자라나 사모관대를 하는 것	**묘**	죽어서 매장하는 것
건록	장성하여 관직에 나아감	**절**	이승의 기가 끊어지는 것
제왕	체력과 지력이 가장 왕성한 때	**태**	다음의 기를 다시 잉태하는 것
쇠	왕성함이 극에 이르러 쇠퇴하기 시작하는 것	**양**	어머니 뱃속에서 태아로 자라는 것

한편 왕상휴수사(旺相休囚死) 역시 오행이 자연환경의 변화와 여건에 따라 태어나고 자라나 번영하고 쇠락하여 죽고 사라지는 것으로, 월령 즉 태어난 계절에 따라 때[時]의 힘을 얻었는지를 본다. 왕은 王 또는 旺으로 쓴다.

• **왕상휴수사**

	의미	오행 생극	木 일간의 예
왕(旺)	때의 기운이 가장 왕성한 것	같은 오행	봄철 木 일간
상(相)	장차 왕성해질 것	일간을 생하는 계절	겨울철(水) 木 일간
휴(休)	왕성한 기운이 이미 지나 휴식의 단계	일간이 생하는 계절	여름철(火) 木 일간
수(囚)	곤란한 상태. 스스로 주관하지 못하고 힘을 발휘하지 못하는 것	일간이 극하는 계절	계(季), 간절기(土) 木 일간
사(死)	가장 약하여 역량을 완전히 상실한 것	일간을 극하는 계절	가을철(金) 木 일간

계(季)는 춘하추동 사계절의 마지막 18일을 말한다. 각각 입춘, 입하, 입추, 입동 절입 이전 18일로 土 오행이 담당하는 시기이다. 이것을 표로 나타내면 다음과 같다.

봄		여름		가을		겨울	
입춘·2·3월		입하·5·6월		입추·8·9월		입동·11·12월	
木	土	火	土	金	土	水	土
72	18	72	18	72	18	72	18

그 내용을 『오행대의』는 「논사시휴왕(論四時休王)」에서 다음과 같이 쓰고 있다.

봄은 木이 왕하고 火가 상하며 水가 휴하고 金이 수하며 土가 사한다. 여름은 火가 왕하고 土가 상하며 木이 휴하고 水가 수하며 金이 사한다. 가을은 金이 왕하고 水가 상하며 土가 휴하고 火가 수하며 木이 사한다. 겨울은 水가 왕하고 木이 상하며 金이 휴하고 土가 수하며 火가 사한다.

• 오행의 왕상휴수사

	춘(木)	하(火)	사계(土)	추(金)	동(水)
木	왕(王)	휴(休)	수(囚)	사(死)	상(相)
火	상(相)	왕(王)	휴(休)	수(囚)	사(死)
土	사(死)	상(相)	왕(王)	휴(休)	수(囚)
金	수(囚)	사(死)	상(相)	왕(王)	휴(休)
水	휴(休)	수(囚)	사(死)	상(相)	왕(王)

위의 도표는 음양과 오행의 왕(旺 : 왕성함, 번영)·상(相 : 도움)·휴(休 : 쉼)·수(囚 : 가둠)·사(死 : 죽음)로 운명을 논하는 중요 근거가 되었다. 우주 만물과 그 안에서 벌어지는 각종 현상은 인간의 생명과 사업의 발전과 변화를 포괄하며, 이 다섯 종류의 다양한 물질과 생태의 속성이 끊임없이 운동하고 서로 작용하는 결과임을 함축하고 있다. 앞으로 십천간과 십이지지의 음양과 오행을 알고 계절과 방위에 각각 배속하여 읽는 연습을 단계별로 해나가야 할 것이다.

4. 오행과 사시·사방

또한 오행을 사방에 배속하여 동서남북의 방위를 읽는데, 사시와 사방을 조합하여 전체 글자를 해석하는 것이 오행과 사주팔자의 해석이다. 북쪽에서 음이 극단에 이르면 차가움을 낳고, 추운 것이 水를 낳는다. 남쪽에서 양이 극단에 이르면 열을 낳고 열은 火를 낳는다. 동쪽에서는 양이 흩어짐으로써 누설되어 바람을 낳고, 바람은 木을 낳는다. 서쪽에서는 음이 멈추니 그럼으로써 거두어들여 마름을 낳고, 마름은 金을 낳는다. 중앙에서는 음과 양이 교차하여 따뜻함을 낳는다. 따뜻함이 土를 낳는다. 서로가 낳고 낳으니 그러므로 서로 의지하고, 또 서로 이기니 그러므로 서로를 억제한다. 이것이 음양과 오행의 상호관계이고 이로 인하여 우주의 질서가 있다고 말한다.

오행으로써 춘하추동의 명칭을 대신하고 동서남북의 방위를 배합하니 모든 것은 하늘과 자연으로부터 나온다. 지지로 말하면, 북방의 亥·子·丑은 겨울이고, 동방의 寅·卯·辰은 봄의 계절이고, 남방의 巳·午·未는 여름이고, 서방의 申·酉·戌은 가을의 계절이다. 겨울에 음의 찬 기운이 水이고, 여름에 양의 열기가 火이다. 봄의 계절에 양이 화합(번창)하여 흩어져 누설하는 것이 木이고, 가을에 추위가 엄중하여 거두어 간직하는 것이 金이다. 土는 어느 한 곳에 포함되지 않았으니 중앙에 머물러서 네 모서리에 의거한다. 네 모퉁이는 팔괘로 말하면 간(艮 : 丑寅), 손(巽 : 辰巳), 곤(坤 : 未申), 건(乾 : 戌亥)인데, 네 계절이 서로 벗어나는 관계이다.

이상의 내용은 앞으로 천간과 지지를 학습하면서 방위와 계절을 도표로 나타내고 각각에 천간과 지지를 배속시켜서 반복적으로 학습해야 한다. 음양에서 오행이 생겨나고 오행에서 천간으로, 또 천간에서 십이지지로 각 계절과 방위를 연결한 것이 우주와 자연의 질서이고 그 변화과정이다. 그것으로 사람의 운명을 읽는 것이 사주명리학의 주요 사유방식이다.

5. 명리서의 오행 언급

중국 민국시대[주56] 명리학자 서락오는 "명리를 연구하는데 제일 먼저 반드시 오행이 어떠한 것인지를 밝혀야 한다[연구명리(研究命理), 수수명오행지위하물(首須明五行之爲何物)]" 하고, "오행은 춘하추동의 기후가 천지 사이에서 변화하고 끊임없이 순환하는 것을 말하므로 행(行)이라 한다[오행자(五行者), 춘하추동지기후야(春夏秋冬之氣候也), 유행우천지지간(流行于天地之間), 순환부단(循環不斷), 고위지행(故謂之行)]"고 하였다. 『궁통보감』도 오행을 중시하여 첫 장을 「오행총론(五行總論)」으로 시작하고 "오행이란, 본성이 천지의 관계에 근본하여 끊임이 없는 것이다. 그러므로 그것을 일러 행이라 한다[오행자(五行者), 성본호천지지간이불궁자야(性本乎天地之間而不窮者也), 시고위지행(是故謂之行)]"고 하였다. 『궁통보감』과 서락오 평주를 해석한 방성죽

[주]56 민국시대 : 1911년 신해혁명으로 청이 무너지고 중화민국이 지배한 시기.

(方成竹)은 『궁통보감』에서 먼저 오행을 말하고 나서 음양을 말하는 것은 『궁통보감』이 오행의 상생상극으로써 변화하는 것을 중요시하기 때문이라 말하고, 왕상휴수사로 명을 논하는 중요한 근거로서 음양을 오행에 의거한 것이라 하였다.

『자평진전』 제1장 「논간지(論干支)」는 음양과 오행의 발생을 논하며 다음과 같이 시작한다.

천지의 사이는 하나의 기(氣)일 뿐이다. 다만 움직임[동(動)]과 고요함[정(靜)]이 있어서, 마침내 음양(陰陽)으로 구분된다. (음양은) 노소(老少)가 있고, 마침내 사상(四象)으로 분화된다. 노(老)라는 것은 동(動)이 극에 이르고, 정(靜)이 극에 이른 때이고, 그중 동(動)이 극에 이른 것을 태양(太陽)이라 하고, 정이 극에 이른 것을 태음(太陰)이라 한다. 소(少)란 동(動)이 시작하고, 정(靜)이 시작할 즈음이고, 그중 동(動)이 시작하는 것을 소양(少陽), 정(靜)이 시작하는 것을 소음(少陰)이라 부른다. 그러한 사상(四象 : 태양, 태음, 소양, 소음)이 있고, 그중에 오행이 갖추어져 있다. 水는 태음(太陰), 火는 태양(太陽), 木은 소양(少陽), 金은 소음(少陰)이다. 土는 음과 양, 노와 소, 木火金水의 충기(沖氣)가 응결된 것이다.

위의 인용문은 태극에서 고요함과 움직임이 있어서 음양으로 나뉘고, 음양의 노소에서 사상으로 분화되며 사상에서 오행이 만들어져가는 과정을 설명하고 있다. 사주명리를 설명하는 기초 이론체계 중 태극, 음양, 사상, 오행의 분파과정을 설명하는 주요 문장이다. 『적천수』의 문장은 앞에서 이미 소개하였으므로 이곳에는 적지 않았는데, 학습자들은 『자평진전』, 『궁통보감』, 『적천수』 이 세 명리서가 어떤 문장으로 음양과 오행, 나아가 천간과 지지를 설명하는지 주요 공통점과 표현의 차이점을 감지해야 한다.

마지막으로 서락오가 『궁통보감』의 논목(論木), 논화(論火), 논토(論土), 논금(論金), 논수(論水)에서 발췌하여 『자평진전평주』에서 「부론사시오행의기(附論四時五行宜忌)」로 요약하였는데, 춘하추동 사시에 따라 오행의 생극 위주로 설명한 내용이다.

• 木의 희기

춘	아직 한기(寒氣)가 남아 있어서 火가 따뜻하게 해주기를 반기는데, 그러면 반굴(盤屈:나무가 얼크러지고 굽는 것)의 우려가 없어진다. 水의 도움을 빌리면 화락하게 펼쳐지는[서창(舒暢)] 아름다움이 있다. 초봄에는 水가 성(盛)하면 마땅치 않고, 음(陰)이 짙고 습함이 많으면 뿌리가 손상되고 가지가 마른다. 또 水가 없어서는 안 되는데, 양기(陽氣)가 조열하면 뿌리가 마르고 잎이 시든다. 모름지기 水火가 기제(既濟:서로 구제)되어야 비로소 아름답다. 土가 많으면 힘이 손실되고 土가 희박[박(薄)]하면 재물이 풍부하다. 꺼리는 것은 金을 중첩하여 만나는 것인데, 극벌(剋伐)되고 손상되기 때문이다. 그러나 木이 왕하면 金을 얻는 것이 좋다.
하	여름의 木은 뿌리가 마르고 잎이 시들어서 水의 성(盛)함을 얻어 자윤(滋潤)하는 공(功)을 이루고자 하지만, 火가 왕하여 스스로 타버리게[자분(自焚)] 되는 우환(憂患)을 절대 꺼린다. 土는 희박[박(薄)]하게 있어야 마땅하고 두텁고 중첩되면 안 되는데, 많으면 도리어 재앙과 허물이 된다. 金이 많은 것을 꺼리는데 흠결이 있어서도 안 되니, 흠결이 있으면 깎고 다듬을 수가 없다. 겹겹이 아름다운 木이라도 한갓 숲을 이룬 것일 뿐이고, 중첩하여 꽃을 피워도 끝내 열매를 맺지 못하기 때문이다.
추	가을의 木은 기가 점점 시들고 쇠잔해진다. 초추(初秋:초가을)에는 화기(火氣)가 아직 남아 있어 오히려 水와 土로 서로 자양해주는 것을 좋아한다. 중추(中秋)에는 과일이 이미 결실을 이루어서 강한 金으로 다듬어주기를 원한다. 상강(霜降) 후에는 水가 성(盛)하면 마땅치 않은데, 水가 성(水盛)하면 木이 표류하기 때문이다. 한로(寒露) 후에는 다시 火의 열기를 좋아하는데, 화염(火炎)은 木을 실(實)하게 한다. 木이 성(盛)하면 다재(多材:재목의 역량)한 아름다움은 있으나 土가 두터우면 재물을 감당할 능력이 없다.
동	겨울의 木은 얼크러지고 굽혀지는 처지여서 土가 많아 배양해주기를 바라는데, 水가 성(盛)해서 형체를 잃어버리게 되는 것을 싫어한다. 金이 설령 많아서 극벌(剋伐) 당해도 해가 없다. 火를 거듭 보면 온기를 불어주는 공이 있다. 뿌리로 돌아가는 명에 따르는 때이니, 木의 병을 어찌 보필하여 돕겠는가? 모름지기 사절(死絕)된 곳을 꺼리는데, 다만 생왕(生旺)한 곳이 마땅하다.

• 火의 희기

춘	봄의 火는 모(木)가 왕(旺)하고 자(火)가 상(相)에 해당하니* 두 세력이 나란히 행한다. 木이 생해주고 도와주는 것[생부(生扶)]을 반기지만 지나치게 왕하면 마땅치 않다. 왕하면 화염(火炎)이 치오르기 때문이다. (이때) 水가 구제해주기를 바라지만 水가 너무 많아도 마땅치 않은데, 많으면 火가 소멸하기 때문이다. 土가 많으면 빛이 어두워지고 火가 성하면 조열해진다. 金을 보면 공을 베풀 수 있는데, 설령 金 재성을 거듭 보더라도 부(富)를 이룬다.

하	여름의 火는 왕한 기를 타고 권세를 잡는다. 水의 제어를 만나면 스스로 불타서 소멸되는[자분(自焚)] 허물을 면하고, 木의 생조를 만나면 반드시 요절하는 우환을 초래한다. 金을 만나면 반드시 훌륭한 기물을 만들고, 土를 얻으면 마침내 가색(稼穡 : 씨를 뿌리고 거두어들이는 것)을 이룬다. 金土가 비록 유리하더라도 水가 없으면 金은 조열하고 土는 타들어가는데, 재차 木의 생조가 더해지면 반드시 위태로운 형세다.
추	가을의 火는 체성(體性)이 휴식(休息)할 때이다. 木의 생을 얻으면 빛을 회복하는 경사가 있지만, 水의 극을 만나면 손상되거나 소멸되는 재앙을 면하기 어렵다. 土가 중하면 그 빛을 가리고 꺼지게 하고, 金이 많으면 그 세력을 손상시킨다. 火가 木을 만나서 빛나는데, 설령 중첩되게 만나도 유리하다.
동	겨울의 火는 형체(形體)가 끊어지고 없어진다[사절(死絶의 시기]. 木이 생하여 구제해주기를 반기는데, 水의 극을 만나면 재앙이 된다. 土가 水를 제어하여 광영(光榮)하기를 바라고, 火 비겁이 있어 편들면 유리하다. 金을 보면 감당하기 어려운 것이 재성인데, 金이 없으면 고난을 겪지 않는다.

* 왕상휴수사를 참고한다.

• 土의 희기

춘	봄의 土는 그 기세가 외롭고 비어[고허(孤虛)] 있다. 火가 생해주고 도와주는[생부(生扶)] 것을 반기고, 木이 태과(太過)한 것을 싫어한다. 水가 범람(泛濫)하는 것을 꺼리고 土 비겁의 도움을 좋아한다. 金을 얻어 木을 제어하면 길하나 金이 많으면 土 기운을 빼앗긴다.
하	여름의 土는 그 기세가 조열(燥烈)하다. 水를 얻으면 자윤(滋潤)하여 공을 이루고, 火로 구워져서[하련(煆煉)] 그을려 갈라지는 것을 꺼린다. 木이 火를 도와 화염이 치열하면 생극으로 취할 수 없고, 金이 水를 생하여 물을 뿌려주면 처와 재물에 유리하다. 비겁이 도우면 막히고 통하지 못하는데, 만일 태과하면 또한 木으로 극제해야 한다.
추	가을의 土는 자(金)가 왕하고 모(火)는 쇠하다. 金이 많으면 그 기운이 설기되고, 木이 성하여 제복(制伏)하면 청해진다. 火가 거듭되면 싫어하지 않으나 水가 범람하면 길하지 못하다. 비견을 얻으면 힘이 되지만, 상강(霜降)에 이르면 비겁이 없어도 괜찮다.
동	겨울의 土는 겉으로는 차고 안으로는 따뜻하다. 水가 왕하면 재물이 풍부하고, 金이 많으면 자식이 뛰어나게 된다. 火가 성하면 영화(榮華)가 있고 木이 많으면 허물이 없다. 재차 비겁이 더해지면 아름답고, 다시 좋은 것은 스스로 강하면 장수한다는 것이다.

• 金의 희기

춘	봄의 金은 남은 찬 기운이 아직 다하지 않아서 귀하게 되려면 화기(火氣)가 성해야 한다. 체성이 유약하니, 두터운 土를 얻어 보필하는 것이 마땅하다. 水가 성하면 한기(寒氣)를 증가시키니, 金의 예리한 기세를 상실한다. 木이 왕하면 그 힘을 감소하니, 물러지고 둔해지는 위험이 있다. 金 비겁이 와서 돕고 지탱해주면 가장 묘(妙)한데, 비겁이 있는데도 火가 없으면 비겁의 무리를 잃게 된 것과 같아서 좋은 것이 아니다.
하	여름의 金은 더욱 유약하여 형질을 제대로 갖추지 못하니, 다시 사절(死絕)된 곳을 싫어한다. 火가 많은 것을 싫어하지 않으나 水가 적셔주면 길함이 드러난다. 木을 보면 살[귀(鬼)]을 도와 일간에 상처를 주지만, 金의 도움을 만나면 좋은 기상을 보존할 수 있다. 土가 박하면 가장 유용하지만 土가 두터우면 매몰되어 빛이 없어진다.
추	가을의 金은 득령(得令)하여 권세를 담당한다. 火가 와서 단련(煅煉)하면 마침내 종정(鍾鼎 : 종과 솥)의 재질을 이룬다. 土가 많아 배양하면 도리어 기가 완고하고 탁해진다. 水를 보면 정신(精神)이 더욱더 빼어나고, 木을 만나면 깎고 다듬는 위엄을 펼친다. 金이 도우면 더욱 강해지고 지나치게 강하면 부러진다. 기(氣)가 중하면 더욱 왕해지고 왕함이 극에 달하면 쇠해진다.
동	겨울의 金은 형(形)과 성(性)이 한랭하다. 木이 많으면 도끼와 끌로 깎고 다듬는 공을 펼치기가 어렵고, 水가 성하면 침잠(沈潛 : 가라앉음)하는 우환을 면하기 어렵다. 土가 水를 제지하면 金의 체성은 한랭하지 않다. 火가 와서 土를 생하면 자모(子母 : 水土)가 공을 이룬다. 비견이 기를 모아 서로 돕는 것을 좋아하고, 관인(官印 : 火土)이 따뜻하게 배양하여 이로워지고자 한다.

• 水의 희기

춘	봄의 水는 성질이 범람하고 도도하며 음란하다. 재차 水의 생조를 만나면 반드시 제방을 붕괴하려는 기세가 있다. 만약 土가 더욱 왕성해지면 넘쳐흐르는[범창(泛漲)] 우환이 없다. 金이 생해주고 도와주는 것[생부(生扶)]을 좋아하는데 金이 왕성하면 마땅치 않다. 火의 기제(既濟)를 바라지만 火가 염열(炎熱)하면 마땅치 않다. 木을 보면 기제의 공을 펼칠 수 있으나 土가 없으면 곧 산만해질 우려가 있다.
하	여름의 水는 성질이 근원으로 돌아가려고 하는데, 때가 물이 고갈되는 즈음이라서 비견의 도움을 얻고자 한다. 金이 생조해주기를 좋아하며, 火가 왕하여 너무 염열(炎熱)하는 것을 꺼린다. 木이 성하면 그 기를 설하고 土가 왕하면 그 흐름을 제지한다.
추	가을의 水는 모(金)가 왕(旺)하고 자(水)가 상(相)에 해당한다. 金의 도움을 얻으면 청하고 순하며, 土가 왕하면 혼탁하다. 火가 많으면 재물이 풍성하고 木이 중하면 영화롭다. 중첩되게 水를 보면 범람(泛監)하는 우환이 증대되나 중첩되게 土를 보면 비로소 평화로움을 얻는다.

동	겨울의 水는 사령(司令)하여 권세를 담당한다. 火를 만나면 따뜻하게 하여 추위를 제거하고 土를 보면 감추어 돌아가 화합한다. 金이 많으면 도리어 화합하려는 뜻이 없음에 이르고, 木이 성하면 바로 유정(有情)하다고 한다. 水의 흐름이 범람(泛濫)하면 土의 제방(堤防)에 의지하나 土가 중하여 고항(高亢 : 높고 두터움)하면 오히려 수레바퀴 자국에 고인 적은 물을 이룬다.*

* 원문의 학철(涸轍)은 수레바퀴 자국에 고인 마른 물을 뜻한다. 관련 용어로 학철부어(涸轍鮒魚)가 있으며 '수레바퀴 자국에 고인 물에 있는 붕어'란 의미이다.

사주 사례

가상의 사주

시	일	월	연
庚	戊	己	甲
申	戌	酉	辰

앞에서 음양으로 사주를 보는 연습을 한 바 있다. 이번에는 위와 같은 사주를 오행으로 분석한다고 생각해 보자. 오행을 오색으로 분류하면 木은 녹색, 火는 적색, 土는 황색, 金은 백색, 水는 흑색이다. 사주팔자 중에서 사주 주인, 즉 명주(命主)는 태어난 날의 천간 글자이다. 그것을 일간이라 부른다. 위의 사주에서 일간은 戊土이다. 즉 이 사주의 주인은 土 오행의 성향으로 태어났다고 보면 된다.

일간 戊土는 같은 기둥에 土 오행을 깔고 앉아 있고, 태어난 달의 천간(월간)에도 己土를 얻었다. 그런데 월지와 태어난 시간의 시주에 金 오행이 뚜렷하고 전반적으로 金 기운이 강해지는 추세이다. 이 사주는 연주의 木 오행이 생함을 받지 못하고 오히려 金에 의해 심하게 극을 받는 형국이다. 甲辰이라는 연주의 육십갑자는 신살로 백호살에 해당한다.

다음에 천간과 지지를 배우고 그 상호작용을 학습하면서 일간에 대비하여 나머지 오행으로 가족관계나 사회적 관계를 해석하는 것을 배울 것이다. 그렇다면 위와 같은 사주에서는 특히 木 오행과 관련된 인생사를 읽을 필요가 있다.

2

간지론

천간과 지지

천간론 / 지지론 / 통근과 투출

만세력과 사주명식

만세력 / 사주명식

CHAPTER 1

천간과 지지

01

천간론

하늘을 유행하는 순수 무형의 기운

1 천간과 지지의 생성

십천간과 십이지지의 개별 의미를 공부하기 전에 먼저 간지가 어떻게 만들어졌는지를 알아보자. 글자를 보면 천간(天干)의 干(방패 간)은 幹(주관할 간, 줄기 간)에서 유래하였고, 지지(地支)의 支(가를 지, 가지 지, 지탱할 지)는 枝(가지 지)에서 유래하였다.[주1] 『오행대의』「논지간명(論支干名)」에 '幹'의 의미 세 가지가 나오는데, 첫 번째가 주관할 간(幹), 두 번째가 줄기 간(榦), 세 번째가 방패 간(干)이라 하였다.[주2] 첫 번째

[주1] 『백호통』(79)에 '甲乙은 간(幹)이고 子丑은 지(枝)'라 하였고, 왕충(27~104)도 『논형(論衡)』에서 '甲乙에는 간지(幹枝)가 있다'고 하였다.

[주2] 名支幹者 幹字乃有三種不同 一作幹 二作榦 三作干字.

주관할 간(榦)은 가지 지(支)와 같이 쓰여, 하나는 주관하고[榦] 하나는 나누어 맡아서 [支] 모든 일을 주관하여 처리한다는 뜻이고, 두 번째 줄기 간(幹)은 가지[支]와 줄기 [幹]가 배합되어 하나의 나무를 이룬다는 뜻으로 쓰였다. 방패 간(干)으로 천간 간을 쓴 것은 대나무 줄기처럼 곧게 뻗어 뚜렷하게 나타낸다는 뜻이다. 정확하게는 장대 간(竿)이지만 간략하게 썼다고도 말한다. 이 외에도 명리 고전에서 예전 글자가 간소화되었거나 변화한 글자가 혼용된 경우가 많으니 그때그때 출처나 다양한 의미의 사용을 참조하면 되겠다.

천간과 지지의 영어 표현 역시 아래와 같이 각각 줄기와 가지라는 의미가 있다. 영어로 담백하게 번역된 표현이라 참고삼아 소개한다. 하늘과 땅, 천지에 대한 영어 표현도 출처에 따라 각각 heavenly와 earthly 대신에 celestial(하늘의, 천상의)과 terrestrial(지구의, 지생의) 등으로 나타내기도 한다.

- 천간의 간(干) : heavenly stems(하늘의 줄기)
- 지지의 지(支) : earthly branches(땅의 가지)

천간과 지지는 고대인들이 천간으로 해[일(日)]를 기록하고, 지지로 달[월(月)]을 기록하였다는 데서 유래한다. 매일을 계산하기 위해서는 하루에 한 번씩 해가 뜨고 지는 것을 기준으로 삼았고, 그것을 일천(一天)이라 하고 천간(天干)이 되었다. 지지로는 달이 가득차고 이지러지는 것을 나타내었는데, 한 번 차고 한 번 기우는 것으로 한 달을 삼고 1년이 12달이니 십이지지가 되었다. 음양으로 보면 해는 양이고 달은 음이다. 그리고 하늘은 양이고 땅은 음이다. 『황극경세(皇極經世)』[주3]에 '십간은 하늘이다. … 십이지는 땅이다. 간과 지를 서로 조합하니 천지의 쓰임이다'라 하였다.

간지의 기원에 대한 초기 자료로 기원전 239년 진시황 시대 여불위(呂不韋)가 집필

[주3] 『황극경세(皇極經世)』는 북송시대 소옹(시호 : 소강절)의 저서로 『주역』에 의거하여 수리철학으로 작성된 책이다.

한 『여씨춘추』, 수나라 소길(蕭吉)이 쓴 『오행대의』 중 「논지간명(論支干名)」, 『후한서』 「율력지」 등이 있다. 먼저 『후한서』 「율력지」에 대요설(大撓說)이 나오는데, 4,600여 년 전 황제 헌원(軒轅)씨[주4] 시대에 대요(大撓)가 간지를 만들었다는 주장이다.

대요씨가 오행의 실정을 파악하고 북두자루가 서 있는 방향을 관찰하여 甲乙로 시작하여 해[일(日)]에 이름을 붙이니 이를 간(干)이라 하고, 子丑으로 시작하여 달[월(月)]의 이름을 붙이니 이를 지(支)라고 하였다. 이렇게 간지가 서로 배합하여 60일이 이루어졌다.[주5]

은대에 간지로 날짜를 표시한 것은 갑골문자로 증명이 되었으니 그 역사가 3천여 년이라는 것을 알 수 있다. 위에서 설명한 대로 천간으로 해[日]에 이름을 붙이고 지지로 달[月]에 이름을 붙인 것이 천간과 지지가 되었고, 천간과 지지를 배합하여 60일이 되었다. 대요씨가 오행의 실정으로 북두자루를 관찰한 것이 천간과 지지가 되었고, 그것으로 날을 기록하였다는 것을 알 수 있다.

다음으로 천황씨설(天皇氏說)이 있다. 천황씨가 반고(盤古)씨(중국의 세계창조 신화에 등장하는 거인)의 뒤를 이어 세상을 다스리면서 간지라는 이름을 만들어 쓰기 시작하였고, 그로써 목성의 소재를 정하였다는 설이다. 이와 관련된 자료는 『역조통감잡론(曆朝通鑑雜論)』에 나온다.

세 번째는 복희씨설(伏羲氏說)이다. 복희씨가 갑력(甲曆)을 만들고 세시(歲時)를 정하여 甲寅에서 시작하였고, 支와 干을 서로 배합하여 십이진(十二辰)을 만들고, 육갑(六甲)에 천도(天道)를 일주하게 하여 때를 기록하니 연(年)이 혼란스럽지 않고, 달을 기록하니 시(時)가 바뀌지 않고, 날을 기록하니 사람이 그 도(度)를 알았다고 한다. 이에 대한 자료는 『고궁계간(故宮季刊)』 제14권 2기를 참조하였다.

[주4] 헌원(軒轅)은 중국 고대 오제(五帝) 중 한 사람으로 황제의 다른 이름이다. 치우 등 포악한 제후를 정벌하고 신농씨를 이어 제위에 올랐다고 전해진다.

[주5] 『오행대의』 「논지간명(論支干名)」에도 위의 인용문과 같은 내용이 있는데 채옹(蔡邕)의 『월령장구(月令章句)』를 빌려서 말하고 있다. 『월령장구』는 현재 전해지지 않는다.

고대에는 십이지를 십이진(十二辰)이라 불렀는데, 고대천문학의 천구 분할에 따라 동에서 서로, 시계방향으로 12분할한 것을 말한다. 1진(辰)은 한 달을 의미하고 1진씩 움직여 순환하면 다시 제자리로 돌아온다. 辰은 태양과 달의 황경이 일치할 때를 일컫고 현대의 삭(朔 : 음력 초하루)을 뜻하는 글자이다. 이때 '신'이라 읽기도 한다. 북두칠성의 자루가 정월에는 寅방, 2월에는 卯방, 3월에는 辰방을 가리키고, … 춘분·하지·추분·동지에는 각각 정동·정남·정서·정북을 가리켰다. 즉 북두칠성의 자루가 가리키는 방향이 12달의 십이지지가 된 것으로, 각 분할의 한 달 한 달에 子丑寅卯辰巳午未申酉戌亥 십이지지의 글자를 배합하였다.

그밖에 황제설(黃帝說)이 있는데, 다양한 기원설 모두에 전설적 인물이 등장한다는 점에서 역사적 확인은 힘들고, 단지 상나라 시기에 보편적으로 사용되었다는 점은 공통된 의견이다.

1. 간지와 갑골문

갑골문이라는 말이 나오면 은허라는 문헌적 고증과 관련된다. 중국 고대역법의 하나인 은력(殷曆)의 갑자(甲子)표는 상나라 시기에 국가의 큰일이나 왕실의 다양한 일에 대해 귀갑(龜甲)을 이용하여 점을 쳤는데, 점친 내용이 갑골문이고 점친 날짜를 간지를 배합하여 표시한 것이 초기 달력이 되었다. 이 책의 앞에서 명리학의 학문적 기원과 관련해 귀복점을 설명할 때, 거북의 뱃가죽이나 짐승의 뼈를 불에 구워서 나타나는 갈라진 무늬를 복(卜)이라 하고, 그 조짐을 읽어서 사람 일의 길흉을 추단하는 것을 귀복점이라 하였으며, 그 증거가 은허에서 출토된 갑골문이라 하였다.

상나라 사람들은 태양이 10개 있어 각각 갑(甲), 을(乙), 병(丙), 정(丁), 무(戊), 기(己), 경(庚), 신(辛), 임(壬), 계(癸)인데, 그것들이 교체되어 10일마다 한 번씩 돈다고 생각하였다. 이들이 하늘에 한 번씩 떠오르는 주기인 10일을 순(旬)이라고 하였고, 또 십이지를 사용하여 하루, 10일, 한 달, 1년 단위로 날짜를 구분해 산정하는 역법(曆法)의 체계가 어느 정도 완성되어 사용되었다. 이는 곧 상나라 시기에 이미 십간과 십이

지지로 만든 간지표로 날짜를 계산한 달력을 사용했다는 증거가 된다.

점을 친 관리를 사관(史官)이라 하였고, 사관이 점을 친 날짜를 간지로 표기하고 그 내용을 적은 것이 갑골문이다. 지금 시대에도 일기를 쓸 때는 날짜를 맨 먼저 적고, 다음으로 그날 있었던 일들을 적는다. 그런데 그것말고 또 어떤 것을 적는가? 요즘은 어떤지 모르겠지만, 예전에는 소소한 하루의 기록에도 날씨를 빠뜨리지 않고 꼭 적었다. 사실 '오늘의 날씨'는 모든 신문과 뉴스에 빠질 수 없는 중요한 정보이다. 지금과 같은 최첨단 과학시대에도 사람들은 '오늘의 날씨'를 확인하고 그날의 일정과 그에 따른 계획을 세우며, '오늘의 날씨'에 따라 만날 사람과 의상 등을 결정한다. 그런데 오늘날 슈퍼컴퓨터의 성능이 아무리 뛰어나도 기상청 날씨예보는 조금씩 오류를 낸다. 생사가 날씨에 좌우되고, 그래서 날씨를 알기 위해 점을 쳤고, 육십갑자로 나타내어 그 내용을 하루하루 기록한 고대인들의 심정이 이해되는 이유이다.

아래 왼쪽 사진은 갑골에 새겨진 점친 문장이고, 오른쪽은 그 문장의 뜻이 '오늘 비가 올까요'라는 점사임을 나타내는 탁본이다. 점을 칠 때 '정(貞)'으로 문장을 시작한다는 것을 알 수 있다. '貞'은 '신성한 점을 친다(divine)'라는 뜻이다.

※ 출처: 위키피디아, 「갑골문」, https://en.wikipedia.org/wiki/Oracle_bone_script

고대에 귀갑점은 국가의 대사나 왕실의 중요한 일들에 대해 물었는데, 당시 중요한 일은 전쟁이나 제사, 왕실의 결혼 등이었고, 그 다음은 날씨였다. 전쟁과 같은 물리적 사건 외에도 농사 결과는 한 나라 전 국민의 생사를 결정하는 주요 대사였기에 날씨를 통해 한 해 농사를 미리 판단해야 했다. 또 한 가지 특징적인 것은, 상나라 왕의 이름에는 반드시 천간 글자 중 하나를 사용하였다는 점이다.

아래는 사마천의 『사기』 「천관서」를 참고하여 당시 점으로 물었던 내용을 많이 물었던 순서로 정리한 것이다.주6 앞서 말한 대로 전쟁 관련 질문이 가장 많고(총 240개 중 93개), 다음은 날씨와 농사에 관한 것인데(45개), 이를 제외하면 나라를 통치하는 것에 대한 질문이 대부분이다. 즉, 초기 점은 일반인보다는 통치자의 수단이었음을 짐작할 수 있다.

점사의 내용	개수	점사의 내용	개수
전쟁	93	길과 흉(추상적)	7
홍수와 가뭄의 재해 및 매해 풍년과 흉년	45	질병	5
왕조의 흥망성쇠 및 통치의 변란	23	백성의 안위	4
제왕, 장군 및 재상의 평안과 위엄	11	국가의 멸망	4
군신의 관계	10	토목공사	3
초상	10	거사의 도모 여부	3
영토의 득실	8	왕의 현명함에 법도가 있는지의 여부	2
천하의 평정	7	기타(여자를 얻고 잃음, 통곡의 소리, 행정개혁)	5

다음 왼쪽은 갑골문 형태와 간지체를 비교하기 위해 갑골문을 탁본한 것이다. 가운데와 오른쪽은 탁본의 음양각을 바꾸어서 글자를 보기 편하게 만든 것으로, 6개의 甲子순이 우측에서부터 위에서 아래로 10개씩 나열되어 있다. 지금의 한자 형태와 다르지만 처음에 쓰인+형태의 글자를 甲으로 추론할 수 있다.

주6 육치극, 『중국명리학사론』, 상해 세기출판집단(世忌出版集團), 2008, pp.25~26. 『역사상의 점성학(歷史上的星占學)』에서 인용한 내용을 재인용함.

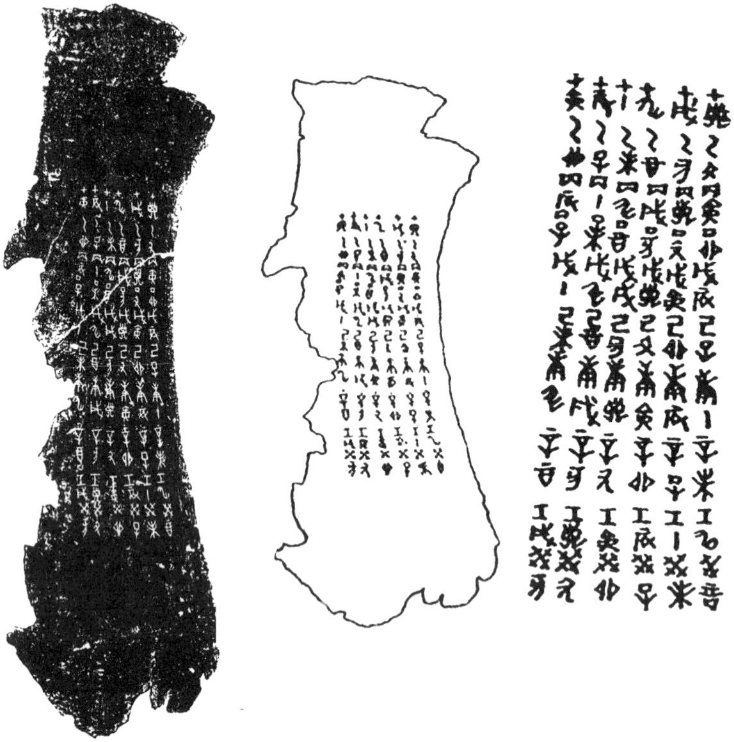

※ 출처: 왼쪽 https://zhuanlan.zhihu.com/p/25401930 중앙·오른쪽 https://read01.com/LdaQBOP.html#.XoXO5-R7l2Q

아래에서 첫 번째 그림은 갑골문의 육십갑자 중에서 지지만 추려서 모아놓은 것으로, 아래에 지지 한자를 각각 적어서 모양의 변화를 비교할 수 있게 하였다. 그 다음 천간표와 지지표는 천간과 지지 글자를 비교할 수 있도록 표기한 것이다.

※ 출처: http://blog.udn.com/flytsau/114338037 甲骨文的起源

※ 출처 : 하남 박물관 자원봉사팀(河南博物院志愿者团队, Henan museum volunteer team)

위의 도표를 통해 천간과 지지 모두 한 가지가 아닌 비슷한 모양의 여러 형태가 발견되었음을 알 수 있다. 비록 甲乙丙丁, 子丑寅卯 등의 글자 모양은 지금과 많이 다르다고 하였으나, 그중에 乙이나 丙 등은 비슷한 형태로도 볼 수 있고 특히 戊와 己는 상당히 유사하다. 고대 문자는 원시예술의 하나이고, 그러한 예술적 표현이 천간과 지지 같은 사주명리의 부호체계로 발전한 것이다. 다시 말해서 천간과 지지는 원시인들이 자연현상을 관찰하여 마치 추상화처럼 특징을 잡아내어 부호로 표시한 예술적 언어라고 할 수 있다.

2. 간지와 사주명리학

십간의 십진법은 고대인들이 자신의 손가락 10개를 사용하여 날짜를 헤아린 것에서 기원한다. 한 달을 상순(上旬)·중순(中旬)·하순(下旬)으로 구분할 때 순(旬)은 열흘 또는 10과 관련된 것이다. 육십갑자를 말할 때도 甲子순이라고 하면 甲子에서 시작한 10개의 간지 조합을 말한다. 육십갑자에는 여섯 종류의 순이 있고, 모두 합하여 육십갑자가 된다.

한 달이 30일인 이유는 앞에서 말한 것처럼 달이 차고 이지러지는 기간을 표시하였기 때문이다. 지지는 열두 달을 1년으로 하여 십이지지의 주기로 나타낸 것이다. 이를 통해 적어도 고대에서부터 해와 달의 변화와 움직임을 고려한 것이 전승되어 천문과학적 사유와 인식의 기원이 되었다는 것을 알 수 있다.

사주명리를 감성적으로 바라보고 미신이라고 생각하거나 신비로운 측면만을 부각하여 바라보지 않기를 바라는 이유가 여기에 있다. 사주명리학은 고대로부터 싹튼 소박한 과학적 사유에서 진화하였는데, 그중 가장 원초적 근거는 달과 해의 움직임을 주시한 자연 관찰이다. 이것은 중요한 과학적 방법론의 하나로, 먼저 천문지식이라는 팩트가 있었고 스스로 관찰하고자 한 주체성이 있었다. 하늘과 땅을 바라보고 천문을 익히고, 자신을 관찰하여 인간의 몸에 관심을 가졌으며, 땅의 지리를 관찰하고 동식물에 대한 관심을 정리하고 분류하여 팔괘를 만들고, 그것을 천간과 지지라는 부호체계로 발전시켰다는 학문의 발전체계가 있었다. 즉, 소박한 고대 인식에서 과학적 사유로 발전하였고, 그것에서 인간의 운명을 읽고자 한 것이 사주명리학의 주체의식이다.

명리학문의 과정은 먼저 그 부호체계를 이해하고 그것을 해석하는 복잡한 이론체계를 습득해야만 한다. 해가 뜨고 지는 것, 달이 차고 기우는 자연현상에 대한 관심이 기본 원형이고, 유가철학이 개입하여 그 이론체계가 발전하였다. 거기에 더하여 지금과 같은 현대명리학이 완성되기까지 도가나 불가의 영향도 있었고, 예술적 소양이나 인간심리에 대한 관심, 컴퓨터 데이터와 같은 현대기술의 도입도 기여하였다.

정리하면, 천간으로 일(日)을 기록한 십천간의 주기는 양적인 것이고, 지지로 월(月)을 기록하여 12달로 1년을 표시한 것은 음적인 것이다. 앞에서 음양을 공부할 때 태양을 양으로, 달을 음으로 이해한 것을 상기하기 바란다. 십이지지의 십이진법은 12개의 달에서 기원한다고 하였는데, 이는 동양의 특수한 사유일 뿐만 아니라 고대 바빌로니아나 서양천문학과도 관련된다. 중국 천문학은 인도와 중동의 천문학이 유입되어 토속 천문학과 융합되어 발전한 것이기 때문이다. 고대에서 한나라 시기로 넘어오면서 천간과 지지가 명리학에 사용되어 운명을 추론하는 구체적 도구로 발전해 왔다. 한대는 중국 역사에서 세계 최초의 여러 발명품을 만들어낸 시기로, 나침반이나, 한자, 종이, 인쇄술 등이 생겨났다.

3. 간지 생성의 분파체계

사주명리학은 음양오행의 사유에 근원하여, 그것을 천간과 지지라는 상징적 글자로 표현하였다. 천간과 지지, 그리고 지장간의 개념에는 천지생인(天地生人)의 상호관계가 내포되어 있는데, 그 층차적 분파를 나타내는 표현들이 다양하다. 『연해자평』은 천지가 나누어지기 전, 혼돈의 상태에서 水火木金土의 오행이 발생하고 하늘과 땅이 각각 천간과 지지에 대응하는 과정을 아래와 같이 말하고 있다.

하늘과 땅이 아직 나누어지지 않은 것, 그것을 혼돈이라 부른다. 건과 곤이 아직 구분되지 않은 것, 이것은 배태(胚胎)라 부른다. 일월성신이 아직 생겨나지 않고 음과 양 및 추위와 더위가 아직 나누어지지 않은 것이다. 위로는 비와 이슬이 없고 바람과 구름이 없고 서리와 눈이 없고 우레와 천둥소리가 없으니 모두 아득하고 어스름할 뿐이다. 아래로는 풀과 나무가 없고 산과 하천이 없으며 날짐승과 길짐승이 없고 사람이 없으니 어슴푸레하여 어둠이 일어날 뿐이다. 이는 시의적절하게 하나의 기가 휘감겨 응어리진 것이다.

그러므로 태역[太易 : 기(氣)가 아직 없는 것]이 水를 낳고, 태초[太初 : 기가 있지만, 아직 체(體)가 없는 것]가 火를 낳고, 태시[太始 : 형(形)은 있지만, 아직 질(質)이 없는 것]가 木을 낳고, 태소[太素 : 질은 있지만, 아직 체가 없는 것]가 金을 낳고, 태극[太極 : 형과 체가 이미 갖춰진 것]이 土를 낳는다. 그러므로 水는 1이고 火는 2이고 木은 3이고, 金은 4이고, 土는 5이다. 삼원(三元)이 극에 이르러 혼돈이 한 번 갈라지니 배태가 구분된다. 가볍고 맑은 것[경청(輕淸)]은 하늘이 되고, 무겁고 흐린 것[중탁(重濁)]은 땅이 된다. 2개의 기운이 서로 이루어 양의(兩儀)가 생겨나서 변화하면 하늘을 이룬다.

『연해자평』이 설명하는 우주 생성과 간지 생성의 체계는, 먼저 천지가 나누어지지 않은 혼돈과 건곤이 구분되지 않은 배태의 상태에서 태역이 水를, 태초가 火를, 태시가 木을, 태소가 金을, 태극이 土를 생하여 그 오행이 1·2·3·4·5의 수가 된다. 삼원이 극에 이르러 혼돈이 한 번 나누어져 천지가 되고, 배태가 구분되어 경청·중탁이 각각 천·지가 되어 양의가 생기는 과정이다. 또 하늘에 대응하는 것은 천간이고 땅에 대응하는 것은 지지인데, 따라서 천간은 가볍고 맑으며 지지는 무겁고 탁하다. 이것을 표로 나타내면 다음과 같다.

• 우주 생성의 과정(연해자평)

혼돈 : 천지미판 (天地未判) 배태 : 건곤미분 (乾坤未分)	태역(太易) → 水	1	혼돈 분열 배태 구분 경청－천 중탁－지	양의(兩儀) 변화	천간 지지
	태초(太初) → 火	2			
	태시(太始) → 木	3			
	태소(太素) → 金	4			
	태극(太極) → 土	5			

『회남자』「천문훈」에서는 천지의 기에서부터 음양의 작용으로 사시와 만물이 생겨나는 과정을 다음과 같이 설명하였다.

> 천지를 계승한 정기가 음양이 되고, 음양의 전일한 정기가 사시가 되고, 사시의 분산된 정기가 만물이 된다. 양기를 모은 열기가 火를 낳고, 火의 정기는 태양이 된다. 음기를 모은 한기는 水가 되고, 水의 정기는 달이 된다. 해와 달의 넘친 정기가 성신이 된다. 주7

「천문훈」은 천지의 기에서 음양이 계승되고, 음양에서 사시로 분산된 정기가 만물이 된 과정을 설명하면서 오행에 상응하는 천문의 물상을 소개하고 있다.

주7 天地之襲精爲陰陽, 陰陽之專精爲四時, 四時之散精爲萬物. 積陽之熱氣生火, 火氣之精者爲日; 積陰之寒氣爲水, 水氣之精者爲月; 日月之淫爲精者爲星辰.

한편『자평진전』은 천지 사이의 기에서 음양이 구분되고, 음양에 노소가 있어서 사상으로 나누어지며, 사상에서 오행으로 발전하는 과정을 설명하면서 그 첫 장을 시작하였는데, 그 내용은 다음과 같다.

• 동정·음양·노소·사상·오행의 분파관계(자평진전)

	운동	음양	노소	사상	오행	자연·인체
천지의 기(氣)	동(動)	양	소	소양	木(춘)	초목의 발아, 혈기의 유행
			노	태양	火(하)	따뜻한 체온
	정(靜)	음	소	소음	金(추)	금속과 광맥, 몸속의 철분
			노	태음	水(동)	흐르는 것
					土	만물이 나서 돌아가는 곳

위의 표는 천지 우주의 기운이 분파하여 자연과 인체에 이르는 관계를 층차적으로 나타낸 것이다. 주역은 우주 변화의 원리로 사람의 일을 추론하고, 사주명리는 그것을 천간과 지지라는 부호로 나타내고 육십갑자로 사람이 태어난 생년월일시를 명식으로 표시하여 사람의 운명을 추론한다. 『자평진전평주』에서 서락오는 이에 대해 다음과 같이 해석하였다.

그러나 천지 사이에 일월(日月)과 한서(寒暑), 주야(晝夜)와 남녀(男女)가 있으니, 어찌 하나라도 음양이 아닌 것이 있는가? 전자(電子)와 같은 미세한 것도 음양으로 구분되어 있다. 음양으로 말미암아 나누어진 것이 사상(四象)이 되고, 木火金水가 춘하추동(春夏秋冬)의 사시(四時)를 대표하는 기운[기(氣)]이 된 것이다. 대지(大地) 중에는 火를 저장하고 水를 저장하며 금속류의 광물까지 저장하고 있는데, 누가 조성한 것인가? 만 가지 초목이 발아하고 생겨나는 것을 누가 사령(使令)하고 있단 말인가? 과학은 만능이니 원질(原質)을 변화시키고 분석하여 종자(種子)를 만들 수는 있으나 싹이 트도록 할 수는 없다. 이렇게 싹을 틔우는 활동력이 바로 木이다. 그러므로 金木水火는 바로 천지자연의 질(質)이다. 만물은 土에서 이루어지고 土로 돌아가니, 이러한 金木水火의 질(質)을 실은 것이 土이다. 사람은 천지의 기운을 부여받아 태어났고 그렇게 살아간다.

위의 문장에서 木火金水의 순서로 오행을 말한 것은 춘하추동에 대입하기 위함이다. 대지에 火와 水와 金이 저장되어 있고, 종자가 발아하여 싹트는 활동력을 木으로 설명하였다. 어떤 명리학자는 이로써 사주팔자에서 의미있게 읽어야 하는 성분은 木이라고 말하기도 한다. 木이 있고 없음으로 또는 木의 상태로 그 사람의 운세를 설명하는 해석법이다. 대지에 저장된 불, 물, 금속, 나무와 같은 것, 그리고 그 火水金木이 돌아가는 흙을 질(質)로 표현한 것은 춘하추동, 사시의 기(氣)에 상대하여 쓴 것이다. 양을 기(氣)로 나타내고 음을 질(質)로 나타내거나, 천간은 상(象)으로 나타내고 지지를 형(形)으로 나타내는 것들은 동양철학의 체용(體用)론에서 이어져온 하나의 사유체계이다.

오행의 木을 초목의 발아로 말하고, 나아가 사람의 혈기로 설명하고, 火는 따뜻한 체온으로, 金은 금속과 광맥 또는 사람 몸속의 철분으로 설명하는 것 등을 '상관적 사유'라 한다. 동양에서는 천인감응, 천인관계 등으로 표현하며, 하늘의 일을 유추하여 인간의 일에 비유하고 있다. '상관적'이라는 말은 영어로 'correlative'라고 하는데, co + relative, 즉 서로 관계시킨다는 뜻이다. 水 오행에서 나아가 흐르는 것으로 호르몬상태를 읽는다거나, 윤하 즉 흐른다는 관점에서 상관적 사유를 대입하여 그 흐름을 방해하는 土의 성분을 읽어 호르몬계통의 문제, 갑상선 문제, 순환기 문제 등으로 사유를 확장하는 것이 그에 해당한다. 관상학에서 얼굴에 침이 흐르고 눈물이 흐르는 것으로 水 오행을 설명하거나, 혀가 붉은 것에 火 오행을 대입하고, 또는 눈으로 빛을 보니 눈이 火 오행이라 말하기도 한다. 오행에 오장을 배속하는 것도 상관적 사유요, 그 배속을 통해 폐는 금기이고, 얼굴로 따지면 코와 관련이 있다고 읽는 것도 모두 상관적 사유의 확장이다. 얼굴에서 털을 보고 木 오행으로 읽고, 치아와 같은 뼈로 金 오행을 읽기도 한다.

『주역』「계사전」에 '역에 태극이 있으니 태극이 양의를 낳고 양의가 사상을 낳고 사상이 팔괘를 낳으니, 팔괘가 길흉을 정하고 길흉이 큰 사업을 낳는다'고 하였다. 『주역』은 태극에서 시작하여 음과 양이라는 양의가 생겨나고 양의에서 사상으로 발전하고 팔괘로 길흉을 점치는 것을 말하고 있는데, 길흉이 큰 사업을 낳았다는 것은 바로 인간의 일을 점친다는 말이다. 주역의 분파 과정을 보면 다음과 같다.

1	2	4	8
태극	양의	사상	팔괘

『자평진전』에서도 첫 장에 이어 오행에서 천간과 지지로 분파되는 과정을 다음과 같이 설명하고 있다.

오행이 있는데 어떻게 또 십간십이지가 있는가? 음양이 있어 오행이 만들어지고, 오행 중 각각 음양이 있다. 즉 木을 논하자면 甲乙이라는 것은 木의 음양이다. 甲이라는 것은 乙의 기(氣)이고, 乙이라는 것은 甲의 질(質)이다. 하늘에서 생기가 되어 만물에 유행(流行)하는 것은 甲이다. 땅에서 만물이 되어 생기를 받아들이는 것은 乙이다. 이를 세분하면 생기가 확산[산포(散布)]되는 것이 甲 중의 甲이고, 생기가 응결된 것이 甲 중의 乙이다. 만물의 지엽이 있게 된 것은 乙의 甲에 인하고, 만목의 지지엽엽은 乙의 乙이다. 甲이 생겨나자 乙의 기(氣)는 이미 구비되었고, 乙이 생겨나자 甲의 질(質)이 비로소 견고해졌다. 이렇게 甲乙이 있어서 木의 음양이 갖추어졌다.

木을 예로 들어, 甲과 乙이 木 오행의 양과 음을 나타내고 그중 甲은 기(氣)이고 乙은 질(質)이라 설명한다. 앞에서 동양철학에서 말하는 체용(體用)에 대해 말한 바 있다. 이에 대해 여러 차례 언급하겠지만 체용은 존재와 쓰임, 기와 질, 형과 상의 대비에 대한 동양철학 특유의 주요인식을 말한다. 천간을 말하면서 甲은 양으로 기가 되고, 乙은 음으로 질이 된다고 하였다. 甲은 하늘의 생기로 확산하여 만물에 유행하는데, 乙은 그 기를 받아서 응결하여 만물의 질이 된다고 하였다.

인용문에서 설명한 음양 → 오행 → 천간 → 지지로의 분파체계를 도표로 나타내면 다음과 같다. 음양과 오행이 천간의 음양으로 분파되고 지지의 음양으로 분파되어, 비로소 사시와 사방이 구비되고 만물을 설명할 수 있는 체계가 만들어진 것이다.

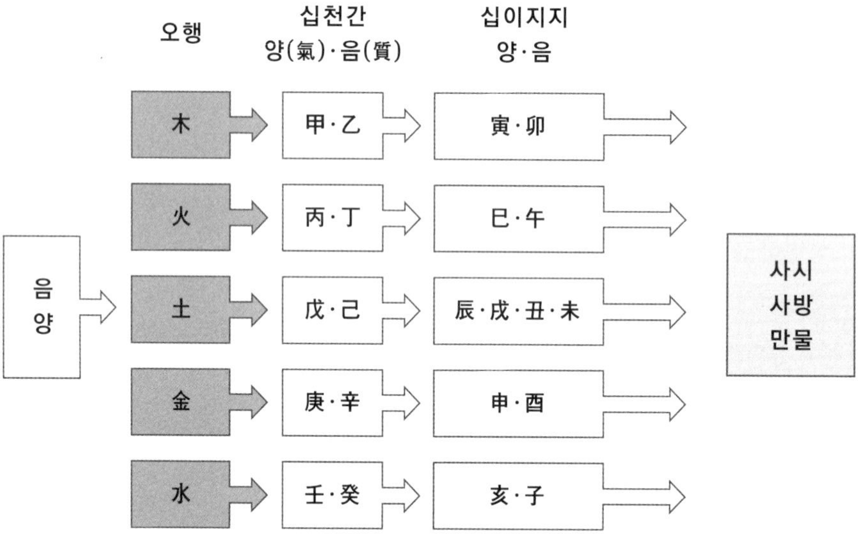

그렇다면『적천수』에서는 어떻게 설명하는가?『적천수』는『자평진전』과는 결을 달리하지만, 두 책을 함께 공부하여 보완하면 명리학문이 견고해지는데 많은 도움이 된다. 아래는「천간」편을 시작하는 첫 문장이다.

오양(五陽)이 모두 양이지만 그중 丙火가 가장 최고이고, 오음(五陰)이 모두 음이지만 그중 癸水가 지극하다.

오양(甲丙戊庚壬)은 기를 따르되 세력을 좇지 않고, 오음(乙丁己辛癸)는 정과 의리가 없이 세력을 좇는다.

원주(原注)는 이를 해석하여 '甲 · 丙 · 戊 · 庚 · 壬이 모두 양이지만 오직 丙火만이 양의 정수를 잡아서 양 중의 양이 되고, 乙 · 丁 · 己 · 辛 · 癸가 모두 음이지만 오직 癸水만이 음의 정수를 잡아서 음 중의 음이 되었다'고 하였다. 또 이어서 '오양간은 양의 기를 얻어 양의 강건[강(剛)]한 일을 이룰 수 있다' 하고 그래서 '재성이나 칠살의 세력을 두려워하지 않지만', '오음간은 음의 기를 얻어 음의 유순[순(順)]한 의리를 이룰 수 있어서 … 정과 의리가 있는 곳에서 그 세력의 쇠약한 것을 보면 그것을 기피하는 것으로 이것은 부인의 정'이라 하였다.

원주의 문장에서 양간의 '강건[剛]'과 음간의 '유순[順]'은 각각 주역 건괘와 곤괘의 성정에서 온 것으로, 각각 양의 도리와 음의 도리를 말한다. 이것을 사주명리에 적용하여 '양간은 재성이나 칠살의 세력을 두려워하지 않는다'고 한 것이다. 재성은 일간이 극하는 것이고 칠살은 일간을 극하는 것으로, 모두 일간이 대적하여 상대하고 극복해야 하는 대상이다. 한편 음간은 사주팔자의 세력의 강약을 살펴서 그에 따라 처신한다는 말로 해석하고 있다. '의리가 없다'는 것은 일종의 유가적 해석으로, 음에 대하여 양보다 상대적으로 낮게 보는 인식을 나타낸다.

『적천수』의 문장 '오양종기부종세 오음종세무정의(五陽從氣不從勢 五陰從勢無情義)'는 상당히 중요하고 많이 회자되는 말이다. 오양간은 기를 따르고 세력을 따르지 않으니 그 의리를 높이 사고, 오음은 세력을 좇아 의리가 없다는 것으로 해석되어 오양에 대한 찬양이 일어나기도 하였다. 그래서 명리하는 사람들 사이에 양간이라 하면 자신 있게 사주를 들이밀고, 음간이라 하면 못내 자신 없어 하는 행태도 있다. 『적천수』를 해석한 옛 사람들의 해석에도 큰 차이는 없는 듯하다. 명리학적으로 해석하면 양간은 칠살의 유무로 그 사람의 그릇을 보고, 음간은 상관의 유무로 그 흥망성패를 본다. 흉신으로 읽는다는 것은 그만큼 흉신이 한 사람의 인생에 채찍질이 되어 발전을 돕는다는 의미도 된다. 물론 모두 신강하다는 것을 전제한다. 원주에서 오양간이 재성이나 칠살의 세력을 두려워하지 않는다고 한 말도 이해가 가고, 음간이 세력을 따르는 유순한 의리라는 말도 이해가 간다.

현대사회의 상황에 비유하면, 양간은 큰 선거에 후보로 나서는 지도자로 볼 수 있고 음간은 대중의 여론으로 볼 수 있다. 대통령 후보자는 선거기간 중 여론의 거센 뭇매와 반대당의 도전에 맞서 싸워 이겨야 당선될 수 있다. 한편 여론에 서 있는 국민 입장에서는 여러 후보자의 기세를 보고 그들이 도전과 시련을 어떻게 이겨내는지를 보고 선택을 한다. 대중의 힘은 약해 보이고 이런저런 여론의 흐름에 주관도 없이 따르는 것처럼 보일 수도 있지만, 공론을 만들어 실속을 차리는 모습도 보인다. 양간은 부딪쳐 싸우고 도전과 응전을 통해 목표를 이루려는 모습을 보이지만, 음간은 기세의 움직임과 흐름을 보고 상황에 맞게 처신하려는 현실감각을 보여주는 것이다.

임철초는『적천수천미』에서 '오양종기부종세 오음종세무정의(五陽從氣不從勢 五陰從勢無情義)'에 대해 다음과 같은 해석을 덧붙였다.

그런데 양인 가운데에도 음인 것[양중지음(陽中之陰)]이 있고, 음인 가운데 양인 경우[음중지양(陰中之陽)]도 있다. 또 겉은 양인데 속은 음인 것[양외음내(陽外陰內)]이 있고, 겉은 음인데 속은 양인 것[음외양내(陰外陽內)]이 있다. 이 역시 마땅히 분별해야 한다. 양인 가운데에도 음인 것은 겉으로는 인의를 내세우고 속으로는 간사하며, 음인 가운데 양인 경우는 겉으로는 흉험하지만 속으로는 인자하다. 겉은 양인데 속은 음인 것은 마음을 품고 있고, 겉은 음인데 속은 양인 것은 바른 도리를 지킨다. 그러니 이러한 성분들로 그 사람의 인품이 단정한지 간사한지를 진실로 분별하지 않으면 안 된다.

임철초의 말은 천간을 양과 음으로 구분하고, 또 사주에서 양과 음의 세력이 어떻게 구현되었는지를 통해 그 사람 즉 일간의 성정을 분별하는 것이 중요하다는 내용이다. 글에서 '양중지음'이나 '음중지양'으로 표현하고, 또 '양외음내' 또는 '음외양내'로 표현한 것은 다른 말로 외유내강(外柔內剛)이나 외강내유(外剛內柔)의 특성으로도 나타낼 수 있겠다. 중요한 것은 사주팔자에서 기세가 잘 흐르고 오행이 균형을 이루고 조화를 이루는 것이다. 수많은 사주를 보았지만 완벽한 사주는 없고, 갖추어진 중에도 흠결이 없을 수 없다. 그 와중에 인간은 가능한 선한 것을 가려서 최선을 다해 선택하고 또 그에 따라 처신해야 한다는 것이 공자의 가르침이다.

술수 즉 역학은 그 원류를 주역에 둔다. 복희씨가 만든 선천팔괘는 하늘과 땅을 주인으로 삼아 체(體)가 되고, 문왕이 만든 후천팔괘는 물과 불이 위주로 용(用)이 된다. 건곤(乾坤)은 하늘과 땅을 말하고, 감리(坎離)는 물과 불을 의미한다. 이것이 역학 체용론의 일종이다.

사주의 간지(干支)로 논하면 丙火가 가장 양답고, 癸水가 가장 음답다. 丙火는 순양(純陽)의 불이므로 만물이 丙火에 의지하여 발생(發生)하고, 수렴(收斂)한다. 癸水는 순음(純陰)의 물이므로 만물이 또한 癸水에 의지하여 생겨나고 이를 얻어 무성해진다. 양이 극에 달하면 음이 생하는 이치로써 천간 오합의 원리를 인용하여 丙火가 辛金을 만나서 물로 변하고, 음이 극에 달하면 양이 생하는 이치에 의해서 癸水가 戊土를 만나서 불로 변한다. 이것을 바로 음양이 서로 조화를 이룬다 하고, 이러한 이치로 인해서 만물은 생하고 또 생하는 오묘한 이치가 된다.

십간의 기운은 음양으로 나누어지지만, 본래 하나의 근원으로부터 생겨난 것이다. 甲乙은 하나의 木이고, 丙丁은 하나의 火이며, 戊己는 하나의 土이고, 庚辛은 하나의 金이며, 壬癸는 하나의 水이니, 즉 진태감리(震兌坎離)가 그것이다. 이러한 명칭들은 임시로 정했을 뿐이다. 기(氣)란 원래 형체가 없으므로 각각 작용하는 곳을 나누어 구별해보면 양은 강건하고 음은 유순하다는 것에 불과하다.

2 십천간의 개요

10개의 천간은 각각 음양과 오행으로 분류할 수 있다. 아래의 표는 십천간이 木火土金水의 순서로 유행하는 것을 나타내었다. 2개의 천간이 하나의 오행을 구성하는데, 양이 앞서고 음이 따르는 모양이다.

• 십천간 표

갑	을	병	정	무	기	경	신	임	계
甲	乙	丙	丁	戊	己	庚	辛	壬	癸
양	음	양	음	양	음	양	음	양	음
木		火		土		金		水	

다음으로 자의(字意) 즉 천간 글자의 의미, 형상, 자연의 물상을 표로 정리하였다. 앞서 「오행론」에서 성훈(聲訓)이라 하여 소리가 같다는 이유로 서로 같은 의미를 공유하거나 다른 의미를 가져오는 가차(假借) 사례를 설명한 바 있다. 예를 들어 자연의 물상 중 木 오행으로 눈 목(目)을 설명한 것은 동양 한자의 오랜 관습이다. 甲木이 딱딱하게 곧장 뚫고 나가는 형상과, 乙木의 굴신하는 모습을 그 자의인 삐걱거릴 알(軋)에서 찾는 것 등은 학습자들이 스스로 공부하면서 깨우칠 일이다.

첫 번째로, 자의는 가능한 『설문해자』와 같은 사전류를 참조하여 10개의 천간을 한 글자씩 설명하였다. 먼저 『설문해자』의 천간 정의가 나오는데, 글자가 구성되고 그에 따라 의미가 형성되는 과정을 정리하고 사람의 신체에 적용한 점을 참고할 만하다. 예를 들어 甲木을 사람의 머리에 비유하고, 다음 乙木은 사람의 목, 丙火는 어깨, 丁火는 심장, 등의 순서로 신체의 머리에서 시작하여 점점 아래로 내려간다. 그리고 『오행대의』의 천간 정의도 정리하였는데, 양간과 음간을 하나의 오행으로 묶어 오행별로 천간을 소개하였다. 각 책의 분류방식에 따라 차이가 생긴 것을 이해하고 참고하면 된다. 그 다음으로는 『사기』「율서」와 『한서』「율력지」를 참조하여 정리하였는데, 원문을 그대로 적기보다는 키워드 위주로 중복되는 것을 간추려 다시 작성하였다.

마지막으로 사주팔자에서 천간의 물상 적용과 특징을 천간의 형상과 고전의 인용을 통해 응용하였는데, 필자가 글자 형태를 통해 깨우치고 실전에서 파악한 내용을 종합하였다고 이해하면 되겠다.

• 『설문해자』의 십천간 자의

	자의(字意)
甲	甲은 동쪽의 으뜸이다. 양기가 처음으로 움직이기 시작한다. 나무가 껍질을 (위에) 이고 있는 모양을 상형하였다. 『태일경(太一經)』에 이르길, '사람 머리 속의 빈 곳을 '甲'이라 한다'고 하였다. 일(一)에서 시작하여 십(十)에서 드러나고 한 해 만에 나무로 자라는 형상이다.
乙	乙은 봄에 초목이 구부러져 나오는데 음기가 여전히 강해서 비집고 밀치는 모양[알(軋)]을 상형하였다. '丨'과 글자의 구성원리가 같다. 乙은 甲을 이어받아 사람의 목을 상형하였다.
丙	丙은 남쪽에 위치한다. 만물이 분명한 모습을 이루면 음기가 처음으로 일어나고 양기는 사라지려고 한다. 一과 入과 冂으로 구성되있다. 一은 양(陽)이다. 丙은 乙을 잇는다. 사람의 어깨를 상형하였다.
丁	丁은 여름에 만물이 왕성하다는 뜻이다. 丁은 丙을 잇는다. 사람의 심장을 상형하였다.
戊	戊는 중궁(中宮)*이다. 육갑(六甲)과 오룡(五龍)이 서로 얽혀 있는 모양을 상형하였다. 戊는 丁을 잇는다. 사람의 옆구리를 상형하였다.
己	己는 중궁(中宮)이다. 만물이 오그라들어 구부러진 모양을 상형하였다. 己는 戊를 잇는다. 사람의 배를 상형하였다.
庚	庚은 서쪽에 위치한다. 가을에 만물이 열매를 맺는 모양을 상형하였다. 庚은 己를 잇는다. 사람의 배꼽을 상형하였다.
辛	辛은 만물이 자라서 성숙해진다는 뜻이다. 쇠[金]는 단단하면서 맛이 맵다. 너무 매우면 눈물이 난다. 一과 䇂(허물 건)으로 구성되었다. 䇂은 죄라는 뜻이다. 辛은 庚을 잇는다. 사람의 넓적다리를 상형하였다.
壬	壬은 북쪽에 위치한다. 음이 극에 달하면 양(陽)이 생겨난다. 그러므로 역에서는 '용이 들판에서 교접한다'고 하였다. 전(戰)은 접하다[접(接)]는 뜻이다. 사람이 임신한 모양을 상형하였다. 亥에서 잉태하여 子가 생겨나는 순서를 이어간다는 뜻이다. 壬은 巫와 구성원리가 같다. 壬은 辛을 잇는다. 사람의 다리를 상형하였다. 다리는 몸체를 지탱해준다.
癸	癸는 겨울에 물과 땅이 고르게 되어 헤아릴 수 있다[규도(揆度)]는 뜻이다. 물이 사방에서 땅속으로 흘러 들어가는 모양을 상형하였다. 癸는 壬을 잇는다. 사람의 발모양을 상형하였다.

* 중궁은 오행 중 土를 의미하기도 하고 북극성을 가리키기도 한다.

• 『설문해자』의 십천간과 인체 부위

甲	乙	丙	丁	戊	己	庚	辛	壬	癸
머리	목	어깨	심장	옆구리	배	배꼽	넓적다리	다리	발

다음은 『오행대의』의 천간 정의이다. 앞에서 언급했듯이 십천간을 오행으로 나누어 설명한 점이 다른 저서와 다르다. 오행으로 묶어 양간과 음간을 함께 읽으면 어떤 특징으로 요약되는지 알 수 있을 것이다. 사주통변 현장에서는 양간과 음간이 엄연히 차이가 있으므로 구별하여 익히도록 한다.

• 『오행대의』의 천간 정의

	천간 정의
甲乙	『시위추탁재(詩緯推度災)』에서 말하길, '甲은 억누르고 가두는 것[압(押)]이니 봄에는 열고 겨울에는 닫는다'고 하였다. 정현이 『예기』「월령」에 주를 달아 이르길, '甲은 싹틔우고 잡아당기는 것이며, 乙은 비집고 밀치는 것[알(軋)]이니 봄이 되면 모든 물건이 씨앗의 껍질을 뚫고 싹트며 밀치락달치락 나오는 것이다'라 하였다.
丙丁	'丙은 자루[병(柄)]이다. 물건이 생겨나 자라면 각각 줄기자루를 잡는 것이다'라는 말에 정현이 주를 달아 말하길, '병은 빛나는 것[병(炳)]이니 여름에 모든 물건이 강대해져서 빛나게 드러나 보이는 것이다'라 하였다. 丁은 머무를 정(亭)과 같고, 亭은 그쳐 쉬는 것이니 물건이 생겨나서 크다가 그치게 되는 것이다.
戊己	戊는 바꿀 무(貿)와 같으니, 생겨나서 극에 달하도록 크면 당연히 이전의 몸체를 바꾸게 된다. 己는 벼리 기(紀)와 같으니, 물건이 이미 이루어지면 줄기와 바탕이 되는 것이 있게 된다. 정현이 말하기를 '戊는 무성한 것[무(茂)]이고 己는 일어나는 것[기(起)]이다. 모든 만물의 가지와 잎사귀가 무성해지니 그중에 빼어난 것(꽃)이 억눌리고 굽혔다가 일어서는 것이다'라 하였다.
庚辛	庚은 고치는 것[경(更)]이고, 辛은 새롭게 하는 것[신(新)]이다. 만물이 이루어짐에 교대하고 고쳐져서 새롭게 됨을 말한다. 정현이 말하길, '만물이 모두 엄숙하게 고치고 변경되어서 꽃과 열매가 빼어나고 새롭게 이루어지는 것이다'라 하였다.
壬癸	壬은 맡아 회임하는 것[임(任)]이고, 癸는 헤아리고 계책을 세우는 것[규(揆)]이다. 즉 음이 양에게 맡겨서 물건이 싹트도록 헤아리고 계책하는 것이다. 정현이 말하길, '만물을 닫아 감추는 때이니 아래에서 회임을 해서 싹이 돋아나도록 하는 것이다'라 하였다.

이어서 십간에 대한 『사기』 「율서」와 『한서』 「율력지」의 내용을 참조하여 정리하였다. 앞에 『설문해자』와 『오행대의』를 참고하여 정리한 내용과 겹치는 부분이 많다. 공통적으로 의미하는 바를 찾을 수 있기 바란다. 문장은 원문을 직역하지 않고 중요 한자 위주로 작성하였다.

• 『사기』와 『한서』의 천간 정의

	천간 정의
甲	甲은 만물의 싹이 껍질[甲]을 쪼개고 나오는 것[부부(剖符)]이다.
乙	乙은 만물이 밀치고 비집고 나와[알(軋)] 떨쳐 일어나는 것[분(奮)]이다.
丙	丙은 양기가 현저히 드러나 병(炳)이라 한다.
丁	丁은 만물이 장성[장정(丁壯)]하는 것이므로 丁이라 한다. 만물은 丁에서 크게 성장한다.
戊	戊에서 풍성하고 무성해진다[풍무(豊楙)].
己	己에서 정형을 갖추고 벼리가 된다[이기(理紀)].
庚	庚은 음기가 만물을 변화시키므로 경(更)이라 한다. 경에서 수렴하는 변화가 있다.
辛	辛에서 만물이 새롭게[신(新)] 생겨나서 辛이라 한다. 辛에서 새로움이 다한다[실신(悉新)].
壬	壬은 맡아 회임한다[임(任)]는 의미다. 양기가 만물을 아래에서 잉태하여 기르는 것이다.
癸	癸는 헤아린다[규(揆)]는 의미다. 만물의 생육을 계책하므로 癸라 하였다. 癸에서 계획하여 태어남을 준비한다.

지금까지 살펴본 『설문해자』의 자의, 『오행대의』의 오행별 정리, 『사기』와 『한서』의 내용을 참고하여 천간의 형상과 자연의 물상을 유추하면 아래와 같다.

甲木은 그 글자의 뜻이 터짐[탁(坼)]이니 만물이 껍질을 풀어헤치고 양기가 움트는 것을 말한다. 봄에 나무가 껍질을 터뜨리고 새싹이 甲처럼 딱딱한 것을 뚫고 돋아나는 형상으로 시작을 의미한다. 자연의 물상과 현대적 의미로 우레, 봄, 아지랑이, 나무, 대들보, 통나무, 가구, 씨앗, 고집, 저돌성, 질주, 소유, 시작, 우두머리, 눈, 책임자 등을 상징한다. 乙木은 삐걱거려서 밀치고 나오는[알(軋)] 글자이니 봄풀이 움트고 음기가 억세다. 초목의 싹이 터서 뻗어 나갈 때 그 모양이 乙처럼 굴신한다. 자연의 물상과 현대적 의미로 풀, 꽃, 덩굴, 새, 소식, 분리, 실, 솔, 그림, 전문가 등을 상징한다.

丙火는 밝음[병(炳)]과 같은 글자로 만물이 환하게 드러나 밝게 정체를 드러내 발산하는 모양이다. 하늘에서 네모난 땅으로 태양빛이 丙처럼 비치는 모습을 유추할 수 있다. 자연의 물상과 현대적 의미로 태양, 하늘, 불, 열, 화산, 엔진, 차, 전기, 가스, 에너지, 허세, 사치, 과장, 낭비 등을 상징한다. 丁火는 장성[장(壯)]과 같은 의미로 물질이 실하게 성장한다는 뜻이다. 丙火의 발산하는 모습과 달리 광선을 의미하여, 태양빛이 지면이나 물체에 닿아 丁처럼 다시 방출하는 형상을 유추할 수 있다. 자연의 물상과 현대적 의미로 달, 별, 전기, 배터리, 레이저, 소통, 램프, 빔, 촛불, 서비스, 헌신, 안내, 종교 등을 상징한다.

戊土는 무(茂)와 같은 글자로 사물이 무성함, 만물이 무성함을 의미한다. 태산과 같이 두터운 땅의 형상이다. 자연의 물상과 현대적 의미로 땅, 토지, 부동산, 집, 건설, 둑, 창고, 화산, 온천, 용암, 댐 등을 상징한다. 己土는 벼리 기(紀)와 같은 글자이다. 무성함 뒤에 와서 만물의 형체를 굽혀서 알맞게 정리할 수 있게 한다. 만물의 성장이 완전하여 완성단계에 이르렀음을 의미하여, 그 형태가 반듯하게 구획되어 농사지을 수 있게 준비된 땅을 형상한다고 볼 수 있다. 자연의 물상과 현대적 의미로 들판, 밭, 담장, 성벽, 무덤, 모래, 돌멩이, 콘크리트, 길, 자료, 중재자 등을 상징한다.

庚金은 경(更)과 같은 글자로 단단하고 억센 모양[견(堅)]이며 가을철에 만물을 변화시켜 결실을 맺는 것을 말한다. 만물이 수축하고 응고하여 고체화하고 내적으로 완성된 모양이다. 자연의 물상과 현대적 의미로 강철, 쇠, 자재, 기계, 방앗간, 재봉틀, 바위, 도끼, 폭력, 검찰, 경찰, 군인 등을 상징한다. 辛金은 신(新)과 같은 글자로 가을에 만물이 익는 것을 상징한다. 만물이 결실을 완성하여 모체로부터 떨어지는 고통을 의미하기도 한다. 辛金은 칼자루의 칼날이 날카롭게 뻗친 형상이다. 자연의 물상과 현대적 의미로 보석, 금속도구, 녹물, 부엌용품, 기계부품, 바늘, 미인, 전문가, 침 등을 상징한다.

壬水는 임(任)과 같은 글자로 맡아서 회임한다는 의미다. 음양이 교합하여 임신하는 것이다. 壬水는 막힌 데 없이 너른 물의 끌어당기는 운동성을 의미하여, 그 형상으로 생각할 수 있다. 자연의 물상과 현대적 의미로 바다, 호수, 눈, 빙하, 기름, 음료수, 술, 방랑, 미덕, 금지 등을 상징한다. 癸水는 헤아림[규(揆)]과 같은 글자로 도수를 세어서 낳는 것을 의미한다. 수기의 겨울에 양이 점점 자라 새로운 세계가 성장하는 것을 말한다. 자연의 물상과 현대적 의미로 눈물, 보슬비, 분수, 하수, 액체, 기름, 혈액, 소변, 전립선 등을 상징한다.

마지막으로 『적천수』에서 언급한 천간의 희기를 요약하였다. 글자의 모양과 의미에서 한 단계 더 발전하여 다른 물상과의 생극관계와 자연의 조화, 그리고 그 의의까지 정리한 내용이다.

• 『적천수』의 천간 희기

	천간 희기
甲	甲木은 하늘에 비교되는데, 탈태(脫胎 : 껍질을 뚫고 나옴)하려면 火가 필요하다. 봄은 金을 용납하지 않고 가을은 土를 용납하지 않는다. 火가 활활 타오르면 용(龍 : 辰土)을 타야 하고, 水가 창궐하면 호랑이(虎 : 寅木)를 타야 한다. 땅이 윤택하고 하늘이 화평하면 천년이 흐르도록 초목이 우뚝 서 있을 것이다.
乙	乙木은 비록 유약하지만 양(未)을 베고 소를 가를 수 있다. 丁을 품고 丙을 안고 있으면 봉황(鳳 : 酉金)에 올라앉고, 원숭이(猴 : 申金)를 탈 수 있다. 지지가 허(虛)하고 습하면 말(馬 : 午火)을 타고 있어도 역시 근심스럽다. 등라계갑(藤蘿繫甲 : 乙木이 甲木을 휘감아 든든한 것)이 되면 봄도 가능하고 가을도 가능하다.
丙	丙火는 맹렬하여 서리를 업신여기고 눈을 얕본다. 능히 庚金을 제련하나 辛金을 좇아 오히려 겁을 낸다. 土가 많으면 자비가 생겨나고, 水가 창궐해도 절개를 지킨다. 호랑이와 말과 개(虎馬犬 : 寅午戌 화국)가 있는 지지[향(鄕)]에 甲木이 오면 소멸해버린다.
丁	丁火는 유약한 가운데서도 내면은 밝게 빛나고 융합하여 녹인다. 乙을 포용하고 효도하며, 壬과 합하여 충성을 지킨다. 왕(旺)하여도 맹렬하지 않고, 쇠하여도 소진되지 않으니 만약 친모(정인, 甲)가 있으면 가을도 괜찮고 겨울도 괜찮다.

戊	戊土는 견고하고 중후하니 그 자체로 이미 중정(中正)하다.* 고요하면 모이고 움직이면 열리니 만물의 명(命)을 맡아 다스린다. 水가 윤택하게 하면 만물이 생하고, 흙이 메마르면 만물이 병든다. 만약 간곤(艮坤:寅申)에 있다면 충을 두려워하고 고요함이 마땅하다.
己	己土는 낮고 습한데, 중정(中正)하고 축적하고 저장한다. 木이 왕성한 것을 근심하지 않으며 水가 창궐하는 것도 두려워하지 않는다. 火가 적으면 (己土를 만나) 희미해지고 金이 많은데 (己土를 만나면) 빛이 난다. 만약 왕하고자 하면, (火土의) 방조(도움)가 마땅하다.
庚	庚金은 살기를 두르고 가장 강건(剛健)하다. 水를 얻으면 깨끗해지고, 火를 얻으면 예리해지며, 土가 윤택하면 생하고, 土가 건조하면 무르게 된다. 형인 甲을 이기지만 누이인 乙에게는 진다.
辛	辛金은 연약하니 온윤(溫潤)하고 청하다. 土가 많은 것을 두려워하며, 水가 가득차 넘치는 것을 즐거워한다. 능히 사직(社稷:토지신과 곡식신, 옛날에 국가의 무사와 안녕을 기원하며 사직단에서 사직신에게 제사를 지냄)을 지키고, 능히 생령(生靈)을 구할 수 있다. 뜨거울 때는 인수(土)를 좋아하고 추우면 丁火를 좋아한다.
壬	壬水는 통하(通河:은하수로 통함)**이니 능히 금기(金氣)를 설한다. 강중(剛中)의 덕(☵)***이 있으니 두루 흘러 막힘이 없다. 지지에 통근(通根)하고 癸水가 투출하면 하늘과 충을 하고 땅에 분탕질을 하게 된다. 화(化)하면 유정하고, 종(從)하면 상제(相濟:구제됨)하게 된다.
癸	癸水는 지극히 약하여 하늘의 나루터에 도달하였다. 용을 얻은 운에 신의 조화가 있다. 火土를 근심하지 않고 庚辛을 논하지 않으며, 戊와 합하고 火를 보면 진정한 화상(化象)을 이룬다.

* 중정(中正)은 주역의 괘 해석에서 효위의 중요한 개념이다. 2위와 5위 두 효의 위(位)를 '중(中)'이라 하는데, 효가 중에 있는 것을 '득중(得中)'이라고 한다. 양효가 중에 있는 것을 '강중(剛中)'이라 하고, 음효가 중에 있는 것을 '유중(柔中)'이라고 한다. 여기서 만약 음효가 제2위에 있고 양효가 제5위에 있으면 '중정(中正)'이라고 한다. '중'은 위(位)에 정해져 있지만, 짝수 자리에 음효가, 홀수 자리에 양효가 있는 것이 '정(正)'이다.

** 임철초는 통하(通河)를 '천하(天河)', 즉 '은하수에 통한다'고 해석하였다.

*** 감괘(☵)의 괘체를 말한다. 두 음효 사이에 양효가 있다.

3 십천간의 오행과 특성

앞서 십천간의 개요를 통해 각 글자가 형성된 과정과 의미, 성향과 조후의 문제 등을 알 수 있었다. 지금부터는 십천간의 음양오행 배속을 통해 방위와 물상, 기타 소속관계를 전체적으로 파악하도록 한다.

『연해자평』「논천간지지소출(論天干地支所出)」 편에 다음과 같이 적고 있다.

황제가 십간을 둥글게[원(圓)]을 펼쳐 하늘의 상을 본뜨고, 십이지를 반듯하게 펼쳐 땅의 상을 본뜨니, 비로소 천간으로 하늘을 삼고 지지로 땅을 삼았다. (중략) 이후 대요씨가 후세 사람을 위해 걱정하며 말하길, '아! 황제께서는 성인인데도 불구하고 그 악살을 다스릴 수 없었는데, 만에 하나라도 후세 사람이 재앙을 만나 고통을 당하면 장차 어찌하겠는가?' 하며 드디어 십간과 십이지를 분배하여 육십갑자를 완성하였다고 한다.

다음에 천간의 소속 방위에 대하여 다음과 같이 쓰고 있다.

甲과 乙은 木이고 동방에 속한다. 丙과 丁은 火이고 남방에 속한다. 戊와 己는 土이고 중앙에 속한다. 庚과 辛은 金이고 서방에 속한다. 壬과 癸는 水이고 북방에 속한다.

또 편람(便覽)으로 「십간체상(十干體象)」 편에서 십간을 논하여 다음과 같이 설명하고 있다. 내용이 길지만 가능한 전문을 다 옮겼다. 십천간의 물상과 성향, 다른 물상과의 관계가 비교적 풍부하게 정리된 내용이다.

甲木은 머리에 배열되고 원래 지엽과 뿌리가 없다. 천지에 천년 동안 오래도록 남고자 한다면 곧바로 모래와 진흙을 향해 만길[만장(萬丈)]이나 묻어야 한다. 깎아서 동량이 되려면 金을 얻어서 용해야 하고, 재와 숯으로 변하면 火가 재앙이 된다. 큰 몸집을 꿈틀거려도 기미가 없으니 춘추에 맡겨서 스스로 왕래한다.

乙木의 뿌리는 깊게 심어야 하고, 다만 양지가 마땅하고 음지는 마땅하지 않다. 물을 많이 만나면 표류하고 허공에 부유하니 가장 꺼리며, 金을 용하여 깎고 찍으면 어찌 고통을 감당하겠는가? 남방운으로 행하여 火가 염상하면 재액이 적지 않고, 서방운으로 행하거나 土가 중하면 화액이 더욱 침범한다. 동량은 뿌리까지 포함하지 않으니 변별하여 공부하는데 심혈을 기울여야 한다.

丙火는 밝고 밝은 태양이다. 원래 정대함을 따르고 사람이 지켜야 할 도리[강상(綱常)]를 세운다. 큰 광선을 천리 밖에서도 볼 수 있고, 큰 화염은 온 세상에 두루 퍼진다. 세상에 나와 기꺼이 부목(浮木)의 자식은 되지만(목생화), 축축한 진흙의 어머니로서 생을 전수하지 않는다(화생토). 강호의 사수(死水=壬水)가 어떻게 (丙火를) 극할 수 있겠는가. 오직 숲을 이루어 木이 재앙이 되는 것을 두려워할 뿐이다. (목생화가 지나친 것을 두려워함)

丁火는 그 형체가 하나의 촉등(등잔불)이므로 태양과 만나면 밝음을 빼앗긴다. 득시하면 천근이나 되는 철도 주조할 수 있으나, 실령하면 한 치의 금도 녹여내기 어렵다. 마른 잡목이 조금이라도 있으면 불을 피울 수 있지만, 젖은 나무는 많이 있어도 불꽃을 만들지 못한다. 왕쇠의 차이를 분명히 알아야 마땅하다. 왕하면 하나의 화로와 비교할 수 있고, 쇠하면 하나의 등잔불과 비교할 수 있다.

戊土는 성의 담이나 제방의 둑과 같으며, 강이나 바닷물을 정돈해야 하므로 뿌리가 후중해야 한다. 사주에 합이 있으면 체형이 더욱 건장하고, 일지에 뿌리가 허약하면 세력이 필히 붕괴된다. 힘이 박약하면 金에 의해 주설되는 것을 감당하지 못하고, 木이 소통해주면 공을 이루고 편안하게 쓰인다. 평생 가장 필요한 것은 동남운으로 행하여 건왕해지는 것이며, 신왕한데 동남으로 행하면 건왕함이 중화를 잃는다.

己土는 전원(田園)으로 사유(四維 : 건곤간손, 즉 서북·서남·동북·동남의 네 방위)에 속한다. 땅이 깊으면 능히 만물의 기초가 될 수 있다. 水金이 왕한 데 처하면 본신이 더욱 약해지며, 火土운에는 공을 이루어 격국이 최고로 기묘하다. 실령하면 어찌 검과 창을 매장할 수 있겠는가? 득시해야 바야흐로 큰 호미를 쓸 수 있다. 인수가 왕하고 합이 많아 지나치게 과장되면, 충형을 만나지 않으면 마땅하지 않다.

庚金은 완고하고 둔하여 성품이 강직하다. 火가 제복하면 공을 이루고 물이 많은 곳[수향(水鄕)]을 두려워한다. 여름에 태어나 동남운으로 행하면 단련이 과하고, 가을에 태어나 서북운으로 행하면 역시 눈부시게 빛난다. 水가 깊으면 도리어 다른 오행이 극해야 하고, 木이 왕하면 자기 스스로를 손상시킬 수 있다. 천간과 지지에 戊己土가 있는데 거듭 土를 만나면, 충파를 만나지 않으면 곧 매장된다.

辛金은 주옥으로 성품은 총명하다. 양화(丙)와 물이 맑은 것[수청(水淸)]을 가장 좋아한다.

염화로 단련하려고 노력하지 않아도 성취하고, 젖은 진흙의 생조와 부축을 특히 좋아한다. 木이 많고 火가 왕하면 서북운으로 행해야 마땅하고, 水가 얼고 金이 차가우면 丙丁火가 필요하다. 록지에 앉아 통근하여 신왕지로 행하면 후중한 土에 그 형체가 매몰되는 것을 어찌 걱정하겠는가?

壬水는 끝없이 넓은 바다[왕양(汪洋)]로 백천(百川)을 병합하며, 천하에 가득차서 흘러넘치고 대체로 끝없이 넓다. 천간과 지지에서 많이 모이면 표류하고 쓸어버린다. 火土를 거듭 만나면 본원을 고갈시킨다. 본성을 기르고 잉태하는 것은 모름지기 未午운으로 행해야 하고(未에서 양지, 午에서 태지) 장생하고 귀록이 되는 것은 건곤(乾坤=申亥)에 속한다. 신강하면 원래 재복이 없어도 되고, 서북운으로 행하면 소년기에 재액이 있다.

癸水는 마땅히 비와 이슬[우로(雨露)]이 된다. 亥子水에 통근하면 강물이 된다. 사주에 곤궁(坤=申)과 감궁(坎=子)이 없으면 더욱 신약해지며, 사주에 재관이 있어도 오히려 많지 않아야 한다. 申·子·辰 수국이 온전하면 상격이 되고, 寅·午·戌 화국이 완비되면 중화를 이루어야 한다. 설령 火土가 깊은 여름에 태어났더라도 서북운으로 행하면 어찌 태과하다고 하겠는가?

『연해자평』의 「십간체상」 편은 십천간에 대한 독특한 비유와 특성을 담고 있다. 각 천간별로 희기, 즉 좋아하는 것과 꺼리는 것이 있어서 사주팔자의 나머지 글자들과의 관계를 추론할 수도 있다. 현장 통변의 활용도도 높아서 여러 번 읽기를 권한다.

아래는 『삼명통회』에 정리된 십간의 의미와 다양한 상징적 물상이다. 『삼명통회』의 십간 분류를 통해 알 수 있는 것은 木火土金水의 원질적 물상은 모두 양간에 해당하고, 음간은 풀, 재, 모래, 돌, 하천 등으로 원질에 변화가 가해져서 인간의 일상에 좀 더 쉽게 소용되는 물질이 되었다는 점이다. 여기서 학습한 내용은 앞으로 사주통변 실전에서 해설의 중요한 실마리가 된다. 예를 들어 직업적으로 소리나 음식과 관련된다고 할 때 어떤 천간의 물상을 적용할지 알 수 있고, 화학계통·경제계통·문화계통·연예계통 등 다양한 직업군마다 떠오르는 십천간의 물상을 대입하여 읽을 수 있게 된다.

• 『삼명통회』의 십간과 물상

	자연의 물상	구체성	하늘의 상(象)	땅의 상(象)
甲	나무 [목(木)]	木의 줄기	우레, 용	들보, 마룻대
乙	풀 [초(草)]	木의 뿌리	바람	나무, 풀
丙	불 [화(火)]	火의 별자리 [수(宿)]	태양, 번개	화로, 다스림
丁	재 [회(灰)]	火의 빛 [광(光)]	무수한 별(은하수)	등불
戊	흙 [토(土)]	土의 단단함 [강(剛)]	노을, 안개	산
己	모래 [사(砂)]	土의 부드러움 [유(柔)]	구름	논밭(연못)
庚	쇠 [금(金)]	金의 바탕 [질(質)]	바람과 서리(달)	금과 쇠
辛	돌 [석(石)]	金의 칼날 [도(刀)]	달, (서리)	산과 바위의 광물
壬	물 [수(水)]	水의 근원 [원(原)]	구름(가을 이슬)	연못
癸	하천 [천(泉)]	水의 흐름 [유(流)]	비와 이슬(봄장마)	땅속의 샘 줄기

다음은 지금까지 살펴본 천간의 다양한 정의를 형상·방위·계절·색상 등의 기본적인 특징에 따라 분류한 내용이다. 그 아래에 사주 사례를 넣었다.

[甲木·乙木]

분류	특징
형상	 
방위	동쪽
계절	봄
행성	목성
색	청색·녹색
오장육부	간·담
성질	인자함, 따뜻함, 설득, 협동, 성장
성향	이상적, 윤리적, 성장욕, 야망

사주 사례

1987년생 곤명

시	일	월	연
壬	乙	丙	丁
午	巳	午	卯

乙木 곤명의 사주이다. 1987년생으로 丁卯년 토끼띠이고 午월 뜨거운 계절의 乙木 일간이다. 사주는 우측에서 좌측으로 과거, 현재, 미래를 읽는다. 나이에 따라 다르겠지만, 과거는 연주의 유년기와 월주의 청

년기, 현재는 일주의 장년기 또는 지금 내가 앉아 있는 자리, 그리고 미래는 시주의 노년기로 본다. 뜨거운 계절에 태어난 乙木 화초가 과거부터 계속 열기에 둘러싸여 있는 모습이다. 사유를 확장해보면, 화려한 조명불 아래 아름답게 피어난 꽃으로도 형상할 수 있다. 지금까지 화려함에 둘러싸여 살아왔지만 불꽃에 휩싸인 나무가 위태로워 보이기도 한다. 타오르는 갈증을 채워줄 물이 급선무인데, 水 오행이 시 천간에 외롭게 드러나 있다. 태강한 火는 정신적인 공허나 불안정으로도 읽을 수 있고, 필요할 때 적셔줄 물, 즉 육신으로 보면 모친의 부재나 부족함을 볼 수도 있다.

火 오행은 또한 일간 木이 상생으로 생산해내는 것이다. 일간의 재주가 다양함을 알 수 있다. 그 재주의 성향을 火 오행의 특성으로, 또 앞으로 배울 丙·丁火의 물상으로 해석할 수도 있다. 불빛, 조명불, 인터넷, 방송, 예술 등이 모두 火 오행이 상징하는 것이다. 그것을 인간의 삶에 적용해서 해석하면 된다.

[丙火·丁火]

분류	특징
형상	 
방위	남쪽
계절	여름
행성	화성
색	적색
오장육부	심·소장
성질	역동성, 정렬, 열정, 모험, 예술적 창조성
성향	경쟁적, 리더십, 강인함, 일편단심, 사랑, 정신, 신비, 영적교류

사주 사례

1962년생 건명

시	일	월	연
庚	丁	丁	壬
戌	巳	未	寅

丁火 일간의 건명 사주이다. 1962년 壬寅생이고 未월, 즉 음력 6월생의 음화 일간이다. 사주팔자는 항상 무슨 월(월지)에 태어난 어떤 일간인지를 파악하는 것으로 시작하는 게 좋다. 비록 월지가 土 오행이지만 未土는 뜨거운 기운이고 사주가 전체적으로 상당히 조열해졌다. 일간 옆에 또 하나의 丁火가 있고, 지지의 寅, 未, 巳, 戌은 모두 화국을 만드는 글자이다. 연간의 壬水는 丁火와 합하여 木 오행이 되려는 성향이 있다(「천간 오합」을 참조한다). 木은 火를 생한다. 사주 전체가 불구덩이이고 시간에 庚金만이 외로운데, 다행히 그 앉은자리가 戌土여서 토생금하여 庚金의 생사에는 지장이 없다. 그러나 庚戌은 괴강이다.

천간에 丁火가 2개 있어 촛불을 켜고 기도하는 물상이다. 이것은 신내림을 받은 남성의 명조이다. 무당이 되지 않기 위해 다른 업종을 찾았는데, 바로 침술이다. 사주에 많은 火 오행과 시간의 庚金 오행을 직업으로 쓰는 사주이다. 金 오행 중에서도 庚金과 辛金의 차이가 있는데, 庚金을 쓴다는 것은 침을 놓더라도 호침(침대와 침끝이 가는 침 종류)보다는 장침이나 대침을 많이 쓸 수 있겠다. 또 카이로프랙틱과 같은 척추관절 치료에도 실력이 좋았는데, 그 또한 庚金의 물상이다.

[戊土·己土]

분류	특징	
형상		
방위	중앙	
계절	환절기	
행성	토성	
색	황색	
오장육부	비 · 위	
성질	침착, 안정, 신중, 성실, 고집, 신뢰	
성향	절제된, 논리적, 의무	

사주 사례

1959년생 건명

시	일	월	연
戊	己	己	己
辰	丑	巳	亥

1959년생 己土 일간의 건명 사주이다. 巳월 즉 음력 4월생인데, 巳월은 丙火라는 태양의 물상이 강한 계절이다. 이 사주에서 월지 巳火 옆에 있는 글자 亥水가 丙火를 가리고, 일지 丑土 또한 물을 잔뜩 머금은 土

이다. 사주에 귀한 巳火를 희구하여 태양열 사업을 하려고 했으나 여의치 않아서 고민 상담한 경우이다. 이 사주에 재물을 의미하는 글자는 일간 土가 극하는 水 오행인데, 巳亥가 서로 충을 하고 있어서 태양열 사업에 장애가 있었다. 다른 자리의 지지 丑과 辰에도 水 오행이 들어 있는데, 사업에 실패하고도 형제의 도움은 있었다.

일간과 같은 오행을 비견과 겁재라고 한다. 이 사주는 천간에 같은 土 오행이 여럿 있는데, 이와 같이 비겁이 많으면 그만큼 돈이 나갈 일도 많다고 한다. 사업을 계획한다면 비겁을 피해서 하는 것이 좋다. 일간 己土는 연과 월에 있는 같은 글자 己土와 관(직업과 지위)을 나눠 써야 한다. 己土에게 관을 뜻하는 글자는 甲木인데, 甲木과 己土는 천간합을 하려고 끌어당기는 경향이 있다. 이 경우 일간은 사회적 경쟁자에게 자리를 한 번씩 빼앗기는 경험을 하게 된다.

[庚金·辛金]

분류	특징
형상	 
방위	서쪽
계절	가을
행성	금성
색	백색
오장육부	폐·대장
성질	결단력, 자립, 완강, 강인함, 단호
성향	속을 내비치지 않음, 자신만의 공간이 필요, 절제, 세련

사 주 사 례

1934년생 곤명

시	일	월	연
戊	辛	乙	甲
子	卯	亥	戌

1934년생 곤명 사주이다. 亥월은 추운 계절로 음력 10월을 나타낸다. 辛金 일간이 추운 계절에 태어나서 金 오행의 상징 오장육부인 폐와 대장의 만성천식으로 고생한 사주이다. 가을과 겨울에 태어난 辛金 일간이 子시에 태어나면 시간에 戊土가 오게 되는데, 이런 사주 구성을 조양격이라 한다. 따로 관살(辛金을 극하는 火 오행)이 없어야 사주가 귀해지는데, 시주에서 귀한 정관 丙火를 끌어와 얻는다는 것이다. 이것은 丙火라는 실자(실제의 글자)가 없어도 끌어오는 허자의 개념이다. 다른 자리에 관이 없어도 여자 사주에 결혼도 하고, 남자 사주에 자식을 얻게 된다.

金 일간이 월지 水 오행을 보면 금수상함(金水相涵) 또는 금수쌍청(金水雙淸)이라 귀하게 보고, 그런 명조는 지혜로워서 총명하고 영특하다고 한다. 또 사주에 戌과 亥를 보아도 천문성이라 하여 영감과 직관이 뛰어나다고 하였다. 일찍이 고등학교를 마치고 숫자 계산에도 뛰어나 수억대 재산가로 살았다.

연지 戌土가 火의 창고이면서 비록 시간의 戊土와 멀리 떨어졌지만 통근처의 역할도 하였다. 이 사주는 부동산으로 재산을 축적하였고 평생 빌딩을 소유하여 임대업으로 살았다. 연·월 천간의 木 오행과 일지 卯木, 그리고 월지 亥水도 모두 목국을 이루고 있다. 일간이 극하는 오행, 즉 이 경우 금극목하는 木 오행이 재물을 의미한다. 신약한 辛 일간에게 태왕한 木 오행 재성은 부담되는 성분이지만, 시간 戊土와 연지 戌土를 용신 삼아 평생을 살았다.

[壬水·癸水]

분류	특징
형상	 
방위	북쪽
계절	겨울
행성	수성
색	흑색·진청색
오장육부	신장·방광
성질	외교적, 매력적, 직관, 연민, 감각적, 창의적
성향	유연, 순응, 의사소통, 지성

사 주 사 례

1966년생 건명

시	일	월	연
庚	壬	丁	丙
戌	午	酉	午

2000년생 건명

시	일	월	연
甲	壬	丁	庚
辰	申	亥	辰

첫 번째 1966년생 壬水 일간은 사업가의 사주이고, 두 번째 2000년생 壬水 일간은 영재의 사주이다. 둘 다 건명이다.

일간을 생하는 오행이 어머니, 학업, 자격증, 인허가 등을 나타낸다. 壬水를 생하는 것은 金 오행으로, 두 사주 모두에 庚金으로 와 있다. 첫 번째 사주는 시간에 드러나 월지에 통근하였고, 두 번째 사주는 연간에 드러나 일지에 통근하였다.

1966년생은 발명특허를 이용하여 대중국 무역을 하는 성공적인 사업가이고, 2000년생은 어려서부터 학업이 우수한 영재이다. 1966년생 사주에서는 재성의 상태가 태왕하여, 살인(칠살과 인수)의 도움으로 일간이 재성을 상대하고 있다. 학창시절 공부에 관심은 없었지만 주변 동료들 사이에 리더십이 있었고 사업가 기질을 잘 발휘한 남성이다.

마지막으로 지금까지 설명한 십천간의 자의나 자연의 물상 등의 특징을 참조하여 사주팔자에서 긍정적 또는 부정적 의미를 요약하고, 각각의 직업적 성향과 함께 정리하였다.

① 甲

甲은 양목으로 대지를 뚫고 나오는 새싹의 모양을 형상화하였다. 사계절의 시작으로 십간의 우두머리이고, 우레와 봄의 아지랑이를 상징하기도 한다. 소나무, 전나무처럼 잔가지나 곁가지가 거의 없이 하늘 높이 솟아오른 거목의 형상이다. 물상으로 대림목, 동량지목, 강목, 재목에 비유되고, 오행 중 乙木과 함께 유일한 생명체이다.

사주팔자를 읽을 때 木 오행의 상태로 그 팔자의 생기를 해석하기도 한다. 甲은 환경을 중시하고 己土를 좋아한다. 천간 오합으로 甲己합이 되기 때문이다. 시작을 나타내고 머리, 국가의 제왕, 가정의 가장, 단체나 회사의 대표를 의미한다.

직업적으로 계획, 창조, 긍정성, 학자, 기획 등의 업무와 관련이 있고 교육, 창시자, 정치, 총무, 목재, 건축 계열 등에 종사한다. 乙은 계절을 중요시하지만, 甲木은 계절을 잘 안 탄다.

다른 사람의 구속을 싫어하고 인자하고 청순한 마음, 당당하고 활기찬 성향이다. 긍정적, 적극적, 강한 행동력의 리더형이다. 반면 사주 구성이 나쁘면 남을 탓하고, 반항하고 시기와 질투가 많다. 자신감을 상실하면 조급증, 폭력성, 변덕이 있고, 겁많고 게으른 사람이 되기도 한다. 나서기를 좋아해서 상대의 공격대상이 되며, 시작은 잘하지만 마무리를 못하고 결과가 없으며, 좌절하고 실패하면 회복이 쉽지 않은 유형이다.

② 乙

乙은 음목으로 가지와 잎사귀가 뻗어나가기 시작하는 만춘의 나무이다. 그 외 물상으로 바람, 생명, 창조 등을 상징하기도 한다. 살아 있는 화초목으로 꽃이 피어 열매가 있으며, 甲木에 이어 만물을 키우는 물상이다. 甲木이 사목(死木)이라면, 乙木은 활목(活木)으로 화초, 잔디, 잡초, 덩굴, 곡식, 작은 나무, 습목 등 환경 적응이 뛰어나고 모든 물체를 이용할 줄 아는 나무 종류이다. 丙은 태양, 丁은 별, 乙은 달을 상징하기도 한다.

직업적으로 원예, 섬유, 중개, 출판, 화장품, 한약, 인테리어, 상담, 유아교육 등의 분야에 종사한다. 乙木은 계절을 중요시하고 현실적이며 생활력과 인내심이 강한 편이다. 긍정적으로 발현되면 현실 적응력이 뛰어나고, 쉽게 포기하거나 좌절하지 않고 끈질기며, 모든 것을 이용할 줄 아는 지혜로운 타입이다. 외적 화려함보다 내실을 중시하며 유연하다. 부정적으로 발현되면 너무 강한 집착과 이해타산적인 소인배 기질을 보인다. 자기 위주로 타인을 이용하는 마음이 강하여 팔자가 불량하면 비현실적이고 줏대가 없으며, 겁이 많고 신경질적이고 집중력이 약해질 수도 있다.

③ 丙

丙은 양화로 가지에 꽃이 달려 있는 모양을 형상화하였고 빛과 태양을 상징한다. 만물을 비추고 배양하여 발달이 빠른 편이다. 하늘의 강한 빛, 뜨거운 열기, 발산하는 태양, 만질 수 없고 기(氣)적인 의미로 주변 영향을 받지 않는 자체의 열기이며, 개성이 강하고 열정적인 타입이다.

직업적으로 丙은 눈빛도 상징하여 안과와 관련이 있고, 감정사, 오락, 항공, 전도, 교육, 상단, 연예인, 미용, 예술 계통에 종사한다. 문명과 화려함을 상징하여 즐겁고 신나는 에너지로 여자나 남자가 丙火 일간이면 대체로 예쁘고 잘생겼다.

긍정적으로 발현되면 예의 바르고 원칙을 중시하며 봉사정신이 강하고 공명정대하여 거짓 없고 바른말을 한다. 뒤끝이 없고 성정이 활발하며 매사에 긍정적이고 적극적이다. 부정적으로 발현되면 남의 일에 간섭하고, 말이 많다 보니 구설수가 따를 수 있다. 불 같은 성질로 항상 본인이 손해를 볼 때가 많은 편이고, 침착성이 부족하여 무례하거나 폭력적이고 공격적일 수 있다.

④ 丁

丁은 음화로 기운이 솟아 있는 모양, 하늘에서는 별이나 달, 땅에서는 열기를 의미한다. 丙火에 이어 만물의 정(精)이 되어 문명의 상이 되었다. 활화(活火)이고 등화(燈火)이며, 저녁에 사용하는 촛불, 난로, 등불, 전깃불 등이 모두 丁火의 물상이다.

직업적으로 미용, 포장, 예술, 연예인, 연설, 교육, 화술 등과 관련이 있는 계통에 종사한다. 丁은 壬癸보다 戊己(구름, 땅)를 두려워한다. 불이 나면 戊己인 흙으로 끄는 이치이다. 허무함, 따뜻함, 포근함, 아늑함 등으로 기운 자체가 빛이 아닌 열기이다. 주변 환경에 절대적인 영향을 받는 물상이다.

사교적이며 화술이 뛰어나고 활발하지만 말에 가시가 있다. 헌신적이고 봉사정신이 강하며 모성애 기질이 있다. 긍정적으로 발현되면 인정 많고 희생정신이 강하며, 현실적이고 긍정적이며 진취적이다. 환경이 불안정하면 이중적이고 양면성을 보여 변덕과 감정 변화가 심하다. 사주가 안 좋으면 기복이 심하고 집중력이 결여될 수 있다. 사회활동에 더 비중을 두느라 가정에 문제가 발생할 소지도 있다.

⑤ 戊

戊土는 양토로 사물이 무성하다는 뜻이고, 물을 잘 막을 수 있는 물상이다. 산, 제방, 성벽 등 황량한 들판, 황무지, 메마른 고원, 고산지대 등을 상징하므로 木이 성장하기에는 부실한 땅이다. 하늘에서는 구름, 땅에서는 산, 하늘과 땅 사이의 용을 상징하기도 한다. 열기와 온기가 습기보다 강해 초목이 성장하기 어려우니 주변 조후를 살펴서 판단해야 한다.

믿음, 신용을 중시하여 직업적으로 장관, 교도관, 보험, 부동산, 국방, 건축, 산림, 미용, 디자인, 인테리어 등의 분야에 종사한다. 긍정적으로 발현되면 자기 주관이 뚜렷하고 묵직하며 중후한 인품으로 포용력과 리더십이 강점이며, 일희일비하지 않는다. 부정적으로 발현되면 너무 고지식하여 무뚝뚝하고 고집이 세며, 성격이 신경질적이고 이중적이어서 속을 알 수 없는 모습이다. 사소한 일에 너무 무관심하고 정이 없어 배우자를 답답하게 만들기도 한다.

⑥ 己

己土는 음토로 초원지대나 문전옥답의 물상이다. 음을 일어나게 하는 것으로, 수목을 생하여 전원의 땅이라 불린다. 木 성장에 적당한 음토로 甲이 제일 좋아한다. 그러나 주변 환경에 따라 戊土보다 못한 땅이 될 수도 있으니, 특히 심한 가뭄과 같이 사주의 조후가 조열한지를 살펴야 한다. 양(봄, 여름)과 음(가을, 겨울) 사이에 있다.

직업적으로 주말농장, 비서, 도시계획, 식량, 기획 등의 분야에 종사한다. 양(봄, 여름)과 음(가을, 겨울) 사이에 있다. 긍정적으로 발현되면 자기 중심이 있고 믿음과 신용을 중시하며, 타인을 배려하고 이해하려 하며 희생적이고 포근히 감싸주는 모성애적 성정을 가지고 있다. 안정과 평화의 마음을 갖고 항상 중립적이다. 부정적으로 발현되면 개성이 없고 속을 알 수 없으며 이중적이다. 사물을 보는 시야가 좁고 의심이 많으며 능글맞기도 하다. 이기적이고 보수적이며 자기 위주이고 고집이 세다.

⑦ 庚

庚金은 양금으로 질은 강하고 예리하며, 잘 제련되면 강하고 위엄이 있다. 큰 칼, 원광석, 원석, 강철, 도끼, 가을 기운, 바위, 제련되지 않은 금, 금석 등의 물상이며, 환경에 따라 음의 金으로 바뀌기도 한다. 乙이 보름달이라면 庚은 초승달이다.

직업적으로 군인, 총검, 종, 도끼, 기차, 자동차, 운동기구, 강철, 광업, 카리스마와 관련이 있다. 긍정적인 면으로 심성이 강직하고 순수하며, 의리와 소신이 있고 결단성이 강하다. 천진난만하고 마무리를 중시하며, 실리적이고 의지가 굳으며, 한 번 인간관계를 맺으면 변치 않는 특성이 있다. 반면 부정적으로 발현되면 고집이 세고 무모한 행동을 서슴지 않는다. 남의 눈치를 보기도 하고, 자기중심적이며 융통성이 없고, 순발력이 떨어져서 결론을 내지 못하고 가정적이지 못하다.

⑧ 辛

辛金은 음금으로 강한 듯 유하다. 수중에서 빛을 발하여 물을 좋아하고 土가 많은 것을 기피한다. 주옥, 만들어진 보석, 서리, 작은 칼, 연필 깎는 칼, 침, 바늘, 보석 등 제련되고 가공된 金의 물상이다. 위치나 크기에 관계없이 양금에서 외부 환경에 의해 변화가 일어난 모든 金의 형태로, 쓰임새가 없으면 무의미하다. 깔끔하고 내적으로 단단하며, 자기 감정을 표출하지 않는다.

직업적으로 검찰, 조사관, 세무, 의사, 연예인, 반도체, 액세서리, 청결 등과 관련 있는 분야에 종사한다. 긍정적으로 발현되면 강한 정신력과 굳은 마음으로 단호하게 행동한다. 칼 같은 사람이지만, 의외로 온순하고 부드러운 면도 있어 보석같이 섬세하고 깨끗한 사람이다. 부정적으로 발현되면 너무 냉철하고, 과시욕이 있으며 남이 알아주길 바란다. 팔자에 따라 마무리가 신통하지 않고 비관적이며, 살기를 띠기도 하고 집착하여 소외당할 수도 있다.

⑨ 壬

壬水는 양수로 많은 물[백천(百川)]의 수원지이다. 초목을 자양하고 만물을 육성하여 임신을 가능케 하는 물, 강물, 호수나 바다와 같은 거대한 물을 상징하지만, 동식물이 음용하기에는 어려운 물로 환경에 따라 음수로 변하기도 한다. 겨울의 초입이다.

직업적으로 사업가, 연구직, 교수, 산부인과, 교통, 인터넷, 냉동 수산, 자궁, 난자나 정자와 관련된다. 긍정적일 때는 융통성이 있고 포용력이 있으며 순발력이 대단하다. 마음이 넓고 깊으며 이해심이 많고, 지혜와 유연성을 겸비하여 침착하고 차분하다. 부정적으로 발현되면 속을 알 수 없으며 비밀이 많다. 음란하고 능글맞으며, 때때로 질풍노도와 같은 성정을 보이고 변덕이 심한 편이다. 중립적이지 못하고 편견을 가질 때가 많다. 타인의 능력이 자신보다 뛰어나면 순종적이고, 그렇지 못하면 상대를 무시하는 경향이 있다. 사색적, 비현실적이고 감정 조절이 안 되기도 한다.

⑩ 癸

癸水는 음수로 활수(活水)이다. 수맥은 수목의 뿌리를 적시고 봄과 가을에 태어난 것이 좋다. 우로, 얼음, 빗물, 비, 이슬비, 석간수, 계곡물, 시냇물, 음용수, 흐르는 물, 생명수 등의 물상으로, 주변 환경에 따라 壬水로 변하기도 한다. 甲을 열어주는 존재로 음 중의 음이지만 양을 가지고 있다. 물 위에 떠 있는 얼음과 같다.

마음이 온순하고 깨끗하여 순종적이고 눈물이 많고 거짓말을 못한다. 직업적으로 종교, 심리, 잠수, 소방, 스파이, 참모, 설계, 측량, 청결 등과 관련이 있는 업종이다. 긍정적 측면으로 총명하고 영리하여 지혜로운 사람이다. 모질지 못하고 여린 성품이지만, 부정적으로 발현되면 변덕이 심하고 환경변화에 따라 민감하게 반응한다. 너무 냉철하여 주변 사람으로부터 소외되고, 팔자에 따라 정신이 산만하거나 소극적이고 비관적이며 집중력과 실천력이 떨어질 수 있다.

4 십천간별 역사적 인물의 사주 예시

여기서는 세계적, 역사적 인물의 사주를 통해 오행과 십천간의 특성을 알아본다. 이미 알고 있거나 조금만 검색해보면 그 인생사를 알 수 있는 인물이 대부분이다. 필자는 어떤 사회적 이슈가 생기면 그 사람의 사주팔자를 찾아 읽는 연습을 자주 한다. 요즘 인터넷에서는 생시를 모른 채 생일로 3개의 기둥을 뽑아 읽고 풀이를 올리는 경우가 많은데, 되도록 생시까지 확인된 사례로 검증하는 것이 좋다.[주8] 여기에는 대표적인 사례 몇 가지만 소개하지만, 더 많은 인물을 찾아 사주를 확인할 수 있을 것이다. 지금까지 배운 십천간의 물상과 성질을 다음에 열거한 사주의 구조와 일간의 성향을 통해 더 잘 이해하는 기회가 되길 바란다.

나폴레옹(Napoleon Bonaparte) 1769. 8. 15 ~ 1821. 5. 5

시	일	월	연
庚	甲	壬	己
午	午	申	丑

프랑스의 군인이면서 프랑스혁명이라는 사회적 격동기 이후 제1제정을 건설한 제1통령이다. 국정을 정비하고 법전을 편찬하는 등의 개혁정치를 실시하고, 유럽 전 지역으로 세력을 넓혔다. 러시아 원정에 실패하여 엘바 섬에 유배되었고, 워털루전투에

주8 「만세력」에서 자세히 설명하겠지만 유명인사의 경우 www.astrodatabank.com 사이트에 접속하여 생시까지 확인할 수 있다.

서 패배하여 세인트헬레나 섬에 유배되었다.

먼저 甲木 일간의 리더십을 생각할 수 있고, 월지 申金과 시간 庚金으로 투간한 칠살이 있다. 무기나 전쟁과 관련된 물상, 또 직업성으로 군인이라는 것도 추정할 수 있다. 살인상생하는 사주이다.

세종대왕 1397. 5. 7~1450. 4. 8

시	일	월	연
甲	壬	乙	丁
辰	辰	巳	丑

조선 전기의 4대 왕으로, 1418년 6월에 왕세자에 책봉되어 8월에 태종의 양위를 받아 즉위하여 1450년까지 재위하였다. 한국 역사상 가장 존경받는 왕으로 집현전을 설립하여 인재 양성에 힘썼고, 유교에 기반한 의례와 제도를 정비하고 방대한 편찬사업을 하였다. 그중 한국인들이 가장 빛나는 업적으로 꼽는 훈민정음 창제가 있다.

巳월의 壬水 일간이 묘지 辰土를 여럿 가지고 있으니 반드시 형제의 비사가 있다. 월지 巳火는 비록 壬水의 절지로 단절을 의미하지만 천을귀인이다. 연간의 丁火 재성은 비록 백호에 앉아 있지만 巳월의 왕지를 얻었고, 일간과 합을 할 수도 있다. 재성은 아버지를 의미한다. 巳월의 壬水가 甲乙木 식상을 보았으니 총명하고 아름다운 발명품이 있다.

이순신 장군 1545. 4. 28~1598. 12. 16

시	일	월	연
甲	庚	庚	乙
申	午	辰	巳

조선의 명장으로 1572년 별과에 응시하였으나 탈락하였고, 30세가 지난 1576년에 무과 병과에 급제하여 관직에 나섰다. 1589년 전라도에 파견되었고, 1592년 임진왜란 당시 삼도수군통제사로 수군을 이끌고 왜군을 물리치는 혁혁한 공을 세웠다.

연간의 乙木 정재를 월간의 庚金이 합거해간다. 일간 庚金 입장에서는 경쟁자에게 공로를 빼앗기는 일이 생긴다. 월지 辰土에 통근한 재성이 관살을 생하는 재생살 사주로, 일간이 시지 申金의 록지를 모았으니 살기를 감당할 세력이 있다. 일지 午火와 시지 申金 사이에 공귀로 들어온 천을귀인 未土가 아름답다.

아돌프 히틀러(Adolf Hitler) 1889. 4. 20~1945. 4. 30

시	일	월	연
丁	丙	戊	己
酉	寅	辰	丑

오스트리아-헝가리 제국에서 평범한 세관원의 아들로 태어났다. 화가를 꿈꾸다 제1차세계대전이 발발하자 독일군에 자원입대하였고, 패전 이후 나치당의 전신인 독일 노동자당에 입단하여 정치를 시작하였다. 1933년 독일 총리가 되어 1945년까지 독재자로 군림하면서 1939년 폴란드 침공을 시작으로 제2차세계대전을 일으키고, 유대인 대학살을 주도하였다. 戊己土 식상이 태과하니 자기절제가 안 되는 사주이다. 寅酉 원진이 있다.

로널드 레이건(Ronald Reagan) 1911. 2. 6~2004. 6. 5

시	일	월	연
壬	戊	庚	辛
子	申	寅	亥

미국의 제 40대 대통령이다. 공화당 소속으로 1981년부터 1989년까지 재임하였다. 취임 초부터 경제회복을 위해 레이거노믹스를 주창하여 경제를 활성화하였고, 대외적으로는 군사력 바탕의 평화를 표방하였다. 뛰어난 언변을 앞세워 국민들과의 소통을 중시하여 위대한 소통가라는 별명을 얻기도 했다. 일리노이주 출생으로 경제학과 졸업 후 아나운서로 일하였고, 1937년 할리우드에 진출하여 1964년까지 약 50편의 영화에 출연하였다. 첫 부인과 이혼하고 1952년 낸시와 재혼하였다.

寅월 편관 장생월의 戊土 일간이 寅申충을 당하였으나, 각각 寅亥합과 申子 수국으로 재생살이 되고 흉의를 해소하였다. 庚辛金 식상을 써서 영화배우가 되었으나, 결국은 편관 寅木을 써야 하는 사주이다. 寅申충을 해소하는 申子 수국과 寅亥합이 모두 재성 水에 의해 가능했고, 庚辛金 식상과 편관 寅木을 통관하여 격국을 성격시키는 성분도 재성이다. 초년에 만난 亥水와는 인연이 단절되었으나, 나중에 만난 子水의 처덕이 이어졌다.

헨리 키신저(Henry Kissinger) 1923. 5. 27~

시	일	월	연
丙	庚	丁	癸
戌	子	巳	亥

미국의 국제 정치학자이자 외교관이며 행정가이다. 보수주의 정치인으로 닉슨과

포드 정부의 중책을 맡았고, 1970년대 미국 외교정책에 압도적인 영향력을 행사한 인물이다. 1973년 노벨평화상을 수상하였지만, 그의 정치현실주의가 반인도적이라는 비판을 받았다.

巳월에 태어난 庚金 일간이 장생을 만나서 약하지는 않지만 관살의 기세가 지나치게 강하여 관살혼잡이 되었다. 이때는 식상의 제살이 시급하다. 이 사주는 지지에 巳亥충으로 혼잡을 걷었으니 상관가살하고 권력을 장악하는 능력이 뛰어나다. 巳亥충은 젊은 시절 역마와 고생을 의미하니 초년에 고향을 떠나오는 역경을 경험했다.

엘리자베스 여왕(Elizabeth II) 1926. 4. 21~2022. 9. 8

시	일	월	연
丁	庚	壬	丙
丑	辰	辰	寅

1952년부터 2020년까지 70년 가까이 재위한 영국의 여왕이다. 전 세계 역사상 여왕으로서 가장 긴 기간 재위하였다. 아버지 조지 6세의 사망으로 25세에 여왕의 자리에 올랐고, 재위기간 동안 늘 영국 국민의 환호를 받았다.

신왕하고 식신으로 제살하고 또 살인상생이 된 사주이다. 천간의 관살혼잡을 식신이 제살하여 정관만 남긴 전형적인 성격의 사주로, 영웅이 될 수도 있다고 한 사주 구성이다.

다이애나 왕세자빈 1961. 7. 1~1997. 7. 1

시	일	월	연
癸	乙	甲	辛
未	未	午	丑

1981년 영국 왕위계승 서열 1위의 찰스 왕세자와 세기의 결혼식을 올렸으나 1996년 8월에 15년의 결혼생활을 마치고, 1997년 불의의 교통사고로 36세 젊은 나이에 사망하였다. 남편 찰스 왕세자와 두 아들을 낳았지만 영국 왕실과 관계가 원만하지 못했고 남편의 외도로 결혼생활은 내내 불행하였다. 다이애나의 사주에 대해서는 뒤에서 자세히 설명하겠다.

달라이 라마(Dalai Lama) 1935. 7. 6~

시	일	월	연
甲	癸	壬	乙
寅	未	午	亥

달라이 라마는 티벳 망명정부의 실질적 지도자이며, 정신적 지주를 말하는 명칭이기도 하다. 14대 달라이 라마는 1935년 티벳 농가에서 출생하여 2세에 제13대 달라이 라마의 환생자로 인정받고 1940년 제14대 달라이 라마로 공식 취임하였다. 1959년 중국 공산당을 피해 인도로 망명하였고, 이후 국제사회의 지지를 받아 1989년 노벨 평화상을 수상하였다.

더울 때 태어난 癸水 일간이 종교계의 지도자가 되는 경우를 많이 보았다. 기타 종교계의 여러 지도자들의 사주도 검증하였는데, 癸水 일간의 특이성으로 설명할 수도 있다. 이 사주는 형합격 사주이다. 형합격에 대해서는 「격국론」을 참조하기 바란다. 형합격은 癸水 일간이 甲寅시에 태어났을 때 甲寅이 형살로 巳火를 불러오고 일간은 巳 중 무토를 정관으로 귀하게 쓴다는 말이다. 巳火는 癸水의 천을귀인이기도 하다. 사주에 戊己土가 없어야 하고, 申金이 寅木을 파괴하는 것을 꺼린다.

딕 체니(Dick Cheney) 1941. 1. 30~

시	일	월	연
壬	戊	己	庚
戌	寅	丑	辰

미국의 제46대 부통령을 지냈다. 풀네임은 리처드 브루스 체니(Richard Bruce Cheney)인데 통상적으로 애칭인 딕 체니로 많이 불린다. 조지 W. 부시 행정부의 실질적 권력자였다. 1941년 출생하여 예일대학을 다녔으나 학업 부진과 품행 불량으로 퇴학당했다. 부인 린 체니가 적극적으로 갱생시켜 와이오밍대학교에 다시 입학하고 정치학 학사와 석사학위를 받았다. 도널드 럼즈펠드 밑에서 정치를 배웠으나 이후 럼즈펠드가 경질될 때 지켜주지 않았다. 1978년 하원의원에 당선되고 1988년까지 6선에 성공하였다.

일간 주변에 비견겁의 글자가 많으면 그만큼 경쟁구도가 다양하고 복잡하다는 뜻이다. 비견겁이 중중한 이 사주는 연간의 식신 庚金과 시간의 편재 壬水를 모두 귀하게 쓰고, 일지의 편관 寅木을 생하는 구도가 아름답다.

고이즈미 준이치로 1942. 1. 28~

시	일	월	연
戊	辛	辛	辛
戌	酉	丑	巳

일본의 정치 명문가에서 태어나 조부와 부친에 이어 3세대 국회의원을 지냈으며, 제 87, 88, 89대 내각총리대신을 역임했다. 대학에서 경제학을 공부하고 영국으로 유학을 떠났으나 부친의 급사로 갑자기 귀국하여 부친의 지역구에서 27세의 나이에 정계입문하였다. 1990년부터 정계에서 두각을 나타냈다.

여러 개의 검도[신금(辛金)]가 보이고 지지에서도 모두 금국을 이룬다는 것을 알 수 있다.

버락 오바마(Barack Obama) 1961. 8. 4~

시	일	월	연
癸	己	乙	辛
酉	巳	未	丑

미국의 제44대 대통령이다. 미국 역사상 최초의 흑인 대통령이다. 케냐 무슬림 집안 출신으로 아버지는 케냐의 경제학자였으나 본인은 무슬림을 따르지 않았다.

己土 일간이 未월에 태어났다. 일지 巳火는 일간을 제왕으로 만들고 또 월지 未土와 합을 하니 그 세력이 더욱 강해진다. 이렇게 강한 일간에게는 일간을 극하는 세력의 유무가 급선무인데, 그것을 관살(정관과 칠살)이라 한다. 관살이 있는 경우 권세를 누릴 수 있다. 이 사주는 월지 未土의 지장간에 통근하고 있는 칠살 乙木이 월간에서 세력을 얻었다. 그러나 연간 辛金의 위협도 있고, 다음에 배우겠지만 연지와 월지의 충, 즉 丑未충의 사연도 있다. 부모의 문제나 성장기의 고생은 피할 수 없다.

도널드 트럼프(Donald Trump) 1946. 6. 14~

시	일	월	연
己	己	甲	丙
巳	未	午	戌

미국의 제45대 대통령이다. 정계 진출 이전에는 베스트셀러작가, TV쇼 진행, 영화출연 등으로 유명세를 탄 부동산 재벌이자 사업가였다. 미국 역사상 최고령 대통령이자 역대 대통령 중 보유재산이 가장 많은 대통령으로 기록되었다. 자기 소유의 회사

를 4번 파산시킨 전력이 있는 기업인이기도 하다.

1991(辛未)년 戊戌(38) 대운 46세 때 애틀랜틱시티의 타지마할을 당시 돈으로 10억 달러 넘게 빚더미에 올려놓고 파산을 신청했다. 1992(壬申)년에는 트럼프 플라자 호텔의 부채가 5억 5천 달러에 이르렀고, 2004(甲申)년 庚子(58) 대운 59세에는 트럼프 호텔과 트럼프 카지노를 파산에 이르게 하고, 2009(己丑)년 庚子(58) 대운 64세에는 트럼프 엔터테인먼트 리조트의 채권이자를 내지 못해 파산하였다.

2014(甲午)년 辛丑(68) 대운 69세에 부동산 사업뿐만 아니라 연예관련 사업도 했는데, 미스 USA와 미스 유니버스를 소유하기도 하였다. 2016(丙申)년 辛丑(68) 대운 71세에 미국 제45대 대통령에 당선되었다.

조 바이든(Joe Biden) 1942. 11. 20~

시	일	월	연
甲	丁	辛	壬
辰	丑	亥	午

미국의 제46대 대통령이다. 미국 최고령 대통령으로 오바마 행정부에서 부통령을 역임했다. 첫 아내 닐리아 바이든(1942. 7. 28~1972. 12. 18)은 1세된 딸과 함께 30세의 나이에 교통사고로 사망했다. 두 번째 아내 질 바이든(1951. 6. 3)과는 1977년에 재혼하였는데 교육학 박사이고 커뮤니티칼리지 강사이다. 아들 보 바이든(1969. 2. 3~2015. 5. 30)은 이라크전에 참전하여 무공훈장도 받고 민주당원으로 델리웨어주 법무장관도 역임하였으나, 2015년 46세 나이에 뇌종양으로 사망하였다.

丁火 일간이 월지 정관 亥월이고 연간에 투간하였다. 亥는 丁火의 천을귀인이기도 하다. 국가공무원의 사주이다. 사주가 목생화, 화생토, 토생금, 금생수로 흐르는데, 일주 丁丑 백호와 시주 甲辰 백호살이 두렵다. 일주는 부부궁이고 시주는 자식궁이다.

블라디미르 푸틴(Vladimir Putin) 1952. 10. 7~

시	일	월	연
癸	丙	己	壬
巳	戌	酉	辰

러시아 연방 제2대와 4대 대통령이고 장기집권하였다. 1999년 취임한 이래 다수의 부정선거 논란과 정적을 암살하였다는 의혹을 받고 2020년 대통령 연임 제한을 철폐하면서 사실상 종신집권의 길을 열었다. 2022년 우크라이나 침공을 감행하여 국제적 비난을 샀다.

관살혼잡 사주인데 상관이 관을 다스리고 있다. 정권 장악력이 뛰어나고, 월지에 酉金 천을귀인이 좌우로 합을 한 것은 그 덕이 상당하다는 말이 된다. 지지에 巳戌 귀문과 원진이 있으니 반드시 독특한 취향과 성향이 있다.

콘돌리자 라이스(Condoleezza Rice) 1954. 11. 14~

시	일	월	연
己	甲	乙	甲
巳	戌	亥	午

미국 조지 W. 부시 정권에서 콜린 파월의 뒤를 이어 국무장관을 지냈다. 공화당 소속으로, 아프리카계 미국인으로 콜린 파월에 이어 2번째이고 여성으로서도 울브라이트에 이어 2번째 국무장관이다. 스탠포드대학교 정치학과 교수를 지내다 임용되었고, 부시 정부의 공직을 마친 후 스탠포드대학교로 복직하여 부총장을 지냈다.

이 사주도 巳戌 귀문과 원진, 戌亥 천라지망이 있다. 亥월 편인이 있으니 머리가 비상하다. 亥월 甲木 일간이 식상을 보아서 교육지재의 사주이다.

빌 게이츠(Bill Gates) 1955. 10. 28~

시	일	월	연
庚	壬	丙	乙
戌	戌	戌	未

미국 마이크로소프트 창업주이며 프로그래머이고 자선가이다. 전 세계 부호 순위권에 항상 이름을 올리는 세계적인 부호의 대명사이다. 젊은 시절 하버드대학교를 중퇴하고 컴퓨터 소프트웨어 윈도우와 마이크로소프트를 개발하였다. 실제로 반항아 기질이 있어 대학생 때 음주운전 전력도 있다.

壬午(36) 대운~辛巳(46) 대운 1995(乙亥, 41세)년부터 2009(己丑, 55세)년까지 10년 넘는 세월 동안 전 세계에서 가장 재산이 많은 사람으로 등록되었다. 辛巳(46대운) 2000(庚辰, 46세)년 최고경영자(CEO) 자리를 스티브 발머에게 넘겨주고 2선으로 물러났다. 2006(丙戌, 52세)년 최고 소프트웨어 아키텍트(CSA) 직책을 레이 오지에게 넘겨주면서 사실상 은퇴 준비를 하였다. 2008(戊子, 54세)년 6월 27일부로 마이크로소프트 회장직에서 은퇴하였다. 2021(辛丑, 67세)년 己卯 대운에 아내 멀린다와 이혼했다.

월간 편재로 만인의 재산을 누리고 재고인 戌土에도 암장하였다. 재생살하였으나 시상 편인 庚金이 있어서 살인상생하고 있다.

스티브 잡스(Steve Jobs) 1955. 2. 24~2011. 10. 5

시	일	월	연
戊	丙	戊	乙
戌	辰	寅	未

미국의 기업인이며 애플사의 창업자이다. 매킨토시를 개발했으며 애플 브랜드의

아이폰 스마트폰으로 모바일 시대를 열었다. 새로운 제품을 소개하는데 간결하고도 효과적인 프리젠테이션을 하였다. 개인적으로는 자기중심적이고 성격적 결함이 있었던 것으로 회자된다. 어린 시절 입양되어 샌프란시스코의 산업단지 근처의 주택가에서 성장하였고, 전자회사와 관계 있는 지인들과 어울렸다. 학교에서 동양철학도 공부하였지만 1년 만에 그만두고 전자게임회사에 취업하였고, 이후 전자엔지니어였던 스티브 워즈니악과 애플을 공동창업하였다.

정인격에 식신을 쓰는 사주이다. 격국인 정인이 乙木으로 와 있고 일간이 丙火로 전자, 인터넷과 관련된 물상이니 브랜드명으로 애플이 금상첨화이다.

루드 굴리트(Rudd Gullit) 1962. 9. 1~

시	일	월	연
丁	壬	戊	壬
未	寅	申	寅

네덜란드의 전설적인 축구선수이자 유명감독이었다. 공격형 미드필더였고 네덜란드 축구 대표팀의 첫 메이저 우승을 이끌었다. 이후 유럽 프로 축구팀의 감독을 맡았고, 소속된 클럽마다 우승을 이끌어 우승청부사라는 별명을 얻었다.

지지에 寅·申이 충을 하고, 편관 戊土가 드러났으나 식신으로 제살하는 사주이다. 식신이 내 주머니의 재성 丁火를 생하였으니 재능이 뛰어나고, 재능으로 돈을 버는 능력도 뛰어나다. 寅·巳·申의 특수직업, 운동선수 물상이 두드러지고 未寅 귀문살도 있다.

위에서 예시로 든 역사적 인물의 사주 외에, 생존인물의 사주 또한 분야별로 조사해보면 각 특징과 공통점을 구체적으로 발견할 수 있는 좋은 소재이다. 정치가들의 사주를 모아서 특징을 살펴보거나, 사업가들의 사주, 또 그중에서도 어떤 분야의 사업을 하느냐에 따라 사주가 어떻게 구성되었고 어떻게 변화하는지를 연구할 수 있다.

예를 들어 전 세계적으로 G20 정상회의가 열릴 때 참석 인물들의 사주를 통해 그들의 드러나거나 드러나지 않은 특징을 알아보고 회의의 추이와 결과를 예측해보는 것도 사주명리학자로서 흥미로운 작업이다. 프랑스의 니콜라스 사르코지(1955. 1. 28) 전 대통령은 丁丑월 己丑 일주이고, 앙겔라 메르켈 독일 총리(1054. 7. 17)는 辛未월 甲戌 일주, 룰라 다 실바 브라질 대통령은 丙戌월 己巳 일주, 미국 정치인 힐러리 클린턴은 庚戌월 戊寅 일주이고, 남아프리카 최초 흑인 대통령이자 인권운동가인 넬슨 만델라는 己未월 丙寅 일주 등이다.

위에서 이미 살펴본 바와 같이 미국 제44대와 45대 대통령인 오바마와 트럼프 모두 己土 일간이다. 생월 차이가 있지만 둘 다 신강하고 관살이 드러나 있다. 그 밖에 나머지 글자들에 어떠한 차이가 있는지를 보고 통치성향이나 퇴임 후를 예견해볼 수 있다. 제46대 대통령 바이든은 丁火 일간이다. 월지 세력을 얻지 못했지만 정관이 드러나 있고 월지 관이 천을귀인이다. 백호살의 흉의도 보인다.

직업과 성향을 통해 현대정치와 리더십의 특징을 일간별로 찾아보면 甲木 일간은 정통적 리더십을 보이고, 庚金 일간의 군인정신은 박정희 대통령(庚金 일간)의 강인한 리더십으로, 또 辛金 일간의 예리한 리더십으로 나타난다. 丙火 일간은 정신적으로 군림하려는 경향이 있고, 壬水 일간은 정보력을 활용한 데이터베이스로 사태를 장악하려 하고, 반면 癸水 일간은 종교적 지도자의 모습을 띤다. 또 현대 정치권에서 己土 일간이나 음간 세력의 부상도 볼 수 있다. 컴퓨터나 인터넷 분야에 壬水 일간이나 庚金 또는 丙火 일간의 실력 발휘를 볼 수 있다는 것도 흥미로운 발견이다. 이 글을 읽는 독자들이 자신의 직업 분야에서나 다른 관심 있는 분야를 선택하여 더 깊이 있게 연구하고 결과를 분석해보면 사주명리학이 훨씬 흥미로워질 것이다.

02

지지론

땅의 사시와 사방을 유행하는 복합물

1 천간과 지지의 관계

십천간과 십이지지는 하늘과 땅을 상징적인 에너지로 나타내고 그것을 부호로 표시한 인식 도구이다. 천간과 지지가 인간의 출생데이터에 사용되어 하나의 명식, 즉 운명을 나타내는 법식을 구성하였으니 바로 사주팔자이다. 사주팔자에 사용된 천간과 지지라는 부호의 상징적 의미를 해석하여 인간의 일에 적용하고, 그 변화로 과거를 밝히고 현재를 관찰하며 미래를 예측하는 것이 사주명리이다. 나아가 그 학문적 체계를 연구하는 것이 바로 사주팔자 명리학이다.

천간에서 지지가 발생하는 현상과 그 상관관계에 대하여 『자평진전』은 아래와 같이 설명하고 있다.

어찌 (木에 甲乙이라는 천간이 있는데) 다시 寅卯라는 것(지지)이 있는가? (寅卯는) 甲乙과 더불어 음양과 천지를 나누어 말하는 것이다. 甲乙로써 음양을 나누면 즉 甲은 양이 되고 乙은 음이 된다. (이것은) 木이 하늘에서 유행하는 음양이 된 것이다. 寅卯로써 음양을 나누면 즉 寅은 양이 되고 卯는 음이 된다. 木이 땅에서 음양이 된 것이다. 甲乙寅卯로써 전체적으로 음양을 나누면 甲乙은 양이 되고 寅卯는 음이 된다. 木이 하늘에서 상(象 : 甲乙)을 이루고 땅에서 형(形 : 寅卯)을 이룬 것이다. 甲乙은 하늘에서 유행하고 寅卯는 땅에서 그것(그 기)을 받는다. 寅卯는 땅에 있으며 甲乙은 이를 베푼 것이다. 그러므로 甲乙은 관장[장관(官長)]과 같고 寅卯는 그가 관할하는 지방과 같다. 甲이 寅에서 록을 하고 乙이 卯에서 록을 하니, 이는 마치 부관(府官 : 관청의 벼슬)이 군(郡)에 있고 현관(縣官 : 고을의 벼슬)이 읍(邑)에 있는 것과 같고 각기 한 달의 명령[주9]을 시행하는 것과 같다.

이 글은 甲乙과 寅卯라는 천간과 지지를 예로 들어 설명한다. 甲乙은 천간으로 木 오행을 대표하고, 지지에서는 寅卯가 木 오행을 대표한다. 이렇게 木 오행으로서는 甲乙과 寅卯가 천지를 이루었다. 천간 甲乙 중에서도 甲은 양이고 乙은 음인데, 각각 하늘의 양과 음이다. 甲乙과 寅卯를 전체적으로 말하면 甲乙이 양이고 寅卯가 음이다. 즉 천간은 양, 지지는 음으로 나타냈다. 천간의 甲乙이라는 상(象)이 땅에서 형태[形]를 이룬 것이 지지 寅卯이다. 이것은 천간과 지지를 상(象)과 형(形)으로 설명한 것이다.

천간과 지지를 사람의 일로 설명하면 천간은 마치 어떤 지역을 다스리는 벼슬, 지금으로 치면 도지사나 지역 군수와 같은 것으로 표현하였다. 이러한 해설은 중요하다. 왜냐하면 실제 사주팔자로 사람의 인생을 설명하려 할 때 천간과 지지의 역할에 대해 어떻게 연계시켜서 이야기를 풀어야 할지 어려운 경우가 많기 때문인데, 이 설명이 중요한 시사점을 제공한다. 예를 들어 팔자에서 천간이 드러나 있는데 지지 세

[주9] 일월지령(一月之令). 한 달의 명령은 월령(月令)으로 보면 된다.

력이 뒷받침하지 못하면, 이는 마치 행정고시에 합격하여도 부임할 지역이 없는 것과 같은 이치이다. 사주에 교육자라고 나타나 있으면 교원임용고시에 합격하여도 임명될 학교가 없는 셈이다. 통근한 자리가 형충이 되면 부임하기로 한 학교에 문제가 생겨서 갑자기 임명이 틀어지는 것이다. 이 경우, 그 일간이 느끼는 상실감을 읽어줘야 한다. 한편 지지 세력을 얻은 천간이라면 일간의 실력을 발휘할 터전이 확실한 사주이다. 천간에 드러나지는 않았는데 지지 세력으로만 강력하다면, 인정은 못받았지만 실력은 출중한 일간이다. 간판 없이도 손님에게 인정받은 맛집과 같다. 천간과 지지의 역할, 그리고 그 상관관계를 알면 여러 가지로 유추해서 해석할 수 있다.

지지에 대하여『적천수』의 설명을 추가하면 아래와 같다.

양의 지지(子寅辰午申戌)는 동적이고 강하여 재앙과 상서로움이 빠르게 나타나지만, 음의 지지(丑卯巳未酉亥)는 정적이고 집중되어 곤궁함과 형통함이 항상 오랜 세월이 지난 후에 나타난다.[주10]

이 문장에서는 지지 중 子寅辰午申戌을 양으로 보고, 丑卯巳未酉亥를 음으로 보았다는 것을 알 수 있고, 양의 지지와 음의 지지의 특징을 음양의 특징에서 찾아 설명하였다. 지지의 음양 배속에 대해서는 추가적인 설명이 필요한데『적천수징의』는 부연하여 '子水에는 癸水가 암장(暗藏)되고 午火에는 丁火가 암장되어 있으니, 이것은 체(體)는 양이면서 용(用)이 음이라는 말'이라 하였다. 또 '巳火에는 丙火가 암장되어 있고 亥水에는 壬水가 암장되어 있으니, 이는 체는 음이지만 용은 양'이라는 말이다. 즉, 亥子水와 巳午火는 체용의 변화가 있어 음과 양이 전이되는 현상이 나타난 것을 말하고 있다. 체로는 그것이 짝하는 천간을 통해 양과 음으로 분간하고, 용으로는 그 내용물, 즉 암장된 천간을 통해 양과 음으로 나누었다. 亥子水와 巳午火의 음양 관계는 잘

주10 陽支動且强 速達顯災祥 陰支靜且專 否泰每經年.

분별해서 사용해야 한다.

여기에 더하여 지지는 장간이라는 특수성으로 인해서 그 속에 들어 있는 성분이 두 세 가지이므로 생극제화(生剋制化)의 이치가 복잡하고 변화무쌍하다. 먼저 지장간의 본기(本氣) 위주로 음양을 보고, 나머지 장간의 특수성을 고려해야 한다. 예를 들어 寅木에는 甲이 정기로 있고 戊와 丙이 나머지 지장간으로 속해 있는데, 언제나 甲木이 우선이고 다음으로 丙火를 이야기해야 한다. 같은 이치로 申金도 庚金을 먼저 이야기하고, 다음으로 壬水를 생각하는 것이 옳다. 나머지 지지 역시 이러한 기준으로 생각하면 된다. 지지의 체용 문제나 지장간에 대한 자세한 내용은 「지장간」에서 구체적으로 다루도록 한다.

1. 명리학의 부호체계

명리학의 부호체계는 천간과 지지, 육십갑자가 기초이다. 첫째, 십천간은 하늘에 있는 별자리의 모양을 관측하여 甲乙로 시작하는 10개의 간(干)으로 나타내 날짜에 적용한 것에서 비롯되었는데, 그 특징은 순일(純一)한 무형의 기운이라는 것이다. 천간의 상(象)을 또 나누면, 양기로 이루어진 생기(生氣) 즉 양 천간과 음기로 이루어진 질(質) 즉 음 천간으로 구성되어 있다.

둘째, 십이지지는 12절기에 子丑 등의 12개 지(支)로 나타낸 것이다. 천간이 상(象)이라면 지지는 형(形)이라 할 수 있는데, 하늘의 기운이 땅으로 내려와 음양으로 나뉘어 시행된 것이다. 지지 속에는 서로 다른 기운의 천간이 섞여 숨어 있는데, 이것을 지장간(支藏干)이라 한다. 글자 그대로 지지 속에 숨겨진 또는 감추어진 천간이라는 뜻이다. 천간이라는 줄기의 간(干)은 땅으로 내려와 가지[支]를 이루고 동서남북의 사방 공간과 춘하추동의 사시에 거주하며 순환한다. 이러한 사계절과 사방위를 통해 자연만물의 생태와 인간의 행위를 나타낸 것이 천간과 지지의 의의이고, 인간은 우주만물 중에서 가장 의미 있는 존재라는 것이 동양철학의 사고이다. 지지는 주변 상황이나 여건에 따라 변화하는데, 서로 기운이 화합하거나 어긋나고 부딪쳐 충돌하여 깨어지는 다양한 현상이 그것이다. 명식을 보고 운을 판단할 때 변화를 주로 가져다주고 사건의 성패를 결정짓는 대부분의 요인은 바로 지지에서 나온다고 볼 수 있다. 그 내용을 다음에 학습할 것이다.

셋째, 부호체계는 60갑자인데 바로 십천간과 십이지지를 배합한 것이다. 10개의 천간이 12개의 지지를 만나 하나씩 짝지어 나온 60개의 조합이라는 뜻으로, 10과 12의 공배수라고 할 수 있다. 甲子에서 시작하기 때문에 60갑자라고 하고, 각 천간과 지지의 마지막 글자인 癸亥에서 끝난다. 60갑자를 순환하는 것을 환갑(還甲)이라 하는데, 사람으로 치면 만60세가 되는 나이이다. 1984 甲子년에 태어난 쥐띠라면, 60년 후인 2044년에 다시 甲子년을 맞이하게 되고 나이가 만 60세로 환갑이 된다. 고대에는 60갑자로 날을 표기하였고, 요즘은 주로 한 해 한 해를 나타낸다고 알고 있는데, 사실 한 해, 한 달, 한날, 한시에 모두 60갑자를 배속할 수 있다. 60갑자로 나타낸 연(60)×월(12)×일(60)×시(12)인 사주팔자 조합의 경우의 수가 518,400가지나 된다. 월과 시에 육십갑자가 12개밖에 안 나오는 이유는 연에 따라 나올 수 있는 월주의 육십갑자가 12가지로 제한되고, 시주 또한 일주에 따라 12개의 육십갑자로 제한되기 때문이다.[注11]

2. 납음

납음(納音)은 사주의 생년 간지에 오음(五音)을 배정한 후 이를 오행에 맞춰 나타낸 것인데, 글자 그대로 소리[音]를 수납[納]하였다는 뜻이다. 생년 간지 위주로 본 것은 명리 고법의 체계라는 뜻이다. 오음(五音)은 궁(宮)·상(商)·각(角)·치(緻)·우(羽)의 다섯 음계인데, 궁은 土이고, 상은 金, 각은 木, 치는 火, 우는 水이다. 납음 수(數)는 오행에 부여된 소리에 다시 숫자를 배정한 것이다.

注11 사주팔자 경우의 수에 대해서는 앞에 「사주명리학과 음양의 적용」에서 설명하였다.

• 오행과 오음

오행	水	火	木	金	土
오음	우(羽)	치(緻)	각(角)	상(商)	궁(宮)
생수	1	2	3	4	5
성수	6	7	8	9	10

육십화갑자 납음을 논하고 주해한 『연해자평』「논육십화갑자납음병주해(論六十花甲子納音幷注解)」(육십화갑자 납음을 논하고 주해함) 편에서는 납음의 기원에 대해 다음과 같이 설명하고 있다. 납음과 육십화갑자, 즉 납음과 천간 지지의 관련성이 언급된 문장이다.

원전 甲子라는 것은 대요씨에게서 처음 이루어졌다. 그리고 납음은 귀곡자에서 이루어졌다. 상(象)은 또 동방 만천자에게서 완성되었는데, 당시 만천자는 이미 그 상을 완성했기 때문에 이름하기를 '화갑자(花甲子)'라고 하였다.

천간지지 조합의 기원이 고대 황제시대의 대요(大撓)씨에게 있고, 납음의 기원은 전국시대 초나라의 은둔 귀인 귀곡자에게 있다는 것을 말한 문장이다. 귀곡자는 전국시대 사상가이면서 중국 역사상 기인이며 신비한 인물로도 알려져 있는데, 종횡가의 시조로 도가(道家)와 병가(兵家)의 사상에도 정통했다고 전해진다. 이를 근거로 동방 만천자(曼倩子)가 납음의 상을 완성하였는데, 그 이름이 화갑자(花甲子)이다. 만천자는 한무제 때 사람으로 동방삭(東方朔)이라고도 전해진다. 오래 전 개그 프로그램에서 유행한 '삼천갑자 동방삭'이 바로 여기에서 왔다.

『연해자평』「논육십화갑자납음병주해」 편에서는 이어서 다음과 같이 말하고 있다.

원전 그 오행의 소속은 다만 인간의 세상사와 같다고 하는데 어떻게(무엇으로) 그렇게 세상사라 말할 수 있는가? 크게 오행, 즉 金木水火土는 하늘에서는 오성(五星)이 되고, 땅에서는 오악(五嶽)이 되며, 덕에서는 오상(五常)이 되고, 사람에서는 오장(五臟)이 되는데, 그것이 명이 되는 것이고, 오행이 그렇게 하는 까닭이고, 甲子 등은 명에 응한 것이다. 명은 바로 일생의 일이기 때문에, 甲子 납음으로 그것을 형상한 것이다.

• 오성의 분류

오성(五星)	목성, 화성, 토성, 금성, 수성
오악(五嶽)	태산(동), 형산(남), 숭산(중앙), 화산(서), 항산(북)
오상(五常)	인예신의지(仁禮信義智)
오장(五臟)	간심비폐신

오성, 오악, 오상, 오장 등은 오행을 인간사에 적용하여 비유한 대상인데, 각각 다섯 행성, 산, 인의예지신, 인간의 몸에 있는 오장을 비유하여 오행에 소속시킨 것이다. 이와 같이 인간의 운명에 비유한 형상이 바로 육십갑자 납음이다. 당대(唐代)의 이허중은 사주를 보면서 연주를 기준으로 삼았는데, 오성술(五星術)을 변형하여 연을 위주로 한 납음의 화기오행(化氣五行)으로 신살을 취하고 또 록명(祿命)을 추정하였다.

• 납음과 삼명

	삼명	내용
연간	천원(天元)의 록(祿)	관록(祿):부귀와 벼슬을 주관
연지	지원(地元)의 명(命)	재물(財):빈부를 주관
연주 간지	납음 인원(人元)의 신(身)	재능, 능력 및 식견:어짊과 어리석음, 용모 및 도량을 주관

이 세 가지, 즉 록(祿)·명(命)·신(身)을 삼명(三命)이라 하고, 그것을 읽는 것을 삼명술이라 하였다. 이후 송대(宋代) 서자평이 일간 위주의 추명법을 제시하면서 납음오행의 간명법 대신 자평명리가 자리잡았는데, 자평명리는 오행의 생극제화, 십성, 용신 등을 위주로 하였다. 그러나 현대명리학에 이르러 납음오행은 다시 추명의 주요 단서로 부각된다. 『연해자평』에서 육십화갑자를 인용하면 다음과 같다.

원전 甲子와 乙丑은 바닷속의 金(해중금)이고 丙寅과 丁卯는 화로 속의 火(노중화)이며,
戊辰과 己巳는 큰 수풀의 木(대림목)이고 庚午와 辛未는 길가의 土(노방토)이며,
壬申과 癸酉는 칼날 끝의 金(검봉금)이고 甲戌과 乙亥는 산 정상에 있는 火(산두화)이며,
丙子와 丁丑은 계곡 아래의 水(간하수)이고 戊寅과 己卯는 성벽 위의 土(성두토)이며,
庚辰과 辛巳는 흰색 밀랍의 金(백랍금)이고 壬午와 癸未는 버드나무의 木(양류목)이네.
甲申과 乙酉는 우물의 水(천중수)이고 丙戌과 丁亥는 옥상 위의 土(옥상토)이며,
戊子와 己丑은 큰 벼락의 火(벽력화)이고 庚寅과 辛卯는 송백나무의 木(송백목)이며,
壬辰과 癸巳는 긴 흐름의 水(장류수)이고 甲午와 乙未는 모래 속의 金(사중금)이네.
丙申과 丁酉는 산 아래의 火(산하화)이고 戊戌과 己亥는 고른 땅의 木(평지목)이며,
庚子와 辛丑은 절벽 위의 土(벽상토)이고 壬寅과 癸卯는 금박의 金(금박금)이네.
甲辰과 乙巳는 되살아난 등불의 火(복등화)이고 丙午와 丁未는 은하수의 水(천하수)이며,
戊申과 己酉는 큰 역참의 土(대역토)이고 庚戌과 辛亥는 비녀나 팔찌의 金(차천금)이며,
壬子와 癸丑은 뽕나무가 넓은 木(상자목)이고 甲寅과 乙卯는 큰 시내의 水(대계수)이며,
丙辰과 丁巳는 모래 속의 土(사중토)이고 戊午와 己未는 하늘 위의 火(천상화)이며,
庚申과 辛酉는 석류의 木(석류목)이고 壬戌과 癸亥는 큰 바다의 水(대해수)이네.

위의 내용을 甲子순·甲戌순·甲申순·甲午순·甲辰순·甲寅순, 여섯 순의 순서대로 납음표를 만들면 다음과 같다. 정리한 내용을 보면 알 수 있듯이, 앞에서 배운 천간과 지지의 오행 배속과 무관한 납음오행이 많다. 예를 들어 甲子에는 金 성분이 없

는데 납음은 해중금이다. 戊辰과 己巳도 육십갑자의 오행 성분과 달리 대림목이 되었다. 그런가 하면 壬申과 癸酉는 지지 성분대로 검봉금이 되었다. 또한 하나의 甲子순에 있는 10개의 육십갑자가 2개씩 짝을 이루어 5개의 납음오행이 발생하는데, 오행이 구족된 경우도 있고 그렇지 못한 경우도 있다. 예를 들어 甲子순의 납음오행은 木火土金만 있고 水가 없다. 반면 甲戌순의 납음오행은 木火土金水가 모두 있다. 30종류의 납음오행이 어떤 근거로 그러한 상을 취했는지도 공부할 필요가 있다.

• **육십화갑자 납음표**

甲子	乙丑	丙寅	丁卯	戊辰	己巳	庚午	辛未	壬申	癸酉
해중金		노중火		대림木		노방土		검봉金	
甲戌	乙亥	丙子	丁丑	戊寅	己卯	庚辰	辛巳	壬午	癸未
산두火		간하水		성두土		백랍金		양류木	
甲申	乙酉	丙戌	丁亥	戊子	己丑	庚寅	辛卯	壬辰	癸巳
천중水		옥상土		벽력火		송백木		장류水	
甲午	乙未	丙申	丁酉	戊戌	己亥	庚子	辛丑	壬寅	癸卯
사중金		산하火		평지木		벽상土		금박金	
甲辰	乙巳	丙午	丁未	戊申	己酉	庚戌	辛亥	壬子	癸丑
복등火		천하水		대역土		차천金		상자木	
甲寅	乙卯	丙辰	丁巳	戊午	己未	庚申	辛酉	壬戌	癸亥
대계水		사중土		천상火		석류木		대해水	

아래는『연해자평』과『삼명통회』의 납음취상(납음의 상을 취함) 내용을 정리한 것이다. 먼저『연해자평』을 인용하였고『삼명통회』가 그 아래이다.

• 『연해자평』과 『삼명통회』의 납음취상

	납음취상
甲子 乙丑 해중금 (海中金)	子는 水에 속하고 호수가 되며 또 水의 기운이 왕한 자리인데, 金은 子에서 죽고[死] 丑에서 묘(墓)에 들어간다. 水는 왕하고 金은 사(死)하고 묘(墓)하는 까닭에 '바닷속 金'이라고 하였다.
	어째서 해중금의 상을 취했는가? 기가 포장되어 있으므로 이름만 있고 형체는 없으니, 사람이 어머니의 뱃속(포태)에 있는 것과 같다.
丙寅 丁卯 노중화 (爐中火)	寅은 양(陽)이 셋이고, 卯는 양이 넷이고, 火는 천간에 자리를 차지한다. 木인 寅卯는 火를 생하니, 이때에 천지가 뜨거운 불 기운을 열어 만물이 생겨나기 시작하는 까닭에 '화로 속 火'라고 하였다.
	기가 점점 발휘되고 섶(땔나무)으로 인해 드러나고 음양이 다스리니, 하늘과 땅이 화로가 되므로 노중화라 한다.
戊辰 己巳 대림목 (大林木)	辰은 들판이고, 巳는 양(陽)이 여섯이다. 나무가 양이 여섯인 시기에 이르면 가지는 튼실하고 잎은 무성해진다. 무성해진 큰숲의 나무가 들판에서 자라는 까닭에 '큰숲의 木'이라고 하였다.
	기는 양이 차지 못했는데 물체는 이미 때가 찬 것이고, 지엽이 무성하고 울창한 숲을 이루어 그 나무가 무성해진 것이다. 그러므로 대림목이라 한다.
庚午 辛未 노방토 (路傍土)	未 중의 乙木으로 午의 왕한 火를 생한다. 火가 왕하면 土는 형벌[형(刑)]을 받아 싹틔운 것을 길러내지 못하는 까닭에 '길가의 土'라고 하였다.
	기가 형체를 이어받고 사물이 드러난 것이며 형체와 질을 갖추었으니 노방토라 한다.
壬申 癸酉 검봉금 (劍鋒金)	申酉는 金에 해당하는 방위이고, (金은) 申에서 임관(건록)하고 酉에서 제왕한다. 金이 생왕하니 견고하고 강한데, 견고하고 강함은 칼날에 비할 것이 없는 까닭에 '칼날의 金'이라고 하였다.
	기가 성하고 사물이 극에 이르렀는데 수렴(收斂)의 공을 베풀게 되고 날카로움을 숨기지 못하는 훌륭한 양인과 같다. 辛酉金의 정위이고 천간은 壬癸이니, 金水가 달군 쇠를 물에 담그고 숫돌에 간 것과 같다. 그러므로 검봉의 상을 취하여 金의 공용이 극에 이르게 된다.
甲戌 乙亥 산두화 (山頭火)	戌亥는 (태양이 들어가는) 하늘의 문[천문(天文)]이다. 火가 하늘의 문을 비추어 그 빛이 높은 곳에 이르는 까닭에 '산 정상의 火'라고 하였다.
	산이 형체를 감추면서 산머리 위로 빛을 내니[투광(投光)], 안으로 밝고 밖으로 어두우며 숨어서 드러나지 않는다. 날아오른 빛[비광(飛光)]이 하늘에 비추니 돌아가 휴식 중이다. 그러므로 산두화라 한다.

丙子 丁丑 간하수 (澗下水)	水는 子에서 왕하고 丑에서 쇠한다. 왕한 이후 쇠하였으니 큰 강이 될 수 없는 까닭에 '계곡의 水'라고 하였다.
	어째서 간하수에서 상을 취하였는가? 기가 서로 유통하지 못하고, 높은 곳에서 물이 흐르는 바가 없으며, 낮고 습한 곳에 물이 있어서 땅속에 물이 흐르는 것이다.
戊寅 己卯 성두토 (城頭土)	천간은 戊己로 土에 속하고 寅은 (주역 팔괘의) 간(艮)방으로 산이 된다. 土를 산 위에 쌓아 산성을 만드는 까닭에 '성 위의 土'라고 하였다.
	기가 능히 사물을 이루고, 그 공이 만물을 양육하여 뿌리에서 나와서 꽃받침과 꽃술에 기운이 오른 것이다. 그러므로 성두토라 한다.
庚辰 辛巳 백랍금 (白蠟金)	金은 辰에서 양육[양(養)]하고 巳에서 생한다. (金의) 형질이 처음 만들어져 아직 굳고 날카롭지 않은 까닭에 '밀랍 같은 金'이라고 하였다.
	金이 火土의 땅에 있는 것으로 기가 이미 발생하였는데 금이 여전히 광석 속에 존재하는 것이다. 형체에 의지하여 생(生)하고 양(養)하는 곳[향(鄕)]이며 서방의 정색(正色)을 받으니 백랍금이라고 한다.
壬午 癸未 양류목 (楊流木)	木은 午에서 죽고[死] 未에서 묘(墓)에 들어간다. 木은 이미 죽어서 묘에 들어갔으니, 비록 천간 壬癸水의 생을 얻는다고 하더라도 부드러운 木에 불과한 까닭에 '버드나무 같은 木'이라고 하였다.
	나무가 午에 이르러 죽고 未에 이르러 묘에 들어간다. 버드나무가 한여름에 잎이 시들고 가지가 미약한 모양을 취하니 양류목이라 한다.
甲申 乙酉 천중수 (泉中水)	金은 申에서 건록하고 酉에서 제왕한다. 金이 생왕하면 水는 거기서 생하게 되지만, 막 생겨나는 때에는 힘이 세지 않은 까닭에 '샘 중의 水'라고 하였다.
	기식(氣息)이 안정되고 자모(子母)가 같은 위치에 있으니 나오면 궁하지 않고 들어가면 마르지 않는다. 그러므로 천중수라 한다.
丙戌 丁亥 옥상토 (屋上土)	丙丁은 火에 속하고 戌亥는 천문이다. 火가 뜨겁게 타오르면 土는 아래에서 생겨날 수 있는 것이 아닌 까닭에 '지붕 위의 土'라고 하였다.
	기가 이루어지고 사물이 모이고, 모든 일이 아름답고 원만하게 되고 음양이 두루 펴져서 그 속에서 세력을 얻은 것이다. 그러므로 옥상토라 한다.
戊子 己丑 벽력화 (霹靂火)	丑은 土에 속하고, 子는 水에 속한다. 水가 자기 자리를 얻었는데도 납음은 火에 속한다. 水 가운데 火는 용과 같은 신통함이 아니면 존재할 수 없는 까닭에 '벼락 같은 火'라고 하였다.
	어째서 벽력화를 상으로 취했는가? 기가 일양에 있으니 형체가 水의 위치에 거하는데* 신룡(神龍)이 아니면 그럴 수 없다.

庚寅 辛卯 송백목 (松栢木)	木은 寅에서 건록이고 卯에서 제왕이다. 木이 생왕하니 부드럽고 약한 것에 견줄 바가 아닌 까닭에 '소나무 잣나무 같은 木'이라고 하였다.
	기가 이미 양을 올라타고 재배(栽培)하는 세력을 얻은 형상인데 나무가 金 아래에 있다. 金과 서리는 단단한데 나무가 그 왕한 것 아래에 거하니, 한겨울에 지조를 지키는 기상처럼 그 성정이 견고하다. 그러므로 송백목이라 한다.
壬辰 癸巳 장류수 (長流水)	辰은 水의 창고이고, 巳는 金이 장생하는 자리이다. 金은 水를 생하는데, (천간에) 水가 존재하고 水의 창고와 金이 생하는 자리를 만나니, 물의 원천이 끝내 마르지 않는 까닭에 '늘 솟아나는 水'라고 하였다.
	세력이 동남에서 극에 이르고 기가 이궁(離宮)의 옆에 도달해 있으니 火가 밝고 기세가 성하며, 水는 창고로 돌아가고 웅덩이를 채운 후에야 더 흘러갈 수 있다. 그러므로 장류수라 한다.
甲午 乙未 사중금 (沙中金)	午는 火가 왕한 자리인데, 火가 제왕이면 金은 목욕이다. 未는 火가 쇠하는 자리인데, 火가 쇠이면 金은 관대이다. (金이) 목욕에서 관대로 나아가나 갈아서 흙으로 만들 수 없는 까닭에 '모래 속 金'이라고 하였다.
	기가 이미 이루어져서 물질이 스스로 견실한데 모래에 다른 모래를 섞고 불에 단련한 것과 같으니 사중금이라고 한다.
丙申 丁酉 산하화 (山下火)	申은 음(陰:壬의 생지)이 시작되는 문이고, 酉는 태양이 들어가는 문(丙의 사지)이다. 태양이 이 시간에 이르면 빛을 감추는 까닭에 '산 아래 火'라고 하였다.
	기가 멈추고 형체는 감추어져 있으며 세력은 빛을 감추고 드러나지 않은 것이다. 태(兌)괘의 위치**에 움츠리며 힘과 신(身)이 미약하고 밝음이 멀리까지 미치지 못한다. 그러므로 산하화라 한다.
戊戌 己亥 평지목 (平地木)	戌은 들판이고 亥는 木이 장생하는 자리이다. 木이 들판에서 생겨나는 것은 한 그루 나무에 견줄 수 있는 것이 아닌 까닭에 '평지의 木'이라고 하였다.
	기가 돌아가 장복(藏伏)하니 음양이 폐색하고 목기가 뿌리로 돌아가고 흙 가운데 숨었다. 그러므로 평지목이라 한다.
庚子 辛丑 벽상토 (壁上土)	丑은 土에 속하지만 子는 水가 왕한 자리이다. 土에 水가 많아지면 진흙이 되는 까닭에 '담장 위의 土'라고 하였다.
	기가 폐색한 곳에 거하고, 사물이 여전히 포장되어 형체가 가려진 것이며, 안과 밖이 교류하지 못한다. 그러므로 벽상토라 한다.

* 지지를 형(形)으로 보고 子丑, 즉 水 방위의 지지에 앉아 있는 것을 말한다.

** 申酉는 후천팔괘 방위에서 각각 곤(坤)과 태(兌)괘의 위치인데, 태(兌)괘로 움직이며 위축된다고 한 것이다.

壬寅 癸卯 금박금 (金箔金)	寅卯는 木이 왕한 자리이다. 木이 왕하면 金은 약해진다. 또 金은 寅에서 절하고, 卯에서 태한다. 金이 이미 무력한 까닭에 '금박 형태의 金'이라고 하였다.
	절지에 金이 있는 것으로, 기가 아직은 유약하여 명주비단에 그림을 그린 듯이 얇다. 그러므로 금박금이라고 한다.
甲辰 乙巳 복등화 (覆燈火)	辰은 밥 먹는 때이고, 巳는 해가 중천에 뜬 때이다. 태양이 정오를 향하니 불타는 태양의 기세가 천하를 밝게 하는 까닭에 '복등화'라고 하였다.
	기와 형이 왕성한 땅이고 세력이 높은 산등성이에 정해진다. 어둠을 이어받아 밝음이 전승되니 자식과 어머니가 서로 이어진다. 그러므로 복등화라 한다.
丙午 丁未 천하수 (天河水)	丙丁은 火에 속하고 午는 火가 왕한 자리인데 납음은 水이다. 水가 火로부터 나온 것은 은하수가 아니면 그런 경우는 없는 까닭에 '은하수 같은 水'라고 하였다.
	기가 오르고 내리며 높고 밝은 곳에서는 火의 위치가 되고 비가 쏟아지면 장마가 지니 火 속의 水가 되는데, 이것은 오로지 천상에만 있다. 그러므로 천하수라고 한다.
戊申 己酉 대역토 (大驛土)	申은 곤(坤)방에 해당하는데 곤은 곧 땅이며, 酉는 태(兌)방에 해당하는데 태는 습지다. 戊己土가 땅과 습지에 더해져 들뜨고 좁은 땅과는 다른 까닭에 '큰 역참의 土'라고 하였다.
	기가 돌아가 쉬고, 사물이 거두어지고 움츠러들고 한가하게 물러나 무사하게 아름다운 것이다. 그러므로 대역토라 한다.
庚戌 辛亥 차천금 (釵釧金)	金이 戌에 이르면 쇠이고, 亥에 이르면 병이다. 金이 이미 쇠하고 병하여 부드러워진 까닭에 '비녀나 팔찌 같은 金'이라고 하였다.
	금기가 戌亥에 이르면 장복(藏伏)하고 형체가 이미 쇠잔해지며, 단련하여 머리 장식이 되고 그 형상을 이루게 되며, 구각에 숨겨놓게 되어 사용할 수 없게 되니 金의 공용을 마친 것이다. 그러므로 차천금이 된다.
壬子 癸丑 상자목 (桑自木)	子는 水에 속하고, 丑은 金에 속한다. 水가 木을 생하자마자 金이 그것을 베어내는 것이 뽕나무가 싹을 내밀자마자 사람들이 그것을 베어내는 것과 같은 까닭에 '뽕나무 같은 木'이라고 하였다.
	어째서 상자목의 상을 취하게 되었는가? 기가 반굴(盤屈)하고 형상을 아직 펼치지 못하고 水의 지지에 거하니, 누에가 쇠약한 달에 뽕나무가 기를 받아 살아나는 모습을 취한 것이다.
甲寅 乙卯 대계수 (大溪水)	寅은 동쪽으로 치우친 것이고, 卯는 정동쪽이다. 水가 정동쪽으로 흐르면 자연의 순리를 따르는 것이니 하천이나 늪이 모두 합쳐서 모여드는 까닭에 '큰 시내와 같은 水'라고 하였다.
	기가 나와서 양명하고 수세(水勢)의 근원에 의지하고 동쪽으로 도도하게 흐르니 그 세력이 매우 크다. 그러므로 대계수라 한다.

丙辰 丁巳 사중토 (沙中土)	土의 고(庫)는 辰이고[수토동행(水土同行)] 巳에서 절인데, 丙丁火는 辰에서 관대하고 巳에서 건록한다. 土가 이미 고하고 절하였는데, 왕한 火가 다시 土를 생하는 까닭에 '모래 속 土'라고 하였다.
	기가 양(陽)을 이어받고 이미 발생하여 바야흐로 정제함을 이루게 된다. 그러므로 사중토라 한다.
戊午 己未 천상화 (天上火)	午는 火가 왕한 자리이고 未 중의 乙木이 다시 火를 생한다. 火의 기운이 활활 타는데 다시 생하는 자리를 만난 까닭에 '하늘 위 火'라고 하였다.
	기가 양궁(陽宮)을 지나 중리(重離)를 만나고, 불빛이 신령하게 번갈아서 빛나고 불꽃이 위로 치솟는다. 그러므로 천상화라 한다.
庚申 辛酉 석류목 (析榴木)	申은 7월이고 酉는 8월이다. 이때는 木의 기운이 끊어진다. 다만, 석류나무만이 다시 열매를 맺는 까닭에 '석류 같은 木'이라고 하였다.
	오행이 金에 속하지만 납음은 木에 속하니 상극을 취한 것이다. 매운맛을 내는 나무는 석류나무이고, 辛酉는 기가 정숙한 곳으로 돌아가고 만물이 점점 결실을 이루는데 나무가 금의 땅에 거하여 그 맛이 매워지니 석류목이라고 하였다.
壬戌 癸亥 대해수 (大海水)	水는 戌에서 관대하고 亥에서 건록하니 水의 세력이 두텁다. 더불어 亥는 강이 되니 연못의 물에 견줄 바가 아닌 까닭에 '큰 바다 같은 水'라고 하였다.
	천문의 위치이며 기가 폐색한 곳으로 돌아간다. 水가 두루 퍼져도 달려가지 않고 세력이 편안하고 고요한 곳으로 돌아가며 다가오면 궁하지 않고 받으면 넘치지 않는다. 그러므로 대해수라 한다.

2 십이지지의 개요

지지는 사주팔자의 주체인 나(일간)의 환경이며 조후이다. 또한 지지는 팔자의 주인공이 실제 생활하는 공간을 뜻하여 인간이 살아가는 공간과 방향을 나타내고, 동시에 인간 일생의 시간적 변화를 나타낸다. 다음은 십이지지의 상징동물, 지장간, 절기와 음양과의 관계를 간략하게 정리한 표이다. 앞으로 지지를 깊이 있게 알아보기 위한 일종의 시금석이라 할 수 있다.

• 십이지지의 분류

지지	지장간	띠	월	계절	음양
子水 **水의 왕지(旺支)**	壬10 癸20	쥐	음력 11월 양력 12월	한겨울 대설 절입	음
丑土 **金의 고지(庫支)**	癸9 辛3 己18	소	음력 12월 양력 1월	겨울과 봄의 환절기 소한 절입	음
寅木 **火의 생지(生支)**	戊7 丙7 甲16	호랑이	음력 1월 양력 2월	초봄 입춘 절입	양
卯木 **木의 왕지(旺支)**	甲10 乙20	토끼	음력 2월 양력 3월	늦봄 경칩 절입	음
辰土 **水의 고지(庫支)**	乙9 癸3 戊18	용	음력 3월 양력 4월	봄과 여름의 환절기 청명 절입	양
巳火 **金의 생지(生支)**	戊7 庚7 丙16	뱀	음력 4월 양력 5월	초여름 입하 절입	양
午火 **火의 왕지(旺支)**	丙10 己10 丁10	말	음력 5월 양력 6월	늦여름 망종 절입	음
未土 **木의 고지(庫支)**	丁9 乙3 己18	양	음력 6월 양력 7월	여름과 가을의 환절기 소서 절입	음
申金 **水의 생지(生支)**	戊7 壬7 庚16	원숭이	음력 7월 양력 8월	초가을 입추 절입	양
酉金 **金의 왕지(旺支)**	庚10 辛20	닭	음력 8월 양력 9월	늦가을 백로 절입	음
戌土 **火의 고지(庫支)**	辛9 丁3 戊18	개	음력 9월 양력 10월	가을과 겨울의 환절기 한로 절입	양
亥水 **木의 생지(生支)**	戊7 甲7 壬16	돼지	음력 10월 양력 11월	초겨울 입동 절입	양

위의 표 왼쪽에 있는 생지(生支)·왕지(旺支)·고지(庫支) 등의 표현은 앞에서 학습한 오행의 생사와 관련이 있다. 「십이지지의 시간과 공간 범주」, 그리고 「지장간」에서 자세히 설명할 것이다. 그리고 지장간 옆의 숫자 10-20, 9-3-18, 7-7-16 등은 월령, 인원사령 등으로, 모두 합하여 30인데 한 달 30일을 나타낸다. 지지의 월 배속과 계절은 사주명리학에서 중요한 요소이다. 지장간과 월령 편에서 다시 학습하도록 한다.

지금부터는 천간 학습에서와 마찬가지로 지지의 사전적 의미부터 시작하여 각 물상과 특징, 그리고 사주팔자를 해석할 때의 확장된 의미에 대해 하나씩 설명한다. 먼저 『설문해자』에 나타난 자의를 살펴본다. 『설문해자』는 글자가 만들어진 원리를 구성요소로 설명하고 그에 따른 의미를 적은 사전류의 책으로, 지지의 물상을 유추하고 확장된 의미를 이해할 수 있다.

• 『설문해자』의 지지 자의

지지	자의(字意)
子	子는 11월에 일양(一陽)의 기운이 생겨서 만물이 자라기 시작한다는 뜻이다. 子는 사람을 가리키고, 그 형상을 상형하였다.
丑	丑은 이어 묶는다는 뜻이다. 12월이면 만물이 제 임무를 맡아 움직인다. 丑은 손모양을 상형하였다. 태양이 丑의 방향에 있으면 손을 움직이기 시작하는 때이다.
寅	寅은 꿈틀댄다는 뜻이다. 정월에는 양기(陽氣)가 움직여 땅속의 샘이 위로 솟아오르지만, 음기(陰氣)가 아직은 강하다. 寅은 위에서 눌러 꿈틀거리기 힘든 모양을 상형하였다.
卯	卯는 무릅쓴다[모(冒)]는 뜻이다. 2월에는 만물이 땅을 뚫고 나온다. 卯는 문을 여는 모양을 상형하였다. 그러므로 2월은 천문(天門)이 된다.
辰	辰은 진동[진(震)]한다는 뜻이다. 3월은 양기가 움직이고 우레와 번개가 치며, 사람들이 농사를 지을 때이고 만물이 자란다. 乙(을)과 匕(화)로 구성되었으며, 匕은 까끄라기의 모양을 상형하였다. 厂(기슭 한)이 발음을 나타낸다. 辰은 방성(房星)*으로 천시(天時)를 나타낸다.
巳	巳는 그친다[이(已)]는 뜻이다. 4월은 양기가 크고 음기가 작으니 만물이 드러나서 색을 띄게 된다. 그러므로 巳 자는 뱀의 모양을 상형한 것이다.
午	午는 거스른다는 뜻이다. 5월은 음기가 생겨나 양기를 거스르고 땅을 뚫고 나온다. 시(矢) 자와 같은 뜻이다.
未	未는 맛이 든다는 뜻이다. 6월이면 맛이 들기 시작한다. 오행으로서의 木은 未월에는 늙어 쇠하게 된다. 가지와 잎이 무성한 모양을 상형하였다.

申	申은 편다[신(伸)]는 뜻이다. 7월은 음기가 몸을 이루어 스스로 폈다 오므렸다 하게 된다. 臼(구) 자로 구성되었으며, 스스로 자신을 관리한다는 뜻이다. 관리들이 申시에 밥을 먹고 일을 하였는데 그것이 정치이다.
酉	酉는 나아간다는 뜻이다. 8월에 곡식이 익으면 술을 담글 수 있다. 酉 자는 卯 자를 상형하였다.
戌	戌은 소멸한다[멸(滅)]는 뜻이다. 9월은 양기가 작아지니 만물이 다 자라서 양기가 땅으로 내려간다. 오행에서 土는 戊에서 나고 戌에서 성숙해진다. 戊(무)와 一(일)로 구성되었다. 一은 발음을 나타내기도 한다.
亥	亥는 뿌리라는 뜻이다. 10월에 미세한 양기가 일어나 강성한 음기와 만난다. 二(이)의 상(象)으로 구성되었다. 二는 상(上) 자의 고문(古文)이다. 한 사람은 남자고, 한 사람은 여자다.** ㄴ(숨을 은)으로 구성되었는데, 아이를 임신한 모양을 상형하였다. 『춘추전』에 亥의 두 획은 머리모양이고, 아래 여섯 획은 몸의 모양이라고 하였다. 고문에서 亥는 豕(돼지 시)와 같다. 亥가 자식을 낳으니 다시 一이 된다.

* 방성(房星)은 28수의 하나로 마신(馬神)을 수호한다. 창룡 7수의 네 번째 별이며 4개의 별로 이루어져 있다.

** 亥는 二의 상이며 한 사람은 남자고 한 사람은 여자라 한 것은, 亥에 아이를 임신한다는 의미가 있기 때문이다.

다음은『오행대의』에서 지지의 개별 명칭에 대해 설명한 내용이다.

• 『오행대의』의 지지 해석

지지	지지 해석
子	子는 낳는 것[자(孳)]이니 양기가 움직이자 만물이 새끼를 낳고 싹이 트는 것이다.
丑	丑은 끈으로 묶는다는 뉴(紐)이다. 뉴는 연결하는 것이니 계속 싹이 터서 자라는 것이다. 그러므로 子에서 싹터서 연달아 자란다.
寅	寅은 옮기는 것[이(移)]이며 또한 이끄는 것[인(引)]이다. 물건의 싹이 점차 몸 밖으로 토해져서 이끌리고 펴져 땅으로 옮겨 나오는 것이다. 『회남자』에서 '寅은 지렁이[인(螾)]가 살아서 움직이는 것'이라 하였다.
卯	卯는 무릅쓴다[모(冒)]는 뜻이다. 만물이 나서 커져 땅을 덮는 것이다. 『회남자』에서 '卯는 우거진 것[무(茂)]이니 우거져 무성한 것'이라 하였다.
辰	辰은 진동[진(震)]한다는 뜻이다. 빠르게 진동해서 옛 몸체를 벗어나는 것이다.
巳	巳는 그친다[이(已)]는 뜻이다. 옛 몸체를 씻어내어 여기에서 마치게 된다.
午	午는 짝을 짓는 것[오(仵)]이고 꽃받침이 붙는 것[악(萼)]이다. 한여름 5월에 만물이 성대해져서 가지와 꽃받침이 짝짓고 펴지는 것이다. 『회남자』에서 '오는 짝을 짓는 것'이라 하였다.

未	未는 어두운 것[매(昧)]이다. 음의 기운이 이미 자라나니 만물이 점차 쇠퇴하여 몸체가 어둡게 덮이는 것이다. 그러므로 '未'에서 어둡게 덮인다고 하였다. 『회남자』에서 '未는 맛[미(味)]'이라 하였다.
申	申은 편다[신(伸)]는 뜻이다. 伸은 끌어당기는 것[인(引)]이며 크는 것[장(長)]이니 쇠퇴하고 늙은 것을 이끌어서 성숙시키는 것이다. 『회남자』에 '申은 신음하는 것[신(呻)]이라 하였다.
酉	酉는 늙은 것[노(老)]이며 또한 익었다는 것[숙(熟)]이니 만물이 극도로 늙어서 성숙한 것이다. 『회남자』에 '酉는 배부른 것[포(飽)]'이라 하였다.
戌	戌은 소멸한다[멸(滅)]는 뜻이며 죽이는 것[살(殺)]이다. 9월은 죽임이 극에 이르니 만물이 모두 소멸하여 없어진다.
亥	亥는 씨앗[핵(核)]이며 문을 잠그는 것[애(閡)]이다. 10월에 만물이 닫히고 숨어서 모두 씨를 맺고 감추는 것이다.

이어서 『사기』와 『한서』의 설명을 참조하여 중요한 글자 위주로 정리하였다.

• 『사기』와 『한서』의 지지 해석

지지	지지 해석
子	子는 번식하는 것[자(滋)]이다. 만물이 아래에서 자라는 것을 말한다.
丑	丑은 끈으로 묶는다는 뉴(紐)이다. 양기가 위에서 아직 아래로 내려오지 않아 만물이 얼어붙어 나오지 못하고 있는 것을 말한다.
寅	寅은 만물이 처음 생겨나 지렁이[인(螾)]처럼 움직이는 모양이다.
卯	卯는 우거진 것[무(茂)]을 의미하니 지면을 뚫고 무릅쓰고 나와[모(冒)] 무성하게 자라는 것이다.
辰	辰은 진동[진(震)]한다는 뜻이다. 辰에서 아름답게 크기 위해 몸을 흔든다.
巳	巳는 양기가 이미[이(已)] 극에 이르러 다한 것이다.
午	午는 음양이 교차[교(交)]하는 것이다. 午에서 양기의 기운을 거슬러 음기가 나온다.
未	未는 만물이 모두 성숙하여 맛이 있는 것이다.
申	申은 음기가 작용하여 만물을 거듭 해치는 것이다. 申에서 음기가 펴져[신(伸)] 단단한 결실을 이룬다.
酉	酉는 늙은 것[노(老)]이며 수확을 거둘 수 있게 익었다[숙(熟)]는 것이다.
戌	戌은 소멸한다[멸(滅)]는 뜻이며 모두 거두어 마친다[필(畢)].
亥	亥는 감싸고 갖추어 있는[해(該)] 것이다. 양기가 아래에 잠복해 숨어 있다.

『설문해자』의 자의, 『오행대의』의 해석, 그리고 『사기』와 『한서』의 내용은 조금씩 달라 보여도 서로 통하는 바가 있다. 필자가 되도록 원전의 한자 뜻대로 일관성을 가지고 정리하려고 하였지만, 시중의 한국어 번역서에서 같은 한자를 다른 뜻으로 번역한 사례가 있었고, 원전 자체도 소리가 같거나 비슷한 한자를 예시하여 다양하게 해석한 경우가 많았다. 어떤 것이 맞고 어떤 것이 틀리다고 가리려는 목적은 없다. 번역자가 주지하는 바도 다를 수 있고, 한자에 적합한 한글 표현을 찾는 것도 쉽지 않다. 정답이 한 가지가 아닌 경우가 많기 때문이다. 사주명리학의 학문적 이치와 적용의 의의를 추구하는 이 책에서는 원뜻을 하나로 꿰어서 통하는 바를 찾는 데 목적을 두고 정리하였다. 여러 고전의 해석을 통해 천간과 지지라는 부호체계의 기초 개념을 파악한다면, 그 상징적 글자를 사주팔자에 적용하여 읽을 때 확장성을 가지고 해석할 수 있을 것이다.

아래는 『삼명통회』에서 지지의 물상을 비유하여 분류한 내용이다.

• 『삼명통회』의 지지 물상 비유

지지	물상 비유	지지	물상 비유
子	벼루에 물을 담아 먹을 간 것[묵지(墨池)]	午	봉화의 보루[봉후(烽堠)]
丑	버드나무 언덕[유안(柳岸)]	未	화원(花園)
寅	넓은 골짜기[광곡(廣谷)]	申	유명한 도시[명도(名都)]
卯	아름다운 숲[경림(瓊林)]	酉	사원의 종[사종(寺鐘)]
辰	풀이 자라는 연못[초택(草澤)]	戌	불에 탄 들판[소원(燒原)]
巳	큰 역[대역(大驛)]	亥	급류의 하천[현하(懸河)]

마지막으로 지지를 사주팔자에 적용하였을 때 그 성향과 물상을 정리하였다.

• 십이지지의 성향과 물상

띠동물	성향과 물상
	子는 낳는다[자(孳)]는 의미가 있다. 양기가 움트기 시작하여 아래로 낳는다는 뜻이니 양기가 싹터서 아이를 비로소 잉태한 것과 같다. 물상으로는 씨앗, 종자, 난자, 정자, 처음, 시작을 의미하고, 특징과 성향으로는 지혜롭고 영민하며, 밤에 활동하는 쥐이니 어두운 곳을 좋아한다.
	丑은 끈으로 묶는다[뉴(紐)]는 뜻이다. 찬 기운이 스스로 구부러져 한기가 계절에 굴복하기 시작한다는 의미가 있다. 물상적으로 소의 행동은 느리지만 우직하게 끝까지 자기 일을 하는데, 말이 적고 우유부단하다. 아직은 봄의 양기가 오지 않았으니 성취함이 더디다.
	寅은 풀어내서 옮기고 움직인다[연(演)]는 뜻이다. 양기가 겉으로 나와 활동하려는 의욕이 강해져서 만물을 풀어 살려낸다. 물상적으로 범의 대범함과 포식성을 가졌지만, 고양이과로 행동이 민첩하고 증거를 남기지 않는다. 단독으로 행동하는 특징이 있다.
	卯는 무릅쓰고[모(冒)] 땅을 헤치고 나온다는 뜻이다. 무릅쓰는 행동이라 만물이 땅 위로 솟아오르는 성향이다. 물상적으로 토끼와 같이 민첩하고 영리하나, 변덕스럽고 인간관계에서 배신을 당할 일이 있다. 무리를 지어서 다니고, 일을 그르치면 남을 원망할 수도 있다.
	辰은 진동[진(震)]하고 펼친다[신(伸)]는 뜻이다. 만물이 기개를 펼치고 발전하는 기상이다. 물상적으로 상상의 동물인 용은 여의주를 물고 하늘로 비상한다. 천지의 기운을 변화시키는 뛰어난 재주와 재능을 지녔지만 비현실적일 수도 있다.

巳는 그침[이(巳)]의 의미로 양기가 충만하지만 그 베풀기를 멈춘다는 뜻이다. 물상적으로 뱀은 전통적으로 재물이 들어오는 것을 의미했고, 지혜와 부활의 상징이다. 항공, 역마, 전파, 방송, 통신 등을 의미한다.

午는 거스름[오(忤)]이고 교차[교(交)]하는 것이다. 음기가 아래에서 올라와 양을 거스른다. 물상적으로 문명의 발달을 이끈 불을 의미하여, 인간 정신과 문화를 의미한다. 교육, 문화, 방송, 언어, 문자, 인기 등과 관련이 있다.

말은 날렵하고 자신을 꾸미며 개방적이고 매력적이다. 소와 같이 가축에 속하지만, 소가 우직하게 일할 때 말은 바깥으로 나돌며 주인과 유희를 즐긴다. 午火는 도화이며 조명의 빛을 의미하기 때문에 대중의 이목을 집중시킨다.

未는 맛을 낸다[미(味)]는 뜻이다. 나무가 未에서 힘을 다하니 나무에 가지와 잎이 무성하다. 물상적으로 양의 무리는 들판의 초목을 보이는 대로 다 뜯어먹어 없앤다. 순해 보여도 뿔을 가진 동물이라 포악성도 있고 스스로 고독하다. 십이지지 중에서 뿔을 가진 동물의 특성과 공통점을 함께 생각해보기 바란다.

申은 몸[신(身)]이다. 사물이 몸체를 완성하니 각자 펴고[신(伸)] 묶어 완성된 모습을 갖춘다. 물상적으로 원숭이는 재주가 뛰어나고 지능적이다. 화려하고 바빠 보이는 겉모습과는 달리 내면은 외롭다. 甲木과 함께 큰 깃발, 높이 띄운 간판의 형상을 상징한다.

酉는 빼어남[유(柔)]이고 늙은 것[노(老)]이며 익은 것[숙(熟)]이다. 만물이 무르익어 완성되니 부드럽고 빼어나다. 물상적으로 닭의 벼슬은 관직을 상징하고, 싸우면 용맹을 자랑한다. 辛金과 같은 성향으로 담백하고 처세가 정확하며 꼼꼼하다. 술 주(酒) 자와 자원이 같아 농사를 수확하여 술을 곁들여 잔치하는 모습이다. 닭을 올리고 치르는 전통혼례를 상징하기도 한다.

	戌은 불쌍히 여기는 것[휼(恤)]이고 소멸한다[멸(滅)]는 뜻이며, 모두 거두어 마치고[필(畢)] 죽이는 것[살(殺)]이다. 만물을 거두어들임은 불쌍히 여겨서이다. 만물이 생성하는 과정이 다하였음을 뜻한다. 물상적으로 개는 충성심이 있는 동물이고 인간과 가깝게 생활하고 책임감이 강하다. 茂(무성함)와 같이 사용하여 추수가 끝나고 풍성한 때를 의미한다. 도자기를 굽는 가마나 아궁이를 상징한다. 천간으로는 戊土로 보면 된다.
	亥는 씨앗[핵(核)]이다. 사물이 완성되어 단단한 씨가 된다는 뜻이다. 만물의 한 시대는 끝났지만, 그 씨앗이 저장되었다. 물상적으로 돼지는 식복을 상징하며 부자를 의미한다. 낙천적이고 걱정이 없으며 이것저것 끌어모으는 기질로 욕심이 지나칠 수 있다.

지금까지 학습한 십이지지의 의미, 분류, 물상과 특징을 사주팔자에 어떻게 적용해야 할까? 아직까지도 현장에서는 띠로 읽는 고법의 관법을 사용한다. 그러니 띠는 우선적으로 읽어야 한다. 일간과 월지를 읽는 현대 관법으로는 당연히 월지의 글자가 무엇을 의미하는지 알아야 한다. 그 계절적 의미와 오행 배속을 통해 일간의 전체 환경을 지지 물상으로 파악할 수 있다. 좀더 구체적으로 말하면 사주 네 기둥이 의미하는 것, 즉 조상의 자리인지, 부모, 배우자, 자식의 자리인지에 따라 각각의 의미를 고려하여 통변에 적용한다. 육친으로는 예를 들어 그 글자가 재성이라면 사업 아이템이나 업종, 직업 선택, 취미생활을 설명한다. 천간에 있는지 지지에 있는지에 따라 드러났는지 숨었는지를 분별할 수 있어야 한다. 학문적으로 좀 더 깊이 있게 들어간다면 격국과 용신, 희신, 기신 등을 고려하여 원하는 바, 기피하는 바, 행운을 가져오는 것 등을 분별해서 읽어야 한다. 여기서 말한 기본 틀을 기억하고, 앞으로 학습할 내용을 실용적으로도 적용할 수 있기 바란다.

십이지지의 개요에 대한 정리를 마치면서 초학자들에게 당부하고 싶은 말이 있다. 한국인이 명리학을 학습할 때 한자는 장애요소일 수 있다. 중국에서 기원하였으니 모든 저술이 한자로 되어 있고, 고전에서 시작하여 근대 서적에 이르기까지 같은 글자의 변화도 무궁무진하다. 소리가 같다는 이유로 다른 한자를 차용하여 쓰기도 하고, 근대화과정에서 간자체로 바뀌기도 하였다. 비록 한자를 유려하게 구사하지는 못하더라도 십이지지와 십천간의 22개 한자만은 확실히 익혀서 제대로 쓸 수 있어야 한다. 따라서 글자를 쓰는 방법이나 순서와 모양, 의미 등에 유의하여 공부해야 하는데, 몇몇 글자는 주의해야 하므로 여기서 당부하고자 한다. 한자가 편안한 독자에게는 사족으로 들릴 수도 있겠지만, 잔소리 같아도 한 번은 언급할 필요를 느낀다.

우선 우선 辰과 長(장), 午와 牛(우), 巳와 已(이)·己(기), 未와 末(말), 申과 甲, 酉와 四(사), 戌과 戊 등은 획을 그릴 때 정확하게 써서 혼동을 주지 말아야 한다. 글자를 몰라서가 아니고 생김새가 비슷하여 급하게 쓰다가 실수할 수도 있다. 삐침이나 막히고 뚫린 부분, 획수 차이를 간과하지 말았으면 한다.

다음은 십이지지의 동물 상징에 대해서이다. 주위에서 '쥐띠가 밤에 태어났으니 바쁠 것이다, 소띠가 낮에 태어났으니 일이 많아 힘들다' 등과 같이 십이지지 띠동물과 관련된 이야기를 많이 들어보았을 것이다. 비록 이 책에서 십이지지와 동물 상징에 대해서는 깊이 있게 다루지 않지만, 그렇다고 그것을 버리지는 않았으면 한다. 왜냐하면 물상통변에 들어가면 이러한 민간상식이 곧잘 활용되기 때문이다. 예를 들어, 아내궁(일지)에 寅이라는 지지가 앉아 있으면 '처가 호랑이이니 무섭다, 사회활동을 활발하게 한다' 등의 통변을 할 수 있다. 丑이라면 어떨까. 소는 열심히 일하거나 항상 되새김질을 하거나 웅크리고 있다. 밖에 나가서 친구들과 놀기 좋아하는 스타일이라기보다는 꾸준히 자기 책임을 다하는 타입이다. 한편 辰의 용은 상상의 동물이니 그 사람은 현실적인 성향이기보다 공상을 좋아할 수 있다. 외모에 신경은 쓰지만 현실적인 조언에는 무심할 수도 있다.

지지의 물상에 대해 좀 더 이야기하자면, 子는 오행으로 水이고 색깔로는 검은색이다. 명식이 子를 용신으로 쓴다면 어떠한 물상통변이 가능할까? 그 사람이 생선을 다루는 직업이라면 오징어먹물이 떠오른다. 만약 취미생활을 한다면 먹물로 글을 쓰는 서예를 하거나 캘리그래피를 할 수도 있다. 또 직업을 나타내는 글자가 申이라면 어떤 통변이 가능할까? 申은 양금이고 글자 형태에 커다란 깃발이 보인다. 금속을 다루는 직업이나, 申이 역마의 글자이니 자동차와 관련이 있을 수도 있고, 컴퓨터 통신과 관련이 있을 수도 있다. 또한 큰 깃발이 있으니 간판이 큰 이름 있는 직장을 의미할 수도 있다. 申과 神을 연계하여 사주에 申이 있으면 도(道)나 정신세계에 관심이 있거나 구도의 삶을 살 수도 있다고 설명하는 사람도 있다. 이와 같이 지지의 물상 또한 지지의 의미에서부터 형태나 음양오행까지 활용할 수 있는 정보가 무궁무진하다. 다만 지지의 기초부터 많은 내용을 제대로 숙지할 필요가 있다.

3 십이지지의 시간과 공간 범주

앞에서 살펴본 십이지지의 개요는 글자 하나하나의 의미와 생성원리, 그 형상에 비유하여 상징체계와 특징을 검토한 것이다. 십이지지를 띠, 지장간, 음양, 오행, 월의 배속 등 몇 가지 기준으로 분류하였는데, 기본 개념을 파악하여 거시적인 분류 체계를 익히기 위한 준비였다고 보면 되겠다. 지금부터 분류 계통에서 구체적 내용을 하나하나 학습하고자 한다.

1. 지지와 시간

아래는 지지와 시간 순환의 관계를 정리한 표이다. 먼저 전체적인 분류 계통을 보고 직관적인 공통점을 파악하기 바란다. 지지마다 木火土金水를 밝혀두었기 때문에 오행 배속에 따른 색깔도 알 수 있다. 다른 사람의 설명 없이도 스스로 분류체계의 법칙을 찾아 깨우치는 것이 훌륭한 학습방법 중 하나이다.

• **지지와 시간**

	자	축	인	묘	진	사	오	미	신	유	술	해
	子	丑	寅	卯	辰	巳	午	未	申	酉	戌	亥
음양	음	음	양	음	양	양	음	음	양	음	양	양
오행	水	土	木		土	火		土	金		土	水
음력	11월	12월	1월	2월	3월	4월	5월	6월	7월	8월	9월	10월
시간*	23~01	01~03	03~05	05~07	07~09	09~11	11~13	13~15	15~17	17~19	19~21	21~23
절기	대설 동지	소한 대한	입춘 우수	경칩 춘분	청명 곡우	입하 소만	망종 하지	소서 대서	입추 처서	백로 추분	한로 상강	입동 소설
괘	복 (復) ䷗	임 (臨) ䷒	태 (泰) ䷊	대장 (大壯) ䷡	쾌 (夬) ䷪	건 (乾) ䷀	구 (姤) ䷫	둔 (遯) ䷠	비 (否) ䷋	관 (觀) ䷓	박 (剝) ䷖	곤 (坤) ䷁

* 동경 표준시를 사용하는 국제협약에 따라 한국에서 태어난 사람은 여기에 30분을 추가해야 한다.

오행과 천간은 木火土金水의 순서를 파악하는데 어려움이 없었다면, 지지의 오행 배속은 다소 복잡해 보인다. 木火金水 사행에 지지가 2개씩 배속되고, 그 순서가 양에서 시작하여 음으로 진행하는 것은 천간에서와 같다. 그런데 土 오행에는 4개의 지지가 배속되었다. 木火金水 사행이 변화할 때마다 土 오행이 개입되어 그 변화를 주도하거나 변화의 통로에 서 있다는 것을 이해하도록 하자. 그러면 지지에서 土 오행의 역할과 성향에 대해 한 걸음 다가간 것이다.

木 오행에서 시작하지 않고 子水 오행에서 시작하였다는 차이도 있다. 음력월을 보면 寅에서 1월이 시작하는데 木 오행이 배속되어 있다. 그래서 寅월부터 순서를 시작하면 천간에서처럼 木 오행 순서로 정렬할 수 있게 된다.

그 아래 절기(節氣) 분류를 보면 寅월의 입춘으로 시작하여 각 지지에 2절기가 배속되어 총 24절기가 구비되었다. 보통 매달 초순에 오는 '절'이 있고 15일 간격으로 하순에 오는 '중(中)'이 있어서 12절과 12중으로 나뉘어 있다. 寅월부터 본다면 입춘이 한 해의 시작이 된다. 사주달력은 입춘을 기점으로 한 해의 시작을 따진다. 전체적으로 보면 입춘·입하·입추·입동의 사립(四立), 하지·동지의 이지(二至), 춘분·추분의 이분(二分)의 8절기 구성이 중요하다. 사립의 절기는 사계절이 시작하는 달이고, 이지의 절기는 태양이 가장 긴 날(하지)과 가장 짧은 날(동지)이 되어 그 날을 기점으로 낮이 점점 길어지기 시작하거나(동지), 밤이 점점 길어지기 시작한다(하지).

그렇다면 지지에서는 왜 子水부터 시작하며 그 의의는 무엇일까? 먼저 하루의 시간을 보면 子시부터 시작한다. 한 가지 설명은 되었다. 앞에서 이지(二至)에 대해 말하였는데, 이지는 동지와 하지이다. 각각 태양이 가장 짧은 날(동지)과 가장 긴 날(하지)을 기점으로 낮이 점점 길어지기 시작하거나(동지), 밤이 점점 길어지기 시작한다(하지). 동지에 子월이 배속된 것은 그날로부터 낮(양)이 점점 생겨남을 의미한다.

이와 관련하여 그 다음으로 확인할 수 있는 단서는 주역괘, 특히 그 괘체에 있다. 지지와 시간의 표를 보면 맨 아래에 괘명과 괘체가 보이는데, 좌측부터 子월에 복괘로 시작하여 아래에서부터 양효(—)가 하나씩 더해져서 올라온다. 巳火의 4월이 되면 육효가 모두 양효인 육양으로 이루어지고, 午火의 5월이 되면 다시 아래에서부터 음효(--)가 하나씩 쌓이면서 올라온다. 지지의 자의를 공부할 때 '5월은 음기가 생겨나 양기를 거스르고 땅을 뚫고 나온다'거나 '午는 짝을 짓는 것'이라거나, '午는 음양이 교차[교(交)]하는 것이다. 午에서 양기의 기운을 거슬러 음기가 나온다'고 설명한 이유가 지지 배속의 주역괘에서 왔다. 괘는 亥월에 이르면 6효가 모두 음으로 육음이 된다. 순환하여 다음 子월이 되면 초효에 양효가 일어나면서 돌아올 복(復)을 써서 복괘라 하였다. 『주역』에 '복괘에서 천지의 마음[천지지심(天地之心)]을 본다'고 하였다. 천지의 마음은 우주만물이 주기에 따라 시작하고 순환하는 운동, 즉 우주 자연의 밤낮과 사계절의 변화 및 순환과정을 말한다. 그것을 도리에 맞게 설명하는 괘가 복괘이다.

寅월(입춘, 음력 1월)이 되면 춥고 얼어붙은 겨울이 끝나고 인간과 만물이 꿈틀거리며 생성되고 활동을 시작한다. 寅월을 시작점으로 십이지지를 다시 배열하면 다음과 같다.

• **寅월로 시작하는 지지 순서**

인	묘	진	사	오	미	신	유	술	해	자	축
寅	卯	辰	巳	午	未	申	酉	戌	亥	子	丑
양	음	양	양	음	음	양	음	양	양	음	음
1월	2월	3월	4월	5월	6월	7월	8월	9월	10월	11월	12월
입춘	경칩	청명	입하	망종	소서	입추	백로	한로	입동	대설	소한
봄			여름			가을			겨울		

위의 표는 寅월에서 시작하는 순으로 지지를 다시 배열한 것이다. 앞에서 木火金水 사행에 지지가 2개씩 양 → 음의 순서로 배속되고, 사행이 각각 변화하는 사이에 土 오행의 지지가 위치한다고 하였다. 辰未戌丑이 각각 木 → 火, 火 → 金, 金 → 水, 水 → 木으로 변화하는 도중에 위치하였다. 이렇게 보면 木(寅卯)·火(巳午)·金(申酉)·水(亥子)에 양에서 음으로 배치된 지지와, 土 오행인 辰(양)·未(음)·戌(양)·丑(음) 또한 양에서 음으로 순서가 진행하는 것을 확인할 수 있다. 寅월부터 순서대로 정리한 지지표가 춘하추동 사계와 木火金水 및 土 오행의 적절한 배치를 완벽하게 설명하고 있다.

이제는 춘하추동 사계절을 중심으로 지지의 구성과 배열을 살펴보겠다. 각 계절에 3개의 지지가 배속되고, 각 계절은 입춘·입하·입추·입동으로 시작하는데, 寅·巳·申·亥가 한 계절을 시작하는 지지요 모두 양이다. 다음으로 卯·午·酉·子가 가운데 절기 즉 가장 왕성한 기운을 담당하고, 모두 음이다. 마지막으로 辰·未·戌·丑이 계절의 마지막과 마무리를 담당하는데 음양이 섞여 있다. 봄에 싹이 돋아 자라나기 시작하니 寅·卯·辰 3개의 지지는 木 오행이요, 여름에 성장한 초목에서 꽃이 피니 巳·午·未 3개의 지지는 火 오행이고, 가을에 결실을 맺고 수확하니 申·酉·戌 3개 지지가 金이고, 겨울에 씨앗을 모아 저장하니 亥·子·丑 3개 지지가 水이다. 앞에서 지지의 자의와 특징을 살필 때 이와 관련된 내용이 있었다는 것을 기억하기 바란다.

• 춘하추동의 지지

춘	寅(입춘)	卯	辰	봄에 싹이 돋아 성장한다.
	양	음	양	
하	巳(입하)	午	未	성장한 초목은 꽃이 만발한다.
	양	음	음	
추	申(입추)	酉	戌	가을이 되어 결실을 맺고 수확한다.
	양	음	양	
동	亥(입동)	子	丑	겨울에 종자를 모아 저장한다.
	양	음	음	

천간과 달리 지지에서는 土 오행이 각 절기마다 삽입되어 변화를 도모하는데, 土 오행은 다른 오행과 달리 각자가 배속된 절기에 따라 특색을 달리한다. 예를 들어 辰土는 춘절기의 土로 봄에 만물이 생장할 수 있는 여건을 갖춘 땅이고, 未土는 하절기의 뜨겁고 조열한 땅이며, 戌土는 가을에 추수가 끝나 쓸쓸하고 황량한 땅이고, 마지막으로 丑土는 겨울의 냉랭하게 얼음이 얼고 눈이 내려앉은 땅이다. 따라서 사주에서 土 오행을 해석할 때는 다른 오행보다 훨씬 주의를 기울여서 절기에 나타난 조후와 주변 글자들의 상태를 고려해야 한다. 土는 오행 해석에서 가장 난해한 글자이고, 그런 연유로 사주에 土 오행이 많이 보이면 그만큼 통변에 주의해야 한다.

아래는 사생지, 사왕지, 사고지로 지지를 분류한 것이다. 생·왕·묘 각 모임에 4개의 지지 글자가 있다. 그 모임에 있는 글자를 寅申巳亥, 子午卯酉, 辰戌丑未로 적은 이유는 앞으로 공부할 지지의 형충회합을 이해하기 위한 것이니 다른 오해는 없기 바란다.

- 사생지(四生支) : 역마. 각 계절의 첫 글자인 寅申巳亥
- 사왕지(四旺支) : 도화. 각 계절의 중간 글자인 子午卯酉
- 사고지(四庫支) : 화개. 각 계절의 마지막 글자인 辰戌丑未

2. 지지와 공간

다음으로는 지지의 공간 배속이다. 동서남북 사방위에 십이지지를 배속하였기 때문에 공간 배속이라고 하는데, 아래 도표를 보면 亥·子·丑의 水 모임은 북방에, 寅·卯·辰의 木 모임은 동방, 巳·午·未의 火 모임은 남방, 申·酉·戌의 金 모임은 서방에 배속된다. 여기서 辰戌丑未의 土 오행이 각 방위 사이의 모퉁이에 위치한 것을 볼 수 있다.

그 아래 도표는 십이지지와 방위, 그리고 오행 분포를 원형에 그려넣은 것이다. 그림은 달라도 같은 내용이다. 다만, 土 오행의 향방이 서남간과 동북간, 그리고 중앙에 있음을 추가로 확인할 수 있다. 양택풍수 방위에서는 주로 아래 원형으로 그려진 방위표를 참조한다. 주역의 하도낙서에서도 방위를 언급하였는데, 그 동서남북을 뒤집어서 서양식 즉 지동설의 관점으로 배치하였다는 차이가 있을 뿐 본질적인 내용은 동일하다.

원형 방위표를 보면 子·午·卯·酉를 각각 북남동서 정방위에 배치하고, 나머지 지지를 차례대로 채워넣었다. 천구에서 북극과 남극의 기점을 이어 선을 그으면 자오선(meridian)이라 부르는데, 이 명칭은 지지의 子·午에서 온 것이다.

• **지지와 동서남북 방위**

		북방·水·겨울			
서방 金 가을	戌	亥	子	丑	
	酉			寅	동방 木 봄
	申			卯	
	未	午	巳	辰	
	남방·火·여름				

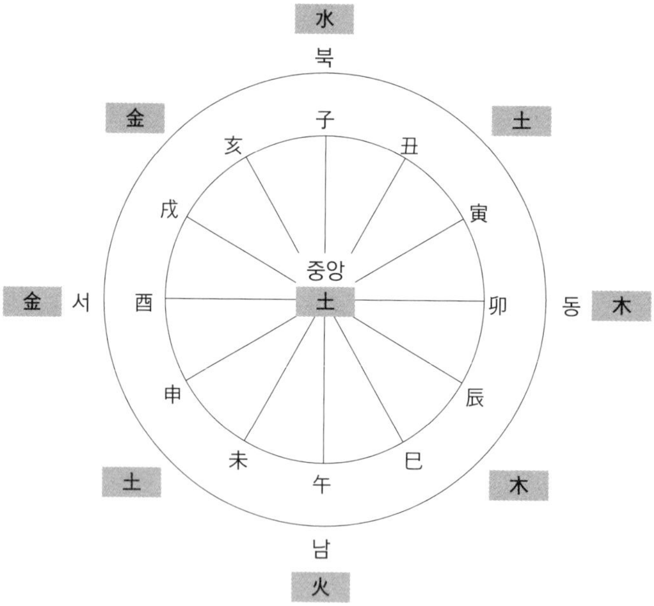

4 지장간

지장간(支藏干)은 글자 그대로 지지 속에 들어 있는 천간을 의미한다. '支藏干'이라는 한자 자체가 지지가 천간을 감추어 숨겨두고 있다는 뜻이다. 지장간이 있는 이유는 지지가 천간처럼 단순하게 한 가지 순일한 오행으로만 이루어진 것이 아니라 천간의 여러 가지 기운들이 혼합되어 만들어진 결과물이기 때문이다. 지지의 순서대로 지장간이 배정된 것을 보고 그 순환법칙을 알아보도록 하겠다.

• 지지 순환의 법칙성

지지	자	축	인	묘	진	사	오	미	신	유	술	해
	子	丑	寅	卯	辰	巳	午	未	申	酉	戌	亥
여기	壬	癸	戊	甲	乙	戊	丙	丁	戊	庚	辛	戊
중기		辛	丙		癸	庚	己	乙	壬		丁	甲
정기	癸	己	甲	乙	戊	丙	丁	己	庚	辛	戊	壬

1. 여기·중기·정기

지장간은 여기(餘氣)·중기(中氣)·정기(正氣)의 세 종류가 있다. '여기'는 남아서 지지의 순환을 이어주는 글자이다. '중기'는 말 그대로 가운데 있는 기운이고, '정기'는 그 지지를 대표하는 음양과 오행으로 되어 있다. 자료에 따라 정기를 앞세워 지장간을 표기하기도 한다. 많은 중국 계열 명리 사이트나 만세력 앱은 정기를 먼저 쓴다는 것으로도 이를 참작할 수 있다. 앞서 도표에 나타난 법칙성을 스스로 직관하고 분석해보라고 한 것처럼, 지장간표도 설명을 읽기 전에 스스로 곰곰이 따져보기 바란다. 지지 지장간의 글자 배열, 여기·중기·정기 각각의 공통된 구성, 천간 오행별 구성, 음양과 오행의 배합 등 혼자서도 분석 가능한 것들이 많다.

여기는 초기라고도 하며, 지난 달의 남은 기운이 이월된 것으로 전성기를 지난 노년의 기운이다. 대부분 전에 있었던 지지의 본기가 그대로 넘어오지만, 己 음토에 이르면 戊 양토로 바뀐다는 것을 알 수 있다. 이에 해당하는 지지가 寅과 申 두 지지이다. 예전에 씌여진 책들 중 일부는 申金의 지장간에 己를 포함하여 己戊壬庚으로 표시하기도 하였는데, 시간이 흐르면서 申金에서 己라는 성분이 점차 사라지기 시작했다고 추측된다.

중기는 여기와 정기(본기) 사이에 있는 지장간으로, 다른 두 기운에 비해 세력이 비교적 약하다. 사생지(寅申巳亥)의 중기는 앞으로 다가올 계절의 기운을 미리 준비하여 다음에 오는 오행의 양간이 된다. 즉 사생지는 앞을 미리 바라보는 특징이 있음을 알 수 있다. 사고지(辰戌丑未)의 중기는 지나간 계절의 음간이 된다. 지나간 과거를 바라보고 회한에 잠기는 특성 때문이다. 사생지가 미래를 추구하는 성향은 양적이고, 사고지가 과거를 회상하는 성향은 음적이라는 것도 알 수 있다. 사왕지(子午卯酉)는 중기가 없이 여기와 정기로만 이루어졌으나, 午만 중기 己를 가진다. 그 이유는 봄·여름 양기의 계절에서 가을·겨울 음기의 계절로의 변화를 위해 己土를 넣었기 때문이다. 앞에서 지지의 자의를 공부할 때 午火의 특성으로 '5월은 음기가 생겨나 양기를 거스르고 땅을 뚫고 나온다'거나 '午는 짝을 짓는 것'이라거나, '午는 음양이 교차

[교(交)]하는 것'이라고 했던 것을 다시 상기하자. 중기가 없다는 것은 그만큼 사왕지의 성향이 단순하고, 앞뒤를 고려하기보다는 자신에게 집중되어 있다는 의미이다.

정기는 본기라고도 하며, 해당 지지의 대표성을 띤 음양과 오행으로 이루어져 있다. 다른 지장간에 비해 비교적 파악하기 쉽다. 이를테면 寅은 木 오행으로 양기이다. 따라서 寅의 지장간 정기는 甲木이 된다. 나머지 지지도 이렇게 추론하면 간단하다. 당연히 3가지 지장간 세력 중에서 가장 강한 기운이다.

지장간은 명리공부에서 반드시 암기하고 완벽하게 숙지해야 할 내용이다. 지장간을 모르고 천간과 지지의 대표오행만으로 무재 사주라느니, 무관 사주라 평생 혼자 살 것이라는 등의 통변은 구업을 쌓는 일이 될 것이다. 또한 지장간의 글자끼리 서로 끌어당기고 밀치고 상처입히는 상황들이 놀라운 삶의 궤적을 만들기도 한다. 자식을 낳고 부부싸움이 없어졌다거나, 또는 반대로 자식을 낳고 남편과 헤어진다거나, 남편은 미운데 시어머니 때문에 산다거나, 가정에서 받는 스트레스를 백화점 쇼핑으로 해소한다는 등의 만화경 같은 일상이 지장간을 통해 드러난다.

학습자에 따라 암기법을 만들어 외우기도 하고, 노래를 만들거나 운을 맞추어 입에 익히기도 하는데, 어쨌든 명리학문을 제대로 하려는 학습자에게는 논리적 숙지법이 최선의 방법이다. 복잡해 보이는 지장간도 여기·중기·정기의 특성을 참조하고 몇 가지 예외상황과 그 이유를 파악하면 비교적 간단하게 장악할 수 있다.

2. 생(生)·왕(旺)·묘(墓)

방금 공부한 지장간을 다른 각도에서 적용해보면 지지에 대해 더 깊이 이해할 수 있다. 각 양간의 탄생과 왕쇠병사의 상황을 오행생사의 개념으로 정리하면 다음과 같다. 앞에서 학습한 12단계의 오행생사 중 생왕묘를 기점으로 나머지 단계를 전개시키면 된다. 오행생사는 「오행론」에서도 설명하였듯이 이후 학습할 십이운성의 주요 명리 이론체계를 구성한 것이다. 참고로 십이운성은 생·욕·대·록·왕·쇠·병·사·묘·절·태·양이다.

• 양 천간의 생·왕·묘

겨울			甲(봄)			여름		
생				왕				묘
亥	子	丑	寅	卯	辰	巳	午	未
戊 甲 壬				甲 乙				丁 乙 己

봄			丙·戊(여름)			가을		
생				왕				묘
寅	卯	辰	巳	午	未	申	酉	戌
戊 丙 甲				丙 己 丁				辛 丁 戊

여름			庚(가을)			겨울		
생				왕				묘
巳	午	未	申	酉	戌	亥	子	丑
戊 庚 丙				庚 辛				癸 辛 己

가을			壬(겨울)			봄		
생				왕				묘
申	酉	戌	亥	子	丑	寅	卯	辰
戊 壬 庚				壬 癸				乙 癸 戊

예를 들어, 甲의 인생은 木의 계절인 봄을 대표한다. 甲은 그 이전 계절인 겨울의 생지인 亥에서 생겨나고(亥의 중기가 甲), 卯에서 자기 계절의 왕지를 차지하며, 다음 계절의 고지인 未(未의 중기가 乙)에서 묘고(墓庫)로 들어간다. 즉, 甲의 생왕묘 모임은 亥·卯·未이다. 생하는 지지의 중기에 해당 오행의 양간이 위치하고, 왕하는 지지는 지장간이 모두 해당 오행으로 구성되었으며, 묘고의 지지 중 중기가 그 오행의 음간이 된다. 이와 같이 살피면 丙은 寅에서 생하고, 午에서 왕하며, 戌에서 묘고로 들어간다. 그래서 丙의 생왕묘 모임은 寅·午·戌이다. 십천간 중 간절기에 해당하는 戊는 丙과 같은 인생을 산다. 나머지 庚의 생왕묘는 巳·酉·丑이고, 壬은 申·子·辰이다. 모두 이전 계절의 생지에 태어나서 자체 계절에서 왕지에 임하고, 다음 계절에서 묘지에 들어간다는 특징이 있다.

그렇다면 음간의 생왕묘는 어떠한가? 乙은 午·寅·戌, 丁은 酉·巳·丑, 己는 丁과 같은 인생(酉·巳·丑)을 살고, 辛은 子·申·辰, 癸는 卯·亥·未이다. 공통점이 보이는가? 음간들은 다음 계절의 생왕묘에서 순서 배열만 달리한다는 것이다. 즉, 乙은 다음 계절인 火(丙, 여름)의 생왕묘를 재배열한 午·寅·戌이고, 丁과 己는 金(庚, 가을)의 酉·巳·丑, 辛은 水(壬, 겨울)의 子·申·辰, 癸는 木(甲, 봄)의 卯·亥·未이다. 묘고의 글자는 辰·戌·丑·未로 동일하고, 생지와 왕지의 자리만 바뀌었다. 그것을 도표로 나타내면 다음과 같다.

계절의 순환이 반대가 된 것은 양순음역, 즉 양간은 순행하고 음간은 역행하는 이치에서 왔다. 乙木을 예로 들면 여름에 생하여 자신의 계절인 봄에 왕하고, 이전 계절인 겨울에 묘에 든다. 양간은 생왕묘의 지지에 모두 자신과 같은 오행을 가지고 있으나, 음간은 왕지에만 자신의 오행 장간을 가지게 된다.

- **음 천간의 생왕묘**

여름			乙(봄)			겨울		
생				왕				묘
午	巳	辰	卯	寅	丑	子	亥	戌
丙 己 丁				戊 丙 甲				辛 丁 戊

가을			丁·己(여름)			봄		
생				왕				묘
酉	申	未	午	巳	辰	卯	寅	丑
庚 辛				戊 庚 丙				癸 辛 己

겨울			辛(가을)			여름		
생				왕				묘
子	亥	戌	酉	申	未	午	巳	辰
壬 癸				戊 壬 庚				乙 癸 戊

봄			癸(겨울)			가을		
생				왕				묘
卯	寅	丑	子	亥	戌	酉	申	未
甲 乙				戊 甲 壬				丁 乙 己

3. 양순음역(陽順陰逆)

음양의 생과 사에 대한 문제는 명리학계에 중요한 논쟁을 낳았는데, 그에 대해서는 주요 고전을 참조하여 논점을 확립할 필요가 있다. 음양의 생사로 열두 자리의 순서 즉 십이운성이 생긴 것에 대해 서락오는 '비록 술가(術家)의 학설이지만 천지자연에 부합되고, 그 용어가 다소 세속적이어도 함축된 의미는 지극히 정수[정(精)]하다'라고 하였다. 전통명리학이 고법의 체계에서 신법의 체계로 진화하면서 버려지고 비판받은 내용도 많지만 십이운성의 체계만큼은 그대로 이어졌다. 실로 음양의 생사는 음양오행 연구에 중요한 요소라는 것을 알 수 있다. 『자평진전』은 다음과 같이 설명하고 있다.

양은 모여서 앞으로 나아가는 것을 주관하니 그러므로 순행한다. 음은 흩어져 뒤로 물러나는 것을 주관하니 그러므로 역행한다. 이것이 장생, 목욕 등의 항목인 바, 양은 순행하고 음은 역행하는(양순음역) 특수성을 가지게 되었다. 사계절이 운행하는데, 공(功)을 이룬 것은 물러나고 장차 쓰임을 기대하는 것은 전진한다. 따라서 각 천간은 십이지지의 월을 유행하면서 생왕묘절을 만들어낸다. 양이 생(生)하는 곳에서 음이 사(死)하고 음양이 호환되는 것은 자연이 운행하는 이치이다.

『자평진전』은 이어서 양이 순행하고 음이 역행하는 것에 대해 다음과 같이 甲과 乙을 예로 들어 설명하고 있는데, 비교적 설득력이 있는 내용이라 소개한다.

甲과 乙을 논하자면 甲은 木의 양이 되고, 하늘의 생기가 유행하는 만목(萬木)이다. 그러므로 亥에서 생(生)하고 午에서 사(死)한다. 乙은 木의 음이 되고, 木의 지지엽엽(枝枝葉葉)이고 하늘의 생기를 받아들인다. 그러므로 午에서 생하고 亥에서 사한다. 무릇 나무란 亥월이 되면 바야흐로 지엽이 벗겨지고 떨어지지만, 그 속의 생기는 이미 거두어 저장됨이 충분하니 다가오는 봄에 발설하는 기틀이 될 수 있다. 이것이 바로 亥에서 생하는 까닭이다. 나무는 午월이 되면 바야흐로 지엽이 번성하는 시기인데 어찌하여 甲이 사하는가? 이는 겉으로는 비록 번성하지만, 안으로는 생기가 발설되어 이미 다 소진되었다는 것을 알지 못해서 그렇다. 이것이 (甲이) 午에서 사하는 까닭이다. 乙木은 이와 반대이다. 午월에 지엽이 번성하니 즉 생(生)이 되지만, 亥월에는 지엽이 벗겨져 떨어지니 즉 사(死)가 된다. (이는) 질(質)로서 논한 것이다. 당연히 기(氣)와는 다른 것이다. 甲乙로 예를 들었으니 나머지도 알 수 있다.

그런데 甲과 乙로 설명하였다 해도 여전히 의문은 남는다. 특히 음간의 생왕묘에서 음간이 생하는 자리 그 어느 지장간에도 음간은 뿌리를 내릴 수 없다. 즉 통근하지 못한다는 것이다. 자신과 같은 오행이 지장간에 없기 때문이다. 그래서 보통 생왕묘절을 읽을 때 음간이 아닌 양간으로 오행을 대표하여 읽는 전통이 생겼다. 서락오는『자평진전평주』에서 이에 대해 다음과 같이 설명하였다.

생왕묘절(生旺墓絕)이란 것은 오행의 생왕묘절이지 십간의 생왕묘절이 아니다. 십간의 명칭은 오행의 음양을 대표하는 것으로, 오행은 비록 음양으로 구분되지만 사실은 하나의 성분이다. 甲乙은 하나의 木이지 두 가지가 아니다. 寅申巳亥는 오행이 장생하고 임관하는 자리이고, 子午卯酉는 오행의 왕지이며, 辰戌丑未는 오행의 묘지가 된다. 음간이 양간과 별도로 장생, 록, 왕, 묘지가 있는 것은 아니다.

여기에서는 지장간과 관련하여 음양의 생·왕·묘 문제를 이 정도로 설명하고 넘어가려고 한다. 자세한 것은 이후 십이운성이나 삼합을 논할 때 다시 구체적으로 다루어야 할 것이다.

• 오행음양순역 생왕사절표

	생(生)	욕(浴)	대(帶)	록(祿)	왕(旺)	쇠(衰)	병(病)	사(死)	묘(墓)	절(絶)	태(胎)	양(養)
甲	亥	子	丑	寅	卯	辰	巳	午	未	申	酉	戌
乙	午	巳	辰	卯	寅	丑	子	亥	戌	酉	申	未
丙	寅	卯	辰	巳	午	未	申	酉	戌	亥	子	丑
丁	酉	申	未	午	巳	辰	卯	寅	丑	子	亥	戌
戊	寅	卯	辰	巳	午	未	申	酉	戌	亥	子	丑
己	酉	申	未	午	巳	辰	卯	寅	丑	子	亥	戌
庚	巳	午	未	申	酉	戌	亥	子	丑	寅	卯	辰
辛	子	亥	戌	酉	申	未	午	巳	辰	卯	寅	丑
壬	申	酉	戌	亥	子	丑	寅	卯	辰	巳	午	未
癸	卯	寅	丑	子	亥	戌	酉	申	未	午	巳	辰

5 월령

월령(月令)은 월지사령(月支司令)의 줄임말이다. 사주팔자 중 태어난 달의 지지, 즉 월지가 그 사주의 핵심기운으로 사령관이 되어 명령한다는 뜻이다. 또는 일간이나 나머지 천간이 월지의 명령에 따라 인생을 살아간다는 뜻도 된다. 심지어 다가오는 대운이나 세운의 기운도 월지의 명령에 따라 팔자에 영향을 미친다. 월령론은 오행의 계절관과 변화관에서 착안한 것이다. 인간을 우주만물 중 하나라고 보았을 때, 월령이 제시하는 계절적 환경은 한 사람의 운명을 결정짓는 중요한 배경이 된다.

1. 월지 제강(提綱)

월령론은 동양철학의 '시(時)' 관념과 함께 사주명리학의 중요한 인식체계이다. 그리스 철학자 아우구스티누스는 '물리적 시간'과 '마음의 시간'으로 나누고, 물리적 시간이란 과거에서 현재로 또 미래로 끊임없이 정확한 간격으로 움직이고 흘러가는 것인 반면, 인간의 영혼은 마음의 시간에 살기 때문에 인간이 마음으로 파악하는 시간은 항상 현재에 있다고 하였다. 그런데 동양철학에서의 '시'는 물리적으로 측정된 시간도 아니고 절대적인 시간도 아니다. 또 마음의 시간과도 차이가 있다. 사전적으로 '時'라는 한자는 날 일(日)과 절 사(寺)로 구성된 형성문자로, 해가 일정하게 뜨고 진다는 의미로 사용된다. 그 '때'는 항상 어떤 상황에 처해 있다. '때'는 '시'이고 상황은 '위(位)'이다.

'시'와 '위'의 개념 또한 『주역』에서 왔다. 「계사전」에 "크고 넓음은 천지와 짝을 이루며, 변(變)하고 통(通)함은 사계절과 짝을 이루며, 음양의 뜻은 일월과 짝을 이루며, 쉽고 간단한 것은 지극한 덕과 짝을 이룬다[광대배천지(廣大配天地), 변통배사시(變通配四時), 음양지의배일월(陰陽之義配日月), 이간지선배지덕(易簡之善配至德)]"고 하였다. 부단한 사계절의 변화, 즉 봄에서 여름으로, 여름에서 가을로, 가을에서 겨울로, 겨울에서 봄으로, 다시 봄에서 여름으로 바뀌는 것이 바로 '변(變)'과 '통(通)'이다. 낮의 해가 뜨고, 그 해가 지면 밤의 달이 뜨는 것은 음양이 하는 일로, 낮과 밤이 또 해와 달이 서로 바뀌고 계속 순환하여 영원히 멈추지 않는 것이다.

『주역』에 나타난 '시'는 주로 사계절의 개념과 관련되어 있다. 여기서 언급되는 '시'는 그 때와 그 상황에 처해서 해야 할 행위들과 관련되어 있음을 알 수 있다. 괘·효사에 나타난 시간의 개념은 구체적이다. 이때 '시'는 상황에 따른 것이고 그 상황은 가변적이다. 그것은 구체적으로 '경험되고(experienced) 감지되는(perceived) 것'으로, 추상적인 시간의 연속성만을 말하는 것이 아니라 행위가 일어나는 현실에 처해 있는 유효한 행위자들이 그 현실에 대해 조치를 하고 그 행위를 완결시키는 것과 관련이 있다. 앞에서 '時'라는 한자는 날 일(日)과 절 사(寺)가 조합된 형성문자라고 하였는데, '時'의 초기 갑골문자 변화에서 보이는 형태는 태양[日], 발[足], 마디[寸] 등의 조합이다. 즉 '농사와 관련된 시간', 발바닥(경작), '태양의 움직임', '빛을 붙잡다' 등과 같은 의미가 부여된 것이다. 이와 같이 농사와 관련되어 씨를 뿌리고 경작하는 등의 구체적 행위와 관련된 '시'는 바로 절기이고, 행위는 바로 그 절기에 맞추어서 인간이 해야 하는 행위이다.

월령은 태어난 계절을 의미하여 대부분의 명리서에서 중요하게 다루어지는 요소이다. '월령'은 태어난 달의 지지와 그 속에 저장된 천간 글자인 지장간으로 월지가 사령한다는 뜻이다. '월령'은 자연만물과 그 변화에 영향을 받은 인간이 그에 순응하여 합당하게 처신해야 한다는 의미이다. 초기 흔적은『시경』의「빈풍(豳風)·칠월(七月)」이나『상서』의「우서(虞書)·요전(堯典)」등에 나타났다. 명리학과 관련된 사유는 춘하추동의 개념을 오행과 결합한 것으로,『관자』의「사시(四時)」와『여씨춘추(呂氏春秋)』의「십이기(十二記)」,『회남자』의「시칙훈(時則訓)」·「천문훈(天文訓)」,『예기(禮記)』의「월령」등이 있다.

· 사주명식의 구조와 월령 및 각 부분의 의미

시주(時柱)	일주(日柱)	월주(月柱)	연주(年柱)
시간(時干)	일간(日干)	월간(月干)	연간(年干)
시지(時支)	일지(日支)	월지(月支) 제강(提綱)	연지(年支)
자식궁	부부궁	부모·형제궁	조상궁
말년운 미래	중년운 현재	청년운 가까운 과거	유년운 먼 과거
실(實)	화(花)	묘(苗)	근(根)

위에 사주명식의 구조와 각 부분의 의미를 표로 나타내었는데, 월지가 명식에서 의미하는 것은 부모·형제궁으로 가까운 과거이며 현재의 내가 있게 한 가장 실제적인 원인이다. 월지는 고서에서 제강(提綱)이라고도 하여 사주팔자 에너지 흐름의 중추이다. 자동차가 굴러가기 위한 엔진과 같은 것이 바로 월지이다. 일간은 운전석에 앉아서 차를 운전하지만, 차가 굴러가는 힘은 바로 엔진이 있기 때문이다. 식물을 파종하

면 발아하고 성장하여 꽃이 피고 결실에 이르러 그것을 수확하고 종자를 모아 저장하는 과정을 거치는데, 이러한 식물의 성장과정은 계절에 적합하지 않으면 안 된다. 천하 만물은 모두 이와 같이 하늘의 때를 얻어 성장하고 발전하는 과정을 거치는데, 그것을 오행관에 착안하여 설명한 것이 명리학의 월령이론이다. 서락오는『자평진전평주』의 서문에서 다음과 같이 말하였다.

> 명(命)이란 종자와 같고 운(運)은 꽃피는 계절과 같다. 명이 좋고 운이 나쁘다면 기화요초(琪花瑤草)[주12]라도 꽃피는 시절을 만나지 못해서 온실에서 길러야 하고 세상에서 귀중히 쓰이지 못함과 같으며, 명도 나쁘고 운도 나쁘다면 길가의 잡초가 발길에 짓밟히게 됨과 같다.[주13]

명이라는 선천운은 하늘로부터 주어진 것이다. 즉, 주어진 명은 인위적으로 바꿀 수 없는 영역이다. 대표적인 것이 바로 탄생과 죽음이다. 사주팔자라는 것은 인간이 선택해서 나온 것이 아니다. 부모를 탓할 수도 없다. 탄생과 죽음 사이에 인간이 살아가는 여정에 운이 있다. 우리가 어떤 사주팔자로 태어나서 그에 따라 살아가는가는 개인의 선택에 따른 것이 아니지만, 그 안에도 최선을 다해 그때그때 판단하며 살아야 하는 운의 영역이 있어 인간의 삶은 살 가치가 있고, 우리가 명리학을 공부하는 이유도 여기에 있다. 이것이 바로 역(易)의 이치이다. 변역의 이치요, 변하는 것과 변치 않는 영역에 대한 이치이다.

주12 기화요초(琪花瑤草) : 선경(仙境)에 있다는 아름다운 꽃과 풀. 원문에는 기파이훼(奇葩異卉)로 쓰였다.

주13 命如種子, 運如開花之時節. 命優運劣, 如奇葩異卉, 而不值花時, 僅可培養於溫室, 而不爲世重 ; 若命劣運劣, 則弱草輕塵, 蹂躪道旁矣.

• 춘하추동에 따른 천지 만물의 생장

오행	사계	자연환경
木	봄	파종하여 싹이 발아하는 계절
火	여름	꽃이 만발하는 계절
金	가을	열매가 단단해지는 계절
水	겨울	씨앗이 생기고 인간은 다음에 올 봄을 대비하여 그 씨앗을 저장하는 계절
土	환절기	계절의 말기와 변화기

위의 표는 춘하추동으로 木火金水를 적었고, 土를 환절기로 설명하였다. 나무의 종자에 비유하면, 사계절의 조후가 가장 중요한 환경적 요인이다. 천지만물이 각 계절에 맞추어 행동하고 상황이 맞으면 순조로운 성장을 하고 계절에 맞지 않으면 발육이 안 된다는 당연한 이치를 나타낸 것이다. 인간의 운명도 각 계절의 어느 달, 어느 오행에 태어났는지가 중요한데, 그것을 결정하는 것이 월지요 이렇게 월지가 결정하는 것을 월령이라 하였다. 따라서 사주를 통변할 때 가장 먼저 월지(태어난 달)의 글자를 파악하고 그에 따라 일간이 처한 본태적 상황을 인지한 다음 나머지 모든 글자의 상태와 동태를 읽는다. 즉, 사람의 생일이 생월에 대하여 타당성을 얻었는지 얻지 못하였는지를 읽는다는 의미이다.

2. 월령 용신

『자평진전』「용신론(用神論)」의 첫 문장은 "팔자용신은 오로지 월령에서 구한다[팔자용신(八字用神), 전구월령(專求月令)]"이다. 월지 월령의 중요성을 강조하면서 시작하는 것이 바로『자평진전』의 용신론, 즉 격국이론의 주요체계이다. 원래『자평진전』에서 말하는 용신(用神)은 월지의 지장간 중 하나이다. 즉, 격국을 정하는 것을 용신을 구한다고 하였다. 이어지는 문장에 '오늘날 사람들은 오로지 제강(提綱)을 주로 한 연후에 사주 간지의 글자마다 모두 월령에 통하고 귀속시켜 희기(喜忌)를 보는 것을 알지 못한다'고 하여, 그만큼 월령으로 사주의 격국과 용신, 그리고 희기신을 찾아내는 것이 쉽지 않다는 것도 강조하였다.

명을 논하는 것은 월령의 용신을 따르되, 반드시 기후에 배합하여 상호관계를 참작해야 한다. 가령 영웅호걸이 때를 만나 절반의 노력으로 곱절의 능력을 발휘하는 것이나 때를 잘못 만나 아무리 특이한 재능이 있어도 성공이 어려운 것과 같다.[注14]

『자평진전』의 「논용신배기후득실(論用神配氣候得失)」(용신이 기후에 배합되는 것의 득실)은 위의 문장으로 시작하는데 지극히 합당한 말이다. 북반구 춘하추동의 사계절이 있는 나라에서 봄과 가을의 조후는 그런대로 인간이 살아가기에 적절한 조건이다. 너무 춥거나 너무 덥지 않아 기후에 따른 생사여탈의 문제는 덜 발생한다는 말이다. 물론 봄과 가을에도 이상기후가 있어서 인간은 항상 기후조건에 촉각을 곤두세우고 살아야 하는 입장이긴 하다. 입춘이 있는 양력 2월은 비록 봄의 절기에 들어가지만 기후조건은 여전히 겨울과 같다. 그래서 봄이라고 무조건 온화하다고, 가을이라고 무조건 선선하다고 생각하면 안 된다. 그런데 여름과 겨울의 상황은 전혀 다르다. 홍수로, 혹한 또는 혹서로, 대설 등으로 목숨을 잃거나 크나큰 위협을 받는 일이 비일비재하다. 사주팔자를 읽을 때 봄과 가을에 태어난 일간보다 여름과 겨울에 태어난 일간의 조후를 더 살펴야 하는 까닭이 여기에 있다. 물론 한 계절 속에도 기온 차이가 있고, 한 달 속에도 초순, 중순, 하순의 차이가 있다. 사주명리는 월령의 지장 인원으로 당령한 기운을 나타낸다.

사주 앱을 보면 월지에 월령이라는 항목으로 특정 천간이 나타나는데, 예를 들어 양력 2월 8일에 태어났고 그해 입춘이 2월 4일에 들어왔다면, 그 사람의 월령 천간은 寅월의 지장간 戊·丙·甲 중에서도 戊土 당령이다. 寅의 지장간 戊·丙·甲이 각각 7

注14 論命惟以月令用神爲主, 然亦須配氣候而互參之. 譬如英雄豪傑, 生得其時, 自然事半功倍 ; 遭時不順, 雖有奇才, 成功不易.

일·7일·16일을 담당하니 2월 4일부터 2월 10일까지 태어난 사람은 戊土 당령이 된다. 丙火는 2월 11일부터 2월 17일까지 담당하고, 甲木은 2월 18일부터 다음달 3월 4일경 다음 절기인 경칩이 들어오기 전까지 담당한다. 다음은『적천수』에서 월령에 대한 설명이다.

월령은 사주에서 가장 중심이 되는 곳으로 집에 비유할 수 있고, 지장간인 인원은 일을 처리하는 신[인원용사지신(人元用事之神)]으로 집의 정해진 방향과 같으니 이들을 헤아리지 않고서는 그 사람의 운명을 알아낼 수 없다.[주15]

이에 대해『적천수천미』에서 임철초는 다음과 같이 해석하였다.

월령은 사주 중에서 가장 중요한 역할을 하는 것이다. 기상(氣象)과 격국(格局), 그리고 용신(用神) 모두가 제강(提綱) 즉 월령을 잡았고 천간에 이를 이끌어 도와줄 신이 투출했다면, 이는 옮길 수 없을 정도로 큰 저택과 같은 형상에 비유할 수 있다. 인원용사(人元用事)란 월령의 지장간 중 이 달에 당령(當令)한 신을 의미하며, 이는 집의 향과 도로와 같으니 이들을 헤아리지 않고서는 그 사람의 운명을 알아낼 수 없다. (중략)

인원(人元), 즉 월령의 지장간은 반드시 당령해야만 능히 길함을 이끌어오고 흉함을 제거할 수 있고, 인원 중 당령한 신은 반드시 천간에 투출해야만 비로소 격을 돕고 용신을 보좌할 수 있다. 만약 寅월의 戊土나 巳월의 庚金이 당령도 하지 않았고 천간에 투출도 하지 않았다면 이는 내버려두고 논하지 않는다.

인용문에서 '옮길 수 없을 정도로 큰 저택과 같은 형상'이란 비유는 바로 월지 양택론을 말한다. 월령을 차지한 글자가 천간에 드러났다면 그만큼 팔자에서 지배력이 크

주15 月令乃提綱之府, 譬之宅也, 人元爲用事之神, 宅之定向也, 不可以不卜.

다는 뜻이다. 여기서 '인원용사(人元用事)'란 중요한 단어가 등장하는데, 바로 지장간인 인원이 일을 처리하는 신이라는 뜻이다.

한편 시주에 대해서는 『적천수』에서 '돌아가 머물 무덤'에 비유하여 다음과 같이 말하고 있다.

태어난 시간은 돌아가 머물 곳으로 무덤에 비교할 수 있고, 지장간인 인원은 일을 처리하는 신으로 무덤의 좌향과 같으니 이들을 가려내지 않고서는 그 사람의 운명을 분별할 수 없다.[주16]

이 글에 대한 임철초의 해석은 다음과 같다. 『적천수천미』에서 인용하였다.

시지에 당령한 지장간[생시용사(生時用事)]은 월지에 당령한 지장간[월령인원용사(月令人元用事)]과 서로 관련이 있다. 따라서 월지와 시지에 당령한 신들이 모두 일주가 반기는 것이라면 그 길함은 갑절로 늘어날 것이고, 일주가 꺼리는 것이라면 흉함이 갑절로 늘어날 것이다. 태어난 시의 좋고 나쁨[생시지미악(生時之美惡)]은 무덤이 앉은 자리[결혈(結穴)]에 비유할 수 있고, 시지에 당령한 지장간은 무덤이 앉은 방향[좌향(坐向)]에 비유할 수 있으니, 이들을 가려내지 않고서는 그 사람의 운명을 분별할 수 없다.

『적천수』와 그 해석서에서 인용한 위의 문장은 월주를 양택에, 시주를 음택에 비유하여 일간의 운명을 판단할 중요한 거점으로 설명하고 있다. 인원용사란 지장간을 말한다.

주16 生時乃歸宿之地, 譬之墓也, 人元爲用事之神, 墓之定方也, 不可以不辨.

3. 인원용사(人元用事)와 월률분야(月律分野)

명리 고전에는 인원용사, 월률분야, 월령인원사령, 월령인원용사, 지장인원, 인원사령 등의 다양한 표현이 등장하고 있어서 그 구별과 차이점을 정리하고자 한다.

먼저 시기적으로 『연해자평』이 가장 먼저 출간되었다고 상정하였을 때, 『연해자평』은 앞에 먼저 월률분야도를 제시하였고, 뒤의 「지지장둔가(地支藏遁歌)」 편에 지지별로 저장한 천간을 나열하였는데, 특히 子, 卯, 酉의 지장간은 음간인 癸, 乙, 辛밖에 없고, 午궁에는 己와 丁이 있어서 우리가 아는 지장간과 차이가 있다. 그것을 정리하면 다음과 같다.

• 『연해자평』 「지지장둔가」

子	丑	寅	卯	辰	巳	午	未	申	酉	戌	亥
	癸	戊		乙	戊		丁	戊		辛	
	辛	丙		癸	庚	己	乙	壬		丁	甲
癸	己	甲	乙	戊	丙	丁	己	庚	辛	戊	壬

『자평진전평주』도 「음양생사」 편에서 인원사령분야를 아래와 같은 표로 제시하고 있다. 여기에 소개된 지장인원도(支藏人元圖)는 『연해자평』 「지지장둔가」 편의 내용과 유사하다. 즉, 子, 卯, 酉의 지장간이 음간인 癸, 乙, 辛로만 이루어져 있고, 午는 己丁인 것이 동일하다.

- **지장인원도**

巳 庚戊丙	午 己丁	未 乙丁己	申 戊壬庚
庚戊丙 生祿	(生乙)	墓木	庚壬 祿生
辰 癸乙戊			酉 辛
墓水			(己丁) 生
卯 乙			戌 辛丁戊
(生癸)			墓火
寅 戊丙甲	丑 癸	子 癸	亥 甲壬
甲戊丙 祿生	墓金	(生辛)	甲壬 生祿

한편 현대명리학에서 지장간으로 이해하는 월률분야도는 다음과 같다. 『연해자평』 「오행발용정례(五行發用定例)」(오행발용의 예) 편에서 가져온 것이다. 월률분야는 월령 지지에 암장된 것을 말한다. 원래 『자평진전』이나 『자평진전평주』에는 없는 그림인데, 국내 『자평진전평주』의 대부분 출간본에는 이 표가 실려 있다. 필자도 『자평진전평주』를 번역출간하면서 독자의 이해를 위해 『연해자평』의 자료를 그대로 사용하였다.

- **월률분야도**

4월 巳	5월 午	6월 未	7월 申
戊 5일 1푼반* 庚 9일 3푼 丙 16일 5푼	丙 10일 3푼반 己 10일 3푼반 丁 10일 3푼반	丁 9일 3푼 乙 3일 2푼 己 18일 6푼	己 7일 1푼반 戊 3일 1푼반 壬 3일 1푼반 庚 17일 6푼
3월 辰			**8월 酉**
乙 9일 3푼 癸 3일 1푼 戊 18일 6푼			庚 10일 5푼반 丁己의 장생 辛 20일 7푼반
2월 卯			**9월 戌**
甲 10일 5푼반 癸의 장생 乙 20일 6푼반			辛 9일 3푼 丁 3일 2푼 戊 18일 6푼
정월 寅	**12월 丑**	**11월 子**	**10월 亥**
戊 7일 2푼반 丙 7일 2푼반 甲 16일 3푼반	癸 9일 3푼 辛 3일 1푼 己 18일 6푼	壬 10일 5푼 辛의 장생 癸 20일 7푼	戊 7일 2푼반 甲 5일 0.5푼 壬 18일 6푼

* 푼은 10분의 1, 반은 절반을 말한다.

또한『자평진전』의 십이월령 인원사령분야표는 다음과 같다. 월률분야도와 십이월령 인원사령분야표의 날짜수가 조금씩 다르지만, 비교적 현대명학계에서 제시하는 지장일수에 많이 근접했다는 것을 알 수 있다.

• 십이월령 인원사령분야표

寅월	입춘 후 / 戊土 7일, 丙火 7일, 甲木 16일	입춘 우수
卯월	경칩 후 / 甲木 10일, 乙木 20일	경칩 춘분
辰월	청명 후 / 乙木 9일, 癸水 3일, 戊土 18일	청명 곡우
巳월	입하 후 / 戊土 5일, 庚金 9일, 丙火 16일	입하 소만
午월	망종 후 / 丙火 10일, 己土 9일, 丁火 11일	망종 하지
未월	소서 후 / 丁火 9일, 乙木 3일, 己土 18일	소서 대서
申월	입추 후 / 戊己土 10일, 壬水 3일, 庚金 17일	입추 처서
酉월	백로 후 / 庚金 10일, 辛金 20일	백로 추분
戌월	한로 후 / 辛金 9일, 丁火 3일, 戊土 18일	한로 상강
亥월	입동 후 / 戊土 7일, 甲木 5일, 壬水 18일	입동 소설
子월	대설 후 / 壬水 10일, 癸水 20일	대설 동지
丑월	소한 후 / 癸水 9일, 辛金 3일, 己土 18일	소한 대한

그렇다면『연해자평』의「지지장둔가」에서 제시한 지지별 지장인원은 무엇인가?「지지장둔가」로 인해 야기된 지장간에 대한 오해를 확인하기 위해 다른 명리서를 확인해 볼 필요가 있다.

예를 들어,『삼명통회』「인원사사(人元司事)」 편에는 우리가 월률분야로 알고 있는 내용이 적혀 있다. 즉『삼명통회』는 월률분야도와 같은 내용의 지장간을 제시하였다. 다음으로『자평진전평주』는 '인원용사'라는 단어를 묘고의 형충에 관한 설을 논하면서 한 번 사용하였고, '인원'이란 용어는 평주에서 주로 인원사령이란 표현으로 10번 정도 사용하였다.「음양생사」 절의 인원사령도는『연해자평』의「지지장둔가」와 유사하지만, 월률분야도를 설명하면서 인원사령일수라고 표현한 것을 보면 월률분야와 인원사령, 인원용사 등을 엄밀하게 구별하지 않고 사용한 것으로 보인다.『적천수』는 위에서 인용한 대로 '월령인원용사'나 '생시용사'와 같은 표현을 쓰고 인원사령을 구별하여 쓰지 않았다.

일부 학계에서는 월률분야와 인원용사를 구별하여, 월지장간은 월률분야로 우리가 사용하는 지장간 일수를 그대로 적용하지만, 팔자의 나머지 지지 즉 연지·일지·시지에는 인원용사라는『연해자평』「지지장둔가」의 지장 배분을 써야 한다고 주장한다.[주17] 그런 반면 통상적으로는『자평진전』이나『적천수』에서처럼 사주 네 지지에 지장간 인원을 월지와 따로 구별하지 않고 사용하기도 한다. 여기서 결론을 내기는 어려운 주제이다. 필자는『자평진전』이나『적천수』, 그리고『삼명통회』의 주지를 그대로 따르는 편이다. 명리를 깊이 연구하려는 학습자는 관심을 가지고 깊이 있게 조사할 가치가 있다고 본다.

월령에서 음양과 오행을 바라보는 시각은 음양으로 추운 기운인지 따스한 기운인지, 또는 습한지 건조한지를 대별하고, 오행으로 춘하추동 사시의 기후를 살핀다.

4. 득령과 부득령

'월령을 얻었다[득령(得令)]' 또는 '월령을 얻지 못하였다[부득령(不得令)]'는 표현은 바로 생일의 오행과 생월 기후와의 관련성을 보고 말하는 것이다. 예를 들어 춘월(봄=木) 甲乙木 일간은 '월령을 얻었다' 할 수 있고, 추월(가을=金) 甲乙木 일간은 '월령을 잃었다'고 할 수 있다. 반대로 춘월(봄=木) 庚辛金 일간은 월령을 얻지 못하였고, 추월(가을=金) 庚辛金 일간은 월령을 얻었다. 그것을 표로 나타내면 다음과 같다.

[주17] 김만태, 「사시·월령의 명리학적 수용에 관한 고찰」 각주6) "지장간이 월지에 있는 경우를 월지장간(月支藏干) 또는 월률분야(月律分野)라 하고 그 외의 지지(연지/일지/시지)에서는 인원용사(人元用事)라 한다." 하고, 같은 저자의 다른 논문 「십이지(十二支)의 상호작용 관계로서 충(衝)·형(刑)에 관한 근원 고찰」 p.140에서 인용한 것으로 되어 있다. 그 논문을 찾아 p.140를 확인해보면, 각주21)로 똑같은 문장이 있을 뿐 어디서 무엇에 근거하여 그런 분류를 하게 되었는지 설명이 제시되지 않았다.

• 오행의 득령·부득령

오행	득령(得令)	퇴기(退氣)	부득령(不得令)	진기(進氣)
木(甲乙)	춘(寅卯辰)	하(巳午未)	추(申酉戌)	동(亥子丑)
火(丙丁)	하(巳午未)	추(申酉戌)	동(亥子丑)	춘(寅卯辰)
土(戊己)	하(巳午未)	추(申酉戌)	동(亥子丑)	춘(寅卯辰)
金(庚辛)	추(申酉戌)	동(亥子丑)	춘(寅卯辰)	하(巳午未)
水(壬癸)	동(亥子丑)	춘(寅卯辰)	하(巳午未)	추(申酉戌)

퇴기는 득령한 계절이 진행되어 다음 계절에 이른 것이고, 진기는 이전 계절을 의미한다. 甲乙木 일간의 입장에서는 겨울이 진기의 계절이고, 봄에 득령하여 여름에 퇴기가 되고, 가을에 부득령하게 된다.

5. 화토동행

득령과 부득령을 논할 때 火(丙丁) 오행과 土(戊己) 오행이 같은 운명에 처해 있다는 것을 알 수 있었다. 이를 화토동근(火土同根) 또는 화토동행(火土同行)이라 한다. 이에 대해서는 앞서「오행의 생사」에서『오행대의』를 인용하여 한 번 논한 적이 있다.『회남자』에 따르면 土의 생사왕쇠(生死旺衰)를 金과 水 사이에 두었던 전통이 있다고 하면서 다음과 같이 설명하였다.

木은 亥에서 생기고 卯에서 장성하며 未에서 죽고, … 火는 寅에서 생기고 午에서 장성하며 戌에서 죽고, … 土는 午에서 생기고 戌에서 장성하며 寅에서 죽고, … 金은 巳에서 생기고 酉에서 장성하며 丑에서 죽고, … 水는 申에서 생기고 子에서 장성하며 辰에서 죽는다.

이 문장에 의하면,「지장간」에서 설명한 것처럼 木의 생왕묘는 亥·卯·未, 火의 생왕묘는 寅·午·戌, 金의 생왕묘는 巳·酉·丑, 水의 생왕묘는 申·子·辰으로 동일한

데, 土 오행은 午 · 戌 · 寅의 순서이다.

전한시대의 경방(京房, 기원전 77~기원전 37)은 『경씨역전(京氏易傳)』에서 '수토동행(水土同行)'을 말하였는데, 이는 土를 水의 생사와 같은 순환으로 읽는다. 곽박(郭璞, 276~324)도 서자평이 주석한 『옥조정진경(玉照定眞經)』에 '水와 土가 辰에서 합하여 묘에 들어간다'고 말하였다. 이것은 앞서 오행론에서 말한 것처럼 土를 어머니(火)와 장사지낼 수 없는 이치(戌이 묘지가 될 수 없음), 자식과 함께 장사지낼 수 없는 이치(丑이 묘지가 될 수 없음), 또 木의 묘지인 未는 두려워서 감히 묘지가 될 수 없는 이치이다. 오직 水는 재성 즉 처이니, 함께 장사를 지내는 것이 무방하다고 하였다. 서자평이 주석한 『낙록자삼명소식부주』에서도 '辰은 水와 土의 창고이고, 戌은 火의 창고이고, 丑은 金의 창고이고, 未는 木의 창고이다"라고 하여 水와 土를 같은 곳에 매장하도록 하였다.

그런데 수나라(581~618) 때의 『오행대의』에 오면 '화토동행(火土同行)'을 채택하게 되는데, 이것이 남송시대에 이르러 지금의 십이운성 운행으로 확정되게 된다. 화토동근(火土同根) 또는 화토동행(火土同行)의 의의는 한대 '수토동행'의 이치에서 수대 이후 '화토동행'으로 옮겨왔다는 것으로, 중앙의 土가 북방의 水에 더욱 의지하던 수토동행에서 중앙의 土가 남쪽에 더욱 의지하는 화토동행으로 이동했다는 것을 의미한다. 육치극은 『중국명리학사론』에서 이것이 중국에서 자연의 생태적 유형을 조정했음을 의미한다고 설명한다. 바로 중국 땅의 지리적 위치가 진한(秦漢)시대에 하남성의 낙양이라는 옛 도시를 중심으로 하던 지역(북위 35도)에서 남쪽으로 이동한 것과 관련이 있는데, 중국의 중심이 황하의 중하류 지역에서 남방의 장강 유역으로 이동하였다는 뜻이 된다.

6. 월령과 왕(旺) · 상(相) · 휴(休) · 수(囚) · 사(死)

다음 표는 일간의 오행별 생월에 따라 득령 · 진기 · 휴수 · 퇴기의 상황을 나타낸 것이다. 甲乙 일간을 예로 들어 설명하면, 봄에 태어나면 득령했다 하고, 여름에 태어나면 퇴기가 되며, 가을에 태어나면 휴수에 이르고, 겨울에 태어나면 진기를 얻었다고 한다. 나머지 일간도 이를 따라서 대입하고 이해하면 된다.

• 일간별 월지 대비 득령 · 진기 · 휴수 · 퇴기의 상황

월지	생월	계절	생시	甲乙	丙丁戊己	庚辛	壬癸
寅	1	춘	아침	득령	진기	휴수	퇴기
卯	2						
辰	3						
巳	4	하	낮	퇴기	득령	진기	휴수
午	5						
未	6						
申	7	추	저녁	휴수	퇴기	득령	진기
酉	8						
戌	9						
亥	10	동	밤	진기	휴수	퇴기	득령
子	11						
丑	12						

위의 표에 따라 오행의 상태를 왕(旺) · 상(相) · 휴(休) · 수(囚) · 사(死)로 나타내면 아래와 같다.

- 왕(王) : 일간과 같은 오행
- 상(相) : 일간을 생하는 오행
- 휴(休) : 일간이 생하는 오행
- 수(囚) : 일간이 극하는 오행
- 사(死) : 일간을 극하는 오행

• 오행의 왕·상·휴·수·사

	춘(木)	하(火)	사계(土)	추(金)	동(水)
木	왕	휴	수	사	상
火	상	왕	휴	수	사
土	사	상	왕	휴	수
金	수	사	상	왕	휴
水	휴	수	사	상	왕

6 지지의 사주팔자 적용

지지는 사주팔자의 환경이 되고 세력을 결정하며 변화를 가져오는 모든 작용의 근원처이다. 연월일시, 근묘화실과 궁성의 어느 자리에 어느 지지가 누구와 짝을 하여 앉아 있는지를 살피고 주변 글자들의 동향을 파악하는 것이 사주간명법의 주요 관심사이다. 이때 음양오행의 생극제화를 적용하고, 일간과의 관계를 살펴서 육신을 파악하며, 월지의 조후를 읽고 형충회합으로 구체적 현상을 독파한다. 지지를 사주팔자에 적용하여 읽기 위해서는 지금까지 배운 다양한 분류와 특징에서 핵심요점을 파악하여 그 내용을 장악할 필요가 있다. 먼저 지장간과 월령에 대한 총론으로 지지를 사생(四生)·사왕(四旺)·사고(四庫)로 분류하여 요약하면 다음과 같다.

• 사생·사왕·사고의 지장간 특징

	지지	지장간 월률(여 - 중 - 본)	특징
사생	寅	戊-丙-甲	1. 여기-중기-본기의 사령일이 7-7-16일이다. 2. 모두 戊로 시작한다. 3. 중기는 다음에 오는 계절의 양간이다. 4. 모두 양간으로 이루어져 있다.
	申	戊-壬-庚	
	巳	戊-庚-丙	
	亥	戊-甲-壬	

사왕	子	壬 - - 癸	1. 여기 - 중기 - 본기의 사령일이 10 - 20일이다. 2. 午만 중기 己를 가지고 있다(10 - 10 - 10). 3. 해당 지지의 대표 오행으로만 이루어져 있다.
	午	丙 - 己 - 丁	
	卯	甲 - - 乙	
	酉	庚 - - 辛	
사고	辰	乙 - 癸 - 戊	1. 여기 - 중기 - 본기의 사령일이 9 - 3 - 18일이다. 2. 중기는 지난 계절의 음간이다. 3. 음양오행이 복잡하게 섞여 있어 잡기(雜氣)라고 불린다.
	戌	辛 - 丁 - 戊	
	丑	癸 - 辛 - 己	
	未	丁 - 乙 - 己	

지지를 사생·사왕·사고로 분류하는 것은 이미 설명하였다. 지장간은 사주명리학의 고법과 신법을 관통하여 다양한 이론체계의 근거가 되므로 여기·중기·본기(정기)의 구성과 법칙을 간파해야 한다. 사생의 지장간은 모두 양간이다. 사생지가 부딪히면 그만큼 맹렬하게 싸울 것이다. 사왕지의 지장간은 주로 한 가지 오행이다. 사왕지끼리 싸우게 되면 이기는 글자와 지는 글자가 확실하게 구별된다. 사고지의 지장간 글자가 가장 복잡하다. 음양도 섞이고 오행도 섞여 있다. 사고지끼리 부딪히면 지장간이 창고문을 열고 나오는데, 그때 사주의 구성이 다채로워지고 일간은 지장간을 활용할 수 있는 가능성이 생긴다.

각 사령일도 중요하다. 고서나 출처에 따라 며칠 차이가 있지만 사생은 7-7-16, 사왕은 10-20, 사고는 9-3-18이다. 사왕의 子·卯·酉를 제외하면 정기의 날짜가 가장 긴 그룹은 사고지이다. 여기의 날짜가 가장 긴 것도 사고지이다. 그만큼 사고지의 여기에 통근하였다면 세력이 결코 약하지 않다. 사생의 여기와 중기의 날짜는 같다. 반면 중기의 날짜가 가장 짧은 그룹은 사고지이다. 그만큼 사고지의 중기에 통근하였다면 그 세력이 약하다고 추론할 수 있다. 고수들이 말하기를, 사주팔자의 통변은 결국 지장간을 어떻게 가지고 노느냐에 있다고 한다. 그만큼 지장간과 그로 인해 발생하는 팔자의 형충회합과 같은 화학작용의 법칙을 장악하는 것이 중요하다는 말이다.

일간과 월지의 관계를 보면 동양과 서양의 세계인식 차이를 알 수 있다. 명리학 고서에 보면 일간은 재상(宰相)이라 표현하고, 월지는 상제(上帝)에 비유한다. 재상은 임금을 도와 모든 관원을 지휘하고 감독하는 벼슬이다. 사주를 배우는 서양 학생들이 가장 이해하지 못하는 부분이 바로 이 지점이다. 서양의 인식체계로 보면 당연히 일간이 왕이어야 하기 때문이다. 서양은 인간이 자연을 극복하고 자연을 개척하여 인간의 삶에 맞추는 것을 발전이라고 생각한다. 지구가 근대에 산업혁명이나 기술과 과학의 발전을 구가한 방식이 바로 이런 것이었다.

그러나 동양에서 상제는 바로 우주·천지·자연이다. 서양화와 동양화를 비교해봐도 이런 차이를 알 수 있다. 서양화는 인물이 중심에 나온다. 그림의 초점은 그 주인공에 맞추어져 있고 배경은 상대적으로 초점에서 벗어난다. 그러나 동양화는 거대한 산수자연 속에 인간은 하나의 점으로 표시된다. 대부분 인간이 주제가 아닌 것처럼 존재조차 찾기 어려운 경우가 많다. 사주의 관점에서 보면, 일간으로 태어난 인간이 상제인 월령과 조화로운 관계를 갖는 것이 좋은 명이다. 서양 학생들에게는 이 점을 한참 설명해야 한다. 물론 사주명리를 공부하는 학생들은 비교적 쉽게 받아들인다. 이러한 차이를 이해해야 앞으로 사주공부가 쉬워진다. 그만큼 월령이 중요하다는 말이다.

다음으로 사주팔자에서 십이지지의 역할과 특징을 요약하여 정리하였다. 앞으로 학습할 내용과도 관련이 있으니 미리 예습한다는 생각으로 요점을 짚어보기 바란다.

첫째, 지지는 천간의 통근처(뿌리)이다. 통근이라는 말은 천간과 같은 오행이 지지에 있어 그 힘의 뿌리가 된다는 뜻이다. 통근은 각 글자의 힘의 세기를 결정짓는 중요한 역할을 하므로 통근을 반드시 읽고 이해해야 사주의 구조를 파악할 수 있다.

둘째, 지지의 음양 배속 문제를 이해하고 넘어가야 한다. 앞에서도 설명한 亥子와 巳午의 음양 배속이 특히 그렇다. 즉, 亥子水와 巳午火에서 음양이 전도되는 현상이 있었는데, 이유는 辰과 戌의 작용이 혼란을 일으켰기 때문이다.

寅	卯	辰	巳	午	未	申	酉	戌	亥	子	丑
양	음	양	양	음	음	양	음	양	양	음	음
		→ 음양 전도						→ 음양 전도			

아래 표에서 亥子水와 巳午火의 지장간과 음양 배속, 체용(體用) 관계를 확인하여 익히기 바란다.

	巳	午	亥	子
지장간	戊庚丙	丙己丁	戊甲壬	壬癸
용(用)	양	음	양	음
체(體)	음	양	음	양

세 번째는 사생(四生) 또는 사맹, 사왕(四旺) 또는 사정, 사묘(四墓) 또는 사고의 분류에 관한 것이다.

• 사생·사왕·사묘의 분류와 특징

분류	다른 이름	지지	특징
사생지(四生支)	사맹(四孟), 역마(驛馬)	寅申巳亥	각 계절의 첫 글자
사왕지(四旺支)	사패(四敗), 사정(四正), 도화(桃花)	子午卯酉	각 계절의 중간 글자
사고지(四庫支)	사묘(四墓), 화개(華蓋)	辰戌丑未	각 계절의 마지막 글자

사맹·사왕·사고, 즉 역마·도화·화개 지지들을 사주에 어떻게 적용할 것인가? 사주의 구조를 보면 다음과 같이 연·월·일·시 각 기둥에 조부모·부모·배우자·자식을 위치시켜 각각 조상궁·부모궁·배우자궁·자식궁이라 부른다. 또한 그것을 시간 단위로 분배하면 우측에서 좌측으로 과거로부터 현재와 미래로 진행시켜서 읽는다.

다른 말로 초년·청년·중년·말년이라 부르고, 명리용어로 근묘화실(根苗花實)이라 한다. 더 나아가 연주와 월주를 사회 국가 단위로 보고, 일주와 시주를 개인적 공간으로 읽기도 한다. 연과 월은 지구의 공전과 관련되어 일간의 대문 밖 환경이라면, 일과 시는 지구의 자전과 관련되어 일간의 대문 안 상황이다. 특히 월주보다 연주에 배우자가 있으면 그 배우자는 대문 저 바깥에 나가 있는 존재이니 사회활동을 한다거나, 대외적 배우자라는 것을 알 수 있다. 거기에 더하여 역마·도화·화개의 특징을 대입하면 된다.

• 궁성과 근묘화실

시주	일주	월주	연주
아들	나	아버지	조부
딸	배우자	어머니	조모
자식궁	부부궁	부모·형제궁	조상궁
실(實)	화(花)	묘(苗)	근(根)
말년기	중·장년기	청년기	유년기
개인		사회·국가	

궁성은 공간적 개념이요, 근묘화실은 시간적 개념이다. 이와 같이 사주팔자의 구조에는 시간과 공간의 정보가 넘쳐난다. 궁성과 근묘화실에 역마·도화·화개의 글자를 대입하여 조상궁에 어떤 글자가 왔는지, 부모궁에 어떤 글자가 왔는지를 가지고 통변하는 것이 현장 실전이다. 어떤 술사는 조상궁에 화개지지가 있다는 이유로 조상 중에 스님이 있었다고 통변하기도 하는데, 어쩌다 맞히는 경우도 있겠지만 견강부회하는 경우도 많다. 항상 사회적 변화와 세계적 관심사에도 귀를 기울이고 정보에 무심하지 않기 바란다. 과거와 달리 현대를 사는 인간의 삶은 주변의 다양한 요소에 많은 영향을 받게 되어 있다. 직업군도 과거와 같이 단순하지 않다. 사회문화·정치경제적

동향에 관심을 가지고 풍부한 지식을 갖추기 바란다. 모두 통변의 중요한 재료가 될 수 있다. 나머지는 적용하는 사람의 역량에 달렸다고 본다. 배우자궁에 도화지가 있다는 이유로 배우자의 바람기를 예단하는 술사들이 많으니, 명리를 제대로 공부한 학습자라면 이제 자기 팔자는 자기가 보는 것을 권한다.

다음으로는 특히 辰·戌·丑·未, 즉 사고의 글자를 주의 깊게 읽어야 한다. 사고지는 다른 말로 입묘지라고도 하여 어떤 글자를 무덤에 묻는 역할을 한다. 다음 표는 辰·戌·丑·未에 각각 입묘되는 천간이다.

• **사고지와 입묘 천간**

사고(입묘지)	입묘되는 천간
辰	壬·辛
未	甲·癸
戌	丙·戊·乙
丑	庚·丁·己

辰에는 水 오행이 입묘되는데 오행은 양간으로 대표되므로 壬水가 입묘되고, 역행하는 음 천간 중 辛金이 입묘된다. 앞에서 설명한 오행음양순역 생왕사절표를 참조하기 바란다. 그와 같이 未土에는 甲·癸가 입묘되고, 戌土에는 丙·戊·乙, 丑土에는 庚·丁·己이 입묘된다. 예를 들어 壬水를 어머니 글자로 쓰는데, 팔자에 辰이 형충되어 있거나, 운에서 들어오는 辰이 형충작용을 하면서 들어오면 그 시기에 어머니의 건강을 조심해야 한다. 아직 초학자라면 이와 같이 팔자를 해석하는 방법이 있다는 정도로 이해하고 우선은 기초이론을 학습하기 바란다. 자세한 것은 다음에 배울 「육신」과 「형충회합」을 참조한다.

마지막으로 사생·사왕·사고, 즉 역마·도화·화개 지지의 직업적 특징을 정리하였다. 앞으로 간지의 사주팔자 적용을 연습할 때 반복적으로 학습할 내용이다.

• **사생·사왕·사고의 직업적 특징**

사생지	역마	寅·申·巳·亥	각 계절의 첫 글자	관, 특수 직업
사왕지	도화	子·午·卯·酉	각 계절의 중간 글자	장사, 영업, 인기
사고지	화개	辰·戌·丑·未	각 계절의 마지막 글자	명예, 공부, 종교

팔자에 寅·申·巳·亥가 많으면 특수 직업일 가능성이 많다. 몸을 쓰는 직업, 의사·약사, 변호사, 경찰, 검찰, 세무조사관, 감찰사, 운동선수, 무역, 여행과 관련된 직업이다. 子·午·卯·酉가 많으면 사람들의 관심을 받아야 하는 직업, 영업, 연예인, 인기와 관련된 직업이다. 辰·戌·丑·未가 많으면 종교, 연구, 권위, 심리, 도학 등과 관련이 있는 분야에 관심을 가진다.

寅·申·巳·亥가 역마이지만, 辰·戌이 있어도 역마라 한다. 辰·戌은 음양을 변화시키는 글자이기 때문이다. 예술은 사왕의 도화와 사고의 화개에 모두 해당한다. 각자 추구하는 방향은 다를 수 있다. 연예인이라고 모두 子·午·卯·酉의 도화만 해당하는 것은 아니다. 寅·申·巳·亥와 같은 액션물에 출연하는 배우도 있고, 辰·戌·丑·未가 있어서 말수가 적고 생각이 많은 연예인도 있을 수 있다. 다만, 학술적 근거를 섭렵하고 엄밀하게 기초를 다져서 그 무궁무진한 변화와 다채로운 물상을 자유자재로 적용해보기 바란다.

03

통근과 투출

간지의 연결과 세력 구조

통근(通根)과 투출(透出)은 천간과 지지를 연결하여 사주의 구성과 힘의 세기 등을 파악할 수 있게 해준다. 통근과 투출을 읽어야 사주명식 내 모든 글자의 강약과 세력을 알 수 있다. 즉, 어떤 오행이 어느 글자에 통근하여 어떻게 세력을 얻었는지 구체적 실정이 파악된다. 그 과정에서 각 글자들과 관련된 육신의 상황을 파악하고, 어떤 글자가 장애물인지, 문제를 해소하려 할 때 부축해주는 글자의 상태와 희기·병약 등에 대해 판단할 수 있다.

• 통근과 투출

통근	천간이 지지의 지장간에서 같은 동기간 오행을 만날 때 성립된다. 음양이 달라도 통근한다.
투출	지지의 지장간이 천간에서 같은 오행의 글자를 보았을 때를 말한다. 음양이 달라도 투출한다.

간단히 말해 통근은 천간이 지지에 뿌리를 내린다는 뜻이고, 투출은 지장간이 천간에 드러난다는 의미이다. 결론적으로 통근과 투출은 같은 말이지만, 통근은 천간의 입장에서, 투출은 지지 지장간의 입장에서 세력의 양상을 보는 것으로 이해하면 된다. 투출이 되어야 간판을 내건 것이 되니 어떤 일을 하든지 사람들이 알아봐준다. 반면 통근이 되어야 하는 일에 내실이 있고 현실적 지원이 가능하다. 앞에서 월령을 논하면서 사주명리학의 '시(時)' 개념, 즉 절기와 관련하여 인간이 처한 상황에 따른 구체적 행위의 중요성을 설명하고, 그에 따라 인간의 운명에 대해 길흉을 판단한다고 하였다. '월령'이 시의 개념 위주라면, 통근과 투출은 일종의 공간적 구조를 보는 것이다.

『자평진전』에는 '근(根)'과 '투(透)'라는 용어가 수차례 등장하는데㊟18, 천간과 지지가 상호작용하여 공간을 통솔하는 것을 논하고 있다. 즉, 통근과 투출은 명식의 구조와 세력이 어떻게 구현되어 나타나는지를 보여주는 것으로, 명조를 구성하는 글자들 사이의 관계에서 그 간격과 상하좌우 위치 및 성분의 상관관계를 의미한다. 『자평진

㊟18 『자평진전』에 '根'은 통근(通根) 등으로 표기되어 44번 쓰였고, '透'는 투간(透干) 또는 투출(透出)로 표기되어 그보다 훨씬 많은 234번 나온다.

전평주』의 「논잡기여하취용(論雜氣如何取用)」(잡기를 어떻게 취용할 것인가)에서는 통근과 투출에 대해 다음과 같이 설명하고 있다.

투간(透干)이란 지지 지장간이 천간에 투출한 것이다. 무릇 팔자에서 지지 지장간은 반드시 천간에 투출해야 하고, 천간에서 용하는 것은 반드시 통근해야 한다. 『적천수(滴天髓)』에 이르기를, '천전일기(天全一氣)라도 지지(땅의 덕)가 실어주지 않으면 안 되고, 지전삼물(地全三物)[주19]이라도 천간(하늘의 도)이 수용하지 않으면 안 된다'고 하였다. 삼물(三物)이란 곧 지지 안에 소장된 3개의 지장간[삼신(三神)]이다.

『자평진전』의 「논십간득시불왕실시불약(論十干得時不旺失時不弱)」(십간의 득시불왕과 실시불약)에서도 다음과 같이 말하고 있다.

팔자가 비록 월령을 중요시하여 왕상휴수가 있지만, 연월일시 또한 손익의 권한이 있다. 그러므로 생월로 득령하지 못하여도 연시가 록왕이면 어찌 곧 쇠하겠는가? 그러니 한 가지에 너무 집착하여[집일(執一)] 말하면 안 된다. … 십간은 월령의 휴수를 논하지 않고, 다만 사주에 뿌리가 있으면 재관식신을 받아들일 수 있고 상관과 칠살을 감당할 수 있다. 장생, 록, 왕은 그 뿌리가 무거운[중(重)] 것이고, 묘고와 여기는 그 뿌리가 가벼운[경(輕)] 것이다. 무릇 비겁은 친구가 서로 돕는 것과 같고, 통근은 가정에 안주할 수 있음과 같다. … 천간이 많은 것은 뿌리가 중한 것만 못하니 이치가 확연하다.

위에 인용한 『자평진전』의 문장은 차분히 읽고 반드시 이해해야 할 내용이다. 이를테면 월지에 득령하지 않았어도 다른 지지에 록지나 왕지의 지위로 통근하였다면 그 일간의 세력을 얕봐서는 안 된다는 말이다. 록지나 왕지에 뿌리내린 것을 통근이라

주19 『적천수천미』에서 임철초는 '지전삼물(地全三物)은 천간[천도(天道)]이 허락해 받아들여 주지 않으면 안 된다' 하고, 지지삼물(地支三物)이란 지지에서 寅卯辰·巳午未·申酉戌·亥子丑의 방합이 있는 경우를 말한다고 하였다.

하고, 묘고와 여기에 뿌리내린 것을 착근이라 하기도 한다. 또 월지에 득령하지 못하여도 다른 곳에 통근하였다면 식신과 재성과 관성을 받아들이고 상관과 칠살을 감당할 수 있다는 의미이다. 식재관은 길신으로 당연히 받아들여 일간이 활용할 수 있어야 하는 성분이고, 칠살과 상관은 흉신으로 일간이 피해를 입지 않도록 잘 다룰 줄 알아야 하는 성분이다. 한편, 비겁의 도움과 통근의 역할을 비교하였을 때 통근은 마치 가정에 안주하는 것과 같은 상황이니 그 차이점을 알고 읽어야 한다는 내용도 중요하다. 비겁은 일간과 같은 오행 성분을 말하니, 천간에 아무리 같은 글자가 많아도 지지에 든든한 통근처가 있는 것만 못하다는 말이 되기도 한다.

『적천수』「간지총론(幹支總論)」에 '천부지재(天覆地載)' 즉 '하늘이 덮어주고 땅이 실어준다'고 하여 다음과 같이 설명하고 있다.

원래 천간과 지지가 순리를 따라 순수한 사람은 창성할 것이나 사주의 천간과 지지가 어그러지고 혼란한 사람은 망할 것이니, 사주의 뿌리가 있고 없음을 논하기보다는 천간에서 덮어주고 지지에서 실어주는 것이 더욱 중요하다.

엄밀히 말해 '천부지재'는 통근·투출과는 차이가 있다. 통근·투출은 같은 오행일 때만 성립되고, '천부지재'는 생하는 오행이 와도 상부상조가 된다는 의미가 있다. 다만 '천부지재'와 통근·투출 모두 천간과 지지의 상호작용에서 협조하는 관계가 중요하다는 의미이다. 이에 대해 임철초는『적천수천미』에서 다음과 같이 해석하고 있다.

사주의 간지에서 용신을 취할 때 그 용신이 힘을 얻기 위해서는 따라야 하는 법이 있다. 용신이 천간에 있을 경우에는 지지에서 실어주는 것이 절대로 필요하다. 또한 용신이 지지에 있을 경우에는 천간에서 덮어주는 것이 절대로 필요하다.

(예를 들어) 甲·乙木을 반기는데 이들이 지지에서 亥·子水나 寅·卯木에 실리면 甲·乙木은 생을 얻고 왕하게 되지만, 지지에서 申·酉金에 실리면 이들을 극하여 손상시켜버릴 것이

다. … 천간이 지지에 통근했는데 지지가 생을 만나 도움을 얻으면 천간의 뿌리는 튼튼하지만, 지지가 충하여 극함을 만난다면 천간의 뿌리는 뽑혀버릴 것이다. 또한 지지가 천간의 도움을 받는데 천간이 생을 만나 도움을 얻으면 지지를 덮어주는 천간은 더욱 무성해질 것이고, 천간이 극하여 제함을 만난다면 지지를 덮어주는 천간의 그늘은 쇠약해질 것이다.

위의 인용문은 '천부지재'와 통근·투출에 더하여 주변의 글자들이 어떻게 협조를 하는지도 중요하다고 설명한다. 서락오는 『적천수보주』에서 '지전삼물이란 지지 가운데 감추어져 있는 인원(人元)을 말하는 것으로 다수의 지지가 3개의 지장간으로 이루어져 있다' 하고, '지지는 천간으로 쓰임[용(用)]을 삼고, 천간은 지지로 뿌리를 삼는다'고 하였다.

지지 중에 子·午·卯·酉의 사왕지[사전지지(四專之地)]가 각각 하나의 천간을 간직하고 있는 것을 제외하고, 寅·申·巳·亥와 辰·戌·丑·未의 8개 지지[팔궁(八宮)]는 모두 3개의 천간을 간직하고 있다. 다수를 따라 말했기 때문에 삼물(三物)이라 한다.[주20]

예를 들어 아래와 같은 사주라면 월 천간 丁火는 일지 戌土 중 지장간 丁火에 통근할 수 있다. 묘고에도 통근을 하며, 지장간과 음양이 다른 丙火가 천간에 있어도 통근이나 투출로 논할 수 있다.

예)

시	일	월	연
		丁	
	戌		

주20 地全三物者, 支中所藏人元, 多數爲三干也. 支以干爲用, 干以支爲根.… 地支之中, 除子午卯酉四專之地, 各藏一干外, 寅申巳亥辰戌丑未八宮, 均藏三干, 從多數而言, 故云三物.

아래와 같은 사주에서 일간 乙木은 월지 亥水의 지장간 중 甲木에 통근한다. 다른 시각으로 亥水 중 지장간 甲木은 일간에 투출하였다고 한다.

예)

시	일	월	연
	乙		
		亥	

아래의 시 천간 戊土와 일간 甲木은 모두 월지 辰土에 통근한다. 甲木은 여기에 통근하고 戊土는 정기에 통근하였으니, 그중에서도 辰土의 정기에 뿌리내린 戊土가 甲木보다 더 강하다고 할 수 있다.

예)

시	일	월	연
戊	甲		
		辰	

『적천수』와 같은 책은 오행의 생극제화 논리로 지지에 생조하는 오행이 있을 때도 힘을 얻는다고 주장하는데, 그 말은 맞다. 그러나 엄밀한 의미에서 통근과는 성격이 다르다. 『자평진전』에 의하면 일간 甲木은 월지 子水에 통근하지 못한다. 월지가 수생목하여 힘을 주어도 생조하는 오행은 같은 오행에 통근한 것과 다르다는 것이 『자평진전』의 논리이다. 아래 사주에서 甲木이 타 지지에도 통근하지 못하였다면 일간의 힘은 미약하다고 할 수 있다.

예)

시	일	월	연
	甲		
		子	

아래 사주는 일간 甲木이 월지 辰土 중의 乙木에 통근하였다. 甲木과 辰土의 본기 戊土는 목극토인 상극관계이지만 일간은 여전히 통근하고, 따라서 이때 甲木 일간이 신약하다고 판단하면 안 된다.

앞의 子월 甲木과 辰월 甲木을 비교하면, 춥고 냉한 겨울인 子월과 甲木이 좋아하는 봄의 辰월 중 甲木의 입장에서 辰월이 훨씬 더 좋은 환경이라는 것을 알 수 있다. 子월 甲木은 진기에 처하고, 辰월 甲木은 득령하였기 때문이다.

예)

시	일	월	연
	甲		
		辰	

아래 사주는 庚申 일주가 卯월에 태어났다. 일지에 비견을 깔고, 시지에 인성인 辰土가 있어 일주를 도와주고, 천간에 庚金과 己土가 투출하여 일주는 왕하다. 족히 丁火 정관을 용신으로 삼을 수 있다. 丁火는 卯木을 깔고 있어 재성 卯木이 관성 丁火를 생하여 실어주고 연지의 亥水로부터 생을 받아 서로 유정하니, 丁火의 세력은 더욱 견고해진다. 이른바 천간과 지지가 순리를 따라 순수한 사람은 창성할 것이다.

예)

시	일	월	연
庚	庚	丁	己
辰	申	卯	亥

『적천수』는 「간지총론(幹支總論)」에서 '천전일기(天全一氣)라 하여 사주의 네 글자가 한 기운으로 몰려 있다 하더라도 지지에서 덕으로 그 힘을 실어주지 않으면 아무런 소용이 없다'고 하였다.

아래 사주는 子午충이 일어났고, 한 방울 물은 심한 가뭄에 바짝 말라버렸다. 천간이 지지를 덮어주지 않는 경우이다.

예)

시	일	월	연
戊	戊	戊	戊
午	戌	午	子

아래 사주는 일지 寅木이 세력을 잃고 천간의 4개 甲을 실어주지 못한 경우이다.

예)

시	일	월	연
甲	甲	甲	甲
戌	寅	戌	申

한편 『적천수』는 '지전삼물(地全三物)'을 논하여 '지지에 방합이나 삼합을 이루고 있어도 천간이 이를 허락해 받아주지 않으면 아무런 쓸모가 없다'고 하였다. 이때 지전삼물은 지장간이 아니라 삼합의 뜻으로 쓰였다.

아래 사주는 일간 甲木이 寅월에 태어나 寅卯辰 동방 목국을 이루고 시지도 寅시이다. 월간과 연간의 庚辛金은 절지에 임하고 지지의 통근처가 없으며, 丙火가 시간에 투출하여 木火가 한 마음이니 庚辛金이 일간에게 대적하지 못한다.

예)

시	일	월	연
丙	甲	庚	辛
寅	辰	寅	卯

아래 사주는 같은 甲木 일간이고 寅卯辰 동방 목국을 이루었으나 辰월에 태어났다. 辰월은 庚金을 실어주니 木을 제어할 수 있다. 비록 시간에 丁火가 있어도 庚金의 적수가 못되니 칠살 庚金을 용신으로 삼을 수 있다. 비슷한 구조의 사주라도 통근과 투출에 따라 해석이 달라지는 경우가 많으니 그 점을 명심하기 바란다.

예)

시	일	월	연
丁	甲	庚	庚
卯	寅	辰	寅

통근과 투출 이론은 사주의 구조와 세력을 파악하기 위해 반드시 이해하고 넘어가야 한다. 상생과 상극으로만 읽다가는 신강·신약 추론에 오류가 발생할 수 있기 때문이다. 통근이라는 개념은 상생과는 다른 의미가 있다. 다음으로 지지 중 생지그룹인 寅·申·巳·亥의 초기 지장간인 戊土는 土 기운의 작용력이 약하다는 것을 알아야 한다. 즉 천간의 己土가 생지그룹에 통근을 하는지는 면밀하게 따져야 한다는 말이다.

통근과 투출에 따라 천간의 세력을 판단하는 방식은 아래와 같다.

- 지지 여러 곳에 통근한 천간이 가장 강하다.
- 정기에 통근한 것이 여기나 중기에 통근한 것보다 강하다.
- 여기나 중기에 통근했을 때 월지 통근인 경우 사령일을 살피고, 다른 지지인 경우 세력을 봐야 한다.
- 지지의 서열은 월＞시=일＞연의 순서이다. 지지의 세력 중 월지가 가장 중요하기 때문에 월지에 통근한 천간이 시지나 연지에 통근한 천간보다 강하다.
- 지지 자체가 통근하지 못한 천간보다 강하다.
- 통근하지 못했거나 충(沖)에 의해 뿌리가 상한 천간은 약하다.
- 지지의 육합이나 삼합, 방합 등의 세력을 살펴서 읽어야 한다.

• 지지가 합을 하더라도 통근처의 역할을 하는 경우가 많다.
• 힘 자체의 성능으로 보면 시지가 일지보다 강하다고 말할 수 있으나, 일지는 일간의 현재와 지금 있는 공간을 설명하는 글자라서 그 의미 자체에 힘이 있다.

월지의 특수성에 대해 다시 한 번 요약한다. 첫째, 월지는 한난조습(춥고, 덥고, 따뜻하고 습하거나 건조한 기운)의 조후를 결정한다. 둘째, 월지는 가장 강한 통근처가 되는 동시에 한 사람의 직업과 적성, 삶의 지향점을 알게 해주는 글자이다. 예를 들어, 월지에 매우 더운 때를 뜻하는 午火가 있으면 명식의 모든 글자는 그 열기에 영향을 받게 된다. 따라서 사주에 열기를 식혀주는 수기(水氣)를 우선적으로 찾을지, 아니면 사주의 습도를 살피고 화기를 빼주는(설기하는) 토기(土氣)를 찾을지를 판단해서 읽는다.

월지가 土 오행일 경우 辰·未·戌·丑이 모두 다르다는 것을 알아야 한다. 辰土는 寅·卯·辰 동방의 木 그룹에 있으면서 申·子·辰의 생왕묘로 水 그룹을 이룬다. 未土는 巳·午·未 남방의 火 그룹에 있으면서 또 亥·卯·未의 생왕묘로 木 그룹의 일원이다. 戌土는 申·酉·戌 서방의 金 그룹에 있으면서 寅·午·戌의 화고이다. 마지막으로 丑土는 亥·子·丑 북방의 水 그룹에 있으면서 巳·酉·丑의 금고이다. 그에 따라 통근처로서의 역할도 조금씩 다르다는 것을 알아야 한다. 모든 지지의 특성이 다르니 각각의 계절적 특징과 오행의 모습, 지장간으로 인한 조후적 특징을 알고 통근을 파악해야 한다.

통근과 투출을 이해한 명리학습자라면 사주팔자의 음양오행 글자 개수를 세거나, 각각의 글자에 점수를 배정하여 힘의 강약을 판단하는 관법은 더 이상 써서는 안 된다. 사주팔자의 각 글자는 따로 분리되어 있지 않고 긴밀하게 연결되어 있다. 그것을 증명하는 것이 통근과 투출이다. 단순히 점수를 매기거나 개수를 세어서 합계를 구하는 방법으로는 절대 고급 통변에 이를 수 없다.

이어서 통근·투출과 관련해 자주 하는 질문을 정리하고 그에 대한 답변을 달았다.

- 월지에 통근한 경우만 신강하다고 할 수 있는가? ⟶ 아니다.
- 연일시 통근의 세력은 어떻게 보는가? ⟶ 연일시도 통근처가 될 수 있는데, 월지와 관련된 세력을 보고 다른 천간들과의 배합을 읽어야 한다. 유정한 경우가 있고 무정한 경우도 있다.
- 월지 득령하였으면 칠살이 중하여도 제압할 수 있는가? ⟶ 득령해도 칠살의 세력이 과중하면 감당하기 힘들다. 칠살을 제어할 수 있는 세력(식상)의 도움이 필요하다.
- 여기와 중기의 통근은 통근으로 볼 수 있는가? ⟶ 여기와 중기에도 통근할 수 있다. 정기에 통근한 것과 구별하여 착근이라 부르기도 한다.
- 예를 들어 未월 甲木 일간이나 戌월 丙火 일간처럼 묘고지에 통근하는 것을 인정할 수 있는가? ⟶ 묘고지에도 같은 오행의 글자가 있으면 통근할 수 있다.
- 戊己土가 춘월(木)에 태어나면 목극토하여 단절하는가? ⟶ 아니다. 자연의 이치를 생각하라. 土는 火와 비슷한 운명을 살아가니 목왕지절에도 살아남는 이치가 있다. 화토동행의 논리이다. 火는 춘월(木)에 태어난다.
- 천간에 여러 비겁이 있다면 통근하지 못해도 세력이 있다고 할 수 있는가? ⟶ 천간에 비견겁이 많은 것은 뿌리가 중한 것만 못하다.
- 십이운성에서 양간과 음간은 어떤 차이가 있는가? ⟶ 양간은 묘고의 글자에 통근하지만, 음간은 묘고의 글자에 통근하지 못한다. 또 양간은 장생의 글자에 통근하지만, 음간은 장생의 글자에 통근하지 못한다. 그래서 십이운성은 양간을 위주로 또는 양간을 대표로 읽고, 음간에 대해서는 그 심리적 특성이나 성향을 읽어주는 것이 좋다.

• **오양간과 오음간의 묘고지**

오양간	묘고지	오음간	묘고지
甲	未	乙	戌
丙	戌	丁	丑
戊	戌	己	丑
庚	丑	辛	辰
壬	辰	癸	未

마지막으로 『적천수』에서의 해석 차이와 그로 인한 논점은 아래와 같다. 이곳에 화두를 던졌으니 관심이 있는 학습자들의 후속 연구에 참조가 되었으면 한다.

첫째, 지전삼물에 대해 서락오는 지장간으로 해석하고, 임철초는 지지 삼합과 방합으로 해석하였다.

둘째, 천부지재에 대해 『적천수』는 통근과 투출만큼 생하는 오행(인수)의 도움을 중요시하였다.

셋째, 육신에서 자식을 읽는 것으로 『적천수』는 건명도 식상으로 자식을 보는 사례가 많았다.

만세력과 사주명식

01

만세력

동양의 천문과 절기를 기록한 명리달력

1 만세력의 의미와 종류

사주는 생년·생월·생일·생시를 육십갑자(六十甲子)로 변환시키고 그것으로 구성한 4개의 기둥이라고 하였다. 그 4개의 기둥을 읽어서 사람의 운명을 추론하는 것이 사주명리학이다. 중국 고대로부터 날짜 등을 세어서 기록하기 위하여 천간과 지지를 사용하였는데 그 조합이 바로 육십갑자이다. 나아가 날짜의 기록에서 확장하여 연, 월, 시를 기록한 것이 사주명리학의 기본 부호체계가 되었다.

명리학 입문자 중에 만세력과 사주명식에 대한 공부를 첫 시간에 해야 하지 않느냐고 질문하는 경우가 더러 있었다. 시작을 만세력으로 먼저 하고 간지론으로 나아갈 수도 있다. 일반인 대상의 평생교육원이나 외부특강에서는 대개 강의를 시작할 때 만세력을 열어서 자신의 사주명식부터 세우게 한다. 그러나 명리학을 장거리로 공부할 학습자들을 대상으로 할 때는 되도록 기초이론을 습득하고 나서 만세력을 배우도록 한다. 음양과 오행, 천간과 지지에 대한 기초지식이 있어야 만세력을 이해하는데 도움이 되기 때문이다. 이 책에서는 천간과 지지에 대한 내용을 소개한 다음 만세력과 명식에 대한 설명을 하게 되었다. 지금부터가 실전이라고 생각할 수 있다.

만세력(萬歲曆)이란 무엇인가? 바로 시간을 육십갑자로 전환하는데 필요한 동양의 천문과 절기 달력이다. 한자로 만 만(萬), 해 세(歲) 책력 력(曆)을 쓴다. 사전적으로는 백년 동안의 천문과 절기를 계산하여 밝힌 책이라고도 하는데, 한국에서는 조선 정조 6년(1782년)에 관상감에서 편찬한 역서를 만세력이라 하고, 처음에는 천세력이라 불리다가 1904년에 만세력으로 발간되었다고도 한다.

• 만세력과 일반 달력의 차이

	일반 달력	만세력
한 해의 시작	양력(또는 음력)	입춘
한 달·절기의 시작	양력 매월 1일	12절기 절입일
기타		경도 계산 및 서머타임과 윤달 반영

매년, 매월, 매일, 매시의 육십갑자를 기록한 일종의 명리달력이라 할 수 있는 만세력은 영어로 번역하면 글자 그대로 10,000 year calendar이다. 즉 만년의 세월을 기록한 달력이라는 뜻인데, '만(萬)'이라는 한자는 숫자 10,000을 의미하는 것 외에 매일매일을 계속한다는 뜻도 있고, 헤아릴 수 없이 많다는 뜻으로도 확장된다.

『적천수천미』에서 임철초는 "사람들이 부여받은 운명은 저마다 달라서 일정하지 못함이 있다[인지품명(人之禀命) 만유부제(萬有不齊)]"고 하였다. 여기서 참고삼아 사주팔자가 만들어지는 경우의 수를 계산해보면 연×월×일×시가 60×12×60×12

이므로 518,400가지가 나올 수 있다. 그런데 子시를 야자(夜子)와 조자(朝子)로 구분해 읽으면 시주의 조건이 13가지가 되어 연월일시가 60×12×60×13으로 사주팔자 경우의 수가 561,600으로 늘어난다.[주21] 거기에 남과 여의 대운이 반대로 흐른다는 것을 감안하면 1,123,200가지로 더 많은 경우의 수가 나올 수 있다. 임철초의 말은 사주팔자 경우의 수를 정확하게 계산하여 밝히는 게 목적이라기보다는, 그만큼 운명의 종류도 많고 그 이치를 밝히기 어렵다는 뜻으로 이해하면 될 것이다. 그런 의미에서 '사람들이 부여받은 운명은 저마다 달라서 일정하지 못함이 있다'고 한 것으로 보인다.

• **사주팔자 경우의 수**

시주	일주	월주	연주	경우의 수
12 또는 13	60	12	60	518,400 또는 561,600

① 만세력 앱

과거와 달리 요즘은 컴퓨터 만세력이나 스마트폰 만세력을 주로 사용한다. 필자가 입문하던 시절만 해도 명리참고서를 구매하면 만세력이 부록으로 같이 딸려 오곤 했다. 또 서점에 괜찮아 보이는 만세력이 있으면 추가로 구매하기도 하였다. 만세력을 한 가지만 사용하지 않고 상담할 때 사용할 만세력과 작은 크기의 휴대용 만세력을 따로 구매하여 여러 종류를 참고하였던 기억도 있다. 심지어 만세력 종류마다 사주가

[주]21 이와 같은 계산의 근거는 육치극의 『중국명리학사론』 제1장 전통명리학의 현대적 해석, p.11을 참고하였다. 본문에서도 알 수 있듯이, 중국 명리학은 야자와 조자를 구분해서 명식을 뽑는다. 이는 중국 문화권 또는 해외 만세력 앱을 통해서도 확인할 수 있다. 한국 명리학계에서는 보편적으로 야자와 조자를 구분하지 않지만, 스스로 증험하여 판단하는 것이 좋다. 명리학습자들은 만세력을 사용하여 다양한 사주팔자 경우의 수를 확인해보기 바란다. 육치극은 사주팔자 경우의 수를 말하면서 명리학 초창기 중국 인구수를 고려한다면 명리학의 통계적 가치는 대단한 것이라 설명하고 있다. 문헌에 의하면 전통명리학의 형성기인 한대부터 명대까지 중국 인구는 5,000만 명 정도이고, 청대 건륭 초기에 1억 명에 도달하고, 건륭 말기에 3억 명까지 증가했다고 본다. 그렇다면 위와 같은 사주팔자 경우의 수 561,600이나 남녀를 구분한 1,123,200가지의 통계적 가치는 실로 엄청나다.

동일하게 뽑히는지 이런저런 종류를 사서 뒤져가며 비교해보기도 하였다. 지금처럼 컴퓨터 만세력이 보편화된 상황에서 돌이켜보면 쓸데없이 시간과 노력을 들인 것 같지만, 모두 좋은 실전 경험으로 남는다.

초창기에는 컴퓨터 만세력을 사용하는 것에 대해 부정적이었다. 정통명리를 제대로 공부한 사람이라면 컴퓨터 만세력에 의지하면 안 된다고 하였고, 상담할 때 스마트폰이나 컴퓨터에 명식을 띄워놓으면 상담객이 보기에 안 좋다고도 하였다. 아직도 책자 만세력을 펼쳐서 사주를 확인해야 할 상황이 있긴 하지만, 지금은 필자도 스마트폰 만세력을 주로 사용한다. 또 강의에서 그 사용법을 소개하기도 한다. 컴퓨터 만세력이 불과 몇 년 전 소개된 것 같은데, 시대가 많이 바뀌었다는 격세지감을 느낀다.

세월이 바뀌었으니 스마트한 문명의 이기에 등돌리고 앉아만 있는 것도 미련한 처사다. 지금부터 그 사용법을 배워보도록 하자. 먼저 스마트폰 '앱스토어'에서 '만세력'을 검색한다.

보통 가장 많이 선택하는 앱이 맨 위에 나타난다. 따라서 검색한 날짜나 상황에 따라 맨 위에 나오는 앱이나 목록이 다를 수도 있다. 처음에는 되도록 무료앱을 선택하도록 한다. 다양한 만세력을 선택하여 스스로 사용해보고 비교해보는 것이 좋다.

예를 들어, 원광만세력을 선택하면 다음과 같은 화면이 전개된다. 어떤 앱이든 시간이 지나면서 디자인이나 화면 구성을 수정하고 업데이트할 수 있으므로, 여기에서는 전체 구성과 내용을 참조하면 되겠다.

다음으로, 해외에서 영어로 만세력을 검색하는 경로도 참고삼아 소개한다. 필자는 여러 이유로 영어 만세력을 알아보았는데, 당연히 한국 만세력과의 차이점이 있는지 보고 싶었던 게 첫 번째 이유이고, 해외 만세력을 통해 영어로 된 사주용어를 배울 수도 있고, 운이 좋아 괜찮은 앱을 구하면 꽤 깊이 있는 사주풀이나 정보를 얻을 수도 있기 때문이었다. 해외 마스터들이 어떻게 사주를 해석하는지, 그 통변체계도 참조할 수 있다.

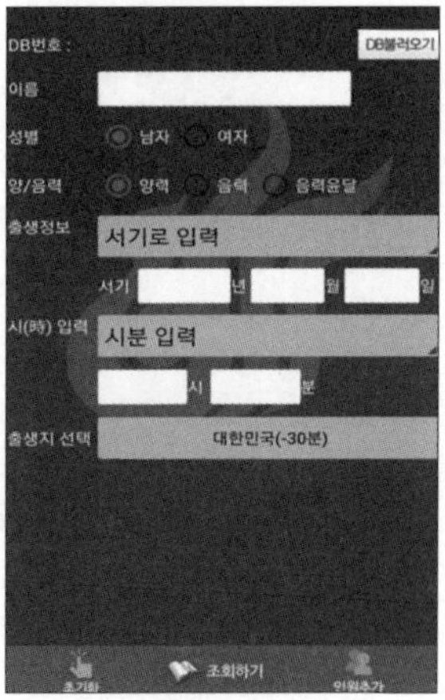

예를 들어, 야자시와 조자시와 같은 만세력의 중요 논점에 대해 해외에서는 어떻게 바라보는지를 참조하기 위해 영어 만세력에서 실제로 子시생의 사주명식을 뽑아서 비교해볼 수도 있다. 필자가 조사한 바로는 한국 앱보다 상당히 분석적이고 합리적인 경우가 많다. 물론 사주용어의 영어식 표현을 배우는 것은 덤이다. 필자는 어떤 학문이든 이론은 용어와 개념에서부터 시작한다고 생각한다. 실제로 코리아타임즈 사주 칼럼을 영어로 쓸 때 사주이론과 기본용어를 영어로 정립하는데 많은 시간과 노력을 쏟았던 기억이 있다. 그리고 그러한 정보를 어디서 구하는지 몰라서 많은 시간과 노력을 낭비했던 적도 있다. 스승 없이 혼자 공부한다는 게 얼마나 무모하고 또 사서 하는 고생인지 잘 안다.

다음은 다양한 영어 만세력 앱 중 하나의 예시이다. 여러 앱을 검색해서 화면이 어떻게 구성되었는지 확인해보고 이런저런 기능을 알아보다 보면 의외의 정보를 얻어낼 수도 있다.

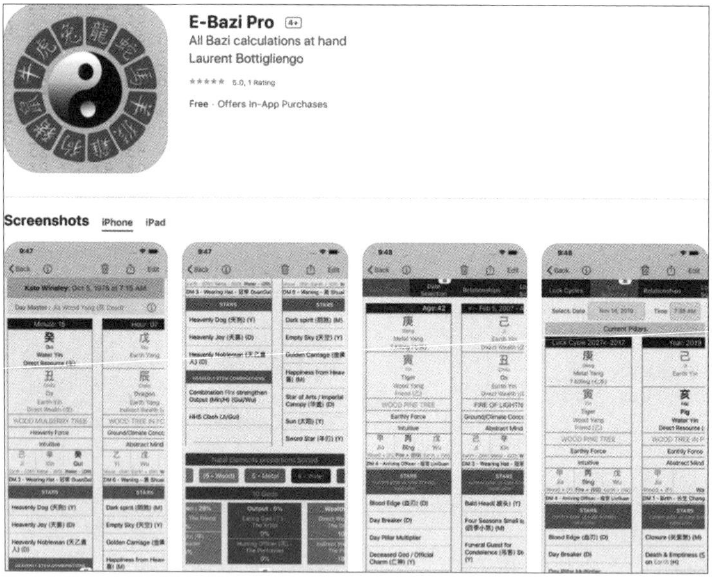

E-Bazi Pro 만세력 앱

해외 만세력 명칭에서 바찌(Bazi)나 필라스 오브 데스티니(Pillars of Destiny) 등은 이 책 앞부분 「사주명리의 명칭」에서 소개한 팔자나 사주 등의 영어식 표기이다. 사례를 보면 사주팔자가 한자로 표기되어 있다. 즉, 비록 영어 앱이지만 사주명식을 알아볼 수 있고 따라서 무엇을 말하고 있는지 짚어가면서 따라 읽을 수 있는 길이 보인다. 납음, 십성, 천을귀인 등의 신살 표기도 볼 수 있고, 음양과 오행별 통계치(백분율)도 나타내고 있다. 앱에 따라 이런 통계치를 색깔로 나타내고 그래프로도 표시하여 영어에 익숙하지 않은 독자들에게도 꽤 괜찮은 정보를 제공하고 있다.

풍수관련 앱도 있는데, 내용을 보면 '부를 가져오는 풍수 비밀, 고대의 과학적 발명, 인생을 개선하는 방법, 문제에 대한 해결방법' 등이라고 쓰여 있다. 풍수 처방에 관심이 있는 독자는 찾아서 검색해보면 흥미로운 정보를 얻을 수 있을 것이다.

② 만세력 사용시 주의사항

컴퓨터 만세력을 사용할 때 몇 가지 주의사항이 있다. 첫 번째는 야자시(夜子時)와 조자시(早子時)에 관한 논점이다. 야자와 조자를 구별한다는 것은 생시(生時)가 밤 11시~12시이면 당일 일진을 쓰고(야자시), 새벽 0시~1시이면 다음날 일진을 쓰는 것(조자시)을 말한다. 해외에서는 아직도 이렇게 야자와 조자를 구분해서 쓰는 경우가 많은데, 학습자들도 스스로 다양한 만세력을 사용하여 확인해보기 바란다. 한편, 한국 현대명학계에서는 야자와 조자를 구분하지 않고, 밤 11시(23시 30분)부터 다음날 새벽 1시(1시 29분)까지 같은 子시로 본다. 즉, 밤 11시(23시 30분) 이후에 태어난 사람은 다음날 일주가 되는 것이다. (괄호 안의 시간은 동경 표준시로 인한 30분 차이를 반영한 것이다.)

예전에 필자가 子시에 태어난 중국계 싱가포르인의 사주를 간명했는데, 한국 앱과 해외 앱의 결과치가 달랐다. 이런 경우 야자와 조자를 보는 관점의 차이 때문에 일주가 바뀌게 된다. 그것은 큰 차이이다. 적어도 야자와 조자를 구분하느냐, 아니면 같은 날로 보느냐에 따라 사주가 달리 나올 수 있다는 것을 알고 스스로 기준을 세우고 상담객을 맞이해야 한다. 어떤 상담객은 다른 데서 볼 때와 팔자가 다르다고 질문하는 경우가 있다. 필자는 한국 명학계의 판단을 지지하는데, 한국의 컴퓨터 만세력에도 사용자가 야자와 조자에 대한 기본 세팅을 선택할 수 있으니 스스로 기준을 세울 수 있다. 다양한 방법으로 만세력의 기능을 확인하고 또 현장에서 검증하면서 사용하기 바란다.

두 번째는 한국인 사주에서 생시에 대한 논점이다. 각 나라는 영국 런던 근교의 왕립 그리니치 천문대에 설치된 본초자오선(prime meridian)을 기준으로 경도에 따른 시간대를 정한다. 자오선(子午線)에 子午가 쓰인 이유는 앞서 지지론 중 「지지와 공간」에서 설명하였다. 자오선을 기준으로 그 동쪽은 동경, 서쪽은 서경이라 하여 15° 간격으로 1시간씩 차이를 두어 24개의 시간대가 정해진다. 그런데 나라마다 지역의 특색이나 통치 등의 목적으로 경도대를 일률적으로 적용하지 않고 있다. 즉, 일정범위 지역에 같은 표준시를 적용하기도 하고, 여러 개의 표준시를 적용하기도 한다. 특히 국토가 동서 방향으로 넓은 나라는 각자의 표준시 정책에 따라 한 국가 안에 여러 개의 시간대가 있을 수도 있고, 그와 반대로 넓은 영토에 한 가지 표준시를 쓰기도 한다. 미국·캐나다·러시아와 같은 나라는 여러 개의 시간대를 가지고 있는데, 예를 들어 미국은 한 나라에 4개의 표준시가 있다. 반면 인도, 이란, 아프가니스탄, 미얀마, 호주 등 일부 아시아권에서는 30분 단위의 표준시를 쓰기도 한다. 중국의 경우 과거에 여러 개의 표준시를 사용하다가 현재는 베이징의 동경 120°를 기준으로 전 국토에 하나의 표준시를 사용한다. 한국은 중앙 자오선이 127.5°이지만, 일본의 표준 자오선인 동경 135°에 맞춰서 표준시를 같이 쓰고 있다. 그에 따라 한국에서 태어난 사람은 생시에서 대략 -30분을 하여 시주를 세운다.

세 번째 논점은 외국인의 사주를 보는 경우로, 그 사람이 태어난 곳의 도시명과 현지시간을 적용하면 된다. 외국인 사주를 볼 때 생시를 한국시간으로 환산해야 하느냐는 질문을 끊임없이 받는데, 전혀 그럴 필요가 없다. 그 사람이 태어난 곳의 시간을 적용해야 한다. 그래야 사주팔자 추명의 원칙에 부합한다. 원광만세력은 출생지 입력창에 태어난 도시명을 입력하면 구글이 정확한 시차와 경도에 따라 시주를 나타낸다. 해외의 경우는 더하겠지만, 한국도 도시에 따라 경도를 어느 정도 정확하게 입력하느냐에 따라 시주가 다르게 나올 수 있으니, 특히 생시가 두 가지 시간대의 중간에 걸쳐 있는 경우는 만세력의 구글 위치 기능을 이용하여 확인하는 것이 좋다. 한국의 경우 인천에서 태어났다면 -33분을 하고, 포항에서 태어났다면 -23분을 하면 된다. 이 기능으로 여러 명의 사주팔자를 고쳐준 적이 있다.

네 번째는 서머타임, 윤달의 적용이다. 결론부터 말하면 스마트 만세력 앱을 사용하면 서머타임이 적용되었던 기간을 자동으로 적용하며, 윤달도 자체적으로 계산할 수 있다. 서머타임은 일명 일광절약시간으로, 낮이 긴 계절에 시간을 절약하기 위해 한두 시간 먼저 하루를 시작하고 그만큼 일찍 하루를 끝내는 제도이다. 한국의 경우 두 차례 서머타임을 시행하였다. 첫 번째는 1948년부터 1960년 사이에 5월 31일부터 9월 22일까지 미국의 영향으로 서머타임을 시행하였다. 그 기간 중 1950년~1952

년의 전쟁 기간은 제외한다. 두 번째는 1987년부터 1988년 서울올림픽 기간이다. 예를 들어, 1948년 7월 20일 아침 7시에 태어나면 보통은 辰시인데, 당시 서머타임 실시 기간인 까닭에 卯시로 나온다. 1958년 8월 5일 10시에 태어난 사람의 명식을 뽑기 위해 만세력에 입력하면 우측처럼 당시 서머타임이 시행되었음을 알리고, 또 동경 127.5°를 적용한 기간으로 30분을 빼지 않았다는 안내도 나온다.

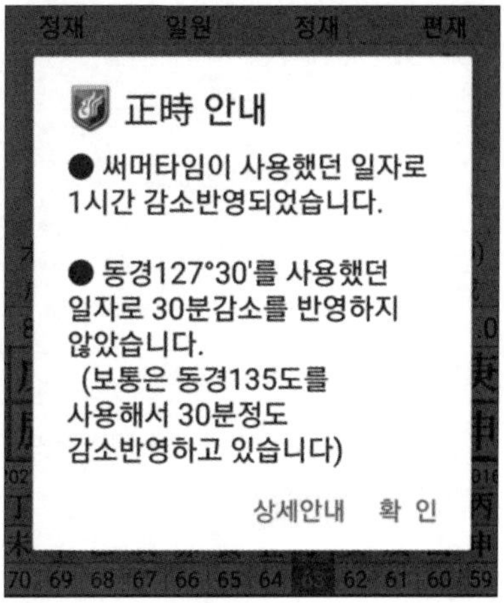

만세력 앱의 서머타임 안내

외국인의 경우로 스티브 잡스(Steve Jobs)의 사주를 뽑아보면 생시가 미국(-10분)이라고 나온다. 샌프란시스코에서 태어났기 때문에 구글 경도 계산으로 -10분을 적용한 것이다.

일반 외국인들의 사주 간명을 위해 상담할 때는 대부분 자신의 생시와 출생지를 정확하게 알려준다. 명리학 연구와 임상자료를 수집하기 위해 해외 유명인의 사주로 검증을 하는 경우도 있는데, 정확한 생년월일시를 알아보는 방법을 소개한다. 필자가 아는 사이트 중에 www.astrodatabank.com이 있다. 다른 곳도 있을 수 있고, 또 이 글을 읽는 순간 이 사이트의 상황이 달라질 수도 있다. 하지만 이런 곳이 있다는 것을 모르고 사주 데이터를 구하기 위해 여기저기 뒤지면서 많은 고생을 했던 터라, 어렵게 입수한 정보를 독자들과 공유하고자 한다. 여기에 들어가서 이름을 입력하고 검색하면 오른쪽 화면과 같은 정보를 제공받을 수 있다. 아스트로(astro)는 천문 우주와 관련된 접두사이고, 데이타(data)나 뱅크(bank)의 뜻은 독자들이 잘 알 것으로 믿는다. 좌측 상단에 생년월일 등의 기본정보가 있는데, 출생지에 따라 경도와 위도가 표시되며 표준시가 계산되어 있다. 태어난 시간에 대한 정보가 분 단위까지 정확하게 제공된다. 우측 상단에는 점성술 차트도 보인다.

Jobs, Steve

Name	Jobs, Steve	Gender: M
Birthname	Steven Paul Jobs	
born on	24 February 1955 at 19:15 (= 7:15 PM)	
Place	San Francisco, California, 37n47, 122w25	
Timezone	PST h8w (is standard time)	
Data source	BC/BR in hand	Rodden Rating **AA** Collector: Rodden
Astrology data	☉ ♓ 05°45' ☽ ♈ 07°45 **Asc.** ♍ 22°18'	

add Steve Jobs to 'my astro'

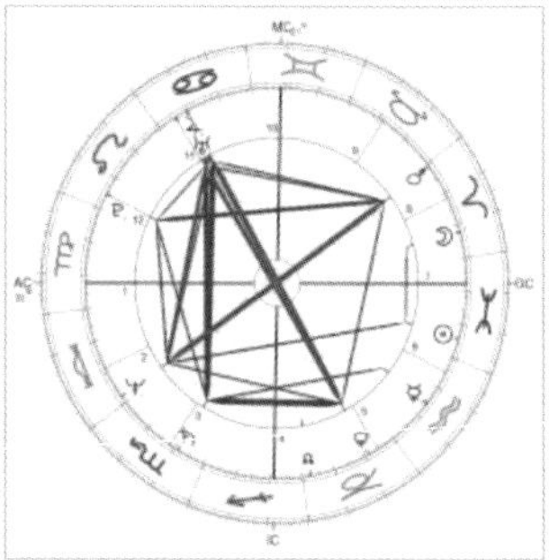

Steve Jobs
natal chart (Placidus)
natal chart English style (Equal houses)
natal chart with Whole Sign houses

Biography

American entrepreneur, one of the originators of the computer revolution, co-founder of Apple Computer Corporation and Pixar Animation Studios.

Adopted as an infant, Jobs was into electronics by the time he was 10. As a teenager, he got himself hired at Hewlett-Packard, a Silicon Valley computer giant. He dropped out of college and landed a job at Atari, a maker of video games. Called to pursue a spiritual quest, he left the corporate scene and traveled to India. Upon his return to the US, he went back to Atari but not for long. In 1976, Jobs and his pal Steve Wozniak made a circuit board in their garage that they called The Apple. At Steve's urging, Woz designed a computer that was small enough and useful enough for businesses and consumers alike. Woz, the engineering genius, and Jobs, the charismatic visionary, successfully parlayed their perfect combination of skills and talents into a business. By the time he was 24, Job's Apple Corporation was worth $10 million. A year later, its value had grown to $100 million. Its graphical user interface, business applications and word processing won kudos, and millions cheered while Apple took on IBM and its personal computer.

Steve Jobs
photo: Matthew Yohe Original uploader was Aido2002 at en.wikipedia, license cc-by-3.0

만세력 앱으로 얻을 수 있는 명리 정보를 스티브 잡스의 사주를 예로 들어 소개하겠다. 앞으로 명리의 다양한 이론을 배우면서 하나씩 배울 내용이다.

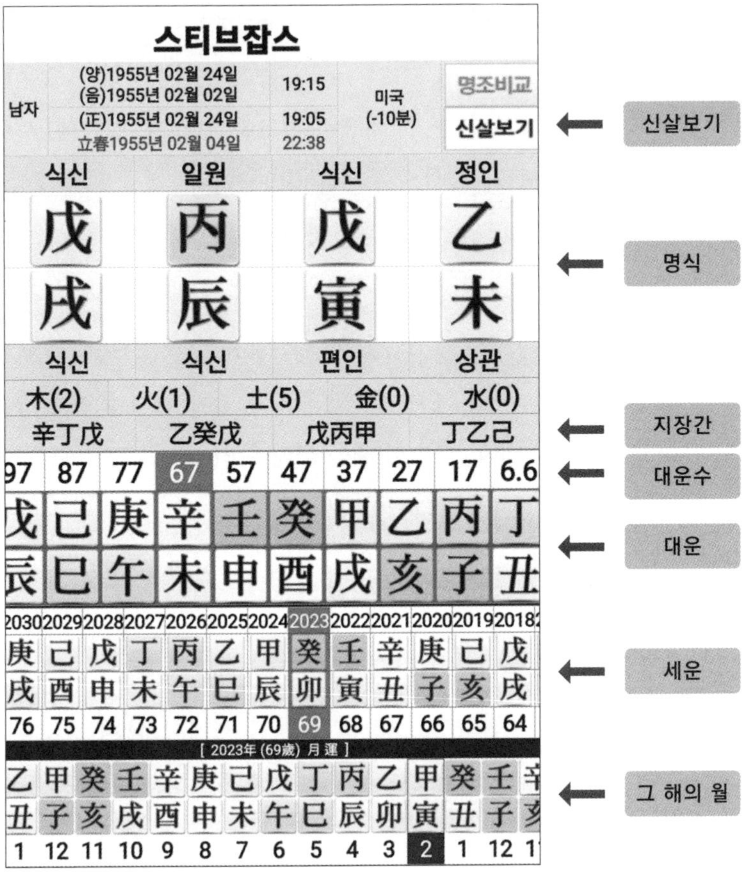

• 위쪽 좌측부터 보면, 먼저 남자의 사주인지 여자의 사주인지가 나타난다. 우측으로 움직이면 양력과 음력 생일, 생시가 있다. 그 다음에 태어난 나라와 태어난 도시의 경도에 따른 생시의 측정치가 나온다. -10분은 경도와 현지시간을 적용하여 계산한 것이다. 생일 맨 아래는 생일이 속한 절기의 절입 날짜와 시간이다. 이것은 대운 계산에 꼭 필요한 정보이다.

• 생일 아래로 사주팔자가 보이는데, 글자마다 식신·일원·정인 등의 육신이 표시되어 있다. 육신은 바로 다음 장에서 배울 내용으로 일간을 둘러싼 가족과 사회적 관계를 말한다. 일원은 일간이다. 본원이라고도 한다. 바로 사주의 주인공이

다. 그 아래로 지장간이 나타나고, 대운수·대운·세운 그리고 그해의 월에 해당하는 육십갑자이다.

- 우측 상단의 '신살보기'를 누르면 더 자세한 정보를 얻을 수 있는데, 사주팔자 아래로 공망·신살·형충회합·십이운성 등이 나타난다.
- 스티브 잡스의 사주에서 연주(乙未) 대비 공망은 辰巳이고, 일주(丙辰)로는 子丑 공망이다. 일간 丙火의 십이운성은 未에서 쇠, 寅에서 장생, 辰에서 관대, 戌에서 묘지이다. 辰戌충과 戌未형이 있고, 익숙한 신살류로 戊戌괴강, 乙未백호가 있다. 신살 부위의 화면을 한 번 더 터치하면 월지 홍염과 연지 금여 등과 십이신살 그리고 납음오행도 나타낸다. 특별히 책을 뒤져 확인하는 수고로움 없이 얻을 수 있는 귀한 정보이다. 물론 머리로 다 외워서 간명하는 게 정석이다.

2 24절기

만세력을 정확히 공부하려면 먼저 절기(節氣)에 대한 이해가 필요하다. 1년은 12절기 또는 24절기로 구분된다. 사전적으로 절기란 태양의 황도상 위치에 따라 춘분점을 기준으로 하여 15° 간격으로 나타낸 24절기의 구분이다. 15°×24=360°이다. 절기는 다른 말로 시령(時令) 또는 절후(節候)라고도 하는데, 24절기는 다시 12절(節)과 12중(中)으로 분류되어 12절은 양력 매달 초순에 들어오고, 12중은 매달 하순에 들어온다. 홀수 절기인 입춘·경칩·청명·입하 등이 12절이고, 짝수 절기인 우수·춘분·곡우·소만 등이 12중이다.

사주명리에서는 절기와 관련하여 다음 두 가지가 중요하다. 먼저 1년의 시작이 양력 1월 1일도 아니고 음력 설도 아닌 입춘이라는 것, 그리고 절기가 양력 기준이라는 점이다. 음력 기준으로 생각하는 사람이 많지만, 절기는 태양력에 근거한 것이라 양력이 기준이다. 먼저 24절기의 종류와 음력과 양력 날짜, 태양의 황경(황도상의 위치)을 정리하면 다음과 같다.

• 24절기의 시기와 황경

음력	절기	양력	황경
1월 맹춘(孟春)	입춘(立春)	2/4일경	315°
	우수(雨水)	2/18일~2/19일	330°
2월 중춘(仲春)	경칩(驚蟄)	3/5일~3/6일	345°
	춘분(春分)	3/20일~3/21일	0°
3월 계춘(季春)	청명(淸明)	4/5일~4/6일	15°
	곡우(穀雨)	4/20일~4/21일	30°
4월 맹하(孟夏)	입하(立夏)	5/5일~5/6일	45°
	소만(小滿)	5/21일~5/22일	60°
5월 중하(仲夏)	망종(芒種)	6/5일~6/6일	75°
	하지(夏至)	6/21일~6/22일	90°
6월 계하(季夏)	소서(小暑)	7/7일~7/8일	105°
	대서(大暑)	7/22일~7/23일	120°
7월 맹추(孟秋)	입추(立秋)	8/7일~8/8일	135°
	처서(處暑)	8/23일~8/24일	150°
8월 중추(仲秋)	백로(白露)	9/7일~9/8일	165°
	추분(秋分)	9/23일~9/24일	180°
9월 계추(季秋)	한로(寒露)	10/8일~10/9일	195°
	상강(霜降)	10/23일~10/24일	210°
10월 맹동(孟冬)	입동(立冬)	11/7일~11/8일	225°
	소설(小雪)	11/22일~11/23일	240°
11월 중동(仲冬)	대설(大雪)	12/7일~12/8일	255°
	동지(冬至)	12/21일~12/22일	270°
12월 계동(季冬)	소한(小寒)	1/5일~1/6일	285°
	대한(大寒)	1/20일~1/21일	300°

절기가 태양력에 근거한다는 것은 태양의 움직임으로 태음력을 보완하였다는 말이다. 달의 변화, 즉 태음력으로 날짜를 계산하기는 용이하였으나, 태양의 움직임이 계절에 따른 날씨의 변화를 더 잘 알 수 있게 해주었기 때문에 태양의 변화를 아는 것이 중요하였다. 동아시아권 농경사회의 생활양식에 계절의 변화가 절대적으로 중요하였다는 것이 이를 방증한다. 따라서 24절기를 엄밀히 말하면 태음태양력이다. 참고로 24절기와 그 해당 내용은 중국 북경 주변 화북지방의 기후에 맞춘 것이다. 세종시대에는 우리의 실정에 맞추어 보완하기 위해 『농사직설』을 편찬하기도 하였다.

춘하추동 사계는 각각 입춘·입하·입추·입동 사립(四立)의 절기로 시작한다. 춘추 두 계절에는 낮과 밤의 길이가 같다는 춘분·추분의 이분(二分)이 있다. 위 표의 황경도를 보면 춘분이 0°이고 추분이 180°이다. 하동의 두 계절에는 낮이 가장 길거나 밤이 가장 길다는 하지·동지의 이지(二至)가 있다. 황경도의 하지는 90°이고, 동지는 270°이다. 이렇게 사립·이분·이지가 8절기를 구성한다. 맹(孟)·중(仲)·계(季)는 각각 맞이[孟] 즉 계절의 시작, 계절의 중간[仲], 계절의 말기[季]를 의미한다. 24절기의 특징과 24절기에 시행하는 내용은 아래와 같다.

- **24절기의 특징과 시행 내용**

절기	내용
입춘 (立春)	봄이 시작되는 날이다. 가정에서는 콩을 문이나 마루에 뿌려 악귀를 쫓고, 대문기둥·대들보·천장 등에 좋은 글귀를 써 붙인다. 마을에서는 공동으로 입춘 굿을 크게 하고, 농사의 기초인 보리뿌리를 뽑아 풍흉을 점쳤다.
우수 (雨水)	눈이 비로 변하고 얼음이 녹아 물이 된다는 뜻이다. 이때 대동강 물이 풀리고 물고기가 올라오며, 기러기는 다시 추운 지방을 찾아 떠난다.
경칩 (驚蟄)	겨울잠을 자던 동물들이 깨어나기 시작한다. 이때 보리싹의 성장을 보고 그해 농사의 풍흉을 가늠했으며, 개구리나 도롱뇽 알을 먹으면 건강에 좋다 하여 먹는 풍습이 있다. 또한 1년 동안의 빈대를 모두 잡기 위해 흙담을 쌓거나, 물에 재를 타서 그릇에 담아두기도 했다.

춘분 (春分)	태양이 적도를 똑바로 비추고 있어서 낮과 밤의 시간이 같아진다. 농촌지역에서는 흙을 일구고 씨 뿌릴 준비를 한다. 그러나 2월 바람에 김칫독 깨진다는 속담이 있듯이 바람이 강해 흔히 꽃샘추위가 찾아온다.
청명 (淸明)	봄이 되어 삼라만상이 맑고 밝으며 화창해 나무를 심기에 적당한 시기이다. 대부분 한식일과 겹친다. 농사를 준비하기 위해 논과 밭의 둑을 손질하기도 하고, 못자리판을 만들기도 한다.
곡우 (穀雨)	봄비가 내려 여러 가지 작물에 싹이 트고 농사가 시작된다. 나무에 물이 가장 많이 오르는 시기이므로 사람들은 곡우물(고로쇠물)을 먹으러 깊은 산이나 명산을 찾기도 한다. 수액(樹液)을 받기 위해 나무에 홈을 파고 통을 매달아 놓은 것을 볼 수 있다.
입하 (立夏)	이때부터 여름이 시작된다. 농작물이 자라기 시작하며, 해충과 잡초가 많아져 농가 일손이 바빠진다.
소만 (小滿)	태양의 황경이 60°이며, 햇볕이 충만하고 만물이 자라서 가득차게 된다는 뜻으로 초여름 모내기가 시작된다.
망종 (芒種)	논보리나 벼 등 까끄라기가 있는 곡식의 씨를 뿌리는 시기이다. 이 시기가 끝날 때까지 밭보리를 베어 햇보리를 먹으며, 논에서는 모내기가 한창이므로 농사일이 가장 바쁜 시기이다. 아이들은 보리 이삭줍기와 보리 그슬리기에 바쁘다. 밤이슬을 맞은 보리를 먹으면 1년 동안 허리가 아프지 않고, 보릿가루로 죽을 끓여 먹으면 배탈이 없다는 풍습이 있다. 망종이 일찍 들면 보리농사에 좋고 늦게 들면 나쁘다 하여 망종의 시기로 풍흉을 점치기도 했다. 지역에 따라 조금씩 다르나 음력 4월 중에 망종이 들면 좋다고 한다.
하지 (夏至)	12시에 태양이 가장 높게 있어 북반구에서는 낮 시간이 1년 중 가장 길고, 일사량과 일사시간도 가장 많다. 햇감자가 나오고, 이 시기가 지날 때까지 비가 오지 않으면 마을마다 기우제를 올렸다.
소서 (小暑)	차츰 더워지는 절기이다. 한국은 장마전선이 걸쳐 있어 습도가 높고, 비가 많이 온다. 농사에 쓸 퇴비를 준비하고 논두렁의 잡초를 뽑는다.
대서 (大暑)	더위가 극도에 달한다. 대부분 중복이 겹치며, 장마전선의 영향으로 비가 자주 온다.
입추 (立秋)	가을이 시작되어 서늘한 바람이 분다. 농촌에서는 다소 한가하며, 김장용 무와 배추를 심는다.
처서 (處暑)	더위가 멈춘다는 뜻으로 서늘해지기 시작하고 논벼가 익는다. 이때 조상의 묘를 찾아가서 벌초하며, 여름 동안에 습기 찼던 옷가지와 이불 등을 햇볕에 말린다. 이 시기가 지나면 아침과 저녁으로 서늘해 일교차가 심해진다.

백로 (白露)	가을 기분이 들기 시작하는데, 이슬 맺힌 것이 하얗게 보인다는 뜻이다. 장마가 끝나고 쾌청한 날씨가 계속되나, 때로는 늦은 태풍과 해일의 피해를 입기도 한다.
추분 (秋分)	춘분으로부터 꼭 반년째 되는 날로 낮과 밤의 길이가 똑같아지며, 추분이 지나면 점차 밤이 길어지므로 계절의 기준이 되기도 한다. 논밭의 곡식을 거두어들이고, 각종 여름 채소들과 산나물 등을 말려두기도 한다.
한로 (寒露)	찬 이슬이 맺히기 시작하여 농촌에서는 추수로 바쁜 시기이다. 예전에는 이때를 전후해 국화전을 지져 먹고, 국화 술을 담갔으며, 수유(茱萸)를 머리에 꽂아 잡귀를 쫓았다.
상강 (霜降)	쾌청한 날씨가 계속되나, 밤 기온은 서리가 내릴 정도로 매우 낮아져서 춥다. 이맘때쯤이면 추수가 거의 끝나고, 동물들은 일찌감치 겨울잠에 들어간다.
입동 (立冬)	겨울이 시작되는 날이다. 각 마을에서는 햇곡식으로 시루떡을 만들어 집안 곳곳에 놓으며, 이웃은 물론 농사에 힘쓴 소에게도 나누어주면서 1년을 마무리하는 제사를 올린다. 또한 각 가정에서는 이날을 기준으로 김장준비를 한다.
소설 (小雪)	땅이 얼기 시작하고 살얼음이 얼며 차차 눈이 내리기 시작한다. 가끔은 햇볕이 따뜻해 소춘(小春)이라고도 하나, 이때가 되면 바람이 몹시 불어 어촌에서는 뱃길을 금했다. 고려 때 손돌(孫乭)이라는 뱃사공이 왕을 모시고 김포와 강화도 사이의 염하(鹽河)라는 강을 건너는데, 갑자기 바람이 불어 풍랑이 심하게 일자 배가 몹시 흔들렸다. 왕은 사공이 배를 일부러 흔든 줄 알고 사공의 목을 베었는데, 이때부터 이곳을 사공의 이름을 따서 손돌목이라 했으며, 매년 이맘때 부는 바람을 손돌바람이라고 하고 김포지역에서는 매년 손돌제를 올린다.
대설 (大雪)	눈이 많이 내리는 때이다. 예전부터 이날 눈이 많이 내리면 다음해에는 풍년이 든다고 했다.
동지 (冬至)	북반구에서는 1년 중 밤이 가장 길고 낮이 가장 짧은 날이다. 추위도 점차 심해지기 시작한다. 이날 팥죽을 쑤어 이웃과 나누어 먹고, 집안 곳곳에 놓아 악귀를 쫓았다. 새 달력을 만들어 걸었으며, 뱀 사(蛇) 자가 쓰여진 부적을 벽이나 기둥에 거꾸로 붙여놓기도 했다. 이날 날씨가 따뜻하면 다음해에 질병이 많고, 눈이 많이 오고 추우면 풍년이 든다고 예상하기도 했다.
소한 (小寒)	본격적으로 추워진다. 대한이 소한 집에 놀러 갔다가 얼어 죽었다는 옛말이 있듯이 한국에서는 1년 중 가장 춥다.
대한 (大寒)	보통 동지가 지난 한 달 후 또는 소한이 지난 반 달 후에 온다. 겨울의 매듭을 짓는 절후로 추위의 절정기이나, 소한에 얼었던 얼음이 대한에 녹을 정도로 따뜻한 해도 있다. 이날 밤에 콩을 땅이나 마루에 뿌려서 악귀를 쫓아내고 새해를 맞이하는 풍습이 있다.

24절기와 관련하여 만세력과 사주명리를 더 잘 이해하기 위해 기억해야 할 것들이 있다. 첫째, 사주의 달력은 양력과 음력 모두를 참조한다. 사주는 태양력의 절기와 음력 날짜의 육십갑자를 절묘하게 적용한다. 원고시대부터 인간은 수렵을 하거나 농사를 지을 때 태양과 달 모두의 움직임에 영향을 받았다. 달의 움직임으로 날짜를 계산하였고, 태양의 움직임으로 기후와 환경의 변화를 감지하였다. 둘째, 사생지 寅·巳·申·亥는 순서대로 각각 입춘·입하·입추·입동에 해당한다. 그것이 사립의 절기이고, 그와 같은 이유로 이름이 사맹지가 되었다.

• 십이지지의 24절기와 시간 배속

	寅	卯	辰	巳	午	未	申	酉	戌	亥	子	丑
음력	1월	2월	3월	4월	5월	6월	7월	8월	9월	10월	11월	12월
절(節)	입춘	경칩	청명	입하	망종	소서	입추	백로	한로	입동	대설	소한
양력	2월 4일	3월 6일	4월 5일	5월 6일	6월 6일	7월 7일	8월 8일	9월 8일	10월 8일	11월 7일	12월 7일	1월 5일
중(仲)	우수	춘분	곡우	소만	하지	대서	처서	추분	상강	소설	동지	대한
양력	2월 19일	3월 21일	4월 20일	5월 21일	6월 21일	7월 22일	8월 23일	9월 23일	10월 22일	11월 22일	12월 22일	1월 20일
시간*	03~05	05~07	07~09	09~11	11~13	13~15	15~17	17~19	19~21	21~23	23~01	01~03

* 동경 표준시를 사용하는 국제협약에 따라 한국에서 태어난 사람은 여기에 약 30분을 추가해야 한다.

사주는 절기학이나 계절학이라고 말한다. 즉, 사주는 24절기의 기후조건과 해당 절기에 인간이 어떤 행동을 하는가에 의거하여 읽는다는 말이다. 엄밀히 말하면 24절기는 북반구의 사계절이 있는 농경사회에 맞춰 생겨난 시간개념이며 분류방법이다. 따라서 외국인, 특히 남반구에서 왔거나 적도 주변국과 같이 사계절이 없는 나라나 농경사회의 전통이 없는 나라에서 태어난 사람의 사주를 볼 경우에는 조후의 차이와 문화적 여건을 감안하여 전제 조건을 달고 통변해야 한다. 조후에 따른 인간의 행동습성 등을 사주통변에 적용할 때 제약이 있을 수 있다는 말이다.

전통관습과 관련하여, 위의 절기 외에 초복·중복·말복과 같은 삼복일은 24절기에 포함되지 않고 정월대보름·한식·단오·칠석 등과 함께 기타 명절 또는 잡절에 포함된다. 그래도 삼복을 정하는 규칙이 육십갑자와 관련이 있어서 소개한다. 삼복 모두 일진의 천간이 庚일인데, 초복은 하지 이후 세 번째 庚일이고, 중복은 하지 이후 네 번째 庚일로 초복과 중복은 10일 차이가 난다. 천간에 10개의 글자가 있기 때문에 세 번째 庚일부터 네 번째 庚일까지 10일이 소요된다는 말이다. 말복은 입추 이후 첫 번째 庚일인데 음력 날짜와 양력 절기의 차이에 따라 어떤 해는 중복과 말복에 10일 차이가 나기도 하고, 어떤 해는 20일 차이가 나기도 한다. 중복과 말복이 10일 차이가 나는 해는 삼복 기간이 20일이고, 중복과 말복이 20일 차이가 나는 해는 삼복 기간이 30일이다. 그만큼 여름이 길게 느껴질 수 있는 해이니, 옛 사람들이 육십갑자로 날짜를 적었던 관습에서 과학적 의의를 찾을 수 있다.

복날을 庚일로 골라잡은 것은 동양의 전통풍습이 육십갑자를 사용한 율력에 근거하고 있다는 점을 말해준다. 십간 중 庚金은 木火土金水 오행 순환에서 木火라는 양기가 끝나고 土의 변환기를 거쳐 金水의 음기가 시작되는 첫 번째 양의 천간 글자이다. 복날의 복(伏)은 더위에 지친 사람이 더위를 피해 엎드린다는 뜻이기도 하고, 절기상 가을을 뜻하는 庚金 천간이 대지에 내려와서 뜨거운 여름 기운에 제압당하여 굴복했다는 뜻이기도 하다. 火 기운에 金이 화극금을 당한 것이다.

02
사주명식
육십갑자로 전환된 사람의 생년 · 생월 · 생일 · 생시

1 사주의 구성

만세력을 통해 연주 · 월주 · 일주 · 시주 각 기둥이 세워지는 원리를 알아보기 전에, 전체적으로 사주명식은 어떻게 구성되며 각 기둥이 의미하는 바가 무엇인지 알아보자. 서자평은 사주를 저울에 비교하여, '연주는 물건을 들어올리는 갈고리와 같으며, 월주는 물건을 달고 저울을 들어올리는 손잡이의 끈과 같고, 일주는 저울의 눈금이 새겨진 몸통인 바릿대이며, 시주는 사주의 화복을 가늠하는 저울추에 비교할 수 있다'고 하였다. 앞에 「월령」에서 간단히 알아보았던 사주명식 구조의 조감도를 다시 가져왔다. 그 구조에 시간과 공간이 모두 나타난다고 하였다. 또 사주를 평면으로만 보지 말고 입체적으로 보라는 말도 하였다.

• **사주명식의 구조와 월령 및 각 부분의 의미**

시주(時柱)	일주(日柱)	월주(月柱)	연주(年柱)
시간(時干)	일간(日干)	월간(月干)	연간(年干)
시지(時支)	일지(日支)	월지(月支) 제강(提綱)	연지(年支)
자식궁	부부궁	부모·형제궁	조상궁
말년운 미래	중년운 현재	청년운 가까운 과거	유년운 먼 과거
실(實)	화(花)	묘(苗)	근(根)

먼저 일간이 사주에서 위주가 된 것에 대해 『연해자평』「논일위주(論日爲主)」 편에서는 아래와 같이 쓰고 있다.

내가 일찍이 당나라 서적에 기재되어 있는 것을 보니, 이허중(李虛中)이라는 자가 사람의 생년월일시 간지의 생극을 취하여 명이 귀한지 천한지, 장수할지 요절할지를 설명하였는데 이미 상세하였다. 송대에 이르러 자평의 학설이 있었는데, 일간을 위주로 취하였다. 연은 뿌리(근)이고, 월은 싹(묘)이며, 일이 꽃(화)이고 시는 열매[과(果)]로 삼았고, 생왕사절휴수와 극제하고 변화[제화(制化)]하는 것으로 인생의 휴구(休咎 : 쉼과 허물, 길흉)가 결정되는데 그 이치가 필연이다. 다시 무슨 의문이 있겠는가?

「논일위주」 편에 따르면, (사주팔자는) 생년월일로 4개의 기둥을 세우고 각 기둥을 근묘화실의 관계로 읽어 사람의 길흉을 파악하고자 했는데, 이는 당대 이허중에서 시작되었다는 것이다. 위의 인용문에서 이허중이란 자가 말했다는 내용은 『이허중명서』의 「사주자태월일시(四柱者胎月日時)」 편에서 참조할 수 있다. 『이허중명서』 원문에 '사주라는 것은 태(胎)와 월(月)과 일(日)과 시(時)이다'로 시작하고, 이를 해석하여 다음과 같이 설명하고 있다.

삼원은 만물의 근본이 되고 사주는 오행이 보좌한다. 또한 건곤에 사시(춘하추동)가 있고 위에 사상(일월성신)이 있으며 사람에게 사지가 있는 것과 같다. 그러므로 낙록자가 이르기를 '뿌리는 싹의 앞에 있고, 열매는 꽃의 뒤를 따르는 것'이라 하였으니 사주간지 오행에 편고됨이 있으면 주요한 것에 따라 명을 논해야 한다.

『이허중명서』는 이어서 '태는 부모와 조상을 주관하는 것이 십분이고 일을 주관하는 것이 이분이며, 월은 사시의 기를 주관하는 것이 십분이고 일을 주관하는 것이 육분이며, 일은 기를 얻지 못함을 주관하는 것이 십분이고 일을 주관하는 것이 팔분이며, 시는 용도, 진퇴향배, 역량과 기력, 성공과 실패 등을 주관하는 것이 모두 십분인데 길하고 흉한 것이 모두 같다'고 하였다. 이에 대한 이허중의 해석은 다음과 같다.

만물의 근본은 원래 자신의 명칭 앞에 있으므로 조상을 주관하는 것이 십분인데, 뿌리는 만물의 앞에 있고, 꽃과 열매는 싹이 난 뒤에 있으니, 비록 일을 주관하는 것이 이분이라도 또한 마땅히 태를 본기로 삼아야 한다.

월은 월건이니 사시의 휴왕을 분별하므로 삼원의 기의 작용이 나오는 바를 주관하는 것이 십분이다. 이것은 월과 시가 손님과 주인이 되어 삼원을 보좌하므로 기를 세우고 일을 세우는 것을 주관함이 십분이니, 이것은 장차 월분에 임하여 재앙이나 복의 육분을 결정하게 된다.

일은 월 안에 사계절의 향배로 기를 주관하는 것이 십분이고, 삼원의 귀천의 기와 태의 본기가 함께 팔분이며, 시는 본명의 길흉과 태·월·일의 기를 주관하는 것이 모두 십분이므로 길흉의 변이와 성패의 힘이 동등하다고 말한 것이다.

『이허중명서』에서 인용한 위의 문장은 사람의 태월일시로 4개의 기둥을 세워서 오행의 보좌를 살펴 사람의 명을 논하는 것을 말하고 있다. 『연해자평』에서 '사람의 생년월일시 간지의 생극을 취하여 명이 귀한지 천한지, 장수할지 요절할지를 설명하였는데 이미 상세하였다'고 한 것이 이 내용이다. 다음 이어지는 『이허중명서』의 「연위

본일위주(年爲本日爲主)」 편에서 '대체로 연이 근본이 되고 일은 주(主)가 되며 월은 사(使)가 되고 시는 보좌가 된다'고 하여 일주가 명의 주체가 됨을 말하였다.

즉『이허중명서』에서 이미 근묘화실을 말하였고, 월이 사령을 하고 일이 주체가 된다고 적시하였다. 다만 연주를 조상궁으로 하여 뿌리가 만물의 근본임을 말하고 연주가 운명의 근본이 됨을 강조하고 있다. 연은 근본이고, 월은 일주에게 마치 군주와 같고 자식에게 아비처럼 사령하니, 사주가 서로 질서를 지켜 받들고 순종하여야 한다고 말하였다. 일주 위주로 이론이 체계화된 시기는 송대에 자평학에 와서이다.

이허중을 이어받아『연해자평』은 일주 위주로 신왕한지 아니면 신약한지와 지지의 격국을 파악하고, 월령에서 어떤 오행이 왕한지를 살핀 다음 세운을 대입하라고 하였다.「논일위주」 다음에 오는「상해정진론(詳解定眞論)」에서 궁성이론을 자세히 설명하고,「계선(繼善)」 편에서 용신을 월령에 의거해서 취하고 그 세력이 깊은지 얕은지를 알아야 한다고 썼다. 아래 첫 번째 인용문은「상해정진론」에서, 두 번째 인용문은「계선」에서 가져온 것이다.

사주를 선택하는 데에 연을 조상으로 삼으면 각 세대에서 종파가 흥망성쇠하는 이치를 안다. 월을 부모로 삼으면 부모의 음덕, 명예 및 이익의 여부와 같은 부류를 안다. 일을 자신의 몸으로 삼고 그 천간을 미루어 팔자를 찾아내 사용하는 것은 안과 밖, 상생과 상극, 취사선택의 근원이 된다. … 월을 형제로 삼고 … 일을 아내로 삼고 … 시를 자식으로 삼는다.

사람은 하늘과 땅에서 품부하고 명은 음과 양에 속한다. 삶이 하늘의 덮음과 땅의 실음 속에 머물며 오행 속에 다 드러난다. 귀함과 천함을 알고자 한다면 먼저 월령 제강을 살펴야 한다. 다음으로 길흉을 판단하는데 전적으로 일간을 쓴다. 삼원(三元)이 격국을 이루어야 하고 사주에서 재성과 관성을 만나는 것이 기쁘다. 용신은 손상되어서는 안 되고 일주는 건왕한 것이 가장 합당하다.

연주(年柱)는 인생의 뿌리[근(根)]이며 전생이나 먼 과거를 의미한다. 궁성이론으로는 조상궁이라 하여 조부와 선대의 가통을 뜻한다. 좀 더 세밀하게 구분하여 연간으로는 할아버지, 연지로는 할머니를 읽기도 한다. 근묘화실로는 유년기를 말하며, 태어나서 중학교 정도까지의 사연을 읽는다. 서자평 이전의 고법체계는 연주로 사주의 근본을 삼았다.

연월의 간지가 형충을 당하면 아버지가 조부의 가통을 잇지 못하고 쇠퇴하였다고 추론하고, 반대로 연월이 상생하거나 희용신이면 아버지는 조부모의 복을 받게 되고 본인도 훌륭한 가정에서 자라는 행운이 있다고 추론한다.

월주(月柱)는 인생에서 나무의 묘목[묘(苗)]에 비유된다. 궁성이론으로는 부모궁이라 하여 부모와 형제의 가문을 읽는다. 월간으로 아버지를, 월지로 어머니를 본다. 근묘화실로는 청년기를 말하며, 10대 후반 고등학교와 대학시절 및 졸업 후 인생의 진로가 결정되는 시기까지 읽는다. 월지를 양택에 비유하여 일간에 평생 가장 중요한 환경을 제공한다고 본다. 월은 운원(運元)이라 하여 대운이 월주를 따라 양남음녀 또는 음남양녀의 운행을 하게 된다. 사주팔자 외에 운로(運路)가 월주에 따라 결정되니, 사주체가 좋아도 그것이 달리는 운로가 나쁜 경우도 발생하고 반대로 사주체가 나빠도 그 운로가 좋은 경우도 발생한다. 즉 운원이 도움을 주면 복을 받는데, 사주팔자와의 조화를 따져 인생 길흉 판단에 중요한 지표로 삼는다.

월주가 건왕하고 희용신이면 부모형제가 발전하고 30대 전후까지 행운이 깃든다. 월주에 상극이 있거나 공망이면 부모·형제덕이 없고 청년기에 불운을 겪을 수 있다.

일주(日柱)는 근묘화실로 인생의 꽃[화(花)]에 비유된다. 궁성으로는 부부궁이라 하여 인생의 장년기를 살피고, 부부관계 즉 본인과 가정의 상태를 판단한다. 사주의 통변은 일간을 사주의 주인으로 삼고, 일간과 나머지 일곱 글자를 비교하여 운명을 읽는다. 일간에게 일지는 남자 사주에서 처가 되고, 여자 사주에서 남편이 된다. 이것을 배우자 또는 배성(配星)이라 한다. 일주가 건왕하고 희·용신이면 좋은 배우자를 맞이하고 가정이 화목하지만, 일주에 상극이 있거나 형·충이 되면 가정에 고뇌가 많고 부부관계가 원만하지 못하다.

시주(時柱)는 근묘화실로 인생의 열매[실(實)]에 비유된다. 궁성으로는 자식궁이라 하여 말년의 일과 자손을 뜻한다. 일주와 시주가 상생하고 조화로우면 훌륭한 자녀를 두고 말년에 행복하다.

예를 들어, 아래와 같이 午월에 태어난 甲木 일간이라면 뜨거운 계절에 태어난 나무로, 사주에 인성 癸水가 조상궁에 있어 목마름을 해소하면 유년기에 모범생이었거나 성장기에 어머니나 조상의 조력이 좋았다고 할 수 있다. 만약 癸水가 亥水와 짝하여 들어왔으면 십이운성으로 제왕에 앉아서 권력가 집안이라는 것을 알 수 있다.

예)

시	일	월	연
	甲		癸
		午	亥

반대로 아래와 같이 丑월에 태어난 甲木 일간이라면, 엄동설한의 나무이니 따뜻한 기운이 필요하다. 연간에 상관 丁火가 왔다면 마찬가지로 조부의 도움이 있거나 유년 시절 원조를 받은 사주이다. 할머니의 기도로 태어났다고도 말할 수 있다. 팔자에 午丑 귀문이 있으니 머리가 좋다거나, 특이한 생각을 한다거나, 일종의 신기가 있다고 읽기도 한다. 연간 丁火 물상의 영향이다.

예)

시	일	월	연
	甲		丁
	午	丑	

근묘화실(根苗花實)론은 사람의 운명도 대자연의 기상학적 영향을 받는 생물 성장 과정의 이치와 같다고 한다. 그 요지를 요약하면 다음과 같다.

- 연주가 뿌리[根]가 되고 뿌리가 있어야 만물이 생한다는 이치이다. 일주를 위주로 읽는 현대 사주명리학에서도 연주를 주시하여 읽는 전통이 남아 있다. 특히 남녀 결혼궁합, 천시(天時)나 지리(地理)와의 인연을 볼 때 여전히 연주를 본다.
- 싹[苗]은 연주의 뿌리가 있어야 위로 돋아난다. 즉 월간의 조합이 연주를 따르는 이치이다.
- 꽃[花]은 싹이 없으면 필 수 없다. 싹이 적당한 수분, 비옥한 토양, 충분한 일조를 받으면 아름다운 꽃을 피우게 된다.
- 열매[實]는 꽃이 피어야 얻을 수 있다. 열매가 결실을 잘 맺으려면 꽃이 필 때 여러 여건이 어우러지고 암수의 수정이 잘 되어야 한다. 시간의 조합은 일주에 따라서 만들어지는 원리가 있다.

다음으로 사주의 구조와 팔자 각 부분의 의미를 어떻게 통변에 활용할지 살펴본다. 우선 천간은 마음·기운·정신을 의미하며, 형질보다는 상징체계를 나타낸다. 통변에서는 드러난 간판이요, 남들이 명백히 알 수 있는 일 또는 주요사건이다. 천간의 자연물상과 상생상극의 관계를 읽는 것이 중요한데, 일간과 상생하느냐 상극하느냐를 통해 가족관계나 사회적 관계의 상징적 물상이 어떤 상태에 처해 있는지를 파악하여 해석한다. 일간은 사주의 주인이며 재상이다.

지지는 물질·행동·육체 등을 의미하며, 구체적 세력이나 과정을 살필 수 있는 글자이다. 또한 지지에는 지장간이 있으니 감춰진 내부나 심리, 내면의 사정이나 기반 등을 읽을 수 있다. 드러나야 좋은 일은 천간에, 간직해야 좋은 일은 지지나 지장간에 있는 것이 좋다. 비밀스러운 일들은 지장간에 숨어 있다. 지장간이 천간과 암합을 한다면 암합하는 육신을 대입하여 상황을 읽는다. 예를 들어, 명예와 권위를 뜻하는 관과 인수는 천간에 드러날수록 좋고, 재성은 지장간에 넣어두어도 지장이 없다. 사회적 규모의 사업가는 재성이 천간에 드러나고, 갑부라면 편재로 드러날 것이다. 알부자들은 지장간, 특히 사고지의 재성으로도 충분히 떵떵거린다. 육신으로 인수에서 재성이 나오면 부동산으로 돈을 벌고, 정재가 나오면 매달 받는 임대료를 뜻하기도 한다.

먼저 월지조후를 읽고, 나머지 지지는 형충회합과 지장간의 상호작용으로 구체적 인생사를 읽는다. 주요 신살론도 지지에서 나타난다. 네 지지 모두에서 천을귀인, 원진, 귀문, 문창, 역마, 화개, 망신 등등을 읽는데, 일지와 시지 사이에 허자로 생겨난 재관과 귀인은 더욱 귀하게 본다. 일간은 월지에 득령 또는 부득령하여 신강·신약에 영향을 받고, 이에 따라 사주의 격국(직업성)이 결정된다. 월지는 일간이 섬기는 상제이다. 그 외에 천간과 지지의 통근 및 투출 구조를 파악해야 한다.

다음은 통변에서 각 기둥의 천간과 지지의 다양한 의미를 나타낸 표이다. 위에서부터 궁성이론과 근묘화실을 먼저 적었고, 시간적으로 우측에서부터 좌측으로 먼 과거에서 현재를 거쳐 미래로 흘러간다.

• 사주팔자의 상징과 의미

시주	일주	월주	연주	참고
자식궁 말년운 실(實)	부부궁 장년운 화(花)	부모·형제궁 청년운 묘(苗)	조상궁 유년운 근(根)	궁성이론 근묘화실
미래	현재 나/가정	가까운 과거의 환경	먼 과거	시간의 흐름
정(貞)	이(利)	형(亨)	원(元)	원형이정
문화	사회/심리	경제	정치	
곳간/금고, 음택	안방	건물(현관), 양택	대지	집터·풍수
트렁크	운전석·운전사	엔진	보닛·번호판	자동차
아랫사람·제자	동반자·배우자	동료·윗사람, 직장	관청·본사	사회적 관계
사적인 일 / 개인·가정		공적인 일 / 국가·공공		

전생을 이야기할 때 연주로 보고, 시주에서 연주로 육십갑자가 이어지면 환생을 말하기도 한다. 배우자 인연을 읽을 때 시주와 연주의 육십갑자가 연이어 있으면 시주

가 일간의 배우자 띠가 되기도 한다. 만약 글자가 우측에서 상생의 흐름을 하면 순류의 사주로 부모덕이 있어 큰 고생 없이 생활하는 삶이다. 반대로 좌측에서 상생하는 역류의 삶은 자신의 강한 의지로 자수성가하는 삶이다.

연·월은 지구의 공전이니 정치나 경제적 문제와 관련이 있고, 일·시는 지구의 자전이니 심리·문화적 문제와 관련이 있다. 사주를 집터에 비유하여 풍수적으로 읽는 방법도 있는데, 일주가 있는 안방을 중심으로 월주와 연주는 점점 집 밖의 넓은 외부로 나가는 것이고, 일주와 시주는 안방과 내밀한 금고의 공간으로 소중한 것을 숨겨 놓아야 할 장소이다. 시주에 편재나 편관이 왔을 때 귀하게 보는 이유는 일간이 소유하여 내 것으로 만든 것이기 때문이다. 월주를 양택에 비유하여 평생의 환경을 결정하고, 시주를 음택에 비유하여 말년이나 죽어서 돌아갈 장소로 보기도 한다.

또한 사주를 자동차에 비유하는 일도 많은데, 연주를 통해 차의 브랜드와 번호판을 본다. 연 천간에 드러난 좋은 관계의 인수는 알아주는 학벌을 말한다. 연주가 일간에서 멀다거나 시기적으로 먼 과거라는 이유로 절대 무시할 수 없는 이유가 여기에 있다. 바로 연주에 따라 DNA가 결정나기 때문이다. 월주를 엔진이라 한 것은, 그만큼 월령이 있는 월주가 사주 전체의 에너지 흐름을 결정하는데 중요한 지표이기 때문이다. 일주는 운전자 즉 일간이 앉아 있는 운전석이며, 시주는 짐을 실어두는 트렁크이다. 소중한 물건이 드러나기도 하고, 온갖 비리가 드러나거나 감추어지기도 하는 곳이다. 연주부터 시주로 큰 범위에서 작은 범위의 층차가 있으니 연주는 국가기관이고 본사이며, 월주는 내가 일하는 직장이나 윗사람, 일주는 내가 앉아 있는 자리이고, 시주는 아랫사람이나 제자를 의미한다.

2 연주의 구성

연주(年柱)를 결정하는 것은 태어난 해의 간지로, 앞서 24절기에서 설명한 것처럼 입춘이 기점이다. 입춘으로 정한 한 해의 시작은 양력 1월 1일도 아니고 음력 1월 1일도 아니다. 입춘의 절입시간은 만세력으로 확인할 수 있다. 예를 들어 2018(戊戌)년 개띠해의 입춘 절입은 양력 2월 4일(음력 2017년 12월 19일)이고, 절입시간은 5시 28분(원광만세력 기준)이었다. 2018년 음력설은 2월 16일이었다. 만약 2018년 양력 2월 5일(음력 2017년 丁酉년 12월 20일)에 태어났다면 음력설이 지나지 않았으니 본인이 닭띠라고 생각하겠으나, 사주명식에서는 연주가 戊戌 즉 개띠로 확인된다. 이런 사람이 사주를 보러오면 본인 연주가 잘못 나왔다고 이의를 제기할 것이고, 만세력의 연주 구성을 모르는 술사라면 당황할 수도 있다. 만세력의 원리를 알고 잘 대처해야 한다.

또 예를 들어 1982년의 입춘일도 2월 4일이었는데, 만세력 앱 중 원광만세력은 절입시간을 12:16으로 표기하고, 하늘도마뱀은 12:46으로 표기하고 있다. 그 교차지점에 태어난 생년월일을 입력하면 같은 명식을 얻을 수 있는데, 그 이유는 원광만세력은 동경표준시를 적용하였고 다른 만세력은 적용하지 않았기 때문이다. 따라서 이 경우는 사주명식의 결과가 동일하게 나온다.

원광만세력의 사주명식

하늘도마뱀의 사주명식

절입시간은 한국천문연구원 홈페이지에서 확인할 수 있다. 몇 단계를 밟아야 하는데, 먼저 천문우주지식정보를 클릭하고 생활천문관 바로가기를 찾아 달력자료(월력요항)를 클릭하여 해당 연도로 확인하면 된다.

예전에 앱에 따라 절입시간이 다른 경우를 발견하고 그 문제점을 추적한 적이 있는데, 다행히 얼마 후 앱 자료가 수정된 것을 발견하였다. 예를 들어 1986년 입춘일이 2월 4일이었는데, 원광만세력은 11시 38분으로 표시하고, 하늘도마뱀은 00시 08분으로 표시하고 있었다. 30분 이상 차이가 나는데, 동경표준시를 적용해도 오차가 심하다. 이러한 경우는 사주 전체 구조가 바뀔 수도 있게 된다. 어떤 만세력 앱을 쓰느냐에 따라 명식이 달라지는 경우로, 만약 이때 태어난 상담객이 온다면 상담이 어려울 수도 있다.

원광만세력의 사주명식

하늘도마뱀의 사주명식

천간이 십진법의 체계이므로 연주 추론에서 한 가지 법칙, 즉 10년 단위로 연주의 천간에 항상 같은 천간 글자가 반복 순환한다는 점을 발견할 수 있다. 이에 따라 다음과 같이 생년의 끝자리 숫자에 어떤 천간이 오는지를 추론할 수 있다. 아래에 천간 배정과 생년 끝자리 수를 표로 만들었다. 천간은 태어난 해의 수에 따라 배정하고, 지지에는 자신의 띠를 넣으면 된다. 예를 들어, 1990년생이면 0으로 끝나니 천간이 庚이고, 그 해의 띠가 말띠이니 庚午 연주가 된다.

• **생년 끝자리 수에 따른 천간 배정**

甲	乙	丙	丁	戊	己	庚	辛	壬	癸
4	5	6	7	8	9	0	1	2	3

• **육십갑자와 생년조견표**

甲子	乙丑	丙寅	丁卯	戊辰	己巳	庚午	辛未	壬申	癸酉
1984 2044	1925 1985	1926 1986	1927 1987	1928 1988	1929 1989	1930 1990	1931 1991	1932 1992	1933 1993
甲戌	**乙亥**	**丙子**	**丁丑**	**戊寅**	**己卯**	**庚辰**	**辛巳**	**壬午**	**癸未**
1934 1994	1935 1995	1936 1996	1937 1997	1938 1998	1939 1999	1940 2000	1941 2001	1942 2002	1943 2003
甲申	**乙酉**	**丙戌**	**丁亥**	**戊子**	**己丑**	**庚寅**	**辛卯**	**壬辰**	**癸巳**
1944 2004	1945 2005	1946 2006	1947 2007	1948 2008	1949 2009	1950 2010	1951 2011	1952 2012	1953 2013
甲午	**乙未**	**丙申**	**丁酉**	**戊戌**	**己亥**	**庚子**	**辛丑**	**壬寅**	**癸卯**
1954 2014	1955 2015	1956 2016	1957 2017	1958 2018	1959 2019	1960 2020	1961 2021	1962 2022	1963 2023
甲辰	**乙巳**	**丙午**	**丁未**	**戊申**	**己酉**	**庚戌**	**辛亥**	**壬子**	**癸丑**
1964 2024	1965 2025	1966 2026	1967 2027	1968 2028	1969 2029	1970 2030	1971 2031	1972 2032	1973 2033
甲寅	**乙卯**	**丙辰**	**丁巳**	**戊午**	**己未**	**庚申**	**辛酉**	**壬戌**	**癸亥**
1974 2034	1975 2035	1976 2036	1977 2037	1978 2038	1979 2039	1980 2040	1981 2041	1982 2042	1983 2043

『삼명통회』는 「연월일시」 편에서 연주의 중요성에 대해 다음과 같이 말하고 있다. 연월일시를 취하여 사주를 세워서 한 사람의 운명을 추산하는 일을 설명하였으며, 특

히 연이 태세(太歲)로 한 사람의 뿌리가 되어 그로 인한 흥망성쇠가 시작되는 것을 강조하였다. 다른 명리서의 내용과 크게 다르지 않다.

연은 태세요 주인의 일생화복이 달려 있다. 가령 태세와 일월시가 서로 생하고 호응하면 조화롭고 순조롭다. 뿌리가 든든하니 일생 동안 탁월한 성취를 이룰 것이다. 간지오행이 순리에 따르지 못하여 도리어 극을 당하고 충파가 있으면 사주의 주인은 크게 상하여 장수하지 못하고, 형이 있으면 크게 망할 것이다. (중략)

사주가 연을 조상으로 삼으니 세대와 종파의 흥망성쇠를 알 수 있고, 월을 부모로 삼으니 친척들의 명예와 이익을 알 수 있고, 일이 자기 본신이니 그 일간을 추산할 수 있다. 팔자를 수집하여 운용하고, 내외의 원천을 취하여 천간이 허약하면 왕성한 기를 빌리거나 구할 수 있다.

3 월주의 구성

월주(月柱)는 연주를 세우고 난 후 그에 근거하여 세운다. 월주는 월간과 월지로 구성되는데, 그중 월지는 지지와 12절기 배속에 따라 정해진다. 양력으로 말하면 2월의 입춘 이후는 寅월, 3월은 卯월, 4월은 辰월, 5월은 巳월, 6월은 午월, 7월은 未월, 8월은 申월, 9월은 酉월, 10월은 戌월, 11월은 亥월, 12월은 子월, 1월은 丑월이다. 입춘에서 살펴본 것과 같은 문제가 12절기 각각의 절입시간 차이에 따라 발생할 수 있다는 것을 명심하고, 절입일 절입시간에 태어난 경우는 특히 신경써서 사주를 확인할 필요가 있다.

• 십이지지의 음력과 양력

지지	寅	卯	辰	巳	午	未	申	酉	戌	亥	子	丑
음력	1월	2월	3월	4월	5월	6월	7월	8월	9월	10월	11월	12월
양력	2월	3월	4월	5월	6월	7월	8월	9월	10월	11월	12월	1월

※ 양력으로 절입일은 매달 4일~8일 사이에 들어오기 때문에 월초에 태어난 경우는 월주가 달라질 수 있다.

월지에 비해 월간이 만들어지는 과정은 다소 복잡하다. 먼저 천간 오합의 원칙에 의해 연 천간에 따라 결정되는데, 연 천간의 합화오행을 생하는 양 천간에서부터 寅월이 시작된다. 『연해자평』은 「논년상기월례(論年上起月例)」에서 다음과 같이 말하였다. '논년상기월례'는 '연 천간을 기점으로 매월을 정한다'는 뜻이다.

甲己년은 丙으로 시작하고, 乙庚년은 戊로 시작하고, 丙辛년은 庚에서 찾고, 丁壬년은 壬에서 순행한다. 戊癸년은 어디서 출발하겠는가? 甲寅에서부터 추구한다. 가령 甲己년생이라면 寅에서 丙寅을 일으키니 정월은 丙寅이 되고, 2월은 丁卯가 된다. 순차적으로 세어서 태어난 달에 이르면 그치면 되는데, 매월 한 자리씩 순행한다.

입문학습자라면 『연해자평』의 월주 세우는 방법이 어렵고 복잡할 수도 있다. 천간합에 대해 아직 학습하지 않았기 때문에 간단히 설명한다. 천간합은 천간이 10개여서 다섯 종류가 생기는데, 양간과 음간 사이의 합으로 해당 글자에서 다섯 번째 천간과 합하는 현상이다. 또한 천간이 합하여 발생하는 오행, 즉 합화오행(合化五行)도 알아야 한다. 그 원리에 대해서는 뒤에 나오는 「형·충·회·합」을 참조한다.

• 연간의 천간합과 월주의 관계

천간 오합	합화오행	합화오행을 생하는 양 천간	월주(寅월부터)
甲己	土	丙(화생토)	병인두(丙寅頭)
乙庚	金	戊(토생금)	무인두(戊寅頭)
丙辛	水	庚(금생수)	경인두(庚寅頭)
丁壬	木	壬(수생목)	임인두(壬寅頭)
戊癸	火	甲(목생화)	갑인두(甲寅頭)

월간이 만들어지는 원리에 따라 월간지(月干支) 조견표를 찾는 법을 소개한다. 월주는 연 천간의 합화오행을 생하는 천간과 寅월의 조합으로 시작된다. 예를 들어, 연천간이 甲이나 己인 사람은 甲己합으로 土가 만들어지므로 土를 생하는 火의 양간인 丙과 寅월의 조합에서부터 시작하여 한 달씩 순행한다. 만약 음력 9월에 태어났다면 戌월이니 천간의 丙부터 하나씩 세면 甲戌월이 된다. 연주에 나머지 천간이 있는 경우도 이에 근거하여 추론할 수 있다.

• **월간지 조견표**

생월	甲己생	乙庚생	丙辛생	丁壬생	戊癸생
1월	丙寅	戊寅	庚寅	壬寅	甲寅
2월	丁卯	己卯	辛卯	癸卯	乙卯
3월	戊辰	庚辰	壬辰	甲辰	丙辰
4월	己巳	辛巳	癸巳	乙巳	丁巳
5월	庚午	壬午	甲午	丙午	戊午
6월	辛未	癸未	乙未	丁未	己未
7월	壬申	甲申	丙申	戊申	庚申
8월	癸酉	乙酉	丁酉	己酉	辛酉
9월	甲戌	丙戌	戊戌	庚戌	壬戌
10월	乙亥	丁亥	己亥	辛亥	癸亥
11월	丙子	戊子	庚子	壬子	甲子
12월	丁丑	己丑	辛丑	癸丑	乙丑

아래 사례를 통해 월간 찾는 연습을 해보자. 앞에서 학습한 연주의 구성도 같이 복습하여 확인할 수 있도록 한다.

예1)

시	일	월	연
戊	己		丙
辰	卯	寅	寅

• 출생년도가 몇 년인가?

→ 1986년이다.

• 월 천간에 들어갈 글자는?

→ 庚이다.

예2)

시	일	월	연
戊	戊		壬
午	午	寅	戌

• 출생년도가 몇 년인가?

→ 1982년이다.

• 월 천간에 들어갈 글자는?

→ 壬이다.

예3)

시	일	월	연
辛	戊		庚
酉	申	卯	子

• 출생년도가 몇 년인가?

→ 1960 또는 2020년이다.

• 월 천간에 들어갈 글자는?

→ 己이다.

예4)

시	일	월	연
己	己		丙
巳	未	午	戌

• 출생년도가 몇 년인가?

→ 1946년이다.

• 월 천간에 들어갈 글자는?

→ 甲이다.

4 일주의 구성

일주(日柱)는 출생한 날의 육십갑자로, 사주의 주인이 앉아 있는 공간이다. 단, 사주에서 하루의 시작은 자정 12시 즉 0시부터가 아니라 밤 11시 30분부터 적용한다. 앞에서도 설명한 것처럼, 한국 명학계에서는 야자시와 조자시를 나누지 않는다. 일주는 일반인이 직접 구하기는 어렵고 만세력이나 컴퓨터를 이용하는 것이 쉽고 편하다.

5 시주의 구성

시주(時柱)는 일주를 세운 다음, 일간에 의거하여 세울 수 있다. 하루 24시간은 12개 지지에 2시간 간격으로 배치된다. 연과 월이 함께 작용하고 일과 시가 함께 작용하는 것은 지구가 공전과 자전을 하는 원리와 관련이 있다.

지구의 공전은 지구가 태양을 중심으로 도는 것으로, 24절기 분류와 관련이 있다. 계절의 변화, 일조시간의 변화, 태양의 남중고도의 변화 등과 같은 현상이 생기는 원인이 바로 지구의 공전이다. 또한 1항성일과 1태양일의 차이, 1항성월과 1삭망월의 차이, 계절에 따라 별자리가 바뀌는 현상 등도 지구의 공전과 관련이 있다. 1항성년은 태양이 천구상 한 점에서 출발하여 다시 그 지점에 돌아오는 데 걸리는 시간으로 365.2564일이다. 한편 태양이 춘분점을 출발하여 다시 춘분점으로 돌아오는 데 걸리는 시간을 회귀년이라 하는데 365.2422일이 걸린다. 지구의 자전으로는 하루 시간의 변화가 생긴다. 즉, 지구의 자전은 낮과 밤이 생기는 원인이 된다.

앞에서 월간은 연간의 합화오행을 생하는 양 천간으로 寅월을 시작한다고 하였는데, 시주의 천간은 일간의 합화오행을 극하는 양 천간으로 子시를 시작한다. 월주가 왜 寅월로 시작하고, 시주가 왜 子시로 시작하는지는 굳이 설명하지 않아도 될 것이다. 시주에도 천간 오합의 합화오행을 적용하지만, 월주가 생하는 원리라면 시주는 극하는 원리라는 점이 다르다. 지구의 공전과 자전의 방향성을 고려하면 되겠다. 『연해자평』의 「논일상기시례(論日上起時例)」는 시주가 정해지는 원리에 대해 다음과 같이 설명한다.

甲己일은 甲에서 子시를 일으키고, 乙庚일은 丙으로 시작하고, 丙辛일은 戊를 따라 일으키고, 丁壬일은 庚子로 시작하고, 戊癸일은 어디서 출발하겠는가? 壬子가 바른 길이다. 그 방법은 가령 甲己일이라면 子시에서 甲子로 시작하여 그 사람이 태어난 시에 이르면 그친다. 나머지도 이와 같다.

• 일간의 천간합과 시주의 관계

천간 오합	합화오행	합화오행을 극하는 양 천간	시주(子시부터)
甲己	土	甲	甲子시
乙庚	金	丙	丙子시
丙辛	水	戊	戊子시
丁壬	木	庚	庚子시
戊癸	火	壬	壬子시

요약하면, 일간이 甲己일이면 甲子시부터, 乙庚일이면 丙子시부터, 丙辛일이면 戊子시부터, 丁壬일이면 庚子시부터, 戊癸일이면 壬子시부터 시작하여 그 사람이 태어난 시간이 시주가 된다. 예를 들어 辛 일간은 丙辛합이 水이니 水를 극하는 戊 천간에서 子시가 시작된다. 이 사람이 酉시에 태어났다면 천간을 戊부터 세어서 酉와 짝을 하는 丁酉시가 시주가 된다.

• 시간지 조견표

생일	甲己생일	乙庚생일	丙辛생일	丁壬생일	戊癸생일
子시	甲子	丙子	戊子	庚子	壬子
丑시	乙丑	丁丑	己丑	辛丑	癸丑
寅시	丙寅	戊寅	庚寅	壬寅	甲寅
卯시	丁卯	己卯	辛卯	癸卯	乙卯
辰시	戊辰	庚辰	壬辰	甲辰	丙辰
巳시	己巳	辛巳	癸巳	乙巳	丁巳
午시	庚午	壬午	甲午	丙午	戊午
未시	辛未	癸未	乙未	丁未	己未
申시	壬申	甲申	丙申	戊申	庚申

酉시	癸酉	乙酉	丁酉	己酉	辛酉
戌시	甲戌	丙戌	戊戌	庚戌	壬戌
亥시	乙亥	丁亥	己亥	辛亥	癸亥

아래에는 이어서 『삼명통회』의 「둔월시(遁月時)」를 인용하였다. 둔(遁)이란 육십갑자를 돌려서 천간과 지지를 찾아내는 것이다.

명(命)이란 연(年)을 근본으로 아버지라 하고, 월을 형제와 친구로, 일을 주인과 배우자로 삼아 자신의 본신이 되고, 시를 자손으로 하여 평생 영욕의 주인이 되도록 하였다. 다시 말하기를 연은 뿌리가 되고, 월은 싹이 되고, 일은 꽃이 되고, 시는 열매가 되니, 그러므로 싹은 뿌리가 없으면 생하지 않고, 열매는 꽃이 없으면 결실을 맺지 못하므로, 월은 연을 따르고 시는 날을 따른다. 둔월은 즉 甲己년은 정월을 丙寅에서 시작하고, 이월은 丁卯월이며, 순서대로 십이월을 순행한다. …

둔시는 예를 들어 甲子일 子시생이라면 甲己에 甲을 더하여 甲子시인 것을 알 것이고, 丑시는 乙丑시이고, 순행하여 열두 시가 된다.

월과 시에 대해서는 사주의 오른쪽으로부터 천간의 합수를 취하고 음양과 배합하여 둔월 또는 둔시한다. 둔월은 생하는 변화를 취하는 것이고, 둔시는 극하는 변화를 취하는 것이다. 『삼명통회』「둔월시」에 甲己를 예로 들면 '甲己는 합하여 土로 변화하니, 火가 土를 생하는 까닭에 월은 丙寅에서 시작하고, 木이 土를 극하니 시는 甲子시에서 시작한다'고 하였다. 『삼명통회』는 다음에 「연월일시」 편에서 '사람의 명을 논할 때 연월일시 사주를 배열하였는데, 월은 연을 따라 세우고, 일은 (명의) 주인'이라 하였고, 옛날 (고법)은 연을 보고, 자평은 일을 보았다고 하였다. 일간을 위주로 하여 연월시를 생극제화와 왕상휴수로 취해서 격국을 세우는 것이 명리학의 체계화 과정이다. 『삼명통회』는 사주팔자의 구조를 저울에 비유하여 '연은 저울고리와 같이 물체를 낚을 수 있고, 월은 단추끈처럼 물체를 들어올릴 수 있고, 일은 저울 그 자체로 조금도 차이가 없다'고 하였다.

다음 사례를 통해 연습해보도록 하자.

예1)

시	일	월	연
	己	庚	丙
辰	卯	寅	寅

• 시 천간에 들어갈 글자는?

→ 답은 戊이다.

예2)

시	일	월	연
	戊	壬	壬
午	午	寅	戌

• 시 천간에 들어갈 글자는?

→ 답은 戊이다.

예3)

시	일	월	연
	戊	戊	庚
丑	申	寅	申

• 시 천간에 들어갈 글자는?

→ 답은 癸이다.

예4)

시	일	월	연
	甲	戊	丁
戌	午	申	酉

• 시 천간에 들어갈 글자는?

→ 답은 甲이다.

한편 태어난 시간을 정확히 모른다고 말하는 사람이 많은데, 이는 우리나라의 특수한 상황, 예를 들면 50~60년대 전쟁과 전후의 척박한 상황이나 70~80년대 경제고도성장기의 현실과도 관련이 있다. 특히 베이비붐 세대와 그 부모님 세대는 사회경제적으로 힘든 시기에 생시까지 미처 확인하지 못한 경우가 많았던 것 같다.

그 밖에도 처음 소개받은 이성친구와 궁합을 볼 때처럼 아직 생시를 모르지만 사주를 보고 싶은 경우도 있다. 또 유명인들의 사주를 추명할 때도 생시 없이 간단하게 봐야 할 수도 있다. 그럴 때는 시간 없이 생년월일로 사주 세 기둥을 세워서 가볍게 통변하면 된다. 적어도 월지와 일간까지의 정보는 얻을 수 있다는 말이다. 물론 네 기둥을 다 세워야 자세한 통변이 가능하다는 것은 당연한 이야기이다.

6 태원

옛 명리 저서들은 '태원(胎元)'을 언급하였는데, 태원은 수태한 달을 뜻한다. 『연해자평』은 「논기태법(論起胎法)」에서 다음과 같이 말하였다.

태원은 수태한 달이다. 자평은 '먼저 태식(胎息)이 시작한 것을 추론하고 다음으로 변통의 이치를 판단해야 한다. 정밀한 추명은 이와 같은 방법을 쓰지 않으면 안 된다'고 하였다.

태원을 추론하는 방법은 본래 생월로부터 네 자리 앞이다. 가령 己巳월생이라면 (己巳부터) 앞으로 세어서 申이 태월이고 (천간은) 그 뒤로 한 자리 후퇴한 未에서 생월 천간인 己를 불러서 己未를 일으키고, 여기에서 庚申에 이르면 바로 수태월이 된다. 나머지도 이와 같이 한다.

태원이란 바로 수태가 된 월을 추론하는 방법으로, 만약 월주가 己巳라면 천간은 한 자리 진행한 庚, 지지는 세 자리 진행한 申으로 조합한 庚申월이 입태월이다. 또 다른 계산법으로, 임신기간이 266일이니 己巳월에서 거꾸로 세어서 9개월 이전의 육십갑자로 태원을 계산할 수 있다. 『삼명통회』「태원(胎元)」에서는 다음과 같이 말하였다.

태란 것은 형태를 받기 시작한 때이다. … 월이란 기(氣)가 이루어지는 시기이다. 날이 모여 월이 되었으니 기라고 말할 수 있다.

태원법은 지금은 쓰지 않는 간명법이다. 다만 예전의 주요 명리서에 태원이 언급되었고, 어떤 의미로 사용된 흔적이 있는지 명리학습자로서 알아두어야 한다는 것은 분명하다.

7 대운과 대운수

사주팔자 명식과 대운·세운의 관계는 반드시 읽어야 할 내용이다. 명식(命式)은 태어나면서 주어진 평생의 사주팔자, 즉 고정불변하는 명(命)의 영역이다. 반면 대운과 같은 행운(行運)은 운(運)의 영역으로, 선천의 명(命)이 후천의 세월을 만나서 어떻게 상호작용하여 길흉화복을 만들어 나가는가를 추론한다. 이것을 명과 운으로 읽어서 육치극은 '명은 근거이고 운은 환경이며, 명은 내적 요인이고 운은 조건이 된다'고 하였다. 즉 한 사람의 인생은 명과 운이 상호작용하여 만들어지는데, 태어나면서 정해지는 팔자와 후천적으로 흘러가는 대운이 만나 상호작용한 것이 바로 운명이라는 것이다.

흔히 명식은 자동차나 꽃에 비유하고, 운도는 차가 달리는 도로 또는 꽃이나 열매가 맺는 시기에 비유한다. 운에는 대운과 세운이 있다. 대운은 10년간의 사주 환경으로 큰 흐름의 삶의 방향과 행보를 나타낸다. 대운은 연주의 음양에 따라 월주에서부터 설정한다. 세운은 1년간의 사주 환경으로 해마다 새로운 환경이 유입된다고 할 수 있다. 『연해자평』의 「논대운(論大運)」에서는 다음과 같이 말한다.

> 자평법은 대운을 지지로 보고 세운은 천간으로 본다. … 반드시 격국에 따라 희기를 추론하는 것이지 한 가지만 고집하면 안 된다. 그 오묘함은 변하고 통하는 이치[변통(變通)]를 아는 것이다. … 천간이 왕하면 쇠한 운으로 행하는 것이 마땅하고 천간이 약하면 왕한 운으로 행하는 것이 마땅하다. … 반드시 통하고 변해야 한다는 것이다.

『연해자평』에서는 대운은 지지 위주로 읽고, 세운은 천간 위주로 읽는다고 말하였다. 『삼명통회』도 다음과 같이 쓰고 있는데, 결국 대운에서는 지지가 위주라고 말한 점이 같다. 현장에서 통변할 때 '대운이 북동방으로 흐른다고 하거나, 동남방으로 흐르니 몇세 대운에 재물이 들어왔다'고 읽는 이유가 여기에 있다. 즉 지지에서 寅·卯·辰, 巳·午·未, 申·酉·戌, 亥·子·丑의 흐름을 보고 그것을 육신에 대입하여 용신의 상황을 해석한 것이다.

대운이라는 것은 팔자의 겉과 속이다. 무릇 운이 행한다는 것[행운(行運)]은 천간에 달려 있고 지지의 신묘함을 겸하여 쓴다. 지지에 있어서는 천간의 물건을 버린다. 대개 대운은 지지를 중시하므로 동방, 남방, 서방, 북방으로 구별한다. 용신에 손해가 되면 운에서 그것을 제극하고, 용신에 이득이 되는 것은 운에서 그것을 생하기를 바란다.

그런데 진소암의 『명리약언』「간운법일(看運法一)」에서는 대운의 적용에 대해 다음과 같이 말하고 있다. 진소암의 견해에서 주목할 내용은 대운의 천간과 지지를 나누어 각각 5년으로 계산하여 읽었다는 것이다. 이것은 앞의 『연해자평』이나 『삼명통회』의 주장과도 다르고, 대운에 대한 일반적 견해와도 차이가 있다. 그러나 진소암의 견해, 즉 천간과 지지를 반으로 나누어 적용하는 관법은 요즘 명리 실관의 현장에서 꽤 많이 활용되고 있는데, 그만큼 정밀한 해석이 가능하기 때문이다.

옛날 책에서는 하나의 운(運)에 위아래 천간과 지지로 연수를 나누어 관리하는데, 각각 5년씩 거느린다고 말한다. 또 운에서 지지에 중점을 두는 설이 있다는 이유로, 간혹 위쪽의 천간은 4년이고 아래쪽의 지지는 6년이라고 말하거나 위의 천간이 3년이고 아래의 지지가 7년이라고도 말하였다. 사실은 모두 그렇지 않다. 대개 운을 행하는 것은 월건에서 시작하는데, 순행이라는 것은 미래의 월건으로 가는 것이고 역행이라는 것은 과거의 월건으로 간다. 대개 월건의 천간과 지지는 모두 한 달 동안의 일을 관리하므로 천간에서 위쪽의 반의 월을 주관하고 지지에서 아래쪽의 반의 월을 주관하는 이치가 없다.

대운의 적용에 대하여 청대 임철초가 『적천수천미』 「세운(世運)」에서 밝힌 의견은 다음과 같다. 임철초의 의견은 『연해자평』과 『삼명통회』와도 차이가 있고 진소암의 견해와도 다르다. 『적천수』의 주지는 여러 번 말했지만 천간과 지지가 서로 위배되지 않고 상부상조해야 좋다는 것이다. 그것을 '천부지재', 즉 하늘이 덮어주고 땅이 실어준다는 표현으로 나타냈다. 아래 인용문에서 말한 '개두(蓋頭)'는 머리를 덮었다는 뜻으로 천간이 지지를 덮고 있다는 의미이다. 절각(截脚)은 다리를 끊었다는 뜻인데 지지가 천간을 받들어주지 않는다는 의미이다. 개두에 대해서는 이 책의 앞에서 사주명리학의 성립과 전개를 말할 때 심화시기에 명나라 장남(張楠)의 이론으로 설명한 바 있다.

부귀가 비록 격국에서 정해지지만, 궁극적으로 통하는 것은 실제로 운과 관련이 있다. 이른바 명이 좋은 것은 운이 좋은 것만 못하다는 말이다. 일주는 나의 몸과 같고, 격국에 희신과 용신이 있는 것은 내가 쓸모 있는 사람이라는 것이다. 운의 길[운도(運途)]은 내가 실제로 마주하는 곳이므로 지지를 중요하게 여기고, 천간이 위배되지 않으며, 상생하고 상부하는 것이 좋다. 그러므로 하나의 운은 10년을 보고 상하를 명확히 나누어 보지 말아야 하며, 개두절각을 논하지 않아야 한다.

지금까지 살펴본 대운법에 대한 다양한 이론을 종합하여 육치극은 '대운은 천간과 지지를 전체적으로 살펴서 그 총론으로 10년을 보고, 다음에 천간으로 앞의 5년, 지지로 뒤의 5년을 보아 각각의 상황을 얻어낼 수 있다'고 하였다. 육치극의 해석이 설득력이 있다고 본다.

아래에 사주명식에 대운과 세운을 대입하는 체계를 도표로 나타내었다. 사주를 우측에서 좌측으로 연월일시 순서로 적었기 때문에 운로 또한 우측에서 사주로 유입된다. 간명지에 적을 때는 운로 중 대운을 사주체 바로 옆에 적고, 세운을 대운 옆에 적는다. 운로는 연주를 먼저 만나는 것으로 시작하여 월주·일주·시주 순서로 들어온다. 대운이 10년간 영향을 준다는 것을 감안하면 각 기둥에 2.5년씩 배속되고, 마찬가지로 세운은 연월일시에 1년의 춘하추동을 배속할 수 있다. 물론 이렇게 나누는 게 능사가 아니고 전체적으로 보는 것이 먼저이다.

사주명식[體]

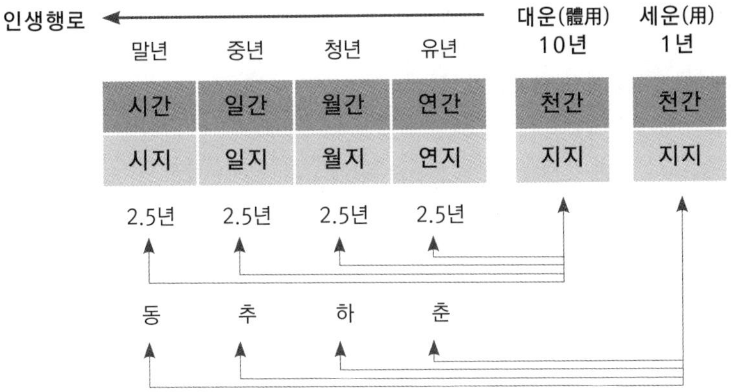

대운은 월주에서 시작하는데, 생일을 따른다. 그 설정원리에 대해 좀 더 알아보도록 하자. 지구는 태양계에 속해 있고 월(달)은 지구의 위성이다. 태양계와 지구 그리고 달, 이 세 가지는 우주운동의 한 단위체이다. 태양과 지구는 종적 경선(經線 : 세로)의 관계이고, 달과 지구가 서로 끌어당기는 관계는 횡적 위선(緯線 : 가로)의 구조이다. 이와 같이 지구는 한편으로는 태양, 다른 한편으로는 달과 종횡으로 끌어당기는 관계를 유지하면서 질서 있게 자신의 순환궤도를 지킨다. 이와 같은 운동과정에서 지구와 달 사이에 인력이 작용하여 66.5°의 경사가 생기고, 그 결과 사계절의 변화가 생기고 지구상의 온갖 변화작용이 일어난다.

대운의 운행방향은 양남음녀는 순행, 음남양녀는 역행이다. 양남음녀란 남자 사주인데 연간이 양간이고, 여자 사주인데 연간이 음간인 경우를 말한다. 이와 반대로 음남양녀는 남자 사주의 음간과 여자 사주의 양간을 말한다.

• **대운의 운행방향**

연주	성별	대운의 운행(월주부터 육십갑자 순으로)
양	남자	순행
	여자	역행
음	남자	역행
	여자	순행

다음 예시를 통해 확인해보도록 하자.

예)

시	일	월	연
甲	壬	丁	庚
辰	申	亥	辰

건명(남자 사주)이라면 연주가 庚辰으로 양간이니 대운은 오른쪽부터 월주에서 시작하여 아래와 같이 순행하게 된다. 월주가 丁亥이니 육십갑자로 다음에 오는 戊子가 첫 대운이고, 그 다음으로 순행하면 된다.

←

甲	癸	壬	辛	庚	己	戊
午	巳	辰	卯	寅	丑	子

만약 곤명(여자 사주)이라면 대운은 아래와 같이 월지 丁亥에서부터 역행한다.

←

庚	辛	壬	癸	甲	乙	丙
辰	巳	午	未	申	酉	戌

대운수(大運數)도 '양남음녀는 순행, 음남양녀는 역행'의 원칙을 따른다. 『연해자평』「논기대운법(論起大運法)」에 다음과 같이 설명하고 있다.

대운을 시작하는 데에 모두 태어난 날로부터 양남음녀의 대운수는 앞으로 오는 절기를 따라 수를 센다. 음남양녀의 대운수는 역행하여 지나온 절기까지 날짜를 센다. 3일씩 끊어 1년이 된다.

즉 양남음녀는 출생일로부터 다가오는(순행) 절입일까지 날짜를 세어서 3으로 나눈 수(몫)가 대운수이고, 음남양녀는 출생일로부터 지나온(역행) 절입일까지 날짜를 세어서 3으로 나눈 수가 대운수이다. 3으로 나누어 1이 남으면 버리고, 2가 남으면 대운수에 1을 더한다. 예를 들어 출생일로부터 다음 절입일까지 19일이 나왔다면, 19를 3으로 나누어 6을 얻고 1이 남았으므로 나머지 1을 버린다. 그렇게 얻은 대운수는 6이 된다.

예1) **1992년 양력 3월 13일 오전 11시생**

시	일	월	연
丁	戊	癸	壬
巳	子	卯	申

- 곤명의 사주이면 대운은 순행하는가 역행하는가? ⟶ 역행한다.
- 경칩 절입일은 3월 5일이고, 다음 절기는 청명 4월 4일이다. 대운수는 무엇인가?
  ⟶ 3월 13일에서 거꾸로 이전 경칩인 3월 5일까지의 날짜를 세어서 8 나누기 3을 하면 2.66이다. 반올림하므로 대운수는 3이다.
- 건명의 사주이면 대운수가 무엇인가? ⟶ 3월 13일에서 4월 4일까지 세면 22일이다. 22 나누기 3을 하면 7.33인데 소수점 이하는 버리므로 대운수는 7이다.

예2) **1951년 양력 2월 2일 01:00생**

시	일	월	연
壬	癸	己	庚
子	酉	丑	寅

- 곤명의 사주이면 대운은 순행하는가 역행하는가? → 역행한다.
- 입춘 절입일은 2월 4일이고, 이전 절기 소한은 1월 6일이다. 대운수는 무엇인가? → 1월 6일부터 2월 2일까지 날짜를 세면 27일이다. 27 나누기 3은 9이므로 대운수는 9이다.
- 건명의 사주이면 대운수가 무엇인가? → 2월 2일에서 다음 절기인 2월 4일까지 2일이다. 2 나누기 3은 0.66이므로 대운수는 1이다.

대운과 관련하여 참고할 사항은 다음과 같다.

- 대운은 일간이 10년 동안 영향을 받는 환경으로, 사주의 연속으로 간주한다.
- 2번째 대운은 앞으로의 인생을 결정할 청년기에 해당한다. 미래의 진로를 결정하고 대학입시가 있는 시점이기 때문에 중요하다.
- 30대와 40대 대운은 주로 중년의 재물과 명예와 관련된 중대한 성패를 결정하는 시기이다. 이 시기에 육친 중 재성(재물)과 관성(명예)에 해당하는 글자가 들어왔다면, 어떤 상태로 있으며 명식과의 관계는 어떤지를 파악하여 통변해야 한다.
- 5번째 대운의 천간은 모든 명식에서 월간과 합하고, 6번째 대운의 지지는 모든 명식에서 월지와 충을 한다. 5~6대운은 중년의 성패가 나타나고 말년을 준비하는 시기이다. 따라서 충과 합 관계의 결과물을 잘 해석해서 인생 2막을 어떻게 준비하고 변화하는지를 읽어야 한다. 월간이나 월지는 사주 주인의 사회적 직업이

나 위치를 주관하는 자리이므로 5~6대운이 가져오는 변화가 말년운의 중요한 지렛대라 볼 수 있다.

- 기본적으로 대운이 바뀌는 1~2년의 기간은 일간이 인생에서 중요한 변화를 경험하는 시기이다. 따라서 대운이 길한 방향으로 흐르는지 아니면 흉한 방향으로 흐르는지를 파악하여 통변해야 한다. 종종 대운이 바뀌기 1년 전부터 징후가 나타나기도 하고, 대운이 바뀌고 그 다음해까지 영향이 이어지기도 한다.
- 대운 중 辰戌丑未의 시기는 사고지의 글자이니 음양오행이 교차하고 계절과 방위가 바뀌는 시기이다. 지장간의 내용 또한 단순하지 않아 잡기로 불리니, 일간이 어떠한 입장에 서 있는지 세밀하게 관찰해야 한다.
- 대운과 세운의 영향을 비교하면, 대운은 장기간의 환경이고 세운은 단기간의 환경이다. 어떤 것이 더 중요하다 덜 중요하다의 차원이 아니다.
- 대운의 천간과 지지는 따로 분리해서 읽는가 아니면 전체를 읽어야 하는가가 논점이다. 전체적으로 육십갑자를 먼저보고, 다음에 천간과 지지를 전후로 적용하여 읽어볼 수 있다. 다양한 통변 실전을 통해 연습하기 바란다.

8 소운

대운에 이어 마지막으로 소운법(小運法)을 간단히 소개한다. 소운법은 지금은 거의 사용하지 않는다. 현대명리는 대운법 위주로 통변하므로 소운법은 참조하는 정도로 하면 되겠다. 『연해자평』은 「논행소운법(論行小運法)」에서 다음과 같이 말하고 있다.

소운은 음양불문이다. 남자는 1세를 丙寅에서 시작하여 2세를 丁卯로 순행한다. 11세가 되면 丙子 21세 丙戌이니 한 번 순환하면 다시 시작한다. 여자는 1세 壬申에서 시작하여 2세 辛未로 역행한다. 11세에 壬戌, 21세에 壬子를 일으켜서 한 번 순환하면 다시 시작한다.

『삼명통회』도「소운(小運)」편에 '대운은 10년의 길흉을 읽고 소운은 1년의 화복을 읽는다' 하고, 소운은 대운으로 다 읽지 못하는 것을 보충하기 위해 사용한다고 썼다. 그 용례는 위에 인용한『연해자평』의 설명과 동일하다. 다만 덧붙이기를, '남자의 양화의 원기(元氣 : 타고난 기운)가 戊子에서 시작하는데 30세가 되면 丁巳이고, … 여자의 음기는 원기가 庚子에서 시작하는데 20세가 되면 辛巳'라 하였다. 육십갑자로 戊子에서 30년을 세어 앞으로 진행하면 丁巳가 되고, 庚子에서 거꾸로 세어 20년을 진행하면 辛巳가 된다. 巳(䷀)는 육양이니 정양(正陽)이고 실제로 음이 출발하는 곳이다. 寅(䷊)은 삼양이 올라오는 지지이고 申(䷋)은 삼음이 올라오는 지지이다.

소운에 대해『연해자평』이나『삼명통회』의 설명 외에, 대운의 흐름에서 대운수가 9 또는 8이 나왔을 때, 어린 시절 초년의 운명을 감정하기 위해 소운법을 사용한다고도 한다. 간단히 말하여 대운은 월주에서 시작하여 순행 또는 역행하는데, 소운은 시주를 기준으로 양남음녀는 순행, 음남양녀는 역행한다고도 말한다. 또는 소운은 첫 번째 대운을 그대로 적용한다고 말하기도 한다.

9 세운

세운(歲運)은 한 해에 배속된 육십갑자로 그해의 운세를 읽는 것이다. 보통 사주통변이라고 하면 먼저 사주명식을 통해 주어진 운명과 그 그릇[체(體)]을 읽고, 대운의 유행과 대운수를 통해 10년간의 사주 환경[體]과 큰 흐름의 삶의 행보[용(用)]를 읽는다. 한편 세운으로는 1년이라는 단기간 동안 한 사람이 부딪히고 경험하는 다양한 인간사[用]를 읽는다.『연해자평』은「논태세길흉(論太歲吉凶)」에서 다음과 같이 말하고 있다. 태세는 한해의 간지를 뜻한다.

태세는 연에 있는 천자이므로 침범해서는 안 되는데 그것을 침범하면 흉하다. 경전에서 '일간이 세(歲)의 군주를 범하면 재앙이 반드시 무겁다고 하였다. 오행에 구제함이 있으면 그 연에는 반드시 재물을 가져온다'고 하였다. … 대개 태세가 그것을 손상하게 해서는 안 되고 상생하는 것이 길하다. 그러므로 오행에 구제함이 있어서 반드시 재물을 가져온다.

위의 문장은 유년에서 상생상극이나 형충회합 등의 현상이 생기는 것의 중요성을 말한다. 유년은 태세이고 태세는 군주이니 군주를 침범해서는 안 된다는 말이다. 예를 들면 壬辰 일주가 丙戌년을 만나는 것을 말한다. 이때는 천간과 지지가 모두 충돌한다. 그런데 다른 자리의 천간에 甲이나 乙木이 있으면 木이 水와 火 사이에 상극을 완화시키는데, 이를 오행의 구제라 하였다. 그런 상황이 되면 오히려 재물이 생긴다는 뜻이다.

운로의 변화가 있어서 인생에도 변화가 생긴다. 대운을 사주에 대입하여 10년간의 운세를 본다면 세운은 1년간의 운세를 본다. 그래서 신년운세를 보고 새로운 한 해에 어떤 일이 일어나는지, 조심해야 할 것과 피해야 할 것들은 무엇인지 들을 수 있다.

세운으로 한 해의 정황을 읽는 것이 신년운세인데, 명리학에서는 사람의 운명과 마찬가지로 한 해도 음양오행과 생극제화, 그리고 십이운성을 통해 해석한다. 그 논리의 기본 알고리즘은 육십갑자라는 10개의 천간과 12개의 지지 조합이다. 60갑자로 인생을 나타내고 추론하는 것이 사주명리이고, 같은 논리로 한 해의 운도 읽고 국운과 국가 지도자의 운명을 예단하며, 어떤 기업의 운명도 읽고, 심지어 유명한 가수의 운명이나 예술작품의 의미 등도 해석한다.

예를 들어 최근에 전 세계적으로 가장 큰 전 인류적 위기를 경험하게 한 2020 庚子년에 대해 물어본다면, 庚子년은 庚金 천간과 子水 지지의 육십갑자 조합이다. 또 庚金은 흰색이고 子水는 쥐띠이니 흰쥐의 해이다.

오행의 금속에는 두 종류가 있는데, 2020년의 금속은 庚金이니 투박하고 강하며 겉치레보다 실속을 추구하고 내실을 다지는 속성이 있다. 경제 상황을 추론한다면 소비가 살아나기보다는 생필품이나 가성비가 높은 물건을 선호하는 경향이 있겠다. 庚金의 또 다른 성질은 고치고 개혁하고 심판하는 것이다. 기업 상황에서는 인원감축이나 구조조정, 불필요한 경비는 줄이려는 경향이 있겠다. 또한 금속은 기술과 관련이 있다. 전 세계적으로 기술의 발전이 일어나고, 독보적인 기술을 가진 자가 새로운 강자로 부각될 것이다. 필자는 당시 코로나 상황에 대해서도 추론을 하고 명리학적 분석을 내린 적이 있다.

이에 따라 경제, 사회, 정치, 문화 등 각 분야에서 기득권의 변화가 나타날 것인데, 2020년에 투자를 계획하고 있다면 기술과 관련된 곳에 하는 것이 유리하다. 기술발전은 2020년의 장점이라고 할 수 있지만, 경제적으로는 침체되는 현상을 피하기 어렵다. 그 이유는 쥐의 해인 것에서 찾을 수 있는데, 쥐는 가장 어둡고 침체된 기운을 가지고 있기 때문이다.

2019년에 이런 웅크리는 기운이 시작되어 안타깝게도 2021년까지 계속될 전망인데, 그 이유는 2019년은 돼지의 해(己亥년), 2020년은 쥐의 해(庚子년), 2021년은 소의 해(辛丑년)인데 모두가 水 오행의 기운인 어둠, 웅크림, 차가움을 의미한다. 따라서 이 3년간 경제는 활기를 띠지 못하고 저성장을 이어갈 것이다.

10년 전으로 돌아가서 2007~2009년에도 비슷한 경제위기가 있었는지 살펴서 검증해볼 수 있겠다. 특히 2008년에는 리먼 브라더스 사태에서 시작된 전 세계적인 경제위기가 있었고, 시계를 더 뒤로 돌려보면 1996년~1997년, 똑같은 어둠이 들어왔을 때 한국의 경제 위기가 있었다.

이와 같은 방식으로 2022 壬寅년, 2023 癸卯년, 2024 甲辰년을 추론한다면, 이 3년은 寅卯辰 木 오행의 기운이다. 水 오행이 겨울의 움츠려들고, 어두우며, 긴축하고, 저장하는 기운을 의미하였다면, 木 오행은 봄기운이 새로운 시작을 알리는 해이다. 봄에 새싹이 차가운 대지와 딱딱한 나무가지를 뚫고 나오는 것처럼 생명의 활기가 시작되는 시기인 것이다. 시작을 알리는 다양한 시도가 나타나며, 새로운 패러다임의 전환이 눈에 띌 것이다. 다만 2022 壬寅년과 2023 癸卯년은 비록 지지에 寅卯라는 시작을 알리는 지지가 있지만 천간에는 壬과 癸라는 水 기운이 올라타고 있어서 그 차가운 냉기를 걷어내기에 좀더 많은 시간을 기다려야 하는 고통이 있다.

왜 운명의 시계는 반복되는가? 2001 辛巳년 세계적 명리학자들은 미국의 위험을 점쳤다. 辛巳 즉 서양을 의미하는 金 오행이 십이운성의 사지(死支)에 처하고 또 辛金 아래에 丙火가 있기 때문이다. 그로부터 60년 전 1941년 辛巳년 일본의 진주만 습격이 있었다. 이로써 미국은 역사상 오직 辛巳년에 두 차례 본토를 침공당한 것이다.

명리학을 공부하는 이유는 시간의 흐름을 읽고 그에 따른 변화와 그 변화가 가져오는 일들을 추론하여 우리의 인생에 반영하기 위함이다. 그것은 운명에 의지하거나 굴복하려는 것이 아니라 운명의 변화를 읽고 주체적인 삶을 살겠다는 의지의 발현이다. 결론적으로, 2019~2020년부터 인류는 코로나라는 전대미문의 전 세계적인 바이러스의 침공을 받았고, 그로 인한 경제적 침체와 위기를 경험하였다. 다가올 봄을 위해 기운을 아끼고 모아야 하는 때였고, 검은 물이라는 기운이 십이운성의 사지에 들어가는 때였다. 명리를 공부하여 시절의 의미를 안다면 추운 때일수록 몸을 낮춰야 해를 입지 않고 힘을 저축해놓아야 따뜻한 시간이 돌아왔을 때 더 큰 싹을 틔울 수 있음을 알 수 있을 것이다.

3

간지의 상호작용

육친론

육친의 개념과 구분

형·충·회·합

형·충·회·합의 의의 / 천간 오합 /천간 충 /
지지 육합 / 간지 암합 / 지지 회합 / 지지 육충 /
지지 형살 /기타 : 파·해 / 형충회합의 해소와 변화

CHAPTER 1

육친론

01

육친의 개념과 구분

일간의 생물학적 · 사회적 관계망

1 육친의 개념

육친(六親)이란 사주에서 일간과 나머지 글자들의 관계를 읽는 것으로, 일간을 포함한 육신(六神)의 관계라고 할 수 있다. 사주통변의 핵심이라 할 수 있는 육친론은 사람의 인생에서 길흉과 행·불행에 영향을 미치는 중요한 요소로, 소위 사주명리학의 꽃이라 할 수 있다. 육친으로 나타낼 수 있는 다양한 관계망과 성분은 다음과 같다.

- 일간의 성향
- 일간의 가족관계
- 일간의 사회적 관계

• 의식주 · 재산 · 권력 · 명예 등
• 일의 진행상황

육친은 글자 그대로 여섯[육(六)] 종류의 관계[친(親)]를 의미한다. 육친과 관련된 용어로 육신(六神) · 십신(十神) · 십성(十星) 등이 있는데, 십신이나 십성은 일간과 다른 간지의 글자를 음양오행으로 분류하여 10가지로 나눈 데서 나온 표현이다. 그 뿌리는 고전에서 부자(父子) · 부부(夫婦) · 형제(兄弟)의 여섯 관계를 지칭한 데서 유래하였다. 『연해자평』의 「육친총론」에 '육친이란 부모 · 형제 · 처재(妻財) · 자손을 말한다'고 하였다.

일간을 주로 하여 정인은 정모(正母)이고 편인은 편모(偏母)와 할아버지를 말한다. 편재는 아버지이며 어머니의 남편성이다. 또 편처(偏妻)이기도 하다. 정재는 아내이고 편재는 첩(妾)이 되고 아버지가 된다. 비견은 형제자매이다. 칠살은 아들이고 정관은 딸이다. 양은 남자이고 음은 여자이다. 식신은 손자이며 상관은 손녀이고 할머니이다.

육친이 가리키는 가족 성분에 대해 앞으로 자세히 배우겠지만, 우선 여자 사주를 중심으로 일간이 낳는 것은 식상, 또 식상이 낳는 것은 재성이다. 일간을 생하는 것은 어머니, 또 그 어머니를 생한 외할머니는 관성이다. 한편 배우자성을 보면, 아내는 남편이 극을 하는 것으로 재성이고, 남편은 아내를 극하는 성분인 관성이다. 여기서 남편을 생한 재성은 시어머니이고, 아내를 생한 장모는 식상이다. 여자의 자식은 식상이지만, 남자의 자식은 관성이다. 몇 가지 기본 설정에 맞추어 한 단계씩 확장해가면 된다. 자세한 내용은 뒤에서 다시 설명하겠다.

사주명리에서는 '신(神)'이나 '성(星)'이라는 용어가 자주 등장하는데, 일간과 함께 등장하는 주요인물이거나, 일간에게 선악의 영향을 미쳐서 운명을 해석하는데 단서를 제공하는 성분을 말한다. 그것은 사람일 수도 있고, 사물일 수도 있으며, 상황이나 직업도 포함된다. 중국 철학에서 '신(神)'은 우리가 아는 의미인 귀신이나 신령, 혼과 같은 것 외에도 다양한 의미로 쓰여왔다. 정신이나 영혼을 의미하기도 하고, 일반적으로 생각하는 신 즉 'god'을 의미하기도 하고, 빛남이나 지혜 또는 초월적 이성을 의미하기도 한다. 또 단순히 인간의 마음이나 그와 상응하는 정신을 가진 만물을 나타내기도 하였다.[주1] 한편 '성(星)'은 글자 그대로 별이나 별의 이름 또는 세월을 의미하는데, '성(星)'이 사주명리학에 자주 나타나는 것은 사주명리학 발전단계에 점성학이 깊이 관여했다는 의미이기도 하다. 실제로 고법의 신살론에는 천문 별자리의 이름과 그 의의에서 온 것이 허다하다. 이와 같이 일간과의 관계, 그리고 일간이 상호작용하는 대상을 나타내는 '신'과 '성'은 영어로는 글자 그대로 'god(神)'이나 'star(星)'로 번역된다.

2 십성의 종류

10개의 별이라는 뜻의 십성(十星)은 일간과 다른 간지의 글자를 음양과 오행의 관계로 파악한 것이다. 음양에 2가지 경우의 수가 있고 오행에 5가지 경우의 수가 있으니 총 10가지 종류로 구분된다.

우선 육신의 분류를 알아보자. 육신은 앞에서 말한 것처럼 부자(父子)·부부(夫婦)·형제(兄弟)의 6가지 가족관계를 뜻하기도 하고, 일간과 나머지 상생·상극의

주1 『중국철학사전(Encyclopedia of Chinese Philosophy)』에서는 신(神)이나 신명(神明)을 '신(神)과 같은 지혜' 정도로 번역하면서 대체로 6가지 사용례를 설명한다. 첫 번째로 고대 초기에는 통상 '신(神)이나 정신'의 의미로 사용되었다. 두 번째는 (첫 번째와 유사하게 사용되어) '도덕적 제재를 가하는' 기능을 하는 신이나 정신을 의미했다. 세 번째는 신의 현시나 존재를 말하기 위해 신전이나 종교적 사찰에 나타난 신의 형상을 의미하였다. 이것은 신(神)에 대한 현재의 용례이기도 하다. 네 번째와 다섯 번째 용례가 형이상학적 함의를 가지는데, 이때는 신명(神明)에 가깝다. 네 번째는 정신적으로 탁월한 도덕이나 힘을 일컫는다. 그것은 성인(聖人)의 경지를 의미하여 신성의 명료함이나 자각과 같이 의식적으로 노력하여 얻어지는 것이 아니고 은미하고 미묘한 부분까지 분별할 수 있는 능력을 말했다. 예를 들어 '성인의 신명은 천지와 완전한 조화를 이루는 것이다.' 다섯 번째로 신명(神明)은 인간의 혼(魂)이 최종적으로 추구하는 목표로 이해되었다. 마지막으로 신명(神明)은 인간의 마음 그 자체이다. 왜냐하면 천지의 기가 인간의 신체에 깃들어 있기 때문이다.

관계를 맺는 비겁·식상·재성·관성·인성의 총 6종류를 뜻하기도 한다. 일간·비겁·식상·재성·관성·인성을 일간인 나부터 차례로 나타내면, 일간과 같은 비겁, 비겁이 생하는 식상, 식상이 생하는 재성, 재성이 생하는 관성, 관성이 생하는 인성이며, 인성은 또 일간을 생한다. 바로 오행의 상생 순환을 나타낸 것이다. 또 상극 순환으로 나타내면, 일간이 극하는 재성, 재성이 극하는 인성, 인성이 극하는 식상, 식상이 극하는 관성, 관성이 극하는 일간 및 비겁이다. 앞으로 하나씩 그 자세한 내용과 의의를 배우겠지만 아래에 한자와 영어로 된 대표적 의미를 적었다. 여러 추론과 상상을 시도해보기 바란다.

• 육신의 종류

육신	영어 명칭	의미
일간(日干)	Day Master	사주팔자의 운영자
비겁(比劫)	Friend Star	Parallel(병렬·병행)
식상(食傷)	Expression Star	Output(산출·출력)
재성(財星)	Money Star	Wealth(부·재산)
관성(官星)	Career Star	Authority(권력·권위)
인성(印星)	Knowledge Star	Resource(자원·원천)

다음으로는 각 육친과 일간의 관계를 글자의 의미와 함께 알아본다. 아래 표는 일간을 중심으로 관계망을 적은 것이다. 일간과의 관계는 음양이 같은지 또는 다른지를 살피고, 오행의 생극제화 관계를 보는 것이다. 오행의 생극제화는 일간을 중심으로 봤을 때 일간이 생하는지(식상) 아니면 일간을 생하는지(인성), 일간이 극하는지(재성) 아니면 일간을 극하는지(관성)에 따라 나뉜다. 육신의 명칭에 대해서는 비견과 겁재는 앞 글자를 따서 비겁이라 부르고, 식신과 상관은 식상, 정재와 편재는 재성, 정관과 편관은 관성, 정인과 편인은 인성이라 부른다. '정(正)'은 일간과 음양이 다를 때

붙인 것이고, '편(偏)'은 일간과 음양이 같을 때 붙인 것이다. '정(正)'은 상극관계라도 음양이 달라서 서로 포근하게 맞이하는 것이고, '편(偏)'은 음양이 같아서 마치 같은 전극이 서로 밀치듯이 밀어내고 과한 현상을 야기하는 것이다. 상극뿐 아니라 일간을 생하는 인수에도 정과 편은 있지만, 밀치는 성향의 상극이 아니라 치우친 관심이나 애정이 될 것이다.

그 외에도 비겁을 견겁이라 부르기도 하고, 식상을 상식이라 부르고, 편관을 칠살(七殺)로, 인성은 인수로도 부르고 또 그중 편인은 효신(梟神)이라고도 한다. 양 일간이 겁재를 보면 양인(羊刃 또는 陽刃)이라고도 한다. 양인에는 칠살처럼 살(煞)을 붙여 양인살이라고도 부른다. 육신의 종류 중 가장 포악하다고 알려진 것이 칠살과 양인이다. 명리서마다 한자의 순서를 바꾸거나 육신의 독특한 작용을 고려하여 다양하게 부르고 있다는 점을 참고하기 바란다.

『연해자평』「논칠살(論七殺)」에 '생왕할 때는 편관이라 하고 신약하여 제어할 것이 없으면 칠살이라 한다'고 하였다. 즉 일간이 생왕하면 편관이라 읽어도 되지만, 일간이 신약하여 자신을 제극하는 충격을 감당하기 어려우면 칠살이라고 표현한다는 것이다. 그러나 여러 종류의 고전을 읽다 보면 굳이 신약할 때만 칠살이라 부르는 것은 아니다. 즉 칠살로 편관을 대신해서 사용하는 경우가 많다. 또 보통 편인을 효신이라 부를 때는 팔자에 식신과 함께 있을 때를 말한다. 편인은 식신을 제극하는데 그것을 도식(倒食), 퇴신(退神), 탄담살(呑啖煞)이라고도 한다. 효(梟)는 올빼미라는 새를 말하는데, 다 성장하고 나면 제 어미를 잡아먹기 때문이다. 도식은 쉬운 말로 밥그릇을 엎어버리는 것인데, 잘못된 인수 때문에 제 밥그릇(식신)을 지키지 못하는 상황이라 할 수 있다. 탄담살은 먹어서 삼켜버린다는 뜻인데, 식록이라는 좋은 식신 성분을 제극하여 망쳐버린다는 의미이다.

글자의 의미로도 일간에게 길한 작용을 하는지, 아니면 흉한 작용을 하는지 분별할 수 있다. 예를 들면 식복을 뜻하는 식신, 재물복을 뜻하는 재성, 관직을 뜻하는 정관, 일간을 생해주는 인수는 길신이고, 일간의 재물을 빼앗아가는 겁재 또는 칼을 차고 있는 양인살, 관을 상하게 하는 상관, 일간을 지나치게 극하는 칠살 등은 흉신이라고 추론할 수 있다. 그중에 칠살과 양인살의 흉의가 가장 지독하다고 앞서 말하였다.

• **일간과 십성 관계의 의미**

십성	일간과의 관계		글자의 의미
	음양	오행	
비견(比肩)	같음	같은 오행	나와 어깨를 나란히 함 일간과 대등한 관계
겁재(劫財)	다름	같은 오행	나의 재물을 빼앗는다는 뜻 부담되는 경쟁관계
식신(食神)	같음	일간이 생함	글자 그대로 식복을 주관함
상관(傷官)	다름	일간이 생함	관을 상하게 한다는 뜻
편재(偏財)	같음	일간이 극함	치우친 재물이라는 뜻
정재(正財)	다름	일간이 극함	반듯한 재물이라는 뜻
편관(偏官)	같음	일간을 극함	치우친 관이라는 뜻
정관(正官)	다름	일간을 극함	반듯한 관이라는 뜻
편인(偏印)	같음	일간을 생함	치우친 인성이라는 뜻 인(印)은 도장을 의미
정인(正印)	다름	일간을 생함	반듯한 인성이라는 뜻

아래 표는 일간 대비 십성을 나타낸 것인데, 천간과 지지를 대입하여 읽으면 된다. 가로줄의 일간을 기점으로 팔자에 나머지 천간과 지지가 일간과 어떤 십성의 관계에 놓이는지를 파악할 수 있다.

• **일간 대비 십성표**

일간	甲	乙	丙	丁	戊	己	庚	辛	壬	癸
甲·寅	비견	겁재	편인	정인	편관	정관	편재	정재	식신	상관
乙·卯	겁재	비견	정인	편인	정관	편관	정재	편재	상관	식신
丙·巳	식신	상관	비견	겁재	편인	정인	편관	정관	편재	정재
丁·午	상관	식신	겁재	비견	정인	편인	정관	편관	정재	편재
戊·辰·戌	편재	정재	식신	상관	비견	겁재	편인	정인	편관	정관
己·丑·未	정재	편재	상관	식신	겁재	비견	정인	편인	정관	편관
庚·申	편관	정관	편재	정재	식신	상관	비견	겁재	편인	정인
辛·酉	정관	편관	정재	편재	상관	식신	겁재	비견	정인	편인
壬·亥	편인	정인	편관	정관	편재	정재	식신	상관	비견	겁재
癸·子	정인	편인	정관	편관	정재	편재	상관	식신	겁재	비견

3 십성과 일간의 관계

아래 왼쪽 그림은 십성과 일간의 관계를 파악하는 기본 도식이다. 일간을 중심으로 시계방향은 오행이 생하는 방향이다. 일간 생 식상, 식상 생 재성, 재성 생 관성, 관성 생 인성, 인성 생 일간이다.

오른쪽 도표는 일간을 木 오행으로 하여 상생과 상극을 나타낸 것으로, 바깥쪽의 굵은 화살표는 상생, 안쪽의 가는 화살표는 상극을 나타낸다.

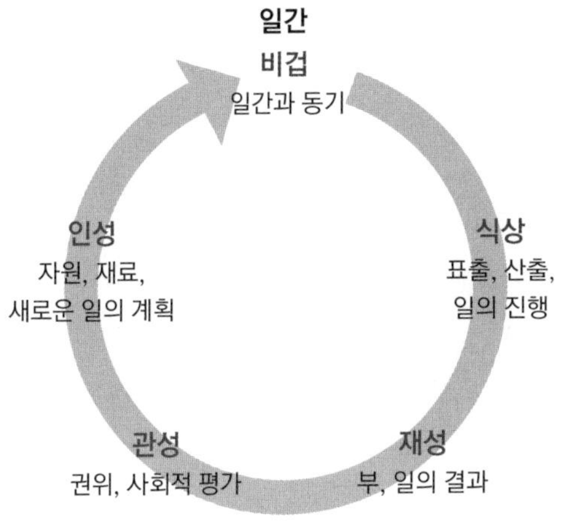

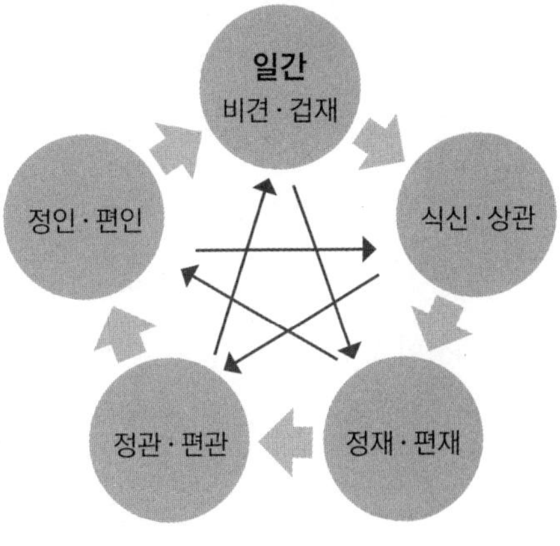

『자평진전』은 「논음양생사(論陰陽生死)」 편에서 육신에 대해 논하여 다음과 같이 말하고 있다.

오행을 전체적으로 논하면 水와 木은 상생이고, 金과 木은 상극이다. 오행의 음양으로 그것을 나누면 생극에는 다른 점도 있고 같은 점도 있다. 이것이 水가 똑같이 木을 생하지만 인(印)에는 편(偏)과 정(正)이 있다. 金은 똑같이 木을 극하지만 국(局)에 관(官, 정관)과 살(煞, 편관)이 있다. 인수 중에는 편(偏)과 정(正)이 유사하여 (음양의 다름으로 인한) 생극의 차이를 두고 논하지 않아도 된다. 그러나 상극 중에 하나는 정관이고 하나는 칠살이니 숙특(淑慝 : 사악하고 선함, 나쁨과 좋음)이 분명하게 판단된다. 그 이치를 세밀하게 살피지 않으면 안 된다.

인용문이 의미하는 것은 비록 '정'과 '편'이 있어 그 선함(정)과 나쁨(편)을 구별하지만, 일간을 생하는 것(인수)에는 음양의 같고 다름에서 오는 차이가 크지 않은 반면, 일간을 극하는 정관과 편관은 길흉의 차이가 분명하다고 하였다.

아래는 임철초의 『적천수징의』를 인용한 것이다.

나를 낳아주시는 것은 부모이니 정인과 편인이고, 내가 낳는 것은 자식이니 식신과 상관이며, 내가 극하는 것은 아내와 첩이니 정재와 편재이고, 나를 극하는 것은 아버지를 돕는 조부모이니 관살이고, 나와 같은 것은 형제이니 비견과 겁재이다. 이것(육친)이다. 이러한 이치가 바로 육친의 바른 명칭을 따르는 것이니 바꿀 수가 없는 법이다. (중략)

사주의 정세에 따라 일주가 반기는지 꺼리는지를 구별하여 논해야 한다. (재성을 예로 들어) 만약 재성이 둥둥 떠다니고 있다면 재고에 거두어 깊이 간직해야 함이 마땅하고, 재성이 깊이 숨어 있다면 충으로 동하게 하여 도움을 끌어내야 함이 마땅하니, 모름지기 상세히 연구해야 한다.

임철초가 『적천수』를 해석하여 말한, '내가 낳는 것은 자식이니 식신과 상관이다'라는 문장은 여자 사주 입장에서 말한 것이다. 실제로 아기를 잉태하여 출산하는 것은 여자이기 때문에 일간이 생하는 식상을 그대로 자식성으로 쓰고, 남자 사주에서는 일간을 극하는 관성이 자식성이 된다.

4 십성의 특성

십성은 모든 명리서에서 빠짐없이 다루어지는 명리 개념으로, 고법에서 신법에 이르기까지 모든 정통 관법과 특수 관법에도 십성이 사용된다. 심지어 일부 성명학 이론과 육임에도 사용되니, 그만큼 사주명리에서 꽃과 같은 중요한 요소라는 것을 알 수 있다. 개별 십성의 특징을 설명하기 전에 전체적으로 건명과 곤명에 대한 십성을 표로 정리하였다. 십성의 관계망에는 부모·자식·형제 등의 친인척 관계도 있고, 사회적으로 친구와 사업적 관계도 있으며, 직업 진로나 적성, 인간생활의 다양한 활동내용이 포함된다. 먼저 생물학적 요소를 이해하고 그 법칙을 사회적 관계와 기타 상황에 유비추리하면 된다.

• 건명과 곤명의 십성 관계

	남자 사주(건명)		여자 사주(곤명)	
	가족관계	사회적 관계	가족관계	사회적 관계
비견	형제, 자매, 사촌	동료, 친구, 사업 파트너	형제, 자매, 사촌, 시아버지	동료, 친구, 사업 파트너
겁재	형제, 자매, 이복형제, 며느리, 동서지간, 딸의 시어머니	동료, 친구, 사업 파트너, 경쟁관계, 카리스마	형제, 자매, 이복형제, 시아버지, 아들의 장인	동료, 친구, 사업 파트너, 경쟁관계, 카리스마
식신	손자, 친할머니, 장모	돈이 생기는 근원, 재능, 투자, 진로, 아랫사람, 후배, 직원	아들, 딸, 친할머니, 딸의 시아버지	돈이 생기는 근원, 재능, 투자, 진로, 아랫사람, 후배, 직원
상관	손녀, 친할머니, 외할아버지	돈이 생기는 근원, 뛰어난 재능, 과감한 투자, 취미, 아랫사람	아들, 딸, 친할머니, 딸의 시아버지, 시누이 남편	돈이 생기는 근원, 뛰어난 재능, 과감한 투자, 취미, 아랫사람
편재	애인, 처제, 형수, 재수, 아버지	사업성 재산, 돈, 일의 결과	아버지, 시어머니, 외손녀, 아들의 장모	사업성 재산, 돈, 일의 결과
정재	처, 처제, 아버지, 고모	월급, 저축한 돈, 일의 결과	아버지, 시어머니, 외손자, 백부, 고모, 시어머니, 형제간, 시할아버지	월급, 저축한 돈, 일의 결과
편관	아들, 딸, 외할머니, 딸의 시아버지	직장, 직장 상관, 권력, 정치	애인, 정부, 남편, 외할머니, 시형제간, 며느리, 형제간	직장, 직장 상관, 권력, 정치
정관	아들, 딸, 외할머니, 증조모	직장, 직장 상관, 공직, 공무원	남편, 며느리, 외할머니, 딸의 시어머니, 증조모	직장, 직장 상관, 공직, 공무원
편인	어머니, 이모, 계모, 외삼촌 장인, 조부, 외손녀, 아들의 장모	새로운 일의 시작, 계약 도장, 사인, 부동산 서류, 공부, 학교, 자격증, 졸업장	어머니, 이모, 계모, 외삼촌, 조부, 손자, 사위, 시할머니	새로운 일의 시작, 계약 도장, 사인, 공부, 학교, 자격증, 졸업장
정인	어머니, 이모, 외삼촌, 외손자, 장인	새로운 일의 시작, 계약 도장, 사인, 부동산, 서류, 공부, 학교, 자격증, 졸업장	어머니, 이모, 외삼촌, 조부, 손녀, 사위, 시할머니	새로운 일의 시작, 계약 도장, 사인, 공부, 학교, 자격증, 졸업장

1. 비견과 겁재

비견

겁재

『연해자평』은 「육친총론」을 비롯하여 여러 곳에서 개별 육신을 논하고 있다. 먼저 일간과 동일한 오행인 겁재와 양인에 대한 설명부터 인용하면 다음과 같다. 첫 번째 인용문은 「논겁재(論劫財)」, 두 번째 인용문은 「논양인(論羊刃)」이다.

겁재(劫財)는 역인(逆刃)이라고도 한다. 가령 乙木이 甲木을 보면 겁재이다. 乙木은 庚金을 남편으로 삼는데, 丙火를 보면 庚金을 제극한다. 그러므로 극부(剋夫)이다. 남명은 극처(剋妻)인데, 오양이 오음을 보면 패재(敗財)라 하여 주로 아내를 극하고 자식을 해친다. 오음이 오양을 보면 겁재라 하여 주로 파모(破耗 : 다 써버리고 망침)한다. … 乙木은 戊己土로 재를 삼는데 甲木이 己土를 빼앗고 戊土를 파괴한다. 丁火는 庚辛金을 재로 삼는데 丙火가 辛金을 빼앗고 庚金을 파괴한다. 나머지도 이와 같다.

양인이란 하늘의 흉성을 부르는 이름이다. 사람에게 악살로 여겨졌으며, 록의 다음 자리가 이것(양인)이다. [가령 甲의 록지는 寅에 있는데 (寅 다음 자리인) 卯가 양인이 된다.] (양인은) 편관 칠살과 인수를 좋아한다. 甲·丙·戊·庚·壬 다섯 양간에 양인이 있고, 乙·丁·己·辛·癸

다섯 음간에는 양인이 없다. 그래서 양인(陽刃)이라 이름 지었다. 명중에 양인이 있다 하여 바로 흉하다 말할 수는 없다. 대체로 칠살과 서로 비슷하여 양인이 있는 사람이 주로 부귀한 사람이 되는데 도리어 편재와 칠살을 좋아한다. 그러나 칠살은 양인이 없으면 현달할 수 없고 양인은 칠살이 없으면 위엄이 없으므로 양인과 칠살이 모두 온전하다면 보통사람이 아니다.

겁재는 글자 그대로 재물을 겁탈한다는 뜻으로, 형제간에 재산 다툼을 하거나 아내를 빼앗는 등의 현상이다. 남명에서는 겁재가 아내를 극하고, 여명에서는 상관이 남편을 극한다. 양인살(羊刃煞)은 '가혹한 결단의 힘'을 의미하며, 양은 한자로 陽을 쓰거나 羊을 쓴다. 십이운성의 왕지이며 록보다 더 강하고 왕성하며 힘이 있는 자리이다. 록은 아름다운 자리로 길신에 속하지만, 록이 더 자라서 양인이 되면 그 힘이 과해진다. 무엇이든 지나치면 경계해야 하는 법이다.

• **겁재의 종류**

일간	甲	乙	丙	丁	戊	己	庚	辛	壬	癸
겁재 천간	乙	甲	丁	丙	己	戊	辛	庚	癸	壬
겁재 지지	卯	寅	午	巳	未丑	戌辰	酉	申	子	亥

• **양인의 종류**

양간	甲	丙	戊	庚	壬
양인 지지	卯	午	午	酉	子

양인에 대해 부언하면, 丙午·戊午·壬子는 동주의 조합이 나오지만 甲卯·庚酉는 동주로는 이 조합이 나올 수 없다. 예를 들어 甲 일간이 卯월에 생하였으면 양인이라 하고, 다른 지지에 卯가 있어도 양인살이 있다 말할 수 있다. 물론 월지 양인이 가장 강하다. 참고로『삼명통회』의「양인」편은 다음과 같이 시작한다.

양(羊)이라 하는 것은 아주 군센 것[강(剛)]을 말한다. 인(刃)이라는 것은 일을 주장하여 처리한다는 뜻을 취한 것이다. 록(祿)이 지나치면 인(刃)이 된다. 공(功)을 이루면 당연히 물러나야 옳은 일인데, 물러나지 않는 것을 지나치다 하는 것이다. … 음양 만물의 이치는 모두 극성(極盛)한 것을 싫어하는데, 그 극처에는 火는 모두 불타 사멸하고[초멸(焦滅)], 水는 더이상 샘솟지 않고[용갈(湧竭)], 金은 꺾여서 이지러지고[절결(折缺)], 土는 무너지고 갈라지며[붕렬(崩裂)], 木은 꺾이고 좌절[최절(摧折)]한다. 고로 이미 성(盛)하지만 지나치지 않으면 복이고, 너무 지나치면 도리어 흉이 된다.

『연해자평』은 이어서 '양인은 형충을 좋아하지 않고 … 양인과 칠살은 벼슬을 하며 명성을 날리고, 신왕하여 의존하지 않으면 승려와 도사의 명이다 … 재성을 쓰는데 겁재를 만나 빼앗기면 평생 빈곤하다'고 하였다. 『적천수』에 이르길 '형과 아우 둘 중에 누가 망하고 누가 홍하는가는 제강 즉 월령에서 작용하는 재성과의 경중을 살펴보아야 한다'고 하였다.

십성	자의	기본 특성	대상
비견	比 : 견줄 비 肩 : 어깨 견	일간과 오행 및 음양의 속성이 동일 한자의 뜻 그대로 일간과 어깨를 나란히 한다, 견주어 본다는 특성 자신과 비슷한 성향	형제, 자매, 동업자, 동창, 친목, 조합. 비교적 동등한 관계
겁재	劫 : 위협할 겁 財 : 재물 재	나의 재물을 빼앗아간다는 뜻 못마땅하고 부담이 되는 경쟁관계	이복형제, 경쟁자 등. 동창, 동업, 직장동료. 사기, 협박, 불화, 배신, 투쟁, 강제, 부도

십성 심화	성격 특징	직업	사주용어
비견 겁재	주체성, 기분파, 경쟁, 독립심, 진취적, 적극적 자기 본위, 독선적, 고집, 다툼, 배려 부족, 치밀함 부족, 건망증, 조언을 듣지 않으려 함 겁재는 비견보다 좀 더 확실하고 강한 에너지	형사, 운동선수	군비쟁재 (群比爭財) 군겁쟁재 (群劫爭財)

비견과 겁재의 일반적, 긍정적 의미는 다음과 같다. 비견은 힘이다. 자존심이 있으며 고집스럽게 추진하는 힘이 있다. 긍정적이며 솔직담백하고 한 가지 마음이다. 여유가 있으며 남에게 지기 싫어하는 성향으로 당당하고 멋이 있다. 사주 형태에 따라 남을 배려하고 이해하며 인정이 많은 사람이기도 하다. 타인의 간섭이나 속박을 싫어하여 직장생활보다는 자영업에 적합하다.

겁재는 비견과 마찬가지로 힘이 있는 성분이다. 자존심, 고집, 추진력이 있다는 것도 비슷하다. 일간의 힘이 약한 경우 (신약사주) 비견보다 더 강한 조력이 되어준다는 점에서 확실한 장점이 있다. 한편 일간의 재물을 겁탈해가는 성분으로 비견에 비해 계산적이고 이중적이며, 때에 따라 잔인하고 교만해 보일 수도 있다. 특히 재물이나 이성문제에서는 양보나 타협이 불가능할 정도로 자기본위적이다. 겁재가 사주에 많은 사람은 동업이나 공동사업은 불리하다. 순발력이 좋고 호기심이 많다는 것은 장점일 수 있으며, 계산적인 성향도 잘 활용할 수 있다.

어떤 육신이든 팔자에서 과한 에너지를 차지하거나 불필요하게 온다면 흉한 역할을 한다. 비견과 겁재의 부정적 의미는 다음과 같다. 비겁은 자기중심적으로 사고하여 타인의 의견을 무시하는 경향이 있다. 자기주장을 강하게 표출하며 무모하게 추진하다가 실패하는 경우도 생긴다. 기복이 심한 생활로 재물과 이성에 대한 강한 집착을 보인다. 때로는 의처증이나 의부증이 표출되며, 법을 무시하여 타인에게 배척당하거나 고독해질 수도 있다. 부모형제와 인연이 박하여 초년에 고생하니 자수성가형이다. 비견이 많으면 직업, 가정, 재물이 불안정할 수 있다. 비겁이 흉신이면 부부 갈등이 심하고 해로가 어렵다.

사주 사례

시	일	월	연
己	甲	乙	乙
巳	申	酉	未

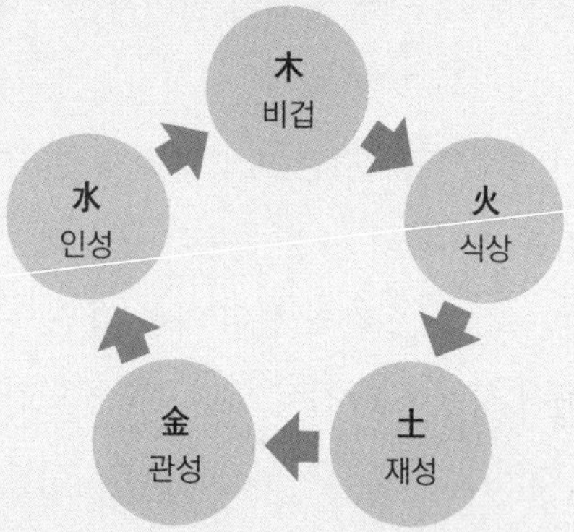

1955년생 건명 사주이다. 酉월생 甲木 일간으로 월령의 세력을 얻지 못했고, 나머지 지지의 통근 세력도 약한 편이다. 유일한 통근처는 연지 未土인데, 甲木의 묘지에 해당한다. 기댈 곳은 천간의 甲乙木 비견과 겁재인데, 연간 乙木은 십이운성의 양지에 앉아 있고, 월간 乙木은 절지에 처해 일간과 비슷한 입장이다. 형제 중 잃은 형제가 있을 것이고, 성을 달리하는 형제(즉 여자형제)는 손위누이이거나 사회생활을 하는 누이이다. 국가 자리에 있기 때문이다. 양지는 교육성이다. 교육계 종사 가능성이 있다.

일간 甲木은 시간의 己土와는 합을 하여 타간의 겁재보다 경쟁력을 갖추었고, 일간 소유의 재성 土를 생산하고 있다. 己土가 식신 巳火 위에 앉아 있기 때문이다. 이 사주에서 재성은 己巳 제왕지에 연지 未土에도 통근하였다. 재성의 세력이 좋다고 할 수 있다. 시지 식신 巳火와 일지 편관 申金은 서로 합도 하고 형(刑)도 하는 관계이다.

이 사주의 甲木 일간은 어려서 형제 하나를 잃었다. 甲木의 묘지에 해당하는 未土를 연지에서 본 것이다. 또 다른 형제인 乙木과는 가까운 관계가 아니다. 첫 결혼에 실패하였고, 두 번째 결혼한 아내와는 행복하게 살고 있다. 지지에 정관 酉金과 편관 申金이 있는데 두 아내에게서 자식을 모두 얻었고, 다만 일간 甲木과는 절지와 태지의 관계이니 관계가 원만하지 않거나 해외에서 떨어져 생활한다. 초년에 직장생활을 하였으나 길게 하지는 못하였고, 법적인 문제로 관재수를 경험하기도 하였다.

아버지로부터 물려받은 재산은 수십 억대가 넘고 빌딩을 소유하여 임대료로 생활하고 있다. 두 번째 아내도 회사의 중역으로 경제적으로는 어려움이 없는 사주이다.

2. 식신과 상관

식신

상관

식신과 상관은 일간이 생하는 것이다. 일간과 음양이 다르면 상관이고 음양이 같으면 식신인데, 일반적으로 식신은 길신이요, 상관은 흉신이라 하였다. 글자 그대로 상관은 가장 귀한 신이라는 정관을 제극하기 때문이다.『연해자평』「논식신(論食神)」은 식신과 상관에 대해 다음과 같이 쓰고 있다.

식신은 나의 재성[재신(財神) : 재록신]을 생하는 것을 말한다. 가령 甲은 木에 속하고 丙은 火에 속하며 기를 빼는 것[도기(盜氣)]이라 이름한다. 그러므로 식신이라 말하는데 왜 그런가? 뜻밖에 丙은 나의 재성인 戊를 생하고 甲은 丙이 생한 戊 재성을 먹고 살기 때문에 이와 같이 이름 지었다. 명 중에 식신을 대하면 명의 주인은 주로 재물이 후덕하고 식복이 풍성하다. 또 마음씀이 관대하고 넓으며 신체가 비대하다. 넉넉하게 노닐고 자족하며 자식이 있고 장수한다. 항상 관성을 보는 것을 기뻐하지 않고 도식을 꺼리는 것은 식신이 손상될까 두려워하기 때문이다. 재성과 상생하는 것을 기뻐하고 식신이 한 자리로만 있으면 복 있는 사람이다. 그러나 많으면 또한 맑지 않다. 도리어 신왕함을 기뻐하고 인수는 좋아하지 않는다.

인용문의 도식(倒食)은 편인에 의해 충을 당하는 것을 말하고, 탄담살(呑啖殺)이라고도 한다. 식신이 재성을 취하여 상생하는데 도식을 보면 좋지 않다. 도식은 편인성인데, 편인은 식신·재성과 상극관계이다. 편인은 식신을 극하고, 또 재성은 편인을 극한다. 그런 이유로 식신과 편인이 같이 있으면 복록이 얕아지는 것이다.

상관은 상진(傷盡 : 상처를 줘서 기운을 다 빼버림)되어야 한다. 상진되지 않은 채 관성이 와서 승왕(乘旺)하면 그 화액을 이루 말로 다할 수 없다. 상관견관(傷官見官 : 상관이 정관을 보는 것)이면 위화백단(爲禍百端 : 화액이 되는 백 가지 단서)이다. (중략)

상관은 주로 사람이 재능과 기예[재예(才藝)]가 많으나 남을 업신여기고 기백이 높아서 항상 안하무인하므로 귀인은 꺼리고 보통사람은 싫어한다. 운에서 관성을 만나면 그 화액은 이루 말할 수 없고 혹 길신이 해소하여도 반드시 나쁜 병이 생겨 그 몸을 손상하게 된다. (중략)

상관은 내가 남을 생하는 것을 말한다. 양이 음을 보고, 음이 양을 보는 것으로서 또한 기를 뺏는 것[도기(盜氣)]이라 이름한다. 상관은 상진되어 일점도 남지 않아야 한다. … 만약 상관이 상진되어 사주에 일점도 남지 않았는데, 또 운에서 왕운으로 가거나 인수운으로 가면 도리어 고귀해진다.

사주에 비록 관성 상진하고 신강·왕하여도 재성의 기운이 하나도 없으면 단지 빈궁해질 뿐이다. 상관을 만나면 반드시 재성을 보아야 기묘하다. 이 재성은 관성을 생할 수 있기 때문이다. (중략)

상관의 살기는 마치 칠살이 본신(일간)을 손상하는 것과 같아서 그 증험이 귀신같다. 연에 상관을 대하면 부모가 온전하지 않고, 월에 상관을 대하면 형제가 완전하지 않다. 시에 상관을 대하면 자식이 가문을 이어갈 수 없고, 일에 상관을 대하면 처첩이 완전하지 않다. 그 외 상관은 상진되어야 하고, 상진되면 길하고 재성을 보면 좋다.

위의 인용문 「논상관(論傷官)」에서 '상관상진'이란 상관의 기운을 다 빼버려야 한다는 뜻이다. 상관이 관을 극하지 못하도록 하기 위함이다. 그런데 현대 명리해석서들은 '상관상진'에 대하여 이렇게까지 상관을 다 죽이려 할 필요가 있느냐 반문하기도 한다. 고서에서는 상관을 너무 편향되게 부정적으로 보는 것이 아닌가 생각되기도 한다. 상관이 인성을 끼고 있으면 그 정도로 길이 들 것인데, 굳이 상진하여 상관의 기운을 완전히 없애버리려고 하느냐 이말이다. 말하기를 "상관이 정관을 보는 것이 재난의 백 가지 단서가 된다[위화백단(爲禍白端)]"라 하고, 그러나 '상관이 재를 쓰는 것은 복이 되어서' 상관이 있는데 재성이 있으면 부유하다고 하였다. 반면 상관이 있는데 겁재가 오면 가난하다. 겁재가 흉한 상관을 더 키워주기 때문이다. 상관은 반드시 인수가 와서 길들여야 하는데, 이때 재성이 인수를 극제하면 안 좋기 때문에 이 경우는 재성이 독이 된다. 상관은 재성과 있든지 아니면 인수와 있든지 둘 중 하나여야 하는데, 굳이 재성과 인수가 모두 있는 사주라면 재성과 인수의 위치가 떨어져 있어야 한다고 하였다. 식신은 재성과 관성을 이길 수 있고, 상관과 달리 겁재가 와서 키워주면 좋아한다.

『적천수』에서는 '자식은 나무가 뿌리를 내려서 가지를 치듯 한 세대에 전해지는 것이니 희신이 관살과 어떻게 연관되어 이를 돕고 있는가를 살펴야 한다'고 하였는데, 이를 해석하여『적천수징의』에서는 '식신과 상관이 아들과 딸이 된다'고 하고, 서(書)에 이르기를 '사주에 식신이 있으면 그 사람은 오래 살고 아내는 자식이 많을 것이다'라고 하였다. '사주의 시(時)에서 칠살을 만나면 본래는 자식이 없을 것인데 식신이 있어 이를 극제하면 반드시 자식이 많을 것이다'라고도 하였다. 이와 같은 식상에 대한 해석에는 논란의 소지가 있다. 유백온은『적천수』원문에서 '대체로 관에 의거하여 자식을 살펴본다'고 하였는데, 임철초는 재성을 아버지로 보는 것도 부정하여 인성으로 부모를 보고 식상으로 자식을 보았기 때문이다. 이를 보면 식상이 자식이라는 뜻인데, 모름지기 상황에 따라 융통성 있게 적용하는 것이 중요하며, 일간의 쇠왕을 다시 한 번 더 살피고 이에 따라 사주의 희용신(喜用神)과 기구신(忌仇神)을 가린 후 적용해야 한다.

십성	자의	기본 특성	대상
식신	食 : 밥 식 神 : 귀신 신	식복을 의미하여 의식을 풍족하게 해준다는 뜻 식신은 나의 에너지를 소모하여 만들어낸 재주	재주, 능력, 의식(衣食), 진로, 의류, 의약, 판매, 농축산, 식당 여자 사주에서는 자식
상관	傷 : 상처 상 官 : 벼슬 관	일간과 음양이 달라 에너지를 식신보다 더 많이 소모함 식신은 적당한 선에서 에너지를 소모한 후 의식을 풍족하게 하는 반면, 상관은 소모량이 과도하여 정도를 넘어서는 행동까지 함. 자신의 벼슬, 즉 직장에 상처를 입히게 됨	재주, 능력, 의식(衣食), 진로, 교육, 예술, 연구, 기획, 저술, 출판, 광고, 언론, 방송, 예언 여자 사주에겐 자식

일반적으로 식신은 직업, 직장, 자영업, 활동 등을 의미한다. 한 가지 일을 깊이 연구하며 지적 호기심이 있고 재능도 뛰어나다. 일간이 생하는 대상이므로 도와주고, 배려하며, 이해한다는 의미이다. 또 과시하고 폼을 잡기도 하는 성분이다. 긍정적이고 진취적이며 미래지향적으로 사고한다. 정신적이고 지적인 활동을 추구하며 조용하고 침착하다. 비계산적인 행동으로 솔직담백하다. 육체를 쓰는 직업보다는 정신노동을 선호한다. 내색 없이 열심히 활동하여 선량하고 인정이 많다.

상관은 직업, 직장, 자영업 등의 활동이다. 식신과 마찬가지로 도와주는 의미와 이해하고 배려한다는 뜻이 있다. 식신과 달리 더 생색내고 요란하여 과시하고 폼도 더 잡는다. 육체적이고 동적이며 화려한 행동을 선호한다. 모든 사물에 대한 호기심과 과시욕이 있고 관심받는 것을 좋아한다. 긍정적이고 진취적이며 미래지향적으로 다재다능하고 인정이 넘치는 사람이다. 식신과 비슷하지만 상관의 마음은 승부근성이 강하고 자기 본위적이며 내세우려고 하는 성향이 더 강하다.

부정적 의미로 식신은 자기주장이 강하여 부부 또는 타인과 불화하기 쉽다. 식신이 많으면 주관이나 줏대가 없고 무위도식하여 일정한 직업이나 직장이 없어서 의식주가 불안정하다. 직업 변동이 심하고 한 직장에 안주하지 못하며 제도와 틀에 얽매이기를 싫어하고 법을 무시한다. 주색잡기에 능하고 원칙이 없으며 가정적이지 못할 수도 있다. 식신이 흉신이면 남녀 모두 해로하기 어렵고 자식과도 인연이 나쁘다. 상관이 부정적일 때는 분산력과 발산력이 강하고 침착성이 부족하여 덜렁거리고 신중하지 못하다. 호기심만 많으며 남의 일에 간섭하게 된다. 상관이 흉신에 해당하면 무위도식하는 경우가 많고 직업을 갖기가 힘들며 남을 배려하는 마음이 없다. 자유분방하고 법을 무시하며 명예나 체면에 얽매이기를 싫어하게 된다. 계산적인 행동이 많고 주관이 없으며 적당히 넘어가는 경우가 혼합되어 나타난다. 상관이 강하면서 흉신에 해당하면 자식이나 배우자와 인연이 안 좋고, 특히 여자인 경우가 그렇다. 남편을 의미하는 정관에 상처를 주기 때문이다. 직업을 갖기 어렵고 항상 구설이 따른다.

사주 사례

시	일	월	연
壬	戊	辛	癸
戌	申	酉	丑

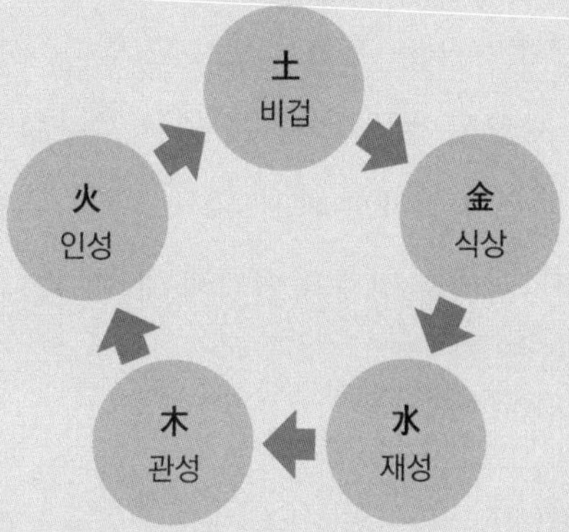

1973년생 곤명 사주이다. 酉월생 戊土 일간인데, 사주에 木火 기운이 부족하다. 木은 관성이고 火는 인성이다. 결혼하지 않은 미혼여성이고 대학은 다 마치지 못하였지만, 음악과 요리 등 다재다능하다. 남자친구가 없는 것은 아니지만 결혼에는 관심이 없다 하고, 본인의 재주가 뛰어나니 밥먹고 사는 데는 지장 없이 행복하다고 하였다.

3. 편재와 정재

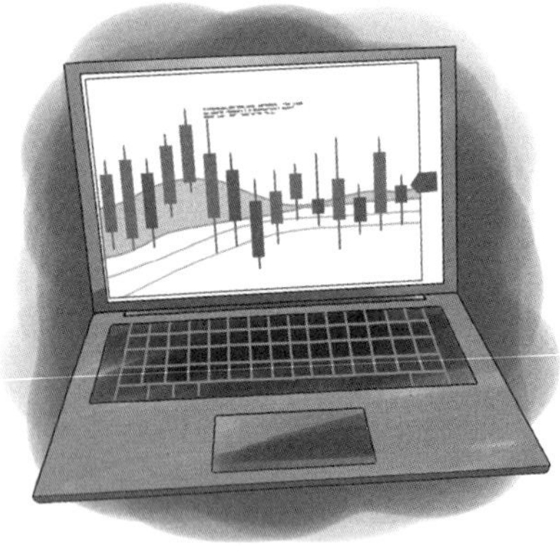

편재

정재

재성은 일간이 극하는 것이다. 일간을 우주 자연에서 살아가는 인간으로 보면, 인간은 자연을 극복함으로써 먹을 것과 입을 것을 취한다. 그것은 사냥감일 수도 있고, 전쟁에서 얻은 획득물일 수도 있다. 고대사회에서는 아내도 쟁취하는 경우가 많았다. 재성은 재물 재(財)를 써서 사람의 소유물이나 재산, 말이나 아내와 같은 성분으로 삶을 영위하고 과시하는데 필요한 요소를 일컫는 말이다. 『연해자평』「논정재(論正財)」에서는 정재와 편재에 대해 다음과 같이 정의하였다.

대개 정재는 내 아내의 재물이다. 여자는 재물을 가져와서 나를 섬기므로 반드시 정신이 강녕[강(康)]하고 강인[강(强)]해야 재물을 누리고 쓸 수 있다. (중략) 그러므로 재성은 득시해야 하고 재성이 여럿 있을[재다(財多)] 필요는 없다. 만약 재다이면 일간이 힘이 있어야 감당할 수 있다.

천원일기(天元一氣)가 약하면(천간에만 있고 지지에 통근처가 없는 것) 빈궁함을 구제할 수 없다. 신왕한 것이 좋고 극제의 향(鄕)은 좋지 않다. 극제라는 것은 관귀(官鬼)이다. 또 월령이 일간의 쇠병지인 것을 두려워한다. 사주에서 부모의 생함(인수)이 없는데 재성이 있고 운에서 또 재성을 보는 것을 좋아하지 않는다. 그것은 재성이 많다고 한다. 체력이 재성을 감당할 수 없으면 불행과 우환이 백 가지 생겨난다. (중략) 대개 재성은 싸움을 일으키는 실마리이다. 사주가 상생하고 따로 귀격을 대하고 공망이 아니며 또 왕운으로 행하고 재성과 삼합하면 모두 고귀한 명이 된다. 나머지는 모두 격국에 따라 경중을 말해야 한다.

재관에 대해 『연해자평』은 '관성은 드러나는 것[노(露)]을 기뻐한다' 하고, 드러난다는 것은 맑고 높은 것이라 하였다. 한편 '재성은 간직해야 한다[장(藏)]'고 말하면서 '간직한다는 것은 풍성하고 두터운 것'이라 하였다. 드러난 것은 사주에 천간으로 투출되어 있는 것을 말하고, 간직했다는 것은 지장간에 숨어 있는 것을 말한다. 관성은 드러나 하늘에 있기 때문에 맑고 높은 것이고, 재성이 간직되어 풍성하고 두텁다는 것은 그 숨어 있는 곳이 안전하여 재물이 잘 보관되었다는 것이다.

『연해자평』에 또 말하길, '재성은 때를 만나는 것을 필요로 할 뿐, 재성이 많아야 하는 것은 아니다'라 말하고, '재성은 신왕하고 인수를 기뻐하지만 관성은 꺼리고, 도식을 꺼리며 신약하거나 비견과 겁재를 꺼린다' 하였다. 재성이 아무리 길성이라 하여도 재성이 사주에 너무 많으면 좋지 않다. 일간이 신왕해야 재성을 관리할 수 있고, 인수가 와서 일간이 힘이 있으면 나쁘지 않다. 관성이 온다는 것은 재성의 기운을 빼앗아가는 것이기 때문에 조심한다. 도식이라는 것은 식신이 제극되어 엎어진 것으로 재성에게 좋지 않다. 신약한 것은 재성의 기운을 감당할 수 없어서 좋지 않고, 그렇다고 비견과 겁재가 많으면 주변사람에게 재성을 빼앗겨버린다. 한편 편재에 대해서는 '많은 사람의 재산으로 형제자매가 그것을 빼앗으려 하는 것을 두려워만 한다면 온전한 복이 아니다'라고도 하였다. 편재는 관성이 없다면 불행과 우환이 백 가지가 나온다고 하였다.

『적천수』에서는 '남녀가 혼인하여 인연을 맺는 것은 전생으로부터 오는 것인데, 재성이 희신으로 곁에서 도우면 하늘의 재물을 얻는다'고 쓰고 있다.

십성	자의	기본 특성	대상
편재	偏 : 치우칠 편 財 : 재물 재	재물. 치우친 재물인 편재는 한꺼번에 얻는 재물, 땀 흘려 일하기보다는 비교적 손쉽게 얻으려 하는 재물	비노동성 재물, 공간, 결과, 아버지, 자신의 몸 또는 건강, 투기, 도박, 뇌물, 횡령, 유흥, 고리대금 남자 사주에게는 여자 및 아내
정재	正 : 바를 정 財 : 재물 재	편재와는 달리 올바른 재물. 노력해서 벌어들인 금전적 수입. 편재와는 달리 일간과 음양이 달라 에너지를 많이 소모하여 얻음 편재보다는 규모가 작지만, 비교적 안정성이 보장된 재물	노동성 재물, 공간, 결과, 아버지, 자신의 몸 또는 건강 등 월급, 금융, 상인, 사업 남자 사주에게는 여자 및 아내

편재는 일반적으로 재물을 의미한다. 힘이 있고 능력이 있으면 누구든지 취할 수 있는 큰 재물이고, 반대로 능력이 없고 힘이 없으면 가질 수 없는 돈이나 여자이다. 월급, 유산, 임대소득, 이자소득 등 이미 정해진 재물(정재) 외의 모든 재물이다. 민첩하고 순발력이 있으며 두뇌회전이 빠르다. 편재는 주인 없는 돈으로, 이 재물을 다른 사람보다 먼저 취하기 위해서는 민첩하고 순발력이 있어야 하며 영리해야 하기 때문이다. 편재는 배짱이 있으며 큰돈을 추구하는 투기 성분이다. 정재는 이미 정해진 (확정된) 재물이기 때문에 사주에 정재가 있는 경우에는 정재의 마음을 갖게 되지만, 편재가 있으면 모험심과 투기성이 강해진다. 계산적이지 않고 솔직담백하지만, 재물에 대한 집착이 강하고 진취적이다.

정재도 일반적으로 재물을 의미하는데, 이미 정해지고 확정된 재물이다. 월급, 유산, 임대소득, 이자소득 등 편재 이외의 모든 재물이다. 성실, 정직, 신용을 바탕으로 취할 수 있는 재물로, 노력한 대가만큼 가질 수 있으므로 투기적인 경제활동은 금물이다. 계획적이고 계산적이며 안정을 중시하는 성분으로 긍정적이고 낙천적이며 명예지향적이다. 정재가 일간에게 필요한 오행이며 적당한 기운으로 안정되어 있으면 일생 동안 재물복은 타고난 사람이다. 정재는 정이 있는 아내이니 재성이 좋으면 처덕이 있는 사람이다.

부정적 의미로는, 팔자에 편재가 있어도 일간의 힘이 약하면 이 재물을 감당할 수 없게 된다. 오히려 능력이 없으면서 큰돈만 추구하고 낭비가 심하고 비계획적인 사람이 된다. 재물과 여자에 대한 집착으로 구설이 따르며 직업, 사업, 재물이 불안정하고 가정이 불안정하며 항상 분주하고 여유가 없다. 학문보다는 재물을 중시하여 명예, 체면이 손상되어 천박해질 수 있다. 재성은 인성을 극하는 성분이기 때문이다. 남자는 여자와 인연이 없고 돈, 여자만 탐하는 사람이 된다. 여자의 사주에서 편재가 부정적이면 고부갈등이 심하게 된다.

정재가 부정적인 의미를 갖게 되면 지나치게 계산적으로 행동하여 구두쇠 같은 사람이다. 겉과 속이 다른 이중적 행동으로 편협되고 현실에 안주하려는 성향이 있다. 사주에 정재가 없으면 금전이나 가정에 문제가 있을 수 있으며, 체면이나 명예를 중시하지 않게 된다. 또한, 성실한 자세, 정직한 마음이 없으며 의식주와 가정이 불안정하고 부부가 해로하기 어렵다. 정재가 사주에 많고 흉신이면 남자답지 못하고 비굴한 사람이다. 가정, 재물, 건강에 문제가 있고, 여자는 일부종사가 어려워진다. 편재와 정재를 비교하면 다음과 같다.

• 편재와 정재의 비교

편재	정재
진취적, 적극적	안정적, 소극적
솔직, 담백, 민첩한 두뇌 회전	성실, 정직하며 안정을 중시하고 계획적
큰 재물을 탐함	현실에 안주
낭비가 심하고 수입과 지출이 비계획적	계획적인 경제 활동, 구두쇠 기질
각종 자유업, 벤처사업, 상업	재무 관련 직장, 안정성이 보장된 자유업
본인이 노력해서 얻은 큰 재물	월급 등의 일정한 소득
아내는 낭비벽이 있고 재물을 추구. 남편과는 큰 정이 없고 본인 위주의 생활	아내는 알뜰하고 안정을 중시. 남편과 정이 있고 남편 위주의 생활

사주 사례

시	일	월	연
壬	戊	丁	乙
子	子	丑	巳

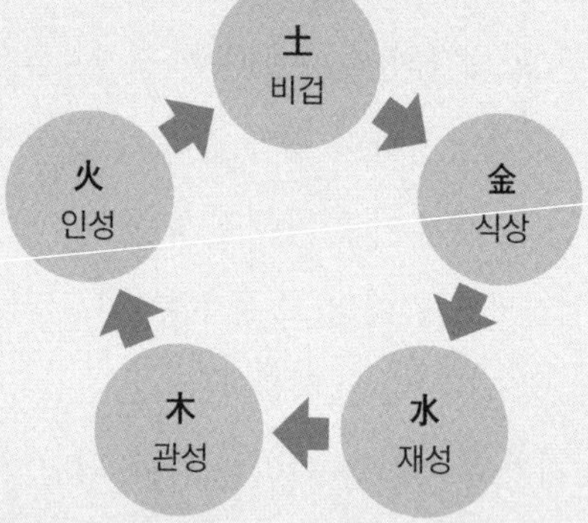

1965년생 건명 사주이다. 丑월 戊土 일간이면 음력 12월 추울 때의 태산인데, 반갑게도 정인성의 丁火가 월 천간에 와서 연지 巳火에 통근까지 하였다. 연지 巳火는 월지 丑土를 보고 巳丑 금국의 꿈이 있지만 酉金이 없고, 또 월지 丑土는 일지 子水와 합을 하느라 정신없다. 게다가 천간에 정관 乙木이 인성을 생하고 있으니 관인상생이 되었다. 丁火 인성은 이 사주의 조후를 해결하는 중요한 성분이다.

재성을 뜻하는 水 오행은 시간에 편재 壬水로 드러나 있고, 지지 중에도 시지와 일지 子水가 왕지이고, 월지 丑土에도 통근하였다. 이 사주에서 가장 강한 세력이고 억제를 해야 하는 세력이다. 그런데 水를 제극해야 할 일간 戊土는 子 중 癸水, 丑 중 癸水 지장간과 암합하느라 정신없다.

이 사주는 한국 최고 의대를 졸업하고 본인의 치과를 개업한 의사이다. 월간 인수 丁火가 좋은 학벌을 말해주고 연간의 정관 乙木도 한국에 유명병원을 세웠다는 것을 말해준다. 신강하고 팔자에 편재도 왕하니 돈을 잘 버는 의사라는 것을 알 수 있다. 그러나 일간 戊土가 지지 중에서 여럿 癸水와 암합을 하고 있으니 불륜문제가 있어서 그 아내가 상담을 한 경우였다.

4. 편관과 정관

『연해자평』은 정관과 편관을 육신 중 제일 먼저 다루고 있다. 둘 다 일주를 이기고 제극하는 것으로, 말하자면 일간과 서로 상극관계이다. 일간과 음양이 다르면 정관이

편관

정관

고, 일간과 음양이 같으면 편관이다. 음양이 달라서 서로 배합하면 그 도가 적합하여 정관이 된다. 일주를 통제하는 것은 일반 사회에서 좋은 의도의 훈육과 관리를 의미하여 정관은 길신으로 분류되고, 잘 훈육된 일간은 귀하게 된다. 일간이 편관의 제극을 감당하지 못할 정도로 신약하면 편관은 칠살이 된다.

관성은 재성의 생함을 받아 재성을 지키고(재성을 극하려는 비겁을 통제하므로), 인수를 생하고, 일간을 규제하고 겁재를 제극한다. 따라서 정관이나 편관이나 일주가 강해야 좋다. 일주가 강하면 인수가 약해도 상관없다. 관성이 충분히 인수를 생할 수 있기 때문이다. 만약 일주가 신약하고 재성이 왕성하여 오히려 정·편관을 생해주면 일간이 이를 감당하지 못한다.

『연해자평』은 말하기를 '정관은 반드시 월에서 찾아야 하고 파해(破害) 당하지 않아야 귀하다' 하고, '관이 있고 인이 있고 그것을 깨뜨리지 않으면 조정의 인재가 된다' 하여 정관이 형충파해 당하는 것을 조심하였다. '관성은 순수해야 하지 정관과 편관이 혼잡하면 정이 없다, … 관성과 칠살은 서로 차이가 있지만 합살(合煞)하여 칠살을 제거하면 귀하다'고도 하였다.

칠살은 재성을 소모하고 인수를 생하여 일간을 공격하고 겁재를 극제하는 성분이다. 당연히 일주가 강하면 칠살이 제극을 반기니 좋다. 인수가 약할 때 칠살이 생해주는 것이 좋고, 재성이 중하면 재성이 칠살을 생하여 그 기운을 쓰고 칠살이 또 인수를 생하는 것이 좋다. 신왕할 때 많은 겁재를 칠살이 제극하면 그 역할이 뛰어나다. 일주가 약하면 당연히 칠살과 마주하는 것이 두렵다. 이때는 칠살을 처리하는 것이 급선무이다. 칠살을 제거할 수 있는 것은 식신이다. 차선으로 칠살의 힘을 빼서 일간에 힘을 보탤 수 있는 인수가 필요하다.

『연해자평』은 특히 칠살에 대해 논하기를, '편관은 칠살이니 제복해야 한다. … 제극하는 것이 제자리를 얻고 운에서 다시 굴복시키는 방향으로 가면 크게 귀한 명이다'라 하고, '신왕하고 합살하는 것을 기뻐하고 제복을 기뻐하며 양인을 기뻐한다. 반면 신약하고 재성이 생하는 것을 만나면 꺼리고 (칠살을) 제극하는 것이 없는 것을 꺼린다'고 하였다. '칠살이 인수를 만나면 영화롭고' '사주에 칠살이 왕한데 순수하고, 신왕하면 관이 맑고 귀하다' 하며 '평생 부귀를 누리려면 일간과 칠살 두 가지가 머물러야 한다' 하고 '크게 귀한 사람은 재를 쓰고 관을 쓰지 않지만 권력을 담당하려면 살을 활용하고 인수를 쓰지 않는다'고 하였다.

십성	자의	기본 특성	대상
편관	偏 : 치우칠 편 官 : 벼슬 관	일간을 극하여 다스리는 성분. 인내심을 발휘하게 하며, 윗사람의 조언과 같은 역할. 일간과 음양이 같은 편관은 무차별하게 극하는 습성으로 다소 무리한 행동을 하지만 전문성이 있다.	직장, 윗사람, 군인, 경찰, 법관, 검사, 수사관, 감사관, 세관원, 정치인, 조직폭력배, 무법자, 환자 등 남자 사주에게는 자식 흉기, 폭발물, 고문, 구속, 교도소, 수술
정관	正 : 바를 정 官 : 벼슬 관	음양이 달라 적당한 선에서 일간을 극함. 편관보다는 비교적 합리적인 모습. 정도를 지키는 것이 관성이라면, 편관은 무리하게 하고 정관은 합리적으로 하는 것. 편관은 전문성에 가깝고, 정관은 잘 짜여진 조직사회와 맞다.	직장, 윗사람, 질서, 책임, 도덕, 윤리, 제도, 법, 권위, 명예, 정치, 관료, 공문서 남자 사주에게는 자식

일반적으로 편관은 원칙과 명령을 중시하고 조그만 실수나 오차를 인정하지 않는 직업(직장)과 관련이 있다. 군, 검, 경이나 첨단산업직, 검수직, 감사직, 의학계통의 직업이 편관에 해당한다. 명예와 원칙을 중시하여 재물을 추구하는 자영업은 부적절하다. 사명감이나 의협심이 강하고 인내심이 뛰어나다. 위법한 행동은 하지 않으며 절도 있는 행동과 절제된 생활방식, 원칙적 삶을 추구한다. 융통성은 없는 편이다.

정관은 벼슬을 의미한다. 정관의 직장은 합리적이며 인간적인 상호관계가 존재하는 직장이다. 상호보완적이고 온건한 공직으로 일반 회사의 직장에 가깝다. 안정, 명예, 체면을 중시하며 인간다운 삶을 추구한다. 법을 지키려 하고 서두르지 않으며 침착하고 여유가 있다. 사주가 안정되어 있으면서 정관이 일간에게 필요한 오행이거나 정관의 위치에 온당하게 존재하면 부와 명예가 따르고, 부부간에는 서로 존경하며 사랑하는 관계가 된다. 정관은 명예로운 삶과 관련이 있다.

편관이 부정적으로 작용하면 환경변화에 민감하고 어떤 자극에도 즉각적으로 반응을 나타낸다. 편관이 흉신이고 사주가 탁하면 침착성과 여유가 없으며 명예나 자존심을 지킬 수 없다. 여자는 일부종사가 어렵고, 특히 건강에 심각한 문제가 있을 수 있으며 단명 사주가 될 수도 있다. 편관의 기운이 너무 강하면 일정한 직업을 갖기 힘들고 상업에는 종사하기 어려우며, 특히 건강과 가정 문제가 심각해진다. 자기중심적 사고가 강해서 타인과 불화하여 고독하며 폭력적, 극단적 행동이 나타날 수 있다.

한편 사주에 정관이 많고 흉신이면 올바른 직장이 없고, 여자는 일부종사가 힘들며, 명예나 체면을 따지지 않는다. 타인을 무시하고 법을 지키지 않으며 만용을 부리기 쉽고 폭력적으로 극단적 행동을 한다. 매사를 비관적이고 부정적으로 해석하고 가정, 직장, 건강의 문제가 심각하며 인간적인 행동이 없다.

다음은 편관과 정관의 비교이다.

• **편관과 정관의 비교**

편관	정관
철저하고 원칙적. 융통성 없는 성품	정이 있고 합리적, 인품이 여유 있고 단정
원칙을 중시하는 직장. 군, 검, 경, 검수직, 감사직 등	명예와 안정을 중시하고 정이 있는 직장. 편관 외 모든 공직, 일반 직장
편관 남편은 명령적이며 원칙을 강조하고 융통성 없이 억압하려 드는 정이 없는 남편	정관 남편은 합리적이며 서로 존경하고 정이 많은 남편
외부 환경에 민감하고 자극에 즉각 반응	느긋하고 여유가 있으며 침착하고 차분

사주 사례

시	일	월	연
丙	辛	己	乙
申	巳	卯	未

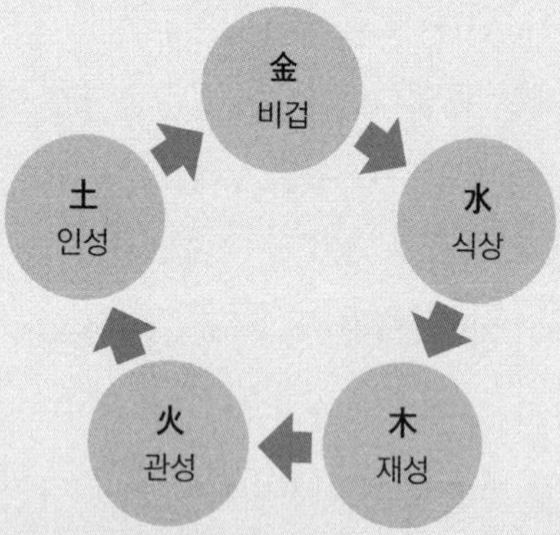

1955년생 곤명 사주이다. 卯월에 태어난 辛金 일간이다. 월지 편재 卯木은 연간 乙木에 투간하여 이 사주를 주도하는 강한 세력을 얻었다. 월간에 편인 己土가 투간하였고 연지 未土에 통근하려 하였으나 연지 未土는 월지 卯木과 합하여 재국을 이루려고 한다. 그래도 일간 辛金은 시지 申金에 든든한 통근처를 얻어 결코 신약하지 않고 시간의 정관 丙火와도 천간합을 하고 있다. 이 사주는 신왕하고 재왕하고 재생관하는 사주이다. 다만 일간이 십이운성으로 辛巳 사지에 앉아 있고 지지에 巳申 형살이 있다.

원래 辛金은 壬水를 얻어야 아름다운데 이 사주는 시지 申 중 상관 壬水를 쓰고 壬午(25) 대운에서 대학을 졸업하자마자 최고의 외국인 회사에 입사했고, 미국으로 스카웃되어 한국인 최초로 여성 부사장이 되었다. 지지 巳申 형살의 영향으로 오랜 시간 해외생활을 하였는데, 그 기간 동안 동생 하나는 암으로 잃고 다른 동생은 비명횡사하는 슬픔을 겪었다. 재성이 강하다는 것은 이 사람의 재력이 엄청나다는 것을 말하고, 일간이 정관과 합을 하였다는 것은 사회적으로 지위가 높이 올라갔다는 것을 말한다.

5. 편인과 정인

편인

정인

정인과 편인은 인수(印綬)라고도 한다. 인수는 중국에서 쓰이던 관인(官印)을 나타내는 끈이다. 관인이란 천자 아래 여러 관리의 직위를 표시하여 도장을 찍어둔 표식이었다. 인수는 그 표식에 달린 30cm 정도의 끈이다. 관직에 취임하면 그에 해당하는 관인과 인수가 주어졌는데, 그것을 항상 몸에 지녀서 '인수를 허리에 찬다'고 하였다. 인수를 차면 임관한다는 뜻이고, 인수를 풀면 그 관직에서 면직하거나 은퇴하는 것을 의미하였다. 관직과 작위의 높고 낮음에 따라 관인의 형태나 재질이 구별되었고, 그 끈 즉 인수의 빛깔 등이 엄격하게 구분되었다.

인수는 일간을 생하는 성분이다. 음양이 다른 인수는 정인이고, 음양이 같으면 편인이다. 일간을 생하니 부모처럼 감싸고 보호하는 성분이다. 정인은 보통 길신으로, 편인은 흉신으로 본다. 왜냐하면 정인은 상관을 길들이는 성분이고, 편인은 식신이라는 좋은 밥그릇을 엎어버리기 때문이다. 상관은 정관을 상하게 하기 때문에 반드시 정인이 와서 교육해야 한다. 식신은 또 칠살을 제극할 수 있는 능력자인데, 편인이 식신을 혼내면 귀한 성분을 잃어버리는 셈이다. 이때 편인을 효신이라 부른다. 『연해자평』은 「논인수(論印綬)」에서 다음과 같이 쓰고 있다.

인(印)은 나를 생하는 것으로 즉 인수이다. 경에 이르기를 '관성이 있는데 인수가 없으면 참된 관성이 아니다. 인수는 있는데 관성이 없으면 도리어 복을 부른다'라 하였다. 어찌하여 그렇게 말하는가? 대개 사람은 상조(相助), 상생(上生), 상양(相養)함으로써 만물을 얻고 나로 하여금 만물이 이룬 것을 얻게 한 것이니 어찌 절묘하지 않은가? 그러므로 사람이 지혜와 사려가 많고 풍부하고 후덕하다.

인수는 재성을 두려워해서 사람이 재주를 감추고 있으므로 사주나 운에서 관귀(官鬼)운으로 행하면 도리어 그 복을 이룬다. 대개 관귀는 인수를 생할 수 있으며 인수는 단지 재성을 두려워한다. 재성이 인수를 극하기 때문이다. 인수의 묘용은 대개 부모의 음덕을 이어받고 아버지의 재산을 계승하며 이미 이루어진 사업을 편안히 누리는 사람이라는 뜻이다. 만약 두세 명이 서로 경쟁하면 마땅히 인수가 많은 사람이 올라간다. 또한 일생 동안 질병이 적고 음식을 잘 먹을 수 있다.

정인과 편인은 일간을 생하고, 관살을 설기하며 상관을 길들이고 식신을 엎는 역할을 한다. 신약할 때는 정인보다 편인의 부조가 더 효과적이다. 정인은 적당한 선에서 조절이 가능하지만 편인의 기는 종종 어긋나기 때문이다. 『연해자평』은 '사랑하는 것은 살리고자 하고, 증오하는 것은 죽이고자 하여' 편인이 그 나아감과 물러남을 모른다고 하였다. 『연해자평』은 또 말하기를 '인수가 있는 사람은 지혜롭고 사려 깊으며 평생 병이 적고 먹을 것이 풍부하며 재물과 녹봉을 성취하고 누린다' 하였고, '관이 인수를 생하는 것이 기쁘지만 재성이 왕해서 인수를 깨드리는 것을 기피한다' 하고 '관인이 둘 다 온전하면 귀명이다'라고 하였다.

『삼명통회』는 말하기를 '관(官)과 인수(印綬)가 서로 도우면 복(福)이 자본(資本)을 돕는다고 한다. 이는 양인이 록을 지니고 거듭 관과 인수가 서로 도와 의존하면 더욱 명확하게 길함을 논하는 것이 된다'고 하였다. 한편『적천수』는 '부모가 혹은 융성하거나 혹은 쇠퇴하는 것은 세월(연주와 월주)이 관계하는 바가 과연 적지 않다'고 하였다.

십성	자의	기본 특성	대상
편인	偏 : 치우칠 편 印 : 도장 인	일간을 생하여 어머니처럼 길러주는 인성은 비교적 자애로운 모습. 글자의 해석 그대로 편중되게 치우치니 그 모습이 과도할 수가 있다. 인성은 재물과도 연관이 되는데, 비노동성 재물인 편재와도 비슷하지만, 그 재물을 얻게 하는 노력의 대가에서 차이가 있다.	어머니, 계모, 이모, 할아버지 여자 사주에게는 사위, 손자, 남자 사주에게는 외손녀 기술자, 역술인, 연예인, 도둑, 사기꾼, 언론, 의사, 기능인, 예술인, 문서화된 재물, 학문, 계약 등
정인	正 : 바를 정 印 : 도장 인	정도 있게 생해준다는 뜻의 정인은 편인과 비슷한 역할. 다만 차이점은 안정적인 구도를 추구하는 모습이 강하며, 자비로움이 편인보다 많다.	어머니, 출발점, 종자, 젖줄, 귀인, 스승, 학문, 책, 문서, 도장, 서류, 지혜, 진리

일반적으로 편인은 학문을 의미한다. 정인에 해당하는 학문 외에 모든 학문으로 다양한 취미, 전통문화, 민속종교학, 고고학 등의 고독하고 자아만족에 더 무게를 두는 학문이다. 편인의 기운이 적당하고 안정되어 있으면 학문에 깊이 심취하여 명예를 얻고 안정된 가정 및 사회생활을 영위한다. 학문적 호기심이 많고 한 가지 학문으로 대성하는 경우가 많다.

정인도 학문을 의미한다. 편인에 해당하는 학문 외의 모든 학문으로 보편적, 대중적, 실용적인 학문을 총칭한다. 정인은 명예, 안정, 체면을 뜻한다. 의식주를 나타내고, 특히 고전적 의미에서는 주택, 문서를 지칭하므로 문서운, 이사운 등은 이 정인의 상태를 보고 결정한다. 차분하고 침착하고 여유가 있으며 지식을 바탕으로 한 생활을 추구한다. 학생은 학문에 전념하여 명예를 앞세운 생활을 한다. 시험과 진학에 관련한 것을 파악할 때 정인을 본다.

부정적으로 사주에 편인이 많아 일간에게 해를 끼치는 흉신에 해당하면 일이나 활동력이 없으며 직업, 직장을 갖기 힘들다. 타인에 대한 배려나 이해심이 없고 자기 위주의 성품을 갖게 되며 인정이 없다. 학문적 호기심은 많지만 한 가지 학문에 심취하기가 어렵다. 잡기에 능하고 다양한 취미는 있으나 일관성이 부족하다. 시작과 끝이 다르며 겉과 속도 다르게 된다.

한편 사주에 정인, 편인이 혼잡되어 흉신이면 학문적 호기심은 많지만 한 가지 학문에 정진하기 어렵고, 직업을 갖기가 힘들 뿐 아니라 활동력이 없다. 자기본위적이라 타인을 배려하고 이해하는 마음이 부족하다. 어머니와 인연이 박하고 학문에 심취하기 어려우며, 특히 여자는 자식과 인연이 적다. 정인이 흉신이면 직업, 건강, 재물, 가정이 불안정하고, 초조하고 변덕이 심하고 일관성이 부족하다. 아래는 편인과 정인의 비교이다.

• 편인과 정인의 비교

편인	정인
고독한 편이며 날카롭고 예민함	차분하고 여유로우며 다정다감함
고독한 학문, 전통 학문, 자기 본위적 학문	보편적 학문, 대중적 학문, 실용적 학문
자식에게 최선을 다하는 어머니가 아닐 수 있으며 정이 별로 없는 관계	자식과 정이 많고 자식에게 최선을 다함

• 사흉신과 사길신

사흉신(四凶神)	겁재, 상관, 편인*, 편관
사길신(四吉神)	식신, 재성, 정관, 정인

* 위의 도표에서는 사흉신에 편인이 포함되었으나, 경우에 따라 편인을 빼고 대신에 양인을 쓰기도 한다.

사주 사례

시	일	월	연
辛	戊	甲	辛
酉	子	午	丑

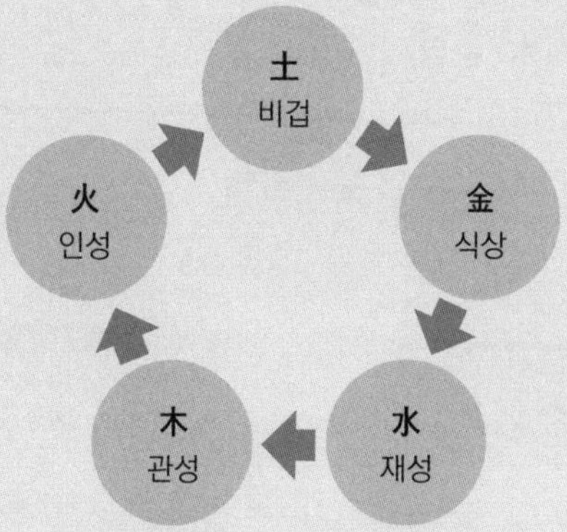

1961년생 건명 사주이다. 午월 戊土 일간이 월간에 칠살 甲木을 보았고 辛金 상관의 세력도 강하다. 午월 戊土는 양인으로 신왕한 사주이니 칠살이 무섭지 않고 오히려 칠살이 있어야 실력 발휘를 한다. 다만 뜨거운 계절인 午월에 水 기운으로 목을 축여야 하는데 지지에 子午충을 당하였고, 甲木 칠살이 사지에 있으니 칠살을 제대로 사용하기 어렵다. 子酉 午丑 원진과 귀문도 있다.

이 사주는 한국 최고의 대학을 졸업하고 학교나 군대에서 리더로 학군단장 학생회장 등을 역임한 인재였다. 일류 기업에 스카웃되어 증권회사에서 중역까지 지냈지만, 주식투자 실패에 주변 지인들과 사채빚까지 끌어들여서 무리한 투자를 하는 바람에 소송에 연루되고 결국 가정도 지키지 못하고 이혼하고 말았다.

주변에서 천재라고 말할 정도로 언변이 뛰어나고 조직 장악력도 있었지만 재능이 많다고 모두 성공하는 것은 아니라는 것을 말해주는 사주이다. 귀문과 원진살이 있는 사람이 머리가 좋은데, 더구나 그 자리에 상관성이 있으면 더 똑똑해진다.

5 오행의 일간별 육친 순환

• 목(木) 순환

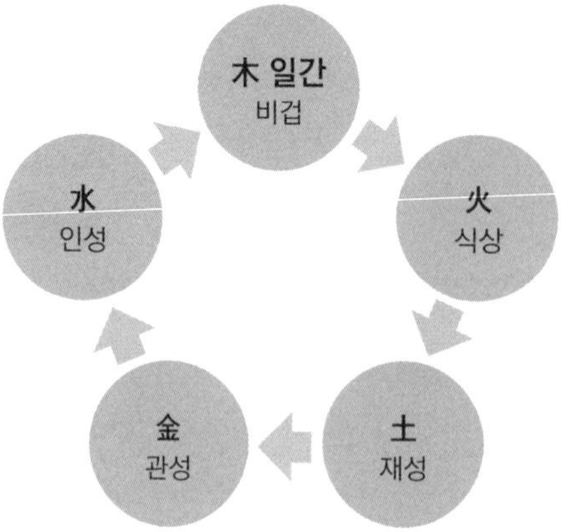

• 화(火) 순환

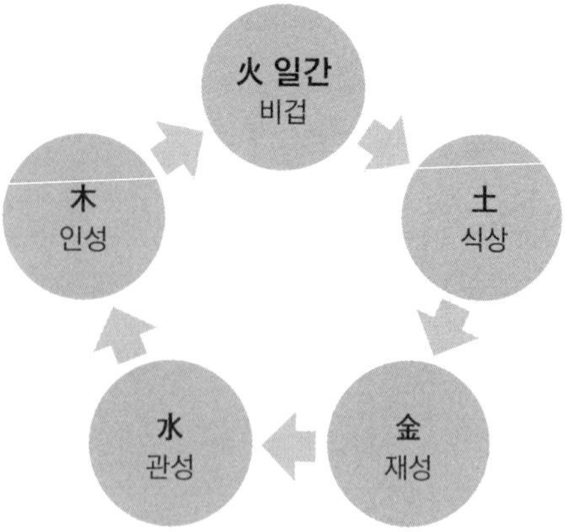

• 토(土) 순환

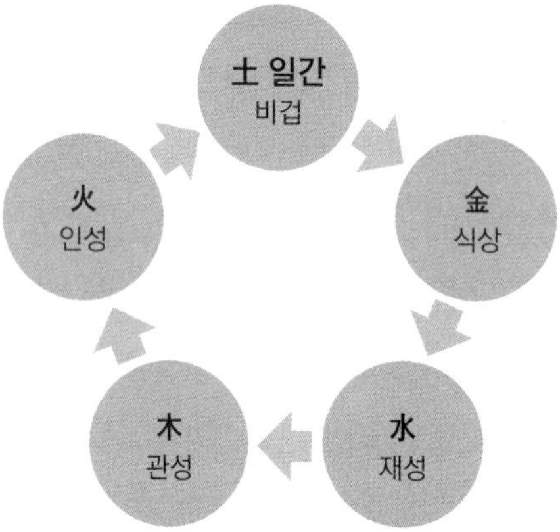

• 금(金) 순환

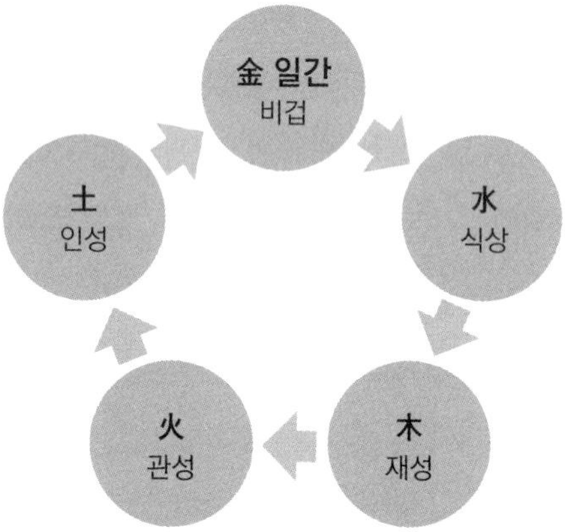

• 수(水) 순환

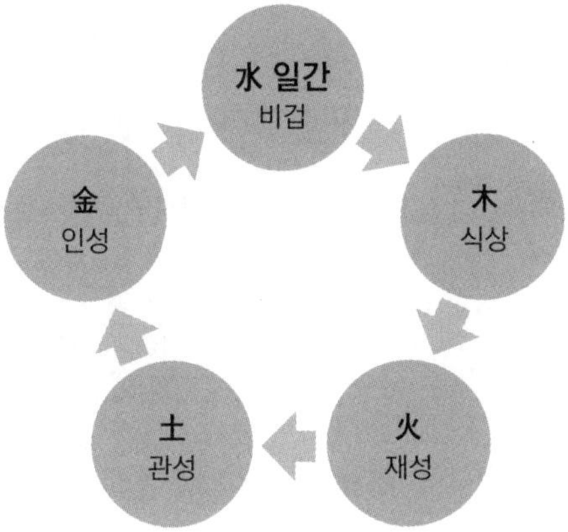

6 십성으로 보는 인간 삶의 다양한 측면

여기서는 지금까지 학습한 십성의 특성을 요약하여 인간 삶의 다양한 측면을 십성 또는 육신으로 추론하는 방법을 설명한다. 먼저 木 일간이라 상정하고 육신의 생물학적인 관계와 사회적 관계를 정리하고, 나아가 그 특이사항을 요약하였다.

<table>
<tr><th>木 일간</th><th>생물학적 관계</th><th>사회적 관계</th></tr>
<tr><td rowspan="2">木 비겁</td><td>형제
여자 사주에서 시아버지
증조할머니(할머니를 낳은 사람)</td><td>일의 주체이자 관찰자</td></tr>
<tr><td colspan="2">사주에 비겁이 왕하다는 것은 형제·경쟁자·동업자가 많다는 것을 뜻함</td></tr>
<tr><td rowspan="2">火 식상</td><td>여자 사주에서 자식
남자 사주에서 친할머니, 장모, 외할아버지</td><td>아랫사람, 제자
일의 결과가 있기까지의 과정, 방법</td></tr>
<tr><td colspan="2">직장생활에서 직위는 나이와 상관없음
아랫사람이 성장하여 나와 경쟁자가 되면 나의 비견, 비겁이 됨</td></tr>
</table>

土 재성	아버지 남자 사주에서 아내, 여자친구 여자 사주에서 시어머니	돈, 일의 결과, 건강, 목숨 아버지와 같은 윗사람
	내가 극하는 대상이 아버지인 이유는 아버지는 인간이 성장하면서 극복하여야 할 대상이기 때문임 인성이 훌륭해도 재성이 형(刑), 충(沖)을 맞고 상하면 시험 결과가 안 좋을 수 있음 좋은 대학을 가도, 자신이 원하는 과를 못 가는 경우가 생김	
金 관성	남자 사주에서 자식 여자 사주에서 남편 외할머니	직장, 사회적인 권위, 권력 결과로 얻어낸 사회적 정체성
	여자는 결혼하면서 복잡한 가족관계로 얽힘. 결혼은 여자의 인생을 직간접적으로 통제하는 역할을 하므로 여자를 극하는 존재로 관을 봄	
水 인성	어머니 할아버지	개인의 수용성, 사상, 생각 일의 시작(도장, 계약, 학문) 어머니와 같은 스승, 윗사람
	모든 일의 시작. 이사, 학원, 취임 모두 도장(인성)을 찍으면서 시작함	

육신은 일간과 타간의 생극제화로 읽는 사주명리학의 주요 해석도구이다. 일간을 포함하여 비겁·식상·재성·관성·인성의 여섯 요소가 육신의 이름이다. 육친으로는 부자·부부·형제의 여섯 종류의 관계를 말하기도 한다. 육신을 통해 일간은 대외적으로 자신을 드러낸다. 왜냐하면 일간은 음양 오행의 상생과 상극 현상으로 자신이 사는 모습을 말하기 때문이다.

일간의 대외적 모습은 가족관계와 사회적 관계를 통해 나타나는데, 각 관계망에 상생과 상극의 원리가 적용된다. 생물학적으로 일간이 생하는 식상으로 자식을 말한 경우는 여자 사주에 해당한다. 일간이 극하는 재성으로 아버지를 말하고, 따라서 남자 사주에서는 자신을 극하는 관성으로 자식을 읽는다. 어머니는 생물학적으로 나를 낳는 존재이지만, 인간의 성장은 아버지의 어깨를 바라보면서 그 산을 넘는 과정이기 때문이다. 육신으로 읽는 생물학적 가족관계는 이러한 인식틀에서 시작하여 나머지 인척관계로 확장하면 된다. 나를 생하는 인수는 어머니이고 어머니의 형제인 이모 또한 인수이다. 내가 극하는 재성은 아버지이고 아버지의 형제 또한 재성이다. 내 자식이 생한 것은 재성이니, 여명에서 손주이다. 가족관계에서 여성과 남성, 또는 아들과 딸을 구분하는 것은 오행의 생극제화에 음양 성분을 대입하여 읽으면 된다.

사회적 관계에서도 나를 생한 것은 스승이나 직장에서의 윗사람, 또는 사회적으로도 나를 도와주는 사람이다. 육신은 사람뿐 아니라 무생물에도 적용한다. 학교는 인성이고 직장은 관성이다. 학교 중에도 중고 시절 정규과목에 해당하는 것은 정인일 것이고, 융합학문이나 특수 학과목은 편인일 것이다. 직장 중에 일반 기업이나 공직은 정관일 것이요 특수직은 편관일 것이다. 정관 없이 공무원시험에 합격했다고 하면 특수직 공무원일 가능성이 많다.

가족관계와 사회적 관계 외에 인간이 살면서 추구하는 직업·재물·명예·권력·학업·적성·성격·사랑·건강과 정치·사회·문화·예술 모든 분야를 십성의 확장을 통해 해석할 수 있다. 소위 사주통변 현장에서 상담자가 주로 묻는 모든 종류의 질문은 바로 육친에서 나온다 할 수 있다.

생화(生化)하는 관계는 대인관계와 사회생활에서 실력을 쌓아가는 과정이고, 극제(剋制)하는 관계는 사회적으로 경쟁하여 실력을 발휘하고 검증받는 과정이다. 팔자에 극제가 많고 일간이 그것을 감당하고 있는 사주는 대귀에 대발할 수 있다. 인수는 일간이 생함을 얻어 실력을 갖추고 그 인증에 필요한 조건을 구비하는 것이다. 식상은 일간이 설화(泄化 : 기운을 설기하는 것)를 통해 실력을 발휘하는 것이다. 머리가 좋다는 것은 인성이라는 학습을 통하여 지력을 쌓는 것도 있지만, 식상이라는 능력을 발휘한 일머리라는 것도 있다. 인수만 좋다면 공부를 성실히 하는 모범생이지만 현실적응에는 뒤처질 수도 있다. 식상이 가미되어야 공부한 것도 실력으로 증명되는 것이다. 재성을 통한 극제는 경쟁에서 몫을 챙기는 행위이다. 원시시대에 사냥을 통해 얻은 포획물과도 같다. 재성이 좋다면 일의 결과가 내 것이라는 말이 바로 여기서 온 말이다. 관성의 제화는 일간이 제극을 받는 것으로 사회적 검증을 통과하는 것이고 시험을 거쳐 경력을 얻는 것이다. 관성의 경력은 책임을 동반하고 사회적 평가와 관련이 있다.

생하는 것 자체만으로는 부모가 자식을 낳는 것과 같은 단순한 생물학적인 생조의 의미이지만, 생화(生化)가 일어나면 그 외에 자식을 교육하고 지혜와 가치관을 심어주는 모든 행위가 포함된다. 명리학에서 '화(化)'라는 것이 작동하려면 통근과 투출이 잘 구비되어야 하고, 일간에 대비한 오행의 강약 세력에서 중화의 조건에 위배되어서는 안 된다. 생화라는 것은 육신이 생하여 다른 모습으로 발전할 수 있는 상태를 말한다. 예를 들어 수생목이 생화가 되려면 나무에 물을 주는 행위에 더하여 火 오행이 와서 나무의 성장을 도와야 한다. 다른 차원에서 식신이 재성을 생화하는 것으로 예를 들면, 식신이라는 어린아이는 재성을 생함으로써 독립적으로 사회활동을 하는 어른으로 성장하는데, 이때 관성의 도움이 있어야 바람직한 어른이 된다. 상생만 있으면 올바른 협조라 볼 수 없고 밥을 주어도 건강하게 키우지는 못하는 것과 같다. 어떤 성분이 발전하기 위해서는 다음 단계를 준비하는 노력이 필요하고, 배운 것을 활용하여 도전하는 용기가 있어야 하며, 올바로 사용하도록 하는 절제와 운용의 경륜이 요구된다. 그래야 과정과 결과와 평가가 모두 갖추어진다.

CHAPTER 2

형·충·회·합

01

형·충·회·합의 의의

사건의 발단과 전개를 추론하는 단서들

형충회합(刑沖會合)은 사주팔자에서 발생하는 사건과 변화에 대해 중요한 단서를 제공하는 재료이다. 형충회합론은 인간사에서 벌어지는 복잡하고 미묘한 사건의 원인과 과정, 그리고 결과를 밝혀내는 이론체계이다. 오행의 생극제화에 기초하였지만, 『주역』과 하도낙서, 천문점성학 등의 다양한 학문적 배경을 바탕으로 전통 팔자명리학의 오행술 체계와 접목되어 발전하였다. 시간적 흐름에 따른 사시사철의 변화와 천지 우주와 별자리 체계를 통해 천간과 지지가 조화하여 통일을 이루거나 때로는 충격으로 파괴되는 과정을 말해주는 것이 형충회합론이다.

이 장에서는 형충회합의 관계, 개념, 발생원리, 특징, 적용 등을 다룬다. 지금까지 참조해온 주요 명리 고전인 『자평진전평주』, 『적천수천미』, 『연해자평』, 『삼명통회』 등을 참고하는데, 개념은 『연해자평』과 『삼명통회』를 주로 하여 그 발원처로 『오행대의』를 함께 인용할 것이고, 각 이론의 다양한 해석과 적용에 대해서는 『자평진전』과 『적천수』를 주로 참고할 것이다. 형충회합을 학습하기 앞서 전체를 관통하는 기본원리를 아래와 같이 먼저 제시하고 시작하도록 하겠다.

- 근묘화실과 궁성 : 형충회합은 각 글자가 처한 위치와 상호관계를 함께 고려해야 한다.
- 접지(接支)와 이격(離隔) : 접지는 두 글자가 이어져 있음을 말하고, 이격은 글자가 서로 떨어져 있음을 말한다. 형충회합을 해석할 때는 글자끼리 서로 붙어 있는지 아니면 이격되었는지, 이격되었다면 얼마나 멀리 떨어져 있는지를 살펴야 한다. 형(刑)은 비교적 글자의 간격이 있어도 발생하는 경우가 많고, 합(合)과 충(沖)이 이격되어 있는 경우에는 처한 상황을 살펴야 한다. 충에 비해 형은 자리한 곳에 강하게 구속되지 않는다.
- 월지와 통근·투출 : 형충회합은 월지의 여건과 통근·투출을 함께 읽어야 한다.
- 일간의 형충회합 : 일간은 타간과의 투합과정에서 적용 방법이 다르다. 타간이 먼저 작용하고, 다음에 일간의 순서가 온다.
- 일간의 간합과 오행 성분 : 일간은 간합을 하더라도 그 오행 성분이 바뀌지 않는다. 즉, 일간 대비 타간과 지지의 육친관계는 그대로 유지된다.
- 선후관계 : 형충회합이 여러 곳에서 발생했을 때 선후관계와 강약을 따져 읽어야 한다.
- 대운과 세운의 적용 : 세운이 우선 형충회합하고 다음으로 대운, 그리고 마지막에 명식이 작용한다. 즉, 형충회합은 움직이는 새로운 글자에 먼저 반응한다. 기간이 짧을수록 움직임이 강하고 속도는 빠르다. 그 자극, 즉 세운과 대운이 지나가면 다시 원래 명식의 구조로 돌아오게 된다. 대운과 세운에서 합하거나 충하는 글자가 들어오면 명식에서 합과 충이 풀리고 대운과 세운에 먼저 반응한다. 형에 대해서는 좀 더 복잡한 화학작용이 있으니 확인하고 적용하도록 한다.

- 형충회합의 해소 : 형충회합은 각 작용력의 세기가 다르다. 기존의 합을 풀 수 있는 것이 있고, 미약하여 풀 힘이 없는 것도 있다. 또 기존의 충을 해소할 수 있는 것이 있고, 그렇지 못한 것이 있다. 삼합의 결속력이 가장 강하여 기존의 합과 충을 모두 해소할 수 있다.
- 천간의 형충회합 : 천간의 충은 방위나 운동성에 매이지 않는다. 천간은 무형의 기(氣)이기 때문이다. 천간은 순일하며 물리적인 실체가 아니다. 천간합이 음양의 합이라면, 천간 충은 같은 음양끼리의 밀어냄이고 오행의 상극이라는 것이 정확한 표현이다.
- 지지의 형충회합 : 지지는 시간과 방위의 개념, 순서성과 공간성이 있어서 물리적 충격의 효과가 분명하다.
- 형충회합의 유비추리 : 자연 물상에서 천간과 지지의 관계와 양상을 읽고 형충회합이 야기하는 다양한 문제점을 찾아 읽어 나가야 한다.

02
천간 오합
천간 음양 배합의 원리

1 천간 오합의 관계

천간의 합은 다섯 양간과 다섯 음간이 일정한 순서에 의해 음양의 합을 이루는 것이다. 그래서 천간합(天干合)을 음양지합 또는 부부지합이라 부르고 궁합을 볼 때도 참조한다. 『오행대의』에 천간의 합에 대해 다음과 같이 쓰고 있다.

己는 甲의 처가 되니 甲과 己가 합을 한다. 辛은 丙의 처가 되니 丙과 辛이 합을 한다. 癸는 戊의 처가 되니 癸와 戊가 합을 한다. 乙은 庚의 처가 되니 乙과 庚이 합을 한다. 丁은 壬의 처가 되니 壬과 丁이 합을 한다.

천간합의 조합원리는 기본적으로 정재 또는 정관과의 합이다. 이를 천간별로 정리하면 다음과 같다.

• **천간합의 관계**

양간	음간	관계
甲	己	甲木 (己土 입장에서) 정관과 己土 (甲木 입장에서) 재성의 합
丙	辛	丙火 정관과 辛金 재성의 합
戊	癸	戊土 정관과 癸水 재성의 합
庚	乙	庚金 정관과 乙木 재성의 합
壬	丁	壬水 정관과 丁火 재성의 합

2 천간 오합의 발생원리

『오행대의』는 천간합의 특징과 발생원리에 대해 아래와 같이 적고 있다. 乙庚합에 대한 설명부터 시작하였다.

乙庚 합금

『음양설』에 말하기를 '木8이 庚9를 두려워하므로, 누이인 乙로 하여금 乙을 庚의 처가 되게 하니 庚의 기운이 가을에 있어도 木의 기운과 합을 한다. 이 때문에 냉이와 보리가 가을에 생하여 아내가 오는 뜻이 있다고 한 것이다.'

丁壬 합목

火7이 壬6을 두려워하므로 누이인 丁을 壬의 처가 되게 하니 壬이 火의 열기를 얻어서 관동 머위가 겨울에 꽃을 피운다.

丙辛 합수

金9가 丙7을 두려워하므로 누이인 辛을 丙의 처가 되게 하였다. 丙이 金 기운을 얻으니 초여름에 미초(가지와 잎이 미세한 풀)와 냉이, 보리가 죽는 것이다. 하지 뒤에 세 庚이 숨는 것은 火를 두려워하기 때문이다.

甲己 합토

土5가 甲8을 두려워하므로 누이인 己를 甲의 처가 되게 하였다. 土는 음양이 합한 기운이 있는데다, 음토로 木에게 시집을 갔기 때문에 물건을 생할 수 있었다.

戊癸 합화

水6이 土5를 두려워하므로 누이인 癸가 戊의 처가 되게 하니 오행이 서로 조화를 이루는 것이다.

乙庚합에서 木이 8이라는 것은 木의 생수 3과 성수 8 중 8을 말한다. 마찬가지로 庚이 9라는 것은 庚은 오행으로 金이기 때문에 金의 성수 9를 말한다. 甲木은 칠살인 庚金의 극을 두려워한다. 그래서 겁재인 음간 乙木 여동생을 적장에게 시집보내서 자신을 구하는 것이다.

천간합의 발생원리에서 천간과 오행에 숫자를 넣어서 설명한 것은 하도낙서와 관련이 있고, '여동생을 시집보낸다'는 말은 『주역』의 뇌택귀매(雷澤歸妹 : ䷵)괘에서 왔다. 귀매는 여동생을 시집보낸다는 내용인데, 못(태괘 : ☱) 위에 우레(진괘 : ☳)가 있으니 기뻐하고 움직인다는 뜻이다. 태는 소녀이고 진은 장남이다. 다섯 번째 효에 "제을이 여동생을 시집보낸다[제을귀매(帝乙歸妹)]"고 하였다. 역사적으로 상왕(商王) 제을이 여동생을 시집보낸 사실을 말한다. 나머지 천간합도 여동생인 겁재를 적장인 칠살에게 시집보내는 것과 관련이 있다.

다음에 丁壬합에서 火7과 壬6 또한 각각 오행 火의 성수, 水의 성수이다. 관동머위는 壬水에게 丁火가 시집오니 차가운 겨울에 火 기운의 꽃이 핀다는 뜻이다. 丙辛 합수에서 '하지 뒤에 세 庚이 숨는 것'은 하지 이후 세 번째로 들어오는 庚일은 초복이라 하고, 네 번째는 중복, 입추 후 들어오는 庚일을 말복이라 하는 것을 말한다.

• 『오행대의』의 천간합 발생원리

양간	음간	발생원리
甲	己	土가 칠살 甲木의 극제를 두려워하여 겁재 己土를 甲木에게 시집보냄
丙	辛	金이 칠살 丙火의 극제가 두려워 겁재 辛金을 丙火에게 시집보냄
戊	癸	水가 칠살 戊土의 극제가 두려워 겁재 癸水를 戊土에게 시집보냄
庚	乙	木이 칠살 庚金의 극제가 두려워 겁재 乙木을 庚金에게 시집보냄
壬	丁	火가 칠살 壬水의 극제가 두려워 겁재 丁火를 壬水에게 시집보냄

이와 같은 천간합의 발생원리는 사주명식이 구성될 때 월 천간이나 시 천간이 만들어지는 원리가 되기도 한다. 『자평수언(子平粹言)』의 「회합변화론(會合變化論)」에 이에 대해 설명한 내용이 있다.

(천간 오합) 그 쓰임으로 말하면 甲일은 甲子에서 시작하여 순서대로 배열한다. 乙일은 丙子에서 시작하고 丙일은 戊子에서 시작하며, 丁일은 庚子에서 시작하고 戊일은 壬子에서 시작한다. 5일이 지나면 60갑자가 한 바퀴 돈다. [절(節)과 기(氣)를 말할 때 5일이 1후(候)임] 己일은 또 甲子에서 시작한다. 己와 甲의 쓰임이 같기 때문에 己와 甲이 합하고, 乙과 庚의 쓰임이 같기 때문에 乙과 庚이 합하며 … (중략)

위의 인용은 시 천간을 조견할 때 일간의 합화오행을 극하는 글자에서 子시가 시작된 것을 말한다. 즉 甲일은 甲己 합토가 되니 土를 극하는 甲子시에서 시 천간이 시작된다. 나머지는 앞에서 배운 시주의 구성을 참조하여 추론하면 된다. 천간 오합의 변화에 대해서는 「화신의 해석」에서 다시 설명하도록 하겠다.

『오행대의』는 천간 오합에 이어서 천간과 지지 간에 오합(午合)과 오리(五離) 즉 5개의 합과 5개의 분리가 있다 하였는데, 서로 합하는 것이 있으면 서로 분리되는 것도 있다는 말이다. 먼저 천지오합에 대해서 다음과 같이 쓰고 있다.

『하도』에 이르길 '甲寅과 乙卯는 천지의 합이고, 丙寅과 丁卯는 일월의 합이며, 戊寅과 己卯는 백성[인민(人民)]의 합이고, 庚寅과 辛卯는 금석의 합이며, 壬寅과 癸卯는 강하(江河)의 합이다.

인용문은 10개의 천간과, 지지 중 寅과 卯를 조합하여 각각 천지·일월·백성·금석·강하라는 자연 만물의 합에 비유하였다. 木을 천지에, 火를 일월에, 土는 백성에, 金은 금석, 水는 강하라는 물상에 대입하였다. 한편 오리에 대해서는 다음과 같이 쓰고 있다.

甲申과 乙酉는 천지의 분리이고, 丙申과 丁酉는 일월의 분리이며, 戊申과 己酉는 백성의 분리이고, 庚申과 辛酉는 금석의 분리이며, 壬申과 癸酉는 강하의 분리이다.

천지오합에서는 지지 寅과 卯를 10개의 천간과 조합하여 설명하였다면, 오리에서는 지지 申과 酉를 10개의 천간과 조합하여 분리를 설명하였다. 寅과 卯는 만물이 생하는 물상이고, 申과 酉는 만물이 쇠하는 물상이다. 寅과 卯는 봄의 기운으로 양기가 생겨나 만물을 낳게 하니 해는 떠오르고 달 또한 가득차게 된다. 방위로 동쪽이니 동쪽의 소양은 생장하여 사물이 기쁘게 모이는 곳이다. 한편 申과 酉는 음이 생겨나는 곳으로, 해와 달은 서쪽에서 지게 된다. 서쪽은 소음이고 쇠퇴하여 늙어가는 곳이니 만물이 헤어지게 된다.

이상 천간합의 관계와 발생원리를 정리해보면 다음과 같다.

- 甲乙丙丁戊가 己庚辛壬癸의 순서에 따라 자신의 위치에서 다섯 번째로 오는 천간과 합을 한다.
- 다섯 양간과 다섯 음간이 일정한 순서와 규칙에 의해 만들어내는 음양의 조합이다.
- 다섯 양간 입장에서는 정재와의 합이고, 다섯 음간 입장에서는 정관과의 합이다.

- 다섯 양간이 칠살의 극제가 두려워 누이인 겁재를 칠살에게 시집보내서 화합하려 한 시도이다.
- 천간이라는 기운은 넓은 허공에 머물러 있다가 대지의 기운을 순차적으로 만나며 변화하게 된다. 즉 십이지지라는 곳을 거치며 변하게 되는데, 지지에서 다섯 번째 순서인 辰土를 만나면 그 성향에 큰 변화를 가지게 된다는 것이다. 지지의 다섯 번째에서 변화하게 되니, 천간에서도 역시 다섯 번째 순서에 있는 천간과 합을 하여 변한다.
- 5는 하도에서 생수를 성수로 만드는 숫자이다.
- 옛 선현들이 자연을 관찰할 때 甲년에 해당하는 기운을 살피다가 甲년과 己년의 辰월에는 戊土의 에너지가 항상 변함없이 작용하는 것을 발견한 데서 나온 것이 천간합이다.

  만세력을 참조하면 甲년과 己년에는 辰월의 천간이 항상 戊土로 표시되어 있다. 甲己 합화는 土, 즉 戊土이기 때문이다. 乙년과 庚년의 辰월은 乙庚 합화 金이니 庚金으로 항상 庚辰월이 된다. 나머지 천간합도 辰월의 천간에 합화하는 오행의 글자가 온다.

3 천간 오합의 특징

『자평진전』「논십간배합성정(論十干配合性情)」(십천간의 배합과 성정을 논함) 편에 다음과 같이 쓰고 있다.

합화(合化)의 의미는 십천간의 음과 양이 서로 배합하여 만들어내는 것이다. 하도(河圖)의 수(數)는 1,2,3,4,5로서 6,7,8,9,10에 배합하면 선천의 도(道)이다. 따라서 태음의 水에서 시작하여 충기(沖氣)의 土에서 끝나니 기로써 그 (오행) 상생의 순서를 말한 것이다. (중략)

대체로 오행이 있기 전에 반드시 음양과 노소(老少)가 먼저 있고 그 다음에 기가 충하니[충기(沖氣)] 따라서 생은 土에서 시작한다. 마침내 오행이 모두 있고 나면, 만물은 다시 土에서 생하고 水火木金 또한 土에 질(質)을 의탁하니 土가 먼저 있는 것이다. 그러므로 甲己가 서로 합하는 것으로 시작함으로써 변화[화(化)]하여 土가 된다. 土는 바로 金을 생하니 乙庚 합화 金이 그 다음이다. 금생수(金生水)하니 丙辛 합화 水가 또 그 다음이고, 수생목(水生木)하니 丁壬 합화 木이 또 그 다음이고, 목생화(木生火)하므로 戊癸 합화 火가 그 다음이다. 오행이 두루 퍼지는데 먼저 土에서부터 상생의 순서가 있는 것은(시작하는 것은) 자연이 이와 같음이다. 이것이 십간 합화(合化)의 의미이다.

먼저 천간이 합하는 원리로 십천간의 음과 양이 배합한다는 것을 말하고 있다. 하도의 수는 생수 1,2,3,4,5와 성수 6,7,8,9,10이며 水火木金土의 순서로 충기인 土에서 끝난다. 오행이 두루 퍼지기 위해 충기인 土에서 천간합의 상생을 시작하여 甲己합 화토(化土), 乙庚합 화금(化金), 丙辛합 화수(化水), 丁壬합 화목(化木), 戊癸합 화화(化火)로 土金水木火 상생의 순서이며 자연의 이치이다.

대개 합하는 것이 있으면 꺼리는 것도 있다. 길(吉)한 것을 만나도 길하지 않게 되고, 흉(凶)한 것을 만나도 흉하지 않게 된다. 즉 육친으로 이를 말하자면, 남자는 재를 처로 삼는데 타간에 의해 (재성이) 합거되면 재물과 처가 어찌 그 남편과 친할 수 있겠는가? 여자는 정관을 남편으로 삼는데 타간과 (정관이) 합거되면 관직과 남편이 어찌 그 아내를 사랑할 수 있겠는가? 이것이 배합의 향배로 인해 그 성정이 나누어짐을 말한다.

위의 인용문은 『자평진전』「논십간배합성정(論十干配合性情)」(십천간의 배합과 성정을 논함)에서 이어서 온 것인데, 천간합의 길흉 해석이다. 천간합으로 길성인 재성이나 관성이 합거되면 흉이요, 그와 달리 상관이나 칠살과 같은 흉신이 합거되면 길의 결과이다. 재성은 남명에서 아내이고 관성은 여명에서 남편이니, 그러한 길성이 타간과 합거된다면 배우자 성분 또는 배우자와 관련하여 흉의가 있게 된다. 천간합화로 득이 되는가 아니면 실이 되는가의 판단이 바로 천간합화의 향배이다. 합이 되어 좋은 것이 나쁘게 변하는 것도 있고, 나쁜 것이 좋게 변하는 경우도 있다. 그 추이를 읽고 해석해야 한다는 것이다.

예를 들면 재성은 남자 사주에서 아내이기도 하고 돈이기도 한데, 사주 천간의 재성이 타간과 합하여 사라지면 재물과 아내가 사라져버리는 셈이다. 또한 여자 사주에 정관은 남편인데, 그것이 타간과 합하여 사라지면 남편이 아내와 정이 없어지는 것이다.

원문 합에도 마땅한 것과 마땅하지 않은 것이 있는데, 합이 많으면 아름답지 못하다 하겠다.

임철초 해석 그렇다면 합이 오히려 충보다 더 흉한 것은 어떤 경우인가. 기신이 합을 하여 그 합으로 인한 결과가 기신에게 도움이 된다면 흉한 일이니, 己土가 기신인데 그것이 甲木을 만나 합을 이룬 후 화토(化土)하여 기신에게 도움을 주는 경우가 그것이다. 희신이 기신과 합거된다면 이 또한 흉한 일이다. 乙木이 희신인데, 庚金과 乙庚합화 金하여 재앙에 빠지는 경우가 그것이다.

위에 인용한 『적천수』도 『자평진전』 「논십간배합성정(論十干配合性情)」과 같은 설명을 하였다. 즉, 합으로 인하여 오히려 흉이 된 결과, 또 반대로 합으로 인하여 길이 된 결과를 말한다. 예를 들어 기신인 己土가 甲木을 만나 합을 했는데, 그것이 다시 土로 화(化)하면 이는 기신에게 도움이 된 경우이니 흉이고, 또 희신과 기신이 합하여 희신이 제거된 결과라면 이 또한 흉이다. 그 예로 乙木이 희신인데, 기신인 庚金과 합하여 다시 금이 되어버리면 재앙에 빠지는 것이다.

4 화신의 해석

화신(化神)은 천간이 합하여 변화한 성분을 말한다. 『적천수』는 「화상(化象)」 편에서 천간 오합의 변화[화(化)]를 논하여 다음과 같이 썼다.

원문 (천간합의 변화)는 참됨을 얻었을 때만 변화[化]를 논하고 화(化)를 하는 신(神)에도 또한 그 몇 가지 이야기가 있다.

원주 가령 甲 일주가 사계(辰·戌·丑·未 월)에 생하고 단지 한 자리의 己土와 만나 월간이나 시간에서 그것과 합하여 壬·癸·甲·乙·戊를 만나지 않고 하나의 辰 글자가 있으면 곧 그 변화가 참됨을 이루었다고 한다. 또 가령 丙과 辛이 겨울에 생하거나 戊와 癸가 여름에 생하거나, 乙과 庚이 가을에 생하거나, 丁과 壬이 봄에 생하여 단독으로 서로 합하고 다시 또 용(辰)을 얻어서 그 운으로 가면 이것을 진화(眞化 : 참된 변화)라 한다.

위의 원주에서 '甲 일주가 사계(辰·戌·丑·未 월)에 생'하고, '丙과 辛이 겨울에 생'하고, '戊와 癸가 여름에 생'하고, '乙과 庚이 가을에 생'하고, '丁과 壬이 봄에 생'한다는 것은 각각 그 합화오행의 계절에 태어난 것을 말한다. 즉 甲己 합화 土이니 辰·戌·丑·未 월을 말한 것이고, 丙과 辛이 합화 水이니 겨울생, 戊와 癸가 합화 火이니 여름생, 乙과 庚이 합화 金이니 가을생, 丁과 壬이 합화 木이니 봄생을 말하였다. 한 자리의 글자와 합을 하여야 한다는 것은 쟁합으로 인한 불합을 피하고자 한 것이다. 또 용을 얻는다는 것은 辰을 얻는다는 말로, 천간이 다섯 번째 지지인 辰을 만나 변화하게 됨을 뜻한다. 임철초는 이를 해석하여 '낙서에는 오(五)를 중앙에 두니, 일(一)이 오를 얻으면 육이 되므로 甲과 己가 합하고 … 합하면 변하는데 변화는 또 반드시 오토(五土)를 얻은 후에 이루어진다' 하고 그 오토는 辰이라 하였다. 辰은 봄에 머물고 만물이 생성하는 본체이다.

『적천수징의』는 임철초의 『적천수』 해석서인 『적천수천미』를 서락오가 다시 재해석하고 보충하여 쓴 책인데, 「화상(化象)」 편의 천간 오합을 논하여 다음과 같이 쓰고 있다. 아래는 『적천수천미』에는 없는 내용이다.

甲己년에는 戊己의 누런 기운인 금천지기(黅天之氣)가 각진을 지나므로 土운이라 하게 되고, 乙庚년에는 庚辛의 하얀 기운인 소천지기(素天之氣)가 각진을 지나므로 金운이라 하게 되고, 丙辛년에는 壬癸의 검은 기운인 현천지기(玄天之氣)가 각진을 지나므로 水운이라 하게 되고, 丁壬년에는 甲乙의 푸른 기운인 창천지기(蒼天之氣)가 각진을 지나므로 木운이라 하게 되고, 戊癸년에는 丙丁의 붉은 기운인 단천지기(丹天之氣)가 각진을 지나므로 火운이라 하게 되니, 이것이 합하여 화하는 화기(化氣)의 원리이다.

인용문의 甲己는 화토(化土)하니 금천지기(黅天之氣), 즉 누런 금빛 기운의 각진이다. 土 오행의 천간으로 戊己를 말하였다. 乙庚은 화금(化金)하니 소천지기(素天之氣), 즉 하얀 기운이다. 丙辛은 화수(化水)하여 검은 기운의 현천지기(玄天之氣)이고, 丁壬은 화목(化木)하여 푸른 기운의 창천지기(蒼天之氣)이며, 戊癸는 화화(化火)하여 붉은 기운의 단천지기(丹天之氣)이다. 금(黅)·소(素)·현(玄)·창(蒼)·단(丹)은 각각 누런 금빛·하얀 빛·검은 빛·푸른 빛·붉은 빛을 의미한다. 아래는 서락오의 『적천수징의』와 임철초의 『적천수천미』에 공통으로 나타난 해석이다.

낙서(洛書)에는 5를 중앙에 두니, 1이 5를 얻으면 6이 되므로 甲과 己가 합하고, 2가 5를 얻어 7이 되니 乙과 庚이 합하고, 3이 5를 얻어 8이 되니 丙이 辛과 합하고, 4가 5를 얻어 9가 되니 丁이 壬과 합하고, 5가 5를 얻어 10이 되니 戊가 癸와 합한다. 합을 하면 변화[化]하는데, 변화는 반드시 오토(五土)를 얻은 이후에 이루어진다. 오토는 辰이다. 辰土는 봄에 머물고, 때는 삼양(三陽)에 있어서 물질의 체를 생하고 기를 열어 움직이게 하니, 동하면 변하고 변하면 화하게 되는 것이다.

십간의 합은 다섯 번째 자리인 辰의 자리에 이르면 화기(化氣)의 원신이 나타나게 된다. 따라서 甲己는 甲子에서 일어나 다섯 번째 자리인 戊辰을 만나면 화토(化土)하고, 乙庚은 丙子에서 일어나 다섯 번째 자리인 庚辰을 만나면 화금(化金)하고, … 이것이 바로 서로 합하여 서로 화하는[상합상화(相合相化)] 참된 근원이라 하겠다.

천간의 합은 음양이 서로 짝하는 것인데, 오음은 오양의 재성이 되고 오양은 오음의 정관이 된다. 그런데 음이 왕하여 양을 따르지 않고 양이 왕하여 음을 따르지 않는 경우가 있으니, 이때는 비록 합을 하여도 변화하지 못하고 오히려 쟁합(爭合)이나 투합(妒合) 또는 분합(分合)이 된다. 서락오는『자평수언(子平粹言)』의「회합변화론(會合變化論)」에서 천간의 오합과 변화에 대해 다음과 같이 쓰고 있다.

합(合)은 화(化)가 아니다. 오합은 하도에 근거하고, 화합은『내경』에 근거한다. 하도에서 1과 6은 근본을 함께하여 북쪽에 있으면서 水가 되고, 2와 7은 도를 같이하여 남쪽에 있으면서 金이 되며, 3과 8은 친구가 되어 동쪽에 있으면서 木이 되고, 4와 9는 서로 벗이 되어 서쪽에 있으면서 火가 되며, 5와 10은 길을 함께하여 가운데 있으면서 土가 된다.

천간의 합은 하도낙서에 근거한 것이고, 천간합화는『황제내경』을 근거로 한다. 위 인용문의 '1·6을 북과 水에, 2·7을 남과 火에, 3·8을 동과 木에, 4·9를 서와 金에, 5·10을 중앙과 土'에 배정한 것은 하도의 배치이고 오행의 기본원리이다. 이상은 천간합과 하도의 방위에 대한 설명이다. 아래는 천간이 합해서 변화하는 것, 즉 천간합화의 원리에 대한 설명이다. 같은 책의「회합변화론」에서 이어지는 내용이다.

그러니 (천간합은) 오운(五運)에서 甲과 己가 土로, 乙과 庚이 金으로, 丙과 辛이 水로, 丁과 壬이 木으로, 戊와 癸가 火로 변화하는 것과는 분명히 길을 달리한다. … 합은 부부가 짝하는 것과 같으니, 甲과 己는 서로 합함에 甲은 己를 아내로 삼고 己는 甲을 남편으로 삼는 것이고, 乙과 庚이 서로 합함에 乙은 庚을 남편으로, 庚은 乙을 아내로 삼는 것이다. 피차가 마음이 있어 서로 짝을 지어 합하니 곧 신살에서 천귀(天貴)이다. 화(化)는 원래의 성질을 변화시키는 것이니, 한쪽이 치우치게 왕하고 또 조건이 구비되지 않으면 변화가 발생할 수 없다.

위 인용문의 오운은 바로 천간합의 화기(化氣)를 말한 것이다. 참고로 오운은 육기와 함께 한의학서에서 기후변화에 따른 질병 발생과 예후를 관찰한 내용이다. 즉, 자연의 기후조건이 인체에 영향을 주어 질병이 발생하고 진행되는 과정에 긍정적 또는 부정적인 역할을 한다는 논리이다. 명리학에서는 각각 천간의 합과 지지의 충을 말한다. 오운은 땅에서 하늘로 상승한 오행으로 대화(對化)작용을 하고, 육기는 하늘에서 땅으로 하강하여 충만해진 오행으로 대극(對極)작용을 한다. 육기에는 기존의 木火土金水에 상화(相火)가 하나 더 있다. 오운육기는 하늘과 땅에서 흐르고 있는 운기를 말하는데, 명리학에서 오행의 기본이치로 분석하는 오행이 아니고, 우리가 살고 있는 우주공간에서 오묘한 작용으로 순환하고 있는 기류이고 또 인간의 능력범주를 벗어난 현상이기도 하다. 오운은 합화기(合化氣)로서 대화작용을 하고 있고, 땅에서는 육기인 충기가 대극(對極)적인 대화작용을 하고 있다. 육기는 상충하는 관계인데, 시련의 극복이 필요하기 때문에 충기(沖氣)로 흐르는 것이다. 즉, 만물이 왕성하게 자라기 위해서는 견제와 조절이 반드시 필요하다는 의미이다. 오운은 대화작용을 하니 천간의 오합을 설명하고, 육기는 대극작용을 하니 지지의 육충을 설명한다.

육기는 소음·태음·궐음의 삼음과 소양·양명·태양의 삼양으로 이루어져 있다. 또한 풍화서습조한(風火暑濕燥寒)이라는 여섯 기운을 뜻한다. 그것을 육음(六淫)이라고 한다. 子午는 충하여 군화(君火)가 된다. 子월은 양력 12월의 추운 계절이다. 그러나 괘기로 보면 아래에서 일양이 생하여 음기를 밀어내고 있는 형상이다. 午월은 양력 6월로 매우 더운 계절이지만, 괘기로는 일음이 생하여 양의 기운을 밀어내고 있다. 두 기운이 충하여 소음군화(少陰君火)의 육기를 낳았다. 丑未는 충하여 습토가 되는데, 丑은 양력 1월로 동토이며 습토의 계절이고 未월은 양력 7월로 매우 더운 서기(暑氣)의 계절이다. 두 지지가 만나서 만든 육기가 태음습토(太陰濕土)이다. 寅申은 충하여 상화(相火)를 낳는데, 寅은 양력 2월이고 申은 양력 8월로, 둘 다 괘기로 보면 삼양과 삼음으로 이루어져 있다. 寅申은 매우 더운 기운인 소양상화(少陽相火)를 만든다. 卯酉는 충하여 조금(燥金)이 된다. 卯는 양력 3월이고 酉는 양력 9월이다. 두 달이 모두 건조한 달이므로 마른 기운인 조기(燥氣)를 낳고 양명조금(陽明燥金)이라 하였다. 辰戌은 충하여 한수(寒水)가 된다. 辰은 양력 4월이고 戌은 양력 10월이다. 3월도 아직 찬 기운이 있는 달이고 10월은 겨울로 진입하는 달이다. 그래서 辰戌충이 낳는 육기는 태양한수(太陽寒水)이다. 巳亥는 충하여 풍목(風木)이 된다. 巳월은 양력 5월이고 亥월은 양력 11월이다. 巳월의 괘는 육양이고 亥월의 괘는 육음이다. 극양과 극음이 충하여 궐음풍목(厥陰風木)을 낳는다.

육기의 소음·태음·궐음·소양·양명·태양은 한의 침구학에서 12경맥을 구성하기도 한다. 수태음폐경(手太陰肺經)·족태음비경(足太陰脾經)·수양명대장경(手陽明大腸經)·족양명위경(足陽明胃經)·수소음심경(手少陰心經)·족소음신경(足少陰腎經)·수태양소장경(手太陽小腸經)·족태양방광경(足太陽膀胱經)·수궐음심포경(手厥陰心包經)·족궐음간경(足厥陰肝經)·수소양삼초경(手少陽三焦經)·족소양담경(足少陽膽經) 등이 12경맥이다. 경맥은 육기를 인체장부에 배속하고 각각 인체에서 기혈이 시작하는 지점과 끝나는 지점을 나타낸다.

• 십이경맥의 구성

	안쪽	바깥쪽
전	태음경	양명경
중	궐음경	소양경
후	소음경	태양경

예를 들면 수태음폐경은 폐가 속한 내장에서 손가락의 엄지로 향하는 태음의 경맥이다. 또 족태음비경은 엄지발가락에서 비가 속한 내장으로 향하는 태음의 경맥이다. 즉 경맥은 인체를 유주하는 12개의 기혈의 순환경로를 말한다. 침구학은 경맥에서 경혈점을 찾아 병증을 진단하고 그 자리에 침이나 뜸을 놓아서 치료하는 한의학의 주요분야 중 하나이다.

필자가 명리에 입문하던 시점에 먼저 한의학으로 진로를 정하고 침구 경혈학을 공부했던 때가 있었다. 장부학을 연구하고 임맥과 독맥, 그리고 십이경맥을 줄줄 외우면서 진단학을 통하여 침을 놓고 뜸을 뜨는 임상과 봉사활동으로 수년을 보냈다. 그 때가 내 나이 40대 초반이었다. 전국을 돌아다니며 수많은 환자를 만났는데, 지금 생각하면 감회가 새롭다. 이후 나의 진로는 명리학으로 정해졌고, 이제 남은 나이를 생각하면 명리학 외에 다른 진로로 바뀔 일은 없을 것 같다. 오히려 여생 동안 이 공부만 하여도 시간이 부족할까 두렵다. 그러나 과거의 다양한 경험과 학문에 대한 열정은 한의학과 명리학이 다르지 않았고, 오히려 서로 맞닿아 있는 점이 많다.

• **오운(五運)**

천간 오합	합화오행	오장
甲己	土	비(脾)
乙庚	金	폐(肺)
丙辛	水	신(腎)
丁壬	木	간(肝)
戊癸	火	심(心)

• **육기(六氣)**

지지육충	육기
子午	소음(少陰)·군화(君火)
丑未	태음(太陰)·습토(濕土)
寅申	소양(少陽)·상화(相火)
卯酉	양명(陽明)·조금(燥金)
辰戌	태양(太陽)·한수(寒水)
巳亥	궐음(厥陰)·풍목(風木)

위의 인용 단락에서 '신살에서 천귀(天貴)이다'라 말한 것은 신살 중 천을귀인을 말한다. 이 문장이 나온 이유는 천을귀인의 발생 근거에 하도낙서와 천간합의 원리가

있기 때문이다. 양귀는 선천팔괘의 곤(坤)방인 子에서 甲 천간을 일으켜 순행하고, 음귀는 후천팔괘의 곤방인 申에서 甲 천간을 일으켜 역행하는 이치로 천을귀인이 만들어진다. 선천팔괘와 후천팔괘의 방위와 의미는 오행론의 「하도낙서」에서 설명하였다. 양귀는 낮에 태어난 사람의 천을귀인, 음귀는 밤에 태어난 사람의 천을귀인이다.

예를 들면 양귀가 子에서 甲 천간을 일으키는데, 이로써 甲木과 천간합을 하는 己土의 천을귀인(양귀)이 子가 된다. 또 음귀는 申에서 甲 천간을 일으키는데 甲木과 천간합을 하는 己土의 음귀가 申이 된다. 양귀가 순행하여 乙은 丑에서 일어나고, 乙과 천간합하는 庚의 천을귀인이 丑에 있고, 또 음귀는 역행하여 未에서 있는 것이다. 나머지 천을귀인도 이와 같은 이치로 만들어진다. 다만 辰과 戌에 천을귀인이 깃들지 않고, 또 각각 甲이 일어난 글자와 충하는 지지에 천공(天空)이 생기는 이치를 따지면 된다. 나머지는 신살론으로 다시 학습하기 바란다.

앞에서 천간합화는 『황제내경』을 근거로 한다고 하였고, 오운육기를 설명할 때 기후변화에 따른 질병의 발생과 예후를 설명한 것이라고 하였다. 『황제내경』은 중국의 가장 오래된 의학서이다. 의학 오경의 하나로 전체 18권으로 구성되었는데, 전반 9권은 「소문(素問)」이고, 후반 9권은 「영추(靈樞)」이다. 황제는 중국 신화의 인물을 말한다. 「소문」은 천인합일설, 음양오행설 등 자연학에 입각한 병리학설을 다루고 있고, 「영추」는 침구(침과 뜸) 등의 물리요법을 다루고 있다.

「소문」 편에 황제가 '木火土金水 오행의 운행, 즉 오운(五運)이 어디서 시작하는가'라고 물으니, 신하인 기백(岐伯)[주2] 이 '오운은 戊己가 나누어지는 곳에서 시작하는데, 戊己란 규벽(奎壁)과 각진(角軫)이며 이들은 천지의 문호가 됩니다'라고 대답했다는 문장이 있다. '규벽과 각진'은 천지의 문호이다. 천문(天門)은 戌亥 사이에 있는데[무분(戊分)] 규벽에 의해 나누어지고, 지호(地戶)는 辰巳 사이에 있는데[기분(己分)] 각진에 의해 나누어진다. 음양은 모두 辰에서 시작하는데, 오운이 각진에서 일어난다는 것은 바

[주2] 황제 때의 명의.

로 辰에서 시작함을 설명한 것이다. 천문의 규벽과 지호의 각진 도표는 다음과 같다. 하늘의 戌亥는 戊로 구분되어 규벽에 의해 나누어지고, 땅의 辰巳는 己로 구분되어 각진에 의해 나누어진다. 土 오행에서 시작하는 천간 오합의 변화와 순환을 말하였다.

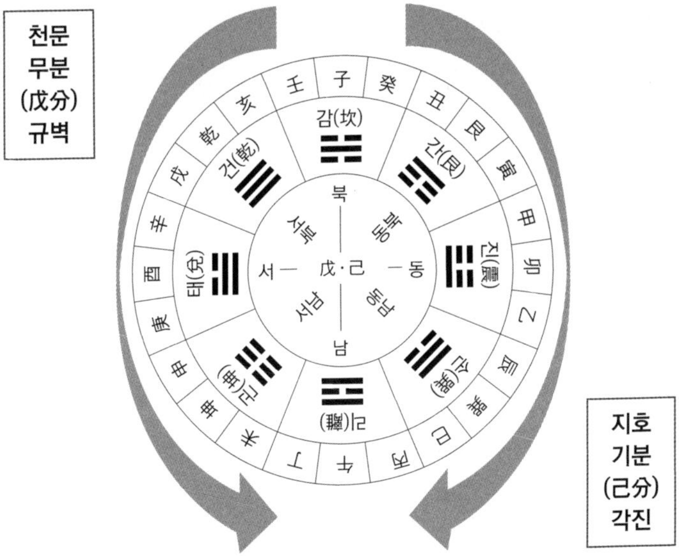

천간이 합하여 변화하는 오운합화에 대하여 『연해자평』은 「논운화기(論運化氣)」(오운의 화기) 편에서 다음과 같이 쓰고 있다. 아래 내용은 천간이 화합하여 온전하면 빼어난 기운을 얻는다는 뜻이고, 또 진화(眞化)라는 것은 천간합에 더하여 지지가 합국하면 복덕이 된다는 의미이다.

甲己화토는 중정지합(中正之合)으로 辰·戌·丑·未가 온전하면 가색이라 말하고 土가 자리를 잡는다. [구진득위(勾陳得位) : 작은 신의도 지키고 자애로움][주3] 乙庚화금은 인의지합(仁義之合)으로 巳·酉·丑이 온전하면 종혁이라 한다. 戊癸화화는 무정지합(無情之合)으로 화국을

[주3] 구진(勾陳)은 별자리로 북극성을 의미하기도 한다.

얻으면 염상이라 말한다. 丙辛화수는 申·子·辰 수국을 얻으면 윤하라 말한다. 丁壬화목은 亥·卯·未를 얻어 온전하면 곡직인수(曲直仁壽)라 말한다.

위에 『연해자평』에서 언급한 甲己화토의 중정지합, 乙庚화금의 인의지합, 戊癸화화의 무정지합에 추가로 『삼명통회』는 丙辛화수를 위제지합(威制之合)이라 하고 丁壬화목을 음닐지합(淫暱之合)이라 하였는데, 전체를 취합하여 정리하면 다음과 같다.

• **천간합의 화기와 특징**

천간합	화기(化氣)	특징
甲己	중정지합(中正之合)	신의·중도·정직·공동의 선
乙庚	인의지합(仁義之合)	강직·고집·순수
丙辛	위제지합(威制之合)	이지적·권위·절제
丁壬	음닐지합(淫暱之合)	감정적·성적·예민
戊癸	무정지합(無情之合)	헌신·다정·동정·사치

예1)

시	일	월	연
己	甲	甲	乙
巳	辰	申	丑

丁	戊	己	庚	辛	壬	癸
丑	寅	卯	辰	巳	午	未

위 사주는 연간과 월간에 甲乙木 비겁이 투출하였으나 월지 申金과 연지 丑土의 지

장간 辛金의 제어로 甲乙木의 뿌리가 약하여 己土와 쟁·투합하지 못한다. 시간의 己土는 왕지에 임하여 일주와 친절하게 합하니 합신이 진실하다. 다만 가을의 申金이니 화신의 설기가 있어 그 기운이 부족하다 할 수 있다.

壬午 火운에 화신을 도와 시험에 합격하고 辛巳운에 높은 벼슬에 올랐다. 庚辰운에 庚金이 겁재 乙木과 합거하니 벼슬이 더욱 높아졌다.

예2)

시	일	월	연
己	甲	壬	戊
巳	辰	戌	辰

己	戊	丁	丙	乙	甲	癸
巳	辰	卯	寅	丑	子	亥

위 사주는 戌월생 甲木 일간이니 사주에 土가 왕하여 甲己 합신의 기운이 넉넉하다. 다만 대운이 水木 지지운으로 흐르니 공명과 벼슬이 앞의 사주에 못 미친다. 乙丑대운 丁酉년과 戊戌년에 시험에 합격하고 벼슬이 주목에 이르렀다.

5 천간 오합의 적용

같은 천간합이어도, 일간 입장에서 어떤 천간과 합을 하는지에 따라 해석과 통변이 달라질 수 있다. 또 어떤 육신과 어떤 육신 성분이 천간합을 하는지에 따라서도 결과는 달라진다. 『연해자평』이 그에 대한 자세한 설명을 쓰고 있어서 인용하였다. 먼저 甲己합에 대한 적용은 다음과 같다.

甲木이 己土를 따라서 합하는 것은 土에 의뢰하여 생하는 것이다. 乙木을 만나면 처재가 몰래 손상하는 것이 있다. 丁火를 만나면 의복과 녹봉이 공허하게 된다. 궁전에서 지위가 높고 귀해지는 것은 대개 辛金의 힘을 얻은 것이다. 집안이 크게 부유해지는 것은 모두 戊土의 공에 기인한다. 癸水를 보면 평생 발복한다. 壬水를 만나면 일생 정처 없이 방랑한다. 庚金을 만나면 집안에 아무것도 없이 빈한하게 되고, 시에서 丙火를 만나면 복록을 무겁게 누린다.

己土는 甲木을 변화시킬 수 있으며 빼어난 것은 寅에 있다. 丁火를 만나면 타인이 업신여겨 모욕을 주고, 乙木을 만나면 스스로 머뭇거린다. 양수(陽水)가 거듭 있으면 번잡한 속세에서 분주한 사람이 되고, 庚金이 거듭 있으면 가난한 집에서 외롭고 쓸쓸하게 사는 사람이 된다. 丙火 안에 辛金을 숨기고 있으면 반드시 귀한 기운을 얻고, 戊土 중에 癸水를 숨기면 가난하게 되지는 않는다. 만약 관직이 높아져서 영화롭게 되고자 한다면 먼저 모름지기 癸水를 보아야 하고, 집안이 성대해지고 큰 부자가 되기 위해서는 辛金을 만나야 한다.

다음은 乙庚합의 적용이다. 乙木의 입장과 庚金의 입장을 나누어 살피고 각각 육신을 대입하여 그 작용을 읽은 것으로 보아야 한다.

乙木이 庚金을 따라 변화하면 기운을 서방에서 받는다. 고생과 어려움은 丙火를 만나기 때문이다. 영화로움은 壬水에서 오래도록 생긴다. 丁火가 당권하면 봄꽃이 햇빛을 향해 피는 것과 같고, 辛金이 지세(持世 : 때를 가짐)하면 가을 풀이 서리를 만나는 것과 같다. 己土가 임하는 것을 가장 좋아하며, 그렇게 되면 집안에 금과옥조가 가득차게 된다. 甲木으로 향하는 것이 마땅한데, 그러면 삼베와 보리[마맥(麻麥)]가 창고에 가득차게 된다. 날마다 걱정되는 것은 대개 구진(勾陳 : 土)이 어지럽히기 때문이고, 항상 힘을 허비하는 것은 현무(癸)가 재앙을 만들기 때문이다.

庚金이 乙木을 따라 변화하면 金의 재질이 더욱 단단해진다. 辛金이 보이지 않게 손상하는 것을 가장 꺼리고, 丙火가 서로 태우는 것을 매우 싫어한다. 丁火 관성을 만나면 용이 비구름을 만난 것과 같고, 己土 인수를 만나면 봉새가 가을 하늘을 나는 것과 같다. 癸水가 왕하면 전원이 수해를 만나 떠내려가고, 壬水가 왕성하면 재록이 증가한다. 戊土가 서로 침범하면 큰 부자는 되지 못하고, 壬水의 조력을 만나면 오래 보전하고 장수한다.

다음은 丙辛합을 각각 丙火와 辛金 입장에서 읽었다. 丙火 입장에 戊土는 식복이고 乙木은 정인이니 명예가 될 것이며, 癸水는 정관으로 관직과 벼슬이 승진한다고 하였는데, 丙火에게 癸巳는 정관과 록지의 조합이다. 庚寅은 재성과 인성이니 가문이라 읽었고, 甲午를 강하고 횡포하다 한 것은 양인성이기 때문이다. 壬辰을 불행과 패배라 한 것은 칠살의 묘고이기 때문이며, 丁火는 겁재 성분으로 부귀가 오래가지 않는다 하였다. 己土는 상관 성분으로 뜬구름 같은 영화라 하였다.

丙火는 양화이고 辛金을 만나면 水로 변화한다. 복이 있는 것은 戊土의 자리에 있기 때문이고, 명예를 이루는 것은 乙木이 본신에 임하기 때문이다. 관직과 벼슬이 승진되거나 영화롭게 되는 것은 癸巳를 만나기 때문이고, 가문이 현달한 것은 庚寅에 있기 때문이다. 강하고 횡포한 것은 甲午에서 일어나고, 불행과 패배는 壬辰에서 발생한다. 丁火를 거듭 보면 설령 부귀가 있을지라도 며칠이나 가겠는가? 己土를 거듭 보면 비록 영화가 있을지라도 뜬구름과 같다.

辛金은 水로 변화할 수 있고 丙火를 얻으면 곧 변화가 성립된다. 사주에서 戊土를 보는 것이 가장 마땅하고, 일생 庚金을 만나는 것을 좋아할 뿐이다. 己土를 보면 어느 해에 발복하겠으며, 壬水를 보면 어느 날에 명예를 이루겠는가? 癸水가 왕하면 설령 곤궁하여도 곤궁한 것이 아니고, 甲木이 왕하면 영화로우나 영화로운 것이 아니다. 부귀하고 영화로운 것은 乙木을 거듭 보기 때문이고 상처 입고 궁색해지는 것은 丁火를 거듭 보기 때문이다.

다음은 丁壬합을 丁火와 壬水 입장에서 읽고 합화 오행과 육신을 대입하여 해석하였다.

丁火는 음화에 속하여 壬水를 만나는 것을 좋아한다. 丙火를 보면 백년이 지나도 안일하고,

辛金을 만나면 평생 넉넉하게 노닌다. 부귀가 모두 온전한 것은 甲木이 천칭(天秤, 辰) 궁에 임하는 것이고, 녹봉이 모두 아름다운 것은 己土가 금우(金牛, 酉) 궁에 함께하는 것이다. 활계(活計)가 없어지고 소외되는 것은 모두 戊土가 패이기 때문이고, 생애가 적막한 것은 대개 癸水가 수(囚)이기 때문이다. 乙木이 거듭 있으면 재록을 결코 성취할 수 없으며, 庚金이 거듭 있으면 공명을 절대로 망령되게 구하지 말아야 한다.

壬水가 丁火를 따라 변화하면 수기(秀氣)가 동방에 있다. 甲木을 만나면 마부와 말을 많이 사들이고, 辛金을 만나면 논밭을 넓게 사들인다. 丙火와 서로 만나면 영웅다운 호걸이 되고, 癸水와 서로 만나면 고생하는 장사꾼이 된다. 인수를 차고 가마에 오르는 고귀한 사람이 되는 것은 己土가 정관의 위치에 임하기 때문이고, 방랑하며 곤궁하게 되는 것은 戊土가 칠살을 대하기 때문이다. 늙도록 성취가 없는 것은 모두 庚金이 승왕하기 때문이며, 청년에 때를 만나지 못하는 것은 대개 乙木이 재앙이 되기 때문이다.

마지막으로 戊癸합을 해석하고 적용한 설명이다.

戊土가 癸水를 따라 합하여 火로 변화하면 성공한다. 乙木을 보면 마침내 현달할 수 있고, 壬水를 만나면 또한 저절로 풍륭해진다. 모든 록(귀인)이 함께 지탱해주는 것은 丁火가 巳火에 임하는 것을 좋아하기 때문이고, 육친이 화목하지 않은 것은 甲木이 寅궁에서 왕하기 때문이다. 丙火가 거듭 있으면 쉽게 형통하게 된다. 처자를 손상하는 것은 모두 己土가 왕하기 때문이고, 도모하는 것이 보잘 것 없는 것은 대개 辛金이 힘이 있기 때문이다.

癸水가 戊土를 따라 합하여 火로 변화하면 당림(當臨)하는 것이다. 丙火 안에 辛金을 숨기고 있으면 평생 성패가 많다. 甲木 중에 己土를 숨기면 일생 몸과 마음만 수고롭다. 창고가 풍성하고 가득차는 것은 丁火를 만나기 때문이고, 토지와 재물이 성대해지고 실속 있게 되는 것은 庚金을 얻기 때문이다. 관직과 벼슬이 승진되고 영화롭게 되는 것은 乙木을 이어서 거듭 보는 것이며, 재물이 늘고 부귀해지는 것은 壬水를 위아래에서 거듭 보는 것이다. 재물이 나오는 원천을 얻었다고 잃었다가 반복하는 것은 辛金이 태왕하기 때문이고, 벼슬길이 불우하여 좌절이 많은 것은 대개 己土가 서로 침범하기 때문이다.

앞에 「화신의 해석」에서 살펴본 바와 같이, 천간 오합의 변화를 적용할 때 고려할 사항으로 중요한 두 가지가 있다.

- 합이 성립되었으나 다른 오행으로 화(化)하지 않은 상태
- 합이 성립되었으며 다른 오행으로 화(化)한 상태

『자평진전』은 합이 되기 힘든 경우를 합이불합(合而不合)이라고 표현하여 다음과 같이 설명하고 있다.

합이 되지만, 합이 되지 않는 것이 있다. 그것은 어떤 것인가? 무릇 간격이 떨어져 있는 것이다. 사람으로 비유하면 서로 좋아하는데 그 중간에 (다른) 사람이 있으면 사귐이 이루어지기 힘든 것이다.

형세에 제압된 경우, 합인데도 감히 합을 취하지 못하여 있어도 없는 것과 같다. 또한 (글자 사이의) 거리가 너무 먼 것이 있다. 예를 들어, 甲이 연간에 있고 己가 시상(時上)에 있으면, 마음은 서로 맺고 싶어도 땅이 멀어 마치 사람이 아득히 먼 곳에 있어 서로 합할 수 없는 것과 같다. 그러나 제어하는 것이 있어 감히 합하지 못하는 것과는 역시 약간의 차이가 있다. 합이지만 합이 될 수 없는 것은 반쯤 합한 것으로[반합(半合)], 그 화복(禍福)이 됨은 10분의 2 또는 3을 얻을 뿐이다.(중략)

또한 합이지만 합이라 말하지 않는 것이 있으니 어떠한 것인가? 본신(本身=일간)의 합이다. 무릇 오양간이 재를 만나고 오음간이 관을 만나면 모두 (일간과) 함께 합이 된다. 오직 본신의 십간이 그것과 합을 하니 합거되지 않는다.(중략)

또한 쟁합(爭合)과 투합(妒合)에 관한 설이 있는데, 그것은 어떤 것인가? 예를 들어 2개의 辛이 丙과 합하거나, 2개의 丁이 壬과 합하는 것과 같은 유형이다. 한 남편이 두 아내에게 장가

가지 못하고, 한 여자가 두 남편과 짝하지 못하니, 쟁합과 투합설이 있는 까닭이다. 마침내 합하려는 의도가 있지만 단지 정이 오직 한 곳에 쓰이지 못한다. 만약 2개의 천간이 하나와 합하려는데 위치가 떨어져 있다면 쟁투가 전혀 없다.

『자평진전』을 참조하여 합이불합 사례를 정리하면 다음 다섯 가지로 요약할 수 있다.

① 간격이 떨어진 경우

합을 하려고 하는 천간 두 글자 간의 간격이 떨어져 있는 경우를 말한다. 이 경우 합을 하더라도 접지한 경우보다 힘이 약하다. 그중에서 특히 그 간격이 아주 먼 경우가 합이불합이다.

예1)

시	일	월	연
己			甲

위의 사주에서 연간 甲木이 시간 己土와 합을 하려 할 때 둘 사이가 너무 멀어 합이 되지 않는다. 남녀가 사랑하는데 한 사람이 어쩔 수 없는 사정, 학업 등의 이유로 캐나다처럼 먼 이국땅으로 떠나게 되면 두 사람의 사랑은 자연스럽게 식을 수밖에 없다. 즉 안 보면(몸이 멀어지면) 마음도 멀어진다는 것이 이런 경우이다.

예2) **『자평진전』 사례 용제광(龍濟光)의 사주**

시	일	월	연
壬	丙	丙	丁
辰	子	午	卯

거리가 너무 멀리 떨어져 있으면 합하는 역량이 감소한다. 따라서 합한 결과가 좋은 사주라면 길(吉)이 감소되고, 합한 결과가 나쁜 경우라면 흉(凶)이 감소된다. 위의 사주는 월지 양인인데, 시 천간에 양인을 제압하는 칠살을 용신으로 삼았다. 간격이 떨어져 있어 丁壬합이 성립되지 않으니, 壬水가 고유한 작용력을 상실하지 않으므로 용신이 된다.

② 형세에 제압된 경우

합을 하려고 하는 천간 두 글자가 이격되어 있는데, 그 사이에 두 글자의 합을 거스를만한 천간이 와 있는 경우 두 천간은 합을 하지 못한다. 여기서 합을 거스르는 글자는 두 천간 중 하나를 극하는 글자를 말한다. 사람들 사이의 관계에 비유하면, 한 남자와 한 여자가 서로 사귀려고 하는데 둘 사이에 다른 사람이 끼어서 그 만남이 어긋난 경우이다.

예1)

시	일	월	연
	甲	庚	己

위의 사례에서는 일간 甲木이 연간 己土와 합을 하려고 하는데, 월간 庚金이 그 사이에 자리하여 일간 甲木을 극하고 있으니 甲木은 己土와 합을 할 엄두를 못 낸다.

예2)

시	일	월	연
	甲	乙	己

위의 사례에서는 일간 甲木과 연간 己土 사이 월간에 乙木이 와 있는데, 연간 己土

입장에서 자신을 극하는 乙木을 뛰어넘어 일간 甲木에게로 가지 못하게 된다. 예1)과 예2) 모두 형세에 제압되어 합하지 못하는 경우이다.

예3) **『자평진전』 사례 장요증(張耀曾)의 사주**

시	일	월	연
庚	丁	甲	乙
戌	巳	申	酉

위의 사례에서는 乙과 庚이 떨어져 있어 합이 성립되지 않는다. 庚金이 甲木을 쪼개어 丁火를 생하게 하는 용신이 된다. 乙木과 庚金 사이에 丁火가 있어서 庚金을 극하므로 합이 되지 못하는데다 거리가 멀다.

예4) **『자평진전』 사례 일반인 사주**

시	일	월	연
癸	丙	戊	壬
巳	寅	申	寅

위의 사례에서는 합관류살, 즉 관을 합하고 칠살을 남겼다. 즉, 戊土가 칠살인 壬水를 극하여 제거하고 癸水를 남겼다. 『자평진전』에서는 癸水와 합하여 남겼다고 하는데, 학자마다 보는 관점이 다를 수 있다. 결합은 제거하고 하나는 남기는 것인데, 경우에 따라 극하는 방법을 쓸 때도 있고 합하는 방법을 쓸 때도 있다.

③ 합이 되지만 손상이 없는 경우

이 경우는 합이불합의 사례는 아니고, 다만 합은 되지만 그로 인한 상실감이 없는 경우이다.

예1)

시	일	월	연
辛	甲	辛	丙
		卯	

연간의 丙이 월간의 辛과 합을 하였다. 卯월에 태어난 甲木 일간은 제왕월에 태어났으니 정관 辛金은 이 사주를 조율할 수 있는 실로 소중한 요소이다. 丙辛합이 일어나서 정관 辛金을 소실한 것은 커다란 손상이다. 그런데 위 사주는 시간에 또 하나의 정관 辛金이 있다. 연월의 丙辛합은 하나의 관을 합하고 하나의 관을 남겨서 관이 가벼워진 것일 뿐이다.

예2)

시	일	월	연
庚	甲	辛	丙
		卯	

위의 사례는 시간의 칠살 庚金과 월간의 정관 辛金 두 가지가 혼잡해진 관살혼잡 사주이다. 丙辛합으로 정관(辛)을 합거하고 칠살(庚)을 남겼다(합관류살). 오히려 신강한 양인 甲木 일간을 잘 조절한 사주가 되었다. 이러한 사례는 합이 되었으나 손해가 없다. 이 경우는 합이불합의 사례는 아니고, 다만 합은 되지만 그로 인한 상실감이 없는 것이다.

④ 일간의 합

이 경우는 합이 되었으나 합이라 하지 않는다.

예1)

시	일	월	연
	乙	庚	

일간 乙木이 월간 庚金과 합하였지만, 일간은 성분이 바뀌지 않았다. 합거(合去)란 합하여 없어진다는 것인데, 일간의 합은 합거로 보지 않는다. 위 사주가 여명이라면, 일간 乙木 여성은 정관 庚金 남성을 남편 삼아 부부의 정이 친밀할 뿐, 글자가 사라지지는 않는다.

예2)

시	일	월	연
	乙	乙	庚

위 사주는 연간 庚金이 월간 乙木과 합할 뿐, 일간과는 합을 하지 않는다. 천간의 상호작용, 특히 상생과 상극, 합과 충의 작용에서 일간은 타간에 비해 그 순서가 뒤로 밀린다는 것이다. 또한 사주명식의 천간 네 글자, 또는 사주 여덟 글자는 비교적 고요한 상태여서 10년마다 다가오는 대운, 그리고 1년마다 다가오는 세운에 비해 그 반응속도가 뒤로 밀린다는 것을 알아야 한다. 대운과 세운을 비교하면 세운이 대운보다 더 짧은 시간단위이기 때문에 대운보다 더 신속하게 반응한다. 이 점을 기억하면 사주명식과 대운, 세운 사이의 복잡한 상호작용을 비교적 정확하게 이해할 수 있을 것이다.

⑤ 쟁합

쟁합(爭合) 또는 투합(妒合)이라고 하며, 하나의 천간을 두고 2개의 글자가 서로 다투어 합하려고 하는 현상이다. 때로는 대운이나 세운까지 가세하여 한 글자를 놓고 다투는 경우도 있다.

예1)

시	일	월	연
	壬	丁	壬

위 사주에서는 하나의 丁火를 사이에 두고 2개의 壬수가 서로 합하려고 한다.

그런데 쟁합에서 간격이 떨어져 있으면 합이 잘 성립되지 않는 경우가 있고, 또한 합이 되어 오히려 사주가 맑아지는 경우도 있다. 『자평진전』에서 예로 든 아래 고태위(高太尉)의 명조는 합살류관(合煞留官), 즉 합으로 칠살을 합거하고 정관을 남기니 오히려 그 복을 지킬 수 있는 경우이다.

예2) **『자평진전』 사례 고태위(高太尉)의 사주**

시	일	월	연
乙	甲	乙	庚
亥	子	酉	午

위의 사주는 연간 庚金이 월간과 시간의 乙木과 쟁합을 하는데, 시간은 연간 庚金과 간격이 떨어져 있고 그 사이에 일간 甲木이 있다. 이 사주는 칠살 庚金이 복잡한 겁재 乙木을 정리하였고, 또한 칠살도 제거되고 월지 정관만 남았다. 본문에서 합살류관이라 한 것은 乙이 庚을 합거하여 칠살을 제거하였으니 일간 甲木 입장에서는 합살(칠살 제거)하고 월지 정관(酉金)을 남긴 것이고, 또한 겁재 乙木도 제압한 셈이기 때문이다.

예3)　『자평진전』 사례 주가보(朱家寶)의 사주

시	일	월	연
乙	癸	乙	庚
卯	未	酉	申

위 사주는 2개의 乙과 하나의 庚이 있는데, 시간의 乙은 일간을 사이에 두고 떨어져 있고 쟁투가 없어서 폐단도 없다. 인격인데 식신을 용신으로 삼는 경우이다.

예4)　『자평진전』 사례 거상 왕(王)모씨의 사주

시	일	월	연
丁	戊	癸	癸
巳	子	亥	酉

위의 사례는 2개의 癸와 하나의 戊가 있다. 재격에 비견과 록을 용신으로 삼는 사주이다. 재의 정(마음)이 일주를 향하고 있으니 부자의 사주이다.

예5)　『자평진전』 사례 고죽헌(顧竹軒)의 사주

시	일	월	연
壬	丁	壬	丙
寅	未	辰	戌

위의 사례는 2개의 壬이 하나의 丁을 끼고 있으니 쟁합, 투합이다.

다만 서락오는 『자평진전』의 합이불합을 해석하여 '합이지만 합이 될 수 없는 것은 반쯤 합한 것으로[반합(半合)], 그 화복(禍福)이 됨은 10분의 2 또는 3을 얻을 뿐'이라는 말을 하였고, 또 '간혹 멀리 이격되어도 여전히 합으로 논하기도 한다'고도 하였다. 학습자는 여전히 사주 전체의 격국과 세력 구조를 보고 상황에 맞게 읽어야 한다.

예1)

시	일	월	연
	甲	甲	己

위 경우 일간 甲木은 연간의 己土와 합을 하지 못한다. 일간(甲)과 연간(己)의 거리를 벌리고 있는(이격하고 있는) 월간 甲木이 연간 己土와 합을 하고 있기 때문이다. 통변으로 예를 들면, 사주 구성이 이럴 경우 일간 甲木은 경쟁자를 조심해야 한다. 왜냐하면 월간 비견에게 나의 포획물인 재성 己土를 빼앗기는 형국이기 때문이다. 나머지는 지지 세력을 보고 해석해야 한다.

예2)

시	일	월	연
	甲	辛	丙

위 사주의 월간에 좋은 성분의 길신 정관 辛金이 있는데, 연간의 식신 丙火와 합을 하였다. 이런 것을 보고 길변흉이라 한다. 즉, 이 사주의 일간 甲木은 丙辛합으로 길성인 정관과 식신을 둘 다 상실했기 때문이다.

예3)

시	일	월	연
庚	甲	乙	

위 사주는 일간 甲木을 이격하여 월간에 겁재 乙木과 시간에 칠살 庚金이 있다. 물론 일간이 사이에 있으니 乙庚합의 기운이 직접적이지는 않지만, 그렇다고 이격하는 성분인 甲木이 乙庚합을 하려는 기운을 거스르고 있지는 않다. 겁재 乙木이 칠살 庚金을 합거했다고 볼 수 있다.

乙庚합으로 여전히 金 오행을 만들어낸다고 생각할 수 있는데, 일간에게 칠살을 의미하는 庚金이 합거되었다는 데 의의가 있고, 또 지지 세력을 보고 그 향배를 따져야 한다.

예4)

시	일	월	연
	甲	己	甲

위 사주의 일간 甲木은 월간에 재성 己土를 보았지만, 연간의 甲木과 다투어 합하려 하고 있다. 이 사주의 일간은 자신도 재성을 취득할 수는 있지만, 항상 경쟁자와 몫을 나누거나 양보해야 하는 일이 발생한다.

사주 사례

시	일	월	연
己	辛	丙	甲
亥	巳	寅	寅

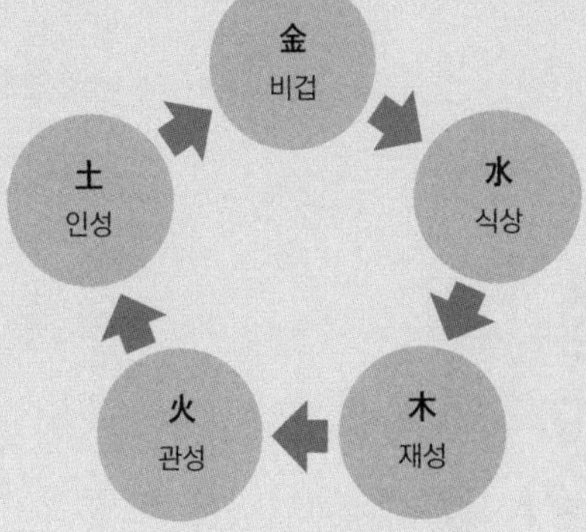

1974년생 건명 사주이다. 사주를 손에 쥐면 먼저 팔자를 주도하는 세력을 보고 통변성을 나타내는 변동을 보아야 한다. 이 사주는 寅월 辛金 일간으로 월지 寅木의 정기와 중기가 연간 甲木과 월간 丙火로 투간되어 있다. 재성 甲木이 정관 丙火로 목생화, 즉 재왕생관(재가 왕하고 정관을 생함)하고 있는 사주이다. 연주와 월주에서 木과 火의 기운이 강한데 일간 辛金은 그에 비해 신약하다. 일지 巳 중 庚金에 통근하려고 하였으나 시지 亥水에 의해 극을 당하고 있고, 일간을 생해줄 시간의 인수 己土에 의지해야 한다.

지지 巳亥충과 寅巳 형살 등 팔자에 네 지지가 모두 역마지로 구성되어 특수직이고, 천간의 정관과 재성은 모두 길성의 육신이다. 이 사주의 직업은 소방관이다. 연주와 월주의 목생화로 화기가 득세한 상황과 월간 丙火 정관을 일간이 丙辛합을 하고 있으며, 지지의 역마지 형살과 충살이 이를 말해준다. 또한 巳亥충과 丙辛합수로 사주에 많은 불을 끄고 있다는 것도 하나의 단서이다. 다만, 일간이 신약하니 업무에서 오는 스트레스를 감당하기 힘들다.

이 사주는 어렵게 공무원시험에 합격하여 소방관이 되었지만, 현장업무가 힘들어서 직원 교육 부서로 이동을 희망하고, 그것이 올바른 판단인지 질문하였던 경우였다.

03 천간 충

천간 칠살의 전쟁

천간의 충(沖)은 甲·庚, 乙·辛, 丙·壬, 丁·癸, 戊·壬, 甲·戊, 乙·己를 위주로 보는데, 모든 천간에 대해 칠살과의 관계를 천간 충이라 보기도 한다. 『오행대의』에서는 이를 천간의 충파(衝破)라고 적었다. 모두 자신으로부터 시작하여 일곱 번째 오는 천간과의 충파이며, 여기서 칠살(七殺)이라는 명칭이 나왔다. 천간의 합이 양과 음의 만남이었다면, 천간의 충은 양과 양, 음과 음의 만남이다. 그래서 천간의 합이 정재 또는 정관의 관계라면, 천간의 충은 칠살 또는 편재와의 관계이다. 칠살을 만나는 것은 충이고, 편재를 만나는 것은 파이다.

• **천간 충의 종류**

甲	乙	丙	丁	戊	己	庚	辛	壬	癸
庚	辛	壬	癸	甲	乙	丙	丁	戊	己

『오행대의』는 천간의 충파에 대하여 이기고 지는 것으로 구별하여, 예를 들어 '甲이 庚에게 가는 것은 충이 되고, 庚이 甲에게 가는 것은 파가 된다'고 하였다. 말하자면 강한 것이 약한 것을 제재하는 것은 파라고 한 것이다. 이 말은 충파에도 경중이 있으니 강한 것으로 약한 것을 때리면 그 화가 덜하다는 뜻이다. 『적천수』는 천간 충을 천전(天戰)이라 표현하였는데, 임철초가 『적천수천미』에서 이를 해석하여 다음과 같이 설명하였다.

천간에서 甲木이 庚金을 보거나, 乙木이 辛金을 만나는 경우를 천전(天戰)이라 한다. 이때 지지가 거스름이 없고 고요하면 일주(일간)는 해를 입지 않는다. 지지가 寅申·卯酉이면 이를 지전(地戰)이라 한다. 이렇게 되면 천간은 힘을 발휘할 수 없으니 그 세가 급속히 흉하게 된다. 이는 천간은 대체로 활발히 움직임을 주관하고 지지는 고요함을 주관하기 때문이다.

천간은 그 기가 한 가지로만 이루어져 있으므로 지지가 편안하고 고요하면 천간의 싸움(상극)은 통제하여 따르게 하기가 쉬울 것이니, 이를 가리켜 천간의 싸움(상극)은 오히려 그런대로 괜찮다고 한다. 지지의 기운은 지장간의 기운이 섞여 있으므로 비록 천간이 순리를 따라 거스름이 없고 고요하다 하더라도 제화가 어려울 것이니, 이를 가리켜 지지의 싸움(상충)은 급하기가 마치 불과 같다고 한다.

『적천수』에서는 천간의 충을 천전(天戰)이라 하고, 지지의 충인 지전(地戰)에 비하면 통제가 쉽고 따라서 '그런대로 괜찮다'고 하였다. 그 이유로 천간은 움직이는 것을 주관하고, 지지는 고요함을 주관하기 때문이라 하였다. 천간은 움직이는 것이 당연하고, 이때 지지에서 그 자리를 불안하게 하지 않으면 천간의 싸움은 통제하기가 쉽다.

또한 천간은 움직이는 것이 마땅하고 조용히 있는 것은 마땅치 않으니, 동(動)하면 쓸모가 있으나 정(靜)하면 더욱 한 가지로 집중되어버리기 때문이다. 지지는 조용히 있는 것이 마땅하고 움직이는 것은 마땅치 않으니, 정하면 쓸모가 있으나 충을 당해 동하면 그 뿌리가 뽑혀버리기 때문이다. 따라서 이를 방지하기 위해서는 반드시 다른 지지와 합을 하여 힘을 얻거나, 다른 지지들과 모여 국을 이루어 자신을 충하여 동하게 만드는 기운을 가라앉혀야 한다. 또는 고신(庫神)인 辰戌丑未가 그 충하는 동신을 거두어들여서 그 정신을 편안하게 하면 이를 일컬어 '충하여 동한 가운데 정을 돕는다'고 하여 충의 흉함이 오히려 길함으로 변한다고 하니 그 충은 무난히 견뎌낼 수 있다.

임철초는 이어서 말하기를, 천간은 오히려 움직이도록 해야 하기 때문에 천간에 상극이 있는 것은 상황에 따라 천간을 쓸모 있는 성분으로 만들어준다고 하였다.

04

지지 육합

해와 달의 운행과 지지의 공간 배치에 따른 육합

1 지지 육합의 종류

지지 육합(六合)의 종류는 子丑·寅亥·卯戌·辰酉·巳申·午未의 여섯 가지이다. 『오행대의』는 중국 점성학의 사유로 지지의 육합을 해석하고 설명하였는데, 모두 열두 가지다. 예를 들면 寅亥합은 정월(寅)에 해와 달이 모인 것을 말하고, 亥寅합은 10월(亥)에 해와 달이 모인 것을 말한다. '지지의 합은 해와 달이 운행하다가 머물러서 회합하는 곳을 말한다'고 하였다.

① 寅亥합

정월에는 해와 달이 추자(娵觜 : 별이름)의 자리에 모인다. 추자는 亥방(方)이고 일명 시위(豕韋)라고도 한다. 이때 북두 자루가 寅을 가리키는 때이므로 寅과 亥가 합을 한다.

② 卯戌합

2월에는 해와 달이 강루(降婁 : 별이름)의 자리에 모인다. 강루는 戌방이고 북두 자루가 卯를 가리키는 때이므로 卯와 戌이 합을 한다.

③ 辰酉합

3월에는 해와 달이 대량(大梁 : 별이름)의 자리에 모인다. 대량은 酉방이고 북두 자루가 辰를 가리키는 때이므로 辰과 酉가 합을 한다.

④ 巳申합

4월에는 해와 달이 실침(實沈 : 별이름)의 자리에 모인다. 실침은 申방이고 북두 자루가 巳를 가리키는 때이므로 巳와 申이 합을 한다.

⑤ 午未합

5월에는 해와 달이 순수(鶉首 : 별이름)의 자리에 모인다. 순수는 未방이고 북두 자루가 午를 가리키는 때이므로 午와 未가 합을 한다.

⑥ 未午합

6월에는 해와 달이 순화(鶉火 : 별이름)의 자리에 모인다. 순화는 午방이고 북두 자루가 未를 가리키는 때이므로 未와 午가 합을 한다.

⑦ 申巳합

7월에는 해와 달이 순미(鶉尾 : 별이름)의 자리에 모인다. 순미는 巳방이고 북두 자루가 申을 가리키는 때이므로 申과 巳가 합을 한다.

⑧ 酉辰합

8월에는 해와 달이 수성(壽星 : 별이름)의 자리에 모인다. 수성은 辰방이고 북두 자루가 酉를 가리키는 때이므로 酉와 辰이 합을 한다.

⑨ 戌卯합

9월에는 해와 달이 대화(大火 : 별이름)의 자리에 모인다. 대화는 卯방이고 북두 자루가 戌을 가리키는 때이므로 戌과 卯가 합을 한다.

⑩ 亥寅합

10월에는 해와 달이 석목(析木 : 별이름)의 자리에 모인다. 석목은 寅방이고 북두 자루가 亥를 가리키는 때이므로 亥와 寅이 합을 한다.

⑪ 子丑합

11월에는 해와 달이 성기(星紀 : 별이름)의 자리에 모인다. 성기는 丑방이고 북두 자루가 子를 가리키는 때이므로 子와 丑이 합을 한다.

⑫ 丑子합

12월에는 해와 달이 현효(玄枵 : 별이름)의 자리에 모인다. 현효는 子방이고 북두 자루가 丑을 가리키는 때이므로 丑과 子가 합을 한다.

• 지지 육합의 종류

지지	子	寅	卯	辰	巳	午
합	丑	亥	戌	酉	申	未
합화오행	土	木	火	金	水	태양·태음

2 지지 육합의 발생원리

지지 육합을 공간에 배치하여 그림으로 나타내면 다음과 같다. '육합'에 대한 초기 언급은 『장자』「제물론」에 나오는데, '동·서·남·북·상·하' 라는 입체적 우주공간의 뜻으로 사용하였다. 『회남자』에도 같은 뜻으로 등장하는데 그것을 우주공간으로 환치하여 대응한 것이다.

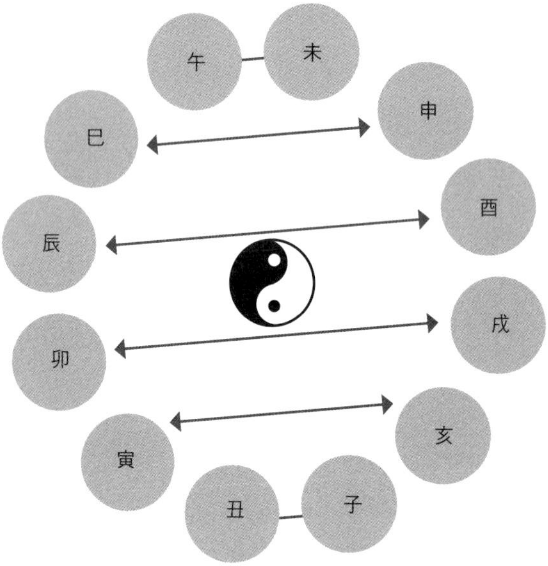

음양도(태극도)를 연상하여
지지 순환의 음양합을 생각하면 된다.

이후 대부분의 명리서에서 지지 육합의 원리를 말할 때 주로 십이지지를 방위 공간에 배치하여 비슷한 위도상의 횡적인 음양의 결합으로 설명하였다. 즉, 맨 아래에 子丑합을 배치하여 땅(土)을 나타내고, 맨 위에 午未합을 배치하여 하늘의 태양(午)과 달(未)을 상징하였으며, 나머지 지지는 천지간의 춘하추동 사시와 사방을 나타내었다.

• **지지 육합의 천지사방 공간구조**

지지합	우주공간	지지합	우주공간
午未합	하늘의 태양(午)과 달(未)	卯戌합	火(하)
巳申합	水(동)	寅亥합	木(춘)
辰酉합	金(추)	子丑합	땅(土)

『협기변방서(協紀辨方書)』에도 '子丑은 水(감괘)와 土이고 午未는 火(리괘)이다. … 卯戌합은 火이기도 하고 土이기도 하다'라고 하였다. 종합적으로 보면, 결국 지지 육합은『장자』나『회남자』에서 최초로 언급했던 천지사방의 우주공간 개념을 함축하였다는 것을 알 수 있다.『자평수언』의「회합변화론(會合變化論)」에서도 다음과 같이 설명하였다.

육합은 오성법의 칠정(七政 : 일월금목수화토)이다. 子와 丑은 아래에서 땅이 된다. 午는 해가 되고 未는 달이 되니 그것들이 위에서 하늘이 된다. 지기(地氣)가 위로 올라와 춘하추동의 순서가 있기 때문에 寅과 亥가 합하니 木의 봄이고, 卯와 戌이 합하니 火의 여름이며, 辰과 酉가 합하니 金의 가을이고, 巳와 申이 합하니 水의 겨울이다. …

육합에 있는 합의 의미는 태양궁이 항상 지구의 반대방향에 있는 것에서 유래한다. 이를테면 정월의 寅에서는 태양이 亥에, 2월의 卯에서는 태양이 戌에, 3월의 辰에서는 태양이 酉에, 4월인 巳에서는 태양이 申에, 5월인 午에서는 태양이 未에, 6월인 未에서는 태양이 午에 … 申월에는 巳에, 酉월에는 辰에, 戌월에는 卯에, 亥월에는 寅에, 子월에는 丑에 있기 때문이다. 그러나 화(化)의 의미는 거의 없다고 볼 수 있으니 논하지 않아도 된다.

『자평수언』의 논지를 순서대로 나타내면 다음과 같다.

• **지지 육합의 변화와 우주공간**

子丑합	땅(土)
午未합	하늘의 태양(午)과 달(未)
나머지 지지	천지간의 춘하추동 사시, 차례대로
寅亥합	木(춘)
卯戌합	火(하)
辰酉합	金(추)
巳申합	水(동)

『자평진진』에서도 '합(合)이란 것은 육합(六合)이니 子丑합 등이 그것이다'라 하고, 서락오가 해석하기를 '육합이란 子와 丑처럼 일전(日纏)과 월건(月建)이 서로 합하는 것이다. 일전이 우측으로 돌면 월건은 좌측으로 돌아 순행과 역행이 서로 만나는 곳에서 육합이 성립된다'고 하였다. 이 말은 『오행대의』가 '지지의 합은 해와 달이 운행하다가 머물러서 회합하는 곳을 말한다'고 한 것과 같은 맥락이다.

『삼명통회』는 십이지지를 순서대로 子·丑·寅·卯·辰·巳를 1,2,3,4,5,6에 배속하고 나머지 午·未·申·酉·戌·亥 또한 1,2,3,4,5,6에 배속하여, 그 합이 3 또는 9가 되는 음양의 조합이 육합이라고 설명한다.

• **지지 육합과 숫자 체계**

子	丑	寅	卯	辰	巳
午	未	申	酉	戌	亥
1	2	3	4	5	6

예를 들면 子는 1인데, 子와 丑이 합하면 1+2=3이 된다. 寅은 3인데 亥는 6이다. 寅과 亥가 합하면 3+6=9가 된다. 卯는 4이고 戌은 5이니, 卯戌합은 4+5=9가 된다.

辰은 5이고 酉는 4이니 辰酉합은 5+4=9가 된다. 巳는 6이고 申은 3이니 巳申합은 6+3=9가 된다.『삼명통회』가 다른 책과 달리 독특하고도 풍부한 설명을 제공하는 경우가 종종 있는데 바로 이런 점이다.

3 지지 육합의 특징과 적용

앞에서 학습한 천간 오합은 5개의 양간과 5개의 음간이 순서대로 만나는 음양의 합이고 정재와 정관의 합이다. 또 지지를 유행하면서 변화의 숫자인 다섯 번째 지지 辰을 얻어 그 성향에 변화가 생긴다. 반면, 지지 육합은 점성학적 사유에서 영향을 받아 해와 달이 운행하다가 머물러서 회합한 곳이라 하였다. 따라서 우주공간인 동·서·남·북·상·하에 배치한다. 그 특징을 요약하면 다음과 같다.

• 지지 육합의 특성

지지 육합	합화	비고
子丑합	土	북극합, 땅의 공간. 비록 子丑합으로 土를 만든다고 하였으나, 子丑이 亥·子·丑 수국에 속해 있으니 水 기운과도 관계가 있다. 동기간에 가까운 곳에 이루어지는 은밀한 합이다.
寅亥합	木	木, 봄의 공간. 생지 역마의 합이다. 장거리에서 비행기를 타고 편지나 전화 등을 교환한다.
卯戌합	火	火, 여름의 공간. 卯는 봄날의 어린 싹이고, 戌은 가을의 노숙함이다. 卯木이 戌土를 극하고 있지만, 시간이 흐르면 戌의 노련함에 오히려 고개를 숙인다. 戌은 乙木의 묘고이다. 순수한 감성이고 예술성이 있다. 나이 차이나 신분 차이가 있는 남녀의 만남이다.
辰酉합	金	金, 가을의 공간. 辰酉 또한 춘추의 합이다. 卯戌이 상극의 합인 반면, 辰酉는 상생의 합이다. 그러나 酉 또한 辰에 입고된다. 辰이 辛金의 묘고이기 때문이다. 卯戌이 상극의 합으로 입고를 당하는 느낌이라면, 辰酉는 상생의 합으로 기꺼이 입고를 자처하는 느낌이다.

巳申합	水	水, 겨울의 공간. 역마의 만남이며, 다른 한편으로 巳申은 형살이고 망신살에 해당한다. 합도 되고 형도 된다는 것은 길흉의 교차가 있다는 의미이다. 좋아서 결혼했는데 결국 이혼소송에 휘말리거나 동업자의 관계에서 송사로 끝나는 등의 일이 발생한다.
午未합	없다	적도의 합이다. 태양과 달의 공간. 비록 午未의 합화오행은 없다고 하였으나 巳·午·未 화국에 속해 있는 지지들이니 火 기운과도 관계가 있다. 밝은 대낮(정오)의 합이니 만천하가 다 아는 공식적인 만남이다. 午未는 午火가 未土를 생하여 土로 변하는 것 같지만 결국은 火기운이 더욱 강해진다.

예1)

시	일	월	연
	甲		
		子	丑

위 사주의 월지 子와 연지 丑이 육합되었다. 육신으로 子는 정인이고, 丑은 정재이며 천을귀인이다. 성장과정에 부모님이 화합하였을 것이고 가업을 이었을 수 있다. 그러나 子월에 태어난 甲木 일간이라면 조후로 丙·丁火가 절실하다. 다른 자리에 조후가 해결되었는지를 확인하고 좀 더 구체적인 해석을 할 수 있다.

예2)

시	일	월	연
	甲		
丑	辰	子	未

위의 사례와 같이 子월에 태어난 甲木 일간의 사주이다. 조후가 시급한데 다른 지지를 살펴보아도 조후를 해결할 글자는 오지 않았다. 연지에 未土가 온 것으로 보아 未 중 온기를 활용할 수 있다. 未 또한 甲木의 천을귀인이다. 이 사주는 월지 子水가 일지 辰土와 합을 하려 하고 있다. 따라서 시지의 丑土와는 합하는 힘이 약해졌다.

05

간지 암합

천간과 지지의 간절한 만남

간지 암합(暗合)은 일간이 일지에 숨어 있는 천간(지장간)과 합을 하는 것을 말하는데, 甲午·丁亥·戊子·己亥·辛巳·壬午·癸巳 일주가 이에 해당한다. 그중 천간이 지지에 암장된 본기와 합하는 것은 丁亥·戊子·辛巳·壬午로, 천간의 정이 재·관의 자리에 앉은 것을 말한다. 이 경우 부부금실이 좋다. 마땅히 고요한 것이 좋고 충하면 좋지 않다. 여기에 甲午 일주를 포함하는 경우도 있고 그렇지 않은 경우도 있는데, 甲木 일간이 午 중 己土와 합하지만, 본기인 丁火와는 합하지 않기 때문이다. 같은 경우가 己亥 일주, 癸巳 일주 등이다.

『적천수』에 '천간이 지지와 합을 하는 경우 지지가 왕하면 고요한 것을 좋아한다'고 하였다. 임철초는『적천수천미』에서 이를 해석하여 다음과 같이 쓰고 있다.

(천간 오합과 달리) 드러난 천간이 지지 중 암장된 지장간과 합을 하는 경우는 국에 따라 합하지 않는 바도 없고 쟁합, 투합, 분합을 기피할 것도 없다. 천간이 지지와 합을 한다는 것은 모름지기 융통성 있게 보고 가볍게 봐야 한다. 원전의 문장 '지지가 왕하면 고요한 것을 좋아한다'는 구절을 중요하게 여겨야 하니, 무릇 지지가 왕하다는 것은 필히 천간이 쇠하여 조력이 없다는 것이다. 고요함을 좋아한다는 것은 네 지지에 충극하는 물건이 없고 생조하는 신이 있다는 것이다. 만약 천간이 쇠약한데도 도와주는 것이 없고 지지는 왕한데도 생조가 있으면 천간은 필히 기쁘게 합하려는 뜻을 품을 것이다. 만약 지지의 원신이 천간에 투출하면 위의 천간과 아래의 지지가 연분을 맺어 오르고 내리는 정이 있으니 이러한 합은 종하는 것과 같은 의미를 지닌다. 재와 합을 하면 종재와 같고, 관과 합을 하면 종관과 같아서 천간이 합화하는 이치가 아니니 이 때문에 고요히 있으면 편안함에 거처하여 대체로 보존하여 지킬 수가 있으나 움직이면 위태로움을 겪어서 견뎌내기가 어렵다.

일간이 쇠하여 천간에서 도움을 받지 못하고 지지는 왕하여 지장간이 지지의 도움을 받는다면 일간은 흔쾌히 일지 지장간과 합하려는 마음을 품게 된다는 뜻으로 읽으면 된다.

그 외에 천지합덕(天地合德)이 있다. 천간끼리 오합하고 지지끼리 육합 또는 암합하는 경우이다. 庚申과 乙巳, 丙午와 辛未 일주의 만남이 그러하다. 사주원국에 천지합덕이 있으면 외교적이고 인간관계에 능하지만, 너무 정에 이끌려 공적인 업무에 방해받는 경우가 생길 수도 있다. 『이허중명서』에 천지합덕을 다음과 같이 소개하고 있는데, 일반적으로 알려진 천지합덕과 조금씩 차이가 있다. 그 이유는 아래 『자평진전평주』에 부연설명이 있다.

• **천지합덕표**

甲寅	己未 (己丑)	丙寅	辛丑 (辛未)	戊寅	癸未 (癸丑)	庚寅	乙未 (乙丑)	壬寅	丁未 (丁丑)
甲辰 (甲戌)	己亥	丙辰 (丙戌)	辛亥	戊辰 (戊戌)	癸亥	庚辰 (庚戌)	乙亥	壬辰 (壬戌)	丁亥
甲午	己亥	丙午	辛亥	戊午	癸亥	庚午	乙亥	壬午	丁亥
甲申	己卯	丙申	辛卯	戊申	癸卯	庚申	乙卯	壬申	丁卯
甲子	己巳	丙子	辛巳	戊子	癸巳	庚子	乙巳	壬子	丁巳

『자평진전평주』는 천지합에 대해 다음과 같이 말하였다. 甲子와 己丑이 천지합덕인 것은 분명하다. 그러나 丙申과 辛卯도 천지합덕으로 보는 이유는, 결국 申은 庚이요 卯는 乙이라 지지 정기가 합을 한다는 뜻이 된다. 나머지도 이에 의거하여 추론하고 이해할 수 있다. 여기에 추가로 교호삼합이라는 것을 소개하였는데, 즉 甲午와 壬午의 만남이다. 午 중 己土가 甲木과 합을 하고, 또 午 중 丁火는 壬水와 합을 한다는 것이다. 이것을 교호삼합, 즉 위 아래가 서로 교차하여 합을 한다고 하였다.

甲子와 己丑이 만나면 천지합이 된다. 丙申과 辛卯가 만나도 천지합이 되니 그 이유는 申은 곧 庚이요, 卯는 곧 乙이어서 乙庚합이 되는 까닭이다. 甲午와 壬午는 午에 己가 숨어 있으니 甲과 합하고 午에는 丁이 숨어 있으니 壬과 합하게 된다. 辛巳와 癸巳를 보면 巳의 지장간 丙이 辛과 합하고 戊가 癸와 합한다. 이것은 위 아래가 서로 합하는 것이다. 또 辛亥월 丁巳일이라면 亥 중의 壬이 丁과 합하고 巳 중의 丙이 辛과 합한다. 이런 것을 교호삼합이라고 한다. 이런 것은 육합의 변화이다.

『적천수』는 이어서 말하기를 '천간과 지지 사이에는 서로 정겹게 화합하는 것을 귀하게 여긴다'고 하고, 또 '사주 간지의 좌우에서 서로 뜻을 함께하는 것을 귀하게 여긴다'고도 하였다. '천간과 지지가 서로 정겹게 화합한다'는 것은 천간과 지지가 서로 상생은 아니어도 정이 있어서 어긋나거나 등지지 않아야 한다는 말이다. 예를 들어 정관이 쇠약하고 상관이 왕하면 재성이 상관의 힘을 빼서 정관을 생한다거나, 정관이 왕하고 재성도 많다면 비겁이 국을 이루어 그 세력을 조절할 수 있어야 한다는 뜻이다. 이것을『적천수』나『자평진전』에서 모두 '유정'한 관계라 하였다.

간지암합에서 천간과 지지가 합을 하는 경우 외에 지지 지장간끼리의 합이 있다. 『자평진전』은 명합과 암합을 구분하여 다음과 같이 쓰고 있다. 천간끼리의 합은 드러난 것이니 명합이고, 지장간이 서로 합을 하는 것은 암합이라 하였다.

천간과 천간이 합하는 것은 명합, 지장간이 만나는 것은 암합이라 한다. 두 지지가 서로 인접하여 각기 록(祿)·왕(旺)의 기(氣)를 취하면 합이다. 예를 들어 子 중 癸水와 巳 중 戊土가 록인데 둘이 만나 戊癸합이 되고, 寅 중 甲과 未 중 己가 합하고, 卯 중 乙과 申 중 庚, 辰 중 戊와 子 중 癸가 합하고, 巳 중 丙과 丑 중 辛, 또 戊와 癸가 합하고, 午 중 丁과 亥 중 壬, 甲과 己가 합한다.

• 지장간의 암합

인접한 지지	지장간 합
子巳	戊癸합
寅未	甲己합
卯申	乙庚합
辰子	戊癸합
巳丑	丙辛합, 戊癸합
午亥	丁壬합, 甲己합

지지 지장간의 합은 지지 두 글자의 지장간들끼리의 합이다. 지장간은 겉으로 드러나지 않은 글자이니 비밀스런 모임이나 은밀한 사랑을 의미한다. 천간합, 지지 삼합, 지지 육합보다 더욱 간절하여 그 작용력이 치밀하고 조직적이다. 위에 소개한 지지

조합 외에 『자평진전평주』에 지장간의 합으로 다음과 같이 소개하였다. 위의 조합에서 子와 戌 중 정기 癸와 戊가 암합한다. 또 丑 중 己와 寅 중 甲이 암합하고, 卯 중 乙과 申 중 庚이 암합하는 식이다.

• 『자평진전평주』의 지장간 암합 종류

子	戌	丑	寅	卯	申	午	亥	寅	未	巳	酉	子	辰
壬	辛	癸	戊	甲	戊	丙	戊	戊	丁	戊	庚	壬	乙
	丁	辛	丙		壬	己	甲	丙	乙	庚			癸
癸	戊	己	甲	乙	庚	丁	壬	甲	己	丙	辛	癸	戊

아래 사주에서 일간 戊土는 일지 子水 재성과 암합한다. 재복이 있는 사주이다.

예)

시	일	월	연
	戊		
	子		

『적천수』의 「간지총론」에서 천합지합(天合地合)을 논하여 '합에도 마땅한 것과 마땅하지 않은 것이 있는데, 합이 많으면 아름답지 못하다 하겠다'고 하였다. 그에 대한 해설로 합은 아름다운 일이라고 하지만 항상 그런 것은 아니라 하고, 합을 반길 때 합이 이루어져야 그 합이 아름답지 합을 꺼릴 때 합이 이루어진다면 이는 오히려 충보다 더 흉하다고 하였다. 충을 받고 있을 때 합을 얻어 고요하게 되는 것은 쉬우나, 합을 이루고 있을 때 충을 얻어 움직이게 하는 것은 곤란하다고도 하였다.

합으로 인하여 마땅한 경우로 희신이 능히 합을 하여 그 합으로 인한 결과가 희신에게 도움이 된다면 아름다운 일이니, 庚金이 그 사주의 희신인데 이 庚金이 乙木을 만나 합을 이루어 金으로 화하여 도움을 주는 경우가 그렇다. 흉신이 능히 합을 하여 떠나가는 것[합거(合去)]은 더욱 아름다운 일이니, 甲木이 그 사주의 흉신인데, 이 甲

木이 己土를 만나 합을 이룬 후 土로 변화하여 떠나가버리는 경우가 그렇다. 한신과 흉신이 능히 합을 이루어 희신으로 화한다면 이 또한 아름다운 일이니, 癸水가 흉신이고 戊土가 한신인데 이 둘이 합을 이루어 희신인 火로 변하는 경우가 그렇다. 희신이 충을 받고 있을 때 충을 하는 오행이 합거되거나 희신이 합을 얻어 자신을 스스로 돕는다면 이 또한 아름다운 일이다. 子水와 午火가 충을 하고 있고 午火가 그 사주의 희신인데 子水가 丑土를 만나 합거되거나, 寅과 申이 충을 하고 있고 寅이 사주의 희신인데 寅이 亥를 만나 합하여 木으로 변하는 경우가 그렇다.

예1)

시	일	월	연
乙	丙	庚	辛
未	子	寅	亥

위 사주는 寅월에 태어난 丙火가 아직 약한 때이고 木은 여리다. 용신은 木이고 기신은 金이다. 가장 반가운 亥水가 사주의 金 기운을 설기하는데, 寅과 합을 하여 木을 생하므로 합이 마땅한 경우이다.

예2)

시	일	월	연
辛	壬	庚	戊
丑	寅	申	子

丁	丙	乙	甲	癸	壬	辛
卯	寅	丑	子	亥	戌	酉

위 사주는 申월에 태어난 壬水 일간은 가을의 물이 제철을 만나 튼튼하다. 壬水를 생해주는 인수 金이 중중하고, 戊丑 土가 또한 金을 생하고 있으니 金을 용신으로 쓰지 않는다. 壬水의 기운을 순응하여 부드럽게 설기하는 木을 용신으로 삼았다. 癸水운에 金을 설하고 木을 생하니 국학(國學)에 입학하였고, 亥水운에 지지가 북방으로 흐르지만 寅木과 합하여 병이 되는 丑土의 습기를 제거하니 향시와 전시에 연달아 합격했다. 다만 寅申충으로 寅木이 손상받으니 벼슬에 강등이 있었으나, 甲子운에 水木의 유입으로 벼슬길이 평탄해졌다. 乙丑 대운에 乙庚합하여 기신 庚金을 더욱 사납게 하니 파직당해 집으로 돌아갔고, 丑 시기에 기신 金을 생하니 사망하였다.

다음은 합이 마땅하지 않은 경우이다. 합이 충보다 오히려 흉한 것인데, 기신이 합을 하여 그 합으로 인한 결과가 기신에게 도움이 된다면 흉한 일이다. 己土가 그 사주의 기신인데, 己土가 甲木을 만나 합을 이룬 후 土로 화하여 기신에게 도움을 주는 경우가 그렇다. 희신이 기신과 합거되면 이 또한 흉하다. 乙木이 희신인데 庚金을 만나 金으로 화하여 재앙에 빠지는 경우가 그렇다. 희신과 한신이 합을 이루어 기신으로 변하는 것 또한 흉하다. 丙火가 희신이고 辛金이 한신인데 丙辛합을 하여 水로 변해 기신이 되는 경우가 그렇다. 한신과 기신이 합을 이루어 흉신으로 변하는 것 또한 흉하다. 壬水가 한신이고 丁火가 기신인데 丁壬합화 木이 되어 흉신이 된 경우가 그렇다. 희신이 충을 받고 있을 때 충을 하는 오행이 합을 하여 오는[합래(合來)] 것 또한 흉하다. 卯와 酉가 충을 하고 있고 卯가 희신인데, 酉가 辰土를 만나 합을 이루어 金으로 변하고 卯를 극하는 경우가 그렇다. 희신 스스로 합을 이루어 자신을 잃는다면 또 흉하다. 巳亥충을 하고 巳火가 희신인데, 巳火가 申金을 만나 합하여 水가 되고, 亥水를 도와 巳火를 극하는 경우가 그렇다.

예)

시	일	월	연
丁	丙	壬	丁
酉	午	寅	亥

乙	丙	丁	戊	己	庚	辛
未	申	酉	戌	亥	子	丑

위 사주는 寅월에 태어난 丙午 일주가 천간에 丁火가 2개나 투출하였으니 신왕하다. 칠살인 壬水는 亥水에 통근하여 살인상생하는 사주이다. 그런데 丁壬합과 寅亥합을 하여 木으로 변하니 기신이 되어 양인과 겁재가 방자해지는 군겁쟁재가 되었다.

초운에 북방의 金水로 운이 흘러 물려받은 재산이 풍성하였으나, 戊戌운에 지지가 寅·午·戌 화국을 이루니 金水를 극하여 없애버리게 되어 가산을 탕진하고 죽었다.

06

지지 회합

지지 방위의 합과 특수 목적의 합

1 방합

방합(方合)은 계절의 합 또는 방위의 합이라 한다. 같은 계절이나 같은 방위에 속해 있는 기운들끼리 비슷한 속성을 가지기 때문에 뭉치게 된다는 의미로 같은 성씨, 형제, 종친의 모임이다.

• **지지 방합의 종류와 의의**

종 류	오 행	방 위	계 절
寅卯辰	목국(木局)	동(東)	춘(春)
巳午未	화국(火局)	남(南)	하(夏)
申酉戌	금국(金局)	서(西)	추(秋)
亥子丑	수국(水局)	북(北)	동(冬)

『자평진전』에 '삼방(三方)이 모여서 회(會)를 이루니 친구를 의미하고 나란히 짝하는 것은 합인데 이웃을 의미한다'고 하였다.

예1)

시	일	월	연
	甲		
丑	辰	寅	卯

위 사주에는 寅·卯·辰 방합이 있다. 차례와는 무관하다. 이 사주의 甲木 일간은 寅월 록월에 생하여 그 기세가 강하다. 사주에 태강한 목기를 다스릴 수 있는 金의 관살이 드러나 있다면 다행이겠으나, 그렇지 않다면 丙·丁火로 기운을 설기하여 식상생재를 하여야 한다. 재성은 시지에 나타나 있으니 여건만 된다면 재물을 득할 힘은 장전되어 있는 사주이다. 연월일 지지 寅·卯·辰 방합의 목국은 유년의 부모형제와 청년 궁의 방합이요 비견의 방합이다. 가족관계에 나타난 연결고리를 찾아 통변해야 한다. 반드시 천간에 드러난 글자를 파악하고 그 글자의 통근상태에 근거하여 읽어야 한다. 목국을 제극하거나 설기하는 성분을 찾아 그 해석을 실마리로 삼을 수 있다.

예2)

시	일	월	연
	乙		
巳		酉	丑

위 사주는 酉월 절지의 계절에 태어난 乙木 일간이다. 이미 일간의 제극이 충분히 이루어져 있다. 酉월은 일간에게 칠살이며 절지이니 이 글자를 제극하여 일간이 살아남거나, 아니면 차라리 내 성향을 버리고 金의 관살을 따라야 한다.

예3)

시	일	월	연
丙	甲	庚	辛
寅	辰	寅	卯

癸	甲	乙	丙	丁	戊	己
未	申	酉	戌	亥	子	丑

위 사주는 甲木이 寅·卯·辰 방국의 寅월생이고, 시지 또한 寅시로 태왕하다. 월간과 연간의 庚·辛金은 寅·卯木 절지에 임하여 제강을 차지한 왕신을 극하기 힘들다. 더욱이 시간의 丙火가 木과 한마음이 되었다. 따라서 그 기세를 庚·辛金을 제거하는 방향으로 흐르게 하고 강한 木을 설기하는 丙火를 용신으로 삼는다.

己丑 대운에 金을 생하여 고생이 많았으나, 상경하여 관청에서 공무를 담당하였다. 丙戌 대운에 광동에 파견되었고, 乙酉운에 庚·辛金이 뿌리를 얻어 인생을 마감했다.

예4)

시	일	월	연
丁	甲	庚	庚
卯	寅	辰	寅

丁 丙 乙 甲 癸 壬 辛

亥 戌 酉 申 未 午 巳

위 사주는 甲木이 寅·卯·辰 방국생으로 왕하지만, 辰월생으로 왕신이 월령을 차지하지는 못했다. 이 경우 辰土가 庚金을 생해주어 힘이 되니 庚이 甲木을 제어할 역량이 있다. 시간의 丁火가 목기를 설기할 수는 있으나 庚金의 적수가 되지 못하니 관살인 庚金을 용신으로 삼았다.

甲申 대운에 庚金이 록왕하고 寅申충을 하니 과거에 연이어 급제하고 벼슬이 군수에 이르렀다. 丙戌 대운에 丙火가 庚金을 제어하니 벼슬에서 물러났다.

새로운 형태의 오행으로 변하게 된다는 것은 자신이 가지고 있던 것을 변화시켜 새로운 것을 얻어낸다는 뜻이 있다. 예를 들어 지지에 寅·卯·辰 목국이 되어 있으면 기존의 寅木과 卯木, 辰土가 가진 속성을 변화시켜 새로운 木의 기운을 발생시키는데, 동시에 목생화를 하여 화기도 얻게 된다. 어떤 하나의 오행 기운이 태강해지면 그와 반대되는 기운을 찾게 되거나, 아니면 그 태강한 기운이 생하는 오행을 저절로 만들어낸다. 그 숨은 기운을 읽을 줄 아는 것이 고급 사주통변이다.

2 삼합

삼합(三合)은 방합과 마찬가지로 세 글자의 합이란 뜻인데, 방합이 이웃해 있는 비슷한 성분끼리의 합이라면 삼합은 멀리서 특수한 목적으로 모인 합이다. 『연해자평』에 申·子·辰은 수국, 亥·卯·未는 목국, 寅·午·戌은 화국, 巳·酉·丑은 금국이라 하고, 더하여 辰·戌·丑·未를 토국이라 하였다. 또 '삼합을 취용하면 국(局)이 되고 격(格)에 든다'고 하였다.

『적천수』는 '방(方)은 방이고 국(局)은 국인데, 방은 반드시 방을 이루어야 하고 국과 섞지 말라'고 하였다. 원주는 이를 해석하여 '寅·卯·辰는 동방인데, 亥나 卯 또는 未를 섞으면 태과해지니 어찌 혼잡한 국이 되지 않겠는가?'라고 하였다. 이 말에서 寅·卯·辰과 같은 방합의 부류를 방(方)이라 하고, 亥·卯·未와 같은 삼합의 부류를 국(局)이라 하였다는 것을 알 수 있다. 다만 임철초가 이를 해석하기를, '戊土 일주가 寅월에 태어나서 寅·卯·辰을 모두 보면 칠살로 논하고, 卯월에 태어나서 세 글자를 모두 보면 정관으로 논하며, 辰월에 태어났을 때는 기세를 보고 정관인지 칠살인지를 파악하면 된다'고 하고, 또 '설령 방합에 삼합의 글자가 더해진다고 한들 무조건 혼잡하여 나쁘다고 할 일은 아니라'고 하였다.

『자평진전』에서는 '회(會)라는 것은 삼회(三會)이다. 申子辰 등과 같은 종류이다. … 삼방(三方)이 모여서 회(會)를 이루니 친구를 의미하고, 나란히 짝하는 것은 합인데 이웃을 의미한다'고 하였다. 『자평진전평주』에서 이를 해석하여 다음과 같이 말하였다.

삼합은 사정(四正)을 위주로 본다. 사정은 子午卯酉를 말한다. 이것은 바로 감리진태(坎離震兌)인데, 4우(偶)의 지지는 4정을 따라서 국을 이루게 된다. 木은 亥에서 장생하여 卯에서 제왕이 되고 未에서 묘가 되므로 亥卯未가 합하여 목국(木局)을 이룬다. 火는 寅에서 장생하여 午에서 제왕이 되고 戌에서 묘가 되므로 寅午戌이 합하여 화국(火局)을 이룬다. 金은 巳에서 장생하여 酉에서 제왕이 되고 丑에서 묘가 되므로 巳酉丑이 모여서 금국(金局)을 구성한다. 水는 申에서 장생하여 子에서 제왕이 되고 辰에서 묘가 되므로 申子辰이 모여서 수국(水局)이 된다.

방합이 같은 곳에서 비슷한 성분끼리 모인 물리적 합이라면, 삼합은 화학적인 작용 즉 사회적 모임이다. 따라서 방합을 형제의 합으로 비슷한 동료들의 합이라 하였다면, 삼합은 사회적 모임이라 하였다. 궁합에 적용한다면 삼합이 적절하다. 『자평수언』에도 다음과 같이 말하고 있다.

지지가 서로 합하는 것 중에 삼합과 회국이 가장 중요하다. 삼합은 『내경』의 육기에 근원한다. 육기는 첫 번째가 궐음이고, 두 번째가 소음이며, 세 번째가 소양이고, 네 번째가 태음이며, 다섯 번째가 양명, 여섯 번째가 태양이다. 기백이 '하늘의 기는 甲에서 시작하고 땅의 기는 子에서 시작한다'고 하였다. … 어째서 申子辰의 이름을 수국(水局)이라 하는가? 세 해는 땅의 기의 시작과 마침, 나아감과 물러남이 서로 같고, 세 지지 중의 쓰임이 또한 같다. (申은 水의 장생이고, 子는 水의 왕지이며, 辰은 水의 묘고이다.) 그러므로 세 지지를 나란히 세우면 유독 쓰임이 가지런하여 역량이 배로 증가한다.

육기에 대해서는 앞에 「천간 오합」에서 설명하였다. 인용문에서는 궐음·소음·소양·태음·양명·태양의 삼음과 삼양의 육기가 언급되었다. 한의학에서 병증을 진단하고 치료하는 육기의 분류이다.

삼합의 종류	오행	삼합의 종류	오행
亥卯未	목국(木局)	巳酉丑	금국(金局)
寅午戌	화국(火局)	申子辰	수국(水局)

• **삼합의 삼차원 도식**

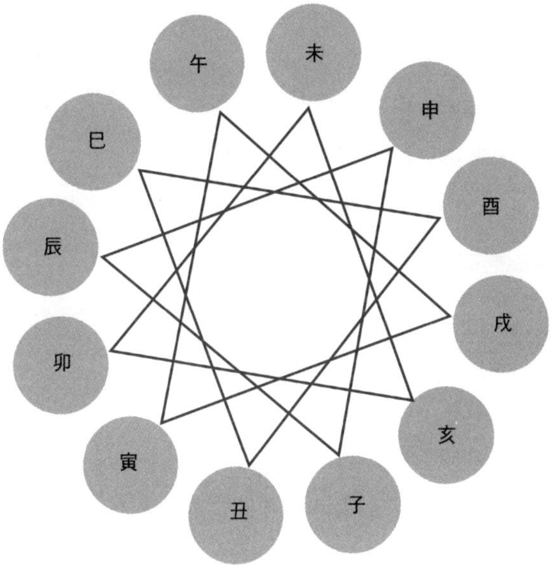

• 생지(生地) : 寅申巳亥

• 왕지(旺地) : 子午卯酉

• 고지(庫地) : 辰戌丑未

3 반합

반합(半合)은 삼합의 두 글자만 있는 경우를 말하는데, 그중 왕지(子·午·卯·酉)는 포함되어야 한다. 그런데, 사정의 글자가 없어도 천간에 그 해당 오행이 있으면 반합의 국을 이룰 수 있다. 예를 들어, 지지에 午가 없이 寅과 戌이 있고 천간에 丙이나 丁이 있는 경우, 또는 寅과 戌이 있고 지지에 午 대신 巳가 있는 경우도 그 회합의 힘이 있다고 하였다. 서락오는 그 이유로 巳는 火의 록(巳는 丙火의 록지)이기 때문이라고 하였는데, 申과 辰이 있는데 亥가 온 것도 마찬가지 이치이다. 나머지도 이에 따라 추론하면 된다. 다음은 반합이 성립되는 경우이다.

• 반합의 성립

사정지 포함	천간의 유인력	록지 포함	오행
亥卯, 卯未	亥未와 甲 또는 乙	亥未와 寅	목국(木局)
寅午, 午戌	寅戌과 丙 또는 丁	寅戌과 巳	화국(火局)
巳酉, 酉丑	巳丑과 庚 또는 辛	巳丑과 申	금국(金局)
申子, 子辰	申辰과 壬 또는 癸	申辰과 亥	수국(水局)

『자평진전평주』가 설명하고 있는 내용은 다음과 같다.

삼합은 3개의 지지가 모두 모여야 국을 이루는데 두 글자만 있을 경우에는 어떠한가? 寅과 午 또는 戌과 午가 있으면 절반의 화국(火局)을 이룬다. 申과 子 또는 辰과 子 두 글자가 있어도 절반의 수국(水局)을 이룬다. 만약 寅과 戌 또는 申과 辰만 있다면 국을 이룰 수 없다. 왜냐하면 삼합의 국은 4정의 글자가 있어야 가능하기 때문이다. 그런데 만약 지지에 寅과 戌이 있고 천간에 丙丁의 火가 있거나 지지에 申과 辰이 있고 천간에 壬癸의 水가 있다면 국을 이룰 수 있다. 丙丁은 곧 午이고 壬癸는 곧 子이기 때문이다. 또한 寅과 戌이 있는데 지지에 午 대신

巳가 있거나 申과 辰이 있는데 子 대신 亥가 있다면 역시 회합하려는 힘이 있다고 본다. 왜냐하면 巳는 火의 록지이고 亥는 水의 록으로 子나 午와는 한 자리의 차이만 있을 뿐이다. 금국(金局)과 목국(木局)도 이에 따라 추론하기 바란다.

예1)

시	일	월	연
	甲		
	寅	午	

위 경우는 지지에 왕지인 午가 있어서 반합이 성립된다. 寅과 午만 있어도 반합이고, 戌과 午가 있어도 반합이 성립된다.

예2)

시	일	월	연
	甲		丙
	寅	戌	

위 경우는 지지에 寅과 戌이 있고 午가 없으나, 천간에 丙火가 있어서 반합이 성립된다.

07
지지 육충
지지에서 반대 기운끼리의 격렬한 충돌

1 육충의 종류

지지의 충(沖)은 서로 상반된 글자가 만나 일으키는 충돌이다. 방위의 충이며 서로 반대되는 기운들의 충돌이다. 지지에는 6개의 합이 있고 6개의 충이 있는데, 육충(六沖)은 子와 午, 卯와 酉, 寅과 申, 巳와 亥, 辰과 戌, 丑과 未가 충을 하는 것이다. 『오행대의』는 지지의 육충을 '충파'라 하고, '서로 상대가 되는 것을 취하였다'고 썼다.

• 지지 육충의 종류

子	丑	寅	卯	辰	巳
午	未	申	酉	戌	亥

『자평진전』에 '비스듬히 상대하는 것은 충인데 상대를 마주보고 공격한다[격사(擊射)]는 뜻'이라 하였다. 서락오가 해석하기를 '육충이란 본궁의 반대 방향인데 예를 들어 子와 午, 丑과 未, … 등'이라 하고, '천간에서 7번째가 칠살이 되고(자신 포함) 지지에서도 7번째가 충이 된다'고 하였다. 충이란 극이다. 『자평수언』에도 다음과 같이 쓰고 있다.

子午충과 巳亥충은 水가 火를 극하는 것이고, 寅申충과 卯酉충은 金이 木을 극하는 것이다. 辰·戌·丑·未는 모두 같은 토끼리 충을 하는 것이니 붕충(朋沖)이라고 한다. 그런데 辰 중 묘고의 水는 戌 중 묘고의 火를 극하지 않음이 없고, 戌 중 여기인 金도 辰 중 여기인 木을 극할 수 있다. 丑과 未도 그와 같아서 丑 중 金과 水가 未 중 木과 火를 극할 수 있으니, 반기고 꺼리는 것은 반드시 명조에서 반겨 쓰는 것이 극을 당해 손상되었는지를 살펴야 한다. 그러므로 육충 가운데 辰·戌·丑·未의 충이 가장 복잡하다.

• **충(沖)**

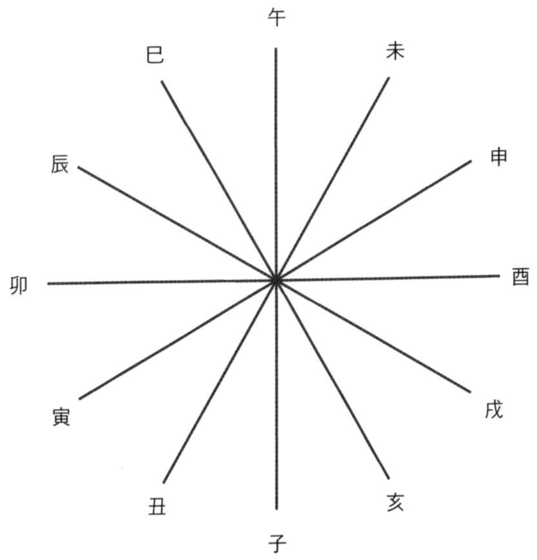

육충을 공간에 포진하여 보면 십이지지가 서로 마주보는 글자에 해당하고, 木火金水 오행의 생극제화로 읽었을 때 상극의 관례, 즉 子·午와 巳·亥는 수극화, 卯·酉와 寅·申은 금극목의 관계이다. 한편 辰·戌·丑·未는 같은 土 오행끼리의 충으로 붕충 즉 동료들의 충돌이라 하지만, 辰戌충은 水의 묘고와 火의 묘고의 충돌이며, 丑未충은 金의 묘고와 木의 묘고의 충돌로 역시 상극으로 해석할 수 있다.

2 육충의 해석

육충은 깨져서 아픔을 겪고 손실되는 상실감을 의미한다. 상대를 마주보고 부딪치는 것이니 글자의 간격을 살펴서 읽어야 한다. 신상의 번거로움을 만들어내는 이동수나 타인의 입에 오르내리게 되거나 법정공방 및 관청과 연관되어 좋지 않은 일을 만들어 낸다는 관재구설(官災口舌) 또는 교통사고, 질병사고, 수술 등 수많은 좋지 못한 것들을 뜻한다. 모든 충에 대한 통변은 각 글자가 사주팔자에서 어떤 역할과 지위에 있느냐에 따라 그 길흉과 득실을 따져서 읽어야 하지만, 그중 辰·戌·丑·未의 충이 가장 복잡미묘하다.

『오행대의』는 육충을 충파라 불렀는데, 그것이 가벼운지 무거운지는 생월 지지의 지장간에 생(生)의 글자와 사[死 : 묘(墓)]의 글자 여부로 판단하였다. 생으로는 충을 보고, 사로는 파를 보았다.

사맹월(四孟 : 寅·申·巳·亥)은 생만 있고 사는 없으니 충만 있고 파는 없으며, 사계월(四季 : 辰·戌·丑·未)은 사만 있고 생은 없으니 파만 있고 충이 없으며, 사중월(四仲 : 子·午·卯·酉)은 사와 생이 함께 있으니 충과 파가 모두 일어난다.

사맹월은 각 계절을 시작하는 첫째 달로 음력 1·4·7·10월이고 寅·巳·申·亥이다. 사계월은 각 계절의 마지막 달인 음력 3·6·9·12월이고 辰·未·戌·丑이다. 사중월은 가운데 달이고 子·卯·午·酉이다. 사맹월은 각각 寅월에는 火를 생하고, 巳월에는 金을 생하며, 申월에는 水를 생하고, 亥월에는 木을 생한다. 사계월은 각각 辰월에 사한 水가 있고, 未월에는 사한 木이 있으며, 戌월에는 사한 火가 있고, 丑월에는 사한 金이 있다. 한편 사중월인 卯월에는 木이 왕하고 水가 사하며, 午월에는 火가 왕하고 木이 사하며, 酉월에는 金이 왕하고 火가 사하고, 子월에는 水가 왕하고 金이 사한다.

『오행대의』는 이어서 설명하기를 '기가 사하는 것은 무겁기 때문에 서로 파하는 것이고, 기가 생하는 것은 가볍기 때문에 서로 충하는 것'이라 하였다. 이것을 정리하여 도표로 나타내면 다음과 같다.

• 충파와 절기의 관계

봄			여름			가을			겨울		
寅	卯	辰	巳	午	未	申	酉	戌	亥	子	丑
맹	중	계	맹	중	계	맹	중	계	맹	중	계
충	충파	파	충	충파	파	충	충파	파	충	충파	파
생(火)	왕(木) 사(水)	사(水)	생(金)	왕(火) 사(木)	사(木)	생(水)	왕(金) 사(火)	사(火)	생(木)	왕(水) 사(金)	사(金)

『적천수』는 '천간의 싸움[천전(天戰) : 상극]은 오히려 그런대로 괜찮다고 할 수 있겠으나 지지의 싸움[지전(地戰) : 상충]은 급하기가 마치 불과 같다' 하고, 또 말하기를 '지지에서는 단지 충(沖)만이 중요하다. 형(刑)·천(穿)·파(破)는 그다지 중요하지 않다'고도 하였다. 천(穿)은 해(害)이다.

원문 생지(生支)인 寅·申·巳·亥는 충으로 동하게 됨을 두려워하고, 고지(庫支)인 辰·戌·丑·未는 충으로 마땅히 열려야 하며, 왕지(旺支)인 子·午·卯·酉의 충은 자세히 살펴야 한다.

원주 寅·申·巳·亥는 생방이니 충동을 꺼리며, 辰·戌·丑·未는 사고이니 당연히 충하면 열리게 된다. 子·午·卯·酉는 사패이니 합을 만났을 때 충을 기뻐하는 경우가 있는데 생지가 반드시 충해서는 안 되는 것과 같지 않으며, 충을 만났을 때 합을 기뻐하는 경우가 있는데 고지가 반드시 닫혀서는 안 되는 것과 같지 않으므로 자세히 살펴야만 한다.

임철초는『적천수천미』에서 이를 해석하기를, 지지에 충이 발생하면 어느 글자가 강한지 또는 약한지, 또 충을 만나는 것을 반기는 상황인지 꺼리는 상황인지를 분간하여 판단해야 한다고 하였다. 寅·申·巳·亥의 생방(生方)은 충으로 동하게 됨을 두려워한다는 것은 둘이 충을 하면 양쪽 모두 이득이 없이 상처만 입게 된다는 말이다. 예를 들어, 寅木과 申金이 만나 충을 하여 申 중 庚金이 寅 중 甲木을 극하고, 寅 중 丙火는 申 중 庚金을 극한다. 또한 申 중 壬水가 寅 중 丙火를 극하고, 寅 중 戊土가 申 중 壬水를 극한다. 즉, 생지의 충은 겉뿐 아니라 지장간끼리도 서로 극하여 조용할 날이 없다. 극을 하는 지장간 서로가 모두 양간이며 칠살의 관계이기 때문이다.

고지(庫支)인 辰·戌·丑·未는 마땅히 열려야 한다는 것도 그것이 마땅한지 아닌지를 보고 판단해야 한다. 예를 들어, 辰월에 지장간 乙木이 당령(當令)하고 戌과 충을 하면 戌 중 辛金이 乙木을 상하게 할 것이 틀림없다. 未월에 지장간 丁火가 사령하고 丑을 만나 충하면 丑 중 癸水가 능히 丁火를 상하게 할 것이다. 辰월의 乙木과 未월의 丁火는 비록 퇴기이지만 당령하여 용신이 될 수 있으나, 충으로 손상되면 용신이 되기에 부족하다.

패지(敗支)인 子·午·卯·酉의 충은 자세히 살펴야 한다고 하였는데, 패지는 한 가지 오행으로 몰려 있어서 만약 충을 당하는 오행이 용신과 관련이 없는 글자라면 충이 있어도 별 지장이 없을 수 있다. 이를 실관에 적용할 때는 한 가지에 집착하지 말고 융통성 있게 살펴보아야 한다. 아래에 사고지의 충에 대한 임철초의 해석을 인용하였다.

묘고(墓庫)는 충을 만나 열려야 꺼내 쓸 수 있다는 것은 후세 사람들의 그릇된 논리에 불과

하다. 묘는 무덤을 의미하고 고는 그 안에 木火金水의 뿌리를 거두어 저장하는 창고와 같은 곳인데, 비유하자면 기를 얻은 무덤을 파헤쳐 그 기를 움직이게 하여 복을 받는 경우는 아직까지 없는 것과 같다.

천간의 木火金水는 지지에 그 뿌리에 해당하는 寅卯木, 巳午火, 申酉金, 亥子水라는 록왕지가 없다면 오로지 사고(四庫)인 辰·戌·丑·未에 통근할 수밖에 없다. 하지만 이들이 충을 만나 그나마 미약한 뿌리마저 뽑혀버린다면 어찌 충을 만나 동하니 강하게 된다고 할 수 있겠는가. 다만 당령한 지장간의 오행을 용신으로 삼지 않고 土 자체를 희신으로 쓴다면 이는 충을 받아도 도움은 될지언정 손해는 없다 하겠으니, 이는 土는 동해야 살아나는 성질을 갖고 있기 때문이다.

다음 세 가지 사주 사례는 모두 『자평진전평주』에서 가져온 것이다.

예1) **절강성 소금장수 주상령(周湘令)의 사주**

시	일	월	연
丙	丙	丙	甲
申	寅	子	子

위 사주는 子申 회국으로 寅申충이 해소되었다.

예2) **장계(張繼)의 사주**

시	일	월	연
壬	壬	戊	壬
寅	寅	申	午

위 사주는 연과 시의 寅午합으로 寅申충이 되살아났다.

예3) **지지 합충이 발생하지 않는 경우**

시	일	월	연
丙	辛	壬	壬
申	巳	寅	酉

위 사주는 연지 酉와 일지 巳는 사이에 寅木이 가로막고 있어서 회국이 성립하지 않고, 寅申충 역시 둘 사이의 巳火 때문에 성립하지 않았다.

08
지지 형살
지지의 잘못된 만남과 어긋난 도리

1 형살의 유래

형(刑)은 형벌하는 것이다. 다음은 '형벌'에 대하여 『오행대의』와 『여씨춘추』에서 말한 내용이다. 첫 번째 인용이 『오행대의』, 두 번째 인용이 『여씨춘추』이다.

형은 죽이고 벌주는 것을 말한다. 옳지 못하기 때문에 형벌하는 것이고 잘못되었기 때문에 서로 형벌하는 것이다. 오행이 각각 한 방위에 있어서 춥고 더운 것이 옮겨감에 따라 응하여 움직이기 때문에, 그 절도를 잃지 않으면 각각 침범하지 않으므로 이유 없이 홀로 형을 받는 일이 없을 것이다. 그러나 쓰는 것이 엄격하지 못하면 다스려야 하니, 버리고 쓰지 않을 수는 없기 때문에 모두 서로 형벌로 다스리는 것이다. 마치 금으로 금을 다스리면 그릇을 이루고,

사람으로 사람을 다스리면 나라의 정치를 이루는 것과 같다.

형벌은 나라에서 없어서는 안 되고, 매질하고 꾸짖음은 집안에서 폐지할 수 없다. 그러므로 다섯 가지 형벌의 종류가 삼천 가지로되 오행에 근본하지 않은 것이 없다.

『주서(周書)』에는 '오행이 상극하는 것을 따라서 다섯 가지 형벌을 만들었다' 하고, 그 다섯 가지 형벌[오형(五刑)]은 죄를 지었다는 표시로 몸에 새기는 것[묵(墨) : 자자(刺字). 얼굴이나 팔뚝에 흠을 내어 죄명을 먹칠하여 넣는 것], 코를 베는 것[의(劓)], 발꿈치를 베는 것[비(剕)], 고자를 만드는 것[궁(宮)], 죽이는 것[대벽(大辟)]이라 하였다. 화극금은 자자(刺字)형이고, 금극목은 팔을 베는 비(剕)형이며, 목극토는 의(劓)형이고, 토극수는 궁(宮)이고, 수극화는 대벽(大辟)형이다.

2 형살의 종류

『오행대의』는 천간과 지지에 세 가지 종류의 형이 있다고 말하였는데, 천지인의 형벌은 그 법칙이 같기 때문이라 하였다. 그 세 종류의 형벌은 첫 번째로 지지의 자형(自刑)과 상형(相刑), 두 번째로 지지의 형이 천간에 있는 것[지형재간(支刑在干)], 세 번째로 천간의 형이 지지에 있는 것[간형재지(干刑在支)]이다. 먼저 자형과 상형이라는 것은 다음과 같다.

子의 형은 卯에 있고, 卯의 형은 子에 있으며, 丑의 형은 戌에 있고, 戌의 형은 未에 있으며, 未의 형은 丑에 있고, 寅의 형은 巳에 있고, 巳의 형은 申에 있고, 申의 형은 寅에 있으며, 辰·午·酉·亥는 각각 스스로 형[자형(自刑)]을 한다.

이상의 내용을 정리하면 십이지지 중 子·丑·寅·卯·巳·未·申·戌의 지지는 서로 형을 하는 관계인 상형(相刑)이고, 辰·午·酉·亥의 지지는 스스로 형을 하는 자형(自刑)에 해당한다. 그것을 나타낸 표는 다음과 같다.

• **지지 상형**

지지	子	丑	寅	卯	巳	未	申	戌
상형	卯	戌	巳	子	申	丑	寅	未

• **지지 자형**

지지	辰	午	酉	亥
자형	辰	午	酉	亥

『연해자평』은 위에서 말한 지지의 상형과 자형을 설명하여 寅·巳·申과 丑·戌·未를 삼형(三刑)이라 말하였는데, 그중 寅·巳·申은 시세지형(恃勢之刑) 즉 세력을 믿는 형살이고, 丑·戌·未는 무은지형(無恩之刑) 즉 은혜를 모르는 형살이다. 또 子卯형은 무례지형(無禮之刑)이며, 辰·午·酉·亥는 자형지형(自刑之刑)이라 하였다. 이것을 정리한 표는 아래와 같다.

• **지지 상형과 자형의 특징**

상형	삼형	寅·巳·申	시세지형(恃勢之刑)
		丑·戌·未	무은지형(無恩之刑)
	상형	子·卯	무례지형(無禮之刑)
자형	자형	辰·午·酉·亥	자형지형(自刑之刑)

『오행대의』는 이어서 천간이 지지를 형벌하는 경우를 설명하여 다음과 같이 말한다.

寅의 형은 庚에 있고, 卯의 형은 辛에 있으며, 辰의 형은 甲에 있고, 巳의 형은 癸에 있으며, 午의 형은 壬에 있고, 未의 형은 乙에 있으며, 申의 형은 丙에 있고, 酉의 형은 丁에 있으며, 戌의 형은 甲에 있고, 亥의 형은 己에 있으며, 子의 형은 戊에 있고, 丑의 형은 乙에 있다.

인용문의 내용을 표로 나타내면 다음과 같은데, 모두 천간이 지지를 칠살로 극하는 관계라는 것을 알 수 있다. 다만, 巳午와 亥子는 지장간인 용(用)의 음양으로 읽지 않고 체(體)의 음양으로 읽었다.

• 지지의 형이 천간에 있는 것(지형재간)

지지	子	丑	寅	卯	辰	巳	午	未	申	酉	戌	亥
형	戊	乙	庚	辛	甲	癸	壬	乙	丙	丁	甲	己

마지막으로 지지가 천간을 형하는 경우는 다음과 같다. 천간이 지지를 형할 때 적용한 것과 같이 이번에는 지지가 천간의 칠살이 되는 경우이며, 마찬가지로 지지의 巳午와 亥子는 체로 읽었다.

• 천간의 형이 지지에 있는 것(간형재지)

천간	甲	乙	丙	丁	戊	己	庚	辛	壬	癸
형	申	酉	子	亥	寅	卯	午	巳	辰戌	丑未

3 형살의 발생원리

『자평진진』은 '형(刑)이란 것은 삼형(三刑)이다'라 하고 '子卯와 巳申 등의 종류이다' 라고 하였는데, '삼형의 뜻을 취하는 데 있어서는 (어려워서) 잠시 판단을 보류하고자 한다. 비록 그렇게 된 까닭을 몰라도 명의 이치를 아는 데는 문제가 없다'라고도 하였다. 필자가 이 글을 읽고 잠시 의아하였는데, 그 심정이 이해되는 바도 있었다. 천간과 지지의 다양한 형충회합파해 중에서 그만큼 형살의 내용이 복잡하고 근거가 장황하다는 뜻이기도 하다. 심효첨이 정말로 몰라서 이렇게 썼다기보다는, 여기서는 설명을 보류하겠다는 뜻으로 이해해야 할 것 같다. 이에 대해 서락오는『자평진전평주』에서 다음과 같이 부연하였다.

삼형이란 子卯, 寅巳申, 丑戌未의 상형(相刑)과 辰辰, 午午, 酉酉, 亥亥의 자형(自刑)을 말한다. 형이란 수(數)가 극에 이른 것이니 가득차면 오히려 손해가 된다.『음부경(陰符經 : 도경)』에, '삼형은 삼회(三會)로부터 나왔으니, 육해(六害)가 육합(六合)에서 나온 것과 같은 것'이라 하였다. 申子辰 삼합(三合)은 寅卯辰 방(方)과 서로 견주어[상비(相比)], 寅은 申을 형하고, 子는 卯를 형하며, 辰이 辰을 보면 자형(自刑)이다. 寅午戌 삼합은 巳午未 방(方)과 서로 견주어, 곧 巳가 寅을 형하고, 午가 午를 보면 자형(自刑)이며, 戌이 未를 형한다. 巳酉丑 삼합은 申酉戌 방(方)과 서로 견주어, 곧 巳는 申을 형하고, 酉가 酉를 보면 자형(自刑)이며, 丑이 戌을 형한다. 亥卯未 삼합은 亥子丑 방(方)과 서로 견주어, 亥가 亥를 보면 자형(自刑)이고, 卯는 子를 형하고, 未은 丑을 형한다. 명가(命家)들마다 해석이 일치하지 않으니, 이 학설이 가장 명확하고 타당하다고 할 것이다.

서락오는 형에 대한 학설이 분분하지만 이 설이 가장 타당하게 생각된다고 하였는데, 초학자가 읽기에는 여전히 어렵고 설명이 필요하다고 여겨질 수도 있을 것이다. 이에 대한 근거는『오행대의』에 나타나 있다.

나무는 떨어져 뿌리로 돌아가기 때문에 亥·卯·未 木의 자리는 형이 북방(亥·子·丑)에 있게 된다. 亥는 자형하고, 卯의 형은 子에 있으며, 未의 형은 丑에 있다.

물은 흘러서 끝으로 향하기 때문에 申·子·辰 水의 자리는 형이 동쪽(寅·卯·辰)에 있다. 申의 형은 寅에 있고, 子의 형은 卯에 있으며, 辰은 자형한다.

금은 굳세고[강(剛)] 화도 강(强)하여서 각각 자신의 고향으로 돌아온다. 따라서 巳·酉·丑 金의 자리는 형이 서방(申·酉·戌)에 있다. 巳의 형은 申에 있고, 酉는 자형하며, 丑의 형은 戌에 있다. 寅·午·戌 火의 자리는 형이 남방(巳·午·未)에 있으니, 寅의 형은 巳에 있고, 午는 자형하며, 戌의 형은 未에 있다.

『오행대의』의 인용문은 지지의 자형과 상형에 대해 가장 합리적인 설명이라고 생각한다. 이상의 내용을 정리하면 다음과 같다. 형살의 발생은 삼합과 방합이 만나서 지나친 기운을 일으켜 중화를 잃어버리는 상황이 원인이다. 나뭇잎이 떨어져 뿌리로 돌아가는 성향, 물이 동쪽으로 흐르는 성향을 설명하였는데, 이것은 중국의 지형에서 강물이 동쪽 바다로 흘러 모이는 것을 생각하면 된다. 금국과 화국은 각각 같은 오행의 삼합과 방합이 만나서 중화를 잃고 형살을 야기하였다.

• 형살의 대응방식과 발생

삼합	방합	대응방식	형
申子辰	寅卯辰	북방 水·동방 木	申寅, 子卯, 辰辰
寅午戌	巳午未	남방 火·남방 火	寅巳, 午午, 戌未
巳酉丑	申酉戌	서방 金·서방 金	巳申, 酉酉, 丑戌
亥卯未	亥子丑	동방 木·북방 水	亥亥, 卯子, 未丑

4 형살에 대한 비판과 이해

『적천수』는「지지」편에서 '지지의 신은 단지 충만을 중요시하고 형과 천은 동하기도 하고 동하지 않기도 한다'고 하였는데, 그중 형에 대해 임철초는『적천수천미』에서 다음과 같이 해석하고 있다. 인용문 아래에 사주를 예시하여 증명하고 있다.

지지의 형(刑)은 취할 것이 없다. 예를 들어 亥亥, 辰辰, 酉酉, 午午 등을 자형(自刑)이라고 한다. 하지만 자신이 자신을 보는 것으로 자신과 같은 기운인데 어찌 서로 형을 한다 할 것인가. 子卯형은 서로 생하는 관계인데 어찌 서로 형한다 할 것인가. 戌未, 未丑은 모두 본기인데 서로 형을 하는 것은 더욱 이치에 맞지 않는 말이다. 寅巳 역시 상생이고 寅申은 이미 충을 하고 있는데 이를 다시 형이라 할 필요가 있겠는가. 子卯는 일형(一刑)이고, 寅巳申은 이형(二刑)이며, 丑戌未는 삼형(三刑)인데, 이들을 삼형(三刑)이라 칭한다고 하면서 다시 자형(自刑)이 있다고들 하는데 이것들은 모두가 세간에 잘못 전해진 논리인데 아직도 그대로 방치되고 있다.

예)

시	일	월	연
癸	壬	辛	丙
卯	子	卯	子

壬子 일주가 지지에 양인인 2개의 子水를 만났고, 천간에는 辛金과 癸水가 투출했다. 오행 중 土는 보이지 않고, 연간의 丙火는 자신의 지지에서 힘을 실어주지 못하고 辛金과 합하여 水로 변하는 형상이다. 가장 반가운 것은 卯木이 월령을 차지해 왕하고 강력한 水기를 설기하니, 능히 왕한 겁재인 癸水와 양인인 두 子水의 완강한 기운을 해소하고 있다. 그 사람됨이 공손하고 예의바르며 온화한 가운데 행동에 절도가 있었다. …

흔히 子卯가 무례지형이고 상관과 양인이 형이니 반드시 오만하고 무례하며 흉악스럽다고 해야 하는가?

형살은 좋지 않은 것이지만, 동시에 어떤 것을 얻어내기 위해서는 형이 작동해야 그것을 구할 수도 있다. 형이 흉한 것이지만, 또 형이 있어야 어떤 일을 움직이게 하여 성취할 수 있는 것이다. 『오행대의』는 巳申과 같이 서로 형도 되고 합도 되는 경우에 대하여 다음과 같이 설명한다.

金은 물을 띠고 있으면서 火 속에서 생겨나는데, 火는 金의 귀신이 되고 水는 火의 귀신이 된다. 金이 水와 같이 火 속에서 생겨나면 이것은 귀신과 어머니와 아들이 함께 있는 것으로 申은 金의 자리이면서 水를 머금고, 巳는 火의 자리이면서 金을 낳지만 도리어 서로 원수가 되기 때문에 형이 되는 것이다.

강단에서 지지 합과 지지 형을 강의할 때 가장 많이 받는 질문 중 하나가 巳申합과 巳申형에 대한 것이다. 즉, 巳申이라는 지지는 합도 일어나고 형도 일어나는데, 어떤 것이 맞냐는 질문이다. 그 외에도 지지의 다양한 상관작용에 신살의 내용까지 적용하면 질문이 더 많아질 것이다. 서로 불합치하는 것이 많이 있기 때문이다. 예를 들면, 卯申이라는 지지는 서로 원진과 귀문의 관계에 있으면서 또 지장간끼리 암합을 하기도 한다. 단면만 보면 이와 같은 질문에 대답을 구하기 힘들다. 그리고 길과 흉 또는 좋은 것과 나쁜 것이라는 이분법적인 판단을 내리려고 하는 순간 사주팔자의 통변은 점점 멀어진다. 세상일에는 그렇게 두 가지로만 판단할 수 없는 것들이 많다. 필자는 이런 질문을 받으면 다 읽어야 한다고 말한다. 싫어하면서 좋아하는 사이, 돈이 많은 부자이지만 돈 때문에 분란이 많은 가족관계, 사회적으로는 높은 지위에 앉았지만 개인적으로는 전혀 행복하지 못한 사람, 복권에 당첨된 순간 불행해진 사람의 인생, 부부싸움을 했지만 밤에는 같이 자야 하는 사이인 것이다.

또한 형에도 위아래가 있다고 하면서, 寅의 형이 巳에 있다고 할 때 巳가 위이고 寅이 아래라고 하였다. 나머지도 그에 따라 적용하면 된다. 『병서(兵書)』에 따르면 형이 있는 자리에서는 바람이 일어나는데, 그때 앉아 있는 사람은 급히 일어나고 길 가던 사람은 급히 머물러 쉬어야 하는 이치가 그것이라 하였다. 삼형(三刑)에 대한 『오행대의』의 설명은 다음과 같다.

삼형이라는 것은 寅의 형은 巳에 있고, 巳의 형은 申에 있는 것과 같다. 寅일 申시는 巳에서 바람이 일어나고 혹 巳에서 요상한 것[요(妖)]을 보는 것이다. 이를 일러 삼형이라 한다.

형살은 형충회합 중에서도 가장 난해한 주제이다. 형살에 대한 고전의 다양한 설명을 현실에 맞게 풀어 다음과 같이 정리하였다.

- 형살은 삼합의 국과 방합의 국 사이에 위치적 요인에 의해서 이에 해당하는 글자가 부풀려지거나 과잉반응하여 생긴다.
- 수(數 : 여기서는 에너지라고 이해해도 된다)가 극에 이르니 그것이 생하는 기운이 나타나고 기운의 조화가 깨진 상태에서 형살, 즉 벌주고 벌 받는 일이 생긴다.
- 중화의 도를 벗어난 이유로 손해를 보게 된다.
- 형살 관계에 해당하는 지지들은 서로가 가지고 있는 지장간을 부글부글 끓게 만들어 지지라는 그릇을 넘치게 하거나 바람을 불러일으킨다. 그래서 그 그릇에 담겨져 있는 지장간이 부풀어 튀어나오게 하는 모습이다.
- 형살은 2개의 글자만 있어도 성립된다. 그러나 3개의 글자가 모두 모인 경우보다는 그 피해 정도가 다소 줄어든다고 할 수 있다.

09

기타 : 파·해

지지의 파괴와 이간질

형충회합 작용의 기타 관계로 파(破)와 해(害)가 있다. 파는 子酉, 丑辰, 寅亥, 巳申, 午卯, 戌未이고, 해는 子未, 丑午, 寅巳, 卯辰, 申亥, 酉戌이다. 여기서는 기타 관계로 파와 해를 소개하고 형은 앞에서 자세히 다루었지만, 『자평진전』이나 『적천수』와 같은 책은 형도 파와 해의 부류에 넣어 예외적으로 다루도록 요구한다. 『자평진전평주』는 형과 해에 대해 상대적으로 경미하게 판단하여 다음과 같이 설명하였다.

삼형, 육충, 육해, 오합, 육합, 삼합 등의 관계에서 형과 해의 작용은 비교적 경미하다. 천간의 오합, 지지의 육합과 삼합 및 육충은 그 작용이 매우 중대하다. 팔자의 변화는 모두 여기에서 생겨난다.

파는 잘못된 부분을 다듬어 정리하고 분리하며 파괴하는 것이다. 파의 현상은 중간에 불가피하게 계획을 수정하거나 진로를 변경하는 등의 현상이다. 해는 방해물로 인해 이간질을 당하거나 피해를 입는 현상이다. 이때 질투, 모략, 투쟁, 소송 등의 일이 발생한다. 『오행대의』는 해에 대하여 혐오하는 대상과 마주치는 것을 깨뜨린다는 뜻이라고 하면서 다음과 같이 쓰고 있다.

서로 해한다는 것[상해(相害)]은 12진에서 역행하여 만나면 둘씩 서로 해치는 것을 6개의 해[육해(六害)]라 이름지었다. 戌과 酉, 亥와 申, 子와 未, 丑과 午, 寅과 巳, 卯와 辰이 육해이다. 이것은 서로 죽이고 상처를 입힌다는 것이다. 이 육해가 혹 군신간, 부자간, 혹 부부간이 되면 마땅히 해가 되지 않아야 한다.

육해의 발생을 표로 적어서 설명하면 다음과 같다.

지지	子	丑	寅	卯	戌	亥
해	未	午	巳	辰	酉	申

『오행대의』는 육해에 대해 자세한 설명을 덧붙였다.

辰과 卯가 해가 되는 것은 卯와 戌이 합을 하고, 戌은 辰을 파하는데, 辰土는 卯木의 처가 된다. 戌과 辰이 원수 사이인데도 卯와 戌이 합을 하니 (卯木이) 아내인 辰土를 버리는 것이다. 辰과 酉는 합을 하고, 酉와 卯가 충파를 하는데, 辰은 卯의 처가 되고 酉는 卯와 원수인데도 辰이 酉와 합을 하니 酉는 卯를 극할 수 있어서 아내가 외간 남자와 간통을 하여 본남편을 죽이는 상이다.

寅과 巳가 서로 해가 되는 것은 巳와 申이 합을 하며, 申은 寅을 충하는데 巳는 寅의 아들이 된다. 申은 寅을 극하니 巳와 申이 합하는 것은 아들이 거스르는 행동을 하는 것이다.

丑과 午가 해가 되는 것은 丑은 子와 합을 하는데, 子는 午를 충파하며 午가 未와 합을 하는데 未는 丑에게 충파를 당하니 이 또한 부자가 서로 해하는 뜻이다.

未와 子가 서로 해가 되는 것은 未와 午가 합을 하는데 午는 子를 충파하며 未土는 임금이 되고 子水는 신하가 되는데, 午火는 子水의 재물이 되니 임금이 재물로 신하를 해치는 상이다. 또 子는 丑과 합을 하고, 丑은 未에게 파를 당하지만, 丑도 土이니 子와 丑이 합을 하는 것은 다른 임금과 연합하여 그 주인을 해치려 하는 것이다. 이것은 신하가 도망한다는 뜻이다.

申과 亥가 서로 해가 되는 것은 亥와 寅이 합을 하는데, 寅은 申에게 충을 당하고, 申은 巳와 합을 하는데, 巳는 亥에게 충을 당하니 또한 부자가 서로 해치는 뜻이 있다.

파	子酉, 丑辰, 寅亥, 巳申, 午卯, 戌未
해	子未, 丑午, 寅巳, 卯辰, 申亥, 酉戌

『자평수언』은 '육해(六害)는 육천(六穿)이라고도 하니, 육합과 육충이 뒤섞여 생기는 것을 말한다. 즉 합을 한 신을 또 충하는 것이다. 子丑이 합하는데 未가 丑을 충하면 未가 子의 해이고, 子丑이 합하는데 午가 子를 충하면 午가 丑의 해이다'라고 하였다.

『적천수』는 「지지」 편에서 지지간의 형충파해에서 단지 충만이 중요하며 형(刑), 천(穿), 해(害), 파(破)는 그다지 중요하지 않다고 하였다. 천에 대하여 임철초가 해석하기를, '천(穿)은 해(害)이니 육해는 육합으로부터 온 것인데, 자신과 합하는 신을 충하므로 그것을 해라고 한다'고 하여 상술한 내용과 동일하게 설명하고 있다.

10
형충회합의 해소와 변화
형충회합의 적용과 해석

아래에 형충회합(刑沖會合)을 해소하고 변화시키는 요인과 과정에 대해『자평진전』과『적천수』를 참고하여 정리하였다.

1 『자평진전』의 해법

팔자의 지지 중에 형충이 있는 것이 좋은 일은 아니지만, 삼합과 육합으로 그것을 해소할 수 있다고 하였다.

① 육합이나 삼합이 육충을 해소하는 경우

아래와 같이 酉월에 태어난 甲 일간이 卯를 만나면 바로 충을 한다. 그런데 지지에

戌이 있으면 卯와 戌은 합하여 충이 되지 않는다.

예1)

시	일	월	연		운
	甲				
	戌	酉			卯

같은 사주인데 아래처럼 辰이 있으면 酉와 辰이 합하여 충이 되지 않고, 亥와 未가 있으면 卯는 亥未와 회합하여 충이 되지 않는다.

예2)

시	일	월	연
	甲		
	辰	酉	卯

시	일	월	연		운
	甲				
未		酉	亥		卯

만약 아래처럼 사주팔자에 巳나 丑이 유입되어 월지 酉金과 서로 회합을 하면 충이 되지 않는다. 이것은 회가 충을 해소한 것이다.

예3)

시	일	월	연		운		운
	甲						
		酉	卯		巳		丑

② 육합이나 삼합이 형을 해소하는 경우

아래처럼 子월생 丙 일간이 卯를 만나면 子卯형이 일어나는데 지지에 戌이 있으면 卯와 戌이 합하여 형이 되지 않고, 丑이 있으면 子가 丑과 합하여 형이 되지 않는다.

예1)

시	일	월	연	운
	丙			
	戌	子	丑	卯

같은 사주인데 亥와 未가 유입되면 卯는 亥未와 회합하여 형이 되지 않고, 申과 辰이 있으면 子가 申辰과 회합하여 형이 되지 않는다. 회합이 형을 해소하는 경우이다.

예2)

시	일	월	연	운	운	운	운
	丙						
		子	卯	亥	未	申	辰

③ 해소로 인하여 오히려 형충을 얻는 경우

해소하는 것 때문에 오히려 형충을 얻는 경우가 있다. 아래처럼 子월에 태어난 甲 일간이 지지에서 2개의 卯를 만나면 2개의 卯가 하나의 子를 형하지 못한다. 그런데 지지에서 또 戌을 만나서 戌과 卯가 합하면, 원래 해소되었던 형이 그 하나를 합거하여 하나는 합하고 하나는 형한다. 이것이 해소로 인해 도리어 형충을 얻는 경우이다.

예1)

시	일	월	연
	甲		
卯	戌	子	卯

또 형충이 있고 회합이 이를 해소할 수 없는 경우가 있다. 이것은 무엇을 말하는가? 아래처럼 子년 午월에 일지가 丑이라면 丑과 子는 합을 하여 충을 해소할 수 있다.

예2)

시	일	월	연
	丑	午	子

그런데 아래처럼 시지에 巳나 酉를 만나 丑이 巳, 酉와 회합하면 子는 다시 午를 충하게 된다.

예3)

시	일	월	연
酉	丑	午	子

아래처럼 子년 卯월인데 일지가 戌에 앉았으면 戌과 卯는 합을 하여 형을 해소할 수 있다. 그러나 만약 시에서 寅이나 午를 만나면 戌과 寅, 午는 회합을 하고, 卯는 다시 子와 형을 한다. 이것이 회합하여 형충을 해소하지는 못하게 되는 이유이다.

예4)

시	일	월	연
	甲		
午	戌	卯	子

④ 형충이 또 다른 형충을 해소하는 경우

또 형충이 (다른) 형을 해소하는 경우도 있다. 사주에 형충이 있으면 좋지 않은데,

용신을 형충하면 특히 파격이 된다. 다른 위치(지지)의 형충이 있을지라도 월령의 형충만은 해소하는 것이 좋다.

아래 사주는 子월에 태어난 丙 일간이다. 卯가 子를 형하고 있는데 또 지지에서 酉를 만나면, 酉가 卯를 충하니 卯가 월령의 관인 子를 형하지 않는다.

예1)

시	일	월	연		운
	丙				
		子	卯		酉

아래 사주는 酉월에 태어난 甲 일간인데, 일지 卯가 그것을 충하고 시지에 子를 만나면 卯와 子는 형을 하게 되고 월령의 관을 충하는 것이 무력해진다. 비록 다른 궁에서 형충하여 육친의 형극을 초래하였으나 월궁의 정관이 다행히 남아 있다면 그 격이 파괴되지 않는다. 이것이 소위 형충으로 다른 형충을 해소한다는 말이다.

위의 문장에서 '甲 일간인데 일지 卯가 왔다'고 하였는데, 甲은 卯와 짝을 할 수 없다. 설명을 위한 설정으로 이해하면 되겠다.

예2)

시	일	월	연
	甲		
子	卯	酉	

2 『적천수』의 해법

『적천수』 원문에 운과 사주원국의 지지가 충과 합을 하는 경우 내가 상대방을 충하든 상대방이 나를 충하든 충은 모두 일어나지만, 왕한 자가 쇠한 자를 충하면 쇠한 자는 뿌리가 뽑혀 나가고, 쇠한 자가 왕한 자를 충하면 왕한 자는 더욱 발흥하게 된다고 하였다. 이에 대해서 임철초는 지지에서 충이 일어나면 좋은 일이라 할 수 없지만 대부분의 사주팔자는 결함이 있고 오행이 균형을 이루고 있는 경우도 극히 적다 하고, 만약 사주가 왕하여 기운이 넘쳐나는 것을 충으로 보내거나[충거(沖去)], 사주가 쇠해서 기운이 모자라는 것을 합으로 도와주면[회조(會助)] 이는 좋은 것이라 하였다. 만약 원국에 충하고 합하는 신이 없지만 세운에서 합신이나 충신이 와서 이와 같은 도움이 일어난다면 더욱 반가운 일이다. 이것이 바로 병이 있는데 약으로 그 병을 치료했다고 한 이치이다.

유의할 점은 충에는 피아(彼我) 즉 상대방과 나의 구분이 있고, 합에도 가고 오는 이치[거래(去來)]가 있다는 것이다. 임철초는 피아에 대해 연월일시에 따라 연시를 상대방으로 일월을 나로 구분하기도 하고, 사주원국을 나로 세운을 상대방으로 구분하기도 하는데, 희신을 나로 기신을 상대방으로 구분하면 된다고 하였다.

예를 들어 午火가 희신인 경우 子水를 만나면 상대방인 子水가 나(아)인 午火를 충한 것이다. 이때 午火가 寅과 戌을 만나 寅·午·戌합이 되면 희신을 보호하여 길하다. 반대로 子水가 희신인데 午火를 만나면 내가 상대방을 충한 것이고, 이때 子水 입장에서는 午火가 寅과 戌을 만나 합을 하면 흉하다. 또한, 子水가 희신인데 반대로 지지에 申金이 있을 경우 辰土를 만나 합(申·子·辰)을 이루어 온다면[회이래(會而來)] 길하고, 亥水가 희신이고 지지에 未土가 있을 경우 卯木을 만나 합을 이루어 간다면 흉하다.

차라리 내가 가서 충하면 그런대로 괜찮지만, 상대방이 와서 나를 충하면 안 된다. 내가 가서 상대방을 충하면 충이 일어난다[충기(沖起)]고 하고, 상대방이 와서 나를 충하면 충이 일어나지 않는다[불기(不起)]고 한다.

암충암회로 좋아진 경우

시	일	월	연
庚	甲	乙	庚
午	寅	酉	戌

壬	辛	庚	己	戊	丁	丙
辰	卯	寅	丑	子	亥	戌

위 사주는 酉월생 甲木 일간이다. 천간에 2개의 庚金이 있어서 칠살이 되었고, 지지에 寅·午·戌 화국을 이루어 일간의 힘을 설기하니, 일간이 신약하다. 火가 칠살인 庚金을 제어하는 공로가 있지만 일간의 설기가 심하여 아름답지 못하여 水의 기운으로 칠살을 흘려보내는 것만 못하다. 水의 인성은 일간을 강하게 할 수 있고, 火는 일간을 약하게 만들기 때문이다. 子운 辰년에 火를 충파하여 장원급제하였다. 子午충이 사주에서 왕한 午火를 보내고 庚金의 기운을 설기하여 일간을 도와준 것이다.

암충암회에 따라 길흉이 달라진 경우

시	일	월	연
丙	丁	癸	丁
午	卯	丑	巳

丙	丁	戊	己	庚	辛	壬
午	未	申	酉	戌	亥	子

위 사주는 비록 丁火가 丑월에 태어났으나 비겁의 화력이 중중하고, 丑월 癸水는 물러나는 기운으로 많은 비겁을 제어하기에 힘이 벅차서 용신으로 삼기에 부족하다. 월지 丑土는 辛金을 품고 비겁을 설기하는데 일지 卯木이 비겁인 火를 생하고 식신 丑土를 극하고 있다. 壬子와 辛亥 대운에는 巳午火를 충하여 보내니 부모의 도움이 있었는데, 庚戌 대운에서 지지 午火와 합하여 식구들이 죽고 재물은 깨어져 없어졌다. 己酉 대운에 지지 巳丑과 합하여 금국을 이루니 일지 卯木을 충으로 보내고 재산을 일으켰다.

지지가 상충하면 지장간의 오행들도 서로 극을 한다. 이 충이 사주원국에 있으면 명충(明沖)이라 하고, 원국과 세운 사이에 일어나는 것을 암충(暗沖)이라 한다. 월령을 얻어 강한 자가 쇠약한 자를 충하면 쇠약한 기운은 뽑혀 나가게 되지만, 월령을 얻지 못하고 세력이 약한 자가 왕한 자를 충해도 왕한 자는 손상을 받지 않는다. 충하는 자가 힘이 있으면 능히 상대방을 제거할 수 있으니 제거되는 것이 흉신이면 이로운데, 제거되는 것이 힘이 없다면 상대방을 자극하여 오히려 더욱 격렬하게 만드니 그것이 흉신이라면 오히려 재앙이 되고, 길신이면 재앙이 되지 않는다 해도 복도 또한 되지 못한다. 다만 子·午·卯·酉와 寅·申·巳·亥의 8개 지지는 충을 깊이 고려해야 하지만, 辰·戌·丑·未는 충을 비교적 가볍게 여겨도 별 문제가 없다 하였다.

예를 들어, 子午충이 일어나면 子水의 지장간인 癸水는 午火의 지장간인 丁火를 충하게 되는데, 午火가 월령을 차지하여 왕하고 사주에 金은 없고 木이 있으면 午火는 능히 子水를 상대할 수 있다. 이와 같은 원리로 卯酉충의 경우 酉 중 辛金이 卯 중 乙木을 충하여 극하게 되는데, 卯木이 월지를 차지하여 왕하고 사주에 土는 없고 火가 있다면 이는 酉金을 극하여 쇠약하게 만드니 卯木 또한 酉金을 능히 상대하게 된다.

寅申충의 경우 寅 중 甲木과 寅 중 丙火는 申 중 庚金과 申 중 壬水에게 극을 받지만, 寅木이 월령을 차지하여 왕하고 사주에 火가 있으면 寅木 또한 申金을 능히 상대한다. 지지에서 충이 생기면 무엇보다도 어느 것이 왕하고 어느 것이 약한지를 살펴서 그 문제점을 해결할 수 있는 방안이 있는지를 확인해야 한다.

사고인 辰·戌·丑·未의 충은 형제간의 충이다. 그 속의 지장간 오행은 천간과 지지에 투출과 통근 여부에 따라 충의 결과가 달라지니 이를 잘 살펴보아야 한다. 투근이 안 되고 당령하지도 않았으며 일주와 절실한 관계가 아니어서 용신이 아니면 충을 당해도 해는 없고, 합을 하여 용신으로 쓰이면 이 역시 반갑다.

왕자충쇠쇠자발인 경우

시	일	월	연
癸	丙	辛	戊
巳	午	酉	辰

戊	丁	丙	乙	甲	癸	壬
辰	卯	寅	丑	子	亥	戌

위 사주는 丙午 일주가 가을이 한창인 酉월에 태어나 재성이 왕하다. 연간의 식신 戊土가 이를 생하고 있다. 일지와 시지의 巳午火를 얻어 뿌리가 있으니 부유한 집에서 태어났다. 시간에 癸水가 투출하여 巳火는 그 세력을 잃었고, 비록 멀지만 酉金과 합을 하여 金이 되고 싶은 마음도 있다. 사주에 木이 없어 일주는 오로지 午火의 도움만 바랄 뿐이니 癸水는 병이 된다.

甲子운에서 癸水가 뿌리를 얻고 子辰합과 酉金의 도움으로 수기가 강해지고 子午충을 하는데, 사주에 木이 없어 이를 해결할 방법이 없다. 소위 '왕자충쇠쇠자발(旺者沖衰衰者拔)'이 된 것이다. 가산을 탕진하고 본인은 죽었다. 만약 대운이 동남방의 木火로 달렸다면 어찌 부귀와 명예를 얻지 못했을까.

3 형충회합의 적용

지금까지 공부한 형충회합의 특징과 그 적용은 다음과 같다.

- 합은 글자의 묶임이다. 묶였다는 것은 그 글자를 자유자재로 사용하지 못한다는 뜻이다. 만약 재성과 관성의 합이라면 부동산을 사서 돈이 묶였다는 것을 의미한다. 물론 매매 성사가 바로 이루어지지 않는다.
- 합이 형성되면 변화하고 기존의 기운은 없어지거나 절제되고 새로운 기운이 발생한다. 그 변화의 향배는 월지와 통근의 구조를 보고 판단한다.
- 합은 답답함이지만, 긍정적으로 보면 보호되어 안전하다는 것이다.
- 충과 형이 있으면 지장간이 열린다.
- 충으로 인해 지장간이 열리는 과정에서 지지는 손상을 입는다. 그것이 사건과 사고의 단서이다.
- 충은 지지를 깨뜨려 지장간을 여는 것이고, 형은 지지를 흔들거나 부풀리거나 불편하게 하여 비틀어 여는 것이다.
- 충과 형은 지지를 깨뜨려 지장간을 꺼내는 아픔과 불편함이 있다. 하지만, 그로 인해 쏟아져 나온 기물이 있다는 점에서 사주의 여건에 따라 오히려 발전의 계기가 될 수도 있다. 사주의 여덟 글자 외에 4개의 지지가 모두 열린다면, 결과적으로 많게는 여덟 글자까지 추가된다. 일간 입장에서는 밥상에 차려진 반찬이 많아지는 형상이다.
- 충과 형이 많은 사주는 인생이 역동적이다. 합이 많은 사주의 인생은 안정적이다. 그러나 정에 이끌려 이러지도 저러지도 못할 때가 있다.

다음으로 형충회합이 중첩되어 발생하였을 때 상호간의 세력 작용은 다음과 같다.

형충회합 작용력의 크기		
약	반합 < 육합 = 육충 < 반합과 천간의 유인력 < 삼합·방합	강

합이나 충은 합으로 해소할 수 있다. 육합이나 육충은 서로 같은 세력이고 서로가 해소할 수 있다. 대부분의 형충회합은 삼합과 방합이 해소한다. 삼합이나 방합의 세력이 더 크기 때문이다. 이때 삼합과 방합은 유지된다. 육합과 육합 또는 육합과 육충이 함께 있으면 둘 다 발생하지 않는다. 둘의 세력이 동일하기 때문이다. 반합이 있는데 천간이 투간되어 돕고 있으면 육합이나 육충을 해소할 수 있다. 세운에서 오는 합으로 명식의 합이나 충을 해소할 수 있지만, 해당 해년이 지나면 다시 명식의 기존 합이나 충이 형성된다.

앞에서 배운 지지의 특성에 따라 寅·申·巳·亥, 子·午·卯·酉, 辰·戌·丑·未는 서로 충하고 해소하는 방식이 다르다. 음양과 오행이 차이 나고 지장간의 성분이 다르며 절기의 고유한 특성이 있기 때문이다. 또한 각 사주가 처한 상황에 따라서도 육신의 배합과 향배가 달라질 수 있다.

『적천수』에서 寅·申·巳·亥, 子·午·卯·酉, 辰·戌·丑·未의 충에 대해 설명한 내용이 있어 아래와 같이 인용하였다. 먼저 寅·申·巳·亥가 충을 하고 있는 경우를 예로 들면, 『적천수』「지지(地支)」편에 사생지의 형충에 대하여 '생지인 寅·申·巳·亥는 충으로 동하게 됨을 두려워한다'고 하였다. 임철초는 『적천수천미』에서 이를 해석하여 다음과 같이 말하고, 나머지 子·午·卯·酉, 辰·戌·丑·未의 충에 대해서도 사례를 통해 설명하고 있다.

> 예로부터 金水는 능히 木火를 충할 수 있으나, 木火는 金水를 충할 수 없다고 여겨왔다. 이 논리는 천간에 적용할 경우에는 옳다고 할 수 있어도, 지지를 논할 때는 옳다고 할 수 없다. 대

개 지지의 기는 한 가지만으로 이루어지지 않고 다양하여 그 안에 서로 다른 두세 개의 기운을 함께 가지고 있기 때문이다. 따라서 木火가 다른 기운을 만나 그것으로부터 자신의 기운을 강하게 만들어주는 세력을 얻는다면, 어찌 木火라고 金水를 충할 수 없다고 할 수 있겠는가.

① 寅·申·巳·亥 충의 사례

충을 극복하기 어려운 사주

시	일	월	연
癸	癸	壬	甲
亥	巳	申	寅

庚	己	戊	丁	丙	乙	甲	癸
辰	卯	寅	丑	子	亥	戌	酉

위 사주는 癸水가 申월에 당령하여 사주에 물이 많아 왕한 사주이다. 木은 수(囚)하고 또 寅申충을 당했으니 용신으로 쓰지 못한다. 火는 비록 휴(休)하였지만, 申월이 초가을이니 未월에서 넘어온 지장간 여기 戊土의 열기가 남아 있다. 巳火를 용신으로 썼으나 巳亥충을 하고 비겁이 많아 군겁쟁재하니, 처를 셋이나 잃고 자식도 없었다.

대운이 북방으로 달리니 재물이 다 깨졌는데 寅·卯·辰 대운으로 돌아들면서 희신과 용신이 힘을 얻어 따뜻하고 배불리 먹을 수 있었다. 庚辰 대운에 庚金이 상관 甲木을 상하게 하고 水를 생하였는데, 유년에서 또 水를 만났을 때 희용신인 木火가 모두 극을 당했다. 이때 사망하였다.

충을 극복한 사주

시	일	월	연
壬	甲	癸	癸
申	寅	亥	巳

丁	戊	己	庚	辛	壬	癸
巳	午	未	申	酉	戌	亥

위 사주는 甲木 일간이 亥월에 생하여 火가 절대적으로 필요하여 巳火 용신을 썼다. 사주에 수기가 중중한데 이를 막을 土가 전혀 보이지 않아 안 좋아 보인다. 그러나 일지 寅木이 亥水와 합을 하여 오히려 연지 巳火를 절처봉생하였다.

초년에 서방 戌·酉·申 대운에 일주, 용신, 체용이 모두 손상을 입고 제대로 되는 일이 없었다. 40에 남방으로 火土의 기운이 되면서 용신을 일으키니, 인성을 버리고 재성을 좇아 재산을 모으고 첩을 얻어 자식이 넷이나 되었다. 인수가 용신일 경우 재성을 만나면 재앙이 되지만 인수를 버리고 재성을 용신으로 삼는 기인취재(棄印就財)의 경우이다. 재성을 만나 크게 발복하였다.

② 子·午·卯·酉 충의 사례

충을 극복하기 어려운 사주

시	일	월	연
戊	戊	丁	辛
午	子	酉	卯

辛	壬	癸	甲	乙	丙
卯	辰	巳	午	未	申

위 사주는 戊土 일간이 酉월에 생하여 상관격의 사주가 정인을 용신으로 쓰고 있다. 월지 상관이고 일지 또한 일간에 힘이 되지 않아 인성인 火를 용신으로 하고, 약한 火를 도와주는 관성 木을 희신으로 삼았다. 소위 土金 상관은 관성을 보기를 꺼린다는 말은 여기에 해당하지 않는다.

卯酉충으로 희신 관이 날아가고, 子午충으로 상관은 더욱 방자해졌다. 월지 金은 水를 생하고 木火는 충극으로 탈진하게 되니 천간의 火土는 허탈할 따름이다. 글을 읽어도 그 목표를 이루지 못하고 경영을 해도 제대로 굴러가지 않았다. 그나마 水가 천간에 투출하지 않아 문장이 고상하고 멋스러웠으며 서법에 정통하였다. 대운 중간에 천간이 金水로 흘러 뜻이 있어도 펼치기가 힘들었으니, 대개 상관패인인 경우 희용신이 木火라면 金水를 보는 것을 꺼리기 때문이다.

충을 극복한 사주

시	일	월	연
丙	庚	丁	辛
子	午	酉	卯

辛　壬　癸　甲　乙　丙

卯　辰　巳　午　未　申

위 사주는 천간이 庚·辛·丙·丁으로 이루어져 있고 酉월에 태어났으니 火가 가을의 金을 단련시키는 형상이다. 지지 子·午·卯·酉는 감리진태로 북남동서 네 방위를 다 차지하여 그 기가 팔방으로 뻗었다. 다만 아쉬운 것은 오행 중 土가 빠졌으니 금왕절에 태어나도 왕하다고 하기는 힘들다. 천간에 丙·丁火로 투간된 칠살의 기세가 강하기 때문이다.

반기는 것은 午火가 충을 만나 酉金을 깨뜨리지 못하니 酉金이 일간을 족히 도와주고 卯酉충으로 卯木이 午火를 돕지 못하는 것이다. '상대를 굴복시켜 마땅함을 얻었다'고 할 수 있다.

③ 辰·戌·丑·未 충의 사례

충과 무관한 사주

시	일	월	연
壬	戊	辛	辛
戌	辰	丑	未

乙　丙　丁　戊　己　庚

未　申　酉　戌　亥　子

위 사주는 '지지에 사고인 辰·戌·丑·未가 있으면 그 사주는 아름답다'고 하는 경우에 해당하지 않는다. 반가운 것은 辛金이 투간하여 빼어난 기운을 토해내는 것인데, 지지 丑土 중 辛金이 투출하여 설기하므로 아름답다. 더 묘한 것은 木火가 지지에 암장되어 나타나지 않으니 사주가 혼잡하지 않고 순수하여 맑다는 것이다. 丁酉 대운에 辛金이 득지하여 향시에 합격하고 남방운으로 흘러 木火가 기운을 얻어 용신 辛金을 손상시키니, 향시에 합격하여도 벼슬길에 오르지 못하였다.

충으로 흉해진 경우

시	일	월	연
己	辛	壬	戊
丑	未	戌	辰

戊	丁	丙	乙	甲	癸
辰	卯	寅	丑	子	亥

위 사주는 土가 그득하여 토중금매(土重金埋)되었다. 용신 壬水가 극을 당해 기운이 없고, 未土와 辰土 중 乙木을 꺼내 쓰려고 했는데 충으로 불가하여 대운에서 인출하고자 하였다. 그러나 戌·丑土의 충으로 창고가 부서지고 그 속의 辛金이 木의 뿌리를 찍어버리니 운이 와도 쓸 수가 없었다. 처는 죽어버리고 자식도 없었다. 이를 보면 사고인 辰·戌·丑·未는 충으로 열어야 마땅하다는 주장에 집착하면 안 된다. 오로지 천간이 조절하여 균형을 잡아야 마땅함을 얻고, 용신은 힘이 있어야 하고 세운에서 이를 거두어 도와주어야 사주가 치우쳐 말라버리는 불상사가 없다.

4 형충회합의 논점

지금까지 『자평진전』과 『적천수』, 그리고 그 해석을 참고하여 형충회합의 해소와 변화를 정리하였고, 그에 해당하는 사주 사례를 검토하였다. 그중 논점이 되는 부분을 다시 요약한다. 첫 번째가 사고지의 형충회합으로, 그중에서도 입고(入庫)와 입묘(入墓)에 대한 것이다. 두 번째는 사생·사패·사고의 형충회합이다. 마지막으로 사주팔자 명식에 대운과 세운을 대입하여 형충회합을 적용하는 것에 대해 다루겠다.

1. 입고와 입묘에 대한 논점

입고(入庫)는 고(庫)로 들어가는 것이고, 입묘(入墓)는 묘(墓)로 들어가는 것이다. 글자 그대로 해석하면 고(庫)는 곳간이니 넣어두면 보관이 되고 필요할 때 꺼내 써야 하므로 요긴한 글자를 형·충하여 개고시키면 이로운 면이 있다. 그럼에도 불구하고 형·충이라는 것은 일종의 파극이고, 단순히 이롭다고만 생각할 수 없는 현상이다. 왜냐하면 개고 과정에서 각 지장간 글자들끼리 또는 명식에 있는 글자들과 복잡한 상호작용(형충회합 등)을 일으키기 때문이다.

한편 묘(墓)는 무덤이니 죽어서 묻히는 곳이다. '고지'라는 것은 물건을 저장하여 보관한다는 의미이고, '묘지'라는 것은 어떤 물건의 작용이 다하여 수명이 끝났다는 뜻이다. 사고지인 辰·戌·丑·未는 묘고지로 불리고, 본기 이외에 음양오행이 혼재하여 잡기(雜氣)라고도 한다. 사주명리가 재성과 관성을 주로 찾아서 읽고 해석하는 것이기 때문에 재관잡기라고도 하였다. 묘지라는 것은 지장간 중 중기에 해당하는 오행(또는 계절)이 마감되어 묻히기 때문이고, 춘하추동의 흐름으로 보면 각 오행은 이전 계절에서 생(生)하고 자신의 계절에서 왕(旺)하며 다음 계절에서 생을 마감하여 입묘(墓)한다는 이치이다.

• **사시의 생왕묘**

	생(生)	왕(旺)	묘(墓)
봄(木)의 甲	亥	卯	未
여름(火)의 丙·戊	寅	午	戌
가을(金)의 庚	巳	酉	丑
겨울(水)의 壬	申	子	辰

지장간의 사령일을 보면 사고지(사령일 9·3·18)의 중기(3일)는 다른 지지 지장간의 사령일에 비하여 가장 짧다. 반면 여기(9일)는 다른 지지에 비해 가장 길다. 따라서 辰·戌·丑·未의 중기는 어떤 오행을 만들어내는 마중물 정도의 역할만 하고 임시 보관하거나 오히려 생을 마감하는 경향이 있으며, 반면 여기는 에너지가 강하여 활용도가 높다고 할 수 있다.

辰·戌·丑·未는 마치 인생의 대전환기와 같으며 도로의 인터체인지와 같아 잦은 사고가 발생할 수밖에 없는 지점이다. 辰·戌·丑·未의 대운이나 세운에서는 누구나 조심하고 속도를 줄여 차분하게 운전해야 하는 이유가 여기에 있다.

지장간 사령일을 통해 알 수 있는 또 한 가지가 있다. 예를 들어 辰戌충이 되면 辰 중 乙·癸·戊와 戌 중 辛·丁·戊가 튀어나와 辛은 乙을 극하고 癸는 丁을 극한다고 한다. 물론 정기 戊土는 크게 다치는 바가 없으니 이를 붕충(朋沖)이라 하였다. 그런데 사령일로 보면 여기인 辛은 乙을 극하겠지만, (사령 에너지가 크기 때문에) 중기인 癸가 丁을 극하는 기운은 약하다. 즉, 戌 중 丁火는 辰戌충으로 꺼지지 않는다. 만약 丑戌형이 일어난다면, 丑의 여기인 癸水가 戌의 중기인 丁火를 극하는 힘이 강하니 丁火는 꺼질 수도 있다. 또한 戌未형이 일어나면 未 중 乙木은 戌 중 辛金에 꺾일 수도 있다. 辰·戌·丑·未의 여기·중기·정기 세력에 따라 지장간 글자들이 어떻게 상호작용하는지를 살펴야 한다.

한편 辰·戌·丑·未의 글자가 목극토가 잘 되어 있으면, 그 또한 개고되어 곳간 속의 기물을 잘 꺼내 쓸 수 있다. 충으로 개고된 글자들이 손상되는 이치는 금극목과 수극화의 싸움을 주로 읽고, 목극토나 토극수의 이치는 충으로 손상되기보다는 극의 이치로 읽는 것이 좋다. 오행 중 '土'에 관련한 것은 고전을 꼼꼼히 읽고 이해해야 한다.

辰·戌·丑·未를 지지로 가지로 있는 사람은 그 화려함을 내면에 숨기고 정신적으로 유려하게 관리하는 능력이 있다. 삼합이 되거나 형충파해, 또는 木으로 인해 극이 일어나면 다양한 성분의 변화가 발생한다.

辰土는 癸水를 머금은 습토로 조열한 사주에게 요긴하고, 甲乙木의 뿌리로 각종 木이 가장 좋아하는 땅이다. 戌土는 丁火를 거두어 마무리하는데 사고지 중에서 가장 화려하고 높은 성벽과 같은 물상이다. 戌土는 만물을 변화시키고 보수적인 성향이 있는데, 戌土가 충·형되면 그 성향이 바뀌어서 대담하고 솔직해진다. 丑土는 金을 마무리하여 귀금속, 보석과 같은 패물류를 소지하고 싶어한다. 따라서 금융·경제와 관련된 업종에 많다. 마지막으로 未土는 木을 마무리하는데 양의 기운을 음으로 전화시켜주는 역할을 하고 부동산 등의 중개나 커플 매칭 같은 일을 잘한다.

재관으로 보면 재성의 입고는 반기지만, 관성의 입고는 좋지 않다. 그래서 재성이 천간에 드러나면 남들이 다 아는 돈이니 내 돈이 아니고, 관성은 천간에 드러나야 만인이 알아주는 명예를 얻게 된다. 한편 일간이 입묘된 사주는 건강이나 신상에 관련된 것을 조심해야 하는데, 특히 그 글자가 형충되는 때를 읽는다. 전체적으로 정리하면 양인의 입고는 군사, 경찰, 무술, 체육 등의 일과 관련이 있고, 식상의 입고는 교육, 놀이, 식당, 음식, 재고는 금융, 금고, 여자에 대한 지배력이며, 관고는 권력, 도둑, 관재 등 힘들고 어려운 일이며, 인성고는 학교, 문서, 학위, 자격증 등 학문연구에 몰두하는 모습으로 보면 된다.

• **육신의 입묘와 해석**

비겁 입묘	일간이 비겁의 글자에 입묘되면 친구나 동료에 빠져든다. 또는 동료 때문에 활동이 위축된다. 일간이 비겁의 입묘지를 가지는 경우는 그와 반대로 일간이 비겁을 지배하고 경쟁력에서 우위를 차지한다.
식상 입묘	일간이 식상의 글자에 입묘하면 자식, 일, 제자에게 몰두한다. 일간이 식상의 입묘지를 가지면 일간이 일, 자식, 제자 등을 지배하려 한다.
재성 입묘	일간이 재성에 입묘하면 돈, 여자, 일 등에 몰두한다. 일간이 재성의 입묘지를 가지면 재성을 지배하고 가두려 한다.
관성 입묘	일간이 관성에 입묘하면 직장에 몰두하거나 명예에 집착한다. 일간이 관성의 입묘지를 가지면 직장에서 지배력을 가지려 하거나 남편을 가두려 한다.
인성 입묘	일간이 인성에 입묘하면 어머니, 공부, 문서, 계약 등에 몰두한다. 일간이 인성의 입묘지를 가지면 어머니, 공부, 문서, 계약 등을 지배하려 한다.

辰·戌·丑·未의 입묘와 입고에 관련된 내용을 정리하면 다음과 같다. 개고되어 길한지 흉한지, 또는 득인지 실인지의 여부는 상황에 따라 다르다. 일간이 합하여 가져오는 것이 가장 확실한 득이고, 나머지는 명식에 해당 천간이 있을 때와 없을 때에 따라 다르고 또 득실에 해당하는 성분이 기신인지 흉신인지에 따라 다르다. 소위 사주에 있는 글자는 합거로 사라지는지 여부를 살펴야 하고, 사주에 없는 글자는 개고로 얻게 되는 상황을 읽어야 한다. 또한 월지의 힘을 얻었는지(득령)를 살펴 그 강약을 판단할 수 있다.

• **辰·戌·丑·未의 입묘와 입고**

사고지	辰	未	戌	丑
지장간 (입고천간)	乙 癸 戊	丁 乙 己	辛 丁 戊	癸 辛 己
입묘천간	壬·辛	甲·癸	丙·戊·乙	庚·己·丁
입고계절(오행)	겨울(水)	봄(木)	여름(火)	가을(金)

2. 사생·사왕·사고지의 형충회합

지지가 형충되면 먼저 깨져서 뛰쳐나오고(상처), 나온 글자들 사이에 상호작용이 발생하고(과정과 변화), 그 다음에 잃고(실) 마지막에 들어오는 것(득)이 생긴다.

상처 → 과정과 변화 → 득과 실

이때 지장간을 세심히 살펴야 하는데, 앞에서 살펴본 것처럼 사생(四生), 사패(四敗), 사고(四庫)의 글자들은 각각 특징이 있다.

- 寅·申·巳·亥의 지장간은 모두 양간이다. 그중 寅과 申은 체용의 변화가 없다. 지장간이 양간이고 천간의 양간과 짝을 한다. 모두 양간이기 때문에 음양의 합생(合生), 즉 천간끼리의 합화를 기대하기 힘들다. 원국의 타간에 음간이 있으면 몰라도 양팔통이면 합거나 합생이 발생하지 않는다. 이런 경우 충발(沖發), 즉 충으로 인한 전화위복을 기대할 수 있다. 예를 들어 교통사고가 나서 보험이나 병원 진료 등의 번거로움이 있었지만 보상금을 받고 끝내는 것과 같은 것이다.
  반면, 巳와 亥는 이미 해당 천간이 음간이므로 자세히 따져서 그 변화를 읽어야 한다. 타간에 음간이 있는 경우 寅·申·巳·亥 충으로 인한 합생이 발생하면 월령에 대비하여 득실을 따져야 한다. 즉, 월령에 힘을 얻으면 충으로 튀어나온 오행을 얻는다. 예를 들어 丁巳 일주가 己亥년 巳亥충으로 개고되어 장간이 쏟아져 나오고, 그중 庚金 재성이 乙木 월간과 합거했다. 그러면 재와 인의 손실을 말할 수 있다. 그러나 乙庚합으로 생기는 金의 재성은 원국이 酉월인 경우 득이 된다.

시	일	월	연
	丁	乙	
	巳	酉	

운
己
亥

- 子·午·卯·酉는 현침의 물상이다. 子와 午는 丁壬합, 卯와 酉는 乙庚합의 합생이 발생한다. 즉, 먼저 형충으로 인한 상실이 있지만 나중에 무언가 생기는 것이 있다. 午卯파는 午 중 己土와 卯 중 甲木의 암합생(暗合生)으로 수술(현침)을 하더라도 쾌유를 기대하지만, 子酉파는 합생이 발생하지 않아 쾌유가 힘들다.
- 辰·戌·丑·未는 마땅히 개고되어야 바람직하지만, 사주팔자 전체를 보고 하나하나 따져야 마땅하다. 실자(實字)는 입고되고, 암신(暗神)은 개고된다.

• 사고지와 입묘천간

사고(입묘지)	입묘천간
辰	水 오행, 壬·辛
未	木 오행, 甲·癸
戌	火土 오행, 丙·戊·乙
丑	金 오행, 庚·丁·己

사고(四庫)가 형충되면 원국에 투간한 해당 오행의 천간(음양 모두)이 입고된다. 해당 오행이 천간에 없으면 사고의 개고로 득(得)이 된다. 사고는 음양이 섞여 있다. 어떤 것이 상처를 입고 어떤 것이 살아남는지, 일간이 얻어가는 것은 무엇인지 세심히 살펴야 한다.

3. 명식과 행운의 대입

마지막으로 명식과 행운(行運)의 대입에 대해 다룬다. 여기에는 체(體)와 용(用)의 개념이 개입되는데, 학술적인 내용은 격국론에서 자세히 다루도록 하겠다. 여기서는 가만히 앉아서 형충회합을 당하는 쪽을 체로, 형충회합을 가하는 쪽을 용으로 보겠다. 앞에서 임철초가 말한 '피아(彼我)'라는 개념을 인용한 바 있는데, 그것을 참고할 수도 있다. 다만 임철초의 '피아' 개념은 논란의 여지가 있어서 여기서는 '체용'으로 소개하고자 한다.

사주팔자에는 원국이라는 명식이 있고, 거기에 대운과 세운이라는 행운(行運)을 취하여 대입해서 읽는 것이 명리학의 통변법이다. 이때 원국은 '체'가 되고, 움직이는 운은 '용'이 된다. 원국의 체라는 그릇이 들어오는 운의 용을 내용물로 담거나 어떤 내용물이 들어와서 그릇에 변형이 오고 쓰임에 변화가 생기는 것이다. 밥을 담아 먹으려던 그릇에 제사 음식이 들어와서 제사용으로 쓰이면 그 그릇은 제기가 된다. 원국에 대운을 대입하면 대운이 용이 되지만, 또 대운에 세운을 대입할 때도 있다. 그럴 경우 대운이 체가 되고 세운은 용이 된다.

사주원국에 안정적으로 있던 글자가 대운과 세운에서 형충파해가 들어오면 그 그릇이 깨지거나 흔들리는 것이 바로 체용으로 읽는 팔자의 변화이다. 이때 밥그릇이 제기가 되면 쓰임이 고상해졌다고 말할 수 있지만, 어떤 대운에서는 그 그릇에 금이 가거나 깨지기도 하고, 별 수 없이 상한 음식을 담아야 하는 경우도 생기는 것이 인생이다. 다만, 그 시기를 인내하여 견뎌내면 다시 원국의 평화로운 상태로 돌아가니, 그래서 '시간이 약'이라는 말을 선조들이 한 것이다. 또는 원국에서 합으로 묶여버려서 그 그릇을 제대로 써보지도 못하다가, 행운에서 형충이 가해지면서 발전의 계기를 만들기도 한다. 어떤 사람이 어떤 대운 시기에 특이한 물건을 개발하여 사업에 성공하거나, 귀인의 도움이나 발탁으로 관직에 나가는 것이 운명의 변화가 만들어낸 조화이다.

① 형·충·회·합·파·해의 발생

- 형충이 일어나면 지장간이 쏟아져 나오고, 그 작용력은 세운>대운>타간>일간의 순서이다. 또한 개고도 세운의 글자가 먼저 일어난다.
- 형충회합 또는 형충파해는 대운과 세운을 대입하여 득·실과 성·패 판단의 근거가 된다. 그 기준에 월령의 힘을 근거로 한다.
- 대운과 세운의 지장간도 본다. 특히 지지 글자들은 형충회합뿐 아니라 파해, 원진, 귀문, 격각 등으로 요동칠 때가 많다. 그때 지장간이 쏟아지는 시기가 있으니 반드시 그 추이를 살펴야 한다.

② 형·충·파·해의 통변

대운과 세운, 명조와의 천간지지 관계에 형충파해가 일어났을 때의 공통점은 다음과 같다.

- 우선 기물이 파괴되기 때문에 불편, 사건, 사고, 변화가 일어난다.
- 다음으로는 지장간이 열린다. 辰·戌·丑·未는 개고로 곳간이 열리고, 사맹과 사왕의 지지도 기물이 나오기는 마찬가지다.
- 개고가 되면 반찬이 많아지니 먹을 것이 많아졌다고 할 수도 있지만, 명식에서 가지고 있는 글자에는 생채기가 날 수도 있고, 천간이 입고되어 소실이 있을 수도 있다.
- 형충파해로 튀어나온 지장간과 명식, 또는 대운의 글자들과 화학작용이 발생한다. 타간과 합거되는지 아니면 일간이 가져오는지를 면밀하게 살펴야 한다.
- 상처받은 글자를 제외하고 남은 글자는 명식에 추가된다.
- 그 모든 과정에서, 격국이나 육친의 관점에서 득이 되는가 실이 되는가를 살펴 길흉을 판단한다.
- 예를 들어 명식의 천간을 합거로 잃거나 아니면 입고가 되더라도, 그것이 흉신이었다면 오히려 득이 될 수 있다.
- 전체적인 형충회합의 통변은 사건·사고와 변화의 원인을 읽어내는 것이다. 형충회합에 의한 사건의 전개와 득실을 통한 길흉의 판단이 그것이다.

③ 합의 특징

- 천간 오합과 지지육합 생성의 기본원리는 음양이다. 충과 형은 삼합에서 나왔다. 따라서 팔자의 형이나 충을 해소하는 것은 삼합이 유력하다.
- 방합은 각 글자의 성분을 잃지 않지만, 삼합은 각각의 기능을 상실한다. 즉 寅卯辰이라는 방합이 있어도 辰은 癸水의 통근처가 될 수 있지만, 亥卯未 삼합의 亥

는 癸水의 통근처가 되기 힘들다.

- 대운이나 세운이 와서 삼합이 발생하였는데, 그것을 거스르는 기운이 원국 천간에 투간하고 삼합보다 미약하면 전도(顚倒)되어 해당 성분의 상실이 커진다. 반면, 원국에 거스르는 기운이 없을 때는 도충으로 그 반대되는 기운을 불러온다. 예를 들어 수국(水局)을 짰을 때는 화기(火氣)를 부르고, 금국(金局)을 짰을 때는 목기(木氣)를 부른다. 이 현상은 전실(塡實)이 없어야 일어난다. 또한 삼합이 생하는 기운을 촉발하여 이득을 얻는다.
- 삼합과 육합이 와서 오히려 형충이 되는 경우가 있다. 예를 들어 사주에 이미 충과 합이 같이 있어서 해소되었거나, 한 글자를 두고 양쪽에서 쟁합이나 쟁충이 발생하지 않았는데 다른 글자가 옆에서 하나를 합해버리면 다시 충이 된다.

시	일	월	연
	乙		
戌	卯	酉	卯

위 사주는 酉월에 태어난 乙木 일간이 일지와 연지에 卯가 있다. 양쪽에서 酉를 충하여 卯酉충이 일어나지 않아야 하는데, 시지에 戌이 있으면 일지 卯를 묶어버리니 다시 卯酉충이 일어난다.

④ 형충의 특징

- 형충이 다른 형충을 해소하는 경우가 있고, 형충이라도 희용신을 충하면 나쁘지만 기신이 충되면 오히려 좋을 수도 있다.
- 사생지, 특히 寅申충은 그 신호가 빠르고 명확하게 일어난다.
- 잡기는 투간하고 지지에서 회합하면 아름답다. 굳이 형충하지 않아도 투간된 글자가 있고 지지에서 회합하면 쓸 수 있다는 뜻이다. 예를 들어, 辰월에 태어난 甲木 일간에게 인수는 辰 중 癸水 중기로 들어가 있는데 굳이 개고하지 않아도 천

간에 임수가 투간되어 있으면 인수를 쓸 수 있다. 또는 지지에 申·子가 와서 辰과 회합하면 또한 申·子·辰 水의 삼합이 되니 군이 개고하지 않아도 된다.

- 형과 충은 서로 해소하는 작용을 하지 않는다. 따라서 둘 다 일어나는 경우가 많다.

시	일	월	연
	丁		
酉	卯		

위 사주에서 일지 卯와 시지 酉의 충은 자식이 나를 극하는 것이다. 또는 자식으로 인한 부부관계의 어려움으로도 읽고, 해당 육친을 대입해서도 읽는다. 만약 재성과 인성의 충이라면 잘못된 계약관계로 금전손실이 있다고 읽을 수도 있다. 각 글자가 용신의 역할을 하는지 기신의 역할을 하는지도 봐야 하고, 공망이나 천을귀인에 해당하는지에 따라서도 통변이 달라진다. 공망이라면 물론 충의 흉의는 줄어들 것이요, 주변에 보호하는 글자들의 역할도 주시한다. 전체 사주를 보고 그 간명을 선택하는 것이 술사의 능력이다.

- 형에 대해서는 여러 의견이 있다. 예를 들면『적천수』는 '지지에서는 충만이 중요하다'고 하였고,『자평진전』은 충과 육합 및 삼합은 비교하여 중요성을 설명하고 있으나 형이나 파해는 따로 언급하지 않았다.
- 형은 삼합국과 방합국의 위치적 요인에 의해서, 이에 해당하는 글자가 부풀려지거나 과잉반응하여 생긴다.
- 형은 중화의 도를 벗어난 이유로 손해를 보게 된다.
- 형살 관계에 해당하는 지지는 서로가 가지고 있는 지장간들을 부글부글 끓게 만들어 지지라는 그릇을 넘치게 만든다. 그래서 그 그릇에 담겨 있는 지장간들이 부풀어 튀어나오는 모습이 형살이다.

신정원의 명리학 CLASS

4

심화학습

현대 정통 사주명리학

십이운성론 / 격국론

고법의 현대 사주명리학 적용

신살론 / 십이신살

CHAPTER 1

현대 정통 사주명리학

01

십이운성론

삶과 죽음, 그리고 환생의 열두 단계 궤적

1 십이운성의 발생과 의의

십이운성(十二運星)은 천간과 지지가 만났을 때 천간의 상황이 어떠한지, 또 그 세력은 어떻게 변화하는지를 인간 삶의 생로병사에 대입시켜 십이지지의 12개 단계로 나타낸 것이다. 즉, 천간이 태어나서 성장하여 왕성해지고, 또 죽어서 사라지는 단계를 다룬 것이라 할 수 있으며, 천간의 생왕사절(生旺死節)이라고도 한다. 생왕사절에 대해서는 앞서 오행론의 「오행의 생사」에서 이미 다루었다.

십이운성은 명리 학습 단계에서 반드시 비중 있게 다루어야 하는 이론체계이다. 실전통변 차원에서 일간에 적용하면 일간의 일생을 읽을 때 활용도가 상당히 높은 관법이기도 하지만, 이론적으로도 다른 명리이론에 끼친 영향력이 매우 크기 때문이다.

실로 고법의 신살론이나 신법의 격국론에도 십이운성법은 긴밀하게 관여한다. 십이운성은 일간 외에 나머지 육신에도 적용하여 사주팔자 모든 성분의 상태와 역학관계를 파악할 수 있게 해준다.

십이운성은 전통명리학 태동기인 동한시대에서 시작되었다. 한대가 명리학의 잉태시기인 것은 앞에서 이미 밝혔다. 오행의 상생상극과 자연의 생태적 주기를 연결하여 인간의 일을 읽은 것이 사주명리학의 초기 사유였다. 이러한 사실은 명리학습을 하는 내내 잊지 말아야 한다. 봄·여름·가을·겨울에 오행의 일생을 대입하여 왕상휴수사(旺相休囚死), 즉 왕하고, 상하고, 휴하고, 수하고, 사하는 시기로 설명한 것이 오행과 자연만물의 변화를 연결한 사유이다. 이것을 득령과 부득령, 즉 월령(태어난 계절)의 세력을 얻었는지 얻지 못하였는지로 정리한 것이 아래 표이다. 또 득령과 부득령에 근거한 왕상휴수사와 천간의 생왕묘를 그 다음에 넣었다.

• 오행의 득령·부득령

오행	득령(得令)	퇴기(退氣)	부득령(不得令)	진기(進氣)
木(甲乙)	춘(寅卯辰)	하(巳午未)	추(申酉戌)	동(亥子丑)
火(丙丁)	하(巳午未)	추(申酉戌)	동(亥子丑)	춘(寅卯辰)
土(戊己)	하(巳午未)	추(申酉戌)	동(亥子丑)	춘(寅卯辰)
金(庚辛)	추(申酉戌)	동(亥子丑)	춘(寅卯辰)	하(巳午未)
水(壬癸)	동(亥子丑)	춘(寅卯辰)	하(巳午未)	추(申酉戌)

• 오행의 왕상휴수사

오행	춘(木)	하(火)	사계(土)	추(金)	동(水)
木	왕(旺)	휴(休)	수(囚)	사(死)	상(相)
火	상(相)	왕(旺)	휴(休)	수(囚)	사(死)
土	사(死)	상(相)	왕(旺)	휴(休)	수(囚)
金	수(囚)	사(死)	상(相)	왕(旺)	휴(休)
水	휴(休)	수(囚)	사(死)	상(相)	왕(旺)

• 천간의 생왕묘

일간	진기 계절			전성기			퇴기 계절		
	생				왕				묘
甲乙	亥	子	丑	寅	卯	辰	巳	午	未
丙丁	寅	卯	辰	巳	午	未	申	酉	戌
戊己	寅	卯	辰	巳	午	未	申	酉	戌
庚辛	巳	午	未	申	酉	戌	亥	子	丑
壬癸	申	酉	戌	亥	子	丑	寅	卯	辰

이제 이것을 십이운성의 포태법으로 읽으면 포(기를 받음)에서 태(잉태), 양육, 장생, 목욕, 관대, 임관(록), 왕성, 쇠퇴하고, 병들고 죽어서(사) 묘에 들어가는 순서가 된다. 그 12단계를 십이지지로 나타낸 것이 아래의 십이운성표이다.

• 십이운성표

천간	생	욕	대	록	왕	쇠	병	사	묘	절	태	양
甲	亥	子	丑	寅	卯	辰	巳	午	未	申	酉	戌
乙	午	巳	辰	卯	寅	丑	子	亥	戌	酉	申	未
丙	寅	卯	辰	巳	午	未	申	酉	戌	亥	子	丑
丁	酉	申	未	午	巳	辰	卯	寅	丑	子	亥	戌
戊	寅	卯	辰	巳	午	未	申	酉	戌	亥	子	丑
己	酉	申	未	午	巳	辰	卯	寅	丑	子	亥	戌
庚	巳	午	未	申	酉	戌	亥	子	丑	寅	卯	辰
辛	子	亥	戌	酉	申	未	午	巳	辰	卯	寅	丑
壬	申	酉	戌	亥	子	丑	寅	卯	辰	巳	午	未
癸	卯	寅	丑	子	亥	戌	酉	申	未	午	巳	辰

십이운성은 포태법 또는 장생법이라고 한다. 포태법이라 하면 기를 받는 포태 단계부터 읽는 것이고, 장생법이라 하면 탄생하는 단계부터 나타내는 것이다. 포태법으로 읽으면 포, 태(잉태), 양육, 장생, 목욕, 관대, 임관(록), 왕, 쇠, 병, 사, 묘의 순서이고, 장생법으로 읽으면 생(장생), 욕(목욕), 대(관대), 록(건록), 왕(제왕), 쇠, 병, 사, 묘, 절, 태, 양의 순서이다. 출처에 따라 생 또는 장생, 욕 또는 목욕 등의 두 가지 용어가 혼용되어 쓰이고 있으니 독자가 이해하기 바란다. 두 가지의 의미는 동일하다.

천간과 지지, 그리고 자연의 사시사철이 순환의 도이기 때문에, 십이운성도 포태 또는 생에서 사하고, 묘에 들어가서 단절하고 다시 포태로 진행하는 순환의 도이다. 무엇으로 부르든지 그 원리에는 차이가 없지만, 그래도 혼선을 줄이기 위해서는 십이운성이라는 용어로 통일하는 것이 좋겠다.

여기서 말한 각 오행은 양간을 위주로 한다. 甲木을 예로 들면, 亥에서 장생하고, 卯에서 왕하고, 未에서 묘에 들어가는 생왕묘의 상황이 바로 亥卯未 木의 삼합국이 된다. 십이운성에서 양간과 음간의 운행은 '양순음역'의 원칙이다. 즉 '양은 모여서 앞으로 나아가는 것(순행)을 주관하고 음은 흩어져 뒤로 물러나는 것(역행)을 주관한다'는 것과 '양이 생(生)하는 곳에서 음이 사(死)하고 음이 생하는 곳에서 양이 사한다'는 것이 바로 역(易) 이론의 대전제이다. 앞에 지지론의 「지장간」에서 학습한 '양순음역'을 상기하기 바란다. 십이운성은 오행의 왕상휴수사를 통해 지지론의 사생·사왕·사묘와 지장간의 원리로 얻어진다. 다음은 십이운성의 발생과 의의를 정리한 것이다.

- 십이운성은 천간이 어떤 지지를 만났을 때 어떤 모습을 보이는지를 12단계로 말해준다.
- 기본적인 생극제화보다 더 자세하게 천간의 상태를 나타낸다.
- 인간의 운명을 생로병사의 과정으로, 천간의 상태를 12개 단계로 순차적으로 나타냈다.
- 그 원리는 천간의 기가 지지에 미치는 영향과 땅의 사시운행이 천간에 미치는 순환의 도를 나타낸 것이다.
- 사람은 태어나서 성장하며 병들고 죽어 묘에 들어가는 생로병사의 과정을 겪는데, 이를 생왕묘로 표시하였다.
- 자연현상으로도 땅에 씨를 뿌리고 그것이 자라 꽃이 피고 열매를 맺어 수확을 하고 시들어 죽어 다시 땅으로 돌아가는 것이 이치이다.

십이운성으로 천간과 지지의 상태를 추론할 때 육신의 세력과 실력을 파악하고 근묘화실의 어느 궁성에 누구와 짝을 하고 있는지 그 관계성을 읽어야 한다.

2 십이운성의 종류와 특징

십이운성은 장생하여 목욕하고 옷을 갖춰 입고(관대), 임관하여(록) 왕성하고, 쇠퇴하며 병들고 죽어서(사) 묘에 들어가고, 또 기를 받아서(포음) 잉태하고 자궁에서 양육되는 과정이다. 그 개별 단계의 의미와 특징은 다음과 같다.

- 장생(생) : 사람이 세상 밖으로 출생하는 단계
- 목욕(욕) : 출생 후 양수와 피로 젖어 있는 태아의 몸을 씻겨주는 것. 유아 단계
- 관대(대) : 출생과 목욕을 잘 마치고 옷을 반듯하게 차려입은 소년기나 희망찬 미래를 설계하는 청년기
- 건록(록) : 장성하여 혈기왕성하고 사회활동의 중추가 되는 시기. 건강함과 아름다움이 무르익는 중년기, 임관의 시기
- 제왕(왕) : 인간의 활동이 최강에 이르고 왕성한 사회활동을 하는 장년기
- 쇠 : 성장이 왕성한 장년기를 지나 서서히 기운이 빠져나가는 상태
- 병 : 노년기의 허약한 모습을 상징
- 사 : 노년기에 시름시름 앓다가 임종을 맞이하는 단계
- 묘 : 죽은 후 땅속에 묻혀 있는 기간
- 절 : 이승과 저승의 중간단계인 유계에서 완전히 저승으로 가는 시기. 앞의 기는 끊겼지만, 다음의 기는 장차 이어지는 시기
- 태 : 전생의 업에 따라 다시 내생과 인연을 맺는 단계
- 양 : 어머니 뱃속에서 열달 동안 자라나는 상태

그렇다면 십이운성을 어떻게 사주팔자에 적용하는가? 먼저 십이운성의 특징과 일반 통변성을 설명하고, 다음으로는 십이운성을 구체적 직업 특수성과 관련시키고 그것을 육신관계로 읽는다.

• 십이운성의 특징과 통변성

	특징	통변성
생	후원, 도움, 축하, 기쁨	자신감, 긍정, 원만한 대인관계, 귀인의 도움
욕	구설, 나약함, 환복탈태	타인의 시선, 낭만, 욕구, 호기심, 충동
대	관복, 상복, 초상, 독립, 면접시험, 자만심, 사회진출	입시, 이상적, 자부심, 완장, 잘난 척
록	고집, 건전, 자신감, 실속	왕성한 활동, 출세, 좋은 수익
왕	리더십, 최고, 일등주의	유아독존, 정상, 최고, 다혈질
쇠	보수적, 계산적, 방어적	사회적 영화를 뒤로하고 귀향함, 은퇴, 안정
병	노쇠, 배려, 후회, 조심	회상, 과거의 그리움, 역마, 간호, 건강염려증, 외로움
사	죽음	사별, 이별, 죽을 만큼 힘듦
묘	절대적 안정, 감옥, 비관, 어두움, 갇힘	저축, 지하, 구두쇠, 재생, 철학, 활인, 관조, 재회
절	단절, 분리, 단순	바닥을 친다. 절처봉생
태	보호, 수옥, 격리	소극적, 불안, 성별 분리가 안 됨, 두려움
양	상속, 교육, 양육	성별 분리가 되고 모태에서 안정적으로 길러짐

• 십이운성의 직업성과 육신별 특징

	의미와 특징	직업	육신관계
생	만물이 일원으로부터 발생 모체로부터 출생 창조·개척·창의·신장·의욕·희망	발명가 개척자 벤처기업 학자	식신은 의식주 풍부 재성은 재물 왕성 관성은 영예롭고 밝은 전도양양한 직업 인성은 문장력, 창의력
욕	아기의 첫 목욕 무력감·고통·치욕 유행에 민감하고 낭비	주점 요식업 극장 노래방 유흥업소 연예인	비겁은 형제가 유흥을 좋아함 재성은 가산을 탕진 관성은 직업에 애로가 있고 명예가 길지 않다. 인성은 어머니가 연애할 가능성이 있다.

대	유니폼 착용 진취적, 독립성, 정의, 인내	공직자 학자 종교인 군인 정치인	식신은 경제적 발전, 자녀의 발전 상관은 두뇌 명석 재성은 가정 풍요, 아내가 드셈 관성은 시험합격, 관직 임용, 승진
록	만물의 열매, 직장의 보수 공명정대, 공사 분명 명예, 상하질서, 성실	공직자 사업가 중견간부 지휘관	비겁은 형제가 발전한다. 식신은 의식주가 풍부하다. 재성은 경제적 성취, 부자이다. 관성은 공직, 성공적인 직장생활을 한다.
왕	만물의 완성 자활, 자존심, 반항심, 정의, 투쟁, 헌신, 과감한 기세, 독선	군인 법관 의사 도살 재단	비겁은 과감하고, 자신이나 남을 해칠 수도 있다. 식신은 왕성한 경제 활동, 의약, 식품, 식당과 관련이 있다. 관살은 권력직, 생살권
쇠	만물의 완성 후 쇠퇴 55~65세 모험을 피하고 안정추구, 내실, 평화적, 보수적	학자 예술가 기술자 연구 발명가	비겁은 형제가 쇠퇴하고 배경세력 퇴조 식신은 경제활동 저조, 사고력 감퇴 재성은 재물 감소, 가업 쇠퇴, 은퇴 관살은 직위 하락, 자녀 유약
병	나이들어 병에 걸리는 것 소극적 행동. 사색적 동정심	교육자 의 · 약사 간호사 철학자 작가 연구 참모	비겁은 형제의 질병, 자신의 건강염려증 식신은 소화기관의 질병 재성은 재물 위축, 처의 질병 관살은 직위 미천, 자녀의 질병 인수가 병이면 부모의 유고, 부모덕 부족
사	만물의 종말 성품 유순, 정적, 성실, 순종적 신경계 질환	학자 연구직 문예인 종교인 장의사 인생설계 보험	비견은 형제의 죽음, 퇴로가 막힘 식신은 재산이 사라짐, 가사가 곤궁 재성은 경제사정이 어렵고 곤궁 관성은 직업과 직장의 퇴사나 어려움

묘	만물이 창고에 들어가는 것 저장, 은행에 저축 철학적, 형이상학적 탐구심, 안정추구	학자 종교가 상담 장의사 보관 창고업	비겁은 형제의 구금, 사별 식신은 재산을 모으지만 유동성이 없음 재성은 하우스푸어, 구두쇠 인성은 지혜, 선배의 지원
절	만물이 땅속에 있고 아직 형체가 없음 정적인 상태 외부의 충동에 동요하거나 인정에 끌림	예술가 요식업 학자 종교인 철학자 교육자	식신은 의식주 곤란, 여자는 임신이 어려움 재성은 빈곤, 처의 질병, 이별 관성은 공적인 정체, 명예 하락, 남자는 자식과 여자는 남편과 인연이 희박
태	천지만물이 음양교접하여 새 생명이 잉태됨 태아의 잉태 연약, 사색적. 색정	기획원 종묘원 어린이집 소아과 산부인과	식신은 의식주 상승, 임신 재성은 재산 증가, 아내의 임신 관성은 직장의 발전, 새로운 투자 인성은 학문, 시험, 연구 분야의 새로운 아이디어, 발전
양	자궁에서 안전하게 보호받으며 성장 인품이 원만하고 온건하나 과단성 부족	교육 어린이집 사육장 양로원 요양소	비겁은 형제들이 온순하고 선량 식신은 사육업으로 성공 상관은 할머니에게 양육됨 편인은 계모와 이복형제가 있음

다음은 주의해야 할 십이운성을 그래프로 나타내었다. 첫 그래프는 각 십이운성의 높낮이가 다른데, 가로 실선으로 그 기점을 나타내고 상승과 하강 곡선을 표시하였다. 실선이 표시된 곳 좌측에 생이 있다. 즉 생에서 시작하여 인간은 성장하는데, 다만 욕 단계에서 인생 첫 위기를 겪는다. 현대와 같이 의학이 발달하기 전 고대에는 아기가 태어나자마자 여러 가지 요인으로 사망하는 경우가 많았다. 위생문제도 있고 산모와 관련한 문제도 있었을 것이다. 아기 입장에서는 모태를 벗어나 바뀐 환경의 충격과 첫 호흡을 하는 등의 여러 도전이 있는 시기이다. 그 시기를 벗어나면 왕의 시기

까지 위로 성장하고 발전하게 된다. 그 단계는 정장을 갖춰 입고(대) 학교에 입학하거나, 상위학교에 진학하거나, 또 회사에 입사하여 월급이 인상되고(록) 고위직에 오르거나 조직을 대표하는 제왕의 시기를 말한다. 왕을 넘어서면 인생의 황금기를 지나 은퇴를 하며 말년을 준비해야 하는 연령이 된다. 그때부터가 쇠·병의 단계이다. 즉 권력도 줄어들고, 힘도 빠져서 여기저기 아프기 시작하는 단계이다. 여기서 더 나이가 들거나 병이 깊어지면 목숨이 다하는 것이고, 죽고 나면 묘지에 들어가며, 이승과 단절(절지)하는 시기가 된다. 왕에서 하락했던 그래프는 죽음과 함께 땅 밑으로 들어가고, 절지라는 바닥을 치고 나면 다시 환생하여 어머니의 자궁을 찾아 들어간다. 절지를 지나면서 인간의 생은 다시 상승곡선을 그리게 되는 것이다.

• 십이운성의 상승과 하강 그래프

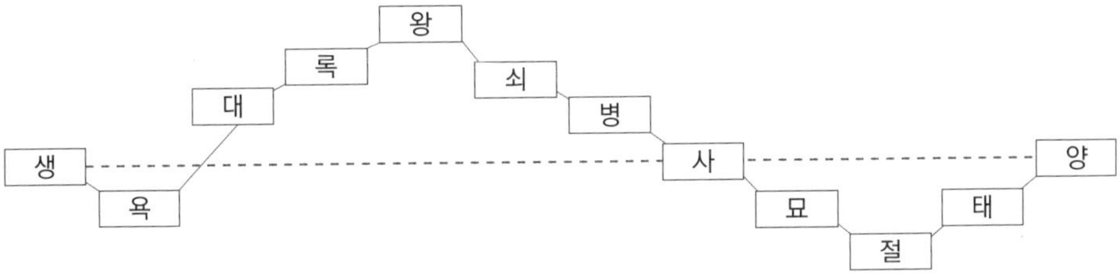

아래 도표는 십이운성을 길·흉·반길반흉으로 구분한 것이다. ○는 긍정(길) 세력, ×는 부정(흉) 세력, △는 반길반흉을 나타낸다. 생·대·록·왕은 '길'로, 쇠·병·태·양은 '반길반흉'으로, 욕·사·묘·절은 '흉'으로 나타내었으나 이 분류는 절대적이지 않다. 욕을 ×로 표시하였지만, 욕지의 팔자가 유명한 모델이나 영화배우가 될 수도 있고, 아름다운 이미지를 형상화하는 예술가가 될 수도 있다. 쇠와 병을 △로 나타내었으나, 쇠와 병은 분명 하향하는 세력이고 또 분명히 '병'이라는 명칭이 붙어 있으니 주로 명리서에서 흉성에 속한다. 다만, 병지의 팔자가 의사가 되기도 하고, 간호사, 약사 등의 특수직으로 성공하는 사례가 많다. 현대사회의 변화와 다양한 직업군에 따라 유연하게 적용하였을 뿐이다.

• **십이운성의 길흉 분류**

생	욕	대	록	왕	쇠	병	사	묘	절	태	양
○	×	○	○	○	△	△	×	×	×	△	△

3 십이운성의 적용

십이운성을 시작하면서 말하였듯이, 십이운성은 천간의 상태를 십이지지와의 관계를 통해 파악하는 이론이다. 따라서 제일 먼저 살펴야 할 것은 사주에 드러난 네 천간의 상태이다. 4개의 천간 중에서도 일간을 우선으로 읽고 다음에 타간을 읽는다. 다음으로 읽어야 할 것은 지장간에 숨어 있는 여러 천간의 상태이다. 지장간과 팔자에 드러난 천간이 상호 중첩될 때는 드러난 천간이 우선이다. 또 육신 중에서도 재관을 먼저 찾아 읽어야 한다. 물론 현대사회의 다변성으로 식상과 같이 홍미롭게 부상하는 육친성도 있지만, 전통명리학은 재관을 먼저 읽었다는 것을 잊지 말아야 한다. 재관은 배우자성이기도 하고 부귀를 나타내기도 하기 때문이다. 만약 중요한 육신 성분, 특히 재성이나 관성이 천간에 드러나지도 않고 지장간에도 없을 때는 그 글자를 궁성에 대입해서 읽는다. 아래에 십이운성의 적용법을 정리하였다.

- 일간의 십이운성 : 일간을 연월일시 지지에 대입하여 읽는다. 특히 일지로 배우자 성분을 파악하고, 월지로 그 세력을 읽는다.
- 사주에 투간한 천간의 십이운성 : 동주(同柱 : 같은 기둥)하는 천간을 깔고 앉은 지지에 대입하여 읽는다.
- 월지 대입법 : 명식의 사주에 투간한 천간을 월지에 대입하여 읽는다. 월령의 영향력이 그 세력을 만드는데 결정적이기 때문이다.

- 지장간의 십이운성 : 그 지장간이 속한 지지에 대입하여 읽는다.
- 사주팔자나 지장간에 없는 육친의 십이운성 : 육친을 불러와 해당 궁성에 대입하여 읽는다. 주로 양간으로 대표하여 십이운성을 파악한다.

사주 사례

1971년생 곤명

시	일	월	연
丙	丙	癸	辛
申	申	巳	亥

1986년생 곤명

시	일	월	연
	丙	丙	丙
	申	申	寅

1971년생과 1986년생 곤명의 사주를 비교하였다. 1986년생의 경우 어려서부터 아버지와 떨어져 살아 생시가 불확실하다. 1971년생은 연·월지 巳亥충과 월·일지 巳申형 및 巳申합이 있다. 1986년생도 연·월지 寅申충이 있다.

두 사람 모두 어린 시절 부모의 이별을 경험했다. 두 사주가 모두 연·월지에 충이 있다. 1971년생은 아버지 辛金이 연간에 앉아 그 자리가 흔들렸으니 어려서 이별했고 얼굴조차 모르고 살았다. 재성이 辛亥 욕지에 앉아 있다. 어려서 아버지와 같이 산 날이 별로 없고 생활비도 아버지가 아니라 큰아버지의 원조를 받았다. 1986년생 사주의 寅申충은 말 그대로 재성(아버지)과 인성(어머니)의 충이다.

두 사람 모두 지지에 역마를 깔았다. 역마는 특수직업이다. 군인·경찰·의료업·운동·무역 등의 직업성이 가능하다. 일주 丙申은 십이운성으로 병지이다. 이 두 사람의 직업이 의료업이니, 직장이 병원이나 약국일 수 있다. 두 사람 모두 간호사이다.

영국 다이애나 왕세자빈

시	일	월	연
癸	乙	甲	辛
未	未	午	丑

庚	己	戊	丁	丙	乙
子	亥	戌	酉	申	未

연주는 조상궁, 월주는 부모궁, 일주는 부부궁, 시주는 자식궁이다. 따라서 사주는 그 사주의 주인만 보는 것이 아니라 한 사람의 사주를 통해 가족 전체를 볼 수 있다. 그중 중심점은 일간이다. 이 사주는 乙木 일간이다. 모든 해석은 乙木을 중심으로 이루어질 것이다. 남편은 일간을 극하는 성분이다. 이 사주에 金은 편관으로 연간에 드러나 있다. 여러 설이 있지만 현대의 연장된 수명에 의하면 연주는 20세까지, 월주는 40세까지, 일주는 60세까지, 시주는 80세 이후로 보는 경향이 있다. 관성이 연주에 나타났다는 것은 일간이 일찍 결혼했음을 뜻한다. 대운에 보면 22대운까지이다. 사주는 명이고 대운은 운이다.

이 사주의 일간은 22대운까지 결혼이 유지된다. 32대운 즉 戊戌대운이 시작되는 1993년에 다이애나는 이혼한다. 관운이 끝났기 때문이다. 32대운 중 상관운은 좋지 않다. 상관은 반역성이다. 이 사주의 乙木 일간은 신약하다. 午월 식상월에 태어나서 식신생재하고 있다. 남편은 연간에 위치하여 일간과는 겁재 甲木를 사이에 두고 있다. 겁재는 乙木의 경쟁자이다. 경쟁자는 다른 여자이다.

午월생 乙木 일간을 도와주는 글자는 癸水인데 시간에 위치하고 있다. 그 癸水를 도와서 생해줄 글자는 辛金인데 너무 멀리 위치한다. 辛金이 사라지면 癸水도 힘을 잃고 乙木은 존재하기 힘들다. 土가 왕해지면 癸水가 견딜 수 없다. 土 오행이 들어오는 해는 乙木에게 불행의 해이다. 戊戌 대운, 1997는 丁丑년이다. 그 해에 丑未충이 일어났다. 土는 도로이다. 그녀는 도로에서 사망했다. 터널은 또한 土이다. 한밤중에 터널에서 사고가 일어났다. 金은 폐를 의미한다. 폐에 상처를 입어서 사망했다.

영국 찰스 국왕

시	일	월	연
癸	癸	癸	戊
亥	卯	亥	子

庚	己	戊	丁	丙	乙	甲
午	巳	辰	卯	寅	丑	子

亥월에 태어난 일간 癸水가 신강하다는 것을 알 수 있다. 천간에 비견 세력이 2개가 더 있고, 지지에 亥·子水의 통근처가 가득하다. 연간 戊土는 정관으로 권력을 상징한다. 조상, 집안의 권력을 알 수 있다. 그러나 비견이 중중하니 경쟁자가 많고 일간은 그 순위에서 뒤로 물려났다는 것을 알 수 있다. 월간 癸水(부모의 견재)와 시간 癸水(윌리엄 왕자)가 모두 경쟁자이다. 따라서 이 사람은 왕관을 차지하기까지 많은 시간을 기다려야 한다.

사랑운은 식신과 재성을 본다. 이 사주에서 가장 좋은 기운은 木이다. 신강하고 많은 水 오행이 순환하여 소통할 수 있는 것은 木이다. 부부궁에 木이 있는 것은 반갑다. 그러나 너무 많은 癸水 및 水 오행이 주변에 있다는 것은 견제가 많다는 것을 의미한다. 이 사주는 사실 좋은 사주이다. 대운을 보면 사주가 얼마나 좋은지 알 수 있다. 18대운 乙丑, 28대운 丙寅, 38대운 丁卯, 48대운 戊辰 모두 좋은 기운이다.

이 사주에 火가 여자이다. 첫 火 오행은 28대운에 왔다. 丙火가 寅 호랑이 위에 앉아 있다. 강한 여자를 의미한다. 나이도 연상일 수 있다. 왜 결혼을 못했는가? 왜냐하면 다른 경쟁자가 앞에 왔기 때문이다. 寅亥합도 하고 있다. 그 경쟁자가 이미 이 여자와 결혼했다. 그 다음에 오는 火 오행은 丁卯로 왔다. 丁卯 대운 중 1981년에 다이애나와 결혼하였다. 丁火는 좀더 부드럽고 여성적이다. 卯木 또한 그의 부부궁 글자이다. 그러나 이 결혼은 단지 38세 대운까지 지속되었다. 48대운에 戊辰이 왔다. 그때 결혼생활은 끝이 났다. 戊辰 대운 중 1996 丙子년에 이혼하게 된다. 그런데 58세에 다시 火 오행 己巳 대운이 왔다. 2005 乙酉년에 재혼한다. 부부궁의 길신 卯木이 투출되는 시기이고, 대운 巳와 세운 酉가 巳酉합하여 巳亥충도 피해갔다. 이때가 되면 다시 사랑이 시작된다는 것을 알 수 있다.

영국 윌리엄 왕세자

시	일	월	연
丙	乙	丙	壬
戌	亥	午	戌

癸	壬	辛	庚	己	戊	丁
丑	子	亥	戌	酉	申	未

케이트 미들턴 왕세자빈

시	일	월	연
丙	壬	辛	辛
午	辰	丑	酉

戊	丁	丙	乙	甲	癸	壬
申	未	午	巳	辰	卯	寅

위의 두 사주 주인은 윌리엄 왕세자와 케이트 미들턴 왕세자빈이다. 미들턴의 사주를 다이애나의 사주와 비교한다면, 다이애나의 경우 乙木 일간에게 월지 午월은 식상 성분이다. 식상은 목생화하여 乙木을 아주 총명하게 만든다. 그러나 이 총명함은 다른 사람의 제재를 받고 싶어하지 않고 자유로움을 추구한다. 상관은 똑똑하지만 반역성이다. 이 사주는 왕실의 규율을 견디지 못하였다. 이 사주의 부부궁에 있는 未土는 일간이 좋아하지 않는 글자이다. 乙木 일간이 행복한 결혼생활을 하기 어렵다는 것이 암시되어 있다. 乙木은 未土(남편)을 극제하고 싶은데 이 가정의 남편은 아내에게 극제될 수 없다.

반면 케이트 미들턴은 다이애나의 사주와 정반대이다. 미들턴은 壬水 일간이고 윌리엄은 乙木 일간이다. 어머니인 다이애나와 마찬가지로 午월생 乙木이 게다가 천간에 丙火가 두 군데나 투출하였다. 水 오행이 절실한데, 부부궁에 물이 있으니 좋은 아내를 맞이할 것이고 그녀를 사랑할 것이다. 미들턴은 壬水가 土에 앉아 있다. 이 壬水는 나서서 반역적이지 않다. 따라서 이 두 사람의 궁합은 다이애나와 찰스의 궁합과 다르다.

윌리엄의 월주 丙午는 상관이다. 집안이 壬戌 관대에 丙午 왕지이다. 상관 성분이 정관을 보면 좋지 않다. 하지만 이 사주는 壬水 정인의 훈육을 받았다. 상관과 관련된 반항을 할 수 있다. 그러나 인수의 교육에 의해 다시 다스려진다.

2 격국론

사주팔자라는 그릇, 그 용도와 내용물의 변화

1 격국의 개념

격국(格局)에서 '격(格)'이란 격식이나 지위, 인품 등을 말하고, '국(局)'이란 어떠한 판세, 구획이나 구분 및 재능을 의미한다. 격국은 사주명리학의 핵심이며 기반이 되는 이론이다. 격국을 통해 사주의 구조 즉 한 사주의 짜임새와 틀을 이해하고, 사주팔자 그릇의 모양 및 크기를 가늠할 수 있다. 격국은 바로 사주팔자를 부르는 명칭이나 이름표와 같다. 격국으로 일간의 대외적인 활동무대를 파악하고 그의 사회성과 직업성 및 적성과 역량을 간파하여 한 사람의 부귀와 빈천을 예단할 수 있다. 격국의 정의에서 키워드는 사주의 구조, 사회성, 직업성, 적성, 역량, 부귀빈천 등이다. 앞으로 배울 격국론을 통해 한 사람의 직업이나 대외적 모습, 그리고 역량과 그것을 통한 부귀빈

천을 읽을 수 있다는 점을 참고하여 격국론의 다양한 이론을 학습하기 바란다.

사주명리학의 전통 추명법은 격국론·억부론·조후론이다. 격국론은 명리 신법의 주요이론으로 현대명리학의 중심에 자리한다. 격국을 통해 사주의 구조를 파악할 수 있다. 즉, 한 사주의 짜임새와 틀을 이해하고 사주 그릇의 모양 및 크기를 가늠하며, 팔자에서 일어나는 형충회합으로 그 그릇에 빈틈이 생기거나 금이 가고 깨어지고 부서지는 현상을 예단한다. 나아가 그릇의 내용물과 쓰임이 어떻게 변해가는지를 대운과 세운의 대입을 통해 파악할 수 있다. 격국으로 일간의 적성과 역량을 간파하여 그의 대외적인 활동무대를 그려보고, 사회성과 직업성을 통해 한 사람의 부귀와 빈천을 판단할 수 있게 된다.

격국론에 적용된 명리학의 주요 이론체계는 오행의 생극제화, 육친법, 형충회합법, 십이운성법 등이다. 격국론에서 사용되는 용신과 상신, 희신과 기신의 주요개념을 간단히 요약하여 정리하면 다음과 같다.

- 용신은 사주가 전체적인 균형과 조화를 이루도록 만들어주는 필요성분이다. 서락오는 '용신은 팔자 가운데서 소용되는 신이다'라고 하였다. 사주를 읽을 때는 힘의 균형과 조후적인 보완, 그리고 일간이나 사주의 전체 조직이 필요로 하는 좋은 관계의 글자를 찾아 용신으로 정한다. 『궁통보감』에 의하면 용신은 일간의 생명과 건강을 주관하고 성숙기의 부귀와 명예와 유불리를 결정한다고 하였다. 『자평진전』 원전에서 용신은 격국을 의미하는 경우가 있고, 현대명학계에서 용신은 희신의 의미로 쓰일 때가 많다.
- 상신은 격국을 성격(成格)시키는 희신이다. 성격은 격국을 성립하게 하는 것을 말한다. 서락오는『자평진전』의 용신은 격국이며 '상신은 일명 희신이다'라 하고, 기신을 제화하거나 합거하는 것도 상신이라 하였다. 이렇게 말하면 상신은 일반적인 희신도 된다.

『자평진전』에 따르면 월령에 이미 용신이 있으면 다른 곳에는 반드시 상신이 있게 된다. 이때 상신은 격국을 성격시키는 요소, 즉 격국에게 희신이 된다. 마치 임금이 재상을 얻어 그 보필을 받는 것과 같아서 상신은 나의 용신을 보필하게 된다. 예컨대 정관격인데 재성의 생조함이 있으면 정관은 용신(격국)이 되고 재성은 상신(격국의 희신)이 된다. 식신으로 칠살을 제어하면 칠살은 용신(격국)이 되고 식신은 상신(격국의 희신)이 된다. 사주 전체의 격은 어느 한 글자에 의해서 성격이 되는 경우가 많은데 이 한 글자가 바로 상신이다.

격국과 용신 혼용에 따른 혼선을 피하기 위해 정리하면, 상신은 격국에 대한 희신이며 동시에 기신을 제압하거나 합화하는 희신이기도 하다. 따라서 용신에 대한 희신과 상신은 또 다시 섬세한 구별이 필요하다.

- 희신은 용신을 돕고 일간과도 좋은 관계를 유지하는 글자이다. 용신에 대하여 희신은 살아가는 토대가 되고 후원자가 된다. 한편 기신(忌神)은 용신을 극하는 글자이다.
- 그 외에 구신(仇神)은 희신을 극하는 글자이고, 또는 구신(求神)이라고 표기했을 때는 기신을 제화하는 글자이다. 또한 한신(閑神)은 희용기구신 이외의 오행이다. 평소에 일간이나 용신과 크게 상관없는 글자인데 운의 흐름에 따라 도움이 되기도 하고 피해를 주기도 한다. 운의 변화에서 희기를 주관한다.

인간이 살아가는 운명을 한 편의 영화라고 생각했을 때, 장르가 먼저 결정되고 출연진이 정해질 것이다. 장르가 호러물인 경우가 있고 로맨스인 경우도, 또 정치나 경제와 관련될 수도 있다. 비극으로 끝날 수도 있고 해피엔딩일 수도 있다. 주인공이 온갖 고생을 하고 드디어 성공하는 인생역전 드라마도 있고, 재벌들의 암투를 다룬 내용도 있을 것이다. 영화의 주제에 따라 그 배경이 세팅되고 출연진도 정해진다.

주연이 있으면 조연이 있고 또 엑스트라도 있을 수 있다. 개중에는 빌런도 등장하고 신스틸러도 등장한다. 사람의 인생을 다루는 영화의 시나리오가 그렇게 단순하게 작성되지는 않을 것이다. 영화의 주제가 일종의 격국이 되고, 그 영화의 다양한 출연

진들이 용신, 기신, 한신, 구신 등의 이름으로 등장한다. 종종 천을귀인도 등장하고 역마·화개·도화도 한 가지 에피소드가 되며, 백호살이 나타나서 큰 사건을 일으키기도 한다. 때로는 홍염살이 스캔들을 일으키고 공망의 스토리텔링도 있을 수 있다.

일간이 주인공이고 월지가 그 영화의 무대배경이 될 것이다. 대운과 세운을 대입하여 인생사의 다양한 변화가 덧입혀진다. 재격의 사주는 경제적인 문제를 다루고, 관격의 사주는 정치가 주제일 수도 있다. 식상과 관련한 격국은 일간의 재능을 다루어 사회적 규범과 제재 속에서 자신의 능력을 발휘하는 스토리가 나올 수도 있다. 그 모든 서사의 중심에 격국이 있다.

2 격국과 사주의 구조

일간은 사주의 주인으로 해석할 수 있고 격국은 그 주인이 거주하는 가정이다. 그릇이라고도 하였고 틀이라고도 하였다. 앞에서 말한 월주 양택론이 그것이다. 한편 사주를 하나의 국가로 본다면 격국은 그 국가의 정치체제이다. 즉 민주주의를 체택했는지 공산주의를 체택했는지가 격국에 의해 판가름난다. 그 사주의 운로는 그 나라의 국운을 의미한다. 또 다른 측면에서 보면 격국은 사주체의 몸을 말하고, 일간은 몸의 주인이며 마음이고, 용신은 그 사람의 능력이다. 이것을 정리한 표는 다음과 같다.

• **격국과 용신의 비유**

분류	개인	가정	국가	상황	자동차
일간	자신	가장	국민	배우	운전자
격국	신체	주택	국가 정책	무대	차
용신	개인의 역량	가장의 역량 집안 분위기	통치자의 역량	배우의 능력 재능	차의 성능 엔진
운의 흐름	변화하는 환경과 여건	가운	국운	변화하는 환경과 여건	달리는 도로

『자평진전』「용신론」의 주요 전제는 "팔자용신은 전적으로 월령에서 구한다[팔자용신(八字用神), 전구월령(專求月令)]"이다. 이 말이 의미하는 것은 첫째 사주에서 월령의 중요성이고, 그 다음은 일간을 월령에 배합(대입)하여 생과 극으로 격국을 판단하는 것이다. 먼저 사길신과 사흉신을 구분한다. 격국이 귀하게 되려면 사길신을 순용하고 사흉신을 역용하는 것을 전제로 한다. 사길신은 이름 그대로 일간에게 길한 작용을 하는 육친이고, 사흉신은 흉한 작용을 하는 육친이다. 『자평진전』에서는 사길신을 재관인식(財官印食)으로, 사흉신을 살상겁인(殺傷劫刃)으로 나누어 그 순용과 역용의 활용을 다음과 같이 설명하고 있다.

• 사길신의 순용과 사흉신의 역용

순용과 역용	격국	방법
사길신 순용	재성	식신이 재를 생하는 것, 재가 관을 생하는 것 (관이 비겁을 제극하여 결국 재를 보호하게 됨)
	정관	재가 정관을 생하는 것, 인수를 생하는 것 (인수는 식상을 제극하여 결국 정관을 보호하게 됨)
	인수	관살이 인수를 생하는 것, 인수가 겁재를 생하는 것 (겁재가 재성을 제극하여 인수를 보호하게 됨)
	식신	신왕한 일간이 식신을 생하는 것, 식신이 재를 생하는 것 (재가 인수를 제극하여 식신을 보호하게 됨)
사흉신 역용	칠살 편관	식신이 칠살을 제복하는 것 인성을 생하여 기운을 설기하는 것
	상관	상관패인하여 상관을 제복하는 것 상관이 재를 생하여 상관의 기운을 설기하는 것
	겁재	관이 투출하여 겁재를 제복하는 것 재성이 있거나 식신이 투출하여 겁재의 기운을 설기하는 것
	양인	관살로 제복하는 것

참고로 『자평진전』에서는 사길신을 재관인식(財官印食)으로, 사흉신을 살상겁인(殺傷劫刃) 또는 살상효인(殺傷梟刃)으로 분류하였다. 제8장에서는 살상겁인으로, 제

19장에서는 살상효인이라 하여 분류의 차이를 보인다. 즉 제8장에서는 겁재를 넣었고, 제19장에서는 편인을 넣었다는 점이 다르다. 이유는 정인과 편인을 함께 길신으로 보느냐, 흉신으로 보느냐의 문제이다. 원전은 여러 군데에서 그 두 가지가 혼용되고 있지만, 인성은 재성과 마찬가지로 정과 편을 구분하지 않는다고 하여 사흉신을 살상겁인으로 분류하는 것이 『자평진전』의 전체적인 주지이고, 격국 각론 편에서는 살상겁인으로 사흉신을 설명하고 그 취운을 다루었다. (편장 형식은 독자의 이해를 위해 필자가 번역한 『자평진전평주』의 형식을 따랐다.)

3 격국의 분류

1. 팔정격 또는 십정격

격국은 크게 정격(내격)과 변격(외격)으로 나누고, 정격은 다시 팔정격 또는 십정격으로 분류한다. 『적천수』에서 '팔격은 정재격·편재격·정관격·편관격·정인격·편인격·식신격·상관격이라' 하였다. 재·관·인은 편과 정으로 나누고 여기에 식신과 상관을 더한 것을 팔격으로 분류한 것이다. 『자평진전』은 격국 각론에서 사길신인 정관격·재격·인수격·식신격을 그 취운과 함께 논하였고, 사흉신인 편관격·상관격·양인격·건록월겁격을 그 취운과 함께 논하고 잡격을 추가하였다. 서락오는 『자평진전평주』의 발문(跋文)에서 다음과 같이 말하였다.

격국에는 정격과 변격이 있다. 정격이란 것은 오행의 상궤(일정한 법칙)이고, 변격이란 것은 오행의 편승을 말한 것이다. 그러나 만 가지 변화가 있어도 그 근본을 벗어나지 않는 것은 오행의 이치이다. 『자평진전』은 오행의 상궤(정격)를 밝혔고, 『적천수』는 오행의 변화(변격)를 밝혔다.

(『자평진전』은) 오행의 상궤를 밝혔으므로 오로지 월령(月令)을 중히 여겨 격국을 정하니, 재격(財格), 정관격(正官格), 식신격(食神格), 인수격(印綬格), 칠살격(七殺格), 상관격(傷官格), 양

인격(陽刃格), 건록격(建祿格)이 된다. (정격에서) 용신을 취하는 방법은 일주를 부조 또는 억제하거나 월령을 부조 또는 억제하는 기준이 있고, 병약의 원리에 따라 정하기도 한다.

(『적천수』는) 오행의 변화를 밝혔으므로 기세를 중시하니 그 격국은 일행득기격[방국(方局)], 양신성상격, [진(眞)·가(假)]종격·화격이 된다. 그 왕한 오행을 따라 순국(順局 : 국에 순응)과 반국(反局 : 국에 반대함)에 의해 용신을 정하니, 결국 그 성정을 이끌어내거나 그 기세를 따르거나 조후와 통관의 원칙에 의하고 월령만을 위주로 하지는 않는다.

『적천수』에서는 정팔격(正八格)의 상법(常法, 정격)을 논한 경우가 거의 없는데, 다만 관살혼잡(官殺混雜)과 상관견관(傷官見官)의 두 경우는 언급하고 있다. 그 이유는 상궤 가운데 변화가 있기 때문이다.

『자평진전』에서는 외격(外格)을 거의 논하지 않고 소략하여 하나의 격국으로 논하였다. 이렇게 된 이유는 외격이 『자평진전』의 주지(主旨)가 아니기 때문이다. 심지어 격국의 고저(高低)를 논함에 있어서도 『자평진전』에서는 유력(有力) 과 무력(無力), 유정(有情)과 무정(無情)으로 판별하는데 반하여, 『적천수』에서는 청탁(淸濁)과 진신(眞神)과 가신(假神)으로 판별한다. 그 명칭은 서로 다를 수 있지만 그 취지는 하나이다.

『자평진전평주』의 마지막에 서락오가 격국에 대한 경위를 밝힌 설명인데, 내용이 길지만 가능한 전문을 인용하였다. 격국에서 정격과 변격의 차이를 말하고, 『자평진전』과 『적천수』가 주지하는 바가 어떻게 다른지 설명하였다. 요지를 다시 말하면 『자평진전』은 월령을 중시하고 억부나 병약의 원리로 격국을 잡았다는 것이고, 『적천수』는 기세를 중시하여 오행의 변화로 격국을 잡았다는 것이다. 그래서 종격이나 화격, 일행득기격과 양신성상격 등이 설명되었고, 월령을 위주로 하기보다는 조후와 통관의 원리가 반영되었다는 점을 설명하고 있다. 서락오가 『자평진전』과 『적천수』를 모두 해석하였다는 점에서 여기서 적은 내용이 두 책에 대한 합당한 비교와 설명을 하였다고 본다.

『자평진전』은 정재와 편재, 정인과 편인을 정과 편으로 구분하지 않고 하나의 재격과 인수격으로 보았다는 점이 다르다. 『적천수』의 주지대로 재·관·인의 편과 정을 구분하고 식신과 상관, 양인격과 건록격을 추가한 십정격과 그 특징은 다음과 같다.

• 십정격의 종류와 특징

십정격	특징
건록격(建祿格)	자수성가형, 관료나 관공서 관련 직업, 복잡한 여자관계, 자영업
양인격(陽刃格)	독불장군, 재물 욕심, 우두머리, 전문기술직, 언론, 정치
식신격(食神格)	밥그릇이 튼튼, 식복, 교육, 생산, 요식업
상관격(傷官格)	탁월한 재주와 능력, 모난 성격, 튀려고 함, 교육, 변호사, 수리업
편재격(偏財格)	사업가 기질, 재력, 활동성, 금융, 무역, 건축, 정치
정재격(正財格)	꼼꼼한 성격, 근검절약, 재물복, 경리, 금융, 세무
편관격(偏官格)	욱하는 성질, 건강 유의, 일복, 법조계, 군인, 경찰
정관격(正官格)	반듯한 사회인, 선비, 신사, 공무원
편인격(偏印格)	재주는 있으나 실속 없음, 사색적, 종교. 철학, 역술, 의학
정인격(正印格)	전형적인 교육자, 평생 공부, 배려심, 교수, 교사, 언론인, 기획가

2. 기타 격국

『연해자평』이나 『삼명통회』는 『자평진전』이나 『적천수』에서 언급한 정격과 변격의 종류 외에 훨씬 많은 부류의 격국을 소개하고 있다. 『연해자평』을 예로 들면 내십팔격(內十八格)과 외십팔격(外十八格)을 말하였는데, 설명하면 다음과 같다.

• 내십팔격

정관격·잡기재관격·월상편관격·시상편재격·시상일위귀격·비천록마격·도충격·을기서귀격·육을서귀격·합록격·자요사격·축요사격·임기용배격·정란차격·귀록격·육음조양격·형합격·공록격·공귀격·인수격·잡기인수격.

• **외십팔격**

육임추간격 · 육갑추건격 · 구진득위격 · 현무당권격 · 염상격 · 윤하격 · 종혁격 · 가색격 · 곡직격 · 일덕수기격 · 복덕격 · 기명종세격 · 상관생재격 · 기명종살격 · 상관대살격 · 세덕부살격 · 세덕부재격 · 협구격 · 양간부잡격 · 오행구족격.

『연해자평』에서 언급한 이 많은 부류의 격국을 모두 학습할 필요는 없다고 생각하지만, 그중에는 『자평진전』과 『적천수』에서도 거듭 거론되고 신살 등을 학습하기 위해 반드시 알아야 할 격국이 있다. 이곳에 몇 가지를 소개하겠다.

① 잡기재관격

잡기재관격(雜氣財官格)은 월지가 辰 · 戌 · 丑 · 未인 경우 그 지장간에서 재성 · 관성 · 인수가 천간에 드러나고 따로 방해를 받지 않으면 그것을 취해 격국으로 삼는 것이다. 예를 들어 아래의 사주는 丁火일간이 丑월에 태어났는데, 丑 중 재성 辛金이 투간하였다. 또 상관 戊土도 투간하였으나 재성 辛金에 방해가 되지 않고 오히려 생재하고 있으므로 잡기에서 재격을 잡는 데 무리가 없다.

예1)

시	일	월	연
辛	丁	乙	戊
亥	未	丑	子

『자평진전』도 「논잡기여하취용(論雜氣如何取用)」 편에서 잡기재관격에 대해 다음과 같이 말하였다.

4개의 묘지(辰戌丑未)는 충기(衝氣 : 사시 운행에 따라 기가 맞부딪혀 조절하고 조화를 이루는 기)이다. 어찌 이를 일러 잡기라 하는가? 그 지장간의 글자가 많아서 용신(격국)이 하나가 아니므로 잡기라 한다. 가령 辰의 본기는 戊土인데 또한 水의 고(庫)가 되기도 하고 乙이 여기(餘氣)가 되어 3가지(乙癸戊)가 구비되었다. 과연 어떻게 취용할 것인가? 그러나 아주 쉽다. 투간하거나 회합하면 그 청한 것을 용하면 된다. 잡기이지만 잡하지 않게 된다.

무엇을 일컬어 투간이라 하는가? 가령 甲 일간이 辰월에 생하였는데 戊土가 투간하면 편재를 용하고, 癸水가 투간하면 정인을 용하고, 乙木이 투간하면 월겁을 용하는 것이 그것이다.

예를 들어 아래 사주에서 월지 잡기 辰 중 정인 乙木과 정관 癸水가 모두 투출하였는데, 관인이 상생하여 유정한 사주가 되었다.

예2)

시	일	월	연
癸	丙		乙
		辰	

② 시상편재와 시상편관격

시상편재(時上偏財)와 시상편관(時上偏官)은 시에 편재나 편관이 드러나고 한 자리에만 있으며 다른 데서 또 재성이나 관살을 보지 않았을 때 귀하다는 것이다. 신왕해야 편재나 편관의 귀함을 누릴 수 있다. 모두 형충을 꺼린다.

아래는『연해자평』에서 시상편재로 소개된 이참정의 명조이다. 戊土 편재가 시 천간에 드러나 있다. 그런데 같은 명조를『자평진전』에서는 합살류관이라 하여, 겁재 乙木이 칠살 庚金을 합하여 제거하고 정관만 남겨서 사주가 맑아진 사례로 설명한다.

예)

시	일	월	연
戊	甲	乙	庚
辰	子	酉	寅

③ 월상편관격

월상편관(月上偏官)은 월주나 월령에 편관이 있는 것으로 일주가 신왕하거나 양인일 때 좋다. 신왕하고 월상편관이면 불굴의 의지와 강인한 성격을 나타낸다는 격국이다. 편관은 정관과 같이 오거나 여러 개가 함께 오는 것을 나쁘게 본다. 한편 월에 편재가 오는 것은 중인지재(衆人之財)라 하여 만인의 재물이다. 간지에 비겁이 많은 것을 꺼린다.

아래는 하참정의 사주로『연해자평』에서 월상편관으로 소개된 명조이다. 壬水 일간의 편관 戊土가 월간에 드러나 있다. 이 또한 같은 명조를『자평진전』에서는 칠살용인(七煞用印 : 칠살격이 인수를 용하는 것)으로 소개하면서, 인수가 능히 칠살을 보호하여 원래는 마땅하지 않지만 칠살과 인수가 유정하여 귀격이 되었다고 설명한다.

예)

시	일	월	연
辛	壬	戊	丙
丑	戌	戌	寅

④ 시상일위귀격

시상일위귀격(時上一位貴格)은 예를 들어 시간에 칠살이 있고 연월일에 일체 없는 것을 말한다. 일간이 신왕해야 하고, 제복하는 것이 세 군데 있으면서 칠살운으로 가면 발복한다. 편관은 식상의 제복을 기뻐한다.

아래는『연해자평』에서 시상일위귀격으로 소개한 이승상의 사주인데, 시상에 丙火 일간의 칠살 壬水가 드러나 고귀해졌다.

예)

시	일	월	연
壬	丙	丁	己
辰	午	卯	巳

⑤ 비천록마격

비천록마격(飛天祿馬格)은 庚·壬 일간이 사주에 子水가 많으면 午를 충으로 불러와서 午의 지장간 중 丁火를 庚金의 정관으로 삼고, 壬水의 재성으로 삼으며, 午의 지장간 己土를 壬水의 관성으로 삼는 것을 말한다. 사주의 다른 자리에 丁火와 己土가 없어야 귀하고, 寅·未·戌이 있으면 午와 합을 하니 좋다. 또 辛·癸 일간이 사주에 亥水가 많으면 巳火를 도충으로 불러오니 巳 중 丙火와 戊土를 정관으로 삼는다는 것이다. 마찬가지로 사주의 다른 자리에 丙火와 戊土가 없어야 귀하다. 만약 있으면 감분된다고 하였다. 사주의 다른 자리에 申이나 酉나 丑이 있으면 巳와 합이 되어서 좋다.

아래는『연해자평』에서 비천록마격으로 소개한 채귀비의 사주이다. 지지에서 정관 午火를 도충으로 불러왔다. 참고로『자평진전』에서는 상관격에 칠살과 인수를 용하는 것[상관용살인(傷官用煞印)]으로 설명하고 있다. 상관이 많고 신약하면 칠살이 생하는 인수에 의지하여 일간을 돕고 상관을 제압한다고 하였다.

예)

시	일	월	연
丙	庚	丙	己
子	子	子	未

⑥ 도충격

도충격(倒沖格)은 사주에 관성이 없을 때 충으로 불러온 정관을 취한다. 예를 들어 丙火 일간이 사주에 午火가 많아서 子水를 충으로 불러오면 일간이 정관을 얻는 것이다. 사주의 다른 자리에 이미 관이 있으면 성립되지 않고, 未가 있으면 午가 도충을 하지 못한다. 子나 癸水가 이미 있으면 감분된다. 또 丁 일간이 巳火가 많으면 도충으로 亥를 불러와서 亥 중 정관 壬水를 얻는다. 마찬가지로 巳를 합하는 글자가 있으면 충을 불러들이지 못하고 또 사주에 이미 壬이 있으면 감분된다.

아래는『연해자평』에서 도충격으로 소개한 조지부의 사주이다. 지지에서 子水가 충하여 癸水가 丙火 일간의 관성이 될 수 있는데 시 천간에 관성이 이미 투출하여 분수가 감분되었다고 한다. 같은 사주를『자평진전』에서는 인수가 변하여 겁재가 되는 경우 그것을 버리고 재관을 취한 것이라 하여 인수격에서 소개하였다. 월지 寅木이 午와 합하여 인수(寅)가 겁재(火)로 변하였다. (재성)庚과 (정관)癸의 재관을 용신으로 쓸 수 있는데, 애석한 것은 재관의 뿌리가 없는 것이라 하였다.

예)

시	일	월	연
癸	丙	庚	丙
巳	午	寅	午

⑦ 육을서귀격 또는 을기서귀격

육을서귀격(六乙鼠貴格) 또는 을기서귀격(乙己鼠貴格)은, 乙·己의 천을귀인은 申子인데 6개의 乙 일주가 丙子시를 얻으면 귀하다는 것이다. 서(鼠)는 쥐이다. 같은 천을귀인이어도 申에는 적용하지 않는다. 子水가 巳火를 암합하여 부르고 또 巳火가 申金을 합하여 부르니 乙 일간의 庚金이 정관이 된다는 것이다. 아래는『연해자평』에서 을기서귀격으로 소개한 원판원의 사주이다.

예)

시	일	월	연
丙	乙	戊	甲
子	亥	辰	寅

⑧ 합록격

합록격(合祿格)은 戊土 일간이 庚申시를 만나면 庚金이 乙木을 암합으로 불러서 戊土의 정관으로 삼는다는 것이다. 사주의 다른 자리에 이미 정관이 없어야 하고, 甲乙丙巳의 글자가 있어서 庚과 申을 상하게 하면 감분된다. 丙巳는 庚과 申을 상하게 하고, 甲乙도 庚을 합거하거나 암합으로 불러들일 戊土의 정관을 극한다. 癸 일간이 庚申시를 만나면 申이 巳를 암합으로 불러서 巳 중 戊土를 정관으로 쓴다.

합록격은『자평진전』에도 소개되었다. 명식에 관성이 없는데 간지를 빌려 이를 합하는 (불러들이는) 것으로, 戊 일간이 庚申시에 태어나면 庚이 乙을 합하여 일간으로 하여금 그 짝을 얻게 하는 것이라 하였다. 그 예로 촉왕의 사주가 소개되었다.

예1)

시	일	월	연
庚	戊	戊	己
申	辰	辰	未

아래 조승상의 사주는 癸 일간이 庚申시에 태어났다. (시지)申金이 巳火(재성)을 합해오니 그 일간으로 하여금 벗을 얻게 한 것이다. 운에서 전실된 것을 꺼리고 관살은 불리하다. 火가 金을 극하는 것은 더욱 마땅치 않은데 제극을 당해 합할 수 없게 되기 때문이다. 나머지는 길하다.

예2)

시	일	월	연
庚	癸	癸	己
申	未	未	酉

⑨ 자요사격

자요사격(子遙巳格)은 甲子 일주가 甲子시를 만난 것이다. 子水가 巳火를 요합(遙合)한다는 것인데, 즉 子 중 癸水가 巳 중 戊土를 암합하고 또 丙火가 辛金 정관을 인출한다는 것이다. 아래는『연해자평』에 소개된 전승상의 사주이다.

예1)

시	일	월	연
甲	甲	乙	己
子	子	亥	巳

『자평진전』의 「논잡격(論雜格)」에도 요합격으로 축요사격과 함께 자요사격이 소개되었다. 아래를 보면, 甲子 일주가 巳를 요합할 때는 돌고 돌아 합을 구하는 것이니 무정한 듯하여 이 격은 폐기하는데, 나어사의 사주로 인하여 그나마 여기에 조금이라도 남긴다고 하였다.

예2)

시	일	월	연
甲	甲	甲	甲
子	子	戌	申

⑩ 축요사격

축요사격(丑遙巳格)은 辛丑·癸丑 일주가 사주에 丑이 많으면 巳를 합하여 부른다는 것으로, 巳 중 丙火와 戊土로 정관을 삼는다. 아래는 『연해자평』에 소개된 장통제의 사주이다.

예)

시	일	월	연
庚	辛	辛	辛
寅	丑	丑	丑

『자평진전』에서는 요합(遙合)이 격을 이루는 경우로 설명하며, 巳와 丑이 합하면 원래 동일한 국인데 丑이 많으면 巳와 회합하여 辛丑 일주가 정관을 얻게 된다고 하였다.

⑪ 정란차격

정란차격(井欄叉格)은 庚申 일주가 지지에 申·子·辰이 구성되면 寅·午·戌을 불러서 정관을 삼는다는 것이다. 천간에 모두 庚이 있으면 귀함이 참되고 사주에 丙·丁·巳·午를 꺼린다.

아래는 『연해자평』과 『자평진전』 모두에 정란차격으로 소개된 곽통제의 사주이다. 『자평진전평주』에서 서락오가 이를 해석하여 정란차격은 사실상 금수상관격이라 말하면서, 다음과 같이 설명하였다. 곽통제의 사주는 연간 戊土가 무근하니 상관을 용하고 특히 기세가 순수하다. 동방 재성운이 가장 기쁘고 다음으로는 북방 수운이 좋다. 가장 꺼리는 것은 관성(火)과 인수(土) 운이다. 관살은 일간을 극하고 인수는 식신을 제극하니 모두 왕한 세력을 거스르는 것으로, 이른바 巳午의 운이 나쁘다고 한 이유가 여기에 있다. 시에서 子를 만나면 둔간하여 丙子시가 되니 관성이 드러나고 申을 만나면 귀록(시지가 록지인 것)이 되니, 그 복이 반감한다고 한 것이다.

예)

시	일	월	연
庚	庚	庚	戊
辰	申	申	子

丙	乙	甲	癸	壬	辛
寅	丑	子	亥	戌	酉

⑫ 육음조양격

육음조양격(六陰朝陽格)은 여섯 辛 일간(辛未·辛巳·辛卯·辛丑·辛亥·辛酉)이 戊子시를 만나면 子 중 癸水가 巳 중 戊土를 합하고 또 丙火를 끌어와서 정관으로 쓴다. 『연해자평』에 육음조양격으로 소개된 지원의 사주는 다음과 같다.

예)

시	일	월	연
戊	辛	辛	戊
子	酉	酉	辰

『자평진전평주』에서 서락오가 이 학설은 왜곡된 것이라 말하면서, '어찌하여 辛 일간만 아침해가 있고, 乙丁己癸 일간은 아침이 없다고 하겠는가?'라 하였다. 또 辛 일간 중에 辛巳 일주와 辛未 일주는 조양격이 되지 못한다고 하고 위의 戊辰생 사주는 『신통봉고』에 기록된 옛날 장지현의 사주라 하면서, 팔자로 논하면 土金이 왕하니 子水를 용하여 설기하므로 종왕격과 이치가 같다고 하였다.

⑬ 형합격

형합격(刑合格)은 여섯 癸 일간(癸酉·癸未·癸巳·癸卯·癸丑·癸亥)이 甲寅시이면 형살로 巳를 불러서 巳 중 戊土를 정관으로 삼는다. 사주에 戊·巳가 있으면 감분이고 庚·申은 甲寅을 충하니 꺼린다. 아래는 『연해자평』과 『자평진전』에 모두 형합격으로 소개된 절도사의 사주이다.

예)

시	일	월	연
甲	癸	癸	乙
寅	卯	卯	未

『자평진전평주』에서 서락오는 형합격이 비천록마격, 합록격, 정란차격과 함께 상관격에서 분화된 것이라 말하였다. 원국에 재관이 없기 때문에 도충이나 형합과 같은 단어를 써서 둘러맞추었을 뿐, 위에서 예로 든 절도사의 사주는 『적천수』「순국」 편의

종아격으로 보면 된다 하였다. 재성을 만나면 좋지만 金운은 크게 꺼리는데 이는 식상을 제극하기 때문이고, 관살운 역시 꺼리는 것은 전실 때문이니 재성의 기운을 설기하고 일원을 손상하기 때문이라 하였다.

⑭ 공록격

공록격(拱祿格)은 일·시의 지지 사이에 일간의 록을 끼고 있는 것을 말한다. 만약 丁巳 일주가 丁未시라면 巳와 未 사이에 午火가 오는데, 午는 丁火의 록지이다. 아래는『연해자평』에 공록격으로 소개된 유지부의 사주이다.

예)

시	일	월	연
戊	戊	癸	癸
午	辰	亥	卯

⑮ 공귀격

공귀격(拱貴格)은 일·시의 지지 사이에 일간의 정관을 끼고 있는 것을 말한다. 천을귀인이 함께 있으면 더욱 좋다. 예를 들어 甲寅 일주가 甲子시인 경우 子와 寅 사이에 丑이 오니 丑 중 辛金을 정관으로 써서 좋다. 또 丑은 천을귀인이다. 다른 곳에 이미 정관이나 칠살이 있는 것을 전실(塡實)이라 하여 꺼리고 형충도 바람직하지 않다. 아래의 사주는 일지 寅과 시지 子 사이에 丑 천을귀인이 와서 공귀격이 되었으나 子午충이 있고, 寅巳형이 있어서 크게 귀하지 못했다. 다행히 寅午합으로 형충이 해소되어 발복하였다.

예)

시	일	월	연
甲	甲	丙	丁
子	寅	午	巳

참고로 일귀(日貴)는 일지에 천을귀인이 있는 것이다. 丁酉·丁亥·癸巳·癸卯 네 일주만 해당한다. 형충파해를 꺼리고 공망이 되면 안 된다. 일귀격이면 일간이 인덕과 인격이 있다고 하였다.

이상 수십 종의 기타 격국 중에서 일부를 인용하였다. 다시 말하지만 비교적 잡격에 비판적인『자평진전』과『적천수』도 여기 인용된 격국에 대해서는 본문에서 이런저런 이유로 인용하여 거론하고 있다. 물론 비판을 위해 언급한 경우가 대부분이지만, 필자가 연구하면서 내린 결론으로는 명리 고수에 이르려면 이 정도의 잡격은 그 원리를 이해하고 쓸 줄 알아야 한다는 것이다. 내용을 읽어서 알겠지만 암충이니 암합으로 불러들이는 글자가 많고 심지어 형으로도 불러들인다. 심지어 원진살 같은 신살류가 자기 짝을 불러서 상대하려고 하는 경우도 있다. 또 주로 일과 시에서 인출하는 경우를 좋게 보고, 재관, 천을귀인, 록의 글자를 불렀을 때 귀하게 보았다. 다른 자리에 이미 채워져 있으면 글자를 부르지 않고 또 상극하는 글자가 오면 감분이라 하였다.

필자도 초학자 시절에는 그 내용을 읽어 내려가다 복잡하게 끌어다 쓴 원리가 한심하기도 하고 이현령비현령 같아서 내다버리고 싶었던 적이 있었다. 격국론을 연구하면서는 잡격보다는 정격의 내격과 외격, 그리고『자평진전』과『적천수』의 주지에 천착하여 분류하고 분석하는 일에 집중하였다. 결국『연해자평』류의 잡격을 읽기 시작하게 된 계기는 신살론을 연구하고『삼명통회』의 풍부한 내용에 마음이 움직였기 때문이다. 일견 허무맹랑하고 너무 많은 허자를 불러들이는 것 같지만 그 속에 관통하는 원리가 있다.

사주팔자에서 불러들이는 글자에 대해서도 거부감이 있을 수 있다. 일명 허자라고도 하는데, 여기저기서 불쑥불쑥 나타나는 그 많은 글자를 어떤 기준으로 읽어야 할지 막막할 것이다. 문리(文理)가 통하려면 우선 모든 이론을 섭렵해야 하고 자기 것으로 만들어서 손바닥에서 가지고 놀 정도가 되어야 한다. 그래서 팔자를 입수하는 순간 바로 직관하는 경지에 이르러야 한다. 그 순간, 그렇게 복잡하고 많기만 한 이론들이 정렬되면서 선택과 집중을 할 수 있게 되고 사주팔자에서 움직이며 읽어달라고 소리치는 글자가 눈에 들어올 것이다.

4 격국의 성패

격국의 성패(成敗)는 격국이 성립되는가[成] 아니면 격국이 이루어지지 않는가[敗]를 말한다. 패(敗)는 깨뜨리고 부서지고 무너지는 것을 말한다. 성격(成格)이라 하면 격국이 완성된 것이고, 패격(敗格) 또는 파격(破格)이라 하면 격국이 무너진 것이다. 격국이 성격이 되는 데에도 여러 가지 요인이 있고, 파격이 되는 데에도 여러 가지 요인이 있다. 격국이 성립되기 위해 가장 중요한 역할을 하는 것은 월지와 월지 지장간의 투간 여부이다. 『자평진전』「용신론」을 "팔자용신은 오로지 월령에서 구한다[팔자용신(八字用神), 전구월령(專求月令)]"라는 문장으로 시작한 이유가 여기에 있다.

『적천수』는 팔격을 위주로 하였다. 팔격에 대한 원주에는 '형상(形象)과 기국(氣局)을 논하는 방법 외에 격으로 논하는 것이 최상이다'라 하고, '격 중에 참된 것은 월지의 신이 천간에 투출된 것'이라 하였다. 팔격 외에 곡직·염상·가색·종혁·윤하 등의 다섯 격국도 격국에 속하지만 방이나 국 등을 보고 판단해야 하고, 또 이러한 다섯 격국 외에도 비천격이나 합록격과 같은 기타 격국은 형충파해가 되면 격으로 논할 수 없다고 하였다. 임철초의『적천수천미』에서의 해석은 다음과 같다.

팔격은 명 중의 정통 논리이니 먼저 월령에서 어떤 지지를 얻었는지를 보고, 그 다음에 월령에서 천간에 투출한 것이 어떤 신인지를 보라. 다시 사령을 궁구하여 진가를 정하고, 그런 뒤에 용신을 취하여 청탁을 구분해야 한다. 이것은 실제로 경(經)에 의거하여 순리대로 하는 것이다. 만약 월령에 록이나 양인을 만나면 취할 격이 없으니, 모름지기 일주의 희기를 살피고 별도로 다른 지지에서 천간에 투출된 것을 찾아 그것을 가차하여 용신으로 삼는다.

이 문장은 격국에서 팔격의 중요성을 논하고 그 이론은 월령에서 천간에 투출한 신을 찾는데서 시작한다. 팔격을 정재격·편재격·정관격·편관격·정인격·편인격·식신격·상관격으로 말한다. 한편 월지에 양인이나 건록이 오면 그것으로 격국을 잡지 않는다. 즉 앞에서 말한 십정격에서 건록격과 양인격이 빠진 것이다. 그 경우 일주의 희기를 살핀 다음 별도의 지지를 빌려서 용신을 삼게 된다. 임철초의 해석을 이어서 인용하면 다음과 같다.

격국에는 정격과 변격이 있는데, 정격은 반드시 오행의 일정한 예를 겸하니 관인격, 재관격, 살인격, 재살격, 식신제살격, 식신생재격, 상관패인격, 상관생재격 등이고, 변격은 반드시 오행의 기세를 따르니 종재격, 종관살격, 종식상격, 종강격, 종약격, 종세격, 일행득기격, 양기성형격 등이다. 그밖의 외격도 종류가 많은데, 내가 여러 책들을 구비하여 살펴보니 오행의 바른 이치를 따르지 않으니 모두 오류를 말한 것에 불과하다.

위의 인용문은 정격과 변격을 말한다. 정격은 바로 팔정격이다. 변격은 오행의 기세를 따른 종격과 외격이다. 임철초가 말한 정격의 법칙은『자평진전』에서 사길신을 순용하고 사흉신을 역용하는 것과 크게 다르지 않다. 즉, 사길신인 정관격·재격·인수격·식신격은 순용하니 정관을 생하거나 설한 관인격과 재관격, 인수를 생한 살인격과 재성을 생하거나 설한 식신생재와 상관생재 등이 정격이다. 또 사흉신 중에 편관과 상관을 극제한 식신제살격과 상관패인격이 정격이다. 양인격·건록월겁격에 대해서는 격국으로 취하기 어려우니 다른 글자를 빌려서 용신으로 삼고, 전체적으로 일간의 희기를 살피고 격국과 용신의 청탁을 본다는 말을 빼놓지 않았다.

『자평진전』에서는 유력(有力)과 무력(無力) 또는 유정(有情)과 무정(無情)을 말하였고,『적천수』에서는 청탁(淸濁)과 진신(眞神)과 가신(假神)을 말하였다.

1. 격국의 성립과정

격국의 성패를 파악하려면 먼저 격국이 성립되는 과정을 알아야 한다. 격국이 성립되는 과정을 아래에 단계별로 정리하였다. 시작하기 전에 일간이 신강한지 신약한지의 여부를 통근 세력을 통해 파악하고, 다음으로 월지와 그 지장간을 살펴서 지장간 중에 투출된 것이 있는지 본다.

• 1단계 : 내격의 성립

월지 지장간 중에 일간의 비겁성 외에 투출된 글자가 있는지 살핀다. 투출된 글자가 하나라면 일간에 대비해 투출된 그 글자의 육신으로 격국을 잡는다. 이것이 기본 팔정격의 성립이다.

투출된 글자가 2개 이상이라면, 그중에서 더 주도적인 세력으로 격국을 잡는다. 또 투출된 글자가 2개 이상일 때 그 세력이 서로 유정하여 향하는 글자로 격국을 잡는다. 이것을 향배라 하는데, 즉 두 글자가 유정하여 상생하고 있으면 생한 오행으로 격국을 잡는 것을 말한다. 투출된 글자가 하나도 없으면 지장간 중 정기로 격국을 잡는다.

子·午·卯·酉월의 경우 지장간이 오행이 한 가지 성분이므로 투출을 살필 필요없이 정기 오행으로 바로 격국을 잡으면 된다.

• 2단계 : 외격의 성립

월지에서 투출된 글자로 팔정격을 삼을 수 없거나, 일간과 같은 오행인 겁재·양인이거나, 사주의 구성이 어떤 한 기운으로 치우쳐 있으면 외격이 된다. 외격은 월지 외 다른 글자로 격국을 정하는 것이다.

• 3단계 : 상신과 격국의 성격

앞에서 상신은 격국에 대한 희신이라고 설명하였고, 상신을 통해 격국이 성격으로 격상한다고 말하였다. 상신은 마치 월지로 잡은 격국이라는 임금을 보필하는 것과 같다. 팔정격 또는 외격의 녹겁과 양인격을 포함한 십정격은 상신을 만나야 진정한 성격을 이룬다. 이것이 바로 임철초가 말한 '정격은 반드시 오행의 진정한 예를 겸하는 것이고 변격은 기세를 따른다'는 말의 의미이다.

• 4단계 : 상신의 용법

상신에 의해서 격국은 성격이 되는데, 이때 따르는 예법이 바로 사길신(식·재·관·인수)은 순용하고 사흉신(살·상·겁·양인)은 역용하는 것이다. 순용한다는 것은 길신을 생조하거나 설기하는 것이고, 역용한다는 것은 흉신을 제극하는 것이다. 왜 설기하는 것이 순용에 들어가는가? 설기하는 신은 바로 그 길신을 적으로부터 지켜주는 역할을 하기 때문이다. 예를 들어 정관은 반드시 보호해야 하는 길신인데, 정관의 최대 적은 상관이다. 재성으로 정관을 생하는 것도 좋은 방법이지만, 정관이 생한 인수를 이용하여 상관을 견제하는 것도 뛰어난 성격의 방법이다.

재성을 예를 들면 먼저 식신이 있는지 찾아 재성을 생하려고 해야 하고, 또는 정관이 있으면 재성의 기운을 설기하여 길신인 정관을 생조하니 좋다. 식신이나 정관이 없으면 상관이나 칠살도 같은 역할을 하지만, 그 등급에 차이가 있고 여러 조건이 따른다. 정관이나 칠살은 비겁 성분을 제극하여 재성을 보호한다. 이 경우 일간은 반드시 신강해야 식재관이 상조하는 세력을 감당할 수 있다. 특히 재생살이 되었는데 일간이 신약하면 오히려 위험한 파격이 됨을 명심해야 한다.

흉신을 제극하여 역용하는 방법 외에 흉신을 설기하는 방법도 차선책이다. 칠살이라는 흉신을 설기하여 인수를 생하면, 그 인수가 일간을 생하게 되는 이치이다. 탐합망극하여 칠살이 일간을 극하는 것을 잊어버린다는 원리이다. 상관생재도 같은 원리이다.

• 5단계 : 용신과 희기신

격국을 성격시킨 다음 주변 글자들로 용신·희신·기신 등을 찾는다. 팔자에 병이 있으면 약이 있는 법인데, 상신의 용법과 희기신의 작용에 병도 있고 약도 있는 것이다. 팔자에 병이 있지만 약으로 그 병을 잘 치료하였다면 대길할 수도 있다.

• 격국 성립의 단계

일간과 월령

- 일간의 신강 · 신약
- 월지 지장간의 투출 여부

↓

내격

- 일간의 비겁성 외에 투출된 글자가 하나라면 그 글자가 바로 격국이다.
- 투출된 글자가 2개 이상이라면 그중에 더 주도적인 세력이 격국이다.
- 투출된 글자가 하나도 없으면 지장간 중 정기가 격국이다.

↓

외격

- 월지 중 일간의 비겁성이 투출되었을 때
- 월지가 지지 세력과 합을 하여 하나의 거대한 세력이 형성되었을 때
- 종재 · 종관살 · 종식상 · 종강 · 종약 · 종세 · 일행득기 · 양기성형

↓

상신과 격국의 성격

- 사길신(식 · 재 · 관 · 인수)은 순용
- 사흉신(살 · 상 · 겁 · 양인)은 역용

↓

용신과 희기신

- 억부 · 병약 · 조후 · 전왕 · 통관
- 격국과 요신의 청탁

↓

2. 성중유패와 패중유성

격국의 성패(成敗)는 격국의 성(성공)과 패(실패)이니 성격과 파격을 의미한다. 성중유패(成中有敗)는 성격 중에 패가 있다는 뜻으로 성격이 파격으로 변하는 것을 말하는데, 이 경우는 기신(忌神)이 있어서 그렇다. 패중유성(敗中有成)은 파격이 성격으로 변하는 것을 말하는데, 구응(救應 : 호응하여 구원하는 것)이 있어서 그렇다. 아래는 『자평진전』의 설명을 참조하여 요약한 표이다.

• 성중유패와 패중유성의 의미

	의미	이유
성중유패(成中有敗)	성격이 파격으로 변하는 것	기신 때문
패중유성(敗中有成)	파격이 성격으로 변하는 것	구응 때문

• 성중유패와 패중유성의 요인

격국	성중유패(기신이 있기 때문)	패중유성(구응이 있기 때문)
정관격	재를 만나도 또 상관을 만나는 것 정관이 투출하여 다른 글자와 합이 되는 것	정관이 상관을 만났는데 인수가 투출하여 이를 해소하는 경우 칠살이 있어 혼잡한데 이를 합살하여 맑게 하는 경우 형충이 있는데 회합으로 해소하는 경우
재격	재왕생관에 상관을 만나거나 정관이 합을 하는 것	재격이 겁재를 만났는데 식신이 투출하여 겁재를 설기하는 경우 정관을 생하여 겁재를 제복하는 경우 칠살을 만났으나 식신이 제살하고 재를 생하는 경우, 또는 재를 남기고 합살하는 경우
인수격	인수격이 투출한 식신으로 설기하는데 재가 투출하는 경우 투출한 칠살이 인수를 생하는데 또 재가 투출하여 인수를 제거하고 칠살만 남기는 경우	인수격이 재를 만났는데 겁재가 이를 해소하는 경우, 또는 재를 합하여 인수를 남기는 경우
식신격	칠살과 인수가 있는데 재성을 만나는 경우	식신격이 효신을 만났는데 칠살을 따라 성격이 되거나, 재를 생하여 식신을 보호하는 경우
칠살격	식신의 제복이 있는데 다시 인수를 만나는 경우	칠살격이 식신의 제복을 만났는데 인수가 와서 칠살을 보호하고 재성을 만나 인수를 걷어내고 식신을 남기는 경우
상관격	상관생재하는데 재가 합거되는 경우 상관패인인데 인수가 손상된 경우	상관생재하는데 칠살이 투출하였으나 살이 합이 되는 경우
양인격	정관이 투출하여 손상되거나 칠살이 투출하여 합을 한 경우	양인격이 관살을 용하는데 식상을 차고 있어도 인수가 중하여 이를 보호하는 경우
록겁격	정관이 투출하여 손상되거나 재가 투출하여 칠살을 만나는 경우	정관을 용하는데 상관을 만났지만 상관이 합이 되거나, 재를 용하는데 칠살을 끼고 있어도 칠살이 합이 되는 경우

• 사길신의 성격과 파격(패격)

사길신	성격의 요건			파격의 요인
정관격	관봉재인 (官逢財印)	정관격에 재성과 인수를 만나는 것	형충파해가 없을 것	상관의 극이나 형충을 만나는 것
재격	재생관왕 (財生官旺)	재격이 관을 생하여 왕한 것	신강하고 식신의 생조가 있을 것	재격이 가벼운데 비겁이 중한 것 재경비중(財輕比重) 칠살이 투출한 것 재투칠살(財透七煞)
	재봉식생 (財逢食生)	재격에 식신의 생조가 있는 것	신강하고 비견이 있어야 함	
	재격투인 (財格透印)	재격에 인수가 투출한 것	재성과 인수의 위치가 서로 극하지 않도록 있어야 함	
인수격	인경봉살 (印輕逢煞)	인수가 가벼운데 칠살을 만나는 것		인수가 가벼운데 재성을 만난 것 인경봉재(印輕逢財) 신강한데 인수가 중하고 칠살이 투출한 것 신강인중이투살(身強印重而透煞)
	관인쌍전 (官印雙全)	정관과 인수가 둘 다 온전한 것		
	신인양왕 (身印兩旺)	일간과 인수가 둘 다 왕한 것	식상을 써서 설기해야 함	
	인다봉재 (印多逢財)	인수가 많은데 재를 만난 것	재성이 투출하고 뿌리가 약해야 함	
식신격	식신생재 (食神生財)	식신격이 재를 생하는 것		식신격이 효신(편인)을 만난 것 식신봉효(食神逢梟) 식신이 재를 생하고 칠살이 투출한 경우 식신생재로살(食神生財露煞)
	식대살 (食帶煞)	식신이 칠살을 끼고 있는 것	재가 없어야 함	
	기식취살 (棄食就煞)	식신을 버리고 칠살을 취하는 것	인수가 투출해야 함	

• 사흉신의 성격과 파격(패격)

사흉신	성격의 요건			파격의 요인
칠살격	신강칠살봉제 (身強七煞逢制)	신강한 일간이 칠살의 제복을 만난 것		칠살이 재를 만나거나 (식상의) 제복이 없는 경우

상관격	상관생재 (傷官生財)	상관격이 재를 생하는 것		금수상관이 아닌데 정관을 보는 경우 재를 생하는데 칠살을 끼고 있는 경우 상관패인인데 상관이 가볍고 신왕한 경우
	상관패인 (傷官佩印)	상관격이 인수를 옆에 차고 있는 것	상관이 왕하여도 인수가 통근해야 함 상관이 왕하고 일간이 약한데 칠살과 인수가 투출해야 함	
	상관대살 (傷官帶煞)	상관이 칠살을 차고 있는 것	재가 없어야 함	
양인격	양인투관살 (陽刃透官煞)	양인격에 관살이 투출한 것	재와 인성이 드러나고 상관을 보지 않아야 함	관살이 없는 경우
건록·월겁격	투관이봉재인 (透官而逢財印)	정관이 투출하고 재와 인수를 만난 것		재관이 없는 경우 칠살과 인성이 투출한 경우
	투재이봉식상 (透財而逢食傷)	재가 투출하고 식상을 만난 것		
	투살이우제복 (透煞而遇制伏)	칠살이 투출하여 제복하는 것		

1980년생 건명 식신생재격

시	일	월	연
乙	辛	癸	庚
未	亥	未	申

70	60	50	40	30	20	10	0.3
辛	庚	己	戊	丁	丙	乙	甲
卯	寅	丑	子	亥	戌	酉	申

위 사주는 편재 乙木으로 격국을 잡았다. 편재가 일지 亥水에 통근한 癸水를 보았

으니 식신생재격이다. 일간 辛金은 연지 申에 통근하여 신약하지 않다. 식신생재의 성격(成格)이 되어 투자가, 사업가, 영업 등과 관련이 있고, 金·水·木의 물상을 대입하면 금융, 계약, 종이 등과 관련한 일을 생각할 수 있다. 시상편재로 일확천금, 재벌, 투자의 귀재 등도 추론해볼 만하다.

천간에 庚金 겁재, 癸水 식신, 乙木 편재가 통변의 주제이다. 이들을 십이운성으로 읽고 대운과 세운의 흐름에서 천간지지의 생극제화 및 형충회합으로 인한 발생과 소실 등을 읽어주면 된다. 庚金 겁재, 癸水 식신, 乙木 편재는 주변 동업자 및 경쟁자, 투자, 거래처, 비노동성 재물 등이다. 未월 경쟁자 庚金과 일간 辛金 둘 다 약하지 않다. 겁재 庚金 관대이고, 辛金 쇠지이다. 다만 동주로 보았을 때 庚申 건록이 辛亥 목욕보다 우위에 있다. 항상 나보다 더 실력 있는 경쟁자를 상대해야 한다. 다행인 것은 庚申과 辛亥가 거리를 두고 위치하여 극단적인 투쟁까지는 가지 않는다. 식신 癸未는 묘지이다. 투자나 업무는 그 자리에 앉아서 주로 대외교류나 외부영업보다는 데이터 분석이나 개인플레이로 할 것이다. 癸水가 일지 亥水를 만났을 때 폭발적이고 적극적인 투자성향을 보였을 것이다. 壬水로 읽더라도 비슷한 해석이다. 편재 乙未는 양지이다. 일지 亥水를 만났을 때는 사지에 이른다. 투자에 온건함이 보이지만, 일지 亥水 시기에서 금전적으로 큰 실패가 있을 수도 있음을 암시한다. 그 구체적인 내용은 대운과 세운을 대입하여 읽는다.

20대 중반까지 여의도 증권계에서 주식투자로 성공하여 막대한 자금을 모았다. 丁亥(30) 대운 중 2014 甲午, 2015 乙未년에 큰 수익을 냈고, 2016 丙申년에 독립하여 강남으로 옮겼다. 그 과정에서 여의도에서 일할 당시 알았던 동료 및 선배들과의 관계가 틀어지고 2017 丁酉년 오해의 골이 깊어져서 마음에 큰 상처와 앙금이 생겼다. 명식 천간의 庚金은 겁재의 부담을 암시하고 申酉 세운에서 그 억압이 깊어졌다. 특히 丁酉년은 지지 酉가 명식 중 亥未가 불러온 허자 卯木을 충하는 해이다. 또한 2016년 정관 丙火보다 2017년 편관 丁火가 일간 辛金을 더욱 제극하는 역할을 하였다. 금전적인 손실도 있었겠지만 법적인 다툼의 가능성도 암시한다.

2018 戊戌년은 명식 癸水를 합거하고 지지 未土를 형하여 개고시킨다. 고지(辰戌丑未)의 형충은 개고하여 지장간을 꺼낸다는 측면에서는 긍정의 효과가 있으나, 그 글자들에 입묘하는 천간을 유의해서 읽어야 한다. 다시 말하면, 戌未형으로 개고된 辛丁戊와 丁乙己는 모두 일간 辛金의 인생을 다채롭게 한다. 밥상에 반찬의 가짓수가 늘어났다는 뜻이다. 그러나 동시에 戌과 未는 각각 丙戊乙과 甲癸를 입묘시킨다. 명식에 이러한 천간이 있으면 그 상실감을 읽어야 한다. 특히 그 글자에 앉아 있는 천간이 흔들린다. 이 명식의 주인은 편재 乙木과 식신 癸水를 잃게 된다. 각각 큰 금전적 손실과 밥그릇 또는 투자나 거래처의 상실을 말한다. 2018년 투자에서 큰 손실을 보았고, 계획하고 있던 투자에서 손을 떼야 할 정도의 타격을 입었다. 인성 戌未의 형이니 윗사람에게 고개 숙이고 사과를 하거나 명예 손실을 감당해야 할 수도 있다. 예전에 알던 선배들을 찾아가서 무릎 꿇고 사과하고 다시 재기의 기회를 엿보아야 한다.

그렇다면 2019 己亥년은 어땠을까? 편재 乙木이 여전히 사지에 처하니 금전적으로 바로 일어서기는 힘들었다. 그러나 정재 甲木은 이제 생지에 접어들어 건전한 자금은 숨통이 트일 수 있다. 천간 己土가 유입되는 것은 반가운 일이다. 명예회복이나 서류나 계약상의 진전을 기대할 수 있었다.

이 사람은 계속 주식투자나 상장 등과 같은 일을 해야 할까 아니면 이번 실패로 다른 일에 종사하는 것이 나을까. 이 사람은 한의대에 편입하여 한의사가 되는 것은 어떨까 질문했다. 사주에 현침이 많아서 한의사를 생각하는 것은 이해가 되지만 이 사주는 전형적인 투자자의 사주이다. 비록 실패를 경험하긴 했지만 다시 재기하는 사주이다.

5 격국과 용신

서락오의 『자평진전평주』가 불러일으킨 주요 논점 중 하나는 바로 『자평진전』 원전에서 말한 '용신'에 대한 해석이다. 원전의 용신은 격국의 의미로 쓰인 경우가 많았고, 또 상신 등과 혼용되었다. 그런데 서락오가 『자평진전』을 해석하고 또 후학자들이 그것을 재해석하면서 월지에서 만들어진 것은 격국으로, 팔자에서 필요로 하는 것은 용신으로 재정립되었다. 서락오는 단지 단초를 제공하였을 뿐, 여전히 혼용하고 있는 것은 어쩔 수 없다. 다음은『자평진전』「논용신(論用神)」 원전 내용이다.

팔자용신은 오로지 월령에서 구한다. 일간을 월령의 지지와 배합하면 생과 극이 같지 않으니 (이로 인해) 격국이 나누어진다. 재관인식(財官印食) 이 네 가지 용신은 선(善)하니 이를 순용(順用)하는 것이고, 살상겁인(煞傷劫刃)이라는 용신은 불선(不善)하니 이것을 역용(逆用)하는 것이다. 마땅히 순한 것은 순용하고 역한 것은 역용하여 배합이 마땅함을 얻으면 모두 귀격이 된다.

원래『자평진전』에서 말하는 용신은 월지의 지장간 중 하나이다. 즉, 격국을 정하는 것을 용신을 구한다고 하였다. 이에 대해 서락오는 다음과 같이 해석하였다.

용신이란 팔자에서 필요로 하는 신이다. 신(神)이란 정재, 정관, 식신, 정인, 편재, 편관, 편인, 상관, 비겁과 양인이다. 팔자 중에서 그 왕약(旺弱)과 희기(喜忌)를 살펴서 부조(扶助)하거나 억제(抑制)하는데, 즉 억부(扶抑)하는 신이 용신이 된다. 따라서 용신이란 팔자에서의 핵심[추뉴(樞紐)]인 것이다. 용신을 취하는 방법이 진실되지 못하면 명리의 올바른 이치를 헤아리지 못한다. 따라서 간명하는데 용신을 취하는 것이 제일 중요하다. 용신을 취하는 법은 먼저 월령의 신에서 구하는데, 월령이란 것은 당왕(當旺 : 당령, 득령)한 기(氣)이다. 만일 월령에서 취할 것이 없다면 바로 연·일·시의 간지 중에서 구한다. 용신을 별도의 자리에서 구하더라도 그 관건은 곧 월령에 있다.

이 인용문은 용신에 대해 '팔자가 필요로 하는 신'이라 정의하고, 그 다음에 팔자에서 왕약과 희기를 살펴 '부조하거나 억제하는 것을 용신으로 삼는다'고 하였다. 이 말은 엄밀히 따져서 격국과는 차이가 있다. 그런데 그 다음에 말하기를 '용신을 취하는 방법은 월령의 신에서 구하는 것'이라고 하여, 지금의 격국을 의미하는 것으로 설명하였다. 여기서 중요한 것은 마지막 문장의 월령이 격국이나 용신을 정하는 관건이라는 것이다. 이어서 서락오는 용신을 취하는 방법에 대해 다섯 가지로 설명하는데, 이로써 용신은 현대명리학에서 말하는 정교한 의미의 용신이 되었다.

1. 억부(抑扶) : 일원이 강한 것은 억제[억(抑)]하고 일원이 약한 것은 도와줘야[부(扶)] 하는데, 이것은 억부가 용신이 된 것이다. 월령의 신도 너무 강하면 억제하고 월령의 신이 너무 약하면 도와줘야 하는데, 이는 억부 월령도 용신이 된다는 것이다.
2. 병약(病藥) : 도와주는 것[부(扶)]이 희신이 되는 경우, 그 도와주는 신을 해치면 병이 된다. 억제하는 것[억(抑)]이 희신이 되는 경우, 그 억제하는 신을 제거하면 병이 된다. 병신을 제거하면 약신이라 하는데, 이는 병약으로 용신을 취한 것이다.
3. 조후(調候) : 金水가 동령(冬令 : 월지 겨울)에 생하고 木火가 하령(夏令 : 월지 여름)에 생하면 기후가 너무 한랭하거나 너무 조열하여 기후를 조화롭게 하는 것이 시급하다. 이는 조후를 용신으로 삼은 것이다.
4. 전왕(專旺) : 사주의 기세가 한 방향으로 치우치면 그 기세를 거역할 수 없다. 오직 그 기세에 순응하는 것이 있으면 용신이 된다. 종(從 : 종격)하거나 화(化 : 화격)하거나 한 방향으로 전왕(專旺 : 전왕격)한 부류의 격국 등이 모두 이러한 것이다.
5. 통관(通關) : 2개의 신이 대치하고 강약이 균등하여 각기 서로 비슷하면 반드시 둘을 조화시키는 것이 아름다운데, 이때는 통관을 용신으로 삼는다.

용신을 구하는 방법으로 다섯 가지, 즉 억부용신 · 병약용신 · 조후용신 · 전왕용신 · 통관용신을 거론하였다. 이 다섯 가지는 지금까지도 정설로 따르는 분류이다. 이어지는 문장에서 이와 같은 분류를 하는데 중요한 추정 근거는 바로 월령이라 말하고, 비록 (육신의) 이름에 선악의 의미가 있더라도 그것으로 바로 길흉을 판단하지 말고 배합과 상황을 보고 판단하라고 당부한다. 예를 들어, 효신과 같은 육신이 흉하게 들리지만 일간에게 반가운 경우에는 효신도 용신이 될 수 있다고 하였다.

어떤 이는 억부용신을 제일선으로 고려해야 한다고 말하고, 어떤 이는 조후가 시급하다 하고, 또 어떤 이는 병약이 중요하다 하고, 또 어떤 경우에는 통관이 필요하다고 한다. 이러한 판단은 결국 월령을 보고 사주의 세력과 일간의 상황을 분석하여 판단해야 한다. 아무리 일간을 돕고 싶어도 조후가 시급한 경우가 있고, 또 육신을 통관해줌으로써 모든 문제가 해결되는 사주 구조도 있다.

용신론은 한국 현대 사주명리학의 가장 중심적인 키워드이면서 동시에 논란도 끊이지 않는다. 용신을 정하기 힘들다는 푸념은 기본이고, 용신은 소용이 없다고 하거나 용신은 보는 사람마다 다르다고 비판하는 이도 생겨난다. 어떤 때는 용신이 하나가 아니라 둘 이상이 나올 수도 있다고 한다. 대운이 변하면서 격국이 달라지고 그에 따라 용신도 변하는 경우가 많고, 용신을 두세 개 잡는 경우도 허다하다. 비판에 편승하여 격국과 용신을 버리고 물상이나 신살로 사주통변하는 것이 훨씬 정확하다고 말하는 자들도 생겨났다. 사주의 격국은 볼 필요가 없고 대운만 읽으면 된다고도 하고, 심지어는 일주만으로 사주를 읽을 수 있다고 자랑하는 이도 있다. 너무 쉽게 말하는 주장은 믿을 것이 없고, 과장된 주장도 경계해야 한다. 필자는 그래도 격국을 판단할 줄 알아야 하고 용신을 찾아나설 수 있어야 한다고 생각하는 사람이다. 격국을 모르고 물상만으로 또는 신살만으로 단편적인 통변을 하는 경우는 그냥 현장의 술사에 불과할 수 있다. 격국으로 사주의 세력을 읽고, 억부와 조후, 병약과 통관을 분석하여 용신과 희기신을 찾아 각 글자들에 해당하는 육신의 신살과 물상을 읽고 그 속에서 인생 스토리를 쓸 줄 알아야 진정한 명리가이다.

6 체와 용

체용(體用)은 동양철학의 주요개념 중 하나이다. 존재의 본래 근원이며 본체인 '체(體)'와 그것이 드러난 현상으로서의 '용(用)'은 철학적 사고와 인식을 위한 중요한 도구요 틀이다. 서양철학에서도 본체와 현상, 또는 실체와 기능, 본질과 기능 등으로 체용을 설명할 수 있다. 체용이 철학의 주요개념이 된 것은 우주만물의 근원과 존재에 대한 고민이 바로 철학의 주요 관심사이기 때문이다. 우리가 바라보고 인지하는 현상의 세계가 어디에서 왔는가, 그 존재의 근원과 발현의 원천에 대한 끊임없는 질문이 바로 체용론이다. 어떻게 보면 체와 용은 2개이면서 결국은 나타난 현상에 대한 한 가지 설명일 수도 있다.

• **체와 용**

체(體)	본체, 형이상, 도(道), 태허, 무형, 이(理), 영구불변의 존재, 몸체와 됨됨이
용(用)	실체, 형이하, 기(器), 음양, 유형, 기(氣), 변화하고 작용하는 존재, 작용과 드러남

체와 용의 관점에서 체는 본체이고, 용은 오관으로 감지된 세계이며 그래서 실체이다. 『주역』「계사전」에서 "형이상은 '도(道)'라 하였고 형이하는 '기(器)'라 하였는데[형이상자위지도(形而上者謂之道) 형이하자위지기(形而下者謂之器)]" 불변의 본체적 존재를 체이며 도라 한다면, 변화하고 작용하는 존재로서의 기(器)를 용이라 할 수 있다. 사주명리학으로 말하면, 체는 주어진 운명으로 인간이 바꿀 수 없는 사주명식이며 그 중에서도 일간이 되거나 월령이 되는 것이고, 용은 일간이나 월지에 대입하여 읽어야 하는 나머지 글자나 육친이라 할 수 있다. 체는 몸체와 됨됨이이고, 용은 그 작용과 드러남이다. 그렇다면 체는 격국이고 용은 용신이라는 말도 된다

체와 용은 그릇과 그 내용물, 또는 그릇과 그릇의 쓰임에 비유되곤 한다. 앞에서 격국을 논할 때 사람 팔자의 그릇과 같다고 말하였고, 또 형충회합을 논할 때도 그릇에

담긴 지장간이 쏟아져 나온다는 표현을 하였다. 사주팔자에서 체와 용의 개념을 찾아서 의미를 확장해보면 다음과 같다.

체와 용

• **사주팔자의 체와 용**

체(體)	용(用)	체(體)	용(用)
태허	동정	명식	대운
동정	음양	대운	세운
음양	사상	격국	용신
사상	오행	격국	상신
오행	천간	용신	희신
천간	지지	일간(일주)	월지
천간과 지지	팔자에 내포된 의미나 지장간	일간(일주)	타간
		월지	나머지 팔자

위의 표에서 알 수 있듯이, 동양철학의 음양·사상·오행 등이 발생론적인 측면에서 다층적으로 분파되어 어떤 때는 체가 되고 어떤 때는 용이 된다. 사주명리의 영역에서도 천간·지지·명식·대운·격국·용신·일간·월지 등의 내용이 체계적으로 분파되면서 체가 용이 되고, 또 용이 체가 된다.

『자평진전평주』의 「논용신(論用神)」에서 서락오는 체는 격국이요 용은 용신이라는 논지를 펼쳤다. 즉, 일간이라는 주체는 월지에서 사주의 중심이 되는 글자를 찾는데 그것은 격국이요, 그 격국이 활용해야 하는 글자는 용신이 된다. "팔자용신은 오로지 월령에서 구한다[팔자용신(八字用神), 전구월령(專求月令)]"라는 문장에서 '용신'은 '격국'으로 보는 것이 맞다는 말이고, 추가로 설명하여 격국이라는 체가 용신을 구하는 것도 부연하였다. 월지에서 격국을 구하고 그것을 인생에 대입하는 주체는 일간이다. 『적천수』는 「체용」 편을 다음과 같이 시작하였다.

원문 도(道)에는 체와 용이 있는데, 한 가지 단서로만 논해서는 안 된다. 요점은 부조할 것은 부조하고 억제할 것은 억제하여 그 알맞음을 얻는 데 달려 있다.

원주 일주를 체로 삼고 제강(월지)를 용으로 삼는 경우에는 일주가 왕하면 제강의 식신이나 재관이 모두 일주의 용이 된다. 일주가 약하면 제강에 일주를 돕는 물건이 있어서 그 강한 신을 제압하면 역시 모두 일주의 용이 된다. 제강을 체로 삼고 희신을 용으로 삼는 경우에는 일주가 제강을 쓸 수 없으므로 제강의 식신이나 재관이 태왕하면 연·월·시 상의 인성이나 비겁을 취하여 희신으로 삼고, 제강의 인성이나 비겁이 태왕하면 연·월·시 상의 식상이나 재관을 취하여 희신으로 삼아 그것을 용하는 것이니, 이 두 가지가 곧 체와 용의 정법이다.

사주를 체로 삼고 암신(暗神)을 용으로 삼는 경우에는 반드시 사주에 쓸만한 것이 전혀 없어야만 비로소 암충이나 암합의 신을 취하며, 사주를 체로 삼고 화신을 용으로 삼는 경우에는 사주에 합신이 있으면 사주를 체로 삼고 화합의 신 중 쓸만한 것을 용으로 삼으며, 화신을 체로 삼고 사주를 용으로 삼는 경우에는 화신이 참되면 화신을 체로 삼고 사주 중 화신과 상생상극하는 것을 취하여 용으로 삼는다. 사주를 체로 삼는 경우에는 세운을 용으로 삼으며, 희신을 체로 삼는 경우에는 희신을 보좌하는 신을 용으로 삼으니, 좋아하는 신이 스스로 쓰일 수 없어서 그것을 체로 삼고 희신을 보호하는 신을 용하는 것이다.

사주팔자, 격국, 용신, 일간, 월지 등의 관계를 체와 용으로 설명하면 격국은 체이고, 용신은 용이다. 일간은 주체이니 체이고 월지는 용이다. 그런데 월지에서 격국을 잡으니 격국이 된 월지는 또 체가 된다. 그때 월지가 활용하는 용신은 용이다.

현대명학계에서는 월지에서 격국을 잡는 것에 대부분 동의하지만, 용신은 월지가 아닌 다른 곳에서 찾을 수도 있다는 의견을 따른다. 즉, 용신은 격국과 동일한 경우도 있지만 그렇지 않은 경우가 많아서 월지와 용신이 동일하지 않을 수도 있다는 것이다. 그렇다면 『자평진전』에서 말한 진의를 '월령이 바로 용신이다'라고 이해하기보다는, '월령이 용신을 정하는 관건이다'라고 이해하면 큰 혼선은 사라진다.

또 다른 현대명리학계의 주장은 사주팔자는 체이고 세운은 용이라는 것이다. 그것을 사주팔자와 대운, 세운 등에 적용하여 도식화하면 아래와 같다.

• 사주팔자와 대운·세운의 체용 관계

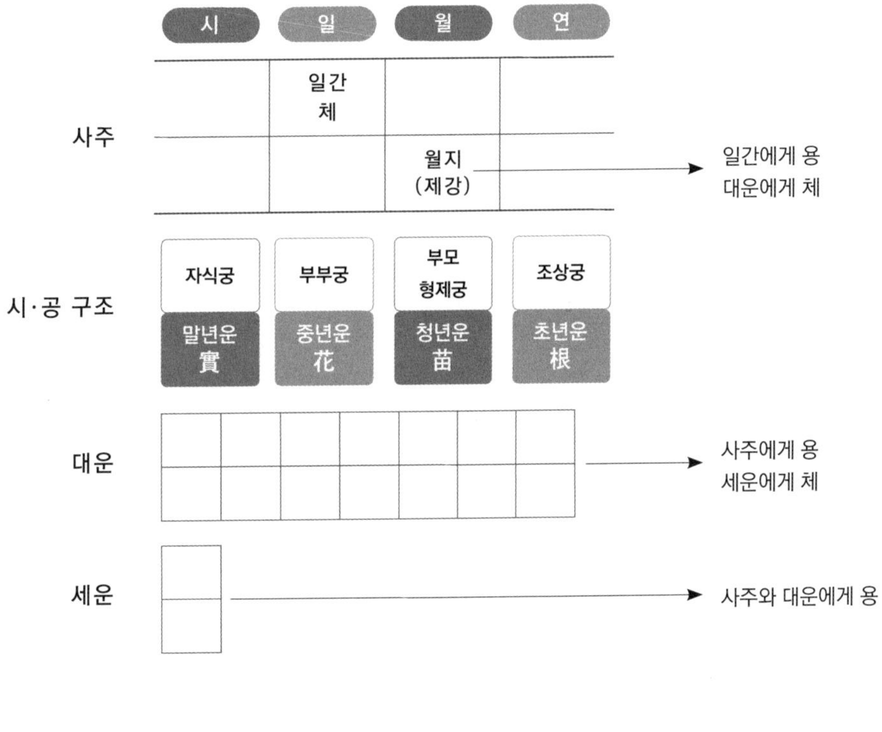

• **사주명식**

생년월일시에 따라 결정된 사주팔자는 체의 영역이다. 일간이 체라면, 월지는 용의 영역이다. 또 월지에서 정한 격국은 체의 영역이다.

시	일	월	연	
甲	壬	丁	庚	천간
辰	申	亥	辰	지지

첫째, 명식의 여덟 글자는 체의 영역이다.

둘째, 일간은 체, 월지는 용이다.

셋째, 월지는 체, 나머지 팔자는 용이다.

• **대운**

대운은 연주와 월주에 의해 생성된다. 대운을 명식에 대입하여 읽을 때는 용의 영역이고, 대운에 세운을 대입하여 읽을 때 대운은 체의 영역이다.

69	59	49	39	29	19	9
甲	癸	壬	辛	庚	己	戊
午	巳	辰	卯	寅	丑	子

• **세운**

세운은 매년 바뀐다. 명식과 대운에 대입하여 세운의 희기를 읽으므로 세운은 용의 영역이다.

2010	2011	2012	2013	2014	2015	2016	2017	2018	2019
庚	辛	壬	癸	甲	乙	丙	丁	戊	己
寅	卯	辰	巳	午	未	申	酉	戌	亥

사주의 구조는 생년·생월·생일·생시를 통해 작성된 네 기둥으로 한 사람의 인생 전체를 관통하는 시간의 여정과 그 사람이 생활하는 공간의 환경을 나타낸 것이다. '근묘화실(根苗花實)'로 상징화한 사주의 네 기둥으로 연부터 시작하여 한 사람의 인생을 초년부터 말년까지 시간구조로 파악한다. 한편 연을 조상으로, 월을 부모·형제로, 일을 자신의 몸과 배우자로, 시를 자식으로 삼는다는 것은 그 구조가 또한 중요 관계망의 처소가 된다는 뜻이다. 금법의 구조에 나타난 사주의 시·공 기능을 도식화하면 자신의 위치, 즉 일간을 중심으로 먼 과거부터 미래까지 각각의 기둥에 육친, 즉 조상·부모·형제·배우자·자식을 배정하여 시간과 공간의 관계를 함께 나타내고 있다. 한편 일간은 월지 즉 제강(提綱)과 체와 용의 관계에 놓이는데, 이러한 대응은 제강과 연·시, 그리고 명식과 행운(行運)의 관계로 확장되어간다는 것을 알 수 있다.

다시 정리하면, 체는 명식의 골자를 이루는 것으로 묵직하며 쉽게 변화하지 않고 항상 그 자리에 있는 것이라고 이해하면 된다. 사주팔자가 대표적인 체이고, 그중 일간은 체의 체이고 월지는 체의 용이다. 한편 월지에서 그 사주의 격국을 정한다고 했을 때 월지는 체의 영역이 된다. 반면에 용은 변화하며, 그 형태가 일정하지 않은 범위를 지니는 영역이다. 대운을 명식에 대비하여 변화하는 영역으로 보면 용이고, 세운에 대비하여 10년간 사주와 함께 주체를 이룬다고 보면 체이다. 이때 세운은 용의 영역이다.

『적천수』의 체용관이나 피아(彼我)관의 다양한 층차에 대하여 임철초가 해석을 하면서 다른 의견을 제시한 경우도 있다. 「지지」 편의 암충암회에서 '(원주와 같이) 구분할 필요가 없다'고 하거나, 「체용」 편에서 '원주에서는 체용을 분별하였으나 상세하게 밝히지 않아 모호하니 체용을 제외하고는 별도로 용신을 구할 수 없음을 알 수 있다'고 한 것이 그 예이다.

• 『적천수』·『적천수천미』의 체용과 피아

	원주(原注)				임철초 주(注)	
체(體)	일주	제강	제강	사주	형상(形象) 기국(氣局)	일주
용(用)	제강	희신	연·월·시	세운	용신	용신
아(我)	일(日)	제강	사주	운도	희신	
피아(彼我)	제강	연·시	운도	세월	기신	

『자평진전』에서는 행운(行運)을 논하여 다음과 같이 말하였다.

명을 보는 것은 사주의 간지로 월령의 희기에 배합하고, 운을 취하는 것은 또 운의 간지로 팔자의 희기에 배합한다. 따라서 운에서 매번 한 글자씩 운행하는데 반드시 이 한 글자로 명의 간지에 배합하여 전체적으로 그것을 관찰하여 기쁜지[희(喜)] 또는 기피하는지[기(忌)]로 길흉을 명확하게 판명하게 된다.

이 말은 일간과 월령의 관계 또는 사주와 행운(行運)의 관계로 희기와 길흉을 논하는 것을 분명히 한다. 인용문에 배합이라는 말은 체와 용을 적용한다는 뜻이고, 운을 취한다는 것 또한 사주라는 체에 운을 적용하여 읽는다는 의미이다. 체와 용을 통해서 간지의 배합과 사주와 행운을 배합하여 그것을 관찰하고 길흉의 결과를 얻어내는 중요성을 말하였다고 볼 수 있다.

일간과 월지를 대입하고 명식과 운도를 대입하면 사주에서 특정 요소와 구조 사이의 상호작용에 의한 관계를 알 수 있는데, 그것은 부분과 전체 그리고 각 계층간의 층차구조에 의한 것이다. 월지와 일간, 월지와 나머지 글자, 월지와 대운·세운을 배합하는 것에 대한 언급은『자평진전』에 허다한데, 그 주요 표현은 아래와 같다.

팔자용신[주1]은 오로지 월령에서 구하고 월지에 나머지 글자들을 배합하여 그 생과 극의 관계로 격국이 나누어진다. 월령을 향해서 용신을 구하지 않고 함부로 용신을 취하면 거짓을 잡고 진실을 잃어버릴 것이다. 오늘날 사람들은 오로지 제강(提綱)을 주로 한 연후에 사주 간지의 글자마다 모두 월령에 통하고 귀속시켜 희기(喜忌)를 보는 것을 알지 못한다. 운을 논하고 명을 보는 것은 다른 것이 아니다. 명을 보는 것은 사주의 간지로 월령의 희기에 배합하고, 운을 취하는 것은 또 운의 간지로 팔자의 희기에 배합한다.

체용론, 즉 본체와 현상에 대한 관심은 사주명리학에 이르러 사주팔자 각 글자에 기준을 세우고, 그것을 체로 말하여 나머지 글자를 체에 배합하여 향배를 읽고 어떻게 활용할지를 분석하는 것으로 발전하였다.

필자가 도표로 나타내어 체와 용으로 분류한 것은 그것이 사주팔자에서 어떻게 적용되어 확장될 수 있는지를 보여준다. 체용의 개념은 형충회합에도 적용되어 팔자에 고요하게 있는 글자인 '체'에 형충회합이 생겨나는 것을 '용'으로 읽을 수도 있고, 팔자에 드러난 형충회합을 '체'로 읽고, 대운이나 세운에서 유입되어 일어나는 형충회합과 또 그에 따른 해소와 변화를 '용'으로 읽을 수도 있다. 이와 같은 적용은 무궁무진하다. 예를 들어 어떤 사주팔자로 태어난 사람의 체가 어떤 나라라는 용에 살면서 운명

[주1] 서락오의 해석 이후 현대명학계에서는 격국과 용신을 분리하여 원전의 용신을 격국으로 이해한다.

이 바뀔 수도 있고, 또 그 사람이 어떤 배우자라는 인연의 용을 만나서 삶이 바뀔 수도 있다. 명(命)은 체이고 운(運)은 주어진 명을 운용하는 용이 되니, 사주팔자를 어떻게 운용하는가는 비로소 용에 이르러 구체화된다.

사주명리의 체용론은 고정된 이론이 아니라 팔자와 운도, 일간과 월지, 월지와 팔자, 격국과 용신, 희신과 희기신 등으로 확장되고 유연하게 적용되는 활법(活法)이 되었다. 사주명리를 현장에서 적용하여 통변할 때 가장 명심해야 할 것이, 바로 사주명리는 활법이라는 것이다. 역사적으로 논리적 근거를 따지고 그것을 문헌으로 남겨서 명리학을 하나의 학술이 되게 하였던 선학자들의 노력도 중요하지만, 명리학이 지금까지 이어져 내려온 이유에는 명리학의 저 살아 있는 날것으로의 활법체계가 있었다. 활법 안에서 사주명리의 스토리텔링이 나왔고, 인류의 끊임없는 관심이 이어졌다. 이것은 학자가 의도적으로 노력해서 된 일이 아니라 인간 본성이 만들어낸 신비에 대한 매료일 것이다.

명리학을 공부하는 학습자에게 고하노니, 학문은 이론만으로 되는 것이 아니다. 반드시 실전이 있어야 하고, 현장의 칼바람이 만들어내는 소리를 들을 줄 알아야 한다. 또 다른 면으로 말하자면, 현장에서 신비에만 매료되지 말라. 신비는 오래가지 않고, 이론이 뒷받침되지 않으면 술사의 인기도 뜬구름과 같고 비법은 한 순간의 위약일 뿐이다.

이론을 분석하고 또 분석하며, 신비를 의심하고 또 의심하라. 떠드는 소리를 비판하고, 학자의 거들먹거림을 비웃어라. 술사는 학자의 무시에 정신차리고 논리가 무엇인지 배워야 하고, 학자는 술사의 현장경험을 보고 살아서 움직이는 이론이 무엇인지 배워야 한다. 사주명리만큼 현장과 학계가 상호 조합하고 협력해야 하는 분야도 없을 것이다.

CHAPTER 2

고법의 현대 사주명리학 적용

01

신살론

신들의 소요와 그 상상력

1 신살의 발생과 개념

신살론은 고대 천문의 별자리 이름에서 근원하여 천문학과 점성술, 사주명리의 음양오행론, 십간 십이지지의 개념과 십이운성이론 등이 상호작용하여 만들어낸 사주 추명의 흥미로운 관법 중 하나이다. 신살만큼 자유로우며 상상력이 넘쳐나는 관법은 없으며, 현장통변에서 신살론의 자유로운 상상력만큼 뛰어난 스토리텔링을 제공하는 것은 없을 것이다. 다만 필자가 말하는 '상상력'이란, 없는 것을 황당하게 만들어내는 것이 아니다.

필자가 말하는 것은 미학 발전에 지대한 역할을 한 상상력인데, 바로 지성과 결합된 상상력이다. 칸트는 감성이란 지성과 상반되는 것인데, 이때 두 가지를 연관시키려면 상상력이라는 매개가 필요하다고 하였다.주2 이 상상력은 우리가 직관한 대상을 목적에 맞게(합목적성으로) 의미를 갖추어 설명할 수 있는 능력이다. 그런 의미에서 독자들이 일반적으로 생각하는 상상력과는 차이가 있다. 즉, 감각적으로 인식한 것을 상상력을 작동시켜 이성에 부합되게 연결하는 것이 중요할 수밖에 없는데, 사주명리학의 다양한 이론체계 중에 신살론만큼 그에 부합하는 것이 없다. 그것은 마치 예술가의 창조성과 같다. 상상력이 지성과 부합되려면 반드시 그 속에 논리적 법칙성이 있어야 한다. 필자가 설명하는 신살론은 그 논리적 법칙성을 제고한 것이다.

신살론은 고대 오행술에서 근원하여 중국 점성학과 함께, 후대에 나타난 자미두수의 별자리 신살과 관련된 내용과 상호작용하면서 발전하였다. 육치극은 『중국명리학사론』에서 신살론법이 사주명리의 시원(始原)이라고 말하였는데, 신살론 체계의 바탕은 택일법이다. 택일법은 앞서 갑골문자와 육십화갑자에서 공부한 것처럼, 고대인들이 천간과 지지로 날짜를 기록한 것에서 유래하였다. 날짜를 적어서 하루하루의 길흉을 점친 것이 사주명리학의 시원이고, 민간에서 육십갑자로 시간과 날짜를 선택하였던 것이 신살론의 연원이다.

중국 명리서에는 수백 가지 신살이 나오는데, 주로 남녀합혼이나 소아관살류 그리고 택일과 관련된 것이 많다.주3 『협기변방서』와 같은 책은 택일이나 민간의례와 풍습, 그리고 신살에 대한 흥미로운 내용을 담고 있는데, 다만 의례나 풍습 위주의 내용이다 보니 명리학습자들이 읽기에는 어려움이 있다. 반면 『삼명통회』는 신살론의 보고와 같은 책이다. 명리학과 관련하여 참고할 만한 신살의 학술자료가 『삼명통회』에 풍부하게 담겨 있다.

주2 칸트에 의하면 지성(verstand)은 감성에 의해 받아들인 대상들을 구성하고 개념화하는 능력을 말하는 것으로, 감각적인 능력(감성)과 대비되는 지적능력을 의미한다. 칸트는 이성과 지성을 구분하였는데, 지성은 이성 즉 이념이나 절대적 전체에 관계하는 능력의 하위에 있다.

주3 대만의 대표적 명리학자인 오준민(吳俊民)은 1962년 출간한 『명리신론(命理新論)』에서 190여 가지 신살을 소개하였다. 먼저 남녀합혼에 관련된 것으로 건명의 신살과 곤명의 신살을 말하고, 소아관살(小兒關煞)로 급각살 · 탕화살 · 백호살 등을 소개하였다.

신살(神煞)의 '신(神)'은 인간의 운명에 길하게 작용하는 것이고, '살(煞)'은 사주팔자에서 인간의 운명에 흉하게 작용하는 것을 나타낸다. 길신을 예로 들면 천을귀인(天乙貴人), 천월덕귀인(天月德貴人), 학당귀인(學堂貴人)과 천주(天廚), 천마(天馬), 천희(天喜), 삼기(三奇), 삼태(三台), 문창귀인(文昌貴人) 등과 록신(祿神), 식신(食神) 등이다. 앞에서 학습한 십신 중 사길신 즉 식신, 재성, 정관, 인성 등도 신살의 길신에 포함된다. 반면 흉신은 살(殺)이며, 악신(惡神) 또는 흉살(凶殺)이다. 명식 구성에서 조화와 균형을 깨고 일간에게 불운과 불행을 가져오는 것으로, 걱정과 집착, 좌절과 실패, 사건사고와 같은 작용을 한다. 흉신을 예로 들면 백호(白虎), 고신(孤辰)과 과수(寡宿), 공망(空亡) 등의 흉살, 그리고 칠살(七煞,), 양인(羊刃), 상관(傷官) 등 십신 중 사흉신의 기능에도 흉살이 적용된다.

• **신살의 길흉 분류**

길성	길흉 변화	흉성
천을귀인	괴강	백호
월덕귀인	양인	삼재
천덕귀인	역마	고신 · 과수
문창귀인	화개	원진
삼기	도화	홍염
천사	현침	공망
	천라 · 지망	급각
		효신
		상문 · 조객
		삼살방 · 대장군방

신살은 원래 기원에는 길성이 많았으나, 예측 도구로 추명현장에서 주로 사용되면서 흉을 의미하는 금기와 부정의 의미가 더욱 강조되었다. 신살론의 특징과 장점은

팔자의 음양오행과 글자들간의 상호작용을 통해 구체적인 사안을 추론하는 것이다. 따라서 한 개인의 인생사에서 사건과 사고, 구체적인 사안의 전개와 그 과정에서 일어나는 일들을 읽어낸다는 점에서 형충회합법과 함께 통변현장에서 가장 유용한 도구 중 하나이다. 특히 신살은 일간의 심리를 파악할 때 참고하기 좋다.

• 명리 고법과 신법(신살론과 격국이론 비교)

	격국과 용신	형충회합과 신살론
명학사	신법 · 금법	구법 · 고법
관점	거시적 관점	미시적 관점
분석 관계	팔자의 구조 분석	팔자의 음양오행과 글자들간의 상호작용 분석 연월일시에 나타난 천간과 지지의 대응관계
특징	타고난 사주의 구조를 통해 그 사람의 품격과 직업 및 적성 파악 일간(사주의 주인)의 타고난 역량 파악에 주효	한 개인의 인생사에서 사건과 사고, 구체적인 사안의 전개를 파악 상담현장에서 질문에 즉각적으로 반응하여 실제적인 대답을 하는 데 주효

신살은 다양한 관점에서 읽는다. 신살에서 여러 기준점이 생긴 이유는, 고법 체계인 연주 중심의 관법에서 송대에 일간 위주로 넘어오면서 연지 중심이 일지 중심으로 바뀌거나 애매하게 둘 모두를 사용하는 방식이 이어져 내려왔기 때문이다.

- 일간을 중심으로 연 · 월 · 일 · 시의 지지를 보는 법
- 일지를 중심으로 연 · 월 · 시의 지지를 보는 법
- 연지를 중심으로 월 · 일 · 시의 지지를 보는 법
- 월지를 중심으로 일간 또는 일지를 보는 법

• **신살의 관법**

기준	비교	신살
일간	연 · 월 · 일 · 시 지지	천을귀인 · 문창 · 십간록 · 양인 · 홍염
일지	연 · 월 · 시 지지	장성 · 화개 · 역마 · 도화 · 겁살 · 망신
연지	월 · 일 · 시 지지	고신 · 과수 · 상문 · 조객 · 삼살방 · 대장군방 · 삼재
월지	일간 · 일지	천덕 · 월덕 · 천사
일주	타주도 봄	백호 · 괴강 · 효신 · 공망
지지 관계		원진 · 귀문 · 천라지망
천간 관계		삼기 · 평두

이 책에서는 주요 길신과 흉신을 간략하게 소개한다. 그 연원과 이론적 배경 또는 근거를 따져 읽으려면『주역』과 하도낙서, 그리고 십이운성과 형충회합에 대한 깊이 있는 이해가 선행되어야 한다. 물론 동양 천문 · 점성학에 대한 이해도 필요하다. 그래서 필자의 학습 커리큘럼에 신살은 항상 제일 마지막에 온다.

다만, 수백 가지 신살류를 모든 사주에서 읽을 필요도, 그렇게 할 수도 없다. 신살의 진정한 의미를 알고 그중 주요 신살을 선별하여 필요한 경우에 적용하는 것이 올바른 활용법이다. 또한 여기서 길신과 흉신으로 구분하였지만, 그 분류가 절대적이라고 생각하지 않는다. 역마살이나 도화살은 특정 직업에서는 길신 역할을 충분히 하는 신살이다. 공망도 흉신으로 분류되지만, 사회적 변천과 현대사회의 다양한 생활상과 직업성을 반영하면 충분히 긍정적 활용이 가능한 신살류이다. 그 점을 이해하고 유연하게 읽어주기 바란다.

2 신살론의 참고자료

신살론은 『자평진전』이나 『적천수』, 『궁통보감』과 같은 책에서는 다루고 있지 않거나 오히려 비판의 대상으로 언급되었다. 그러나 『삼명통회』와 『연해자평』은 신살류를 많이 다루고 있고, 특히 『연해자평』보다 『삼명통회』가 신살론에 대해 더 많은 풍부한 자료를 많이 담고 있다. 아쉽게도 『삼명통회』는 초학자들이 해독하기 어려운 문장이 대부분이고, 한문에 능통하더라도 사주명리이론을 모르면 독해가 안 되는 내용이 대부분이다. 그러한 까닭에 『삼명통회』 번역서나 해석서가 시중에 많지 않다. 그 외에 『과로성종(果老星宗)』·『성평회해(星平會海)』·『성학대성(星學大成)』·『성해사림(星海詞林)』·『위사경(韋斯經)』·『역은(易隱)』 및 『총신(叢辰)』 등이 신살론을 언급하였고, 『협기변방서(協紀辨方書)』는 신살의 성격이나 택일, 의례 등과 같은 풍습을 담고 있는 흥미로운 책이다. 필자는 『삼명통회』에서 찾지 못한 이론적 근거를 『협기변방서』에서 찾은 적도 많았다. 그래서 신살을 연구할 때는 『협기변방서』를 꼭 옆에 두었던 기억이 있다. 그중 『연해자평』과 『협기변방서』는 국내에 이미 번역 및 출간된 것이 있고, 『삼명통회』 같은 경우는 전체 내용은 아니어도 부분적으로 출간된 것으로 안다. 앞으로 훌륭한 명리학습자들이 많이 배출되어 좋은 명리서적들이 많이 번역되고 또 출간되기를 바란다.

『삼명통회』는 명리학사에서 심화시기에 나타난 저작으로, 긴 시간의 작성기를 거쳐 명대 중엽 이후에 출현한 가장 중요한 명리서적 중 하나이다. 진소암은 『명리약언(命理約言)』[주4]의 「잡론(雜論)」 편에서 『삼명통회』에 대해 다음과 같이 소개하고 있다.

가령 명을 추리하는 방법에 대해 옛 서적에서는 이허중의 학설을 틈틈이 인용하였지만 전

주4 『명리약언(命理約言)』은 청대에 진소암이 지은 책으로, 송대와 명대부터 형성되어온 표준적 사주명리학의 여러 기본적 핵심이론을 요약하여 정리하였다. 진소암(1605~1658)은 절강성의 해녕 지역 사람으로 명대(1637) 진사가 되었고 관직은 중윤(中允)까지 올랐다. 청조 1651년(순치 8년)에 예부상서가 되고, 1652년에 대학사로 임명되어 소보와 태자태보를 겸임하였다. 저서로 『명리약언(命理約言)』 외에도 『적천수집요』가 있다.

문을 보기가 드물었고, 그 방법도 상세하지 않았다. 서자평에 이르러 그 방법이 정해지고, 서대승에 이르러 방법이 더욱 규격화되었다. 두 사람의 저술에서는 종종 동일한 한 편 속에 재관인식살의 부류와 생극·억부·길흉의 이치가 섞여 함께 나열되었다. 이는 그것을 보는 사람의 눈을 침침하고 어지럽게 하였다. 다른 술수가들이 저술한 글들과 주장들도 그것 자체를 넘어서지 못했다. … 진정 유일하게 진사였던 만민영이 『삼명통회』를 지어서 나누고 세부적으로 분석하였는데, 글의 이치가 명확하게 잘 맞았다. 그러나 취지나 자료수집에서 의미가 통일되지 않았으며, 내용이 많은 점은 뛰어났지만 정밀함에는 뛰어나지 않으며, 내용상 폭넓을 수 있지만 요점이 있을 수가 없었다. 그래도 그것은 다른 모든 술수가와 비교하면 훨씬 낫다.

진소암이 『삼명통회』에 대해 언급한 위의 문장은 필자가 『삼명통회』를 생각하는 것과 정확히 일치하는 서술이다. 독자들이 명리서를 재차 읽고 시간이 되어 비교분석해 보면 알겠지만, 대부분의 책들이 서로 같은 내용을 교차해서 언급하고 있으니 누가 먼저 주장했으며 또 누가 누구의 말을 옮겼는지 알 수 없다. 일반인의 글쓰기와 학자의 글쓰기 차이일 수도 있는데, 소위 학자가 되면 글 하나 작성하는 것이 보통 일이 아님을 깨닫고, 그래서 다른 사람의 글을 인용하는 데에도 온갖 정성과 격식을 따지게 된다. 『삼명통회』는 그래도 출처를 밝힌 곳이 많고 수집한 자료의 분량도 충분하여 세부적 분석이 이루어져 있다. 다만 여전히 통일되지 않고 정밀하지 않은 부분을 발견할 수 있고, 또 어려워서 해독이 안 되는 부분도 허다하다. 그만큼 명리학이 어려운 학문이고 또 그에 대한 해석서가 연이어 나오지 않은 아쉬움도 있다. 『삼명통회』의 내용 중 『자평진전』이나 『적천수』가 다루지 않은 격국에 대한 정보와 특히 신살에 대한 서술이 뛰어나니, 학습자들은 꼭 시간과 노력을 들여 독서해보기를 권한다.

『자평진전』이나 『적천수』, 그리고 『궁통보감』이 명리학 주요 고전으로 한국에서 언급된 데에는 서락오가 기여한 바가 크다. 그만큼 문장 해독이 비교적 쉬워서 한국에 번역서가 많이 출간된 이유도 있을 것이다. 명리학이 학문으로 제대로 자리잡고 훌륭한 학자가 많이 배출되어 다양하고도 최신의 좋은 원서들이 번역되기를 바란다.

3 길신류

① 천을귀인

신살류 중에서 최고의 길신인 천을귀인(天乙貴人)은 일명 옥당귀인(玉堂貴人) 또는 천은귀인(天恩貴人)이라고도 한다. 일간에 대비하여 사주의 네 지지를 보는데, 택일이나 궁합에서도 본다. 『연해자평』의 「논옥당천을귀인(論玉堂天乙貴人)」에서도 천을귀인을 다음과 같이 분류하고 설명하였다.

갑무경우양(甲戊庚牛羊) 을기서후향(乙己鼠猴鄕)
병정저계위(丙丁豬雞位) 임계토사장(壬癸兔蛇藏)
육신봉마호(六辛逢馬虎) 차시귀인방(此是貴人方)
명중여우차(命中如遇此) 정작자미랑(定作紫微郎)
甲戊庚은 소와 양을 아우르고 乙己는 쥐와 잔나비의 고향이며
丙丁은 돼지와 닭의 자리이고 壬癸는 토끼와 뱀의 굴이며
육신은 말과 호랑이를 만나니 이것이 귀인의 방위이다(귀인이 임하는 곳이다).
사주에 이를 만나면 반드시 자미랑이 된다.

인용문의 '자미랑'은 당나라 중서랑의 다른 이름으로 왕실의 문서를 관장하는 벼슬이다. 자미랑이 된다는 것은 벼슬 중에서도 높은 벼슬에 이르는 것을 의미한다. 해석에서 辰과 戌에는 천을귀인이 임하지 않는다고 하였고, 그 이유는 이곳에 괴강이 임하기 때문이라 하였다.

• **일간별 천을귀인**

일간	甲戊庚	乙己	丙丁	辛	壬癸
천을귀인	丑未	子申	亥酉	午寅	巳卯

천문학에서 3원 가운데 자미원(紫薇垣)에서 실측 가능한 성신(星辰)을 원형으로 한 천을귀인은 신살을 소개하는 모든 자료에서 가장 먼저 등장한다. 『이허중명서』에 의하면 천을귀인은 삼명학에서 최고의 길신이라 하고, '만일 사람이 (사주에) 천을귀인이 있으면 주로 일찍 영화로워지고 이름을 드높일 수 있다. 만약 다시 삼명(三命)의 천을이 왕기(旺氣)를 타면 끝내 장상이나 공경대부까지 오를 수 있으며, 대운·소운·행년이 이(천을귀인)에 이르면 역시 승진이나 재물을 얻는 데 유리하고, 이(천을귀인)에 임하면 모든 것이 길한 조짐으로 작용한다'고 하였다.

천을귀인은 하도와 낙서에 근거하고, 선천팔괘와 후천팔괘의 배치에 따라 선천의 양귀는 곤(坤)방에서 甲이 일어나고, 甲과 천간합을 하는 己의 천을귀인이 머문다는 것에서 시작한다. 선천팔괘의 곤방은 子이고, 후천팔괘의 곤방은 申이다. 이로써 己土의 천을귀인은 申과 子가 된다. 양귀가 순행하고 음귀가 역행하는 원리로 십천간을 팔괘방위에 따라 돌리면 각 천간의 천을귀인이 정해진다. 그 자세한 내용과 인용은 필자의 『신살론』을 참조하기 바란다.

辰과 戌은 괴강이 임하는 자리이기 때문에 천을귀인이 임하지 않고, 甲木이 일어난 자리인 양귀의 子와 음귀의 申을 충하는 자리에도 천을귀인이 임하지 않는다는 것을 알면 나머지 천간의 천을귀인을 찾는 데 어려움이 없다.

천을귀인은 합을 좋아하고 형충과 공망을 싫어한다. 궁합을 볼 때 상대 사주에 나의 천을귀인이 있는 것을 좋아하고, 사주팔자에서도 궁성과 근묘화실을 따져서 해석하면 된다.

② 월덕귀인

월덕귀인(月德貴人)은 천덕귀인과 거의 유사한 작용을 하는데, 이 두 가지가 사주에 있으면 편안하고 상서로우며 복록과 수명이 모두 온전한 것을 의미하여 사람이 인자하며 만사가 상서롭다고 하였다. 월덕귀인의 관법은 월지를 기준으로 하여 네 천간을 본다. 월지의 삼합에 해당하는 대표 천간을 사주에서 만나는 것을 월덕귀인이라 말한다. 『삼명통회』에서는 월덕귀인을 다음과 같이 설명하고 있다.

무릇 덕(德)이라 하는 것은 사물을 이롭게 하고 사람을 구제하며, 흉(凶)을 가리고 선(善)을 이루는 것을 말한다. … 월덕은 삼합(三合)이 비치는 방향을 말하는 것이니 일월회합(日月會合)의 별(辰)이다. … 모두 일(日)이 비치고 월(月)이 임(臨)하는 궁(宮)이니, 무릇 하늘이 빛나면 땅의 살(煞)들이 모두 제복되어 가히 흉을 돌려서 길을 만드는 것이라 한다. (중략)

월공(月空)은 寅午戌월은 壬에 있고, 申子辰월은 丙에 있고, 亥卯未월은 庚에 있고, 巳酉丑월은 甲에 있다.

• 월지별 월덕귀인·월덕합·월공

월지	亥卯未	寅午戌	巳酉丑	申子辰
월덕귀인	甲	丙	庚	壬
월덕합	己	辛	乙	丁
월공	庚	壬	甲	丙

월덕귀인은 합을 좋게 보고 공망이나 형충파해를 꺼리는데, 월덕합은 월덕귀인과 천간합을 하는 글자이고, 월공은 월덕귀인과 상극관계로 충하는 글자이다. 천을귀인과 마찬가지로 남녀인연과 택일에 모두 적용한다.

③ 문창귀인

학문을 맡아 다스리는 별이라는 의미의 문창성은 덕성과 문학, 예술적 재능에 관여한다. 일간을 중심으로 다른 네 지지를 본다. 아래는 일간별 문창귀인(文昌貴人)을 정리한 것이다.

• **일간별 문창귀인**

일간	甲	乙	丙戊	丁己	庚	辛	壬	癸
문창귀인	巳	午	申	酉	亥	子	寅	卯

『자미두수』에서 '甲乙巳午는 군주의 지혜에 보답한다' 하고, '丙戊는 申의 궁이고 丁己는 닭(酉)이다. 庚은 돼지(亥)이고 辛은 쥐(子)이다. 壬은 호랑이(寅)를 만나고 癸일간은 토끼(卯)를 만나 공경한다'고 말했다. 진서(晉書) 『천문지』에 '하늘의 도를 실천하고 행하는 곳으로 문창의 여섯 부서(별)'를 소개하고 있다. 역시 동양 점성술과의 관련성을 알 수 있는 자료이다.

④ 삼기

삼기(三奇)는 세 가지 귀한 물상을 삼기의 귀인으로 표현한 길성이다. 사주에 드러난 천간에 따라 천상삼기(天上三奇), 인중삼기(人中三奇), 지하삼기(地下三奇)의 세 가지로 나뉜다. 아래에 삼기에 대한『연해자평』과『삼명통회』의 설명을 인용하였다. 첫 번째 인용문이『연해자평』, 그 아래가『삼명통회』이다.

천상삼기(天上三奇)는 甲戊庚이고, 지하삼기(地下三奇)는 乙丙丁이며, 인중삼기(人中三奇)는 壬癸辛이다.

무릇 삼기라 하는 것은 주로 사람의 정신이 특출난 것이니 생각하는 것이 민첩하고 탁월하다. 기이함을 좋아하고 큼을 숭상하며 널리 배워 재능이 많다. 천을귀인을 두른 자는 훈업(勳業)이 군웅(群雄)에서 뛰어나고, 또 천덕귀인과 월덕귀인을 두른다면 흉(凶) 재(災)가 범하지 않는다. 삼합국에 들면 나라의 주춧돌이 된다. 관부와 겁살을 지니면 도량과 식견이 매우 넓고, 공망과 생왕이 되면 속세를 떠나고 부귀하여도 교만하지 않으며 위엄과 무력에 굴복하지 않는다. 원진과 함지에 놓여 충파하면 천라지망이 쓸모없다.

• 삼기의 분류와 특징

		특징
천상 삼기	甲戊庚	총명하고 학문에 뛰어남 보통 사람과는 말과 행동, 생각하는 면에서 다른 점이 많아서 사업이나 정치 쪽에서 일가를 이루어 거대한 재력과 권력을 갖게 된다.
인중 삼기	辛壬癸	신동이나 수재 어려서부터 재주와 끼가 많아서 사람들에게 많은 인기를 얻으며, 자신이 추구하는 바가 뚜렷하여 그 방면에서 이름을 알리게 되고, 만인의 연인인 연예인 등을 직업으로 삼는 경우가 많다.
지하 삼기	乙丙丁	부귀와 장수 타고난 두뇌가 매우 뛰어나고, 지식에 대한 욕심이 많아 일생 동안 배움을 갈구하는 대학교수, 박사, 연구원 등의 직업을 갖게 되며, 정부기관이나 공공기관에서 근무하는 경우가 많다.

삼기가 사주에 있으면 정신력이 탁월하고 기이한 것을 좋아하여 식견이 높고 재능이 많은 모습을 표현한다고 하였다. 즉, 삼기는 박학다능(博學多能)하고 모든 분야에 뛰어난 재능을 나타내는 길성의 신살이다.

⑤ 천사

천사(天赦)는 모든 죄를 하늘이 용서한다는 뜻으로, 월지를 기준으로 일주를 본다. 사주 내에 천사일을 만나면 처세함에 일생 근심이 없다고 하였다. 『삼명통회』에 다음과 같이 적고 있다.

천사일(天赦日)이라는 것이 있으니, 봄에 태어난[춘생(春生)] 戊寅, 여름에 태어난[하생(夏生)] 甲午, 가을에 태어난[추생(秋生)] 戊申, 겨울에 태어난[동생(冬生)] 甲子가 천사일이 된다. 천사일은 사계절 하늘의 기(氣)를 오로지하여 만물을 생육(生育)하고, 죄를 용서하고 과오(過誤)를 사면(赦免)하는 것이다.

인용문을 참고하여 천사(天赦)를 생월별로 정리하면 다음과 같다. 생월은 방합 기준이다.

• **월지별 천사 일주**

월지	寅卯辰(춘)	巳午未(하)	申酉戌(추)	亥子丑(동)
천사(일주)	戊寅	甲午	戊申	甲子

천사에 대해서는『협기변방서』에 자세한 설명이 있는데, 다음과 같다. 왜 천사의 천간에 甲과 戊를 쓰고, 그것이 용서해야 할 지지 글자로 子·午와 寅·申이 쓰였는지를 설명하고 있다.

천사는 하늘이 과오를 사면하고 죄과를 용서하는 신이다. 만물을 생하는 것은 土이고 土는 사계절 모두 공이 있는데, 이 土가 공을 이루도록 만드는 것이 甲이다. 子·午는 음양의 기운이 다투는 방위라 죄가 되고, 寅·申은 음양이 비괘와 태괘에 의지하는 곳이라 이 또한 죄가 된다.

『협기변방서』는『고원(考原)』을 인용하여 천사는 춘하추동을 대표하는 양의 지지로 子·午와 寅·申을 사시 당왕의 네 양의 지지로 보고, 이에 甲과 戊를 배합하여 천사로 삼은 것이라고 설명한다. 나아가 甲은 천간 중에 가장 우두머리이고, 戊는 甲을 도와 공을 이룬다고 하였다.

⑥ 장성·화개

장성(將星)과 화개(華蓋)는 십이운성의 이름에서 온 것으로, 장성은 삼합 중 왕지이고 화개는 묘지이다. 장성은 화개와 한 세력으로 지도력을 주관하고 화개는 묘고의 글자로 성정이 담백하며 자질이 뛰어남을 주관하지만, 고독을 피하기 어렵고 철학과 종교에 쉽게 치우치는 경향이 있다. 화개는 '보물 덮개에 비유할 수 있는데, 하늘에 있는 별로 우산과 같은 모양을 하고 있으며, 대제(자미원)의 자리를 덮고 있다'고 하여 붙여진 이름이다. 비유하면 장성은 군대를 통솔하는 대장이고, 화개는 그 나라의 상황에 대해 가장 깊이 있게 알고 있는 노회한 책사와 같다. 삼합의 끝에 다다른 것으로 곳간을 의미한다.

• **연지·일지별 장성·화개**

연지(띠)·일지	亥卯未	寅午戌	巳酉丑	申子辰
장성	卯	午	酉	子
화개	未	戌	丑	辰

다음은『삼명통회』에서 장성을 설명한 내용이다. 장성은 양인이 될 수 있으니 칠살을 보는 것을 귀하게 여긴다고 하였다.

장성이 항상 길성과 서로 부축하고 살(殺)이 더해지면 임관하여 길하고 경사스럽게 된다. 이우가(理愚歌)에서 말하길, 장성이 만약 망신에 임하면 국가의 동량이 된다고 하였다. 묘고가 순수하고 잡하지 않으면[순이부잡(純而不雜)] 장차 상격이 된다.

장성이 칠살과 함께 있는 사주는 지도자이며 통솔력과 과감한 결단력으로 위기에 지도력을 발휘하여 영웅이 될 수 있는 사주이다.『연해자평평주』는 화개에 대하여 다음과 같이 해석하였는데,『삼명통회』에도 유사하게 설명되어 있어서 이곳에는 한 가지만 인용하였다.

화개는 본래 길하나 무릇 사람의 명에서 이를 얻으면 대부분 외롭고 쓸쓸하게 되고, 고귀함을 따르더라도 고독하게 되는 것을 피할 수 없다. (화개를) 많이 만나면 승려가 되거나 도인이 된다고 논하는데, 호중자는 다음과 같이 말한다. "화개는 예술성으로 주로 고독하다." 이 성은 황제의 옆에서 덮개를 세우고 있는 것과 같다.

화개는 원래 고대 천문학의 3원 중 자미원에 속하는 별의 이름이었다. 화개는 기술이나 기예의 별이라고도 하여 예술이나 종교계에 많이 있는 글자이다. 화개가 본래 길성이었다는 것은 화개가 문장과 예술의 별이기 때문이다. 사람의 명에서 화개는 독서에 힘을 쓰지만, 공망을 만나면 대부분 승려나 도인과 같은 부류가 된다고도 하였다. 통변현장에서 화개는 외로움과 관련되어 있지만, 문화적이고 시적이며 학문과 종교 및 예술을 발현하는 의미로도 쓰인다. 화개가 일주에 있으면 배우자와 재물에 불리하다. 곤명에서는 특히 壬癸 일간의 화개를 꺼리는데, 그 이유는 壬癸 일간이 화개인 辰·戌·丑·未를 만나면 육친으로 편관을 의미할 수 있기 때문이다.

⑦ 십간록

'록(祿)' 또한 십이운성의 이름에서 온 것이다. 벼슬과 녹봉을 의미하여 명을 양육하는 원천이 되는 것이 록이다. 일간과 음양오행이 같은 성분 즉 비견에 해당하는데, 土오행에 있어서만 화토동행으로 戊土에게는 巳火, 己土에게는 午火이다. 이와 같은 점을 감안한다면 록은 양간에게는 사생의 글자이고, 음간에게는 사왕의 글자이다.

비견이라는 성분의 특수성으로 록은 독립적이고 강한 추진력과 자신감을 상정할 수 있다. 길신에 속하며, 양인의 과장되고 적당한 정도를 넘어버린 세력과는 다르다.

• 십간록과 재관의 관계

일간	甲	乙	丙	丁	戊	己	庚	辛	壬	癸
록	寅	卯	巳	午	巳	午	申	酉	亥	子
관·재	申	酉	亥	子	亥	子	寅	卯	巳	午

『삼명통회』는「십간록」에서 다음과 같이 소개하고 있다.

건록이라는 것은 주로 근육이 튼튼하고 기가 꽉 찼으며 체격이 작지 않고 일생 동안 편안하고 재물이 풍족하다. 생왕하면 이렇게 되고, 사절이면 기가 흐리고 정신이 태만하며 인색하고 비겁해진다.

록의 의의에 있어서는, 록이 연지에 있으면 세록(歲祿) 또는 배록(背祿)이라 하고, 월지에 있으면 건록(建祿), 일지에 있으면 전록(專祿), 시지에 있으면 귀록(歸祿)이라 한다. 십이운성에서 건록이라 한 것은 록이 특히 월지에 있는 것을 말한다. 또한 암록은 정록과 육합하는 지지이다.

• 천간별 정록과 암록

	甲	乙	丙	丁	戊	己	庚	辛	壬	癸
정록(正祿)	寅	卯	巳	午	巳	午	申	酉	亥	子
암록(暗祿)	亥	戌	申	未	申	未	巳	辰	寅	丑

록은 합을 좋아하고 충은 좋지 않은데,『통원경(洞元經)』에서 '명이 록을 지니면 충을 가장 두려워하게 되는데 이를 일러 파록(破祿)이라 한다' 하였다. 파록이면 귀한 사람은 직위를 정직당하고 관직을 박탈당하며 많은 사람이 옷과 록이 부족하게 된다. 甲이 寅을 록으로 삼았는데 申을 보면 寅을 충하니 파록이 된다.

그 외에도 식록 즉 식신이 녹지에 앉아 있는 것과 복성록, 복마록, 공록(拱祿 : 공협으로 록지를 끌어오는 것)과 교록(交祿 : 두 육십갑자가 록을 교차하여 가지는 것) 등 다양한 이름의 녹이 있다. 복성록(福星祿)은 甲 일간이 甲己합 土하여 丙辛합 水를 보면 좋다는 것이고, 복마록(伏馬祿)은 甲己합 土가 戊(癸)火를 보아서 화토상생(火土相生)을 받는 것이다.

⑧ 금여록

금여록(金輿祿)은 십간의 건록에 해당하는 글자 다음으로 두 번째에 오는 것이다. 『삼명통회』에 '여(輿)란 것은 곧은 것이고, 금(金)이란 것은 귀한 것이다'라고 하였다. 예를 들어 일간이 甲이면 건록이 寅인데, 그곳에서 두 자리 진행한 辰이 금여에 해당한다. 금여가 있으면 온후하며 유순하고 자연스러운 행운이 있으며 세상 사람의 도움을 받게 되고 좋은 인연을 만나는 특성이 있다. 아래는『삼명통회』의 설명이다.

(금여가 있는) 주인은 성질이 부드럽고 용모단정하며 거동이 순하며 부인이 부유하지 않더라도 귀하다. 대략 미모이며 남자는 처덕과 발명성이 있고 흔히 귀족격이 많다. 특히 일지와 시지에 있으면 일생이 평안하고 자손이 번창하며 가까운 친척이나 벗의 조력을 입게 된다. 이 성(星)을 만난 주인은 아내를 얻고, 재물도 얻게 된다.

• 일간·연간별 금여록

일간·연간	甲	乙	丙	丁	戊	己	庚	辛	壬	癸
금양록(금여록)	辰	巳	未	申	未	申	戌	亥	丑	寅

금여록은 십이신살의 반안살과 겹치는 개념으로, 어느 정도 지위가 있거나 경륜이 있어서 말의 안장에 오른 것이다. 길성이긴 하지만 건록이나 장성과 달리 스스로 강인한 성질이 아니다. 인성이 묘지에 든 것이 금여이고, 식상이 관대에 이른 것이 금여이다. 즉, 甲 일간의 인수인 壬이 辰(甲 일간의 금여살)에서 묘지에 들고, 식상인 丙은 辰(甲 일간의 금여살)에서 관대에 처한다. 부모님은 돌아가시고, 자식이 성장하여 독립심을 갖춘 때가 금여이다. 금여는 독불장군처럼 앞서나가는 것이 아니라 가진 자가 조심하면서 안정되게 자신이 가진 권한과 지위를 누리는 것을 의미한다.

4 흉신류

① 역마

역마(驛馬)의 '역(驛)'은 관부의 문서를 나르는 기관이고, '마(馬)'는 관부의 문서를 전달하는 교통수단이었다. 따라서 역마는 유동성을 대표하여 길하기도 하고 흉하기도 한 성분이다. '마'는 또 재성을 의미하기도 하였다. 역마의 의의는 삼합의 첫글자, 즉 생지를 충하는 지지이다. 모든 역마살은 寅·申·巳·亥 사생지에 깃들게 된다. 『연해자평』에 '申子辰의 역마는 寅에 있고, 寅午戌의 역마는 申에 있고 巳酉丑의 역마는 亥에 있다. 亥卯未에서는 巳가 역마이다'라고 하였다.

• 연지·일지별 역마

연지·일지	亥卯未	寅午戌	巳酉丑	申子辰
역마	巳	申	亥	寅

『연해자평평주』에 역마를 해석한 것은 다음과 같다.

그 방법은 水는 申이 생지이고 寅이 병지이고, 寅木은 水의 자식인데, 이것은 곧 병처에 자식이 와서 서로 만나는 것으로 마치 사람이 병들어 나을 수 없으면 자식이 와서 만나기를 기다리는 것과 같으니, 마치 역마가 와서 만나는 것과 같다. 나머지는 이것에 근거하여 추리한다.

이 문장은 역마와 십이운성 병지와의 관련성을 말해준다. 역마 글자는 삼합의 첫 글자와 관련이 있다. 삼합의 첫 글자는 삼합의 주인에게 생지이고, 또 삼합의 첫 글자를 충하는 역마 글자는 삼합의 주인에게 병지이다. 예를 들어 申·子·辰의 申은 水(壬)에게 생지이고, 申을 충하는 寅은 水(壬)에게 병지이다. 그 병지에 해당하는 글자 寅은 水(壬)의 식상을 의미한다. 식상은 일간이 생하였으니 자식이다. 사람이 나이들어 병이 나면 자식이 멀리서 찾아오는데, 이것이 바로 역마의 의미이다. 예를 들어 甲 일간은 亥·卯·未의 주인인데, 첫 글자 亥를 충하는 巳에서 십이운성의 병지에 처한다. 巳는 木 일간의 식상이다. 甲 일간이 巳 역마살을 만나면 아파서 자식이 멀리서 보러온다는 뜻이다. 『삼명통회』에서도 역마에 대해 아래와 같이 설명하고 있다.

말은 전달하는 기운이요 고생하는 공이 있다. 병자가 가지 못하면 아들이 와서 소식을 전하는 것과 같으니, 고로 병의 자리[병처(病處) : 십이운성의 병지]에서 자식을 보는 역마가 된다.

역마는 주로 연지를 보지만 일지 기준으로도 본다. 역마가 희용신(喜用神)에 해당하면 발전이 빠르고 해외에 진출하여 명성을 떨치지만, 반대로 흉신(凶神)에 해당하면 타향객지를 떠도는 등 주거가 불안정하고 부부가 이별하는 슬픈 운명에 처한다.

② 괴강

괴강(魁罡)도 천문과 관련이 있는 신살류로, 글자의 뜻은 으뜸 괴(魁), 별자리 이름 강(罡)이다. 辰과 戌은 십이지지 중에서 가장 기가 세다. 辰을 천강(天罡)이라 하고 戌을 하괴(河魁)라고 한다. 천강과 하괴가 괴강이 된다. 천강(天罡)의 '罡'은 별자리 이름으로 북두성과 관련이 있다. 천강과 하괴는 각각 하늘과 땅의 우두머리라는 뜻이다. 특히 북쪽에 대한 불안감을 나타내는 말인데, 따라서 다섯 양간 甲·丙·戊·庚·壬 중 甲木과 丙火를 제외한 戊·庚·壬이 이에 해당한다. 이유는 甲木과 丙火는 동남방으로 따뜻한 방위이기 때문이다. 또 그중에서도 庚辰, 壬辰, 庚戌, 戊戌을 주로 말한다. 또는 戊辰과 壬戌을 모두 포함하여 괴강이라 하기도 한다.

• 괴강살의 종류

괴강	庚辰	庚戌	壬辰	壬戌	戊辰	戊戌

괴강은 일주를 위주로 찾고, 다음에 다른 기준을 본다. 『삼명통회』에서는 괴강에 대해 다음과 같이 말하였다.

괴강이 중복되어 다시 만나고 일주에 자리하면 (사람들이) 엎드리니 귀하게 된다. 경전에서 말하기를 괴강이 모이면 복을 받는 것이 특별하다. 이는 사람의 성격이 총명하고 문장이 뛰어나며 일을 과단성 있게 처리하고 권력을 잡아 살을 좋아하는 것을 주관한다. 괴강은 본성이 엄한 것으로서 그것을 지녀서 사람이 총명하다고 함이 이것이다. 운로에서 신왕하면 복을 받는 것이 많고, 재관을 만나면 환난에 이르는데 혹 형살을 두르면 더욱 심하다. 庚辰과 庚戌 일주는 관살을 조심해야 하지만, 천간에 水의 통제가 있으면 장애가 없다. 壬辰과 戊戌 일주는 재성을 보는 것을 꺼리지만, 재가 합을 하면 좋다. 여명은 마땅히 괴강을 보지 않아야 한다.

앞에서 신살은 특히 사람의 일에 적용되면서 경고하고 조심하라는 목적으로 사용되어 길성이 흉성으로 바뀐 사례가 많고, 특히 그 명칭에서 흉악한 표현이 사용된 것이 많다고 설명한 바 있다. 모든 신살이 그렇지만, 특히 흉살에 대해 무조건 나쁜 것이라 생각하고 두려워하기만 하면 안 된다. 『삼명통회』의 설명을 읽으면 알 수 있는데, '사람들이 엎드린다'고 하거나 '귀하게 된다'고도 하였고, '괴강이 모이면 복을 받는 것이 특별하다'고도 하였다. '총명하고 문장이 뛰어나다'는 것도 괴강에 대한 중요한 설명이다. 다만, 신왕해야 괴강을 긍정적으로 활용할 수 있고 형살을 두르면 좋지 않다는 것을 말하였다.

辰이나 戌을 지지로 하는 庚·壬·戊가 괴강이 된다고 하였는데, 따라서 양간에만 해당하고, 서북쪽과 관련이 있어서 동과 남을 상징하는 甲과 丙은 제외한다. 庚辰과 庚戌은 관의 출현을 두려워하고, 戊戌과 壬辰은 재성이 연속되는 것을 두려워하지만, 『삼명통회』에서 설명한 것처럼 사주 구성을 보고 길흉을 판단할 수 있어야 한다.

③ 양인

양인살(羊刃煞)은 십이운성의 왕지에 해당하여 록보다 더 강하고 왕성하며 힘이 있는 자리이다. 길신이며 아름다운 자리인 록이 더 자라서 양인(羊刃·陽刃)이 되면 오히려 조심하라는 뜻이 된다. 무엇이든 지나치면 경계해야 한다. 양간에만 해당하기 때문에 '음양'에서의 陽을 쓰기도 하는데, 상서롭다는 뜻의 羊을 쓴 자료가 더 많다.

양인(羊刃)과 양인(陽刃) 모두 칼날과 칼날로 베는 뜻의 '인(刃)'을 썼으니 그 의의는 칼을 손에 쥐고 선봉에 서서 저돌적으로 전진하는 것이다. 강렬하게 화를 부르는 것을 주관하여 흉살에 속한다. 육신을 공부할 때, 모든 육신 중에서 특히 칠살과 양인의 흉의가 가장 크다고 하였다. 칠살과 양인은 반드시 그것을 제극할 방법을 찾아야 한다고 하였고, 그렇게 관리되면 대단한 발전이 있을 수 있다고도 하였다. 양인과 장성은 구별해야 한다.

• 양인의 종류

양인	甲卯	丙午	戊午	庚酉	壬子

일반적으로 양간에만 양인이라 하고 음인은 없다고 하였다. 『삼명통회』의 「양인」편은 다음과 같이 시작한다.

양(羊)이라 하는 것은 아주 굳센 것[강(剛)]을 말한다. 인(刃)이라는 것은 일을 주장하여 처리한다는 뜻을 취한 것이다. 록(祿)이 지나치면 인(刃)이 된다. 공(功)을 이루면 당연히 물러나야 옳은 일인데, 물러나지 않는 것을 지나치다 하는 것이다. … 양인(羊刃)은 항상 록(祿) 다음에 오는 지지에 있다. 음양 만물의 이치는 모두 극성(極盛)한 것을 싫어하는데, 그 극처에는 火는 모두 불타 사멸하고[초멸(焦滅)], 水는 더 이상 샘솟지 않고[용갈(湧竭)], 金은 꺾여서 이지러지고[절결(折缺)], 土는 무너지고 갈라지며[붕렬(崩裂)], 木은 꺾이고 좌절[최절(摧折)]한다. 고로 이미 성(盛)하지만 지나치지 않으면 복이고, 너무 지나치면 도리어 흉이 된다. 극성한 지지는 십간마다 정위(正位)가 있다. 卯는 甲의 정위이며 양목의 극이고, 辰은 乙의 정위이며 음목의 극이다. 午는 丙의 정위이며 양화의 극이고, 未는 丁의 정위이며 음화의 극이다. 酉는 庚의 정위이며 양금의 극이고, 戌은 辛의 정위이며 음금의 극이다. 子는 壬의 정위이며 양수의 극이고, 丑은 癸의 정위이며 음수의 극이다. 극처는 당연히 그 기가 강렬하여 폭발하고 파열하니 조화롭지 않다.

'극성한 지지는 십간마다 정위(正位)가 있다'는 문장은 십간별 사정의 글자들을 말한다. 아래 『연해자평평주』의 설명이 참고가 될 것 같다.

원전 무릇 양인이라는 것은 천상의 흉성으로 불린다. 인간에게 악살로 작용하며 록전일위(록 다음에 오는 글자)이다. 가령 甲의 록은 寅인데 卯가 양인이 된다. 편관 칠살과 인수를 좋아하고, 반음(反吟) 복음(伏吟) 괴강 삼합을 꺼린다. 어째서 양인(羊刃)이라고 하는가? 甲丙戊庚壬 오양간은 인(刃)이 있지만, 乙丁己辛癸 오음간은 인(刃)이 없기 때문에 양인(陽刃)이라 이름한다.

해석 사주에 양인이 있다고 바로 흉하다고 말할 수는 없다. 대체로 칠살과 비슷한데, 양인을 가지고 있으면 주로 부귀한 사람이 많고 편재와 칠살을 좋아한다. 그러나 칠살은 양인이 없으면 발현하지 못하고 양인이 칠살이 없으면 위엄이 없다. 양인과 칠살이 모두 온전한 것은 평범한 사람이 가지 못한 것이다. (칠살과 양인이 모두 온전하다는 것은) 대체로 신왕해야 하고, 운이 신왕한 쪽으로 가야 하며, 상관과 양인이 왕한 운을 보면 안 된다. 만약 사주에 살인이 있는데 또 운에서 이를 만나면 그 화가 보통이 아니다. 만약 사주에 양인이 있고 칠살이 없는데 세운에서 살이 왕한 방향을 만나면 다시 태어난 것 같고, 후덕한 복록을 성취한다. 상관과 재성이 왕할 때는 신약하거나 칠살이 왕한 것을 가장 꺼린다.

양인에 대한 일반적인 설명으로 참조하면 될 것이다. 반음(反吟)은 일지가 세운의 지지를 충하는 것을 말한다. 복음(伏吟)은 세운의 지지가 일지를 충하는 것이다. 예를 들면, 반음은 일지가 子水인데 午년이 온 경우이고, 복음은 일지가 午火인데 子년이

온 경우이다.

양인의 통변은 양 일간을 위주로 하고 명식의 네 지지를 모두 본다. 건록의 바로 다음 지지가 왕지이면서 양인이 되는데, 사주에 양인이 있으면 난폭하고 거칠어 흉하다. 그래서 육신 중에 가장 흉한 것으로 칠살과 양인을 꼽았다. 다만 칠살은 양인에게, 또 양인은 칠살에게 기묘하게 도움이 되는 성분이다. 양인을 제어하는 칠살이 있으면 중화되어 길해지고, 다음으로는 설기하는 식신과 상관이 있어도 길하다. 또 식신과 상관은 칠살을 제극할 수 있다. 고서에도 양인은 형충을 크게 꺼리고 오직 제극함이 있어야 길하다고 하였다.

④ 공망

공망(空亡)은 의미가 없거나 소실된 것을 의미한다. 일명 천중살(天中煞)이다. 공망의 성립은 십간과 십이지지가 육십갑자를 만들면서 십간이 한 차례 순환할 때[일순(一旬)] 남는 2개의 지지가 이에 해당하여 발생한다. 『삼명통회』는 공망에 대해 다음과 같이 소개하고 있다.

망(亡)은 실(實)의 반대말이다. … 십간은 공(空)에 이르지 않는다. 통현경(洞玄經)에 말하기를 달리다가 끝에 이르러 공망이 생긴 것이라 하니 그러므로 갑순(甲旬)마다 공망이 있다. 대저 자리가 있는데 록이 없는 것을 공이라 하고, 지지는 있는데 천간이 없는 것을 망이라 한다. 예를 들어, 甲子순은 酉에 이르며 십간이 그치게 되는데 戌亥가 없다. 남은 다섯 순의 예도 이에 미루어 보라. 이렇게 해서 공망이 되는 것이다. 공이어도 채워진 것[실(實)]이 있고, 망이어도 존재함[존(存)]이 있으니 일률적으로 흉하다고 말하면 안 된다.

망(亡)은 채워진 것[實]의 반대이다. 갑순(甲旬) 할 때 旬은 열흘을 의미한다. 즉 10개의 천간이 12개의 지지를 순서대로 하나씩 취하면 지지 끝부분에 2개가 남는데, 그 두 지지가 공망이 된다. 『연해자평』에서는 공망을 다음과 같이 찾았다.

원전 甲子순에는 戌亥가 없고, 甲戌순에는 申酉가 없고, 甲申순에는 午未가 없고, 甲午순에는 辰巳가 없고, 甲辰순에는 寅卯가 없고, 甲寅순에는 子丑이 없다.

공망을 납음과 함께 표로 나타내면 다음과 같다. 공망 중에서 사대공망의 경우 발생원리가 납음에 있다. 고법과 신살이론에서 납음이 중요한 뿌리가 되고 있고, 고전의 설명 내용에 납음이론이 많은 부분을 차지하고 있는 까닭이다. 공망, 신살, 납음 등은 모두 고법이론에서 나온 주요 가지라 할 수 있다. 따라서 많은 명리학습자들이 공망과 납음이 함께 나타난 도표로 공부하고 있음을 알아두자.

• 공망표

甲子	乙丑	丙寅	丁卯	戊辰	己巳	庚午	辛未	壬申	癸酉	戌亥	水
해중金		노중火		대림木		노중土		검봉金		공망	空
甲戌	乙亥	丙子	丁丑	戊寅	己卯	庚辰	辛巳	壬午	癸未	申酉	無
산두火		간하水		성두土		백랍金		양류木		공망	空
甲申	乙酉	丙戌	丁亥	戊子	己丑	庚寅	辛卯	壬辰	癸巳	午未	金
천중水		옥상土		벽력火		송백木		장류水		공망	空
甲午	乙未	丙申	丁酉	戊戌	己亥	庚子	辛丑	壬寅	癸卯	辰巳	水
사중金		산하火		평지木		벽상土		금박金		공망	空
甲辰	乙巳	丙午	丁未	戊申	己酉	庚戌	辛亥	壬子	癸丑	寅卯	無
복등火		천하水		대역土		차천金		상자木		공망	空
甲寅	乙卯	丙辰	丁巳	戊午	己未	庚申	辛酉	壬戌	癸亥	子丑	金
대계水		사중土		천상火		석류木		대해水		공망	空

공망의 종류로는 순중(旬中)공망, 오행공망, 천간공망, 사대(四大)공망 등이 있다. 이들 공망을 통변현장에서는 육신공망, 방위공망, 길흉공망 등으로 간명한다.

아래 표에서 순중공망은 앞에서 설명한 대로 10개의 천간과 12개의 지지가 하나씩 짝을 하다가 지지 2개가 천간의 짝을 만나지 못하여 발생한 것이다. 따라서 지지로 순중공망이 있고, 천간은 공망이 생기지 않는다. 그 순중공망을 오행으로 환산한 것이 오행공망이다. 또 그 오행을 천간으로 환산하면 천간공망이 된다. 사대공망은 바로 납음공망인데, 각 순중의 납음을 살펴서 빠진 오행으로 보면 된다. 예를 들어 甲子순의 납음을 보면 水 오행이 없다. 따라서 甲子순의 사대공망은 水이다. 甲戌순의 납음오행에는 빠진 오행이 없다. 이때는 사대공망이 없다고 한다. 나머지도 이와 같이 확인하면 된다.

• **각종 공망의 종류와 분류표**

순(旬)	순중공망	오행공망	천간공망	사대공망	공망방위
甲辰순	寅卯	木 부러진다	甲乙	공망 없음	동
甲申순	午未	火 잘 탄다	丙丁	金	남
甲午순	辰巳	土 붕괴한다	戊己	水	중앙
甲戌순	申酉	金 소리난다, 울린다	庚辛	공망 없음	서
甲寅순	子丑	水 흐른다, 맑아진다	壬癸	金	북
甲子순	戌亥	공망 없음	戊己	水	중앙

공망을 무조건 없거나, 약하거나, 비어 있다고 읽을 것이 아니라 십이운성의 자리를 따져서 읽어야 한다. 예를 들어 생왕은 십이운성의 기운이 좋은 곳이고, 사절이면 기운이 약한 곳이다. 중요한 것은 월령의 세력을 얻었는지 얻지 못하였는지에 따라서도 판단하는 것이다. 월령에 통근하고 십이운성으로 따져서 생·관대·록·왕 등의 자리를 만나 통근하면 공망의 화와 공허를 피할 수 있다. 또한 공망이 합을 하면 그 공

망이 채워진다고도 하고, 오히려 비어진 곳이 채워졌으니 그 내용물이 훨씬 크다고도 하였다.

여러 공망 중 절로공망(截路空亡)은 시의 천간에 壬癸水가 나타나는 것을 말한다. 『연해자평평주』에 절로공망에 대해 다음과 같이 설명하고 있다.

원전 甲己일 申酉시에 태어나면 가장 근심되고, 乙庚일 午未시에 태어나면 모름지기 추구할 것이 없다. 丙辛일 辰巳시에 태어나면 어찌 수고를 묻겠으며, 丁壬일 寅卯시에 태어나면 모든 노력이 공허하게 된다. 戊癸일 子丑시에 태어나면 그대는 반드시 기억해야 하리, 인생이 이를 만나면 근심걱정이 많다는 것을. 홀연히 다시 태 중에서 만나면 흰머리가 나서 온 머리를 가득 채울 때까지 고생이 쉬지 않을 것이다.

해석 일에서 시를 취하여 보는 방법이 그것이고 연에서 일시를 논하는 것이 아니다. (중략)

절로공망은 주로 말년에 흉함을 암시하는데, 물은 주역에서 감괘(坎卦 : ☵)이기 때문에 물구덩이, 궁지에 빠짐[함(陷)], 험난함 등을 상징하였고, 주로 사람이 여행 중에 비(장애)를 만나서, 더 앞으로 나아갈 수 없는 상황을 의미한다.

공망은 연주나 일주 위주로 4개의 지지를 본다. 공망이 있으면 관련 육친이나 살이 없어진다는 의미가 있다. 즉 길신이 공망되면 작용력이 없어져버리고, 흉신이 공망되면 흉신의 작용력 또한 없어지니 흉하지 않다고 보기도 한다.

연주 공망이면 조상의 덕이 없고, 월주 공망이면 부모형제덕이 없으며, 일주 공망이면 배우자덕이 없고, 시주 공망이면 자녀복이 없으며 직업이 불안정하다. 연월일시 전부가 공망이면 오히려 귀한 사주가 될 수 있으니 현장에서 잘 따져보기 바란다.

재가 공망이면 처덕이 없거나 부자(父子) 인연과 재물복이 없고, 관이 공망이면 명예, 관록, 남편복이 없고, 식상 공망이면 의식주와 자식복이 없으며, 인성 공망이면 부모와 공부에 인연이 없고, 비겁 공망이면 형제덕이 없다.

공망을 세운으로도 읽고 대운으로도 읽는데, 만약 10년 대운 기간 중 합·충·형이 일어나는 연운에는 특히 공망에서 벗어나게 된다. 벗어난다는 것은, 예를 들어 巳 공망 대운일 때 충·합·형이 되는 亥년, 寅년, 申년이 와야 공망에서 풀려난다는 의미이다. 배우자성, 즉 건명의 재성과 곤명의 관성이 공망이면 외롭고 고독하게 된다. 그 방이 비었기 때문이다. 공망이 원국에 있는데 운에서 또 들어오면 전실의 효과로 그 공망작용을 상실한다. 원국에 없는 것이 운에서 오면 공망효과를 경험하게 된다. 원국의 공망이 운에서 합이 되면 공망이 채워지기도 한다.

공망의 사주팔자 통변을 정리하면 다음과 같다.

- 명식에 있는지 살핀다. 궁성이론과 육신을 적용하여 통변한다.
- 명에서 기신이 공망이면 기신의 흉의가 줄어들고, 희신이 공망이면 아쉽다.
- 세운·일진에서 오는 공망을 읽는다. 짧은 단위(세운<일진)일수록 적중률이 높다. 대운 공망은 전체 사주의 통변과 같이 읽는다.
- 사주에 공망이 있어도 합이 되면 그 공망이 채워져서 더 큰 성취를 얻는다. 예를 들어, 인성이 공망인데 왕기를 얻고 합을 이루고 있으면 대학자나 대종교가가 될 수 있다. 식상이 공망이면 개그맨이 되거나 만화를 그려도 된다. 그러나 다큐멘터리 작가가 될 수는 없다.
- 사주에 공망이 있는데 세운에서 그 글자가 또 들어오면 공망의 작용이 풀린다. 이것을 전실의 효과라 한다.
- 공망이 형·충·합되면 그 흉의가 줄어든다. 합을 하면 공망이 채워진다고 하였다.
- 공망이 천을귀인이면 그 덕이 줄어든다.
- 일주가 같은 순 공망이면 궁합이 좋다. 같은 줄기에서 나온 형제지간이라 동감하는 부분이 많다.

⑤ 고신·과수

고신과수(孤辰寡宿)는 육신과 인연이 적다는 의미로 홀아비, 과부살로도 불린다.

• 연지·일지별 고신·과수

연지(띠)·일지	고신(孤辰)	과수(寡宿)
寅卯辰	巳	丑
巳午未	申	辰
申酉戌	亥	未
亥子丑	寅	戌

표에서 알 수 있듯이 삼합이 아니라 방합으로 본다. 巳午未 띠를 예로 들면 고신은 방합 글자 다음에 오는 지지인 申이고, 과수는 방합 글자 이전에 오는 辰이다. 『삼명통회』에서는 다음과 같이 설명하고 있다.

선현이 말하기를, 늙어서 남편이 없다면 과부요 어려서 아버지가 없다면 고아라 하는데, 바로 이러한 뜻을 제시하는 것이다. 신(辰)은 별의 신이고 수(宿)는 별의 수인데 그 신(神)을 가리킨다. 사람의 명에서 이 별이 숙박하는 곳을 범하면 고아나 과부가 된다. 亥子丑은 북방의 세 지지인데 다음 자리(寅)이면 고아이고, 물러나 戌(이전 자리)을 만나면 과부이다. 나머지 세 곳도 이에 의거하며 추산하면 된다.

고신을 홀아비살로 알고 있지만, 그 발생원리로 보면 고신은 고아가 된다는 뜻에서도 나왔다. 한편 과수를 과부살로 알고 있는데, 과수는 남편이든 아내든 배우자성과 관련된 고독성이다. 고신은 부모와의 단절을 뜻하고, 과수는 배우자성의 묘지를 뜻한다. 의의로 살피면 고신은 모두 사생의 글자이고, 과수는 모두 사고의 글자이다. 각각 격각이며 외로움을 뜻한다. '격'은 辰戌丑未로 사이를 둔다는 뜻이고, '각' 寅申巳亥의 모퉁이를 말한다. 다음은『삼명통회』의 이어지는 문장이다.

삼거(三車)주5는 이렇게 설명하였다. 조물주가 나를 낳았으니 어머니요, 나를 극하니 남편이고, 내가 극하니 아내라 한다. 亥子丑은 북쪽 水 위치에서 金을 이용하여 어머니로 하는데, 金은 寅에서 절지에 임하니 어머니가 절멸인 셈이다. 水는 火를 아내로 하는데 火의 묘지가 戌에 있으니 戌이 아내의 무덤이다. 申酉戌은 서쪽 金의 방위에 속하고, 金은 火로 하여 남편을 삼고 火는 亥에서 절지가 된다. 木은 아내요 木의 무덤은 未에 있고, 午未의 남방은 火의 자리이다. (巳午未)火는 木으로 하여 어머니로 삼는데 木이 申에서 절지가 된다. 水는 (巳午未에게) 남편이요 水의 묘지는 辰에 있다. 寅卯辰은 동방목이라 水가 어머니이고 水는 巳에서 죽는다. 金은 (木의) 남편이고 丑에서 묘지이다. 아내 무덤과 남편 무덤은 과부가 숙박한 곳이니 이 뜻은 아주 확실하다. 낙록자는 이렇게 설명하였다. 寅申巳亥를 각(모퉁이)하고 辰戌丑未를 격(사이)하니 들어서면 양이라 아버지요, 물러나면 음이라 어머니에게 불리하다. 또 말하기를, 양궁(陽宮)에서 아버지를 방해하고 음궁(陰宮)에서 어머니를 방해한다.

⑥ 원진

원진(怨嗔·元辰·元嗔)은 악살로, 특히 남녀궁합을 볼 때 가장 꺼리는 신살 중 하나이다. 그런데 실제로 현장에서 남녀 사주를 보다 보면 원진이 만든 인연도 많다. 비록 궁합에서 가장 조심해야 하는 악살이지만, 한편으로는 나쁜 줄 알면서도 끌어당기는 기운이 있다는 사실이다. 사주에 원진 두 글자 중 한 글자만 있을 때 상대가 되는 원진 글자를 배우자로 정하는 게 그런 이치이다. 예를 들어, 일지에 子가 있을 때 양띠(未)생을 배우자로 정하게 되는 이치이다. 사람의 운명이란 것이 나쁘다고 피할 수만 있는 것이 아니다. 위험한 줄 알면서도 불구덩이로 뛰어가게 되는 것이 사람의 습성이다. 『삼명통회』는 원진(元辰)에 대해 다음과 같이 설명하였다.

주5 삼거란 부처의 법을 실은 세 수레, 우거(牛車), 양거(羊車), 녹거(鹿車)를 말한다. 법화경에 의하면 각각은 대승(大乘), 승문승(聲聞乘), 연각승(緣覺乘)에 비유된다. 예를 들어 삼거법사라 하면, 당나라 자은대사의 별칭으로 불경을 많이 읽어 출입할 때 반드시 책을 세 수레에 싣고 다녔다고 한다.

원진이라는 것은 구별하여 합하지 않는 것[불합(不合)]을 의미한다. … 양남음녀는 충하는 글자 다음 자리가 원진이 되고, 음남양녀는 충하는 글자 이전의 자리가 원진이다. 예를 들어 甲子생 남자라면 甲午와 충을 하는데, 원진은 乙未가 된다. 乙丑생 남자라면 乙未와 충을 하는데, 甲午가 원진이다.(중략)

기가 땅(지지)을 충하여 왼쪽을 두드리면 바람이 우측을 치고, 오른쪽을 두드리면 바람이 왼쪽을 치니, 그런 연유로 음양남녀는 충하기 전과 충한 이후를 취하게 되는 것이 같지 않다.[주6]

세운에서 원진에 임하면 마치 사물이 바람에 동요하는 것과 같아서 전도되어 편안하지 않다. 안으로는 질병이 발생하고 바깥으로는 곤란하다. 비록 부귀하고 숭고하여도 불길이 너무 세차다. 대운에서 이를 만나면 10년 동안 두려울 것이다. 조정을 세워도 미처 따르지 못하고 집에 거주해도 반드시 흉할 징조이다. 비록 길신이 부축하여도 화복을 면하기 어렵고, 특히 먼저 길하고 뒤에 흉한 것을 꺼린다.

『삼명통회』는 이어서 원진에 대해 다음과 같이 부연하고 있다.

사람 명(命)에서 이(원진)를 만나면 주인의 면모가 소박하고 관골이 나왔으며 코는 꺼지고 입이 크다. 머리가 툭 튀어나오고 신장이 높고 손발은 거칠고 목소리가 탁하며 생왕하면 넋을 잃고 시비를 가릴 수 없고 선량함을 분별할 수 없다. … 형상과 모습은 추잡하고 언어가 혼탁하여 수치를 모르는 기구한 운명이다. 먹기를 탐하고 하류이니 관부와 합병하여도 아무 짓이나 거리낌 없이 한다. 움직이면 위험과 치욕을 부르고 가난하고 비천하여 수치를 모른다. 부인의 목소리가 탁하고 어지러우며 간음하고 사통하니 천한 귀신이요 노예라 예법도 모르니 일생 재난이 막심하다.

[주6] 氣沖之地左鼓卽風煞在右右鼓則風煞在左故陰陽男女取沖前沖後不同.

일반적으로 알려진 원진은 고서의 내용과 다소 차이가 있다. 그 종류는 다음과 같다.

• **원진살의 종류(일반)**

원진	子未	丑午	寅酉	卯申	辰亥	巳戌

⑦ 도화

도화(桃花)는 십이운성의 욕지에 해당하여 패신(敗神)이라고도 하고, 목욕살(沐浴煞) 또는 함지살(咸池煞)이라고도 한다. 도화는 삼합에서 생지의 다음 글자에 해당하고, 연 또는 일지로 본다. 다음은 연지나 일지에 대입하여 도화살을 찾아 분류한 것이다.

• **연지·일지별 도화살**

연지(띠)·일지	亥卯未	寅午戌	巳酉丑	申子辰
도화	子	卯	午	酉

『삼명통회』에는 함지(咸池)라 하여 다음과 같이 시작하고 있다. 그 아래에는 『성평회해』, 『회남자(淮南子)』, 『장과성종(張果星宗)』을 인용하였다.

마땅히 천간 납음을 헤아려야 하므로 지지에 동류가 더불어 있을 때 함지라 한다. 예를 들어 寅午戌에 함지가 卯인데 천간 납음이 火에 속하지 않는다면 함지가 아니니다.

寅午戌의 토끼는 卯에서 나오고, 申子辰의 닭은 인륜을 어지럽히는 것을 만난다. 亥卯未의 쥐는 마땅히 크게 꺼리며, 巳酉丑의 뛰는 말은 남쪽으로 달린다.

태양은 부상(扶桑 : 해가 뜨는 동쪽 바다)에서 나타나고, 함지에서 들어간다. 함지는 동쪽에서 떠오른 해가 질 때 들어가는 서쪽의 큰 못이다. 따라서 함지는 오행이 목욕하는 땅이다. 바로 만물이 어두운 시기라는 것이다.

함지는 주로 색욕이며, 도화는 주로 음란하고 방종하다.

함지는 28수 중 서방칠수의 5번째 필수(畢宿) 항성으로 물이나 달과 관련이 있다. 필수는 물고기들이 모여 있는 연못의 별자리를 의미하는데, 별이 밝고 크면 그곳에서 용이 나고 호랑이와 이리 등이 해를 입혀 병란이 발생한다고 하였다. 즉, 물이나 달과 관련된 흉란이 함지성에서 기인한다고 생각한 것이다. 물에는 그늘이 생기고 달은 음의 정기이기 때문이다. 함지는 '일시를 가장 꺼리고 물을 무서워한다'고 하였으니 위에 열거한 여러 도화 중에 子水의 역할이 더욱 크다고 할 수 있겠다.

⑧ 천라·지망

천라(天羅)는 戌과 亥를 말하고, 지망(地網)은 辰과 巳이다. 천라는 천문성(天門星)이라고도 하는데 망라(網羅)라고 했을 때는 戌亥와 辰巳 둘 다를 말하고 큰 그물이란 뜻이다. 하늘을 드나드는 문이니 정신적인 면에서 뛰어나고 수련, 수행, 지식, 종교, 역학에 이해도가 높아 무당이나 기치료 등에도 조예가 있다. 지망은 말 그대로 땅에 그물이 쳐 있다는 뜻이니 하는 일에 장애를 암시하지만, 직업성으로 대체된다면 발전이 있을 수도 있다. 『삼명통회』는 '망라는 큰 그물이란 뜻'이라 하면서 다음과 같이 쓰고 있다.

戌亥는 하늘의 그물이고 辰巳를 땅의 그물이라 하니 하늘에 가리워 서북쪽에 기울어졌다. 戌亥는 육음의 마지막이다. 땅은 동남쪽이 푹 꺼졌고 辰巳는 육양의 마지막이다. 음과 양이 종말의 극에 이르니 밝지 않고 어두컴컴하므로 큰 그물이다.

위의 인용문을 이해하려면 십이지지의 방위도를 알고 있어야 한다. 戌亥방은 서북방으로 子水의 음으로 향하는 곳이고, 辰巳는 동남방으로 午火의 양으로 향하는 곳이다. 각각 육음의 마지막, 육양의 마지막을 나타낸다. 태극 문양에서 음과 양이 교차하는 지점을 생각하면 된다. 『연해자평평주』의 천라지망에 대한 설명은 다음과 같다.

원전 辰은 지망이 되고 戌은 천라가 된다. 또한 괴강이 점거한 곳이고 천을귀인이 임하지 않는 땅이다.

해석 戌亥는 천라요 辰巳는 지망이다. 무릇 火 사주가 戌亥를 만나면 천라가 되고, 水土 사주가 辰巳를 만나면 지망이 된다. 오행의 묘절지이며 어두컴컴하여 명확하지 않고 결단할 수 없게 된다. 만약 金木 사주라면 천라지망이 아니다. 남자는 천라를 꺼리고 여자는 지망을 꺼리는데, 순조롭지 못하고 막혀서 악살이 더해지면 반드시 사망에 이른다.

천라지망이 명식에 있으면 모든 일이 뜻대로 풀리지 않고 매사에 무력해진다고 하였다. 그러나 이 살도 희신이 되면 유용한 성분으로 변하는데, 자의와 물상 그대로 수사나 조사를 하는 일 즉 그 직업이 경찰, 군인, 안기부, 세무조사, 정보기관 등에 속하면 오히려 발전이 있다. 천라지망이 나쁘게 작용하면 남명은 형무소에 가게 되고, 여명은 과부가 되는 수가 많다고 하였다. 반대로 이것이 좋게 작용하면 남명은 판검사나 경찰, 군인이 되기도 한다.

⑨ 백호

백호살은 옛날에 길을 가다가 호랑이를 만나는 것만큼 두려운 일은 없었다는 뜻에서 붙여진 이름이다. 현대에는 고통, 죽음, 질병, 사고 등을 의미하고 교통사고, 불치병, 총기사고, 비명횡사, 자살 등 여러 예기치 않은 질병이나 급작스러운 사고 등을 말한다. 일명 백호대살(白虎大煞)이라고도 한다. 흉의가 크기 때문에 '大'를 붙였다.

백호(白虎)의 백(白)은 오행 중 金을 말하여 숙살(肅殺)의 의미이다. 순양인 庚申방은 역시 순양인 甲寅방을 도충하는데, 충을 맞은 寅이라는 글자가 예리한 천간 甲의 힘을 발휘하여 포효하면서 흉폭하고 용맹하게 나댄다는 뜻이 백호살의 의의이다. 庚申과 甲寅 모두 양의 조합으로, 서로가 천충하고 지충한다. 庚申과 甲寅을 가져온 이유는 庚申의 백색과 甲寅의 호랑이의 상징성 때문이다. 도충자 庚申을 의미하는 서방의 성수 9를 육갑이 가리킬 적마다 한 번씩 그 방위를 때리는 효력을 발휘하는데, 따라서 庚申에는 백호가 임하지 않고 庚申부터 육갑을 돌려 사고황천(四庫黃泉)의 戊辰에 들어가는 육갑에서부터 백호가 흉맹하게 날뛰는 것이다.

• **백호의 발생원리**

甲子	乙丑	丙寅	丁卯	戊辰	己巳	庚午	辛未	壬申	癸酉
甲戌	乙亥	丙子	丁丑	戊寅	己卯	庚辰	辛巳	壬午	癸未
甲申	乙酉	丙戌	丁亥	戊子	己丑	庚寅	辛卯	壬辰	癸巳
甲午	乙未	丙申	丁酉	戊戌	己亥	庚子	辛丑	壬寅	癸卯
甲辰	乙巳	丙午	丁未	戊申	己酉	庚戌	辛亥	壬子	癸丑
甲寅	乙卯	丙辰	丁巳	戊午	己未	庚申	辛酉	壬戌	癸亥

• **백호살의 종류**

백호	甲辰	乙未	丙戌	丁丑	戊辰	壬戌	癸丑

백호살은 사주의 연월일시 모두에 적용하여 읽는다. 명식 중에 백호살이 있으면 해당 육친이 혈광사(피를 흘리고 사망함)와 한을 품은 죽음을 겪는다는 뜻이다. 예를 들어 곤명에서 관성에 이 살이 들면 남편이 교통사고, 암, 납치 등에 의해 흉사하는 것을 뜻하고, 식상에 이 살이 있으면 자식에게 그 흉의가 있으며, 재성이 이 살에 해당하면 부친이나 아내가 사고를 당한다고 본다. 일주에 백호대살이 있으면 성정이 강하고 남편을 극한다고도 보았는데 명식이 길격이면 기이한 발복이 있어 유명인이 되거나 재벌이 되며 장군이 되는 수도 있으니, 통변에 주의해야 한다.

⑩ 현침

甲·申·卯·午·未·辛 등을 현침살이라 하는데 한자에 삐침 획이 있는 글자이다. 여기에 더하여 천간 丁·庚과 지지 子·酉·戌·丑을 현침(懸針)으로 분류하기도 한다. 金 오행의 물성을 포함한 경우 모두 현침이며, 子午卯酉도 현침에 가깝다고 하였다. 대부분 활인업(活人業)이나 주사나 바늘, 펜을 사용하는 직업을 말하고, 관으로는 종교인도 포함하였다. 따라서 현침이 있으면 공부를 잘한다고도 하였고, 현침을 고독성이라 부르기도 하였다.

⑪ 삼재

삼재(三災)는 사람에게 닥치는 세 종류의 재해로, 만물의 성장이 위축되고 정지상태에 있는 시기를 뜻한다. 사람들은 9년마다 주기적으로 삼재년을 맞이하는데, 삼재운이 든 첫해를 들 삼재, 둘째 해를 누울삼재, 셋째 해를 날삼재라 한다. 그러나 삼재의 흉의 또한 사주팔자 구조에 따라 희용신과 기신 등이 밝혀지고 나면 달라질 수 있다.

삼재의 의의를 현대적 의미로 살펴보자. 첫 번째는 인재(人災)로 사업의 부진이나 계획했던 일의 실패, 재물 손실, 사기 등을 의미한다. 두 번째는 관재(官災)로 송사 등에 시달리는 것이고, 세 번째는 우환으로 본인이나 가족의 질병이나 부상, 병원 입원 사망 등으로 걱정거리가 생기는 것을 말한다. 삼재의 발생원리는 생년 삼합의 생지를 충하는 해로부터 3년간 들어오는 것이다.

• **띠별 삼재년**

연지(띠)	亥卯未	寅午戌	巳酉丑	申子辰
삼재년(들·누울·날 삼재)	巳午未	申酉戌	亥子丑	寅卯辰

⑫ 귀문관살

귀문(鬼門)은 음양오행설에서 귀신이 출입하는 문을 뜻하고, 방위로는 동북방을 가리킨다. 중국인들이 동북방 오랑캐의 침입을 두려워한 것이 귀문살의 의미 중 하나이고, 또 다른 이유는 겨울철 동북방에서 불어오는 차갑고 매서운 바람인 삭풍을 제일 싫어했기 때문이다. 귀문의 현상은 해당 오행이 태과할 때 강하게 나타나는데, 형충이 그것을 자극하니 金과 木이 서로 상하거나 水와 火가 불균형을 이룰 때 심해진다.

조후가 안 된 것도 귀문을 자극하는 원인 중 하나이다.

• **원진살과 귀문살**

원진살		귀문관살	
子	未	子	酉
丑	午	丑	午
寅	酉	寅	未
卯	申	卯	申
辰	亥	辰	亥
巳	戌	巳	戌

참고로 귀문살과 원진살은 子酉·未寅 (원진살은 子未·酉寅)만 다르고 모두 같은 글자의 구성이다. 따라서 귀문살의 특징도 남녀관계에 적용하여 읽을 때가 많다. 원진살의 특성이 귀문살에 어떻게 발현되는지도 학습자로서 관심을 가지고 읽을 필요가 있다.

⑬ 상문·조객

상문(喪門)과 조객(弔客)은 주로 태세로 읽는다. 『협기변방서』에서 '기세력(紀歲曆)이 이르길, 상문이라는 것은 태세의 흉신'이라 하고 '(상문이) 거하는 곳은 항상 태세보다 두 신(辰) 앞'에 있으며 '범하면 도적(盜賊), 유망(遺亡), 사상(死喪) 등과 관련이 있다'고 하였다. 한편 조객을 설명하기를, '신추경(神樞經)에 따르면 조객은 항상 태세 뒤로 두 신(辰)에 거처한다' 하고 '조객 또한 태세의 흉신'인데, '문병(問病), 심의(尋醫), 조효(弔孝), 송상(送喪)은 불가하다'고 하였다. 상문의 문(門)은 앞에 있는 것을 상징하고, 조객의 객(客)은 타지에서 오는 조문객을 상징한다.

• 띠별 상문·조객살

연지	子	丑	寅	卯	辰	巳	午	未	申	酉	戌	亥
조객	戌	亥	子	丑	寅	卯	辰	巳	午	未	申	酉
상문	寅	卯	辰	巳	午	未	申	酉	戌	亥	子	丑

⑭ 삼살방 · 대장군방

삼살방(三煞方)과 대장군방(大將軍方)은 세운으로 본다. 삼살방은 삼합에 기준하고, 대장군방은 방합에 기준하여 본다. 해마다 또는 3년마다 바뀐다고 하였는데, 개인의 사주에 따른 것이 아니기 때문에 모두에게 똑같이 적용된다. 삼살방은 삼합의 왕지와 충하는 방향이고, 대장군방은 세운이 속해 있는 방합국의 이전 방향으로 3년마다 바뀐다.

• 세운별 삼살방과 대장군방

세운	삼살방	세운	대장군방
亥卯未	酉	寅卯辰	북
寅午戌	子	巳午未	동
巳酉丑	卯	申酉戌	남
申子辰	午	亥子丑	서

지금까지 학습한 신살의 통변현장 적용을 요약하면 다음과 같다.

- 귀인은 생해주는 것을 반기고 합을 좋아한다. 반면 공망, 형충파해, 쟁합 등을 꺼린다.
- 귀인 글자의 육신과 근묘화실 궁성을 살펴서 자세한 통변을 해야 한다.
- 명식에 귀인이 있는 것을 반기며, 대운과 세운에서 귀인이 들어오면 좋은 사람을

만나거나 그 도움으로 그 시기 동안 행운이 열리는 일이 생긴다.

- 간지 조합의 신살은 대부분 일시를 위주로 보고, 연월은 그 다음이다. 다만 연지나 일지 위주로 보는 신살은 아직도 생년을 중요시하기도 하고, 생년과 생일을 모두 봐야 한다.
- 귀인은 공협의 허자로 오는 것을 반기는데, 특히 재성과 정관을 높이 본다. 그중에서도 일과 시 사이에 공협으로 나타나는 신살을 귀하게 본다. 이때 전실을 꺼린다.
- 귀인이 공망되면 그 해당 지지가 허망하니 가무나 농담 또는 일반인이 인정해주지 않지만 자신만의 신념으로 하는 일을 하게 된다. 예를 들어 식신 공망이면 무속인이 되거나 기예의 달인이 되기도 한다. 빵을 만들어도 공갈빵을 만들거나, 가운데가 비어 있는 도너츠를 만드는 식이다. 또는 음식봉사를 하기도 한다. 부자가 재성 공망이면 복지재단을 설립하여 기부를 하기도 한다. 공망의 흉의가 실속 없음으로 실현된다.
- 삼기와 귀인이 함께 나타나면 대귀의 명으로 인품이 높고 관직에서 두각을 나타낸다.
- 문창이 귀인이면 박사학위나 학계에 이름을 떨친다. 문창성의 오행과 육신을 따져 통변의 내용을 채워야 한다. 예를 들어 木火 문창이면 문화 예술계라거나, 金水 문창이면 컴퓨터 기계공학 등의 분야이다. 문창과 천을귀인과의 조합도 보고 어떤 육신인지도 살펴야 한다.
- 화개살이 귀인이면 문장의 도가 뛰어나고 고위직과 대권에 인연이 있을 수도 있다.
- 괴강살이 귀인이면 성격이 활달하고 카리스마가 있으며 정치와 무관 등에 두각을 보여 많은 사람이 따르는 지도자가 된다.
- 연주의 백호살은 조상과 연관지어 선친의 직업이나 특수직업이 이어져 내려왔다고 볼 수도 있다.

- 백호·괴강은 모두 화개 지지를 깔고 비슷한 성향을 띠는 면이 있다. 여기에 양인이 더해지면 모두 명예지향적이고 독립적이고 자기중심적인 성향을 가지고 있다. 따라서 자유로운 직업이나 지도력을 나타낼 수 있는 직업이면 성취하는 바가 크다.
- 양인과 칠살은 비슷한 성질을 나타낼 때가 있다. 양인이나 칠살이 들어오는 해 모두 수술과 관련된 일이 있을 수 있다. 그때 해당 글자가 현침이라면 더 확신을 가지고 추론한다. 현침 중에도 바늘 물상이 있고, 침 물상, 주사기 물상이 있으며, 수술을 하더라도 실제 칼로 절개를 하는지 레이저 치료를 하는지 등 다양한 통변 기법을 발휘해야 한다.
- 대부분의 신살은 따로 보는 경향이 있는데, 이때 현대명리의 관법에 따라 일지를 함께 대입하여 보는 것이 필요하다.
- 길성의 신살 중에는 천을귀인을 최고로 보고, 흉성의 신살 중에는 백호·귀문·공망 등을 많이 본다.
- 현대명리학 추론에서 흉이 길로 바뀌는 신살의 경우 괴강·양인·현침 등을 살피고, 도화·역마·화개와 천라지망의 변화도 관심을 가져볼 만하다.
- 전통적인 신살법으로 원진·삼재·상문·조객·삼살방·대장군방 등이 아직도 현장에 유효하게 활용된다.
- 신살은 세운에서 해당 글자가 들어오는 것을 유의하고, 명식에 있을 때는 그것을 형·충하는 해에 발동한다.

2

십이신살

십이운성과 신살의 만남

십이신살(十二神煞)은 십이지지의 변화인 삼합의 과정을 세분화하여 일간을 포함한 천간과 지지, 그리고 사주팔자의 각 기둥을 구체적인 모습으로 표현한 것이다. 십이신살의 명칭은 인간의 삶과 죽음, 그리고 인생의 성장과정을 천재지변이나 하늘의 명령과 같은 극단적인 모습으로 나타내었다. 그러나 현대사회의 변화와 추세에 맞게 유연하게 적용할 필요가 있다. 특히 유년(流年), 즉 대운이나 세운의 변화에 따라 운세를 보는 것에 많이 사용하고, 일간의 심리적 변화나 단식판명법 그리고 풍수 상담에도 유용하다.

십이신살은 신살과 마찬가지로 금법체계의 격국론에 비해 즉문즉답이 가능한 관법이다. 먼저 연지를 기준으로 보고, 현대명리가 일간을 중심으로 재편되었으므로 일주를 기준으로도 참고한다. 또한, 일간을 삼합에 대입하여 통변하기도 한다. 신살과 십이신살을 읽을 때 반드시 육친과 근묘화실 및 궁성을 고려해야 하고, 해당 오행의 성향, 일간의 신강·신약, 통근·투출, 억부·조후, 희용신·기신, 형충회합 등, 기본적 명리 관법이 당연히 바탕이 되어야 한다. 사주에 나타난 다양한 신살들의 조합, 명식의 신살과 세운에서 다가오는 신살이 조합되었을 때 어떤 일이 발생하는지를 해석하는 데 주효하다.

• **십이신살 분류**

연지·일지	겁살	재살	천살	지살	연살	월살	망신	장성	반안	역마	육해	화개
申子辰	巳	午	未	申	酉	戌	亥	子	丑	寅	卯	辰
亥卯未	申	酉	戌	亥	子	丑	寅	卯	辰	巳	午	未
寅午戌	亥	子	丑	寅	卯	辰	巳	午	未	申	酉	戌
巳酉丑	寅	卯	辰	巳	午	未	申	酉	戌	亥	子	丑

• **사생·사왕·사고의 글자에 따른 분류**

지지	십이신살	주요 상담문제
사생지(寅申巳亥)	지살·망신살·역마살·겁살	이동, 변화, 사업, 새로운 일의 시작
사왕지(子午卯酉)	장성·육해·재살·연살	연애, 인간관계, 주도권 문제
사고지(辰戌丑未)	월살·화개·천살·반안살	송사, 종교, 공부, 이별, 복잡한 사연

십이신살은 십이운성과 밀접한 관련이 있는데, 십이신살을 빨리 파악하는 방법은 삼합의 순서를 이용하는 것이다. 즉, 십이운성에서의 삼합인 생·왕·묘를 기준으로 십이신살의 지살·장성살·화개살(지·장·화)을 대입하는 것이 그 연결의 시작이다. 이와 같이 십이신살을 십이운성에 대입하여 육친, 근묘화실, 궁성이론 등과 함께 통변하는 습관이 기르는 것이 필요하다. 십이운성이 일간의 실행이나 처한 상황, 세력 등과 관련된다면, 십이신살은 일간의 심리와 실행시기, 방향, 기운, 건강, 물상 등에

대한 단서를 제공한다. 예를 들어 寅午戌 띠에게 겁살은 亥水이고 재살은 子水이다. 방위로는 북쪽이고, 오행으로는 물이다. 겁살과 재살 성분은 연지 삼합국의 반대 기운으로 보면 된다. 겁살과 재살지살은 寅이고, 연살은 卯木이다. 망신은 巳火이고, 장성은 午火이다. 역마는 申金이고 육해는 酉金이다.

• **십이신살과 십이운성**

십이신살	겁살	재살	천살	지살	연살	월살	망신	장성	반안	역마	육해	화개
십이운성	절	태	양	생	욕	대	록	왕	쇠	병	사	묘

장성은 이름 그대로 군주이며 왕이고 또는 장군이다. 장성살을 일지에 가진 사람은 직업이 뚜렷할 것이고 자기 본위의 성향을 가진다. 지살은 역마성을 가지고 장성을 태우고 움직이는 성분이다. 화개는 노회한 참모의 성향이다. 이것이 지살·장성살·화개살, 즉 십이운성으로 생·왕·묘의 조합이다. 반면 지살을 충하는 역마살은 재살, 즉 적군을 태우고 움직이는 성분이다. 재살은 장성에 대적하는 글자이다. 재살과 장성이 충을 하기 때문이다. 월살 또한 적군의 편에 있는 노회한 참모이다. 월살은 화개살과 충하는 글자이다. 이것이 역·재·월, 즉 병·태·대의 조합이다.

역·재·월에 앞서서 반역을 도모한 글자가 겁살·연살·반안살 조합으로 십이운성으로는 절·욕·쇠 조합이다. 망신살·육해·천살은 지살·장성살·화개살 앞에서 움직이니 때로 장성보다 더 잘났다고 생각하는 조합이다. 그래서 망신살로 시작하지만, 그 대가도 확실히 챙기는 성분이다. 십이운성과 십이신살을 삼합국과 그 격각의 성분으로 연관시키고, 상충하는 글자와 앞서거니 뒤서거니 하는 성분의 성향을 이해하면 십이신살의 이해와 통변에 도움이 될 것이다.

다음은 십이신살과 십이운성을 지지 삼합국에 따라 방위표로 나타낸 것이다. 위에서부터 순서대로, 申·子·辰 띠를 중심으로, 亥·卯·未 띠를 중심으로, 寅·午·戌 띠를 중심으로, 巳·酉·丑 띠를 중심으로 포진하였다.

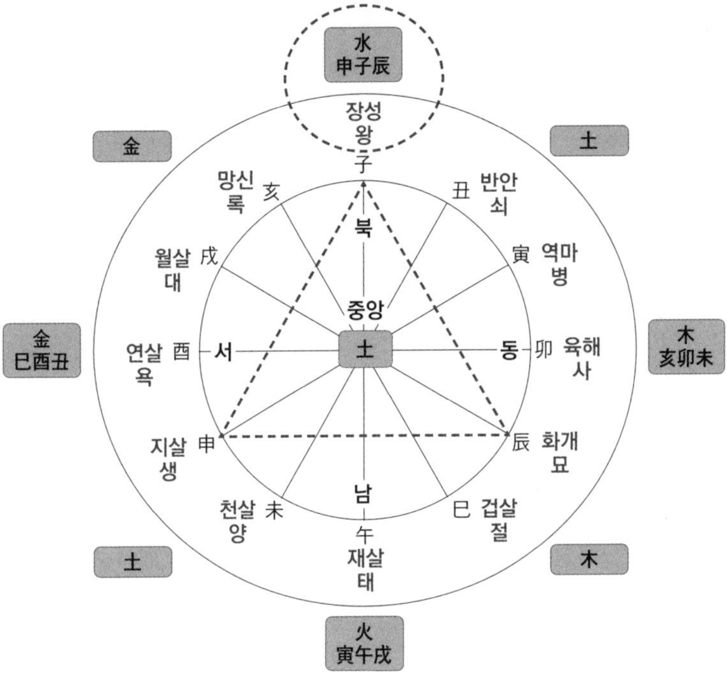
水
申子辰
장성
왕
子
金
土
망신
록
亥
丑
반안
쇠
월살
대
戌
寅
역마
병
북
중앙
金
巳酉丑
연살
욕
酉
서
土
동
卯
육해
사
木
亥卯未
지살
생
申
辰
화개
묘
남
천살
양
未
巳
겁살
절
午
재살
태
土
木
火
寅午戌

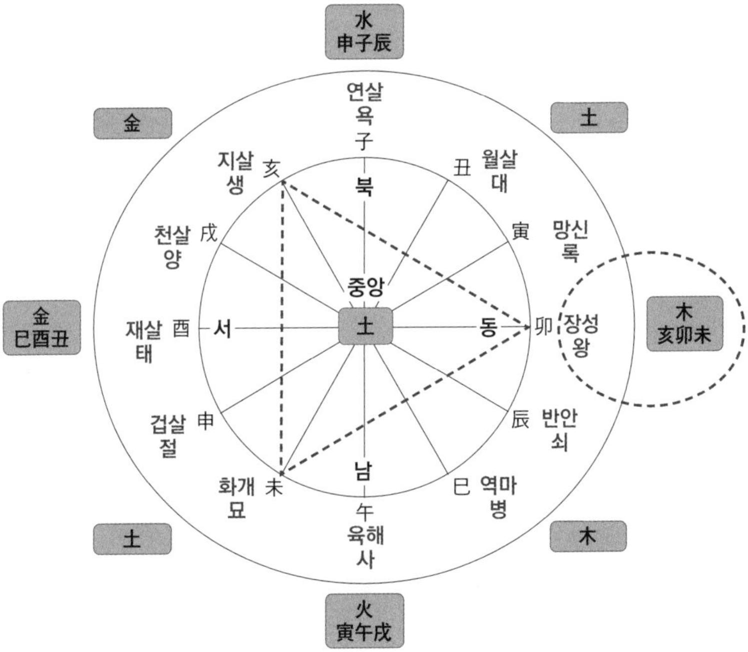
水
申子辰
연살
욕
子
金
土
지살
생
亥
丑
월살
대
북
천살
양
戌
寅
망신
록
중앙
金
巳酉丑
재살
태
酉
서
土
동
卯
장성
왕
木
亥卯未
겁살
절
申
辰
반안
쇠
화개
묘
未
남
巳
역마
병
午
육해
사
土
木
火
寅午戌

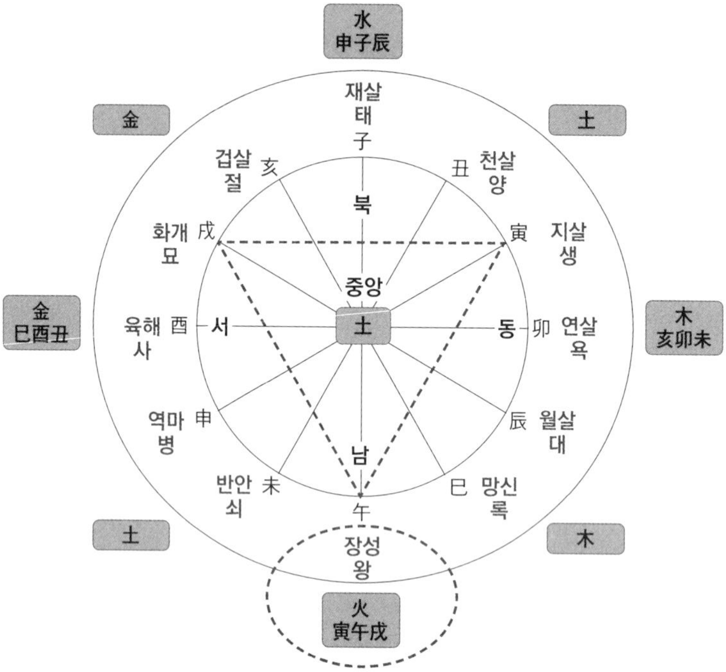
水
申子辰
金
土
재살
태
子
겁살
절
亥
丑
천살
양
화개
묘
戌
寅
지살
생
북
중앙
金
巳酉丑
육해
사
酉
서
土
동
卯
연살
욕
木
亥卯未
역마
병
申
辰
월살
대
남
반안
쇠
未
巳
망신
록
午
土
木
장성
왕
火
寅午戌

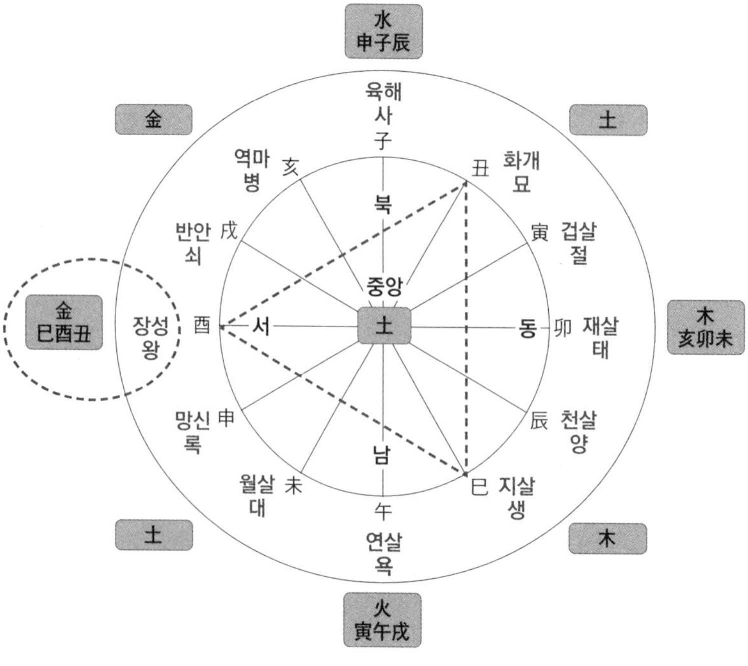
水
申子辰
金
土
육해
사
子
역마
병
亥
丑
화개
묘
반안
쇠
戌
寅
겁살
절
북
중앙
金
巳酉丑
장성
왕
酉
서
土
동
卯
재살
태
木
亥卯未
망신
록
申
辰
천살
양
남
월살
대
未
巳
지살
생
午
연살
욕
土
木
火
寅午戌

신정원의 명리학 CLASS

개념과 이론

글쓴이 I 신정원	기　획 I 이화진
펴낸이 I 유재영	편　집 I 나진이
펴낸곳 I 동학사	디자인 I 임수미

1판 1쇄 I 2023년 4월 10일
1판 3쇄 I 2024년 11월 30일

출판등록 I 1987년 11월 27일 제10-149

주소 I 04083 서울 마포구 토정로 53(합정동)
전화 I 324-6130, 324-6131 / 팩스 I 324-6135
E-메일 I dhsbook@hanmail.net
홈페이지 I www.donghaksa.co.kr
www.green-home.co.kr

ISBN 978-89-7190-853-2 03180